CLASSES PRÉPARATOIRES
ÉCONOMIQUES ET COMMERCIALES
1er ET 2e CYCLES UNIVERSITAIRES

100 FICHES DE LECTURE

Les livres qui ont marqué le XXe siècle en économie, sociologie, histoire et géographie économiques

Bréal

1, rue de Rome - 93561 ROSNY Cedex

Dans la même collection

- 50 fiches pour comprendre les **débats économiques actuels**
- 100 fiches pour comprendre les **sciences économiques**
- 100 fiches pour comprendre la **sociologie**
- 50 fiches pour comprendre le **marketing**
- 100 textes de **culture générale**
- 100 fiches de **culture générale**
- 100 fiches pour aborder la **philosophie**

ISBN : 2 84291 684 O

Dépôt légal : octobre 1998
ISBN : 2 84291 136 9

Les auteurs

Marc Montoussé
Directeur d'ouvrage

Serge d'Agostino
Agrégé de sciences sociales
Professeur de chaire supérieure
au lycée Camille Vernet de Valence

Patrice Bonnewitz
Agrégé de sciences sociales
Professeur de sciences économiques
et sociales au lycée H. Meck de Molsheim
Professeur en classes préparatoires
au Collège Saint-Étienne de Strasbourg

Jérôme Buridant
Agrégé d'histoire
Professeur en classes préparatoires
au lycée Paul Claudel de Laon
Chargé d'enseignement
à l'Université de Reims

Dominique Chamblay
Agrégé de sciences sociales
Professeur de sciences
économiques et sociales
au lycée Louis Bascan de Rambouillet

Arcangelo Figliuzzi
Agrégé de sciences sociales
Professeur de chaire supérieure
au lycée Montaigne de Mulhouse

Daniel Fleutôt
Agrégé de sciences sociales
Professeur en classes préparatoires
au lycée Charles de Gaulle à Caen
Chargé d'enseignement à l'IUFM de Caen

Elizabeth Jestaz
Professeur de sciences
économiques et sociales
au lycée François Couperin de Fontainebleau

Christine Lestoquard
Agrégée de sciences sociales
Professeur en classes préparatoires
au lycée Bonaparte de Toulon

André Louat
Professeur en classes préparatoires
aux lycées des Chartreux
et des Minimes de Lyon

Marc Montoussé
Agrégé de sciences sociales
Professeur en classes préparatoires
au lycée Paul Claudel de Laon
Chargé d'enseignement
à l'ESC Reims

Jean-Pierre Noreck
Agrégé de sciences sociales
Professeur de chaire supérieure
au lycée Henri IV de Paris

Michel Petit
Agrégé de géographie
Professeur d'histoire-géographie
au lycée Léon Bourgeois d'Epernay

Gilles Renouard
Agrégé de sciences sociales
Professeur de sciences
économiques et sociales
au lycée Vaugelas de Chambéry

Jean-Luc Rettel
Agrégé d'économie et gestion
Professeur à l'IUT
Léonard de Vinci de Reims
Chargé d'enseignement
à l'ESC Reims

Avant-propos

Cet ouvrage s'adresse tout d'abord aux étudiants des **classes préparatoires économiques et commerciales** (options économique et scientifique) puisqu'ils y trouveront la très grande majorité des titres correspondant à leur programme d'histoire et géographie économique et d'analyse économique et historique des sociétés contemporaines. Il s'adresse aussi à tous ceux qui, étudiants (**Sciences Po, Université...**) ou non, ne trouvent pas le temps de lire autant qu'il le faudrait ou qu'ils le souhaiteraient.

Notre objectif a été de tirer la « substantifique moelle » de chacune de ces œuvres importantes du XXe siècle et surtout d'en proposer un **compte-rendu clair, intelligible et opérationnel**. Chaque fiche est donc très **structurée** et émaillée de nombreuses **citations**.

Le choix des 100 ouvrages n'a pas été simple ; de nombreux autres livres auraient mérité de figurer dans la liste. Nous avons d'abord privilégié les livres correspondant au **savoir requis en classes préparatoires** ; nous avons ensuite cherché à largement **ouvrir l'éventail des thèmes traités** et donc à ne pas trop insister sur un sujet précis (ainsi, malgré la diversité de leurs travaux, nous n'avons présenté qu'un seul des néoclassiques du début du XXe siècle). N'ont été choisis que des livres traduits en français ; ont donc été écartés des auteurs comme Gary Becker ou Robert Lucas (pourtant tous deux prix Nobel d'économie). Nous n'avons pas forcément opté pour les livres les plus réputés, mais pour ceux qui nous semblaient les plus significatifs ou qui présentaient le mieux les thèses de l'auteur (c'est le cas, par exemple, pour Perroux et Touraine).

L'ordre des titres étant sujet à discussion, et pour faciliter l'accès à chaque fiche, nous avons ajouté deux **tables alphabétiques** (des **ouvrages** et des **auteurs**) et un **index** en fin d'ouvrage.

Ces fiches de lecture sont des résumés fidèles, mais elles ne sauraient, malgré le soin que nous avons mis à leur rédaction, restituer toute la richesse des œuvres originales. Nous espérons donc sincèrement que nos fiches vous donneront l'envie de vous plonger dans la lecture des ouvrages présentés.

Marc Montoussé
Directeur d'ouvrage

Sommaire

Partie I : La pensée économique du XXᵉ siècle

Partie II : Mondialisation et environnement international

Partie III : Les espaces géographiques et économiques

Les pays en développement

L'espace ouest-européen

L'espace est-européen

Partie IV : Crise économique et chômage

Partie V : État, entreprise, travail

État

Entreprise et travail

Partie VI : Histoire et évolution économiques

Partie VII : Population et société

Partie VIII : La pensée sociologique du XXe siècle

FICHE 1

THÉORIE GÉNÉRALE DE L'EMPLOI, DE L'INTÉRÊT ET DE LA MONNAIE

John Maynard KEYNES

Cette œuvre maîtresse du célèbre économiste d'origine britannique, John Maynard Keynes, a été publiée en 1936. Édité en France par la Petite Bibliothèque Payot (1979, 400 p.), cet ouvrage résume la théorie keynésienne, qui a littéralement révolutionné la pensée économique puis la pratique économique. Keynes y met en cause les postulats des économistes classiques ; il place la recherche du plein emploi au cœur de l'économie et expose les politiques économiques à mettre en œuvre pour y parvenir.

1. LA RÉPONSE DE KEYNES AUX CLASSIQUES

A ~ La critique de la théorie classique

« *Nous démontrerons que les postulats de la théorie classique ne s'appliquent qu'à un cas spécial et non au cas général* ». Les économistes que Keynes appelle les classiques réunissent sous un même nom les classiques (Smith, Ricardo...) et les néoclassiques (Marshall, Pigou...).

■ **Le chômage involontaire est possible**. Selon la théorie classique, le salaire est à la fois égal au produit marginal du travail (productivité de la dernière unité de travail employée) et au montant qui permet d'attirer sur le marché du travail le volume d'emploi nécessaire à la production.

Pour les classiques, seuls deux types de chômage sont possibles : le chômage de frottement dû à différents défauts d'ajustement du marché du travail et le chômage volontaire dû au refus d'une partie de la main-d'œuvre de travailler au salaire du marché.

Keynes s'oppose à cette conception qu'il juge clairement infirmée par les faits (il prend pour exemple le chômage aux États-Unis en 1932). Deux arguments mettent en défaut la théorie classique :

– les salariés sont victimes de l'illusion monétaire et ils n'ajustent pas leur comportement au salaire réel (comme le stipulent les classiques), mais au salaire nominal. « *Il est possible que dans une certaine limite les exigences de la main-d'œuvre portent sur un minimum de salaire nominal et non sur un minimum de salaire réel* » ;

– l'argument principal de Keynes est que le niveau des salaires réels ne résulte pas du marché du travail, mais provient du niveau de l'emploi qui lui-même résulte de la demande effective. En effet, Keynes accepte l'égalité entre le produit marginal du travail et le salaire, mais il pense que la variable déterminante est le niveau de l'emploi qui fixe le produit marginal du travail et donc le salaire, et non l'inverse. Si le niveau de l'emploi est trop faible, il existe du chômage involontaire car certains individus accepteraient de travailler pour un salaire égal ou plus faible. Il faut alors augmenter la demande effective, ce qui élève le niveau de l'emploi, diminue le produit marginal du travail et suscite une baisse des salaires. Mais lorsque le plein emploi est réalisé et donc que tous ceux qui voudraient travailler au salaire du marché sont embauchés, l'augmentation de la demande effective ne peut conduire qu'à l'augmentation des prix.

- **L'offre ne crée pas la demande**. Un second postulat de l'analyse classique, développé par Jean-Baptiste Say, affirme que l'offre crée sa propre demande. Ce qui suppose que, la production induisant une demande équivalente, « *tout acte individuel d'abstention de consommer conduisait à investir* » et que « *l'action de la monnaie n'a pas d'importance véritable et que la théorie de la production et de l'emploi peut être construite tout entière sur la base des échanges réels* ». En réalité, la monnaie joue un rôle central dans l'équilibre économique et toute épargne est un manque à gagner pour la consommation.

B ~ La réponse de Keynes : le principe de la demande effective

- **La demande effective, composée de la consommation et de l'investissement, est le moteur de l'économie**. Keynes résume sa théorie générale :
  – le revenu (qui est égal à la production) résulte, dans un état donné de techniques et de ressources, du volume de l'emploi ;
  – la relation entre le revenu et la consommation (une des composantes de la demande effective) dépend de la propension à consommer (part de la consommation dans le revenu) ;
  – les entrepreneurs ajustent la production (et donc la quantité de main-d'œuvre qu'ils désirent embaucher) à la demande effective ;
  – le niveau de l'emploi résulte donc de la fonction d'offre globale (relation liant le niveau de production à l'emploi) et de la demande effective ;
  – le niveau d'emploi détermine le produit marginal du travail qui fixe le niveau du salaire réel ;
  – « *Lorsque l'emploi augmente, la dépense de consommation augmente aussi, mais non du même montant que la demande effective* » car l'augmentation du revenu provoque une augmentation plus faible de la consommation ; en effet une part de l'augmentation du revenu sera destinée à l'épargne. Donc, « *l'emploi ne peut croître que si la dépense d'investissement croît elle aussi, de manière à combler l'écart grandissant entre l'offre globale et la dépense de consommation* ».

  Pour résumer : « *ce sont la propension à consommer et le montant de l'investissement nouveau qui déterminent conjointement le volume de l'emploi et c'est le volume de l'emploi qui détermine de façon unique le niveau des salaires réels* ».

- **Cette analyse explique « *le paradoxe de la pauvreté au sein de l'abondance* »**. Plus une communauté est riche plus la propension à consommer est faible et donc plus l'investissement doit être élevé pour compenser ce manque de consommation par rapport au revenu. Par contre, le plein emploi, dans les sociétés pauvres, est plus facilement atteint, car la propension à consommer y étant forte « *un très faible montant d'investissement suffit à y assurer le plein emploi* ». Seul Malthus avait compris que la demande effective pouvait être insuffisante.

- **L'épargne et l'investissement sont nécessairement égaux**. L'épargne est ce qui reste du revenu lorsque l'on a consommé. L'égalité entre l'épargne et l'investissement découle de la logique :

  « *Revenu = valeur de la production = consommation + investissement*
  Épargne = revenu – consommation »

  L'épargne et l'investissement sont forcément égaux car pour qu'une personne augmente son patrimoine, il faut obligatoirement qu'une autre personne épargne. Toute épargne crée une possibilité d'augmentation des avoirs.

  « *L'idée ancienne que l'épargne implique toujours un investissement, toute incomplète et trompeuse qu'elle fût, est formellement plus juste que l'idée moderne qu'il peut y avoir épargne sans investissement ou investissement sans épargne "véritable"* ».

Un investissement induit par le crédit et la création monétaire peut être effectué sans épargne préalable, mais l'égalité fondamentale entre épargne et investissement sera néanmoins vérifiée. En effet, l'investissement nouveau induira une augmentation du revenu et donc de l'épargne qui pourra ainsi s'ajuster de nouveau à l'investissement.

C ~ Les déterminants de la consommation et de la propension à consommer

La propension à consommer, qui représente la part du revenu destiné à la consommation, a de nombreux déterminants. Keynes distingue les facteurs objectifs des facteurs subjectifs.

■ **Le principal facteur objectif de la propension à consommer est le revenu**. Keynes annonce ce qu'il appelle « *la loi psychologique fondamentale* » : « *en moyenne et la plupart du temps les hommes tendent à accroître leur consommation à mesure que le revenu croît, mais non d'une quantité aussi grande que l'accroissement du revenu* ». Autrement dit, lorsque le revenu augmente, la consommation augmente aussi, mais la propension à consommer diminue.

D'autres facteurs de moindre importance jouent aussi un rôle : les variations de la valeur du capital pour la classe dirigeante, les variations de la politique fiscale et les prévisions concernant l'évolution des revenus ; quant au taux d'intérêt, il a une importance réelle, mais marginale.

■ **Les facteurs subjectifs sont les facteurs qui agissent sur les dépenses une fois le revenu fixé**. Ces facteurs sont ceux qui incitent les agents économiques à épargner plutôt qu'à consommer : « *L'épargne est la pilule et la consommation la confiture* ».

Pour les consommateurs, ces facteurs sont au nombre de huit : se constituer une réserve pour des risques éventuels ou prévisibles (éducation des enfants par exemple), bénéficier d'intérêt et de plus-value et pouvoir ainsi consommer davantage dans le futur, jouir d'une dépense croissante, jouir d'une sensation d'indépendance, s'assurer une marge de manœuvre, léguer une fortune et faire preuve d'avarice. Tous ces facteurs peuvent être résumés par « *précaution, prévoyance, calcul, ambition, indépendance, initiative, orgueil et avarice* ».

Pour les entreprises, l'épargne est motivée par le désir de s'assurer des ressources pour réaliser un nouvel investissement futur sans avoir à emprunter, de s'assurer de ressources liquides pour être en mesure de faire face à un imprévu, de s'assurer un revenu graduellement croissant, et d'avoir le souci d'une prudence financière.

Ces motifs, résultant de causes sociales et subjectives, ne sont pas susceptibles de varier fortement, donc « *nous sommes amenés à conclure que les variations de courte période de la consommation dépendent dans une large mesure des variations du rythme auquel le revenu (mesuré en unités de salaire) est gagné et non des variations de la propension à dépenser pour la consommation d'un revenu donné* ».

■ **Tout cela ne signifie pas que le taux d'intérêt n'ait aucun effet sur les montants consommés ou épargnés**. Bien au contraire. On considère généralement que la hausse du taux d'intérêt favorise l'épargne au détriment de la consommation, elle ne le fait en réalité que marginalement ; en revanche, elle défavorise considérablement l'investissement, ce qui est préjudiciable à la production, au revenu et par voie de conséquence à la consommation et à l'épargne. Il faut donc gouverner le taux d'intérêt afin qu'il détermine le niveau d'investissement nécessaire au plein emploi. « *Si le taux d'intérêt était gouverné de telle sorte que le plein emploi fût toujours maintenu, la Vertu reprendrait ses droits* ».

2. L'INCITATION À INVESTIR

Les entreprises investissent tant que l'efficacité marginale du capital est supérieure aux taux d'intérêt.

A ~ L'efficacité marginale du capital

- **L'efficacité marginale du capital est le rendement escompté de l'investissement compte tenu de la dépréciation de la machine et des coûts qui résultent de son emploi.** Cette efficacité marginale est décroissante, car plus la quantité de capital utilisée est élevée, moins les nouveaux équipements sont productifs.

Le rendement escompté de l'investissement dépend du rendement courant des investissements déjà réalisés et des anticipations, c'est-à-dire l'état de la prévision à long terme (perspective de variation de la demande, de changement des goûts des consommateurs, évolution prévisible du salaire...).

- **« L'état de la confiance » joue un rôle important dans la prévision à long terme.** Effectivement, le système économique est très instable en raison d'une part de la spéculation et d'autre part de la nature humaine.

La spéculation est fortement critiquée par Keynes : « *Les spéculateurs peuvent être aussi inoffensifs que des bulles d'air dans un courant régulier d'entreprise. Mais la situation devient sérieuse lorsque l'entreprise n'est plus qu'une bulle d'air dans le tourbillon spéculatif. Lorsque dans un pays le développement du capital devient le sous-produit de l'activité d'un casino, il risque de s'accomplir en des conditions défectueuses* ». Les autorités doivent alors intervenir par « *la création d'une lourde taxe d'État frappant toutes les transactions* ».

L'autre raison de l'instabilité résulte de la nature humaine ; il s'agit du climat politique et social qui peut favoriser ou au contraire décourager le dynamisme des hommes d'affaire.

B ~ Le taux d'intérêt

- **Le taux d'intérêt résulte de la confrontation entre l'offre et la demande de monnaie.** Keynes s'oppose à la théorie classique qui affirme que le taux d'intérêt est fixé sur le marché du capital sur lequel se confrontent l'offre de capital (l'épargne) et la demande de capital (l'investissement). « *L'épargne et l'investissement sont les facteurs déterminés et non déterminants.* »

Le taux d'intérêt est un paramètre purement monétaire qui n'est donc pas forcément égal, comme le pensent les classiques, à l'efficacité marginale du capital. Keynes définit le taux d'intérêt comme « *la récompense pour la renonciation à la liquidité durant une période déterminée* ».

Le taux d'intérêt dépend de la quantité de monnaie en circulation et de la demande de monnaie que Keynes nomme « *préférence pour la liquidité* ». Celle-ci résulte de trois motifs :

1 - le motif de transaction : « *une première raison de conserver de la monnaie est de combler l'intervalle entre l'encaissement et le décaissement du revenu* » ;

2 - le motif de précaution : « *le souci de parer aux éventualités exigeant une dépense soudaine, l'espoir de profiter d'occasions non prévues d'achats avantageux, et enfin le désir de garder un avoir de valeur nominale immuable pour faire face à une obligation future stipulée en monnaie* » ;

3 - le motif de spéculation : « *le désir de profiter d'une connaissance meilleure que celle du marché de ce que réserve l'avenir* » ; dans ce cas, les agents économiques préfèrent conserver de l'argent liquide dans l'espoir d'une meilleure rémunération future de leurs avoirs. Ce motif résulte de l'incertitude concernant les variations futures du taux d'intérêt.

■ **La demande de monnaie dépend du revenu et du taux d'intérêt.** La demande de monnaie pour les motifs de transaction et de précaution est fonction du niveau du revenu : plus celui-ci est élevé plus les individus dépensent et donc plus ils ont besoin d'argent liquide pour leurs transactions et leurs dépenses éventuelles.

En revanche, le motif de spéculation résulte du taux d'intérêt, si celui-ci est faible les individus conservent de l'argent liquide dans l'attente de meilleures conditions de placement.

La demande de monnaie est donc une fonction décroissante du taux d'intérêt puisqu'un taux d'intérêt faible accroît directement la demande de monnaie pour spéculation et, en augmentant l'investissement et donc le revenu, accroît indirectement la demande de monnaie aux fins de transaction et de précaution.

C ~ La création monétaire stimule l'investissement en situation de sous-emploi

■ **Un accroissement de la quantité de monnaie a comme effet de diminuer le taux d'intérêt et d'augmenter l'investissement jusqu'à ce que le plein emploi soit réalisé.** « *La monnaie nouvelle s'ajoute au revenu de quelqu'un.* »

La baisse du taux d'intérêt stimule l'investissement, les entreprises seront incitées à acheter des biens d'équipement tant que l'efficacité marginale du capital est supérieure au taux d'intérêt ; cela permet d'augmenter la demande effective et donc l'emploi et le revenu ainsi que la consommation (mais dans une proportion moindre).

■ **En situation de plein emploi, la création monétaire provoque l'inflation.** Lorsque le plein emploi est réalisé et donc que tous ceux qui voudraient travailler au salaire du marché sont embauchés, l'augmentation de la quantité de monnaie ne peut pas accroître le niveau de la production ; Keynes accepte donc, dans ce cas précis, les conclusions de la théorie quantitative de la monnaie.

En effet, tant que le plein emploi n'est pas réalisé, la production est élastique par rapport à la demande, alors que quand celui-ci est réalisé, la production devient inélastique et l'augmentation de la demande provoque une augmentation des prix. Keynes reformule la théorie quantitative de la monnaie : « *tant qu'il existe du chômage, l'emploi varie proportionnellement à la quantité de monnaie ; lorsque l'emploi est réalisé, les prix varient proportionnellement à la quantité de monnaie* ». Donc, « *lorsque le plein emploi est atteint, tout effort pour accroître encore davantage l'investissement suscite une tendance des prix nominaux à monter sans limite, quelle que soit la propension marginale à consommer ; on est arrivé, en d'autres termes, à un état d'inflation véritable* ».

3. Les interventions étatiques préconisées par Keynes

« *Les deux vices marquants du monde économique où nous vivons sont le premier que le plein emploi n'y est pas assuré, le second que la répartition de la fortune et du revenu y est arbitraire et manque d'équité.* »

Keynes propose un soutien de la demande effective. Remarquant que la croissance est cyclique, il s'oppose à ceux qui considèrent qu'il faut supprimer les booms en augmentant les taux d'intérêt ; il faudrait laisser l'économie dans un état de boom permanent grâce à la faiblesse des taux d'intérêt.

A ~ La politique monétaire de l'État

- **La politique principale est la politique monétaire**. Il faut créer de la monnaie afin de faire baisser les taux d'intérêt. Non seulement cette politique encourage l'investissement, mais elle n'est pas préjudiciable à l'épargne qui ne dépend pas du taux d'intérêt, mais du revenu qui lui-même dépend en partie de l'investissement. L'intérêt ne rémunère aucun sacrifice véritable ; le détenteur du capital obtient un intérêt car le capital est rare, mais il n'existe aucune raison intrinsèque qui justifie cette rareté. Keynes préconise « *l'euthanasie du rentier et du capitaliste oisif* ». Il rend hommage au bon sens de l'Église et des autorités politiques qui interdisaient l'usure dans l'Antiquité et jusqu'au Moyen Âge.

  Une politique de taux d'intérêt faible est donc toujours recommandée tant que le plein emploi n'est pas atteint.
- **Une politique de création monétaire est préférable à une baisse des salaires**. Keynes reconnaît que la baisse des salaires nominaux pourrait aboutir directement à une augmentation du niveau de l'emploi, « *personne en effet ne songerait à nier que, lorsque la demande effective reste constante, une réduction des salaires nominaux s'accompagne d'une augmentation de l'emploi* ». Mais, la baisse des salaires nominaux risque de réduire le demande effective et l'emploi risque de retomber à son chiffre antérieur.

  Une politique de salaire souple (qui permet de réduire ou d'augmenter le salaire en fonction du niveau de l'emploi), revient à court terme au même qu'une politique monétaire souple car ces politiques sont « *toutes les deux des moyens de modifier la quantité de monnaie en unités de salaire* ». Mais le second moyen est largement le meilleur car il ne risque pas de réduire la demande effective, bien au contraire, et parce qu'il est impossible, sauf dans une économie socialisée, de réduire uniformément les salaires. « *Nous estimons que le maintien de la stabilité du niveau général des salaires nominaux constitue, tout bien pesé, la politique la plus sage pour un système fermé.* »
- **La politique monétaire est nécessaire, mais pas suffisante**. « *Nous sommes assez sceptiques sur les chances de succès d'une politique purement monétaire destinée à agir sur le taux de l'intérêt.* » Il semble difficile de réussir à fixer le niveau d'investissement exactement nécessaire au plein emploi en n'utilisant que la politique monétaire.

  La politique monétaire comporte des limites dont la principale est que « *il se peut que, une fois le taux d'intérêt tombé à un certain niveau, la préférence pour la liquidité devienne virtuellement absolue, en ce sens que presque tout le monde préfère l'argent liquide à la détention d'une créance qui rapporte un taux d'intérêt aussi faible* ». L'autorité monétaire perd alors la direction effective du taux de l'intérêt, car la demande de monnaie devient illimitée.

B ~ La relance de l'investissement a un effet multiplicateur

- **L'investissement a un effet multiplicateur sur la production**. Keynes reprend l'analyse du multiplicateur qui avait déjà été présentée par Kahn en 1931. Un investissement supplémentaire a un effet multiplicateur sur la production et sur l'emploi. En effet, une augmentation de l'investissement entraîne une augmentation de la production de machines, qui entraîne une augmentation du revenu donc une augmentation de la consommation qui, accroissant la demande, augmente la production puis le revenu... L'ampleur du multiplicateur dépend de la part de l'augmentation de revenu qui est utilisée à l'augmentation de la consommation (Keynes nomme cette part « *propension marginale à consommer* »). Si le multiplicateur est k, la propension marginale à consommer est égale à 1-1/k. « *Lorsqu'un accroissement de l'investissement global se produit, le revenu augmente d'un montant égal à k fois l'accroissement de l'investissement.* »

La propension marginale à consommer est comprise entre 0 et 1 et plus elle est proche de 1, plus le multiplicateur est élevé.

- **L'intervention de l'État pour favoriser l'investissement est donc d'autant plus efficace que la propension marginale à consommer est élevée ; cette intervention a toutefois des limites :**
  – le mode de financement de cette politique peut réduire les autres investissements ; c'est par exemple le cas si l'augmentation des investissements publics est financée par une augmentation de l'impôt qui réduit directement l'investissement privé ou par un emprunt public qui pourrait augmenter le taux d'intérêt ;
  – l'intervention de l'État peut entraîner une défiance en l'avenir accroissant la préférence pour la liquidité ;
  – dans un système ouvert le multiplicateur peut profiter à l'étranger.
- **Keynes préconise une « *socialisation de l'investissement* ».** L'État doit favoriser l'investissement, qui a un effet multiplicateur, en diminuant les taux d'intérêt pour favoriser l'investissement privé, ou bien en investissant lui-même, éventuellement grâce au déficit budgétaire. « *Les dépenses sur fond d'emprunt* [dépenses publiques couvertes par l'emprunt] *peuvent, même lorsqu'elles sont inutiles, enrichir en définitive la communauté. La construction de pyramides, les tremblements de terre et jusqu'à la guerre peuvent contribuer à accroître la richesse.* » Les grands travaux qui fournissent du travail, et une croissance de la quantité de monnaie qui diminue les taux d'intérêt, sont des sources de richesse. « *La plus acceptable de toutes les solutions consiste à creuser dans le sol des trous connus sous le nom de mines d'or, solution qui non seulement ne saurait ajouter quoi que ce soit à la richesse réelle du monde mais qui encore engendre un travail inutile* », cela explique la prospérité de l'ancienne Égypte qui construisait des pyramides et extrayait des métaux précieux. Nos problèmes proviennent du fait que nous sommes trop raisonnables.

  Keynes ne rejette pas le capitalisme ; il affirme même que l'individualisme est « *le plus puissant facteur d'amélioration du futur* ». Le chômage risque de conduire à des régimes totalitaires ; la survie du capitalisme nécessite donc que l'État soit en mesure d'assurer le plein emploi.

C ~ Politique commerciale et politique de redistribution

- **Keynes témoigne d'une certaine sympathie envers les mercantilistes**. Ils avaient compris que le taux d'intérêt ne se fixait pas automatiquement au niveau le meilleur ; leur souci d'accroître (grâce au commerce) la quantité de monnaie était dû à leur désir de faire baisser les taux d'intérêt, ce qui était, selon eux, un facteur d'augmentation de la richesse ; de plus « *les mercantilistes n'ignoraient pas l'erreur qu'implique la faiblesse des prix ni le risque de détérioration des termes de l'échange que crée dans un pays le degré excessif de concurrence* ». Ils avaient compris qu'une stimulation des exportations et une limitation des importations présentent le double avantage de réduire le chômage en augmentant la production et de réduire les taux d'intérêt en augmentant la quantité de monnaie.

  Sans totalement mettre en cause le libre-échange puisque « *les avantages de la division du travail sont réels et importants, quoique l'école classique les ait fortement exagérés* », Keynes pense que le libre-échange doit être limité car une « *absurde compétition internationale est préjudiciable à tous* ».
- **Le problème principal de l'ouverture des économies est la perte d'autonomie de la politique monétaire**. « *La cité de Londres inventa peu à peu pour maintenir l'équilibre la technique la plus dangereuse qui se puisse imaginer, consistant à faire varier le taux de l'escompte tout en imposant des parités de change rigides. Le sens de cette politique était qu'on renonçait*

complètement à faire régner à l'intérieur du pays le taux d'intérêt compatible avec le plein emploi. » Ce que Keynes préconise *« c'est une politique fondée sur un taux d'intérêt autonome, dégagé des préoccupations internationales et sur un programme d'investissement national propre à rendre maximum le volume de l'emploi intérieur, qui est doublement bienfaisante, en ce sens qu'elle profite tout à la fois au pays qui l'applique et aux pays voisins. [...] Le commerce international cesserait d'être ce qu'il est, c'est-à-dire un excipient désespéré pour préserver l'emploi intérieur des pays en stimulant les ventes et en restreignant les achats au-dehors* ».

- **Une politique favorisant la consommation peut être favorable au plein emploi**. Keynes ne considère pas que la crise soit essentiellement une crise de sous-consommation ; mais il pense que pour lutter contre le chômage, « *la sagesse serait de progresser dans les deux directions à la fois* » et donc de favoriser l'investissement et la propension à consommer. Pour cela, il faut mettre en œuvre une politique de redistribution qui permettrait d'augmenter la propension à consommer et donc la demande effective. « *On peut justifier par des raisons sociales et psychologiques de notables inégalités dans les revenus et les fortunes, mais non des disproportions aussi marquées qu'à l'heure actuelle.* » Par contre, le partage du travail n'est pas une bonne solution pour lutter contre le sous-emploi : « *nous ne voyons pas de raison valable d'obliger ceux qui préfèrent un supplément de revenus à jouir d'un supplément de loisirs* ».

L'œuvre de Keynes représente une avancée considérable dans la théorie économique. L'auteur accepte la possibilité de l'existence de déséquilibres. Il accorde une grande portée aux facteurs psychologiques comme la propension psychologique à consommer, l'attitude psychologique concernant la liquidité et l'estimation psychologique du rendement futur des capitaux. Mais surtout, il légitime l'intervention de l'État. Il préconise essentiellement la baisse des taux d'intérêt et ne cite qu'une seule fois la relance par le déficit public et par la consommation ; de nombreux économistes et de nombreuses interventions étatiques ont été plus keynésiennes que Keynes.

FICHE 2

MANUEL D'ÉCONOMIE POLITIQUE

Vilfredo PARETO

Cet ouvrage fondamental de la pensée économique, de près de 700 pages, a été publié en 1907 et édité cinq fois en français entre 1909 et 1981. L'objet central du livre est de rechercher des lois dans les phénomènes de l'économie politique et de la sociologie. Pareto, représentant de la doctrine néoclassique, adopte une démarche d'une grande rigueur mathématique afin que l'économie politique puisse devenir une véritable science positive. Composé de neuf chapitres, ce « manuel » est un ensemble disparate de développements sur les sciences sociales et surtout sur tous les domaines de l'économie pure. Il est un mélange d'éléments de cours et de positionnements idéologiques.

1. L'APPROCHE PARÉTIENNE SCIENTIFIQUE DES PHÉNOMÈNES SOCIAUX

A ~ Les lois économiques et sociales peuvent exister

- **Les actions humaines présentent certaines régularités c'est-à-dire des lois que l'on peut étudier sur un plan scientifique**. Pour qu'un phénomène d'ordre économique, politique ou social fasse l'objet d'une étude ou de mesure de politique économique, il faut qu'il présente des régularités. Ces lois ne peuvent être connues que par l'analyse scientifique même si pour l'économie politique, il est difficile de les appréhender. Ces théories doivent s'approcher le plus possible de la réalité d'où la nécessité de les confronter aux faits. L'abstraction est la condition préliminaire indispensable de toute démarche scientifique mais « *c'est le concret qui décide de la pertinence d'une théorie. La pratique ne s'oppose pas à la théorie mais les réunit* ». Une science est avant tout analytique même si elle doit tenir compte de ses conséquences morales. Pour devenir scientifique, la sociologie doit se méfier des idées préconçues, des raisonnements pseudo-scientifiques sans base objective et doit être vérifiée par des faits empiriques. La difficulté de la mesure des phénomènes sociaux vient de leur complexité, de leur rareté et des préjugés sur nos sentiments et ceux d'autrui. Dans les actions sociales, il faut distinguer les actions logiques (une action dont les moyens sont adaptés aux buts) des actions non logiques.
- ***« La sociologie doit se consacrer à une histoire naturelle des sentiments de l'époque. »*** Comme les hommes vivent en société, ils ont des sentiments en commun qui diffèrent selon les peuples et à l'intérieur de ces peuples. Ces sentiments, ces institutions, ces habitudes résultent du niveau de développement de la société et sont en partie le reflet de la classe dominante.

  Ces sentiments peuvent connaître des variations cycliques. Ainsi en est-il des sentiments religieux et moraux. L'usage de la raison affaiblit ces sentiments chez les classes supérieures puis il s'étend aux classes inférieures provoquant ensuite une réaction chez ces dernières. Cette réaction va gagner aussi les classes supérieures redonnant une nouvelle vigueur à ces sentiments, parfois sous des formes variées. Les phénomènes sociaux apparaissent ainsi permanents mais sous des formes différentes. Dans ce cadre, si le langage des classes dirigeantes, dans les démocraties, est différent de celui d'autrefois, le but est toujours le même : conserver le pouvoir. « *Le pouvoir laissé au peuple n'est qu'apparent, la réalité est celle du pouvoir attribué à une élite.* »

B ~ Les élites ont un rôle majeur dans l'explication des phénomènes sociaux

- **Les élites sont en circulation permanente**. La société peut être divisée en deux parties : l'élite (la partie aristocratique au sens éthymologique) et une partie vulgaire. Cette élite est en perpétuel renouvellement (phénomène de circulation des élites). L'aristocratie et surtout la partie déchue de cette aristocratie a toujours été à l'origine des révolutions entraînant le remplacement des élites.

  La bourgeoisie actuelle est décadente. Sa naïveté, son indulgence quant à l'usage de la force et « *son humanitarisme* » aboutissent à laisser libre le champ de la violence. Elle crée ainsi les conditions mêmes de son remplacement. « *La religion humanitaire disparaîtra très probablement lorsqu'elle aura accompli son œuvre de dissolution sociale et qu'une nouvelle élite se sera élevée sur les ruines de l'ancienne.* »
- **Les élites sont le vecteur du changement social**. Le changement social apparaît oscillatoire et se réalise par les élites. La modification de l'organisation sociale se fait par étapes révolutionnaires sous l'impulsion des élites des couches inférieures. « *Une révolution éclate qui remplace une aristocratie par une autre. La nouvelle forme sociale prend ensuite une forme rigide et elle sera brisée elle-même par une révolution semblable.* » L'histoire des sociétés est en fait l'histoire de la succession des aristocraties, l'histoire de la circulation des élites.

2. L'OPHÉLIMITÉ ET LA CONCURRENCE SONT INDISPENSABLES POUR COMPRENDRE L'ÉQUILIBRE ÉCONOMIQUE

A ~ L'ophélimité est un concept majeur dans la théorie parétienne de l'économie pure

- **L'utilité économique sera définie par l'ophélimité**. « *L'ophélimité pour un individu est le plaisir que lui procure la quantité consommée d'un bien.* » Les goûts sont déduits du plaisir que les biens procurent aux hommes, c'est-à-dire leur utilité. L'utilité est donc une relation exclusive entre un homme et une chose qui satisfait un besoin et elle augmente lorsque la consommation du bien augmente.

  Cependant, cette utilité n'est pas définie dans l'absolu, elle dépend du contexte dans lequel elle s'inscrit. La valeur de l'ophélimité d'un bien ne peut-être déduite de la loi de l'offre et de la demande, donc sa mesure est indéterminée car dépendante des autres biens, d'où la nécessité de parler de « *systèmes d'indices d'ophélimité* ». On passe ainsi d'une utilité cardinale (concept jusqu'alors utilisé par les néoclassiques) mesurable à une utilité ordinale ou ophélimité qui n'est pas mesurable mais avec laquelle on peut seulement classer les préférences.

■ **Les courbes d'indifférence permettent de représenter l'utilité des consommateurs**. En effet, il est indifférent à l'individu de combiner des quantités de biens différents (séries d'indifférence) à partir du moment où ces combinaisons lui procurent la même utilité (représentées par une courbe d'indifférence) ; les points d'une courbe d'indifférence ont le même indice d'utilité. « *Sur une ligne d'indifférence, il faut augmenter la quantité d'une marchandise pour compenser la diminution de la quantité d'une autre* » dans des proportions différentes, ce qui justifie la forme convexe de ces courbes. Le choix se fera en fonction de l'indice d'ophélimité c'est-à-dire du plaisir qu'éprouve l'individu lorsqu'il jouit de la combinaison qui correspond à un indice donné. Dans la réalité, les courbes d'indifférence sont discontinues, mais si l'on veut appliquer, en économie politique, les principes que l'on retrouve dans la plupart des sciences, il faut remplacer les variations discontinues par des variations continues afin de déterminer l'équilibre.

B ~ La définition de l'équilibre économique suppose des conditions

■ **L'offre et la demande sont deux concepts souvent mal employés qui dépendent de toutes les circonstances de l'équilibre économique**. « *Même aujourd'hui, il est difficile de trouver parmi les économistes non mathématiciens des auteurs qui savent ce que signifient ces termes dont ils se servent à tout propos.* » L'offre est la quantité de marchandise qu'un individu, arrivé au point d'équilibre, a donnée alors que la demande est celle qu'il a reçue. Ces offres et demandes dépendent de leurs prix respectifs, des prix des autres biens échangés et de l'ensemble des conditions de l'équilibre.

■ **En concurrence, plusieurs conditions doivent être respectées pour arriver à l'équilibre**. La première condition du côté de la demande est que les ophélimités pondérées par les prix de toutes les marchandises soient égales. « *On a ainsi, pour chaque individu, autant de conditions qu'il y a de marchandises moins une.* » À cette condition (appelée A), il faut une condition (B) de budget (un budget par individu). Ainsi, le nombre total de conditions sera « *égal au nombre des individus multiplié par le nombre de marchandises moins une* », une des marchandises servant en fait de monnaie. Les conditions B complètent les conditions A, mais pour avoir le nombre total d'inconnues, il faut y ajouter le nombre de prix (n – 1 marchandises). Ce sont les conditions se référant aux obstacles (c'est-à-dire à la production) qui lèveront ces inconnues. Le nombre total d'inconnues est ainsi égal au nombre total des conditions (A + B + C) et le problème est résolu du côté de la demande.

L'équilibre est trouvé du côté de la production lorsque le prix de vente est égal au coût de production (condition D). Enfin, il faut qu'il y ait égalité des quantités de marchandises demandées et des quantités de ces marchandises effectivement produites (condition E).

■ **La notion de valeur doit se limiter à la notion de prix**. La valeur ne doit pas apparaître comme « *une incarnation mystérieuse* », elle se manifeste par le prix et il faut se limiter à cette mesure de la valeur. Le terme de valeur n'a pas été défini de manière suffisamment précise. « *Il vaut mieux comme M. Walras se servir de la notion de prix d'une marchandise B en une marchandise A.* » La valeur existe par le prix et « *tout économiste qui cherche la cause de la valeur montre par là qu'il n'a rien compris au phénomène synthétique de l'équilibre économique* ». L'utilité (ophélimité) n'est pas la cause de la valeur. La valeur n'existe que par sa manifestation en termes de prix.

3. Les goûts et les obstacles permettent simultanément de définir l'équilibre économique

A ~ Les goûts ou le rôle de la consommation dans la définition de l'équilibre économique

■ **L'ophélimité d'une marchandise ne dépend pas seulement de la quantité consommée de cette marchandise mais aussi de la consommation d'autres marchandises**. Cette dépendance peut être perçue de deux manières : le plaisir que nous procure une consommation est jointe à d'autres (cas des biens complémentaires) ; on peut substituer une marchandise à une autre pour produire des plaisirs identiques (biens substituables). On doit donc tenir compte de cette dépendance lorsque les variations sont très étendues, mais on peut se limiter, dans le cas de variations très petites (au voisinage d'une position d'équilibre), à définir l'ophélimité d'un bien à partir des seules quantités consommées de ce bien (dans un but de simplification théorique).

■ **Lorsque les conditions changent, l'équilibre doit être redéfini**. « *Nous devons toujours distinguer entre les changements qui surviennent dans de courtes périodes et ceux qui surviennent après de longues périodes.* » Ainsi, on peut s'écarter du phénomène concret. Pour que la théorie se rapproche le plus possible du concret, il faut que le phénomène étudié se situe au voisinage de l'équilibre car « *nous manquons de données pour savoir comment les choses se passeraient si les conditions de fait du système venaient à être considérablement modifiées* » et que les phénomènes étudiés se répètent afin d'éliminer les variations accidentelles. En économie politique, on ne peut espérer que toutes les conséquences d'une hypothèse soient vérifiées par les faits. « *Certains ont cru que, par le seul fait qu'elle se sert des mathématiques, l'économie politique aurait acquis dans ses déductions la rigueur et la certitude des déductions de la mécanique céleste. C'est là une grave erreur.* »

■ **Les ophélimités sont hétérogènes et décroissantes**. On ne peut ni les sommer ensemble, ni les comparer, « *no bridge comme disent les Anglais* ». Cette ophélimité est toujours positive et le montant des dépenses augmente avec le revenu. L'ophélimité élémentaire, c'est-à-dire le quotient du plaisir d'une nouvelle très petite quantité d'un bien divisé par cette quantité, décroît quand la quantité consommée augmente. « *À mesure qu'augmente la quantité consommée, non seulement le plaisir que procurent de nouvelles petites quantités égales ajoutées à la consommation diminue mais de plus les plaisirs que procurent ces petites quantités tendent à devenir égaux* », ce qui vérifie la tendance à l'égalisation des utilités marginales pondérées par les prix.

B ~ Les obstacles à satisfaire les besoins ou la place de la production dans la définition de l'équilibre économique

■ **Les courbes d'indifférence des obstacles permettent de représenter les conditions techniques**. Tout comme l'*homo œconomicus*, l'entreprise est une abstraction. Elle n'est qu'un moyen pour étudier les différentes fonctions du producteur. L'étude de l'entreprise est différente selon qu'elle se situe en concurrence ou en monopole. Ainsi, en concurrence, une entreprise ne peut pas modifier les prix alors qu'en monopole, elle en a la possibilité. Cependant, le but est toujours de réaliser le maximum de profit. Pareto parle d'obstacles pour qualifier l'étude de la production car il faut se procurer des biens pour en produire d'autres en quantités limitées.

La démarche du producteur est la même que celle du consommateur. Sur chaque ligne d'indifférence, le producteur obtiendra le même bénéfice. À la différence du consommateur, le producteur est guidé non pas par des considérations d'ophélimité mais par des considérations de quantités de marchandises. En concurrence, les consommateurs vont changer leurs positions jusqu'à ce que tous soient satisfaits afin de « *s'élever autant que possible sur la colline du plaisir* » ; par contre, le producteur cherchera le maximum de profit afin de « *s'élever aussi haut que possible sur la colline du profit* ».

- **L'entreprise détermine les coefficients de production**. Les coefficients de production ne dépendent pas uniquement des conditions techniques de production ; ils résultent aussi des prix de ces facteurs. « *Ces coefficients ne peuvent se déterminer indépendamment des autres inconnues de l'équilibre économique.* » En concurrence, l'entreprise, après des calculs successifs, aboutira à établir sa production lorsque son coût de production sera minimum. Le marché va permettre dans cette mesure d'orienter l'activité non pas au service des entrepreneurs mais au service des consommateurs.

  À l'équilibre, les coûts de production sont égaux au prix de vente et « *la somme en numéraire de ce que vendent les entreprises est égale à la somme dépensée par la consommation et la somme de ce qu'achètent les entreprises est égale à la somme des revenus des individus de la collectivité.* » Pour chaque type de production, il y aura un coût minimum de production qui déterminera le nombre d'entreprises sur le marché. À ces niveaux, les entreprises ne font ni profit, ni perte.

4. ÉQUILIBRE ÉCONOMIQUE ET OPTIMUM COLLECTIF

A ~ La définition de l'équilibre économique

- **Le point d'équilibre sera trouvé au point d'intersection de la ligne d'équilibre des goûts et de celle des obstacles**. Lorsque l'équilibre est trouvé du côté des goûts des consommateurs au point de tangence entre le sentier et la courbe d'indifférence, puis du côté des obstacles des producteurs au point de tangence entre le sentier et la courbe d'indifférence des obstacles, on aura un équilibre général. « *Les prix sont des variables utiles mais pas indispensables* » car ces derniers naissent seulement de l'opposition des goûts et des obstacles. Avec cette démarche, l'économie politique cesse d'être un genre littéraire pour devenir « *une science positive* ».

- **L'équilibre économique résulte de l'opposition qui existe entre les goûts et les obstacles**. Le problème économique naît de l'existence de goûts et d'obstacles à la satisfaction de ces goûts donc de la rareté. Si on pouvait disposer à discrétion de tous les biens, il n'y aurait pas de problème économique. Il y a plusieurs possibilités pour donner satisfaction à ces goûts et triompher de ces obstacles, il est donc intéressant de rechercher la meilleure solution. À l'équilibre, les mouvements permis par les obstacles sont empêchés par les goûts et les mouvements permis par les goûts sont empêchés par les obstacles. L'équilibre économique est l'état qui se maintiendrait indéfiniment s'il n'y avait aucun changement des conditions observées. Si cet équilibre est faiblement modifié, il se rétablira de lui-même, c'est un équilibre stable. Cet équilibre est le résultat des mouvements réels des comportements des acteurs et non le fruit d'un raisonnement abstrait.

B ~ L'optimum collectif et la différenciation entre théorie et phénomènes concrets

- **L'optimum collectif est atteint lorsqu'une augmentation de l'ophélimité de certains conduirait à une baisse de celle d'autres dans une proportion au moins égale**. Du côté de la consommation, le point d'équilibre se trouve au point de tangence de la droite de budget à la courbe d'indifférence. À ce point, les membres de la collectivité auront le maximum d'ophélimité car « *tout petit déplacement à partir de cette position a nécessairement pour effet d'augmenter l'ophélimité dont jouissent certains individus et de diminuer celle dont jouissent d'autres : d'être agréable aux uns, désagréable aux autres* ». Du côté de la production, il faut rechercher les meilleurs coefficients de production qui assurent le maximum d'ophélimité. Sur ce plan, « *l'État collectiviste, mieux que la concurrence, semble pouvoir porter plus haut le point d'équilibre sur la ligne des productions* ». Mais à force de poursuivre les intérêts des syndicats ouvriers et des idéaux humanitaires, il s'éloigne de l'optimum collectif qui ne peut être atteint que par un raisonnement économique sans autres considérations.
- **L'étude de l'économie pure est un préalable nécessaire mais pas suffisant pour comprendre l'économie réelle**. La consommation n'est pas uniquement déterminée par l'ophélimité mais aussi par la coutume. La concurrence ne guide pas nécessairement les économies industrielles et donc, les coefficients de production ne donnent pas obligatoirement le maximum d'ophélimité. Les phénomènes concrets diffèrent ainsi des phénomènes abstraits. « *Les théories n'ont qu'une action très limitée sur la détermination des actes des hommes, l'intérêt personnel et les passions ont beaucoup plus de part.* » Les phénomènes économiques dépendent souvent des intérêts des classes au pouvoir. « *Si l'homme réel n'était qu'un* homo œconomicus, *l'apparence du phénomène différerait beaucoup moins de la réalité... il est aussi un* homo éthicus *et tout intérêt particulier cherche à se cacher sous la forme de l'intérêt général.* » C'est pour cela qu'il peut y avoir un écart entre la théorie et les faits.

Ce livre peut apparaître aussi bien comme un épouvantail, difficile, austère et mathématisé que comme une contribution lumineuse à la théorie économique pure. Pareto s'oppose souvent très vivement aux économistes qu'il appelle « littéraires » pour leur opposer une démarche scientifique rigoureuse. Il s'oppose aussi, avec des propos parfois réactionnaires, aux dérives idéologiques collectivistes, sentimentalistes et humanitaires des États et des syndicats. Ce livre est d'un apport crucial à la théorie microéconomique de la consommation avec le concept d'ophélimité, et de la production avec la prise en compte de la variation des coefficients de production. Il montre la volonté de l'auteur d'être scientifique par le recours aux mathématiques et d'être compris par la simplicité de son langage.

DU TRAVAIL POUR TOUS DANS UNE SOCIÉTÉ LIBRE

William BEVERIDGE

En 1944, paraît l'édition originale de l'ouvrage de W. Beveridge, (pour l'édition française, Domat-Montchrestien, 1945, 450 p.) qui complète son rapport de 1942 sur l'Assurance sociale. Pour éviter le retour d'un chômage de masse quand la guerre sera achevée, Beveridge élabore une politique de « pleine occupation », largement inspirée de l'œuvre de J.M. Keynes, et dont la réussite est conditionnée par la prise de conscience collective de sa nécessité.

1. La paix revenue, il sera nécessaire de mettre en œuvre une politique de plein emploi

A ~ En temps de guerre, le plein emploi a été atteint

■ **Au cours des deux conflits mondiaux, le nombre de chômeurs a considérablement régressé.** « *Le seul remède souverain au chômage qui ait été découvert jusqu'ici par les démocraties est la guerre totale* [...]. *La demande de main-d'œuvre, dans une guerre totale est insatisfaite et insatiable* ». En Grande-Bretagne, au cours des années quarante, la mobilisation de la main-d'œuvre a été telle que le nombre d'actifs occupés civils était plus élevé qu'en temps de paix, malgré l'accroissement du nombre de soldats.

■ **L'intervention de l'État, à l'origine du plein emploi en période de guerre, pourra être poursuivie en temps de paix.** « *Le nombre d'emplois n'est pas une donnée fixe* [...]. *Il peut être augmenté pour autant que le Gouvernement désire suffisamment le faire* ». Certaines actions de l'État ne sont envisageables qu'en temps de guerre : il en est ainsi de l'accroissement astronomique de la dette publique et du poids extrême des impôts imposés par le financement de l'effort de guerre. D'autres actions de l'État sont justifiées par la situation de guerre mais pourraient subsister en période de paix, au prix de quelques modifications : il s'agit, par exemple, du contrôle des prix, des salaires et des profits. Enfin, des actions menées en temps de guerre sont tout à fait opératoires en période de paix ; pour cela, « *il faut dire quel sera l'objet commun des besoins admis à être satisfaits et faire en sorte que l'argent nécessaire à cet effet soit dépensé effectivement pour faire face à ces besoins jusqu'à la limite du potentiel humain disponible* ». Ce sont alors les dépenses de l'État qui permettront d'atteindre le plein emploi. En effet, si « *les dépenses des citoyens privés sont limitées financièrement par leurs ressources et par le crédit, rien ne limite financièrement les dépenses de l'État à l'intérieur de ses frontières* ».

B ~ Le soutien à la demande globale constituera l'axe principal de la politique de plein emploi en temps de paix

■ **L'essentiel sera d'assurer « *un décaissement total suffisant* ».** Le « *décaissement* » (outlay) correspond aux « *dépenses d'argent qui se traduisent* *par des commandes de produits courants de l'industrie* » (industrie étant synonyme ici d'activité humaine). Le « *décaissement* » total correspond à la demande globale (privée et publique) et le « *décaissement* » public, aux dépenses publiques. Il s'agira de « *rendre l'État expressément responsable de garantir à chaque instant un décaissement suffisant,* [...], *pour occuper tout le potentiel humain disponible* ». Par exemple, la croissance de l'investissement public devra plus que compenser la chute ou le ralentissement de l'investissement privé... C'est par une politique budgétaire active qu'il y parviendra.

- **L'orthodoxie de l'équilibre budgétaire et de la compression des dépenses publiques devra être rejetée.** Les nouvelles règles de la politique budgétaire seront les suivantes : « *le décaissement total devra, à toute époque, être suffisant pour la pleine occupation* [...]. *Les décaissements devront être aménagés suivant les priorités sociales* [...]. *L'impôt plutôt que l'emprunt devra fournir les moyens du décaissement* ». La première de ces règles aura un caractère intangible. La seconde oriente le « *décaissement* » public vers l'éradication des « *maux sociaux géants* » : insalubrité, misère, maladie et ignorance. Enfin, la légitimité de la troisième règle tient à ce qu'il serait « *de mauvaise politique d'accroître le nombre et la richesse des rentiers ; ces gens feraient valoir à l'encontre de la communauté des droits qui leur permettraient de vivre aux frais de la communauté sans travailler, tout en ayant l'âge et la capacité de travailler* ». De plus, choisir l'impôt plutôt que l'emprunt permet la baisse des taux d'intérêt qu'il faut considérer « *comme une partie intégrante de tout plan de pleine occupation* ».
- **Il conviendra d'inclure la politique budgétaire dans une planification nationale qui seule pourra assurer la satisfaction des besoins collectifs.** Ce plan, élaboré par un nouveau ministère des Finances nationales et approuvé par le Parlement, coordonnera les interventions publiques en matière d'investissements et d'aides aux entreprises privées. Par ailleurs, la nationalisation de la Banque centrale – et non des banques commerciales – assurera le contrôle du crédit. En outre, subsidiairement, la politique de plein emploi devra s'accompagner du contrôle de la localisation des activités et de l'organisation de la mobilité du travail. Il faudra, par exemple, « *supprimer les obstacles aux déplacements du travail* » provenant des individus eux-mêmes – en cas de chômage durable, l'individu devra « *accepter tout emploi qui lui sera offert à condition qu'il soit bien rémunéré* » – ou de réglementations des professions trop restrictives. « *L'État, les chefs d'entreprises et les ouvriers eux-mêmes, devront prendre en charge leur part de cette organisation* ».

2. La mise en œuvre de la politique de plein emploi est conditionnée par la prise de conscience collective de sa nécessité

A – Le plein emploi est une condition essentielle à l'expansion des échanges multilatéraux

- **Le plein emploi est nécessaire à l'expansion du commerce international.** Pour les pays en situation de plein emploi, « *les exportations ne sont désirables que comme moyen de payer les importations* ». Élevant la demande mondiale, ces pays contribuent à accroître le niveau de vie mondial. Pour les pays en situation de chômage massif, les exportations enclenchent le mécanisme du multiplicateur keynésien qui contribue à faire baisser le chômage. Toutefois, le risque est grand de voir ces pays restreindre leurs importations pour « *chercher à* *se tirer d'affaire aux dépens d'autres pays* », provoquant ainsi une dépression généralisée. C'est pourquoi, chaque pays devra mettre en œuvre une politique de plein emploi en concertation avec ses partenaires commerciaux et renoncer à considérer le commerce international comme « *un moyen d'exporter le chômage* ».

- **Deux autres conditions doivent être réunies.** En premier lieu, tous les pays pratiquant l'échange multilatéral doivent équilibrer leur balance globale des paiements, même s'ils sont en situation de plein emploi. Cette condition concerne particulièrement les pays excédentaires qui doivent accroître leurs prêts au reste du monde (ou leurs importations si c'est possible) afin de ne pas limiter l'expansion de la demande mondiale. Ensuite, la politique commerciale des pays doit être suffisamment stable et continue. Des revirements brutaux et unilatéraux des politiques menées par les pays participant à l'échange ne peuvent que nuire à la croissance : « *on ne peut pas s'attendre à ce qu'un voisin inconstant soit un bon voisin ou un voisin avec lequel il est prudent d'avoir beaucoup de relations* ».

B ~ Au plan intérieur, les répercussions du plein emploi ont suscité des inquiétudes excessives

- **Le plein emploi ne conduit pas nécessairement à une diminution de la discipline des salariés et de leur efficience.** Le plein emploi confère aux travailleurs un pouvoir de négociation élevé. Ils pourraient alors relâcher leurs efforts et se montrer moins disciplinés. Cependant, rien n'est moins sûr. Par exemple, le sentiment d'appartenance à l'entreprise se renforcera du fait de conditions de travail jugées plus justes, et l'efficience du travail croîtra. Par ailleurs, « *une communauté civilisée doit trouver d'autres solutions que la misère pour maintenir la discipline et l'efficience industrielles* ».
- **Le plein emploi n'implique pas systématiquement une poussée de l'inflation.** Le plein emploi permet aux organisations syndicales de peser sur les hausses de salaires qui, dépassant les gains de productivité, alimenteraient l'inflation. Pour y faire face, il conviendra d'unifier la politique des salaires en invitant les syndicats à tenir compte de la situation économique globale. En cas de désaccord sur les hausses de salaires, un arbitre indépendant pourra intervenir, « *à la lumière de tous les faits et en vue d'une équité générale* ». Enfin, l'État contrôlera les prix des produits essentiels et de ceux dont l'offre est momentanément réduite.
- **La mise en œuvre de la politique de plein emploi ne nécessite pas la socialisation de la production.** « *La politique de pleine occupation exposée ici est une politique de socialisation de la demande plutôt qu'une politique de socialisation de la production* ». Toutefois, si et seulement si, les grandes entreprises privées profitent de la situation de plein emploi et de leur position de monopole pour exploiter les consommateurs en haussant leurs prix ou si elles n'accroissent pas leurs investissements malgré les aides de l'État et la croissance de la demande, « *on ne pourrait pas maintenir plus longtemps la propriété privée* ». En revanche, il n'y a aucune raison de nationaliser les petites entreprises soumise, par nature, à la concurrence.

C ~ La politique de plein emploi est un impératif social

- **La politique de plein emploi préserve la cohésion sociale.** L'accroissement du chômage implique le développement de la misère. Par ailleurs, il engendre deux autres maux parmi les plus graves : « *le premier est le fait que les hommes se croient inutiles, indésirables et sans patrie ; le second est que les hommes vivent dans un état de crainte et que la crainte engendre la haine* ». À l'opposé, en réduisant le chômage à son niveau minimum (chômages frictionnel et saisonnier), la politique de « *pleine occupation* » renforce la cohésion sociale.

Elle traite l'homme « *comme un but et non comme un moyen* », et l'émancipe en le libérant de la misère. De plus, elle garantit toutes les libertés essentielles, y compris celle de changer d'emploi.

- **La politique de plein emploi accroît le bien-être de tous.** « *Nous devons décider de remédier au chômage sans guerre.* » C'est notre « *haine pour les maux géants* » qui nous permettra d'y parvenir : « *nous devrions considérer le besoin, la maladie, l'ignorance et l'insalubrité comme les ennemis communs de tous, non comme des ennemis avec lesquels chaque individu serait tenté de conclure une paix séparée, de façon à retrouver personnellement son bien-être tout en laissant ses compagnons dans la misère* ». Par conséquent, la politique de plein emploi, en s'attaquant avec énergie aux quatre « *maux sociaux géants* », en abolira un cinquième : l'oisiveté. En outre, le chômage conduit à une perte de richesse matérielle pour tous du fait de la sous-utilisation de la main-d'œuvre : toutes choses égales par ailleurs, le plein emploi accroît la production et donc les revenus.

L'analyse de Beveridge témoigne des préoccupations de son époque : après la terrible dépression des années trente et la tragédie de la guerre totale, comment accroître le bien-être de tous, en préservant les libertés et la démocratie ? Un demi siècle plus tard, la même question mérite d'être posée. Précisément, la dernière phrase de son livre résume le défi auquel nos sociétés industrialisées sont confrontées : « si la pleine occupation n'est pas conquise ou conservée, aucune liberté ne sera sauve, car, pour beaucoup, elle n'aura pas de sens ».

FICHE 4

INFLATION ET SYSTÈMES MONÉTAIRES

Milton FRIEDMAN

Dans cet ouvrage (Calmann-Lévy, 1976, 312 p.), M. Friedman se présente lui-même comme un agitateur d'idées : « l'histoire de la science et des techniques a montré maintes et maintes fois que c'est le tortueux, le marginal, l'empêcheur de penser en rond, qui découvre un nouveau point de vue, invente, révèle une voie originale, et remet en question les erreurs longtemps admises ». Ce livre se compose de huit conférences faites entre 1953 et 1969. Les conférences sont rassemblées en trois parties. Dans la première, M. Friedman traite de l'inflation en cherchant une « réhabilitation de la théorie quantitative de la monnaie ». Dans la seconde, il propose une redéfinition des politiques monétaires. Dans la troisième, il s'attaque à la « réforme du système monétaire international ». Nous suivrons ici ce plan, sans pour autant respecter l'ordre dans lequel sont publiées les conférences et en rassemblant pourtant les deuxième et troisième parties à l'intérieur d'une même partie.

1. L'INFLATION

L'inflation est un dérèglement économique grave dû à une offre de monnaie trop forte:

A ~ L'inflation est un dérèglement majeur de l'économie de marché

- **Pour M. Friedman, l'inflation est le dérèglement économique le plus grave puisqu'il remet en cause les fondements mêmes de l'économie de marché.** En effet, l'économie de marché représente non seulement le système le plus efficace mais aussi celui qui garantit la liberté des individus. Donc, pour préserver la liberté, « *il faut limiter le rôle du gouvernement et accorder une importance primordiale à la propriété privée, au libre marché et aux accords de volonté* ». L'inflation résume une situation où le gouvernement dispose de trop de pouvoir, où la valeur des avoirs devient instable, où le libre marché ne peut plus fonctionner et où les accords de volonté ne peuvent s'exprimer faute de signaux crédibles.
- **L'inflation fait obstacle à la flexibilité des prix et donc entrave le processus de régulation.** Il faut ajouter que M. Friedman identifie l'inflation à la hausse du niveau général des prix, qu'il met en avant l'évolution du taux d'inflation plus que le niveau de l'inflation comme dérèglement majeur et qu'il situe son analyse dans le long terme.

  La mise en cause de l'économie de marché vient plus précisément du fait que les agents économiques, anticipant l'évolution de l'inflation ou de la déflation, vont alors modifier leurs comportements de dépenses influant ainsi sur les prix et sur les revenus réels.

Plus fondamentalement, l'inflation, quand elle acquiert une dynamique cumulative sous la forme de l'hyperinflation, dévalorise la monnaie compromettant ainsi sa fonction essentielle de permettre l'échange sans passer par le troc. M. Friedman retrouve ici Lénine, qu'il cite, pour qui « *le moyen le plus efficace de détruire une société consiste à détruire sa monnaie* ».

B ~ L'inflation est un phénomène monétaire

- **L'inflation provient de l'offre de monnaie.** M. Friedman mentionne certaines explications de l'inflation pourtant avancées par les économistes libéraux pour les écarter : « *En cette matière, mes préférences personnelles me porteraient plutôt à penser (comme le font la plupart des hommes d'affaires) que l'inflation est le résultat de l'action conjuguée des syndicats et des grands monopoles ou, encore, comme une large fraction de l'opinion le croît, qu'elle provient d'un déséquilibre budgétaire* ».

  Mais « *l'inflation est toujours et partout un phénomène monétaire* » et c'est le gouvernement qui, en augmentant la quantité de monnaie plus rapidement que ne le requiert la hausse de la production, provoque l'inflation. Cela ne signifie pas que d'autres facteurs n'interviennent pas, cela veut dire que, pour qu'il y ait inflation, il faut que ces facteurs donnent lieu à une expansion monétaire. Si l'offre de monnaie n'augmente pas, ces facteurs modifieront seulement les prix relatifs, ce qui peut être nécessaire comme en témoigne la hausse du prix du pétrole.

  Le remède contre l'inflation s'avère simple : « *Le seul moyen dont dispose le gouvernement pour lutter contre l'inflation consiste à dépenser moins et à fabriquer moins de monnaie* ». Ce remède doit aussi être appliqué par l'ensemble de la société : « *Le moyen de traiter l'inflation consiste à freiner l'ensemble des dépenses* ».

- **Les causes de l'expansion monétaire ont été très différentes selon les lieux et les époques.** M. Friedman évoque les découvertes d'or au XIXe siècle, la « *planche à billets* », le Gold Exchange Standard... Mais « *la politique de plein emploi fait, à ce titre, figure d'innovation moderne* ». Les relations de causalité entre l'augmentation de la masse monétaire et les prix passent par l'analyse des comportements qui explique pourquoi l'augmentation de la quantité de monnaie influence les prix et pourquoi cette influence s'exerce avec un certain retard.

- **L'augmentation de l'offre de monnaie provoque une modification des comportements des agents économiques.** Les agents économiques, ayant une idée précise et stable du montant de l'encaisse de monnaie en valeur réelle désirée et du rapport entre cette encaisse et leur revenu réel, vont modifier leurs dépenses quand le gouvernement augmentera l'offre nominale de monnaie.

  Dans un premier temps, ils dépensent plus suite à l'augmentation des revenus nominaux et leur offre de travail croît augmentant ainsi la production. La hausse des prix qui en résulte, si la croissance des dépenses résultant de celle de l'offre nominale de monnaie est supérieure à l'augmentation de la production, provoque une baisse de la valeur réelle des encaisses monétaires.

  Donc, dans un second temps, les agents vont modifier leurs comportements. Ils vont chercher à reconstituer la valeur réelle de leurs encaisses en diminuant leurs dépenses et en augmentant leurs encaisses nominales. Ils diminuent aussi leur offre de travail après que l'illusion monétaire résultant de la hausse de leurs revenus nominaux se soit dissipée. Le processus acquiert une dimension cumulative si les agents anticipent la poursuite de l'inflation.

  La relation de causalité est inverse dans le cas d'une diminution de l'offre nominale de monnaie. Il reste à vérifier empiriquement la relation entre l'évolution de la masse monétaire et l'évolution du niveau général des prix ; ce que fait M. Friedman en présentant de nombreux graphiques appuyant ses propos.

C ~ Les effets de l'inflation

■ **L'inflation n'a pas que des effets négatifs.** M. Friedman semble d'ailleurs conclure qu'elle a plutôt des effets favorables à court terme. Étudiant les relations entre l'inflation et le développement économique, M. Friedman identifie les deux grands arguments quant aux effets favorables attribués à l'inflation : « *Le premier consiste à dire que l'inflation permet d'opérer une redistribution des richesses et des revenus. Cela signifie qu'on retire une part de leur revenu aux classes salariées, qui sont censées le dépenser tout entier, pour la donner aux détenteurs de profits, qui sont censés à la fois posséder plus qu'il leur faut pour vivre et réaliser des investissements productifs. Ou encore, qu'on effectue un transfert des capitaux des créanciers, c'est-à-dire ceux qui prêtent de l'argent aux autres mais sont eux-mêmes considérés comme improductifs, vers les débiteurs, c'est-à-dire les emprunteurs dont on suppose qu'ils utilisent l'argent qu'on leur prête dans une optique plus productive. Le second argument avancé pour défendre le point de vue selon lequel l'inflation favorise le développement, repose sur l'idée que l'émission de monnaie constitue une source de revenus pour le gouvernement, qu'il peut utiliser pour stimuler la croissance* ».

La critique de M. Friedman est fondée sur une analyse des comportements des agents. Le transfert de richesses peut avoir un effet favorable sur le développement lorsque l'inflation est « *inattendue* ». Si l'inflation est anticipée, les agents vont adopter des stratégies visant à se protéger et feront ainsi obstacle au transfert. L'augmentation de recettes pour le gouvernement résultant de l'inflation est identifiée par M. Friedman comme un « *impôt sur les encaisses* ». Les effets positifs de l'utilisation par le gouvernement de cet impôt sont largement contrebalancés, selon M. Friedman, par les effets négatifs découlant du caractère « *illégal* » de cet impôt et de la perte de revenu pour les catégories sociales victimes de l'inflation. M. Friedman défend ici l'argument que ce sont les salariés et la classe moyenne qui sont le plus touchés par l'inflation.

■ **L'inflation n'a pas d'effet sur l'activité et sur l'emploi.** L'augmentation de l'offre nominale de monnaie peut créer les conditions d'une expansion économique et diminuer le chômage. Cependant, si elle n'est pas soumise à des règles strictes, elle provoque l'inflation et, inéluctablement, le chômage : « *Je ne pense pas qu'il y ait à choisir entre l'inflation et le chômage. Le problème se pose entre l'aggravation de l'inflation et le chômage, ce qui signifie que le véritable enjeu est de savoir si l'on préfère le chômage tout de suite ou plus tard* ».

2. La politique monétaire et le système monétaire international

Il est nécessaire de contrôler strictement l'évolution de la masse monétaire et d'opter pour un système monétaire international de changes flottants.

A ~ Le contrôle du pouvoir monétaire

■ **Paraphrasant Poincaré, M. Friedman pense que : « *la monnaie est une chose trop importante pour être laissée entre les mains des banques centrales* ».** Quelles solutions adopter, dans une société libre, pour contrôler le pouvoir monétaire ? M. Friedman étudie les trois solutions rationnellement envisageables : le bien étalon, la banque centrale indépendante et les règles strictes qui limitent la marge d'initiative des autorités monétaires.

- **La solution du bien étalon, plus précisément l'étalon-or, qui impose des limites strictes à la création monétaire fut la solution que les sociétés développées adoptèrent en premier.** Elle présente un coût économique puisqu'il faut consacrer des facteurs de production à l'extraction du bien étalon ; elle présente aussi un danger inflationniste en cas de production trop importante du bien étalon. Les systèmes monétaires ont donc évolué vers des systèmes mixtes incorporant des monnaies fiduciaires. Le caractère fiduciaire de la monnaie impliquait un contrôle de l'État mais aussi une tentation pour l'État d'abuser de son pouvoir monétaire.
- **La solution des banques centrales indépendantes fut adoptée pendant l'entre-deux-guerres.** M. Friedman évoque sur ce sujet, à plusieurs reprises, les *Mémoires* d'E. Moreau, gouverneur de la Banque de France entre 1926 et 1928. Cette solution ne peut être durable. Elle demeure tributaire de la personnalité de ceux qui exercent le pouvoir monétaire. M. Friedman cite sur ce point la politique catastrophique du Fed (Federal Reserve System) entre 1929 et 1931 qui contracta la masse monétaire entraînant l'économie américaine dans une déflation cumulative. Elle crée aussi les conditions d'un éparpillement des responsabilités entre le pouvoir budgétaire et le pouvoir monétaire. Selon M. Friedman, l'indépendance de la banque centrale ne peut résister longtemps au pouvoir du gouvernement et le pouvoir monétaire cède face au pouvoir budgétaire. Elle peut conduire à des politiques erronées en privilégiant notamment la régulation des taux d'intérêt au détriment du contrôle de la masse monétaire. La fixation des taux d'intérêt doit revenir aux marchés. Il reste donc la troisième solution : la politique monétaire doit obéir à des règles strictes d'émission.

B ~ Les règles strictes de la politique monétaire

- **Il faut contrôler l'évolution de la masse monétaire.** Les politiques monétaires keynésiennes ont tendance à privilégier l'action par les taux d'intérêt. Pour M. Friedman, la relation entre le niveau des taux d'intérêt, ou ses fluctuations, et les taux de variation du revenu nominal, de la production et des prix, est beaucoup moins claire que celle qui relie les variations de la quantité de monnaie aux fluctuations de ces variables.

  Selon lui, il faut donc recourir à une politique monétaire retrouvant la neutralité de l'étalon-or sans en subir les inconvénients : « *Dans l'état actuel de nos connaissances, il me semble souhaitable d'instituer un dispositif réglementaire destiné à contrôler le comportement de la masse monétaire. À ce propos, je dois souligner que j'entends par masse monétaire l'ensemble de la monnaie en circulation, plus les dépôts dans les banques. Je voudrais également faire remarquer qu'il serait bon que le Federal Reserve System tienne compte de l'accroissement du montant global de la masse monétaire ainsi définie, qui s'élève de mois en mois et de jour en jour à un rythme annuel de X %, X se situant entre 3 et 5 %* ».
- **M. Friedman refuse une quatrième solution : celle d'une banque centrale menant une politique monétaire discrétionnaire en vue de réguler l'activité économique.** Cette solution était celle proposée par Keynes. Selon M. Friedman : « *Keynes pensait que la relation entre le revenu national et la quantité de monnaie, que les économistes appellent la vitesse de circulation de la monnaie était à la fois instable et aléatoire, en particulier en situation de sous-emploi* ». Il pensait aussi que l'économie capitaliste était soumise à des pressions déflationnistes puisque toute augmentation du revenu entraînait une augmentation moins que proportionnelle de la consommation. La politique monétaire devait alors relayer la politique budgétaire pour créer les conditions d'un effet multiplicateur.

M. Friedman conteste l'instabilité de la vitesse de circulation de la monnaie car, sur le long terme, le rapport monnaie-revenu et le revenu réel par tête évoluent dans la même direction ; introduisant un nouveau concept, le revenu permanent, il conteste aussi la non-proportionnalité de l'augmentation de la consommation par rapport à celle du revenu ; cela l'amène à récuser l'effet multiplicateur généré par une politique budgétaire volontariste.

C ~ Le système des changes fluctuants

- **Seuls l'étalon-or, la monnaie unifiée et le système des taux de changes fluctuants permettent de réguler les paiements internationaux.** Dans l'hypothèse d'un étalon-or, la question du système monétaire international est résolue. Un véritable étalon-or correspond, en fait, à un système de monnaie unifiée. Il en est de même avec un système de taux de change fluctuants : « *Le point fondamental est qu'une monnaie unifiée et un système de taux de change fluctuants ont tous deux la même nature, bien qu'à première vue, ils semblent très différents. Ils sont tous deux des mécanismes de marché libre, pour les paiements interrégionaux ou internationaux* ». L'étalon-or et la monnaie unifiée étant politiquement impraticables, seul le système de change fluctuant est compatible avec un système de liberté commerciale et financière au niveau international. L'adoption historique d'un « *pseudo Gold Standard* » avec l'intervention des banques centrales dans la fixation des taux de change et l'introduction des réserves internationales pour réaliser les ajustements ne peut qu'entraîner des erreurs de politiques économiques débouchant sur l'inflation, puis sur le protectionnisme et la multiplication des contrôles, comme l'illustre la crise des années trente.
- **Un système de taux de changes fluctuants est nécessaire.** M. Friedman dénonce encore le pouvoir attribué aux institutions politiques. La fixation volontariste d'un taux de change ne peut qu'entraîner des pénuries ou des excédents de telle ou telle devise selon que le taux de change est inférieur ou supérieur à celui qui serait fixé par un marché libre. La fixation du taux de change relève du marché comme la fixation du prix de n'importe quel bien ou service : « *Fixez les prix, et les problèmes se multiplieront ; laissez les prix se déterminer d'eux-mêmes, et les problèmes disparaîtront comme par enchantement* ».

  Le système de change fluctuant supprime de nombreux problèmes en éliminant les liquidités internationales et les interminables et décevantes négociations internationales et en permettant de mettre en œuvre des politiques économiques nationales sur des bases solides. Comme l'écrit M. Friedman : « *Pourquoi ne pas laisser le chien remuer la queue, au lieu de laisser la queue remuer le chien* ». Peut-on craindre les mouvements spéculatifs ? M. Friedman écarte l'argument en affirmant que la plupart des études empiriques illustrent le caractère généralement stabilisateur de la spéculation.

Cet ouvrage a suscité de nombreux débats.

D'abord, la vérification empirique de certaines propositions a été contestée, notamment l'antériorité du gonflement de la masse monétaire sur la croissance du niveau général des prix, la stabilité de la demande de monnaie et celle de la vitesse de circulation de la monnaie.

Ensuite, la vérification empirique pose la question d'une définition pertinente de la monnaie et/ou de la liquidité et de celle du niveau général des prix. Il n'est pas besoin de grands développements pour contester la possibilité d'établir une définition de la quantité de moyens de paiements qui circulent dans l'économie. La multiplication des innovations monétaires et financières pendant les années quatre-vingt rend cette tâche encore plus périlleuse. Par contre, il existe des mesures plus fiables de l'indice du niveau général des prix. Pourtant, des économistes, comme F. Hayek, nient la pertinence d'un indice du niveau général des prix qui rompt avec la méthode « individualiste ».

Enfin, la pertinence des comportements économiques postulés par M. Friedman s'avère contestable. Peut-on conclure comme M. Friedman à l'absence d'illusion monétaire des agents économiques ? Rien n'est moins sûr. Les salaires nominaux demeurent rigides à la baisse ; les comportements en matière d'endettement ne montrent pas que le taux d'intérêt réel soit la variable privilégiée... Les comportements en matière de prix et de revenus semblent plus régis par des normes et des conventions que par des calculs rationnels.

Plus fondamentalement, M. Friedman postule que les ajustements économiques se font au moyen des prix sur des marchés « parfaits ». Le dogme de la « perfection » du marché réapparaît comme un serpent de mer tout au long de l'histoire du capitalisme, sans que jamais personne n'ait pu vérifier sa réalité.

FICHE 5

LA ROUTE DE LA SERVITUDE

Friedrich A. HAYEK

Cet ouvrage est politique, selon les termes même de l'auteur Friedrich A. Hayek. Quand il publie son livre, dédié à tous les socialistes, en 1943 en Grande-Bretagne, cet économiste néo-marginaliste se fixe un but : alerter le public sur les dangers d'une économie dirigée. Il démonte donc les arguments utilisés par les partisans du « planisme », aborde les origines du nazisme avant de proposer quelques pistes pour l'ordre social futur. Traduit en français en 1946, cet essai devenu classique a été réédité en 1993 (PUF, 200 p.).

1. LES CONSÉQUENCES DU COLLECTIVISME

A ~ La dictature économique est l'aboutissement de la planification

- **Les méthodes du collectivisme peuvent servir des fins diverses**. Historiquement, le socialisme constitue la principale variété du collectivisme. Il signifie pour beaucoup la justice sociale, une plus grande égalité, une sécurité économique accrue. Souvent le même mot désigne aussi la méthode pour atteindre ces fins : la création d'un système d'économie planifiée. Pourtant le « *planisme économique* », défini comme « *la direction centralisée de toute l'activité économique conformément à un plan unique, exposant comment les ressources de la société doivent être consciemment dirigées pour atteindre d'une manière déterminée un but déterminé* », peut servir aussi bien à privilégier une « *élite raciale* » que les membres d'un parti. Quelles que soient les fins poursuivies, les divers genres du collectivisme (communisme, fascisme, etc.) entrent en conflit avec la liberté individuelle.
- **Dans une société planifiée, les parlements sont inefficaces à gérer les affaires économiques car leurs décisions sont arbitraires**. La planification économique ne se prête pas aux débats parlementaires et à ses compromis. « *Tout comme pour la stratégie, il serait indispensable de déléguer la tâche à des experts.* » Comme planifier impose de faire des choix, « *il est inévitable qu'ils imposent leur échelle de préférence à la collectivité* ». Au mieux le parlement se contentera de choisir les individus qui recevront un pouvoir pratiquement absolu. Une démocratie formelle peut donc subsister mais il ne suffit pas que le pouvoir prenne sa source dans le peuple pour l'empêcher de devenir arbitraire.

B ~ Le totalitarisme inéluctable

Communisme, fascisme, etc. diffèrent entre eux par la nature du but recherché mais ils veulent organiser l'ensemble de la société et toutes ses ressources en vue de cette fin unique. Ils sont donc totalitaires.

- **Dans une société planifiée, les gouvernements se débarrassent des règles « *immuables et préétablies* » de la loi**. Le respect de la loi est le meilleur critère pour distinguer pays libres et dictatures. Dans les pays libres, les lois « *sont* *conçues a priori, sous forme de règles fixes ne tenant pas compte des préoccupations et des besoins d'une catégorie quelconque de gens* ». Elles restreignent la liberté individuelle en limitant les moyens autorisés pour atteindre des objectifs mais, les règles étant fixées de façon durable, l'individu peut prévoir le comportement de ses partenaires, y compris du gouvernement qui doit aussi s'y soumettre. Pour faire des projets, il faut être en mesure de prévoir les actes du gouvernement susceptibles d'influencer ces projets. Ceci n'est possible que si les mesures étatiques découlent de règles indépendantes des circonstances.

Dans une économie collectiviste, l'autorité hiérarchise les besoins des différentes catégories de citoyens en fonction des circonstances et les lois sont utilisées pour trancher les problèmes se présentant au fur et à mesure. Ainsi, si une politique veut tendre à réaliser l'idéal de la justice distributive, elle sera amenée à détruire l'égalité formelle devant la loi. Les mesures prises peuvent être parfaitement légales du point de vue juridique sans pour autant se conformer à la « *règle de la loi* » qui « *implique une limitation des pouvoirs législatifs, la reconnaissance des droits inaliénables de l'individu, l'inviolabilité des droits de l'homme* ».

- **Le contrôle de l'économie conduit à contrôler toute la vie des individus**. « *L'autorité centrale* » déterminera non seulement le genre et la quantité des biens à distribuer, mais réglementera leur répartition selon des régions et des groupements de population, se réservant au besoin, la possibilité d'une discrimination entre différentes catégories de gens. Le contrôle de la production et des prix permet donc le contrôle de la consommation. Plus grave encore, il suppose un contrôle de l'embauche et/ou des salaires. Comme le plan ne peut tenir compte des préférences individuelles, l'individu sera utilisé au profit d'abstractions telles que le « *bien-être social* » ou le « *salut de la communauté* ». Plus que jamais, il ne sera plus qu'un simple moyen de production.
- **La propagande est indispensable dans une économie planifiée et aborde tous les domaines**. Pour que le système fonctionne il faut que les gens croient dans les buts à la réalisation desquels l'autorité les fait travailler. Les termes anciens sont employés en leur prêtant un sens nouveau : les États totalitaires abusent ainsi des mots : liberté, justice, loi, droit, égalité et vérité. Toute information permettant des comparaisons avec l'étranger est supprimée. Même les sciences sont touchées. « *La tragédie de la pensée collectiviste apparaît là : elle procède d'une conception qui met la raison au-dessus de tout et aboutit à la dégradation de la raison parce qu'elle méconnaît le processus dont dépend le développement de l'intelligence.* »

C ~ L'ascension des « hommes sans scrupules »

- **La redistribution profite aux groupes les plus forts**. L'idéal d'une plus grande équité implique de prendre aux riches mais n'indique pas à qui distribuer. Le planificateur ne sera pas dispensé de « *l'obligation de soupeser à chaque occasion les mérites des groupes et des individus* ». Pour améliorer son sort, chacun doit donc devenir membre d'un groupe organisé capable d'influencer ou de contrôler l'appareil de l'État.
- **Le système sélectionne les pires éléments de la société**. Le groupe qui prend le contrôle des affaires a plus de chances d'être formé par les pires que par les meilleurs éléments de la société, ceux avec le moins d'instruction, les plus dociles à la propagande. Leur rassemblement se fera autour de la haine de l'ennemi. « *L'individu n'est respecté qu'en tant que membre du groupe et dans la mesure où il œuvre pour le but commun.* » Le fait d'agir pour le bien du groupe justifie l'utilisation de n'importe quel moyen. Les collaborateurs de l'État doivent être attachés sans réserve à la personne du chef et être capables de tout quand les fins poursuivies l'exigent. Les perversions des systèmes totalitaires du

XXe siècle ne sont donc pas des accidents mais des phénomènes que le totalitarisme engendre inévitablement. La seule politique vraiment progressive ne reste-t-elle pas alors la politique libérale ?

2. Plaidoyer pour la société libérale

A ~ Le libéralisme est un facteur de progrès

- **Le libéralisme est l'aboutissement de l'évolution de la civilisation occidentale.** La civilisation occidentale est fondée sur l'individualisme hérité de la Grèce, de Rome, du christianisme. L'individualisme évoque souvent, à tort, l'égoïsme pourtant il consiste à « *respecter l'individu en tant que tel, reconnaître que ses opinions et ses goûts n'appartiennent qu'à lui, dans sa sphère* ». Le libéralisme ne connaît pas de règles stables mais un principe fondamental : les forces sociales spontanées doivent jouer un rôle prépondérant « *dans la conduite de nos affaires* » et le recours à la coercition doit être le plus faible possible.
- **Les progrès engendrés par le libéralisme sont réels mais lents.** Le XIXe siècle a permis que toutes les classes de la société prennent conscience de la liberté. Tous comprirent qu'ils disposaient d'un pouvoir sur leur propre destin, qu'ils pouvaient améliorer leur sort. La libération des énergies individuelles entraîna le développement de la science, la liberté industrielle permit le libre usage des connaissances nouvelles. Toutes les classes profitèrent du progrès général mais des points extrêmement sombres subsistaient et certains libéraux confondirent libéralisme et acceptation passive des institutions. « *Il* [le libéralisme] *en vint à être considéré comme un dogme négatif parce qu'il ne pouvait offrir aux individus guère plus qu'une part du progrès commun, progrès qu'on trouvait de plus en plus naturel et en lequel on ne reconnaissait plus le résultat de la politique de liberté.* »

B ~ Concurrence et progrès technique

S'il est admis que le système libéral a permis un vaste progrès, il reste à démontrer que contrairement à ce qu'affirment ses détracteurs il n'est pas condamné par les transformations techniques.

- **La production en série ne mène pas à l'abolition de la concurrence.** La production en série et la baisse des prix qui en résulte ne conduisent pas nécessairement à la disparition des petites entreprises. La constitution de monopoles n'est pas inéluctable. Ceux-ci ne résultent pas tant du progrès technique que de politiques délibérément adoptées.
- **La complexité actuelle de la civilisation industrielle exige la concurrence.** La planification peut être réalisée dans des situations simples « *mais les facteurs à considérer deviennent si nombreux qu'il est impossible d'en avoir une vue synoptique, alors* [...] *la décentralisation s'impose* ». Le système des prix en régime de concurrence est seul capable de transmettre toute l'information nécessaire à chaque agent qui en a besoin en permettant une coordination automatique. C'est ce mécanisme qui a permis la diversité, la souplesse existante. Tout accroissement de la complexité le rend encore plus indispensable.
- **La concurrence ne nuit pas au progrès technique.** Le monopole est parfois justifié pour profiter au mieux des possibilités d'une technique. C'est oublier que si une technique nouvelle est meilleure, elle s'imposera d'elle-même. De plus la variété qui naît de la concurrence est source elle-même de nouveaux progrès à long terme.

C ~ Pour progresser encore

Le monde libéral n'est pas parfait et il est possible de l'améliorer à l'échelle nationale et internationale.

- **Le libéralisme ne consiste pas à laisser les choses en l'état où elles sont**. Un cadre juridique soigneusement conçu (définissant par exemple très précisément le droit de propriété) est indispensable pour que la concurrence puisse jouer un rôle bienfaisant. Il est nécessaire principalement que sur les marchés les prix soient libres, que chacun puisse y intervenir en tant que vendeur ou acheteur. Des mesures de contrôle des méthodes de la production visant à interdire l'usage de substances toxiques, à limiter les heures de travail sont pleinement compatibles avec la préservation de la concurrence. Quand celle-ci ne peut fonctionner, il faut faire intervenir l'État. Le niveau de prospérité atteint permet de garantir à tous une certaine sécurité économique (« *disposer d'un minimum vital pour sa subsistance, se sentir à l'abri des privations physiques élémentaires* »). C'est une condition indispensable de la véritable liberté. L'État peut organiser un système complet d'assurances sociales. La lutte contre les fluctuations de l'activité économique est aussi nécessaire. Plus qu'une politique de travaux publics, la politique monétaire pourrait être l'outil approprié. Il n'est pas question pour autant de subordonner la société à un but unique (même s'il s'agit de la lutte contre le chômage) car ce serait incompatible avec la liberté individuelle.
- **Une autorité politique internationale peut contribuer à la prospérité si elle respecte les principes libéraux**. « *Une autorité économique internationale, ne détenant aucun pouvoir politique et même strictement limitée à un domaine déterminé, peut facilement exercer le pouvoir le plus tyrannique et le plus irresponsable.* » L'autorité internationale devrait donc avoir les pouvoirs d'un État ultra-libéral et être extrêmement puissante pour faire respecter la loi commune. La forme fédérale semble la plus adéquate. Elle instaure une division du pouvoir qui limite à la fois le pouvoir central et celui des États. Les autorités locales pourraient même en profiter. Un excès d'ambition étant nuisible, une telle organisation devrait commencer dans une région limitée à une partie de l'Europe occidentale.

La « route de la servitude » est derrière nous : le totalitarisme a disparu, que ce soit sous sa forme nazie ou soviétique ; plus personne ne croit encore aux vertus d'une planification centralisée autoritaire pour gérer une économie complexe et les nationalisations ont cédé la place aux privatisations sur toute la planète. La crainte qui poussa Hayek à écrire son ouvrage n'est donc plus d'actualité. L'apport principal de l'économiste reste sans doute d'avoir montré que l'économie concurrentielle est la meilleure garante de la liberté individuelle et que pour autant ceci ne signifie pas forcément le règne du laissez-faire.

FICHE 6

LES LIMITES DE LA LIBERTÉ Entre l'anarchie et le Léviathan

James M. Buchanan

James M. Buchanan est un économiste néolibéral qui a fondé l'école des « choix publics » (ou « Public choice ») avec Gordon Tullock. Ce livre (Litec, 1992, 207 p.), préfacé par Henri Lepage, est une des œuvres maîtresses du libéralisme moderne. Buchanan présente l'objectif de son ouvrage : « Les analyses que renferme ce livre sont conçues pour être une contribution au troisième siècle de l'Amérique, et une réponse aux nouveaux défis qui menacent les institutions traditionnelles de l'ordre social. Quelles que soient les tentatives de nier l'évidence, c'est un fait que la structure légale des États-Unis se désagrège ».

1. Les bases de la liberté en société

A ~ « *L'anarchie ordonnée* » est le monde idéal

- **Buchanan se situe dans une logique individualiste qui considère que « *chaque homme compte pour un homme, ni plus ni moins* »**. La liberté de l'homme est le principe fondamental ; le monde idéal est alors anarchique, c'est-à-dire privé d'un État restreignant les libertés individuelles. Dans ce monde idéal, « *les gens respectent les normes minimales de la tolérance et du respect mutuel. À l'intérieur de ces limites, les individus restent libres de "faire ce qui leur plaît" et les actions menées en commun sont strictement volontaires* ».
- **Mais l'anarchie pure est un monde utopique** ; « *lorsqu'on se donne les moyens de l'examiner attentivement, l'anarchie ne paraît pas pouvoir constituer le principe de base permettant l'organisation de l'ordre social* ». En effet, des règles implicites de tolérance et de respect mutuel sont une condition nécessaire à tout ordre social ; autrement dit, il faut respecter les « *droits de propriété* » qui sont des droits divers s'appliquant aussi bien à la possession proprement dite qu'au droit de vivre comme chacun l'entend. Lorsque ces droits sont définis et reconnus, on se trouve dans une situation d'« *anarchie ordonnée* ». « *Pour l'individualiste, l'idéal est l'anarchie ; réaliste, il doit toutefois admettre la nécessité d'une agence d'exécution du droit, d'une collectivité, d'un État.* » Le rôle de cette « *agence d'exécution* » n'est pas de définir les droits, mais uniquement de les protéger.

B ~ La définition des « *droits de propriété* »

- **Les droits initiaux sont établis par la « *distribution naturelle* »**. La distribution naturelle est assez aléatoire. « *Les inégalités qui peuvent être théoriquement observées dans la "distribution naturelle" résultent tout à la fois des différences innées de capacités personnelles et des comportements adoptés.* » La distribution naturelle n'est pas stable, « *chaque personne doit investir du temps et de l'énergie dans des activités de pillage et/ou de protection* ». Une négociation va s'effectuer à partir de cette distribution naturelle ; un accord contractuel peut s'avérer nécessaire pour limiter l'incertitude et les coûts de pillage et de protection. Cet accord est appelé par Buchanan « *contrat constitutionnel* ».

- **Le « *contrat constitutionnel* » définit les droits de propriété et le « *contrat postconstitutionnel* » définit les échanges**. À partir du moment où le contrat constitutionnel est conclu et donc les droits de propriété définis, les individus peuvent effectuer des échanges et donc conclure de nouveaux contrats. « *Cette analyse suggère qu'un "contrat social", défini comme l'ensemble des négociations impliquant tous les membres d'une communauté donnée, peut prendre place théoriquement à deux niveaux : d'abord à celui, initial, du contrat constitutionnel, où un accord est passé sur une attribution de droits individuels ; puis à celui du contrat postconstitutionnel, où les individus s'entendent sur les quantités et sur les coûts des biens et services consommés.* »
- **La loi peut s'avérer nécessaire pour officialiser les « *droits de propriété* »**. Il peut paraître rationnel de frauder pour ne pas payer ses impôts, ou de polluer lorsqu'il est plus simple de ne pas faire réviser sa voiture. Tous ces comportements sont des « *maux publics* ». « *L'individu pollue, crée un mal public, parce qu'il est dans son intérêt individuel de le faire. En produisant un mal public, il crée ou produit un bien privé.* » Les règles éthiques constituant l'ordre établi dissuadent la majorité des gens d'adopter de tels comportements. Mais si ces règles éthiques diminuent en intensité (c'est le cas, selon Buchanan, depuis le début des années soixante-dix), le recours à la loi devient nécessaire.

C ~ L'État est nécessaire, mais ses interventions sont souvent problématiques

- **L'État est le dépositaire de deux fonctions bien distinctes**. Au stade constitutionnel, l'État se limite à « *faire respecter les droits établis et les contrats incarnant des échanges librement négociés sur la base de ces droits* ». Cet État nommé par Buchanan « *État-protecteur* » ou « *État juridique* » doit être neutre. Il ne juge pas des contrats constitutionnels qui ont été négociés, mais intervient si un contrat est violé. La deuxième fonction de l'État est celle d' « *État-producteur* ». Celui-ci prend en charge les biens publics.
- **Le rôle de l'État-protecteur est de faire respecter les droits de propriété et les contrats**. « *On peut soutenir que, pour accomplir son rôle d'application de la loi, l'État devrait embaucher des "experts", des "savants" qui recherchent la "vérité" et qui scrutent les "faits", des gens qui ont une formation spécialisée en droit ; il n'a pas besoin d'être démocratique, il n'a qu'un rôle technique.* »

  Il doit démasquer ceux qui contreviennent aux droits de propriété puis les punir et cela en toute impartialité. « *Si les hommes pouvaient se fabriquer un dieu qui punirait les infractions humaines sans céder aux tentations du pouvoir, la stabilité et le progrès social seraient assurés.* »
- **L'État-producteur prend en charge les biens publics, mais il doit le faire en respectant les droits de propriété individuels**. Lorsque deux personnes échangent entre elles, « *les échanges s'accomplissent dès que les conditions en sont fixées, et seul est nécessaire le consentement des deux personnes concernées* ». En revanche, le problème se pose dans le cas des biens publics (ou services collectifs), car dès que les individus participant à l'échange sont plus nombreux, le marché est moins efficace : d'abord les coûts de transaction sont plus élevés, ensuite, pour respecter les droits de propriété, il est nécessaire de ne nuire à aucun individu et donc de n'obliger personne à contribuer financièrement à un bien public qu'il ne désire pas. Quatre possibilités peuvent être présentées :

  – les individus qui souhaitent le bien public font part de leurs préférences et contribuent seuls à son financement. Mais les gens seront incités à déclarer qu'ils ne souhaitent pas le bien public et néanmoins à en profiter et donc à adopter un comportement de « *passager clandestin* » qui est « *quelqu'un qui obtient les avantages du bien ou service collectivement consommé sans réellement contribuer à son financement* ». Que ce comportement soit stratégique ou pas, chaque individu a tendance à l'adopter car c'est de cette façon qu'il maximise son utilité ;

– s'il est possible d'exclure les agents qui ne souhaitent pas le bien public, l'efficience peut être atteinte. Ainsi seules les personnes qui désirent profiter du bien public contribuent à son financement et les autres sont exclues du bénéfice de la jouissance de ce bien public. Le problème du « *passager clandestin* » est résolu, mais l'exclusion n'est pas toujours facile (exemple d'un phare en mer) et elle « *implique forcément une expulsion, totale ou partielle, hors de la communauté* » ;

– il est habituel d'utiliser la règle du scrutin majoritaire pour prendre une décision collective et de faire participer financièrement l'ensemble de la collectivité. Mais « *une personne peut s'apercevoir qu'une décision majoritaire concernant un bien public l'a déplacée vers le bas plutôt que vers le haut dans son espace d'utilité* ». Il s'agit là d'une atteinte à ses droits de propriété fondamentaux. « *La coercition exercée contre lui est apparemment du même ordre que celle qu'il subit lorsqu'un voleur lui prend son porte-monnaie à Central Park* » ;

– les échanges privés entre deux individus s'opèrent dans un cadre d'unanimité implicite. En cas d'unanimité, les échanges collectifs sont aussi efficients. « *L'efficience ne peut exister que si un "contrat social" se trouve passé entre toutes les personnes, contrat requérant que tous les membres de la collectivité participent à la prise de décisions collectives placées sous la règle de l'unanimité.* » Mais ce type de décision pose, on s'en doute, des problèmes importants, les coûts de transaction sont élevés, puisqu'il faut persuader chacun afin d'emporter son adhésion. « *Pareille acceptation impliquerait sans doute, cela dit, que certains membres du groupe se voient accorder des avantages plus grands du seul fait de leur réticence à coopérer. Et cette inégalité de traitement pourrait bien, en retour, se révéler inacceptable.* »

2. La menace du Léviathan

Tel le Léviathan (monstre aquatique incarnant le mal ; Hobbes est le premier à avoir utilisé ce terme pour décrire l'État), l'État se développe et est dangereux. Il faut donc « *enchaîner le Léviathan* ».

A ~ Le vote majoritaire contribue à l'accroissement des budgets

- **L'intervention étatique conduit à l'intervention étatique**. Lorsque qu'une majorité vote pour la réalisation d'un bien public, la minorité qui ne le souhaitait pas a tendance en contrepartie à essayer de créer une nouvelle majorité pour demander un nouveau bien public. « *Quand quelque chose ne va pas, le gouvernement se voit demander d'édicter une réglementation. Si la réglementation échoue, on édicte une nouvelle réglementation, et ainsi de suite.* »

- **« *Même dans les meilleures conditions, le fonctionnement du processus démocratique engendre des excès budgétaires.* »** Chaque projet budgétaire peut être efficient, c'est-à-dire avoir un rapport coût/avantages positif, mais l'ensemble du budget peut ne pas l'être. En effet, « *il y a toujours des coûts de perception et d'application des lois fiscales et ces coûts augmentent avec la taille du budget, d'une manière que l'on peut juger disproportionnée à partir d'un certain point* ».

  De plus, la règle de la majorité conduit à des augmentations très fortes des budgets. Prenons un exemple. « *Trois projets d'un coût de 99 francs chacun sont envisagés, et doivent être financés par un impôt de 33 francs par personne.* »

	Projet A	Projet B	Projet C
Individus	Avantages	Avantages	Avantages
A	35 F	35 F	0 F
B	35 F	0 F	35 F
C	0 F	35 F	35 F

En cas de vote majoritaire, les trois projets seront adoptés, alors qu'ils sont globalement inefficients. La solution serait de ne pas voter au coup par coup, mais de voter l'ensemble du budget. « *Un autre moyen consisterait à introduire des dispositions constitutionnelles empêchant un projet d'être mis aux voix, à moins qu'il n'offre des avantages uniformes à l'ensemble de la collectivité.* »

B ~ Les politiciens et les fonctionnaires contribuent eux aussi à l'accroissement des budgets

- **Le personnel politique est responsable de l'augmentation des budgets**. Les décisions collectives sont rarement prises directement par les électeurs, le plus souvent ce sont les politiciens qui décident. Il est donc nécessaire d'étudier leurs comportements, leurs préférences. Buchanan différencie trois types de politiciens :

  – les « *idéologues* » sont « *des incorruptibles qui souhaitent par-dessus tout "le bien" de la communauté* », mais ils seront prêts à augmenter fortement les dépenses de l'État pour arriver à leurs objectifs ;

  – les « *mégalomanes* » sont ceux qui « *attachent une valeur intrinsèque au pouvoir de prendre des décisions qui affectent les autres* ». Ils auront tendance à privilégier leur électorat et à augmenter les dépenses vers des « sous-groupes » particuliers de la communauté ;

  – les « *profiteurs* » sont corrompus ; ils recherchent les pots-de-vin et les dessous-de-table, or plus le budget est important plus les occasions de corruption sont nombreuses.

  « *Pour des raisons différentes, l'idéologue, le mégalomane et le profiteur seront tous motivés à agrandir le secteur public de l'économie.* »

- **Les fonctionnaires sont aussi responsables de l'accroissement des dépenses publiques**. Le fonctionnaire profite d'une rente de situation puisque son salaire n'est pas fixé sur les marchés concurrentiels ; il cherche à conserver cette rente et « *il sait que son plan de carrière, ses chances de promotion et son emploi dépendent des dimensions de dotation budgétaire de son administration* ». Les fonctionnaires ont le droit de vote et ils ont un poids électoral considérable qu'ils utilisent dans le sens de l'augmentation des dépenses de l'État.

Buchanan définit son monde idéal : « Les juges cesseraient de légiférer et se contenteraient d'arbitrer les différends, d'appliquer les lois et de prononcer des peines. Les législateurs ne recourraient plus à la machine politique pour effectuer des transferts de droits sans compensation parmi les individus et les groupes ». Il faudrait « comprendre le principe essentiel du laissez-faire : les résultats de l'interaction des gens laissés à eux-même peuvent être, et sont souvent, supérieurs à ceux de l'intervention politique directe ».

La démonstration de Buchanan est très rigoureuse, mais elle se fonde sur une certaine conception de la justice sociale : le respect de la liberté et des droits de propriété des individus. Elle ne s'interroge pas vraiment sur la légitimité de ces droits de propriété, même quand certains les ont acquis au détriment d'autres et souvent par la force. Cette thèse est assez réactionnaire et conservatrice dans le sens où elle cherche à protéger les avantages acquis de certains privilégiés.

MONNAIE ET MARCHÉ

John Hicks

Ce dernier ouvrage de John Hicks, commencé en 1985 et publié l'année de sa mort, en 1989 (Economica, 150 p.) est consacré à une nouvelle présentation de la théorie monétaire, celle de Keynes, bien sûr, qui reste une référence fondamentale dans ce domaine, mais aussi des conceptions monétaires pré-keynésiennes et classiques.

Pour ce faire, Hicks est d'abord amené à préciser les mécanismes de fonctionnement du marché « pour combler un vide laissé par les classiques », prologue à une analyse plus nettement monétaire et qui se termine par un rappel de quelques problèmes théoriques liés aux cycles monétaires et à l'économie de crédit.

1. Le fonctionnement des marchés

A - Le cas général : l'offre et la demande

- **Les théories de la formation des prix ont été initiées par les classiques**. Hicks prend comme point de départ de son raisonnement l'analyse smithienne de la valeur. Smith distingue valeur d'usage et valeur d'échange : la première exprime l'utilité particulière, individuelle, d'un bien ; la seconde le pouvoir d'acheter d'autres biens. Il montre les contradictions possibles entre ces deux notions et l'intérêt de la notion de valeur d'échange, beaucoup plus opératoire. Mais pour comparer et pouvoir échanger, il faut un élément de mesure : le travail est donc à l'origine de la valeur d'échange.

  Ricardo portera plus loin encore l'analyse de la valeur travail en faisant de celle-ci la base de la théorie de la rente foncière et de la division internationale du travail. Cette approche par la valeur travail caractérise fortement l'école classique anglaise, dont on sait l'influence sur Marx, et restera dominante jusqu'aux néoclassiques et en particulier S. Jevons.
- **Bien que restant dans un cadre général smithien (poursuite de l'intérêt individuel, rôle du marché comme mécanisme régulateur), les néoclassiques vont fonder les diverses acceptions de la valeur sur la notion de valeur-utilité**, notion éminemment subjective, mais qui sert de base à la fixation des prix (par rapport à la base que constitue la notion d'utilité marginale). Les travaux de L. Walras ont joué sur ce plan un rôle déterminant. Hicks rappelle toutefois que Walras a été amené à recourir à l'hypothèse de l'existence d'un commissaire-priseur seul capable d'équilibrer le marché : « *Le prix s'établira au niveau où se coupent les courbes d'offre et de demande, les deux étant fonction du prix. Mais comment pourra-t-on déterminer ces courbes avant qu'il n'y ait eu échange ? Si l'équilibre n'a pas été déterminé avant tout échange, une part peut-être importante de ces échanges a nécessairement été conclue hors des prix d'équilibre et, par conséquent, le prix moyen pour l'ensemble de la journée est peut-être éloigné du prix d'équilibre. La réponse de Walras à cette difficulté a*

consisté à supposer que toutes les parties à l'échange confrontent leurs préférences avant que l'échange ne commence. L'"organisateur du marché" peut lorsqu'il est en possession de ces informations calculer le prix d'équilibre et le véritable échange peut alors commencer ».

Edgeworth a, quant à lui, résolu le problème par l'idée que les agents économiques renégocient constamment : « *Tous les contrats de vente sont provisoires. Cela suffit à démontrer qu'un prix uniforme doit s'établir ; car s'il n'en était pas ainsi, un acheteur qui a payé un prix élevé, pourrait répudier son contrat : il trouve un vendeur qui a vendu à un prix plus bas et à qui il offre des conditions plus favorables* ».

Enfin, l'avancée déterminante a été celle de Marshall, figure dominante de la pensée économique anglaise au début du XXe siècle. Celui-ci imagine un marché (il prend l'exemple du marché du blé) sur lequel certains agents (des négociants par exemple) peuvent faire des stocks régulateurs : « *La conception traditionnelle selon laquelle le prix de marché est déterminé par l'égalisation de l'offre et de la demande devait désormais être abandonnée : une différence entre les flux d'offre et de demande peut, si elle n'est pas trop forte, être compensée par une variation des stocks* ».

B ~ Le marché de la main-d'œuvre est un marché particulier

- **Le concept classique de marché ne peut pas s'appliquer à la situation du marché du travail**. Hicks pointe, en premier lieu, une difficulté majeure : le marché du travail peut-il s'insérer dans le raisonnement sur le fonctionnement du marché ? La réponse est négative : « *Les offres et les demandes de main-d'œuvre sont des flux, du travail à accomplir au cours d'une certaine période, et sur les autres marchés, il n'est pas certain que les flux de demande et d'offre soient toujours en équilibre. Une variation des stocks peut combler une différence. Mais la main-d'œuvre n'est pas un stock qui puisse être reporté* ».

  De plus, Hicks tente de prendre en compte l'analyse keynésienne qui, bien que ne raisonnant pas dans des termes d'équilibre général et de marché, postule la possibilité d'un équilibre durable de sous-emploi. Ainsi, « *dans le modèle de Keynes, le niveau des salaires peut par conséquent être fixé arbitrairement ; et cela correspond, dans la pratique, au salaire qu'imposent la politique et le pouvoir des syndicats* ». Comment alors analyser le marché du travail ? Sur le marché des biens et services, la concurrence potentielle s'exerce par « *l'influence des opinions qui se forment à propos des transactions qui pourraient se faire* ». Sur le marché du travail, par contre, l'employeur dispose d'un avantage en termes d'informations disponibles sur l'état du marché. Mais cet avantage se réduit si l'on tient compte du phénomène syndical.

- **L'introduction des syndicats conduit à repenser le fonctionnement du marché du travail**. Plusieurs situations doivent être prises en compte.

  En premier lieu, les syndicats s'opposent facilement à une baisse du salaire nominal « *sauf dans des circonstances extrêmes, lorsque la baisse est jugée temporaire et qu'elle évite l'apparition du chômage* ».

  Ensuite, il faut tenir compte de phénomènes de capillarité : « *Il se peut que sur un marché de main-d'œuvre parfaitement concurrentiel, lorsque s'élève le taux de salaire d'un certain type de travail, il tire vers le haut avec lui les salaires des occupations similaires. Mais cela implique qu'il y ait un passage facile d'un type de travail à un autre* ». Dans ce cas, la hausse des salaires n'est pas liée aux gains de productivité et se traduit en inflation.

  Enfin, se pose la question du salaire réel. Tant qu'il n'y avait pas d'indice des prix à la consommation, il n'était pas question de s'y référer. La Première Guerre mondiale a fait évoluer cet état de choses : « *la hausse générale des prix due en premier lieu aux pénuries du temps de guerre, s'est traduite dans les indices encore très grossiers qui ont commencé à paraître* ».

Hicks explique que cette nouvelle situation a été à l'origine d'une forte chute des salaires nominaux en Grande-Bretagne lorsque les prix ont baissé dans les années vingt. L'objectif de maintien et de croissance des salaires nominaux est donc redevenu un objectif syndical dès la fin des années vingt et c'est cette notion que Keynes a intégré dans son analyse.

- **En fait, Hicks développe une approche duale du marché du travail.** Il distingue deux formes d'emploi : l'emploi « *organisé* » ou « *solide* » qui comprend la main-d'œuvre organisée et syndiquée, l'emploi « *fluide* » qui comprend la main-d'œuvre non syndiquée. Dans une situation initiale de dépression, le chômage touche l'ensemble de la main-d'œuvre. Mais si la demande effective s'accroît, c'est la main-d'œuvre fluide qui va être embauchée en premier : le plein-emploi sera plus rapidement atteint pour cette partie de la population active, ce qui tendra à faire monter les salaires dans cette catégorie, hausse de salaire qui se généralisera sur l'ensemble de la population active. Cette situation de hausse des salaires entraîne un accroissement de l'offre de travail, notamment dans le secteur de l'emploi fluide : la conséquence finale est que le volume de chômage global ne diminue pas, voire augmente. Selon Hicks, c'est ce mécanisme qui explique, en partie, le chômage des années soixante-dix en Europe.

2. Monnaie et finance

A ~ La nature de la monnaie

- **J. Hicks s'interroge, en premier lieu, sur les fonctions de la monnaie dans une économie de marché**. Dans un tel cadre, la monnaie apparaît dans la transaction de marché de deux manières :

  – d'abord par le rôle qu'elle joue dans la conclusion du contrat et dans le paiement. On retrouve là les deux fonctions bien connues de la monnaie, étalon de valeur et intermédiaire des échanges ;

  – ensuite, par contre, lorsqu'il n'y a pas simultanéité de la transaction (livraison et paiement sont différés), la monnaie acquiert une fonction de réserve de valeur. Toutefois, explique Hicks, « *cela n'est pas une propriété distinctive de la monnaie en tant que telle. N'importe quel bien durable et revendable peut constituer une réserve de valeur. Un tableau d'un grand peintre peut être une réserve de valeur, mais personne ne dira que c'est de la monnaie* ».

  Hicks se limite donc aux deux fonctions d'étalon de valeur et d'intermédiaire des échanges comme les plus caractéristiques de la monnaie. Il faut néanmoins que ces deux fonctions reposent sur une monnaie fiable et garantie. Cette étape a été franchie avec la frappe des pièces d'or et d'argent, l'effigie du souverain faisant office de garantie.

- **Le marché secrète sa propre monnaie**. Dans le modèle classique de l'échange multilatéral (le marché à *n* biens et *m* participants de Walras), les transactions sont faites au comptant et sont simultanées. Mais si les paiements se font par compensation de dettes (lors d'un paiement par lettre de change par exemple, où un négociant qui a acheté des marchandises à une entreprises signe une traite que l'entreprise peut escompter auprès d'une banque), alors « *se pose la question de la qualité de la dette* », c'est-à-dire de la garantie du paiement à l'échéance. Le marché financier n'est donc, selon Hicks, rien d'autre qu'un « *marché d'acceptation* » sur lequel s'établissent les prix des garanties.

  Un tel marché présente toutefois des risques importants qui nécessitent l'existence d'intermédiaires comme sur les marchés de biens (l'exemple marshallien des négociants réalisant des stocks sur le marché du blé) ou sur le marché du travail (les syndicats) ; les banques jouent ce rôle d'intermédiaires sur le marché financier.

■ **Les banques elles-mêmes doivent se prémunir contre les risques inhérents à leurs activités**. Trois moyens principaux le leur permettent.

« *L'un consiste à utiliser à son avantage la loi des grands nombres... Lorsque sont conclues un grand nombre de transactions semblables, il y a bien en chacune d'elles un risque de défaillance, mais le risque de l'une est indépendant du risque d'une autre ; la perte à laquelle on peut s'attendre sur l'ensemble, si on considère le risque global, est à peu près prévisible.* »

Le second moyen consiste à « *éviter de consacrer aux avances une trop forte proportion des fonds qui leur sont confiés* ». Cela revient donc à définir et respecter des ratios prudentiels.

Enfin, un troisième moyen, particulièrement utilisé aujourd'hui, consiste à « *emprunter à une autre banque* », ce qui suppose donc l'existence d'un marché interbancaire.

Dans ce contexte, les taux d'intérêt jouent un rôle déterminant.

B ~ La théorie des taux d'intérêt oppose Keynes à Marshall

■ **Pour A. Marshall, héritier de la pensée classique, le taux d'intérêt est la « *rémunération de l'abstinence, le prix du temps* »**. Il reflète une « *préférence pour le présent* ». Il représente pour l'épargnant le prix du renoncement à une consommation immédiate et une perspective de consommation supérieure dans le futur.

■ **Keynes raisonne dans un cadre d'économie fermée et « *considère les stocks de titres plutôt que les flux d'emprunts et de prêts* »**. Selon sa célèbre formule, le taux d'intérêt est le prix du renoncement à la liquidité. Le choix entre consommation et épargne ne dépend pas du niveau du taux d'intérêt, mais du niveau de revenu global et donc du niveau de la demande effective. Surtout, la prise en compte de la notion fondamentale de préférence pour la liquidité (c'est-à-dire la préférence donnée à la monnaie sur les autres formes de richesse) conduit à définir le taux d'intérêt comme « *le prix auquel le désir de maintenir la richesse sous la forme liquide se concilie avec la quantité de monnaie disponible* ».

Le livre s'achève sur une analyse de quelques problèmes théoriques, dont deux retiennent particulièrement l'attention :

– une analyse du « cycle des affaires » de la seconde moitié du XIXe siècle mettant en lumière la contribution de S. Jevons et montrant le rôle des variables monétaires et du taux d'intérêt dans ces fluctuations ;

– le second thème intéressant s'intitule « En quoi l'inflation est-elle un mal ? ». Hicks insiste sur le rôle néfaste des mécanismes d'indexation prix-salaires dans l'inflation contemporaine. Il conclut sur l'importance de la notion de crédibilité interne et externe de la monnaie comme fondement d'une politique monétaire efficace, idée communément admise aujourd'hui et qui constitue un des aspects essentiels des politiques monétaires.

Au-delà du caractère parfois décousu de cet ouvrage, il reste la profondeur d'analyse d'un des grands économistes de ce siècle.

FICHE 8

POUR LA RÉFORME DE LA FISCALITÉ

Maurice ALLAIS

Ce livre (Clément Juglar, 1990, 128 p.) explore, à un moment où il est devenu clair que la fiscalité française est obsolète, quelques pistes allant beaucoup plus loin que les réformes anglo-saxonnes des années quatre-vingt. L'auteur, Maurice Allais, est le premier Français a avoir reçu le prix Nobel d'économie, en 1988. Dans cet ouvrage, il dénonce les fiscalités existantes avant de proposer une nouvelle fiscalité et d'étudier ses conséquences. Sa réflexion, même si elle est centrée sur l'exemple français, se veut pertinente pour l'Europe.

1. LES RÉGIMES FISCAUX EUROPÉENS NE SONT PAS CONFORMES AUX PRINCIPES FONDAMENTAUX

A ~ Les principes à respecter

■ **Le fonctionnement de toute société implique des coûts que l'impôt doit couvrir**. Une société démocratique nécessite un système économique fondé sur la propriété privée et le marché. L'État y est seul capable d'assurer un certain nombre de services qui profitent à tous et donc tous les agents économiques doivent supporter l'impôt en rémunération des services rendus.

■ **La fiscalité est donc indispensable, mais dans une démocratie humaniste, elle doit respecter des principes fondamentaux.**

- La fiscalité ne doit pas chercher à modifier les choix individuels. Dans la mesure du possible, le citoyen doit être « *laissé libre de ses choix et de l'emploi de ses revenus et de ses propriétés* ». La fiscalité ne peut se fixer comme objectif d'intervenir pour modifier ces choix selon l'échelle de valeurs des dirigeants. Par contre, l'impôt doit favoriser l'égalité des chances, notamment « *l'accession à la propriété et au pouvoir économique des plus capables* ».
- Les règles d'imposition doivent être les mêmes pour tous. La discrimination fiscale est incompatible avec les principes généraux d'une démocratie. Ainsi, frapper d'un taux de l'impôt sur le revenu plus élevé les contribuables qui rendent des services d'une valeur plus grande ou exonérer d'impôt les entreprises qui subissent des pertes, est contraire au principe de non-discrimination.
- « *L'impôt doit être impersonnel.* » Il ne doit pas impliquer des recherches sur la vie des individus dans une société où la finalité est le respect de la personne humaine.
- L'imposition doit être neutre. La fiscalité ne doit pas freiner le progrès technologique et économique en bouleversant le système des prix.
- Seuls les revenus ne provenant pas de services rendus à la collectivité doivent être, dans la mesure du possible, soumis à l'impôt. La rémunération du travail,

du risque ou d'une meilleure gestion doit échapper à la fiscalité. Par contre, il peut être souhaitable de frapper au maximum les revenus « *non gagnés* » telles les plus-values foncières « *si l'on désire réduire l'inégalité des revenus au minimum compatible avec un fonctionnement correct d'une économie de marché* ».

- La double imposition est à exclure. « *Tant du point de vue de l'efficacité que du point de vue de l'équité, l'assiette de l'impôt doit être telle qu'il n'y ait pas de double imposition.* »
- La fiscalité doit être claire et simple à appliquer. Les prélèvements ne doivent donner lieu à aucun arbitraire. La clarté du système permet un contrôle démocratique par le Parlement et limite les délégations excessives à des technocrates.

B ~ Critique des fiscalités de l'Union européenne

Généralement les législations fiscales des pays membres de l'Union européenne ne sont conformes à aucun des principes généraux correspondant à « *une société humaniste et progressiste* ». L'exemple français est typique.

■ **La fiscalité nuit à l'efficacité économique.**

- Les activités créatrices de valeur sont pénalisées. « *Les fiscalités actuelles sur les revenus et les sociétés relèvent d'une inspiration essentiellement anti-économique.* » Les entreprises et les individus sont davantage frappés par la fiscalité lorsqu'ils sont efficaces. Ceci va à l'encontre des intérêts de la société en freinant la création de richesses qui pourtant profite à tous.
- La fiscalité pénalise l'épargne. L'insuffisance de celle-ci est souvent proclamée mais la législation fait tout pour la décourager : l'épargnant est taxé sur le revenu puis au-delà d'un certain seuil sur la fortune, devenu âgé, il paie à nouveau l'impôt sur le revenu de son épargne et enfin à sa mort, ce qu'il laisse est frappé par les droits de succession. La prévoyance et la responsabilité individuelle sont donc pénalisées.
- Les fiscalités cherchent à favoriser une certaine conception de la justice sociale. Pour cela, elles privilégient les impôts directs aux impôts indirects, la progressivité à la proportionnalité. « *Le sort des plus défavorisés dépend en dernière analyse des conditions de travail et de créativité faites aux élites dans tous les secteurs de la société.* » L'objectif principal doit être l'efficacité de l'économie. Il est regrettable que, la supériorité de l'économie de marché étant reconnue, la fiscalité perturbe la détermination des revenus pour satisfaire une « *politique démagogique égalitaire* ».

■ **Le système d'imposition actuel est discriminatoire**.

- Du fait de sa progressivité, l'impôt sur le revenu écrase les membres des classes moyennes « *qui ne peuvent en aucun façon échapper à l'impôt* ». De plus, ils sont exclus de nombreuses aides financées par la fiscalité. Par contre, un grand nombre de catégories sociales ne paient que peu d'impôts du fait d'exemptions ou de l'évasion fiscale.
- Complexité et coût exorbitant sont deux caractéristiques des fiscalités européennes actuelles. La complication de la législation fiscale entraîne une discrimination entre ceux qui ont les moyens d'utiliser les services d'un conseiller fiscal et les autres qui ne peuvent défendre efficacement leurs droits. Elle exige aussi un nombreux personnel aussi bien dans les entreprises que dans les administrations publiques, occasionnant ainsi un gaspillage de centaines de millions d'heures de travail.

2. Les propositions pour une réforme totale

A ~ Une structure tripolaire

Les impôts actuels sur les revenus des personnes physiques, sur les entreprises, sur les successions et donations et sur le patrimoine et les plus-values seraient supprimés. La nouvelle fiscalité serait fondée sur trois éléments essentiellement.

■ **Un impôt sur le capital serait créé**. Une taxe annuelle de 2 % sur tous les biens physiques durables (terres, immeubles, équipements et stocks) détenus par les entreprises et les ménages pourrait assurer des recettes de l'ordre de 8 % du revenu national. L'assiette ne comprendrait pas les créances ou les droits sur les biens physiques, obligations ou actions, pour ne pas imposer deux fois le même capital. Aucune exemption ou abattement ne serait mis en place, ceci pour respecter le principe de non-discrimination.

■ **L'État recevrait seul les profits résultant de la création de nouveaux moyens de paiement par le mécanisme du crédit**. Augmenter la masse monétaire équivaut à créer du pouvoir d'achat ex nihilo, or actuellement, la collectivité ne bénéficie qu'en partie des profits ainsi générés. Le reste est distribué « *plus ou moins aveuglément à une foule de parties prenantes par le mécanisme du crédit...* ». Il s'agit de « *revenus indus* » dont le transfert à l'État soulèverait d'autant moins d'oppositions qu'en contrepartie disparaîtrait l'impôt sur le revenu. Cette mesure rapporterait de l'ordre de 5,75 % du revenu national pour une hausse des prix de 3,5 % par an.

■ **Un impôt général et de taux uniforme sur les biens de consommation serait instauré**. Son but serait de financer les dépenses publiques non couvertes par les deux ressources précédentes et par les taxes douanières. Le taux unique permet de ne pas fausser le système des prix et donc ne compromet pas la recherche d'une efficacité optimale pour l'ensemble de l'économie.

B ~ Les modalités d'application

■ **Pour éviter toute inquisition de la part des services fiscaux, l'impôt sur le capital serait basé sur la valeur déclarée des biens**. Pour éviter une sous-évaluation importante de la valeur des biens dans les déclarations, les tiers pourraient proposer l'achat des propriétés en payant une majoration de l'ordre de 100 % ou 200 %. Le propriétaire fraudeur pourrait garder son bien à condition de réviser sa déclaration et de payer une amende. « *Avec un système de ce genre, le marché lui-même fixerait la valeur des biens.* »

Une menace potentielle permanente existerait pour les détenteurs de capitaux entre les mains desquels ces capitaux n'ont qu'une efficacité réduite, par exemple les détenteurs de biens fonciers et immobiliers. Ceci constituerait une pression permanente en faveur du progrès, nécessaire dans une économie de marché pour utiliser au mieux les capitaux rares. La mise en place de l'impôt sur le capital se ferait progressivement sur 5 ans : la taxe perçue passant de 0,5 % à 1,5 % puis 2 % et venant en déduction de l'impôt sur le revenu et de l'impôt sur les sociétés tant que ceux-ci existeraient. Les taux de surenchère pourraient être initialement de 400 % pour progressivement passer à 50 %.

■ **Le système bancaire et financier devrait être réformé profondément**. Trois catégories d'établissements seraient créées :

– des banques de dépôt s'occuperaient exclusivement des opérations d'encaissement et de décaissement de leurs clients qui se verraient facturer les frais correspondants ;

– des banques de prêt transformeraient les fonds empruntés en prêts à échéances plus courtes ;
– des banques d'affaires investiraient les fonds empruntés dans les entreprises. « *Avec ce système il n'y aurait plus aucune création de monnaie, sauf par la Banque centrale, et les revenus provenant de la création monétaire par la Banque centrale seraient rétrocédés à l'État.* » L'ensemble de la réforme pourrait se faire dans un délai de deux ans.

■ **La taxe générale sur les biens de consommation est la plus facile à mettre en œuvre**. Toutes les taxes de TVA seraient ramenées à un taux unique, égal au taux moyen actuel. Les taxes sur les boissons alcoolisées et le tabac ainsi que les taxes sur les produits pétroliers seraient supérieures à ce taux moyen pour faire face aux coûts supportés par la collectivité en matière de santé et d'entretien et de développement du réseau routier.

C ~ Les effets attendus

■ **L'impôt général sur le capital permettrait d'augmenter l'efficacité de l'économie**. Les biens fonciers et immobiliers tendraient à passer sous le contrôle de ceux qui les exploiteraient au mieux. L'incitation à investir serait stimulée par la disparition des autres impôts. L'activité créatrice serait favorisée. Les inégalités artificielles seraient réduites ; les obstacles fiscaux actuels à l'ascension sociale disparaissant, les inégalités qui subsisteraient seraient celles liées à l'inégalité des services rendus.

■ **La réforme bancaire mettrait fin aux inconvénients du système de crédit actuel**. Celui-ci se caractérise actuellement par une très grande sensibilité à la conjoncture, une création anarchique de monnaie et l'impossibilité de tout contrôle parlementaire efficace.

■ **Conséquence d'une économie plus dynamique, la production et l'emploi devraient augmenter**. La situation des plus défavorisés s'améliorerait considérablement. De plus, la suppression des impôts sur les sociétés et des impôts sur les bénéfices industriels et commerciaux permettrait une augmentation substantielle des salaires réels alors que les prix devraient baisser suite aux gains en efficacité. « *C'est là l'intérêt des entreprises, c'est là l'intérêt des ménages, c'est là l'intérêt de chacun, et c'est là l'intérêt de nos pays.* »

Dès 1948, Maurice Allais proposait un impôt annuel sur le capital et depuis il a publié régulièrement des ouvrages ou articles traitant d'une réforme de la fiscalité. Il a voulu celui-ci lisible par tous, évitant les démonstrations détaillées ou les analyses trop techniques, répétant avec insistance les éléments qu'il juge primordiaux. Pour autant, ses propositions n'ont guère trouvé d'échos jusqu'à présent. Deux causes peuvent certainement l'expliquer :
– leur radicalisme : il s'agit de détruire intégralement le système existant ;
– l'intégration européenne : Maurice Allais a certainement sous-estimé les limites que celle-ci imposait à chaque pays membre dans le choix de sa structure fiscale.

FICHE 9

CHOIX COLLECTIFS ET PRÉFÉRENCES INDIVIDUELLES

Kenneth ARROW

Est-il possible de définir l'intérêt général à partir des préférences individuelles ? Avant la publication en 1951 de ce livre, réédité en 1997 (Diderot, 234 p.), la plupart des économistes et politiciens répondaient à cette question par l'affirmative. Pourtant cet ouvrage affirme, en se fondant sur le travail précurseur du mathématicien français Condorcet, que les procédures de choix collectifs ne peuvent satisfaire tous les critères de la démocratie ; cette théorie est connue sous le nom de « théorème d'impossibilité ».

1. LES FONDEMENTS DE LA THÉORIE DU CHOIX COLLECTIF

A ~ Les modalités du choix collectif

■ **Les choix collectifs peuvent provenir du vote, du marché ou être imposés aux individus.** « *En démocratie libérale, il existe essentiellement deux façons d'effectuer des choix collectifs : le vote que l'on utilise pour prendre des décisions de caractère politique et le mécanisme de marché que l'on utilise pour des décisions de caractère économique* ». Dans les autres sociétés les décisions sont prises par de simples individus (dictateurs, par exemple) ou proviennent de règles inscrites dans la tradition.

Le vote et le marché sont-ils des méthodes efficaces pour effectuer un choix collectif ?

■ « ***Le paradoxe électoral*** » **montre que le vote peut mener à des résultats incohérents.** Soit une collectivité, constituée de trois électeurs 1, 2 et 3, qui ait à choisir entre trois propositions mutuellement exclusives A, B et C (par exemple : désarmement, guerre froide ou guerre), supposons que :

– 1 préfère A à B et B à C et donc, par transitivité, A à C ;

– 2 préfère B à C et C à A et donc, par transitivité, B à A ;

– 3 préfère C à A et A à B et donc, par transitivité, C à B.

Une majorité préfère A à B et B à C et donc par transitivité A à C, mais une majorité préfère aussi C à A.

« *De sorte que cette procédure de passage des préférences individuelles aux préférences collectives ne satisfait pas la condition de rationalité, telle que nous la connaissons habituellement* ».

■ **Toute modalité de choix collectif est basée sur un jugement de valeur**. « *Ainsi l'utilité collective peut être la somme des utilités individuelles ou leur produit, ou encore le produit de leurs logarithmes, ou la somme de leurs produits deux à deux* ». Ces jugements de valeur sont inévitables ; mais le problème est de savoir si ces jugements de valeurs sont compatibles ou s'ils se contredisent entre eux comme dans le cas du paradoxe électoral.

B ~ La nature des préférences individuelles

- **Les utilités individuelles ne peuvent pas être mesurées, elles ne peuvent être que classées**. « *La comparaison interpersonnelle des utilités n'a pas de sens* ». Il est impossible de mesurer les utilités (degré de satisfaction) de chaque individu puis de les comparer. La seule chose qui est possible est de classer les utilités pour chaque individu. Ainsi, un individu peut dire s'il préfère le bien *x* au bien *y*, mais il est impossible d'affirmer que l'utilité que le bien *x* procure à l'individu 1 est supérieure ou non à l'utilité que le bien *y* (ou même le bien *x*) procure à l'individu 2. L'étude des choix individuels ne peut donc porter sur des niveaux d'utilité, mais sur des relations de préférence.
- **Chaque individu peut définir strictement son système de préférence**. Il doit ainsi choisir entre ces trois possibilités : il préfère *x* à *y*, *x* et *y* lui sont indifférents, il préfère *y* à *x*. Les éléments du choix sont les « *états sociaux* ».
- **Arrow ne prend pas uniquement en compte l'utilité économique, comme la satisfaction provenant de la consommation, mais l'ensemble des préférences individuelles**, par exemple les aspirations de justice. L'État social correspond donc à une quantité de biens à consommer, de travail à offrir, de ressources à utiliser, mais aussi aux divers types d'activités publiques comme les services municipaux, la justice... « *Celui qui croit à l'égalité des hommes pourra ordonner les états sociaux en fonction de quelque critère d'égalité des revenus* ». Comme l'affirme Arrow, « *je désire simplement souligner que l'on doit s'intéresser à la totalité du système des valeurs, y compris les jugements de valeur, pour trouver une théorie vraiment générale du bien-être collectif* ».

  L'objectif de la société peut être alors défini : « *elle choisit l'état social qui conduit au bien-être collectif maximum* ».

C ~ Une fonction judicieuse de préférence collective doit réunir au moins cinq conditions

- **Les différents choix individuels doivent avoir une cohérence entre eux** que l'on peut caractériser par la « *complétude* » (ils concernent toutes les éventualités) et la transitivité.
- **Si un état social est préféré par tous les individus à un autre, alors il doit en être de même pour la préférence collective**. L'ordre social varie dans le même sens que les changements des valeurs individuelles. « *Si dans les ordres individuels le rang d'un état social éventuel reste le même ou s'améliore, toutes choses égales par ailleurs, on peut penser que ce rang s'améliore ou tout au moins ne se détériore pas dans l'ordre collectif.* »
- **Chaque choix doit être indépendant des situations extérieures**. Le classement entre deux états ne dépend que des préférences individuelles concernant ces deux seuls états. « *Nous pouvons donc imposer à la fonction de bien-être collectif, que le choix fait par la société, à partir d'un environnement donné, ne dépende que des ordres établis entre les situations qui appartiennent à cet environnement.* »
- **Les individus sont souverains** ; ils disposent d'une liberté de choix réelle. « *la fonction de bien-être collectif ne doit pas être imposée.* » « *Les individus de notre société possèdent la liberté de choix, en faisant varier les valeurs qu'ils attribuent aux diverses situations auxquelles ils sont confrontés.* »
- **La cinquième condition, proche de la quatrième, est l'absence de dictature** : « *la fonction de bien-être collectif ne doit pas être dictatoriale* ». Pourtant il faut reconnaître « *le penchant que certains individus ont pour la dictature* » ; mais même lorsque les individus l'acceptent, la fonction de préférence doit avoir un caractère collectif et donc ne pas être dictactoriale.

2. Il est impossible de définir de façon cohérente les choix collectifs à partir des préférences individuelles

A ~ Le théorème d'impossibilité

- **Les cinq conditions ne peuvent être remplies simultanément**. Les cinq conditions semblent tout à fait raisonnables, mais elles sont en réalité trop restrictives pour qu'il soit possible de bâtir une fonction de choix collectif les satisfaisant toutes. Grâce à des développements mathématiques, le théorème d'impossibilité (le traducteur de l'édition de 1997 préfère le terme de théorème général d'existence) montre que « *s'il existe au moins trois situations possibles que les membres de la collectivité puissent classer comme ils l'entendent, toute fonction de bien-être collectif* [...] *doit être soit imposée, soit dictatoriale* ».
- « ***Il n'existe aucune méthode de scrutin qui lève le paradoxe électoral, ni le vote majoritaire ni aucun système de représentation proportionnelle quelle que soit sa complexité. De même, le mécanisme du marché ne peut donner un choix rationnel.*** » Arrow montre que même lorsque la préférence individuelle ne porte que sur l'utilité économique et non sur des choix moraux ou idéologiques (il nomme ce cas « *hypothèse individualiste* »), le théorème d'impossibilité est vérifié ; dans ce cas aussi il est impossible de bâtir une préférence collective satisfaisant aux cinq conditions. Les seules méthodes de passage des préférences individuelles aux préférences collectives qui soient satisfaisantes, bien que ne respectant pas les deux dernières conditions, sont soit imposées soit dictatoriales : « *l'idéologie de la souveraineté de l'électeur est incompatible avec celle de la rationalité collective* ».

B ~ Les trois exceptions au théorème d'impossibilité

- **Le théorème d'impossibilité peut être levé lorsqu'il n'existe que deux situations possibles entre lesquelles choisir**. Dans ce cas, « *la fonction de bien-être collectif* [...] *donne, pour tout ensemble d'ordres individuels, un ordre social sur les deux situations possibles* ». Ainsi, le bipartisme est légitime car, dans ce cadre, les choix collectifs sont en cohérence avec les préférences individuelles.
- **Les choix collectifs sont cohérents en cas d'unanimité parfaite**. Si tous les individus ont des préférences identiques et donc si l'état d'esprit collectif est homogène, « *la fonction de bien-être collectif se définit de façon évidente en choisissant celle d'un individu et en disant que l'échelle de préférence sociale est identique à la sienne* ». Cette condition d'unanimité semble trop restrictive, mais elle est réaliste pour certains domaines concernant les aspirations humaines les plus universelles comme les aspirations à la liberté ou le désir d'accroître la durée de vie humaine.
- **Les choix collectifs sont aussi cohérents lorsque les préférences sont unimodales**. Dans ce cas, les états sociaux peuvent être représentés par des niveaux différents sur une même échelle de valeur. C'est le cas lorsqu'il existe plusieurs partis politiques que l'on peut classer linéairement du plus à gauche au plus à droite ; chaque individu peut voter d'une façon cohérente en donnant la meilleure note au parti politique qu'il choisit et une note de moins en moins bonne au fur et à mesure que l'on s'en éloigne. Dans ce cas, la règle de décision à la majorité conduit à un classement transitif des situations et il est possible de déterminer une préférence collective. « *Ainsi, lorsque l'hypothèse des*

préférences unimodales est vérifiée par les préférences des différents individus, en nombre impair, par hypothèse, il est possible de trouver, sans certaines hypothèses relatives à l'environnement, un ordre social en envisageant toutes les alternatives. »

Le théorème d'Arrow est un apport considérable pour la compréhension des règles de choix collectifs en démocratie. Il pose toutefois plus de difficultés aux politiciens qui recherchent le mode de scrutin le meilleur ou le moins mauvais qu'aux économistes libéraux qui considèrent que le marché, même s'il ne permet pas d'agréger parfaitement les préférences individuelles, reste le meilleur moyen d'allocation des ressources ou aux économistes keynésiens qui y voient un argument de plus pour souhaiter les interventions économiques de l'État.

FICHE 10

LE NOUVEL ÉTAT INDUSTRIEL

John Kenneth GALBRAITH

Dans cet ouvrage (Gallimard, 1968, 310 p.), Galbraith se propose d'analyser l'évolution du système économique américain et le passage d'une économie fondée sur l'entrepreneur vers une économie dominée par ce qu'il appelle, d'un terme devenu depuis célèbre, la « technostructure ». Ce livre se présente comme une démonstration très progressive ; après avoir analysé les facteurs qui sont à l'origine de cette évolution, Galbraith entreprend l'étude des motivations internes et des buts poursuivis par la technostructure, puis en décrit les conséquences, notamment dans la mise en place de la « filière inversée » (autre notion célèbre) et dans les relations entre l'État et l'économie.

1. LE CAPITALISME AMÉRICAIN CONNAÎT, DANS L'APRÈS-GUERRE, DES MUTATIONS CONSIDÉRABLES...

A ~ Des évolutions fondamentales...

- **Alors que la grande entreprise était encore, à la fin du XIXe siècle, l'instrument de ses propriétaires et dirigée par des patrons qui ont façonné le capitalisme américain (Ford, Rockfeller, Carnegie...), ce sont aujourd'hui des inconnus qui la dirigent.**

  Les liens entre l'État et l'économie se sont transformés. Le rapport dépenses publiques/PIB ne cesse de progresser, atteignant 25 % à la fin des années cinquante aux États-Unis contre 8 % en 1929, ce qui fait une proportion supérieure à celle d'un pays comme l'Inde, pourtant d'orientation socialiste (Galbraith a été ambassadeur des États-Unis dans ce pays qu'il cite souvent à titre d'exemple). La révolution keynésienne a impulsé une régulation du revenu global. Un haut niveau d'emploi en résulte, ainsi qu'un effet anticyclique : « *Au cours des vingt années qui ont suivi la Seconde Guerre mondiale, il n'y a pas eu de crise économique majeure : on a enregistré entre 1947 et 1966 une seule année où le revenu réel n'ait pas augmenté aux États-Unis* ».

- **Enfin, les années d'après-guerre ont vu la mise en place d'un véritable appareil de persuasion et d'exhortation centré sur la publicité et le marketing** qui, par les talents et les compétences qu'il mobilise, est en passe de concurrencer le secteur productif lui-même.

  C'est cet ensemble de changements que Galbraith veut analyser. Les grandes entreprises y jouent un rôle fondamental. C'est le système industriel, trait dominant de l'État industriel.

B ~ ... impulsées par la révolution technologique et la planification industrielle

- **La technologie, « *application systématique de la science et des autres connaissances organisées à des tâches pratiques* », contraint à subdiviser les**

tâches complexes en éléments constituants. Plusieurs conséquences en découlent :

– l'application des connaissances scientifiques aux tâches les plus simples requiert des délais croissants et une mobilisation de plus en plus importante de moyens financiers ;

– à mesure que la technologie se complique, le processus de production tend à se rigidifier ; l'affectation rigide d'investissements de plus en plus massifs à des tâches particulières devient la règle ;

– cette technologie requiert une main-d'œuvre strictement spécialisée (division horizontale du travail), impliquant une forte division verticale des tâches entre travail d'exécution et travail de conception et d'organisation ; il en découle une multiplication des qualifications et des niveaux hiérarchiques dans les grandes entreprises, dont la contrepartie est l'organisation : « *l'organisation massive et complexe des entreprises est la manifestation tangible de la technologie avancée* ».

■ **Délais accrus, spécialisation, ampleur des capitaux et des investissements nécessitent le recours à la planification, entendue au niveau de l'entreprise et non de l'économie globale**. La notion de plan n'a guère de pouvoir d'évocation aux États-Unis ; l'inquiétude de l'avenir que paraît véhiculer cette notion semble peu en phase avec l'optimisme américain : « *la réputation de hardiesse économique et le souci de la liberté d'entreprise ne semblent guère compatibles avec l'idée même de planification* ». De plus, avec la guerre froide, ce concept se charge de tonalités idéologiques.

Galbraith montre ainsi une évolution des théories du management : à l'objectif classique de maximisation du profit, la direction de l'entreprise tend à substituer « *la minimisation de l'incertitude, des conséquences de l'incertitude, ou à minimiser les deux éléments* ». Ainsi, le marché, facteur d'incertitude par excellence, peut être contrôlé par la détermination autoritaire des prix, et ceci par trois moyens :

– l'incertitude du marché peut être éliminée par l'intégration verticale, prise de contrôle par la grande entreprise de l'ensemble de la filière de production ; cette solution offre, du point de vue de la firme, la possibilité de substituer la négociation interne à des négociations externes, potentiellement incontrôlables ;

– la grande taille de l'entreprise permet de réduire ou de supprimer l'indépendance d'action des agents auxquels l'entreprise vend ou achète ;

– enfin, dans le cadre d'une économie oligopolistique, les stratégies d'entente peuvent réduire l'incertitude.

Il en ressort que la nécessité d'une planification industrielle est en étroite relation avec la taille de l'entreprise. Se pose alors la question du pouvoir dans l'entreprise, qui amènera Galbraith à définir la notion de technostructure.

2. ... QUI ABOUTISSENT À UNE ENTITÉ NOUVELLE : LA TECHNOSTRUCTURE

A ~ Qu'est ce que la technostructure ?

■ **Conséquence de cette évolution du capitalisme américain, une nouvelle forme d'organisation apparaît, la « *technostructure* », capable d'imposer ses vues au gouvernement et sa loi au consommateur**. L'analyse classique avait largement négligé la question du pouvoir dans l'entreprise, s'en tenant à une définition extrêmement neutre : l'entrepreneur, dans un cadre marqué par les hypothèses de concurrence pure et parfaite, combine des facteurs de production pour maximiser un profit. Galbraith reconnaît que Marx a « *projeté le thème du pouvoir au cœur de la discussion économique* », puis il montre qu'il se produit dans l'économie américaine un transfert de pouvoir comparable à celui qui s'est amorcé au moment de la révolution industrielle au détriment de la terre et au profit du capital : ce pouvoir n'est plus aux mains de l'entrepreneur « *personnage mythique, figure du système industriel qui s'estompe* », mais à celles d'un nouvel agent que Galbraith propose d'appeler la technostructure, appareil de direction collégial, « *englobant le président, l'administrateur délégué, les directeurs généraux, chefs de service...* ».

■ **Ainsi, avec la technostructure, la réalité du pouvoir ne se confond pas avec la propriété juridique de l'entreprise** : l'entrepreneur, le propriétaire, l'actionnaire ont été écartés au profit du « management ». La forme juridique la plus favorable à l'émergence de la technostructure est la société anonyme, le dépérissement du rôle des actionnaires et la dispersion du capital étant des éléments particulièrement favorables.

B ~ Le rôle fondamental du système de motivation

■ **La technostructure étant une forme d'organisation, c'est-à-dire un « *système d'activités ou de forces coordonnées* », la coordination devient l'élément essentiel du management**. La motivation est le moyen ou le stimulant par lequel s'effectue la coordination. La motivation peut être obtenue par plusieurs moyens : la contrainte, la motivation pécuniaire (le salaire, par exemple), la motivation d'identification (lorsque l'individu isolé juge que l'objectif du groupe est supérieur au sien), la motivation fondée sur la volonté d'adaptation (lorsque l'individu estime pouvoir orienter les buts du groupe en fonction de ses propres objectifs).

■ **Le fonctionnement de la technostructure repose ainsi sur un système complexe de motivations, qui rend périmée la vision de l'entreprise en organigramme**. La grande entreprise peut être représentée sous la forme d'une série de cercles concentriques, chacune des couronnes comprises entre deux cercles successifs représentant un groupe de participants répondant à un système de motivations différent :

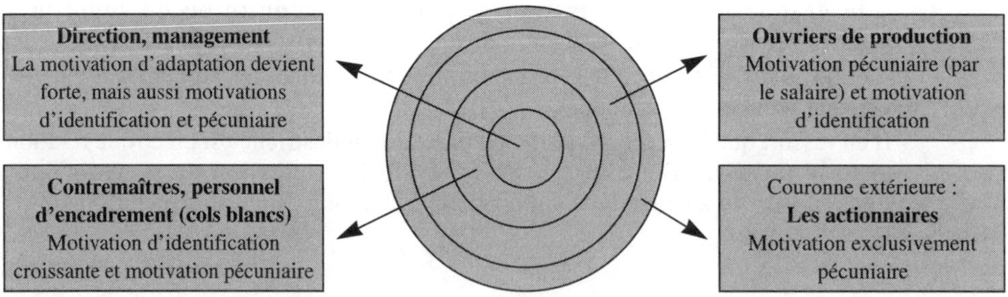

3. La pérennisation de la technostructure repose sur un appareil de persuasion de masse et sur une régulation de la demande

A ~ La filière inversée

■ **Un système industriel mobilisant de tels niveaux d'investissement, de telles masses de main-d'œuvre, reposant sur des mécanismes de motivation aussi complexes, asservissant la science et les techniques à ses objectifs ne saurait**

être soumis au flux et au reflux d'une demande instable. Il est donc nécessaire de maîtriser cette demande et ceci par deux moyens essentiels :

– la mise en place d'une régulation de la demande à l'initiative des entreprises, en renversant le sens de causalité de la filière traditionnelle qui va des besoins à la production ;

– par un État interventionniste et régulateur.

■ **La « filière inversée » constitue un des moyens pour contrôler la demande**. En tête de chapitre, Galbraith cite une phrase de Paul A. Samuelson : « *Le consommateur est en somme le roi.* [...] *Chaque consommateur est un électeur qui décide, par son vote, que telle chose sera faite parce qu'il veut qu'elle soit faite* ». Cette phrase résume bien la filière classique, qui va des besoins vers la production.

De même qu'elle possède des moyens d'action sur les prix, la technostructure dispose de moyens pour manœuvrer le consommateur afin qu'il achète au prix fixé par l'entreprise.

Il s'ensuit que la filière classique correspond de moins en moins à la réalité, et qu'il faut parler plutôt de filière inversée.

Production de biens et de services → **Système de persuasion de masse contrôlé par les technostructures** → **Expression d'une demande sans besoin préalable**

Celle-ci n'a pas remplacé la filière normale, mais elle devient de plus en plus importante dans la société. L'idée classique du consommateur rationnel, recherchant le maximum d'utilité sous contrainte de budget (problème de maximisation standard de la théorie microéconomique du consommateur) est donc, selon Galbraith, périmée par le véritable conditionnement publicitaire du consommateur.

B ~ La nécessaire régulation de la demande globale

■ **Le nouveau système industriel a besoin d'une régulation de la demande**. Le système industriel a réussi à contrôler les prix, à conditionner la demande ; il repose sur des mécanismes complexes de motivation ; la précision de la planification industrielle fait le reste. Cependant, le risque demeure des fluctuations erratiques de la demande, d'où la nécessité d'une régulation de celle-ci : le meilleur conditionnement possible du consommateur est inopérant si l'emploi est instable et risque de faire varier le revenu global. Il faut donc pouvoir compter sur un volume suffisant et stable de pouvoir d'achat. Là encore, Galbraith relègue toute idée d'ajustement automatique entre l'offre globale et la demande globale au rang d'antiquité : c'est le cas de la loi de Say, qui postule un tel équilibre. Celle-ci est désormais caduque en raison de la rigidité des prix, sous le contrôle des grandes firmes dans le système industriel.

■ **La régulation de la demande a commencé dans les années trente, sous l'influence des idées keynésiennes**, lors du New Deal, s'attirant l'hostilité des milieux patronaux. Mais cette régulation est devenue nécessaire dans le cadre du système industriel. La croissance des dépenses publiques à des fins de régulation conjoncturelle de la demande est ainsi devenue, après-guerre, un élément fondamental de l'expansion des grandes firmes et de la technostructure : « *la ligne de démarcation entre l'État et le système industriel est devenue une fiction* ». Enfin, la guerre froide et la course aux armements qui en a découlé a constitué, selon Galbraith, un élément fondamental de développement du système industriel, érigé en véritable « complexe militaro-industriel ».

Galbraith conclut son livre en insistant sur la nécessité de créer des contre-pouvoirs face à cette technostructure de plus en plus influente et puissante. Il estime que l'éducation doit jouer un rôle. Les éducateurs et les scientifiques constituent, selon Galbraith, le cœur de ce contre-pouvoir.

FICHE 11

THÉORIE DE L'ÉVOLUTION ÉCONOMIQUE

Joseph Aloïs SCHUMPETER

Cette œuvre de Joseph Schumpeter a été publiée initialement en 1912, et rééditée en français en 1935 (Payot, 364 pages). Il s'agit de la première œuvre importante de l'auteur, qui contient déjà tous les grands thèmes et les problématiques qui contribueront, par la suite, à sa renommée.

Ce qui est déterminant, dans la pensée de Schumpeter, et qui apparaît nettement à la lecture de cet ouvrage, est son indépendance à l'égard de la théorie libérale et du courant marginaliste, dominant à son époque, et sa référence constante à l'analyse marxiste.

En fait, par l'expression « évolution économique », Schumpeter entend traiter du phénomène de croissance économique, largement occulté par le courant marginaliste et donc assez peu étudié depuis Smith et Ricardo. Le livre est construit sur le canevas suivant : la compréhension du processus de croissance nécessite de connaître d'abord l'économie en situation statique, en considérant l'économie comme un circuit. Le passage du circuit à l'évolution se fait par le jeu des innovations et le rôle clé joué par l'entrepreneur. Enfin, cette croissance se déroule de manière cyclique, les processus d'innovation étant, là encore, déterminants.

1. LE CIRCUIT ÉCONOMIQUE

A ~ La statique économique

- **Dans un premier temps, Schumpeter s'attache à décrire les mécanismes en jeu dans le cadre d'un système économique statique**. Ceci l'amène à définir et à préciser les notions de base.

  Au départ, Schumpeter définit la notion de fait économique : « *Qualifier un fait d'économique, c'est déjà une abstraction, la première des nombreuses abstractions que les nécessités techniques imposent à notre pensée quand elle veut reproduire la réalité. Jamais un fait n'est jusqu'en son tréfonds exclusivement économique ; il présente toujours d'autres aspects, souvent plus importants* ».

  Le domaine des faits économiques a pour frontière le concept d'activité économique. Schumpeter considère donc comme point de départ une « *économie nationale organisée en économie d'échange, c'est-à-dire une économie où règnent la propriété privée, la division du travail et la libre concurrence* ».

  Dans un tel cadre, Schumpeter est amené à adopter le « *principe de continuité* » : l'économie ne se modifie pas d'une période à l'autre.
- **L'économie nationale appréhendée sous l'angle du circuit tend à un état d'équilibre**.

  Mais l'expression d'économie statique peut tromper. Il ne s'agit pas d'une économie au repos ; le circuit de la vie économique se déroule sans cesse. Il ne s'agit pas non plus d'une économie stationnaire : elle reste soumise à des forces de changement continues mais peu perceptibles à court terme (une croissance régulière de la population, par exemple).

Mais l'économie ne saurait se limiter à une telle approche : « *L'état statique ne contient pas tous les phénomènes fondamentaux de l'économie.* [...] *la vie d'une économie nationale stationnaire se distingue de celle d'une économie non stationnaire par son essence et ses principes fondamentaux* ».

B ~ L'évolution économique résulte de l'exécution de nouvelles combinaisons

■ **L'évolution économique est liée à l'apparition de phénomènes discontinus rompant l'équilibre du circuit**. Dans le premier chapitre, Schumpeter a décrit l'économie sous la forme d'un circuit comparable à la circulation du sang dans l'organisme. Ce circuit se transforme de manière continue et ce changement est peu visible à court terme pour les agents économiques. Ce n'est pas cette forme de changement qui intéresse Schumpeter : « *Nous ne considérerons pas ici comme un événement de l'évolution la simple croissance de l'économie qui se manifeste par l'augmentation de la population et de la richesse. Car cette croissance ne suscite aucun phénomène qualitativement nouveau, mais seulement des phénomènes d'adaptation* ».

Mais d'autres changements de plus grande ampleur sont possibles : ils possèdent alors un caractère discontinu et spontané et constituent le véritable moteur de l'évolution et du changement dans le circuit économique par le déplacement des centres d'équilibre.

■ **Ces transformations affectent essentiellement la sphère industrielle et commerciale et non la sphère des besoins et de la consommation.** Schumpeter développe ici une idée qui sera reprise plus tard par J.K. Galbraith dans son livre *Le nouvel État industriel* (1968), celle de filière inversée : « *les innovations en économie ne sont pas, en règle générale, le résultat du fait qu'apparaissent d'abord chez les consommateurs de nouveaux besoins, dont la pression modifie l'orientation de l'appareil de production, mais du fait que la production procède en quelque sorte à l'éducation des consommateurs et suscite de nouveaux besoins, si bien que l'initiative est de son côté* ».

C'est donc dans la recherche de nouvelles combinaisons productives que réside la force de changement du circuit économique. Dans un passage important, Schumpeter affirme : « *Produire, c'est combiner les choses et les forces présentes dans notre domaine. Produire autre chose ou autrement, c'est combiner autrement ces forces et ces choses. Dans la mesure où l'on peut arriver à cette nouvelle combinaison en partant de l'ancienne avec le temps, par de petites démarches et une adaptation continue, il y a bien une modification, éventuellement une croissance, mais il n'y a ni phénomène nouveau qui échapperait à notre théorie de l'équilibre, ni évolution au sens donné par nous à ce mot. Dans la mesure* [...] *où la nouvelle combinaison apparaît de manière discontinue, alors prennent naissance les phénomènes caractéristiques de l'évolution* ».

■ **Sous ce terme d'innovation, Schumpeter englobe cinq catégories de faits :**

1. la fabrication d'un bien nouveau ;
2. l'introduction d'une méthode de production nouvelle ;
3. l'ouverture d'un débouché nouveau, c'est-à-dire le fait pour une industrie de pénétrer sur un marché où elle n'était pas présente auparavant ;
4. la conquête d'une nouvelle source de matière première ou de produits semi-ouvrés ;
5. la « *réalisation d'une nouvelle organisation* » comme par exemple la création d'une situation de monopole.

En fait, par cette définition de l'innovation, Schumpeter met l'accent sur le rôle fondamental de l'investissement dans la croissance et le changement, rejetant l'idée néoclassique de l'épargne préalable. Cette approche se double de considérations sociologiques : ces processus d'innovations et d'inventions sont à l'origine de mouvements d'ascension et de déclassement social. Enfin, Schumpeter accorde une place importante au rôle du banquier, « *intermédiaire entre ceux qui veulent exécuter les nouvelles combinaisons et les possesseurs de moyens de production* ».

C ~ Entreprises et entrepreneurs

- **La fonction d'entrepreneur est au cœur de l'analyse de Schumpeter.** « *Nous appelons entreprise l'exécution de nouvelles combinaisons et entrepreneurs les agents économiques dont la fonction est d'exécuter de nouvelles combinaisons et qui en sont l'élément actif.* » Schumpeter s'explique longuement sur le rôle de l'entrepreneur ; il insiste notamment sur le fait que les entrepreneurs ne constituent pas une classe au sens de Marx, parce que l'état d'entrepreneur est un état transitoire. L'histoire des grandes familles industrielles montre clairement le passage rapide de l'état d'entrepreneur innovant à celui de patron installé dans la routine. De plus, la fonction d'inventeur et celle d'entrepreneur ne coïncident pas. L'entrepreneur est un innovateur ; il met en œuvre les nouvelles inventions et procédés, et les rend opérationnels dans le processus productif.
- **Cette définition de la notion d'entrepreneur est en totale rupture avec la tradition néoclassique**. Celle-ci assigne à l'entrepreneur la recherche du profit maximum comme principe fondamental de rationalité. Schumpeter réfute ce point de vue et avance des arguments radicalement différents de ceux que l'on rencontre habituellement en sciences économiques où règnent le froid intérêt et le sobre calcul : « *il y a d'abord en lui le rêve et la volonté de fonder un royaume privé... Puis vient la volonté du vainqueur : vouloir lutter et vouloir remporter un succès pour le succès même. Enfin, la joie de créer une forme économique nouvelle* ». Il est vrai que tout cela se formalise assez mal…

2. Le cycle de la conjoncture

A ~ Les causes de la fluctuation de la conjoncture : l'ancien et le nouveau

- **Les innovations surviennent par « *grappes* » ou « *essaims* », et se généralisent par diffusion, entraînant le circuit économique dans une évolution cyclique.** « *L'essor prend fin et la dépression apparaît à l'expiration de la période qui doit s'écouler jusqu'à ce que les produits des nouvelles entreprises apparaissent sur le marché. Et un nouvel essor suit la dépression quand le processus de résorption de la nouveauté a pris fin.* »

  En effet, « *si les entreprises nouvelles apparaissent indépendantes les unes des autres, il n'y aurait, à notre sens, ni essor ni dépression.* [...] *On pourrait observer l'apparition de ces entreprises nouvelles d'une manière continue, elle serait répartie également dans le temps : il n'y aurait pas de perturbation notable du circuit* ».

  Pour que cet effet de synergie de l'innovation puisse avoir lieu, deux conditions sont nécessaires :

  – il doit y avoir une véritable rupture technologique : « *les nouvelles combinaisons ne sortent pas le plus souvent des anciennes, ne prennent pas leur place immédiatement, mais se dressent à côté d'elles et leur font concurrence* ». Schumpeter considère cet argument comme essentiel pour expliquer le caractère prononcé du mouvement ondulatoire de l'évolution économique ;

– ce développement d'industries nouvelles doit pouvoir déclencher une « *vague secondaire d'essor* », caractérisée par la diffusion de pouvoir d'achat dans l'économie et donc l'accroissement de la consommation.

- **Se pose ensuite la question des conditions dans lesquelles ces grappes d'innovations apparaissent.** L'apparition en « *essaims* » des entreprises innovantes est expliquée par Schumpeter par des argument de type psychologique. « *L'exécution de nouvelles combinaisons est difficile* » et requiert des capacités hors du commun : « *Seules quelques personnes ont les aptitudes voulues pour être chef* ». Ces personnes ouvrent la voie, font tomber les obstacles, facilitant ainsi l'entrée de nouveaux entrepreneurs : « *La réalité nous montre que chaque conjoncture prend son essor dans une branche ou dans quelques branches et qu'elle est caractérisée avant tout par des innovations dans ces branches. Les premiers entrepreneurs suppriment les obstacles pour les autres non seulement dans la branche de production où ils apparaissent, mais aussi, ils les suppriment ipso facto dans les autres branches de la production* ».

B ~ Le processus de destruction créatrice

- **Les grappes d'innovations à l'origine du processus de croissance portent en elles les conditions de la dépression**. Schumpeter résume cette idée dans une proposition empruntée à l'économiste marginaliste anglais S. Jevons : « *La seule cause de la dépression, c'est l'essor, ce qui revient à dire que la cause de la dépression n'est rien d'autre que la réaction de l'économie nationale par rapport à l'essor, que la chute de la situation où l'essor a mis l'économie nationale, si bien que l'explication de la dépression trouve sa racine dans l'explication de l'essor* ».
- **Le phénomène des cycles s'explique donc à partir du paradigme technologique**. Les grappes d'innovations suscitent des anticipations de profits élevés dans les branches innovatrices, ce qui attire de nouveaux entrepreneurs sur ces marchés. Cet essor stimule l'investissement et déclenche des « *vagues secondaires d'essor* ». Mais la généralisation de l'innovation et l'accroissement de production dans ces branches innovantes entraînent la baisse du profit : « *Dans la branche où se manifeste l'essor et où apparaissent les premiers entrepreneurs, tant d'autres entreprises se sont constituées qu'une fois en pleine exploitation elles produiraient la quantité de produits qui, résultant naturellement de la baisse des prix et de l'augmentation du coût même si l'industrie en question suit la loi des rendements croissants, élimine le profit* ».

  Dans ces conditions, l'impulsion finit par s'épuiser ; les entreprises les moins solides disparaissent : c'est la dépression, caractérisée par Schumpeter « *comme le processus normal de résorption et de liquidation de l'économie* ».

Schumpeter esquisse à grands traits, dans ce livre, ce qui sera la thèse principale de son livre Business Cycles *de 1939, lorsqu'il aura intégré dans son approche l'apport de N. Kondratieff.*

Il a contribué au renouvellement de la pensée économique et a introduit de nombreux concepts qui sont depuis devenus classiques. Il reste encore aujourd'hui l'exemple d'une pensée libre et originale.

FICHE 12

CAPITALISME, SOCIALISME ET DÉMOCRATIE

Joseph Aloïs SCHUMPETER

Publiée la première fois en 1942, puis remaniée en 1946, cette œuvre a été traduite en français en 1951 aux éditions Payot. Elle apparaît comme une synthèse de quarante ans de réflexion de la part de J.A. Schumpeter sur la question du socialisme. Le livre (417 p.) est structuré autour de quatre parties principales autonomes bien que non indépendantes ; la cinquième partie n'ayant pas été traduite avec l'autorisation de l'auteur (elle portait le titre « Histoire résumée des partis socialistes »). Après un exposé de la doctrine marxiste (qui était en fait son cours d'université), Schumpeter montre que le capitalisme ne pourra survivre à ses succès et à ses échecs et qu'il fera naître logiquement le socialisme. Ce socialisme pourra apparaître comme un système économique viable mais problématique sur le plan de la démocratie.

1. LE CAPITALISME EST UN SYSTÈME EFFICACE MAIS EN VOIE DE DISPARITION

A ~ Le capitalisme a favorisé le développement des monopoles confirmant leur supériorité sur la concurrence

- **Les succès du capitalisme sur le long terme sont indéniables malgré des périodes de crise.** Les mouvements cycliques de longue durée repérés par N.D. Kondratieff démontrent que, malgré des ruptures, le développement capitaliste a entraîné une augmentation générale des richesses créées, un élargissement des consommations ainsi que du progrès social. « *L'évolution capitaliste améliore progressivement le niveau d'existence des masses non pas en vertu d'une coïncidence mais de par le fonctionnement même de son mécanisme.* » Donc, on peut s'attendre normalement à ce que l'avenir du système capitaliste soit une poursuite logique de ce *trend* croissant. Le capitalisme apparaît alors comme un processus d'évolution dont l'impulsion fondamentale est imprimée par le progrès technique grâce au processus de destruction créatrice.
- **Le processus de destruction créatrice entraîne « *un ouragan perpétuel* » de remise en cause des positions acquises réduisant la concurrence.** Dans ce mouvement, les vieilles branches risquent de disparaître entraînant une partie de la population dans le chômage. Les nouvelles entreprises doivent être aidées (protection de brevets, des frontières, subventions...) pour qu'elles puissent engager une nouvelle vague de croissance. Ainsi, les pratiques monopolistiques peuvent être dans certains cas tolérées. « *Il n'existe pas de motif valable justifiant le démembrement sans discrimination des trusts.* » La concurrence parfaite apparaît comme un cadre théorique inadapté au développement capitaliste et même si l'initiative capitaliste doit être concurrentielle, les restrictions à cette concurrence ne sont pas toujours néfastes pour l'économie.

- **Les monopoles sont devenus de puissants moteurs du progrès.** Les monopoles ont souvent eu mauvaise réputation. « *Aux yeux d'un bourgeois libéral typique, le monopole est devenu le bouc émissaire favori.* » Cependant, si ces monopoles sont privés, ils retiendront et appliqueront les principes de la gestion privée et investiront pour maximiser leur profit. L'évolution technique rend instable la position du monopole et l'incite à innover d'autant plus qu'il en a les capacités techniques, humaines et financières. Il n'y a donc pas de raisons objectives à appliquer à ces entreprises géantes les principes concurrentiels car « *non seulement la concurrence parfaite est irréalisable mais encore inférieure* ».

B ~ Il existe une tendance autodestructrice inhérente au capitalisme

- **Les occasions d'investissement privé sont décroissantes d'où des perspectives pessimistes d'avenir pour le capitalisme.** Les opportunités d'investissement pour les entreprises privées sont encore importantes mais elles diminuent. Cette évolution n'affectera cependant qu'à très long terme le taux d'accroissement de la production totale car les possibilités de croissance sont encore très fortes. Mais les prédictions marxistes d'un effondrement du système capitaliste, précédé par un stade de crise permanente, temporairement interrompu par de faibles reprises, semblent se confirmer à long terme. Si, sur le plan des performances, « *l'intermède capitaliste a des chances de se prolonger* », il est tout à fait plausible qu'il se détruise à longue échéance. Cette perspective d'un état stationnaire est très lointaine mais il faut l'envisager.
- **La fonction d'entrepreneur-innovateur tend à disparaître.** L'innovation, indispensable au capitalisme, est en voie de routinisation. Le système s'habitue à l'innovation et « *au romantisme des aventures commerciales d'antan succède le prosaïsme* ». Le progrès économique tend à se dépersonnaliser et s'automatiser. L'initiative capitaliste, sous la pression de son propre succès, s'élimine. La concentration des entreprises va faire disparaître à la fois les petites et moyennes entreprises, les entrepreneurs mais aussi le prestige de la classe bourgeoise. « *Les véritables pionniers du socialisme n'ont pas été les intellectuels ou les agitateurs qui ont prêché cette doctrine mais bien les Vanderbilt, les Carnegie, les Rockefeller.* »
- **Le capitalisme, après avoir détruit le cadre institutionnel de la société féodale, est en voie de détruire son propre support.** La concurrence a fait disparaître paysans, artisans ; la recherche du profit a entraîné la rationalisation de l'organisation productive ; le développement des sociétés anonymes a altéré le sens de la propriété... « *L'évolution capitaliste, en substituant un simple paquet d'actions aux murs et aux machines d'une usine, dévitalise la notion de progrès.* » Ce processus d'autodestruction se retrouve aussi bien dans les institutions que dans les motivations et systèmes de valeurs. « *La propriété vécue* » devient dématérialisée et il ne restera personne, à l'intérieur comme à l'extérieur des grandes entreprises, pour défendre la propriété privée. On assiste à une « *évaporation de la substance de la propriété* » détruisant de manière interne le capitalisme. La raison d'être de la classe capitaliste et le cadre institutionnel tendent à disparaître.
- **Il se développe une certaine hostilité contre le capitalisme.** Les intellectuels établissent un code moral exaltant moins les valeurs capitalistes, laissant la porte ouverte aux critiques et agitations. De plus, l'évolution capitaliste affaiblit les valeurs familiales. La famille bourgeoise se rétrécit posant le problème de sa reproduction sociale. « *Le régime bourgeois a cessé d'avoir un sens pour la bourgeoisie elle-même.* » La décadence capitaliste se profile à un horizon lointain. Cette décadence annoncée tient à la fois aux succès du capitalisme comme à ses échecs créant les conditions d'avènement du régime socialiste.

2. Le socialisme émergera de la décomposition du capitalisme avec des capacités économiques mais aussi des incertitudes démocratiques

A ~ Le socialisme est un système économique qui peut fonctionner

■ **L'organisation économique socialiste peut être rationnelle.** À l'inverse du capitalisme, les opérations de production et de répartition, dans le système socialiste, ne sont plus couplées, ce qui permet d'orienter la répartition des revenus vers la réduction des inégalités. La planification socialiste peut être rationnelle si le conseil central prévoit correctement tous les événements dans les domaines des besoins, des approvisionnements, de la production... L'autorité centrale peut affecter rationnellement primes et qualifications de la main-d'œuvre se rapprochant d'une affectation salariale capitaliste par le marché. Ainsi, même si l'organisation est différente, il existe une rationalité en économie socialiste proche de celle du régime capitaliste. Cette rationalité doit être assurée par le conseil central qui réduirait les incertitudes que l'on peut trouver dans le capitalisme quant aux comportements des entreprises et l'évolution de la conjoncture.

■ **Le système socialiste a un rendement économique supérieur au capitalisme monopolistique.** « *En régime capitaliste, les décisions doivent être prises dans une atmosphère d'incertitude qui émousse le fil de l'action tandis qu'une telle stratégie et une telle incertitude brilleraient par leur absence en régime socialiste.* » Ainsi, des capacités excédentaires génératrices de pertes pourraient être éliminées en économie socialiste. « *La planisation du progrès* » pourrait lisser les fluctuations cycliques au point de les faire disparaître. La gestion socialiste apparaît donc plus efficiente car elle réduit les coûts de fonctionnement, elle permet une meilleure adéquation entre besoins et production... le tout étant conditionné par une autorité centrale compétente.

■ **La gestion socialiste bénéficie de nombreux avantages.** Le socialisme, de par la concentration de son autorité, permet d'imposer une volonté, une discipline de travail qui sera d'autant mieux acceptée que ce travail est au service de la collectivité. « *Le socialisme pourra être le seul moyen de restaurer la discipline du travail.* » Le développement de la bureaucratie est inhérent à l'évolution économique moderne et donc au socialisme. Cette bureaucratie peut avoir une certaine efficacité et rationalité. De plus, en régime socialiste, l'affectation de l'épargne à l'investissement est directe car totalement contrôlée.

B ~ La démocratie peut exister en régime socialiste mais seulement sous certaines conditions difficiles à remplir

■ **La société capitaliste a conduit au succès de la démocratie mais cette démocratie ne disparaîtra pas nécessairement avec le capitalisme.** Le succès de la démocratie repose sur des hommes politiques de qualité, un domaine d'action relativement limité et une structure bureaucratique efficace. Sur ces plans, il est indéniable que le capitalisme bourgeois a répondu en grande partie à ces conditions de par la recherche de la concurrence, la tolérance, la limitation de l'intervention étatique. « *Une classe dont les intérêts sont le mieux servis par une politique de non-intervention met plus facilement en pratique la discrétion démocratique que ne sauraient le faire des classes qui tendent à vivre aux crochets de l'État.* » Mais, les évolutions du capitalisme lui ont fait perdre les avantages qu'il possédait naguère. D'une certaine manière, ses avantages se sont retournés contre lui amenant l'avènement de la société socialiste sans remise en cause nécessaire de la structure démocratique. « *L'idéologie classique est la fille de l'idéologie bourgeoise.* »

- **Socialisme et démocratie peuvent coexister sous certaines conditions mais peuvent aussi être opposés.** Il n'y a pas de règles en la matière. La démocratie ne se retrouve pas uniquement dans le socialisme comme le prétendent les socialistes accusant le capitalisme d'être antidémocratique. Le contraire n'est pas plus vrai ; le socialisme n'est pas incompatible avec la démocratie. Le socialisme peut fonctionner selon des principes démocratiques dans certaines conditions sociales car la démocratie est « *une méthode politique pour prendre des décisions et non un idéal absolu.* » Cependant, les structures de l'économie, de la société et les hommes, dans le régime socialiste, ne sont pas les plus aptes à répondre aux conditions des principes démocratiques.

Sans partager l'idéologie marxiste, Schumpeter en arrive dans ce livre aux mêmes conclusions. Même si le crépuscule du capitalisme est lointain, le système sera amené à péricliter de par ses succès et ses échecs. Schumpeter apparaît très nostalgique de ce passé capitaliste. Sa réflexion est également très hétérodoxe remettant constamment en cause les idées reçues et les présupposés libéraux sur les bienfaits de la concurrence comme les méfaits du socialisme. Mais l'histoire récente semble contredire son analyse.

FICHE 13

RÉEXAMEN DE LA THÉORIE DU CHÔMAGE

Edmond MALINVAUD

Publié initialement en 1977 en anglais, cet ouvrage d'Edmond Malinvaud (Calmann-Lévy, 1981, 190 p.) cherche à renouveler l'approche macroéconomique du chômage en partant de ses fondements microéconomiques, et ceci dans le cadre conceptuel de l'équilibre non-walrasien (appelé également théorie du déséquilibre), qui fait intervenir la rigidité des prix, et en particulier du salaire, comme caractéristique essentielle. Il parvient ainsi à dégager une typologie, désormais célèbre, formée de trois situations : chômage classique, chômage keynésien, inflation contenue.

Le contexte théorique dans lequel se situe ce livre doit être précisé. Les développements théoriques menés dans les années cinquante et soixante dans le cadre du modèle de la synthèse (ou modèle standard, dont le schéma IS-LM et la courbe de Phillips représentent les éléments essentiels), obligent les keynésiens à affiner leurs analyses sur le chômage par la recherche des fondements microéconomiques. Il a pu apparaître, en effet, que, à travers le courant de la synthèse, la théorie néoclassique ait assimilé, voire complètement absorbé, l'apport keynésien. Le modèle IS-LM de Hicks et Hansen, emblématique de ce courant, constitue une tentative de synthèse qui fait du modèle keynésien un cas particulier de la théorie néoclassique, et donc assimilable par celle-ci. Le renouveau de la théorie keynésienne passe donc nécessairement par une reconsidération de ses fondements microéconomiques, point faible de cette théorie.

Si les Américains R.W. Clower et A. Leijonhufvud peuvent être reconnus comme les principaux initiateurs de cette nouvelle approche, des économistes français ont apporté une contribution importante à ces développements théoriques, à travers les modèles d'équilibre à prix fixes (souvent qualifiés de théorie du déséquilibre). Il s'agit de J.-P. Bénassy, J.-M. Grandmont et d'E. Malinvaud.

La meilleure compréhension des mécanismes théoriques du chômage devrait déboucher, selon l'auteur, vers une plus grande efficience des politiques économiques. À cet égard, cet ouvrage constitue une contribution importante à l'analyse du chômage des années soixante-dix et quatre-vingt.

1. LES FONDEMENTS DE L'ANALYSE

A ~ Le contexte théorique

■ **La pensée keynésienne sur la question centrale du chômage doit être renouvelée à partir d'une explicitation de ses fondements microéconomiques.**

L'auteur précise dès l'introduction son cadre de référence : « *Quand on étudie l'impact de la politique macroéconomique sur l'emploi, comme il convient de le faire aujourd'hui à travers le monde, le principal cadre de référence est la théorie keynésienne, maintenant bien connue. Après plus de vingt années pendant lesquelles le modèle conventionnel dérivé de la théorie générale est resté inchangé dans sa substance, un certain nombre de chercheurs ont entrepris, depuis peu, une révision de ses fondements, révision qui doit en fin de compte renouveler notre compréhension du phénomène de sous-emploi* ».

À partir de ce socle keynésien, la notion centrale qui doit être explicitée est celle du chômage involontaire.

- **Le concept de chômage involontaire tient une place tout à fait centrale dans le théorie keynésienne**. La position de Keynes est claire : le chômage involontaire ne résulte pas de supposés dysfonctionnements du marché du travail (une notion que Keynes n'utilise pas véritablement), mais d'une insuffisance de la demande effective, formée des anticipations de demande de biens de consommation et d'investissement par les entrepreneurs.

C'est véritablement cette question du chômage involontaire que la théorie néoclassique n'accepte pas, qui est au centre des préoccupations de la théorie du déséquilibre et de l'ouvrage d'E. Malinvaud. La prise en compte de cette notion oblige à rompre avec certains aspects de l'analyse néoclassique et à proposer un cadre d'analyse fondé sur des hypothèses spécifiques et des principes fondateurs.

B ~ Les trois hypothèses principales de la théorie du déséquilibre

- **En premier lieu, la prise en compte de la rigidité des prix, implique a contrario le rejet de l'hypothèse walrasienne d'ajustement instantané par les prix**. Dans un contexte walrasien, la flexibilité des prix permet d'assurer instantanément l'équilibre simultané de l'ensemble des marchés. Au contraire, E. Malinvaud retient de la théorie keynésienne qu'il existe une vitesse d'ajustement des prix, autrement dit, une viscosité ou une rigidité de l'ajustement : « *L'enseignement classique, selon lequel les prix réagissent rapidement aux excès de l'offre ou de la demande, est de plus en plus jugé insuffisant pour conduire une analyse macroéconomique de courte période* ». E. Malinvaud cite d'ailleurs des travaux économétriques à l'appui de ses affirmations. À l'encontre de l'hypothèse walrasienne d'ajustement par les prix, Malinvaud substitue l'hypothèse d'ajustement par les quantités (d'où le nom donné à ce courant d'équilibre à prix fixe).
- **La seconde hypothèse porte sur l'interdépendance des marchés**. À l'instar de la théorie walrasienne, Malinvaud retient la notion d'équilibre général avec interdépendance des marchés. Cela signifie que l'équilibre sur un marché dépend de la situation des autres marchés. Il existe donc une effet de report : lorsqu'un déséquilibre apparaît sur un marché, il se répercute sur les autres marchés. Un agent rationné sur un marché (c'est-à-dire qui n'égalise pas l'offre et la demande) reporte son rationnement sur un autre marché : dans le cas du marché du travail, par exemple, un chômeur (agent économique rationné sur le marché du travail) reporte son rationnement sur le marché des biens par la baisse de sa consommation résultant d'un revenu moindre.

En conséquence, le chômage involontaire est analysé par Malinvaud non comme un dysfonctionnement du marché du travail, mais comme un report de déséquilibre du marché des biens sur le marché du travail.

- **Enfin, la troisième hypothèse, qui découle logiquement des deux précédentes, est l'hypothèse de décision duale**. La prise en compte de la rigidité des prix entraîne le fait que les prix auxquels se concluent les échanges sont des prix de déséquilibre. Il convient alors d'opérer une distinction entre les grandeurs notionnelles et les grandeurs effectives.

Les offres et demandes notionnelles sont celles qui correspondent à une situation non contrainte, alors que les offres et demandes effectives sont des quantités échangées dans un cadre de contrainte. S'il existe un écart durable entre ces deux notions, alors le marché est dit rationné. Dans un tel cas, s'applique la règle dite du « *côté court* » : pour un prix donné, la quantité Q échangée sur le marché est la valeur minimale issue de la comparaison entre quantité offerte QO et quantité demandée QD. On peut donc écrire pour un prix donné *p*,

quantités échangées = Min (QO, QD)

En conséquence, E. Malinvaud peut affirmer : « *Le marché de chaque bien peut se présenter sous trois états distincts : marché équilibré, marché de vendeurs, marché d'acheteurs* ». À partir de là, l'auteur va mettre en évidence une typologie des différents cas de déséquilibre. C'est véritablement le cœur de l'ouvrage.

2. Typologie et analyse des diverses situations de déséquilibre

A - Une typologie des régimes de chômage

- **Le régime de marché de vendeurs (ou régime d'offre) est le cas où le prix effectif est inférieur au prix d'équilibre du marché**. La règle de côté court montre que le volume des échanges dépend de l'offre : il y a excès de demande sur le marché des biens. Si l'on combine cette situation avec celle du marché du travail, il est possible de distinguer deux cas :

  – un excès d'offre sur le marché du travail ; cette situation est qualifiée par Malinvaud de « *chômage classique* ». Il y a coexistence d'une demande excédentaire sur le marché des biens et de chômage : les entreprises ne produisent pas davantage en raison de la faible rentabilité ou profitabilité de la production ;

  – si, au contraire, le marché du travail est en situation d'excès de demande (pénurie de main-d'œuvre), il y a alors « *une pression inflationniste, mais l'inflation est en quelque sorte contenue du fait des rigidités de prix en courte période* ».
- **Le régime de marché d'acheteurs (ou régime de demande) est le cas où le prix effectif est supérieur au prix d'équilibre**. La règle du côté court indique que le volume des échanges dépend de la demande. Il y a donc excès d'offre sur le marché des biens. La confrontation avec le marché du travail correspond à une demande effective trop faible expliquant le chômage.
- **La synthèse de ces différents cas peut être fournie par un tableau à double entrée** :

		Marché des biens	
		d'acheteurs (Offre > Demande)	de vendeurs (Demande > Offre)
Marché du travail	Offre > Demande	*Chômage keynésien*	*Chômage classique*
	Demande > Offre	–	*Inflation contenue*

L'analyse de ces différents cas conduit E. Malinvaud à formuler les deux conclusions suivantes :

– lorsqu'on est en présence d'une situation normale (au sens keynésien du terme, c'est-à-dire compatible avec un sous-emploi), « *il faut s'attendre à observer une alternance du chômage keynésien et d'une inflation tant soit peu contenue, la première situation tendant à persister plus longtemps que la seconde* » ;

– parmi les différentes situations envisageables, celle qui favorise le plus l'apparition de chômage classique est « *celle qui comporte une réduction brutale de la quantité de production finale par unité de travail et une augmentation anormale des salaires réels provoquée par les anticipations ou des tensions sociales* ».

B ~ Quelles interprétations en termes de politique économique ?

- **En présence de chômage keynésien, la politique économique doit essentiellement consister à stimuler la demande** qui s'adresse aux entreprises, selon une dynamique :

  demande ⇒ production ⇒ emploi

  L'instrument essentiel est plutôt de l'ordre de la politique budgétaire. Une action sur les salaires (une baisse des salaires pour relancer l'emploi) serait dans ce cas inefficace.

- **Par contre, en présence de chômage classique, il convient d'agir en vue d'améliorer la rentabilité ou profitabilité des entreprises**. Dans ce cas, l'action de l'État devrait être centrée sur la baisse des salaires réels et la flexibilité du marché du travail, afin d'entraîner une dynamique :

  profits ⇒ production ⇒ emploi

De cet ouvrage, nous pouvons retenir les éléments suivants :

– une relecture de Keynes sur une base plus microéconomique paraît possible et permet d'éclairer le phénomène du chômage ;

– cette approche parvient à discerner deux grandes formes de chômage, keynésien et classique ; le chômage apparaît ainsi comme un phénomène multiforme, justiciable de politiques économiques alternatives. Ces deux formes de chômage se sont succédé en France. On peut parler de chômage keynésien de la seconde moitié des années soixante jusque dans les années soixante-dix. La situation des années quatre-vingt relève plutôt du chômage classique : ainsi le faible impact de la relance des années 1981 et 1982 (relance Mauroy) illustre ce type de situation.

Le souhait d'E. Malinvaud est, d'ailleurs, de « voir le livre rapidement dépassé » par les débats et les développements qu'il aura contribué à susciter.

FICHE 14

LA GRANDE TRANSFORMATION Aux origines de notre temps

Karl POLANYI

Écrite en 1944, longtemps passée inaperçue, cette œuvre essentielle de Karl Polanyi s'est imposée comme une contribution majeure de l'histoire et de l'anthropologie économique, et notamment de l'analyse du marché. La thèse principale de ce livre (Gallimard, 1983, 420 p.) peut être résumée ainsi : la période qui débute vers la fin du XVe siècle en Occident, et qui s'achève à la fin du XIXe siècle avec la révolution industrielle, est caractérisée par la généralisation des relations de marché. Jusque-là en arrière-plan de la vie économique, le marché autorégulateur devient durant cette période le cœur de l'économie et conditionne l'ensemble des relations sociales, le travail, notamment, devenant un facteur de production qui s'échange sur un marché.

Ce que Polanyi qualifie de « grande transformation », c'est, en fait, le déclin et la chute de ce mécanisme autorégulateur durant l'entre-deux-guerres, par un retour du social dans la vie économique, la mort du libéralisme économique et l'avènement d'une économie administrée.

1. AUX ORIGINES DU MARCHÉ AUTORÉGULATEUR

A ~ La grande transformation

- **La civilisation du XIXe siècle reposait sur quatre piliers : équilibre des puissances, étalon-or international, marché autorégulateur et État libéral.** Au niveau politique, un système complexe d'équilibre des puissances par un subtil jeu d'alliances qui a permis de limiter considérablement les conflits et empêché une guerre longue et destructrice. Au niveau économique, le système de l'étalon-or et l'État libéral (ou État-gendarme au sens de Gramsci) sont tous deux édifiés sur le principe du marché régulateur, élément de cohérence fondamental de l'économie du XIXe siècle.
- **L'ensemble de cet édifice s'écroule progressivement à la suite de la Grande Guerre**. Dans l'entre-deux-guerres, la tentative de retour à l'étalon-or (rapport Cunliffe, conférence de Gênes...) est restée la seule réminiscence du système économique du XIXe siècle : « *le dessein de cette décennie fut profondément conservateur, et exprima la conviction quasi universelle que seul le rétablissement du système d'avant 1914 pourrait ramener la paix et la prospérité* ». Son effondrement, au début des années trente, et l'avènement d'une autre forme de régulation du système capitaliste constitue la « *grande transformation* ».

  Pour trouver les origines de ce cataclysme, qui sont aussi les origines de notre temps (c'est le sous-titre du livre), il faut donc se tourner vers l'étude de la « *grandeur et de la décadence de l'économie de marché* ».

B ~ « *Satanic Mill* » ou la fabrique du diable

■ **Par l'expression « *Satanic Mill* », Polanyi cherche à décrire cette « *fabrique du diable* » qui « *écrasa les hommes et les transforma en masses* » et qui disloqua irrémédiablement l'économie traditionnelle par l'application systématique et révolutionnaire du progrès technique**. La philosophie libérale est impuissante à expliquer ce changement : elle considère ces événements comme spontanés, naturels et, sous le couvert de l'utilitarisme et d'une confiance absolue dans les mécanismes du marché, elle a renoncé à les maîtriser.

L'exemple des enclosures illustre bien cette obstination de l'analyse libérale à ne juger les événements sociaux que du point de vue économique. Par enclosures, on entend le mouvement de clôture des champs ouverts (*openfield*) et la conversion des terres arables en pâturages lors de la première période Tudor (fin du XVe siècle). L'élevage du mouton et la production de laine deviennent à cette époque une source de profit considérable : les centres textiles qui se développent (Flandres, par exemple) permettent un débouché très important. Il faut donc étendre l'élevage et enclore les terres afin de mieux gérer les troupeaux. C'est donc la fin de l'openfield et la naissance d'un « *individualisme agraire* » (Marc Bloch) : la terre devient objet d'échange sur un marché et un facteur de production. Toute une organisation sociale fondée sur le lien à la terre se délite progressivement.

Mais cette « *autonomisation* » du marché s'accompagne de troubles sociaux continuels du XVIe au XVIIIe siècle anglais, opposant dans un premier temps la « *gentry* », puis la bourgeoisie négociante aux paysans qui défendent le droit coutumier. L'avènement du marché n'est donc pas un processus « *naturel* ».

■ **Tout système économique a besoin d'un mécanisme de régulation. Dans l'économie capitaliste telle qu'elle se met progressivement en place au XVIIIe siècle, ce mécanisme est le marché**. Les théoriciens du libéralisme (Mandeville avec la *Fable des abeilles*, Smith avec la notion de « *main invisible* ») ont eu tendance à présenter comme naturelle et donc a-historique la prédilection de l'homme pour la recherche du profit et de l'intérêt individuel. En conséquence, le marché serait un mécanisme qui transcende les civilisations et le temps.

Mais, selon Polanyi, avant le XVIIIe siècle, aucune économie n'a été sous la dépendance du marché. Le profit et les gains tirés des échanges n'ont jamais été déterminants. Ainsi dans le cas des sociétés primitives, ce sont d'autres codes que la recherche du profit individuel qui structurent la société ; le prestige social est fourni par des mécanismes comme le don et le contre-don (la « *kula* » mélanésienne ou le « *potlatch* » du Nord-Ouest canadien), tel que Marcel Mauss (*Essai sur le don*, 1923) a pu l'établir. Ces mécanismes économiques, fondés sur la réciprocité et la redistribution assurent une régulation sociale parfaitement efficace et ce, en l'absence de marché.

2. L'institutionnalisation du marché

A ~ Speenhamland, 1795, ou le marché généralisé

■ **L'économie de marché ne peut se concevoir sans un marché du travail. Mais la création d'un tel marché, dans le cadre d'une civilisation encore à dominante rurale comme celle de l'Angleterre du XVIIIe siècle, exigeait « *la destruction massive de l'édifice traditionnel de la société* »**. Alors qu'avec les enclosures, la terre était devenue l'objet d'un marché, que le capital circulait librement, le travail était le dernier facteur de production fondamental à être encadré par de sévères et anciennes restrictions juridiques. Dans le système des corporations, encore largement dominant au XVIIIe siècle, tout était réglé par la coutume : relations entre maîtres, compagnons et apprentis, salaires, conditions de travail... Ainsi, selon le « *statut des artisans* » (*Statute of Artificers*), l'organisation du travail reposait sur trois piliers : l'obligation de travailler, un apprentissage de sept ans, et l'évaluation annuelle des salaires par des fonctionnaires publics. L'existence d'une législation du travail et surtout les lois sur les pauvres (*Poor Laws*, 1601) rendaient problématique l'émergence d'un marché du travail ; la loi sur le domicile (*Act of Settlement*), qui fixait les pauvres à leur paroisse d'origine, empêchait la mobilité physique des travailleurs.

De plus, durant la période 1795-1834, particulièrement active du point de vue de l'émergence d'une civilisation industrielle, une loi nouvelle, la « *loi de Speenhamland* », contribue à freiner l'émergence d'un marché du travail.

■ **Polyani fait du cas de Speenhamland un véritable idéal-type**. Speenhamland est le nom d'un village du centre de l'Angleterre où, en 1795, les juges du comté décidèrent qu'il fallait accorder des compléments de salaire, ou un revenu minimum aux pauvres, indépendamment de leurs gains liés au travail, financés par l'impôt. Cette innovation fondamentale, explique Polanyi, en s'étendant à l'ensemble de l'Angleterre, empêchait efficacement la création d'un marché du travail concurrentiel et surtout portait en germe l'idée d'un « *droit de vivre* » absolument contraire à l'impératif libéral selon lequel seul le travail doit être source de revenu.

Polanyi donne une importance considérable à ce qu'il appelle « *l'économie de Speenhamland* » : « *Étudier Speenhamland, c'est étudier la naissance de la civilisation du XIXe siècle.* » Le débat public autour de ces mesures sera d'ailleurs récurrent durant toute la première révolution industrielle et contribuera à former les esprits : Bentham, Burke, Malthus, Ricardo, Marx... s'y référeront. C'est toutefois l'idée que la paupérisation constitue une menace et une source de violence sociale qui prédomine. Ainsi, Malthus, dans son *Essai sur le principe de population* (1797, donc tout à fait contemporain de Speenhamland), s'oppose énergiquement à l'aide aux pauvres et au système des *workhouses* à travers la parabole du « *grand banquet de la nature* ». C'est le même type de préoccupation que l'on trouve chez J. Bentham, qui conçoit les plans d'un établissement pénitentiaire modèle, le « Panopticon », qu'il se propose d'étendre aux *workhouses*, dessinant ainsi la figure architecturale de la répression de la classe ouvrière naissante, potentiellement dangereuse. En 1834, l'abolition des *Poor Laws* élimina ce dernier obstacle au marché du travail

B ~ Marché autorégulateur, étalon-or et libre-échange : un système cohérent

■ **Avec la fin du système de Speenhamland, le marché autorégulateur devient un véritable dogme. Polanyi démontre que ce dogme forme un tout cohérent, reliant en un seul système le marché autorégulateur, le principe de l'étalon-or et le libre-échange international**. Ainsi, le mécanisme de l'étalon-or, qui finit par s'imposer vers 1870, avec l'adhésion de l'ensemble des pays au principe du monométallisme-or, impose une relation fixe entre les monnaies et leur définition en or. La discipline de l'or agit comme un stabilisateur automatique des balances des paiements, grâce au système des points d'entrée et de sortie d'or, ce qui entraîne une remarquable stabilité des monnaies. Ainsi, le *Bank Act* de R. Peel, en 1844, impose le *Currency Principle*, défendu en son temps par D. Ricardo, et qui lie étroitement l'émission monétaire à l'encaisse-or.

Mais cette stabilité a un prix : ce mécanisme est profondément déflationniste car l'ajustement repose entièrement sur les variables réelles : production, emploi, salaires… En conséquence : « *le manufacturier ne pouvait tenir bon que s'il était assuré d'une échelle croissante de production à des prix rémunérateurs, en d'autres termes, seulement si les salaires baissaient au moins proportionnellement à la chute des prix, de manière à permettre l'exploitation d'un marché mondial toujours en expansion* ». Par conséquent, si l'ajustement repose sur les variables réelles et les salaires en particulier, il faut qu'aucune contrainte ne s'exerce sur le marché du travail et la fixation du salaire. Se pose alors la question des *Corn-Laws*. Ces lois limitaient, par un système de taxes sur les importations, les entrées de blé sur le territoire britannique, permettant ainsi de garantir les revenus des propriétaires fonciers. Les industriels s'opposent à ces mesures qui les obligent à verser un salaire minimum. En 1838, R. Cobden, un industriel de Manchester fortement influencé par les théorie du libre-échange de Ricardo, crée l'*anti-Corn-Laws League*. Celle-ci obtient gain de cause en 1846. L'abolition des *Corn-Laws* constitue une étape importante dans le développement du libre-échange, qui culminera avec la signature du traité franco-britannique de 1860.

On voit bien à quel point ces trois éléments, marché autorégulateur, étalon-or et libre-échange, forment système. K. Polanyi écrit : « *C'est ainsi que l'anti-Corn-Laws Bill de 1846 fut le corollaire du Bank Act de 1844 et que l'un et l'autre supposaient l'existence d'une classe ouvrière qui, depuis la loi d'amendement de la loi sur les pauvres, était forcée de faire tout son possible sous peine de mourir de faim, de sorte que les salaires étaient réglés sur le prix du blé* ».

Toutefois, ces mécanismes n'ont rien de naturel. La voie du libre-échange a été ouverte et maintenue par un développement continu de l'intervention de l'État.

- **Enfin, pour Polanyi, l'effondrement de cet édifice libéral, durant l'entre-deux-guerres et la crise de 1929, s'explique en particulier par les réactions d'autoprotection de la société face à la toute-puissance du marché**. « *La civilisation du XIXe siècle n'a pas été détruite par l'attaque intérieure ou extérieure de barbares ; sa vitalité n'a été sapée ni par les dévastations de la Première Guerre mondiale, ni par la révolte d'un prolétariat socialiste ou d'une petite bourgeoisie fasciste. Son échec n'a pas été la conséquence de prétendues lois de l'économie telles que la baisse du taux de profit ou celle de la sous-consommation ou de la surproduction. Sa désintégration a été le résultat d'un ensemble de causes tout différent : les mesures adoptées par la société pour ne pas être à son tour anéantie par l'action du marché autorégulateur.* »

  Les éléments qui formaient système dans l'économie du XIXe siècle sont remis en cause. Point essentiel, le contrat de travail cesse d'être un contrat privé et acquiert un statut de plus en plus collectif.

Alors que le XIXe siècle avait « autonomisé » le marché ou « désencastré » l'économie de son contexte social, on assiste donc dans l'entre-deux-guerres à un « réencastrement » de l'économie dans le tout social. C'est à la lumière de cette réappropriation de l'économique par le social que Polanyi lit les événements des années vingt et trente et l'émergence d'une nouvelle organisation économique après 1945. La théorie de la régulation trouve certainement une de ses grandes sources d'inspiration dans les analyses de Polanyi.

FICHE 15

LA THÉORIE DE LA RÉGULATION : UNE ANALYSE CRITIQUE

Robert BOYER

Dans ce court ouvrage (La Découverte, 1986, 142 p.), Robert Boyer dresse un bilan critique de l'approche théorique qu'il a contribué à fonder dans les années soixante-dix et qui, par ses travaux et analyses, a acquis une place importante dans le monde universitaire. Ce bilan critique s'avère nécessaire. La théorie de la régulation, qui se veut une « alternative globale à la théorie de l'équilibre général », a développé une approche très riche et originale de l'évolution des économies capitalistes et, en particulier, de la crise actuelle. Elle a donné lieu à une véritable moisson de résultats, d'articles et de livres. Mais elle doit encore surmonter des questions méthodologiques de cohérence et de pertinence liées au paradigme central de régulation pour s'imposer face à une théorie libérale plus triomphante que jamais.

C'est à une telle mise en perspective et à une telle discussion critique qu'invite ce livre de R. Boyer.

1. CRISE ÉCONOMIQUE ET REGAIN DES RECHERCHES THÉORIQUES

A ~ Le temps des incertitudes : crise économique et redéploiement théorique

- **Le courant des anticipations rationnelles a contribué à la fois à la critique radicale de la théorie keynésienne et à la refondation de l'analyse classique**.
  Le modèle keynésien du circuit économique, fondé sur la demande effective et l'équilibre de sous-emploi, semblait reposer sur des hypothèses *ad hoc* : illusion monétaire, rigidité du salaire nominal à la baisse, myopie des anticipations... Autrement dit, le « *no-bridge* » entre agrégats macroéconomiques et comportements microéconomiques constituait le défaut de la cuirasse.
  La théorie des anticipations rationnelles, avec R.J. Lucas et T.J. Sargent en particulier, a contribué à la critique de l'approche keynésienne en étendant à la formation des anticipations l'hypothèse de rationalité et d'optimisation individuelle.
  R. Boyer conteste le caractère extrême de la rationalité des anticipations et montre l'incapacité de cette théorie à concevoir le sous-emploi durable.
- **Les recherches portant sur le contrat de travail (théorie des contrats implicites et du salaire d'efficience) ont tenté d'expliquer le chômage contemporain en analysant le caractère spécifique de la relation salariale par rapport à une relation marchande pure**.
  La théorie des contrats implicites (C. Azariadis) tente d'expliquer la rigidité des salaires à la baisse par le comportement des salariés qui ont une « *aversion pour le risque plus forte que les entrepreneurs : le maintien du salaire correspondrait alors à l'équivalent d'une assurance face à des aléas défavorables, obtenue en contrepartie de salaires plus bas lorsque la conjoncture est favorable* ».

Les analyses en termes de salaire d'efficience (J.E. Stiglitz) visent également à montrer que le salaire n'est pas une variable d'ajustement sur le marché du travail. Retournant la proposition traditionnelle selon laquelle le salaire s'ajuste à la productivité du travail, cette analyse considère que c'est au contraire le salaire qui détermine la productivité du travailleur.

Toutefois, R. Boyer conteste la capacité de ces analyses à expliquer le sous-emploi durable.

- **Enfin, les analyses post-keynésiennes en termes de déséquilibre ont tenté de constituer une nouvelle orthodoxie**. Initiées par J.-P. Bénassy et E. Malinvaud en France, ces analyses reposent sur les hypothèses keynésiennes de rigidité des prix dans un cadre d'équilibre général. R. Boyer constate toutefois que, malgré ses potentialités, cette théorie n'a pas réussi à s'imposer au niveau international.

B ~ La notion de régulation : un historique

- **La théorie de la régulation repose sur quatre traits majeurs :**

  – la référence à Marx, et en particulier, à la méthode et aux questions de l'analyse marxiste : « *il est bon de rappeler que son œuvre constitue encore un point de départ fructueux en matière de recherche en sciences sociales. L'accent mis sur les rapports sociaux comme point de départ d'une analyse des sociétés continue à définir l'une des rares alternatives à l'individualisme méthodologique* » ;

  – mais cette référence à Marx ne signifie pas une adhésion aux « *lois régissant la dynamique longue de l'économie... À force d'insister sur les invariants structurels du mode de production capitaliste, on oublie les mutations qui le caractérisent, on sous-estime le jeu des contradictions, si bien que l'histoire apparaît immobile, alors qu'elle est spirale* » ;

  – la théorie de la régulation accorde une attention particulière aux rapports sociaux fondamentaux. La notion centrale est ici celle de « *forme institutionnelle* ». La crise actuelle ne saurait se réduire à une simple persistance de déséquilibres de sous-emploi (comme l'affirment les keynésiens) ni aux convulsions annonçant la fin du capitalisme (comme l'affirment les marxistes) : « *la crise est fondamentalement l'arrivée aux limites et la montée des contradictions au sein du mode de régulation antérieur* » ;

  – enfin, il s'agit de construire une macroéconomie centrée sur la notion d'accumulation du capital. Elle partage avec la théorie keynésienne trois postulats essentiels : l'optimalité des comportements individuels n'assure pas la convergence vers le plein emploi ; l'analyse économique doit tenir compte des conditions institutionnelles propres à chaque période ; enfin, les formes d'organisation sont soumises au changement, notamment en période de crise.

- **Un historique de la notion de régulation laisse apparaître trois étapes**. Selon R. Boyer, l'origine de la notion se trouve dans le projet de G. Destanne de Bernis d'utiliser certains aspects de la théorie des systèmes afin de réactualiser l'analyse marxiste. Toutefois la notion de mode de régulation à laquelle se réfère cet auteur reste trop proche de l'analyse marxiste dont elle reprend notamment la théorie de la baisse tendancielle du taux de profit, ainsi que les conclusions de politique économique.

  En fait, les véritables fondations de l'école de la régulation sont à rechercher dans la problématique élaborée par Michel Aglietta dans son ouvrage majeur de 1976, *Régulation et crise du capitalisme*. Son originalité essentielle tient à la mise en rapport de la théorie économique, centrée sur la notion d'accumulation, avec l'histoire économique et sociale. Dans ce cadre conceptuel, « *la crise s'interprète comme une divergence entre normes de consommation et de production, l'inflation en est la forme particulière et apparaît comme une tentative de report dans le temps de ces déséquilibres* ». L'impact de cet ouvrage sur le milieu universitaire a été important et a suscité un véritable courant de recherche, notamment autour du CEPREMAP. Des contributions majeures, à la fin des années soixante-dix et au début des années quatre-vingt enrichissent l'approche régulationniste : travaux collectifs du CEPREMAP sur l'inflation, travaux d'Alain Lipietz, de J.H. Lorenzi, O. Pastré et J. Toledano (*La crise du XXe siècle*, 1981). Un programme de recherches se met progressivement en place, en même temps que des aspects plus négatifs apparaissent, qui font écrire à R. Boyer que « *les mauvais usages de la régulation chassent les bons* » : d'une part, la polysémie du terme multiplie les références et les confusions et, d'autre part, on a pu assister à une multiplication de travaux qui ne sont qu'une application mécanique ou une répétition des travaux fondateurs.

2. LA RÉGULATION : CONCEPTS, MÉTHODES... ET LIMITES

A ~ Au carrefour de l'histoire et de l'économie

■ **Les questions fondamentales que se pose la théorie de la régulation ne peuvent être discutées que dans le cadre d'une approche croisant l'histoire et l'économie**.

En effet, la théorie de la régulation s'est développée en se confrontant à trois questions majeures :

– comment peut-on expliquer le passage, dans une formation économique donnée, d'une croissance économique forte et régulière à une situation marquée par l'instabilité et la stagnation des performances économiques ?

– comment expliquer les formes nationales différentes des crises, des déséquilibres, mais aussi des modalités de la croissance ?

– comment saisir la notion même de crise, peu analysée par la théorie économique orthodoxe ?

La réponse à ces questions passe par « *une fécondation réciproque entre histoire et théorie économique* ». Le but des approches en termes de régulation est de faire de « *l'histoire longue* », au sens de Braudel et de l'École des Annales, « *le moyen d'un enrichissement et d'une élaboration critique des intuitions marxiennes concernant la dynamique des économies capitalistes* », par l'instauration d'un aller-retour entre le travail conceptuel de l'économiste et la réalité historique. C'est donc bien une conception holiste du lien social qui est à l'œuvre dans la théorie de la régulation.

■ **Une telle approche nécessite la mise en place d'un ensemble hiérarchisé de notions intermédiaires, distinguant deux niveaux d'analyse**.

Au point de départ, on trouve la notion de mode de production : notion très riche conceptuellement, désignant toute forme spécifique, historiquement repérable, de rapport de production et d'échange, se déroulant dans un cadre social général qui conditionne l'activité économique dans ses aspects collectifs. R. Boyer marque ici une nette différence avec la notion strictement marxiste de mode de production et notamment avec la dichotomie infrastructure/superstructure qui « *bloque plus qu'elle ne favorise l'analyse sociale* ». La dynamique propre à un mode de production correspond au régime d'accumulation. R. Boyer en donne la définition suivante : « *on désignera sous ce terme l'ensemble des régularités assurant une progression générale et relativement cohérente de l'accumulation du capital, c'est-à-dire permettant de résorber ou d'étaler dans le temps les distorsions et déséquilibres qui naissent en permanence du processus lui-même* ».

Dans un second temps, il s'agit de caractériser les formes institutionnelles qui donnent corps à un régime d'accumulation donné. Par forme institutionnelle, R. Boyer entend « *toute codification d'un ou plusieurs rapports sociaux fondamentaux* ». Trois formes institutionnelles apparaissent fondamentales dans le système capitaliste : la forme de la contrainte monétaire, la monnaie étant perçue non comme un simple équivalent général, mais comme un rapport social ; la configuration du rapport salarial (ensemble des relations entre différents types d'organisations du travail pouvant prendre des formes très diverses : rapport salarial concurrentiel, taylorien ou fordiste dans sa forme d'après 1945, combinant progression des normes de production et diffusion d'une nouvelle norme de consommation) ; en troisième lieu, se pose la question de l'articulation, au niveau international, des « *centres d'accumulation fractionnés* » (c'est-à-dire nationaux), le cadre de l'État-nation étant, dans les années de croissance d'après guerre, le plus pertinent.

- **Les crises jouent un rôle essentiel dans la théorie de la régulation car elles sont révélatrices des contradictions et des limites des régimes d'accumulation.**

  R. Boyer rejette l'acception néoclassique de la crise perçue comme un choc exogène, une perturbation extérieure dont la durée est proportionnelle à la perfection des mécanismes d'ajustement. La théorie de la régulation cherche plutôt à répondre à la question suivante : « *la crise n'est-elle pas une phase nécessaire à la reproduction dynamique des systèmes capitalistes ?* » Dans cette acception, la crise correspond plutôt à l'analyse marxiste qui voit dans la crise cyclique une phase d'apuration des tensions et des déséquilibres propres à un régime d'accumulation en phase d'expansion.

  Par opposition à ces crises cycliques, il convient de définir les crises structurelles dont l'ampleur est telle qu'elle finit par ébranler les fondements du régime d'accumulation en mettant en lumière les contradictions entre la dynamique économique et le mode de développement qui l'impulse.

B ~ Une théorie critiquée sur plusieurs points

- **Les premières critiques portent sur l'absence de méthode analytique**. On fait donc à la théorie de la régulation le même reproche qu'à la théorie keynésienne : l'absence de fondations microéconomiques solides. En fait, R. Boyer revendique ce choix méthodologique et le « *parti pris d'une approche holiste à l'intersection d'un marxisme structuraliste mais historicisé et d'une macroéconomie keynésienne fondée sur les paradoxes du passage du micro au macroéconomique* ».
- **D'autres critiques portent sur le caractère hétérodoxe de l'analyse** :

  – on reproche souvent à la théorie de la régulation son caractère exagérément descriptif qui, à l'instar du courant institutionnaliste américain, se bornerait à décrire « *le monde tel qu'il est* ». Cette critique se fonde sur les nombreux articles de vulgarisation qui présentent une telle image des travaux de l'École de la régulation. Toutefois, les articles académiques et les travaux de recherche ne peuvent être soumis à cette critique ;

  – des critiques plus approfondies font apparaître le manque de clarification analytique des notions utilisées : ainsi, R. Boyer reconnaît que les explications sur les origines de la crise actuelle sont « *trop nombreuses et pas suffisamment articulées entre elles* ». La mise au point d'un modèle économétrique reprenant la logique d'ensemble de la théorie de la régulation serait également nécessaire ;

  – enfin, si l'on concède à la théorie de la régulation une bonne capacité explicative, il lui est fréquemment reproché son incapacité à définir un programme de politique économique conforme à ses analyses.

Cet ouvrage de R. Boyer, loin de se limiter à un plaidoyer pro domo, représente un réel effort de clarification et de mise au net des thèses fondamentales de la théorie de la régulation. Le livre se termine sur la nécessité d'une seconde génération de travaux qui permettront de fonder durablement cette théorie en alternative crédible à la théorie libérale dominante.

FICHE 16

RÉGULATION ET CRISES DU CAPITALISME

Michel Aglietta

La décennie soixante-dix représente une période de rupture économique. À partir du choc pétrolier de 1973, les pays développés à économie de marché (PDEM) connaissent une situation économique originale que les économistes baptisent « stagflation ». C'est aussi à partir de cette période que sont remises en cause les politiques économiques dites keynésiennes. Les PDEM entrent alors dans une crise économique dont les formes semblent échapper aux explications traditionnelles. La thèse de M. Aglietta, soutenue en 1974 et parue en 1976, apparaît comme fondatrice d'une nouvelle approche : l'École de la régulation. Cet ouvrage, maintenant réédité avec l'ajout d'une postface (Odile Jacob, 1997, 360 p.), développe une conceptualisation originale qui est mise en œuvre pour analyser l'évolution du capitalisme américain sur une longue période.

1. La conceptualisation

A ~ La problématique

- **L'approche de l'École de la régulation est construite sur une critique des théories économiques** – notamment l'approche en termes d'équilibre général –, qui semblaient dans l'incapacité, selon M. Aglietta, d'expliquer le passage de la croissance à la crise de façon « endogène » et qui évacuaient le temps historique de leurs modélisations. Il s'agissait donc d'une part d'expliquer pourquoi et comment le capitalisme, et plus particulièrement le capitalisme américain, avait pu connaître des périodes de croissance forte pendant une longue période et, d'autre part, pourquoi et comment cette « régulation » de la croissance se transformait pendant des périodes de « *grandes crises* » qui débouchaient sur de nouveaux « *régimes de croissance* ». À une problématique en termes de passage d'un équilibre à un autre équilibre, l'École de la régulation substitue une problématique en termes de reproduction.
- **La croissance est expliquée par un processus d'interaction dynamique,** souvent appelé « cercle vertueux », entre les gains de productivité et la croissance de la demande, soutenue par l'augmentation du pouvoir d'achat des salariés. La dynamique puissante de l'accumulation capitaliste paraît alors, pendant un temps, apprivoisée par la société. La crise fait cependant partie du mode de régulation capitaliste. D'abord, la croissance naît des réponses apportées aux situations de crise. Ensuite, elle contient en germe la crise puisque le capitalisme demeure défini par les conflits entre les classes sociales. Cette crise « *a pour traits fondamentaux une contradiction croissante entre la socialisation des modes de vie et des progrès de la productivité d'une part, la privatisation à outrance des pouvoirs de décision sur les processus de l'accumulation capitaliste et l'exacerbation d'une concurrence sans perspective à long terme d'autre part* ».

B ~ Les « *formes structurelles* »

- **La conceptualisation développée en 1976 par M. Aglietta emprunte beaucoup, pour ne pas dire pour l'essentiel, à la tradition économique marxiste** et à ses concepts : plus-value, exploitation... Elle s'en écarte en introduisant la notion de « *forme structurelle* » ayant une dimension économique et une dimension non économique. Cette notion doit rendre compte du degré de cohérence atteint par le système capitaliste à un certain moment de son histoire. Cette cohérence fait que les contradictions de ce système sont, en partie, freinées. Elle s'en écarte aussi en intégrant des apports de la « *révolution keynésienne* » qui postule la possibilité pour la société, incarnée par l'État et les organisations représentatives des salariés, d'orienter la dynamique capitaliste. Elle s'en écarte enfin en refusant l'idée d'une unité sociale portée par une classe privilégiée, notamment la classe ouvrière, supposée pouvoir abolir la violence sociale une fois pour toutes.

- « ***Nous appellerons "formes structurelles" les rapports sociaux complexes organisés en institutions, qui sont des produits historiques de la lutte des classes*** ». La forme structurelle la plus développée dans l'ouvrage de 1976 est celle du « *salariat* », les économistes de la régulation popularisant plus tard l'expression de « *rapport salarial* ». M. Aglietta analyse la mise en place du rapport salarial fordiste aux États-Unis. Les institutions les plus importantes de ce rapport salarial sont les conventions collectives qui représentent les compromis institutionnalisés entre les classes sociales.

C ~ L'évolution de la conceptualisation

- **La postface rédigée pour l'édition de 1997 s'écarte de la conceptualisation précédente.** Les références au vocabulaire marxiste sont moins présentes. M. Aglietta fait référence de façon plus positive à la théorie économique néoclassique et à ses développements concernant les problèmes liés aux asymétries d'information et aux externalités. D'autres concepts, comme celui de « *société salariale* », sont mis en avant. L'accent est surtout mis sur la forme « *monnaie* » et sur les formes structurelles institutionnalisées dans les systèmes financiers. La notion de « *forme structurelle* » fait place à celle de « *médiation* » et celle de mode de production à celle de mode de régulation. Un mode de régulation de l'économie capitaliste est alors défini comme « *un ensemble de médiations qui maintiennent les distorsions produites par l'accumulation du capital dans des limites compatibles avec la cohésion sociale au sein des nations* ».

- **L'analyse de la monnaie est mise au départ de la théorie.** La reproduction de la forme monnaie et la dynamique de l'endettement occupent alors une place décisive dans la conceptualisation : « *L'individu qui poursuit ses intérêts propres n'en appartient pas moins à la société, parce qu'il est nécessairement inséré dans la division du travail. Celle-ci noue une dette réciproque entre chaque individu et la société. Pour inscrire ses fins dans une activité autonome, un agent économique doit dépenser, c'est-à-dire prélever des ressources sur la société. Il est donc en dette vis-à-vis de la collectivité, responsable de l'usage des ressources qu'il a prélevées. Mais la société est de son côté en dette de reconnaissance de l'individu, dans la mesure où cet usage participe à la reconstitution de la division du travail* ».

2. L'ÉVOLUTION DU CAPITALISME AMÉRICAIN

A ~ Les transformations du rapport salarial : les lois de l'accumulation capitaliste (édition de 1976)

- **M. Aglietta met en avant le mode spécifique de pénétration du capitalisme américain : le principe de la frontière.** Le principe de frontière ne doit pas occulter les autres facteurs historiques, comme le rôle joué par les États-Unis pendant les deux guerres mondiales. Mais ce principe accélère la dynamique capitaliste. « *Le principe de la frontière n'était pas la traduction de son contenu initial, c'est-à-dire l'aménagement d'un espace géographique, c'était un principe idéologique exprimant la capacité de la nation américaine à polariser les activités industrielles dans un sens de progrès. C'est pourquoi la bourgeoisie industrielle a pu faire avaliser ultérieurement par l'ensemble de la nation les transformations technologiques induites par la plus-value relative en les présentant comme l'édification d'une "nouvelle frontière".* » Ainsi, le développement du capitalisme et la construction de la nation furent identifiés dans la conscience des masses populaires... Toute mise en cause de la liberté d'entreprise fut perçue comme une atteinte à « *l'intégrité de la nation* ».
- **Cette idéologie expliquerait, malgré l'existence de forts conflits sociaux, pourquoi les innovations générales que furent le « *taylorisme* », le « *fordisme* » et le « *néo-fordisme* » se diffusèrent avec un temps d'avance dans l'économie et la société américaines** permettant ainsi le passage à un « *régime de croissance intensive* » fondée sur de grandes organisations. Elle expliquerait aussi la moindre importance accordée par l'opinion américaine aux questions liées à la pauvreté et aux inégalités sociales, et la plus grande importance attribuée au niveau de consommation rendu possible par l'augmentation des revenus et à la mobilité sociale. Malgré l'existence d'un État-providence, le capitalisme américain apparaîtrait alors comme fortement intégrateur mais aussi comme profondément destructeur : « *L'arme la plus puissante du capitalisme américain pour créer des conditions d'exploitation exceptionnelles est la permanence de rapports idéologiques hérités de l'esclavage : c'est le racisme* ».

B ~ Les transformations des rapports intercapitalistes : les lois de la concurrence (édition de 1976)

- **M. Aglietta met en évidence l'exceptionnel processus de concentration et de centralisation du capitalisme américain sur la longue période incarné par l' « *entreprise géante* » et le « *groupe financier* ».** Ce processus résulte de la mise en place de conditions financières donnant la possibilité aux firmes d'investir comme la création d'un vaste marché financier et l'« *abondance du cash-flow non lié en entreprise* ». À mesure que le régime de croissance devient un « *régime d'accumulation intensive* », se met en place ce que les économistes nomment une « *économie d'endettement* » qui confère un rôle déterminant au système bancaire dans le financement de l'investissement. Cette évolution ne s'effectue pas sans crises tout au long de l'histoire du capitalisme américain.
- **Ces crises résultent, selon M. Aglietta, des contradictions du système capitaliste** mises à jour par K. Marx, notamment la loi tendancielle à la baisse du taux de profit. Le livre étant écrit en 1976, M. Aglietta fait du développement de l'inflation la solution momentanée trouvée par le capitalisme américain pour retarder les effets de loi. Ainsi : « *Le processus inflationniste est la forme prise par la crise financière dans le régime d'accumulation à prédominance intensive établi après le New Deal, lorsque la contrainte monétaire s'exprime en tant que formation d'une monnaie nationale sous l'imposition du cours forcé.*

Le processus inflationniste a donc les fondements théoriques de la crise financière. C'est une manifestation de la suraccumulation du capital ».

C ~ L'évolution du capitalisme américain depuis 1976 (édition de 1997)

- **Les années soixante-dix correspondent à la prise de conscience d'un déclin de la puissance économique américaine mais aussi à celle de dysfonctionnements croissants du mode de régulation fordiste.** Depuis 1976, de nombreuses mutations sont intervenues : révolution technologique majeure, mondialisation, poursuite du vieillissement de la population des pays développés... Dans sa postface, M. Aglietta souligne la capacité d'adaptation du capitalisme américain tout en mettant en valeur les enjeux liés à la mise en place d'un nouveau mode de régulation.
- **Cette capacité d'adaptation résulte de la place particulière que le capitalisme américain occupe sur la scène mondiale.** L'économie américaine a plus bénéficié que les autres capitalismes nationaux du processus de globalisation financière qu'elle avait elle-même impulsé pendant les années soixante-dix, drainant ainsi une partie de l'épargne mondiale. Elle n'a pas non plus connu les contraintes d'ajustement macroéconomiques que les économies européennes se sont imposées pour accélérer leur intégration. Il faut, sur ce point, souligner la souplesse de la politique monétaire américaine contrastant avec la rigidité des politiques monétaires européennes. Cette adaptation a été aussi conduite par les grandes entreprises américaines qui participent activement au processus actuel de globalisation des modes de gestion. Ces adaptations n'ont pas été sans coûts sociaux importants comme une montée historiquement exceptionnelle des inégalités sociales et de la pauvreté, même si la définition de la pauvreté a évolué. Par ailleurs, le capitalisme américain se trouve confronté à des défis qui touchent toutes les formes nationales de capitalisme : protection de l'environnement, déclin de la chose publique...

La richesse du livre de M. Aglietta ne doit pas masquer une certaine difficulté éprouvée par le lecteur à trouver une cohérence entre l'ouvrage de 1976 et la postface qui date de 1997. Il semble bien que la pensée de M. Aglietta ait profondément évolué entre ces dates. Aux contradictions du capitalisme américain établies sur une base théorique héritée de K. Marx succède une analyse des défis qui se posent à la société salariale. Une problématique en termes de dépassement du salariat fait place à une problématique en termes de gestion de la société salariale. L'économie monétaire qui se généralise avec la société salariale n'est-elle pas la forme économique qui permet de prévenir une violence sociale qui précède historiquement l'avènement du capitalisme? La légitimité du capitalisme est fortement remise en cause en 1976, beaucoup moins en 1997. M. Aglietta évoque, dans sa postface, quelques pistes pour créer, à l'échelle mondiale, un nouveau mode de régulation passant principalement par une redéfinition de l'action de l'État parallèlement à une réhabilitation de l'action politique : prise en compte des dégradations sur l'environnement, action des salariés au sein des fonds de pension, réformes des systèmes financiers, nouvelle citoyenneté fondée sur un revenu minimum garanti, formation continue...

FICHE 17

CAPITALISME CONTRE CAPITALISME

Michel ALBERT

L'effondrement du bloc soviétique a dévoilé « l'arriération lamentable des économies communistes ». La victoire du capitalisme est alors totale. Cependant, celui-ci est « multiple, complexe comme la vie ». Dans son ouvrage (Seuil, 1991, 318 p.), M. Albert montre que « cette diversité tend à la bipolarisation entre deux grands types de capitalisme d'importance comparable et entre lesquels l'avenir n'est pas joué ». Plutôt que d'opposer un capitalisme anglo-saxon à un capitalisme germano-nippon qui, dans chaque cas, rapprocherait des pays trop divers, M. Albert préfère comparer un modèle néo-américain (les États-Unis) et un modèle rhénan (l'Allemagne, pour l'essentiel), même si parfois, il lui paraît utile de faire référence à la Grande-Bretagne dans le premier cas et au Japon dans le second. Pour cet auteur, le modèle néo-américain du capitalisme est moins performant que le modèle rhénan. Pourtant, ce dernier connaît aujourd'hui de nombreuses difficultés.

1. LES PERFORMANCES DU MODÈLE NÉO-AMÉRICAIN DU CAPITALISME DOIVENT ÊTRE RELATIVISÉES

A ~ Le leadership américain a été restauré au cours des années quatre-vingt

■ **Au début des années quatre-vingt, Ronald Reagan affirme que « *l'Amérique est de retour* »**. Au cours de la décennie soixante-dix, la puissance américaine est ébranlée, tant sur le plan externe (défaite au Viet Nam...) que sur le plan interne (scandale du Watergate...). « *Au milieu des années quatre-vingt, l'Amérique de Reagan brille à nouveau comme les étoiles qui ornent son drapeau* » : sur la scène internationale, le défi de la « guerre des étoiles » lancé à l'URSS tourne à l'avantage des États-Unis ; sur le plan intérieur, une « révolution conservatrice » (baisse des impôts, exaltation de l'entrepreneur...) paraît sortir le pays de sa torpeur.

■ **Les fondements de la puissance américaine reposent sur un héritage que Ronald Reagan a trouvé à son arrivée à la Maison Blanche**. Les États-Unis bénéficient d'un énorme stock de capital accumulé depuis la fin de la guerre et d'importantes ressources naturelles. Ils disposent d'une avance technologique que le *brain drain* entretient. Le dollar, monnaie nationale et instrument de réserves internationales, « *permet à l'Amérique de payer, d'emprunter et de financer des dépenses avec sa propre monnaie* ». Enfin, l'hégémonie culturelle renforce la domination économique.

B ~ Cependant, « *l'Amérique nouvelle se dégrade* »

■ **Le dualisme social s'accentue**. Les États-Unis constituent « *une société où les différentes catégories de population vivent, en fait, sur deux planètes différentes qui s'éloignent chaque année un peu plus l'une de l'autre* ». Ce dualisme est le résultat de la politique libérale de Ronald Reagan qui a induit une « *nouvelle* *géographie sociale : des pauvres plus pauvres face à des riches plus riches* ».

- **Sur le plan économique, les motifs d'inquiétude se multiplient**. Le nombre d'emplois diminue dans l'industrie ; la qualité de la production est déficiente ; les firmes américaines perdent des parts de marché face à des concurrents agressifs... Par ailleurs, « *ce qui menace le plus l'Amérique* [...], *c'est les déficits vertigineux, sans précédent* ». Déficits budgétaires et déficits extérieurs accentuent l'endettement. La faiblesse du taux d'épargne des Américains est en cause : « *ils se jettent à corps perdu dans l'endettement pour la consommation, la jouissance immédiate* ».

C ~ Les marchés financiers imposent leur tutelle au détriment de l'économie réelle

- **La décennie quatre-vingt est marquée par « *l'explosion de la finance* »**. « *Le marché financier en vient* [...] *à exercer une véritable tutelle sur l'économie en général* » : les actionnaires exigent au plus vite un profit maximum. En conséquence, les dépenses les moins urgentes (recherche, formation...) sont réduites. Or, ce sont celles qui préparent l'avenir.
- **La recherche du profit maximum à court terme nuit au développement**. Les actionnaires n'ont plus d'attache, autre que pécuniaire, avec l'entreprise, qui devient alors une marchandise comme une autre. Ils en disposent comme ils l'entendent, sans se soucier du sort du personnel. En outre, « *la tyrannie de la finance* » conduit les managers à ne pas prendre de risques industriels. L'esprit d'entreprise est alors bridé, hypothéquant la croissance et le développement : « *trop faire pour le profit aujourd'hui nuit au profit de demain* ».

2. Le capitalisme rhénan est un mode d'organisation supérieur au modèle néo-américain

A ~ Le capitalisme rhénan (Allemagne, pays scandinaves, Autriche, Suisse, et partiellement le Japon) concilie l'économie de marché et le progrès social

- **La place de l'économie de marché est moins grande**. « *Dans le modèle néo-américain, les biens marchands tiennent une place sensiblement plus grande que dans le modèle rhénan. En revanche, les biens mixtes, qui relèvent pour partie du marché et pour partie des initiatives publiques, sont plus importants dans le modèle rhénan* ». Par exemple, aux États-Unis, les salaires sont fixés par le marché (la force de travail est un bien marchand) alors que d'autres modalités (conventions collectives, ancienneté...) sont également prises en compte dans le modèle rhénan (la force de travail est un bien mixte).
- **L'entreprise n'est pas un bien comme un autre, mais une communauté**. En Allemagne, par exemple, les participations croisées entre principales banques et grandes entreprises constituent « *une communauté industrialo-financière* ». La cogestion au sein des entreprises consolide le dialogue social et le sentiment d'appartenance à une communauté.
- **L'exemple allemand montre la voie d'un capitalisme social**. L'instauration d'une économie sociale de marché, en 1949, est fondée sur l'idée que le marché est le meilleur garant du dynamisme économique ; il ne doit pas pour autant régir l'intégralité de la vie sociale. L'État doit intervenir pour garantir des conditions de concurrence égales et pour maintenir la cohésion sociale. C'est « l'ordo-libéralisme » : « *il incarne une synthèse réussie entre le capitalisme et la social-démocratie* ».

B ~ Le modèle rhénan affiche sa supériorité économique

■ **L'actionnariat bancaire favorise la croissance des entreprises**. « *Les banquiers, par la force des choses, seront soucieux du développement à long terme des entreprises avec lesquelles ils se trouvent liés.* » Ainsi, la prise de risque, l'esprit d'entreprise sont préservés. De plus, la fiabilité des principaux actionnaires réduit quasiment à néant les risques de prise de contrôle. Les dirigeants peuvent alors se consacrer à leur activité productive.

■ **La puissance monétaire de l'Allemagne et du Japon est facteur de croissance**. La solidité du mark et du yen incite les firmes allemandes et japonaises à accroître leurs investissements à l'étranger qui « *permettent aux pays rhénans de contrôler plus étroitement leurs marchés d'exportation* ». Par ailleurs, « *la stratégie de la monnaie forte semble à première vue, âpre et difficile, pour ne pas dire héroïque* ». Cependant, elle impose aux entreprises de rechercher des gains de productivité, d'améliorer leur compétitivité structurelle (hors prix), notamment en innovant, etc.

■ **Les performances économiques des pays rhénans résultent de facteurs structurels**. L'attention portée à la qualité des produits et à la réduction de leurs coûts, la mise en œuvre de méthodes de production valorisant la ressource humaine, un effort marqué de recherche et développement, expliquent les performances économiques du modèle rhénan. À cela, il faut ajouter « *une force de frappe commerciale très efficace* ». Par ailleurs, une forte propension à épargner permet de financer les investissements. Enfin, la volonté des pouvoirs publics de renforcer la position internationale de l'économie est permanente.

C ~ La supériorité du modèle rhénan est aussi sociale

■ **Le capitalisme rhénan est moins inégalitaire que le capitalisme néo-américain**. Aux États-Unis, la pauvreté n'est pas un problème politique puisqu'elle est considérée comme une sanction du marché. *A contrario*, la lutte contre l'exclusion est systématique dans les pays rhénans. En outre, la fourniture de biens collectifs (santé, éducation...) est mieux assurée dans ces pays et pour un coût moindre qu'aux États-Unis. Cependant, la viscosité sociale est plus forte dans ces sociétés.

■ **La hausse des prélèvements obligatoires n'est pas systématiquement un frein à la croissance économique**. Les critiques libérales, bien que partiellement justifiées, sont allées trop loin : « *la vulgate des années quatre-vingt a quasiment diabolisé les prélèvements obligatoires en les rendant responsables de toutes les difficultés économiques* ». En fait, le poids des cotisations sociales dans les pays rhénans « *signifie qu'il existe un socle de solidarité au profit des moins favorisés* », réduisant ainsi les inégalités. Or, « *les sociétés les plus harmonieuses sur le plan social sont souvent celles dont les économies sont les plus performantes* ».

3. Toutefois, le modèle rhénan connaît des difficultés

A ~ Les signes d'affaiblissement du modèle rhénan se multiplient

■ **La cohésion sociale est menacée**. La volonté de réduire les inégalités n'est plus générale et le consensus social est remis en cause dans plusieurs pays : par exemple, « *la montée de l'individualisme est particulièrement net en Suède. L'État-providence y est dorénavant contesté* [...]. *Le recul de l'esprit civique* *fait que les salariés ont tendance à abuser de plus en plus de la générosité du système social* ».

- **Du fait de la globalisation, les activités financières gagnent en importance**. « *La globalisation est le vecteur principal et superpuissant de la propagation du modèle ultra-libéral* ». Au Japon, au cours de la décennie quatre-vingt, se développe « *une véritable frénésie entraînant une hausse record des cours du désormais célèbre Nikkeï* ». En Allemagne, les grandes banques se lancent dans des opérations financières internationales... « *L'argent facile s'introduit peu à peu au cœur des économies du modèle rhénan.* »

B ~ La lutte entre les deux formes de capitalisme tourne à l'avantage du moins performant, le capitalisme néo-américain

- **Le capitalisme rhénan pâtit « *de l'air du temps, de la sensibilité du moment* »**. L'argent facile fait davantage rêver que la sagesse rhénane. Par ailleurs, la crise des idéologies et la montée de l'individualisme sont propices à la diffusion du message du capitalisme néo-américain : « *un maximum de profit tout de suite* ». Enfin, l'effondrement des économies socialistes dévalorise « *de proche en proche et injustement, tout ce qui se rattachait de près ou de loin à l'idéal socialiste, réformateur ou tout simplement social* ».
- **La victoire du capitalisme néo-américain est d'autant plus surprenante que les firmes multinationales (FMN) américaines n'appliquent pas ses principes**. « *Les FMN américaines se sont développées essentiellement par croissance interne, sur un projet industriel porté par l'innovation technologique et commerciale. Elles n'ont donc cessé de raisonner à long terme.* [...] *Les grandes FMN américaines relèvent plutôt du modèle rhénan.* » Pourtant, elles ne se désintéressent pas des marchés financiers auxquels elles recourent pour financer leurs investissements. Les FMN américaines ouvrent peut-être les « *perspectives d'une synthèse d'optimalisation entre les deux modèles de capitalisme* ».

C ~ Les difficultés du modèle rhénan augurent mal de l'évolution du capitalisme français

- **Au cours des années quatre-vingt, le capitalisme français a dérivé vers le modèle anglo-saxon**. « *La tradition française, c'est le social-colbertiste : l'État qui commande l'économie au nom d'une ambition politique et d'une volonté de progrès social.* » Pourtant, durant la décennie quatre-vingt, les inégalités se sont accentuées, la déréglementation s'est accélérée, les marchés financiers se sont développés et l'État-providence a été contesté...
- **La France a pourtant besoin du modèle rhénan**. « *Tout autant que pour maintenir sa protection sociale, la France a besoin du modèle rhénan pour renforcer la capacité et la stabilité financière de ses entreprises.* » Toutefois, la France est dans la Communauté européenne. Seule une véritable union politique permettra à l'Europe, et donc à la France, de stopper sa dérive vers le modèle thatchérien.

L'effondrement des sociétés socialistes d'Europe de l'Est ne marque pas « la fin de l'histoire », contrairement à ce que soutient l'Américain Francis Fukuyama. Le capitalisme néo-américain n'est pas l'unique voie envisageable, et encore moins la plus souhaitable. L'alternative entre capitalismes rhénan et néo-américain est sans doute une simplification, mais elle a le mérite de montrer que l'avenir est ouvert.

FICHE 18

L'OR ET LA CRISE DU DOLLAR

Robert TRIFFIN

Lorsqu'à l'automne 1960 paraît la première édition de cet ouvrage de l'Américain Robert Triffin (PUF, 1962, 201 p.), le système monétaire international, issu du traité de Bretton Woods (1944), connaît une crise grave : le dollar, le pivot du système, se déprécie par rapport à l'or. La création du pool de l'or (1960-1968) entre huit Banques centrales, parviendra provisoirement à stabiliser le dollar. Mais pour R. Triffin, les difficultés du système sont structurelles : elles tiennent à l'utilisation de monnaies nationales, singulièrement le dollar, comme instruments de réserves et de règlements internationaux. Aussi, pour éviter les conséquences dramatiques que le monde a connues au cours des années trente, à la suite de la crise du gold exchange standard (GES) instauré à Gênes en 1922, il convient de réformer fondamentalement le système de Bretton Woods.

1. LE SYSTÈME MONÉTAIRE INTERNATIONAL (SMI), ISSU DU TRAITÉ DE BRETTON WOODS, EST MENACÉ

A ~ L'adoption du GES modifie le rôle des réserves en or et en devises (réserves officielles) des Banques centrales

- **Dans le système de *gold standard* (étalon or), les réserves officielles étaient destinées à préserver le pair et donc la contrepartie en or des monnaies**. Au XIXe siècle, les réserves officielles (or, auquel s'ajoutaient des devises convertibles en or, pour l'essentiel des livres sterling) n'avaient pas pour fonction de financer les déficits extérieurs. Les mouvements de capitaux privés et la hausse des taux d'escompte appliquée par la Banque centrale y pourvoyaient : ainsi, le ralentissement de l'activité intérieure, et par conséquent des importations, résultait de la hausse du taux d'escompte ; en outre, celle-ci attirait les capitaux étrangers.
- **L'abandon du *gold standard* transforme le rôle des réserves officielles**. Après l'abandon du *gold standard*, les mouvements de capitaux privés ne contribuent plus au rééquilibrage des balances courantes : les pays déficitaires sont délaissés au profit des pays excédentaires, accentuant ainsi les déséquilibres. La fonction principale des réserves officielles est alors de « *permettre le financement des déficits à court terme dans les transactions externes d'un pays* » sans avoir à recourir, au moins temporairement, à une politique de déflation, une dévaluation ou encore à des restrictions aux importations.

B ~ L'insuffisance des réserves officielles des Banques centrales, déjà perceptibles à la fin des années cinquante, s'aggravera à l'avenir

- **À la fin des années cinquante, le niveau des réserves est insuffisant**. Les pays occupant une place déterminante dans le commerce mondial disposent de réserves insuffisantes en regard de leurs importations. Ils peuvent alors être amenés à freiner leurs importations et à dévaluer. Par conséquent, sauf à accepter des dévaluations/réévaluations répétées (instabilité des changes) et des restrictions aux échanges, et donc un freinage de la croissance mondiale, il est urgent d'accroître les réserves monétaires internationales.

- **Les prévisions établies pour la décennie suivante font craindre une aggravation**. Les perspectives de croissance donnent à penser que les réserves d'or monétaire seront insuffisantes. Ce sont donc les réserves en devises, le dollar pour l'essentiel, qui devront couvrir les besoins, perpétuant une tendance établie depuis la fin des années quarante. Les pays étrangers ont accumulé une grande partie de ces dollars dans leurs réserves et n'ont demandé que partiellement leur conversion en or. « *La question est posée de savoir combien de temps une telle tendance se maintiendra* ».

C ~ L'insuffisance des réserves révèle les contradictions du GES

- **Le GES atteint ses limites**. Le dollar convertible en or contribue à accroître les réserves monétaires mondiales. Mais il est nécessaire que les États-Unis acceptent un déficit de leur balance globale des paiements pour alimenter le monde en moyens de paiements internationaux et stimuler la croissance mondiale. « *S'ils laissent ceci se passer et se poursuivre, ils tendent toutefois à amener un effondrement du système lui-même par l'affaiblissement progressif de la confiance des étrangers dans les devises clés.* » Le GES est donc confronté à un dilemme : pour accroître les liquidités internationales, il faut un volume croissant de devises clés, ici le dollar. Mais il en résulte une réduction de sa garantie or et un déficit de la balance globale américaine qui alimentent le sentiment de défiance à l'égard du dollar et qui finissent par déstabiliser l'ensemble du système.
- **Face à ce dilemme, il faut réagir avant que les étrangers ne convertissent massivement leurs dollars en or**. Deux solutions doivent être écartées : un embargo des États-Unis sur l'or qui se traduirait de fait par une dévaluation du dollar par rapport à l'or et la déstabilisation de l'ensemble des monnaies ; la contraction de la masse de dollars externes qui entraînerait une dépression mondiale de grande ampleur du fait du manque de liquidités internationales qui en résulterait. « *La façon la plus satisfaisante d'envisager une solution à long terme du problème réside en une véritable internationalisation des devises composant les réserves internationales mondiales.* » Comment faire ?

2. IL EST NÉCESSAIRE DE RÉFORMER LE SMI

A ~ L'internationalisation des réserves de devises étrangères détenues par les Banques centrales permettrait de ne plus utiliser des monnaies nationales comme instruments de réserves

- **La réévaluation de l'or et la flexibilisation des changes seraient des solutions illusoires**. Il faudrait accroître fortement la valeur de l'or et réitérer cette opération à intervalles réguliers pour que la croissance des réserves réponde aux besoins de l'économie mondiale. En outre, « *les besoins mondiaux de liquidités peuvent certainement trouver une meilleure utilisation que le financement de l'extraction de l'or* ». Par ailleurs, l'adoption des changes flexibles pourrait rendre inutile la détention de réserves face aux déséquilibres extérieurs et autoriser la mise en œuvre de politiques économiques autonomes. Toutefois, ces déséquilibres peuvent se perpétuer, voire s'aggraver, malgré la flexibilité des taux de change. Si les changes fixes sont préférables, cela ne doit pas se traduire par des cours officiels irréalistes, notamment par une surévaluation qui épuiserait les réserves et mènerait à un endettement extérieur excessif. De plus, les changes fixes ne solutionnent en rien le dilemme auquel est confronté le GES.

- **L'internationalisation des réserves monétaires mondiales en devises paraît plus appropriée.** « *Tous les pays devraient conserver, sous la forme de dépôts auprès du Fonds monétaire international (FMI), une proportion convenue et uniforme de leurs réserves monétaires brutes* ». Ces dépôts, rémunérés par un taux d'intérêt, seraient comptabilisés en unités de compte communes (et non plus en dollars...), ce qui constituerait une garantie de change à leurs détenteurs. En outre, ils seraient librement convertibles en or au-delà d'un minimum fixé collectivement par les membres du FMI. À l'égal de l'or, ils constitueraient des instruments de règlements des déficits extérieurs entre Banques centrales par virements de compte à compte. Les pays seraient ainsi fortement incités à accroître la part de leurs réserves en dépôt au FMI. Les capacités de prêt de ce dernier seraient alors accrues et permanentes.

B ~ La mise en œuvre de la réforme du SMI se traduira par un renforcement du rôle du FMI

- **Les statuts du FMI limitent ses possibilités d'action face à l'insuffisance des réserves mondiales.** Chaque pays peut emprunter au FMI (jusqu'à 125 % de sa quote-part) les devises dont il a besoin pour financer un déficit extérieur (droits de tirage). Ces devises proviennent des contributions (quotes-parts) des pays membres, en fait des plus importants d'entre eux (États-Unis, Grande-Bretagne...). La capacité de prêt du FMI est donc trop limitée. En outre, ce processus ne résout pas la contradiction majeure du SMI précédemment décrite.
- **Il faudra modifier les statuts du FMI pour internationaliser les réserves.** « *La pierre angulaire de nos propositions consiste dans le remplacement des balances établies en monnaies nationales – c'est-à-dire surtout en dollars et en sterling – par des balances FMI, dans les réserves de tous les pays membres* ». Il s'agirait « *d'appliquer à la sphère internationale les méthodes pratiquées dans un système bancaire interne quelconque* ». Les pays subissant un déficit extérieur bénéficieraient de crédits en unités de compte communes alloués par les pays créditeurs, via le FMI. Pour contrer tout dérapage inflationniste, le montant total des prêts du FMI serait plafonné. De plus, pour parer à toute opposition politique à la réforme, il suffirait de prévoir que toute augmentation de la proportion des réserves internationales déposées au FMI, c'est-à-dire en fait l'extension de sa capacité à accroître ses crédits, serait déterminée par les pays membres à une forte majorité qualifiée.

C ~ Comme il sera difficile de mettre en œuvre rapidement cette réforme du SMI, il convient d'exploiter les opportunités offertes par l'intégration européenne

- **Une coopération monétaire renforcée au sein de la Communauté économique européenne peut contribuer à la réforme du SMI.** La création, par la Communauté européenne, d'un Fonds de réserve européen, sur le modèle du FMI rénové proposé précédemment, devrait être envisagée. L'union monétaire européenne est « *souhaitable mais difficile et d'essence politique plus qu'économique* ». Elle reste conditionnée par une volonté politique très forte : « *l'unification monétaire doit être conçue comme le couronnement des politiques d'intégration* [économique] ».
- **L'harmonisation des politiques économiques des pays membres est indispensable.** L'abolition des frontières au sein de la Communauté commande une harmonisation des politiques économiques des pays membres. Mais, cette

unification des politiques économiques serait *de facto* imposée par les pays excédentaires, c'est-à-dire les moins inflationnistes. C'est pourquoi, il faudrait imposer à ces pays un accroissement de leurs dépôts au Fonds de réserve, proportionnellement à la hausse de leurs réserves monétaires, afin d'accroître les aides aux pays déficitaires. De plus, il faudrait les contraindre à baisser leurs taux d'intérêt, leur fiscalité, etc., pour relancer la croissance de la Communauté.

Assurément, le diagnostic de R. Triffin – établi dès 1959, dans deux articles dont la réunion constitue le présent ouvrage – s'est avéré pertinent : la décision du Président Nixon, le 15 août 1971, de mettre un terme à la convertibilité du dollar en or (ce qui équivaut à un embargo sur l'or) était inévitable, faute d'une thérapie appropriée. Or, celle préconisée par R. Triffin n'a pas été appliquée. L'officialisation des changes flexibles par les accord de Kingston en 1976 correspondait à une des solutions qu'il rejetait et l'internationalisation des réserves officielles au sein d'un FMI renforcé n'a pas été mise en œuvre.

Cependant, l'instauration du système monétaire européen, en 1979, a traduit partiellement les idées de R. Triffin : la remise de 20 % des réserves en or et en dollars des pays membres de la CEE au Fonds européen de coopération monétaire (FECOM), contre des crédits en Ecu destinés aux règlements entre Banques centrales, en est une illustration. Par ailleurs, la future union monétaire est conditionnée par l'harmonisation des politiques économiques et constitue, comme le souhaitait R. Triffin, l'achèvement de l'intégration économique.

POUR UN NOUVEAU PROTECTIONNISME

Jean-Marcel JEANNENEY

Dans cet ouvrage (Seuil, 1978, 140 p.), J.-M. Jeanneney se propose de rompre avec le libre échangisme doctrinal ambiant et de défendre le point de vue selon lequel « la maîtrise du commerce extérieur est une arme de politique économique essentielle pour assurer un développement harmonieux de l'économie d'un État ». La carrière de l'auteur, qui, membre du Comité des experts de la réforme économique et financière de décembre 1958, appuya l'entrée de la France dans le Marché commun et qui, devenu ministre de l'Économie et du Commerce en janvier 1959, supprima les restrictions quantitatives aux importations et encouragea la baisse des droits de douane intracommunautaires, confère une légitimité certaine à ses propos et interdit de l'accuser de « protectionnisme primaire ».

1. CONTROVERSES SUR LE LIBRE-ÉCHANGE

A ~ Le libre-échange doctrinal a été abâtardi dans les faits

- **Depuis 1945 s'est établi un accord doctrinal libre-échangiste qui a inspiré de nombreux traités.** « *Exorciser le démon protectionniste* » est la mission que se sont donnés les décideurs de toutes sortes, accréditant l'idée que l'intérêt général passe par la liberté totale des échanges mondiaux. Mission accomplie si l'on en croit les grands accords internationaux : Accord général sur les tarifs douaniers et le commerce (GATT) au niveau mondial, Communauté économique au niveau européen. Mais trois exceptions viennent cependant à l'encontre du « *glissement vers le libre-échange* » : le commerce des pays collectivistes, le protectionnisme des pays en voie de développement, et les mécanismes protecteurs du traité de Rome vis-à-vis de l'entrée de denrées agricoles dans la CEE.
- **Le commerce international s'est développé sous la domination des États-Unis et des firmes multinationales.** La croissance des échanges internationaux, plus rapide que la croissance de la production, a accru l'interdépendance des économies si bien que « *activité et niveau de vie sont subordonnés au bon vouloir d'autrui* ». Mais aucune autorité supérieure ne veillant sur les règles du jeu, ce sont les États-Unis et les firmes multinationales (FMN) qui, de fait, « *contribuent à maintenir un certain ordre qui leur convienne* », au détriment de la souveraineté des partenaires.

B ~ Il faut réagir contre ce « *libéralisme bâtard* »

- **Le libre-échange parfait étant une utopie, ses partisans se font les défenseurs d'un « *libéralisme bâtard* », c'est-à-dire un libre-échange combiné avec les positions dominantes des États-Unis et des FMN.** Pour les tenants de cette thèse, la liberté des échanges permet à chacun de se spécialiser dans le secteur où il est le plus productif et de travailler ainsi à l'intérêt général ; elle offre ensuite aux pays pauvres une chance de sortir de leur misère grâce à leurs recettes d'exportation ; elle est enfin un gage de paix dans le monde. De plus, les FMN, en facilitant les transferts de technologie et de capitaux, et les États-Unis, en régulant efficacement les échanges internationaux grâce à leur puissance, jouent un rôle positif.

- **Il faut combattre ce conformisme et reconnaître « *l'opportunité d'un nouveau protectionnisme* ».** La position dominante des États-Unis et des FMN est dangereuse car « *les forts sacrifient volontiers les faibles* ». Le rôle des grandes entreprises est nocif pour les pays du tiers monde : « *le secteur moderne fonctionne à l'écart du secteur traditionnel et n'y entraîne pas de progrès* » et la dépendance vis-à-vis des pays développés acheteurs constitue un facteur de vulnérabilité. Enfin, les leçons du passé ne sont pas convaincantes : par exemple, « *le démarrage industriel de la France s'est effectué sous Louis Philippe à l'abri d'un tarif douanier prohibitif* ».

2. Le libre-échange a des effets positifs, mais il présente aussi des dangers

A ~ Le libre-échange permet d'accroître la productivité

- **Conséquence de la libération des échanges, la spécialisation géographique a pour effet d'accroître la productivité**. Cela est évident entre pays à salaires égaux mais c'est également vrai entre pays à salaires inégaux : le pays à bas salaires, qui est aussi un pays à faible productivité, « *se spécialisera dans les productions où sa productivité n'est guère moindre qu'ailleurs* », tandis que le pays à hauts salaires, qui est aussi un pays à haute productivité, « *se spécialisera dans les productions pour lesquelles sa productivité est très supérieure à celle obtenue dans les pays à bas salaires* », si bien que « *la productivité du travail augmentera chez l'un et l'autre* ».
- **De toutes façons, la productivité jaillit du libre-échange car « *il tient constamment en haleine les entreprises* »**, les obligeant à inventer et mettre en œuvre des procédés nouveaux. La grande mobilité des hommes et des machines observable aujourd'hui renforce encore les progrès de productivité du travail. Par exemple, les travailleurs émigrent à la recherche d'emplois à forte productivité et à hauts salaires et produisent donc plus que s'ils étaient restés dans leur pays d'origine.

B ~ Le libre-échange a des effets nuancés sur l'emploi et le niveau de vie

- **Les effets du libre-échange sur l'emploi sont mitigés**. Lorsque la spécialisation induite par le libre-échange permet la création de nouvelles structures de production qui compensent les pertes d'emplois des secteurs éliminés par la concurrence, le chômage n'augmente pas. Mais le libre-échange peut être préjudiciable à l'emploi : le plus grand danger est celui de l'instauration d'un équilibre de sous-emploi (la recherche de compétitivité entraînant des licenciements) et ce, d'autant plus que l'ouverture des frontières fait de la relance par la demande un « *remède nocif* » puisqu'elle engendre un supplément d'importations et donc un déficit commercial.
- **Les effets du libre-échange sur le niveau de vie sont nuancés**. C'est seulement si le pays est capable d'affronter la concurrence, c'est-à-dire si la croissance de la production n'est pas moindre qu'elle ne l'aurait été sans les mutations de

l'appareil productif auxquelles contraint la concurrence, que le niveau de vie s'élèvera grâce à l'accroissement de la productivité du travail.

C ~ Le libre-échange réduit l'autonomie des États

- **Le libre-échange entrave la liberté de choix des pays développés en matière de stuctures productives**. Le pays doit garder entière sa liberté de « *se doter des structures de production les plus souhaitables* » en fonction de sa situation. La puissance publique doit se réserver le droit de protéger les entreprises « *afin de leur donner les délais nécessaires pour tenter de se perfectionner dans les fabrications à haute valeur ajoutée* », et « *assurer l'existence sur son sol d'une suffisante variété de productions* » afin d'éviter une trop grande dépendance de l'étranger. L'État doit également se méfier d'une trop grande spécialisation dans les biens d'équipement car celle-ci présente deux inconvénients : le risque de rattrapage par les pays en voie de développement et l'instabilité de la demande.
- **Le libre-échange entrave les différentes politiques économiques nécessaires au bien-être**. La politique des revenus visant à assurer à tous des ressources décentes, la politique d'aménagement du territoire se donnant pour objectif une répartition géographique équilibrée des activités, la politique industrielle de maintien des PME et enfin la recherche de l'indépendance nationale sont incompatibles avec le libre-échange. C'est pourquoi à la question : « *un État peut-il mener une politique de bien-être de son choix s'il renonce à manier ses droits de douane, la réponse sera non* ».

3. Il faut mettre en œuvre un « *nouveau protectionnisme* »

A ~ Un protectionnisme à l'échelle européenne

- **L'espace idéal pour la mise en œuvre du nouveau protectionnisme est la CEE**. Le nouveau protectionnisme ne peut se faire à l'échelle d'un État car il est nécessaire de constituer un espace douanier assez vaste pour satisfaire la demande sans être trop dépendant des importations et de disposer d'entreprises assez nombreuses pour être en situation de concurrence. Seul l'ensemble constitué par les États européens satisfait à cette condition essentielle.
- **Il faut une autorité européenne supérieure pour conduire le nouveau protectionnisme**. Afin d'éviter la politique du « *chacun pour soi* », il faut « *déléguer le pouvoir et la responsabilité de conduire cette politique à une autorité communautaire* », désignée et contrôlée de façon démocratique, qui s'opposera à la domination des États-Unis et des FMN. Pour pouvoir résister aux pressions nationales, l'autorité européenne devra inscrire les objectifs économiques et sociaux dans un plan de six ans au moins.

B ~ Un protectionnisme fondé sur des droits de douane

- **Le nouveau protectionnisme repose sur des tarifs douaniers divers et variables**. Le système des subventions qui suppose un appareil administratif lourd et coûteux est à rejeter au profit de la perception de droits de douane qui « *a le grand mérite de laisser jouer pleinement à l'intérieur du pays des mécanismes de marché* ». Il faut un large éventail des tarifs (« *de grandes inégalités de protection sont nécessaires* »), une grande flexibilité (« *reconnaître à la CEE importatrice le pouvoir de modifier à tout moment le droit applicable à toutes catégories de marchandises lorsque les conditions de* *concurrence viennent à changer* ») et même une adaptabilité en fonction de l'origine géographique des produits.

- **En revanche, le nouveau protectionnisme refuse les limitations quantitatives et les variations du taux de change comme substituts de droits de douane**. Le recours aux contingentements est mauvais : outre qu'ils créent « *une rente scandaleuse au profit des importateurs* » qui peuvent vendre plus cher des produits sans que les caisses de l'État ne se remplissent, ils supposent l'octroi de licences à des importateurs « *selon des méthodes plus ou moins arbitraires* » et donc le risque de corruption. La dévaluation est à éviter car, relevant le coût de toutes les importations sans discernement, elle engendre l'inflation et surtout ne « *permet pas d'avantager certaines branches* ».

C ~ Les conditions nécessaires à la mise en œuvre du nouveau protectionnisme

- **Se doter d'une monnaie européenne est indispensable**. Des changes flexibles comme des changes fixes posent un certain nombre de difficultés et ne permettent pas le bon fonctionnement de l'union douanière. En revanche, « *substituer aux monnaies des États membres une monnaie européenne unique* » gérée par un Institut monétaire européen indépendant du pouvoir politique résout les problèmes de change et donne à l'autorité européenne chargée du nouveau protectionnisme un moyen d'action efficace. Le cours du change européen doit demeurer assez constant, ce qui suppose un fonds d'intervention sur les marchés des changes. Finalement, politique monétaire européenne et fixation des droits constitueraient les deux piliers d'une croissance partagée en Europe.
- **Aménager les concurrences intérieures est nécessaire**. À l'intérieur de l'espace européen, il faut veiller à ce que les entreprises ne puissent « *s'entendre pour se partager la clientèle et l'exploiter* », autrement dit, il ne faut pas que les effets bénéfiques d'une concurrence intra-communautaire cessent de s'exercer. Par ailleurs, dans certains secteurs comme celui des industries lourdes, une concertation organisée par une autorité publique respectueuse des dirigeants d'entreprise, devra s'organiser au sujet des investissements afin d'éviter les gaspillages.

Conscient de défendre un point de vue original voire provocateur au sein du libéralisme ambiant, l'auteur fournit donc non seulement une réflexion théorique mais aussi des dispositions pratiques pour un nouveau protectionnisme et nourrit ainsi le débat. Son ouvrage est empreint du colbertisme et du gaullisme spécifiques à la France, mais certaines de ses propositions – mettre en place une monnaie européenne, par exemple – et certaines de ses réflexions – craindre les effets négatifs d'une relance par la demande en économie ouverte, par exemple – montrent sa capacité à se projeter dans l'avenir.

FICHE 20

LE CAPITALISME MONDIAL

Charles-Albert MICHALET

Ce livre ambitieux de Charles-Albert Michalet (PUF, 1976) cherche à comprendre la nature du capitalisme contemporain. Il part pour cela d'une étude rigoureuse des firmes multinationales puis démontre que les théories traditionnelles de l'économie internationale sont impuissantes à décrire le phénomène de la multinationalisation, avant de proposer un cadre théorique et une réflexion sur le système de l'économie mondiale. Le livre a été republié en 1985 dans une édition entièrement refondue de 368 pages.

1. LE PHÉNOMÈNE DE MULTINATIONALISATION

A ~ La formation des firmes multinationales (FMN)

■ **L'investissement direct à l'étranger a cinq déterminants** :

- l'accès aux matières premières a justifié les premières formes de multinationalisation. Avec la décolonisation, les FMN ont souvent dû abandonner le stade de la production pour dominer la commercialisation ;
- les différentes formes d'entraves à l'échange international, comme les barrières protectionnistes (quotas ou droits de douane), ont incité les entreprises à substituer à l'exportation la production sur place ;
- l'intensification de la concurrence liée à la crise constitue un facteur décisif. Le freinage de la croissance sur le marché d'origine accélère la multinationalisation. Ce peut être aussi le résultat d'un comportement d'imitation. « *Dans l'hypothèse où une firme leader décide d'aller produire à l'étranger, dans un pays donné, l'effet d'imitation va jouer* » ;
- la perte d'un avantage technologique peut aussi conduire une firme à se délocaliser pour conserver sa part de marché menacée par la concurrence étrangère. Cette explication avancée par R. Vernon se fonde sur sa théorie du cycle de vie du produit ;
- les coûts salariaux plus faibles dans le tiers monde sont aussi un facteur explicatif de la multinationalisation, et ceci d'autant plus que les FMN, grâce à leur organisation et le matériel utilisé, parviennent à obtenir des niveaux de productivité semblables d'un pays à l'autre.

■ **Les stratégies des FMN sont au nombre de quatre, non exclusives l'une de l'autre :**

- la stratégie d'approvisionnement caractérise les FMN du secteur primaire. Elle correspond à la volonté d'accéder à des matières premières ou à des sources d'énergie à bas prix ;
- la stratégie de marché, qui consiste dans l'implantation de filiales près des débouchés, résulte des entraves aux échanges, des structures oligopolistiques et

partiellement de la perte d'un avantage technologique. L'objectif est la conquête ou la défense des parts de marché « *par une autre voie que celle traditionnelle des exportations* ». Pour cela, la firme crée des « *filiales-relais* » ;

- la stratégie de rationalisation de la production s'explique par la recherche de coûts salariaux moins élevés ou d'économies d'échelles nées de la forte spécialisation des unités délocalisées, les « *filiales-ateliers* » ;
- la stratégie technofinancière en voie de généralisation repose sur la vente de technologies : brevets, licences, usines clés en main, savoir-faire, ingénierie, assistance technique.

B ~ Le fonctionnement de la multinationale

■ **Le principe de l'internalisation est à la base du fonctionnement de la FMN.** L'internalisation consiste à faire soi-même des tâches qui étaient confiées à d'autres (concessionnaires, importateurs...). Elle permet de réduire les coûts de transaction, particulièrement importants lors des opérations internationales. C'est aussi un moyen de conserver un avantage spécifique à l'échelle mondiale : « *les filiales permettent aux multinationales de segmenter les marchés nationaux et d'utiliser la discrimination des prix pour maximiser leur profit mondial* ». Grâce à l'internalisation, les FMN peuvent donc minimiser leurs coûts et maximiser leurs recettes. Elles profitent ainsi des disparités nationales tout en réduisant les contraintes nées de l'existence des États-nations.

■ **Les modalités d'intégration à l'échelle internationale résultent des stratégies poursuivies** :

- l'intégration horizontale, caractérisée par l'existence de filiales-relais, permet de défendre un avantage monopolistique ;
- « *L'intégration verticale est définie par l'existence, dans plusieurs pays, de filiales dont la production est constituée par des produits différents* ». L'objectif est de minimiser les coûts de production grâce à des filiales-ateliers ;
- l'intégration diversifiée peut correspondre à l'implantation de filiales dans différentes branches, à une diversification géographique ou encore à de nouvelles formes d'investissements (joint-venture, accords de licences). Elle convient à la stratégie technofinancière.

■ **Dans l'espace créé par la FMN, les produits, capitaux, connaissances et managers circulent de façon largement indépendante des déterminants nationaux.** Les produits échangés à l'international le sont de plus en plus d'une unité de FMN à une autre, à des prix de transfert et selon une logique fixés par la société-mère et qui ne relèvent guère des mécanismes de l'offre et de la demande ou des avantages comparatifs. Les FMN sont aussi le principal vecteur du transfert de technologies. Elles ont généralement la capacité de fournir à leurs filiales une assistance globale allant de l'engineering aux techniques de commercialisation. La circulation des capitaux est déterminée par le souci de profiter d'un différentiel de taux, de spéculer sur une monnaie, de réduire la pression fiscale. L'objectif final étant toujours la maximisation du cash-flow du groupe. Différentes techniques sont employées : dividendes, remboursement de prêts, manipulation des prix de transfert, allongement des délais de règlement. « *Dans tous les cas, les flux engendrés par ces pratiques peuvent être indifféremment verticaux ou horizontaux* » et ne sont généralement pas facilement contrôlables par les autorités locales. La circulation internalisée du travail est plus restreinte : elle ne concerne que l'élite des managers car la FMN embauche au maximum des cadres locaux qu'elle assimile rapidement. Les FMN réussissent ainsi à produire un espace mondial homogène dans un environnement fractionné par l'existence d'États-nations.

2. L'ÉMERGENCE DE L'ÉCONOMIE MONDIALE

A ~ L'impact des FMN sur les économies nationales doit être contrôlé

■ **L'impact économique des FMN sur les pays en développement qui les accueillent est mitigé**. « *L'investissement direct ne se traduit pas nécessairement par un élargissement des capacités productives* » car souvent les FMN privilégient l'acquisition d'entreprises existantes. Leur arrivée parfois souhaitée pour dynamiser les entrepreneurs locaux peut conduire à l'élimination de ces derniers « *si l'État reste dans une stricte position de neutralité* ». Les effets d'entraînement sont souvent limités car les FMN ne trouvent pas toujours sur place de partenaires qui satisfassent leurs exigences en termes de « *qualité-coût-délai* ». Les pays d'accueil attendent souvent aussi une amélioration de leur balance commerciale. Les filiales-relais, en effet, favorisent la réduction des importations de biens de consommation et les filiales-ateliers stimulent les exportations. Il faut toutefois prendre en compte les importations de biens d'équipements induites. Pour les mouvements de capitaux, il semble qu'au total les sorties soient supérieures aux entrées même quand les administrations cherchent à contrôler le rapatriement des bénéfices. L'impact sur l'emploi est par contre favorable même s'il est déséquilibré (embauche d'une main-d'œuvre jeune, féminine, peu qualifiée le plus souvent) et peut avoir des conséquences directes (élimination d'activités artisanales concurrentes) ou indirectes (accentuation de l'exode rural, gonflement des bidonvilles) néfastes. L'apport en connaissances scientifiques et techniques est souvent limité car la diffusion en dehors de la FMN est peu importante, se faisant essentiellement par le canal de la sous-traitance et surtout des ventes ; de plus, ces connaissances ne sont pas forcément adaptées aux économies des pays d'accueil moins développés.

■ **L'impact sur les pays industriels présente des similarités avec ceux décrits pour les pays en développement**. Par exemple, les filiales des FMN ont une plus forte propension à importer que les entreprises nationales. Au Nord comme au Sud, « *les avantages comparatifs des différentes économies deviennent dans l'optique de la FMN des avantages de localisation* ». La « *contrainte extérieure* » est modifiée : l'opposition entre le national et l'international cesse d'être pertinente pour les États-nations qui deviennent les « *auxiliaires subordonnés* » des FMN. Les théories traditionnelles de l'économie internationale cessent alors d'être pertinentes.

B ~ Les théories traditionnelles ne peuvent expliquer la multinationalisation

■ **La théorie néoclassique de l'échange international ne peut, sans renier ses hypothèses de base, prendre en compte l'internationalisation de la production**. Au début du XIXe siècle, Ricardo a démontré que l'échange international apportait des gains aux deux partenaires même quand ceux-ci étaient inégalement productifs. C'est la théorie des avantages comparatifs. Au XXe siècle, Heckscher et Ohlin puis Samuelson ont, sur ces bases, énoncé la règle de la spécialisation internationale en fonction des dotations factorielles : un pays exporte les biens qui utilisent intensément le facteur de production le plus abondant. Cette théorie est basée sur les hypothèses suivantes : immobilité des facteurs de production, concurrence pure et parfaite au niveau national et international. L'existence des FMN conduit à l'éclatement de la théorie : il ne devrait plus exister d'échanges puisque les capitaux bougent ; la loi de l'avantage absolu se substitue à celle de l'avantage comparatif et les FMN prennent la place des États-nations comme agents de la division internationale du travail.

- **L'analyse marxiste ne permet pas plus d'appréhender la multinationalisation des firmes**. K. Marx et R. Luxemburg montrent que le marché mondial est nécessaire au développement du capitalisme. Les importations de biens de subsistance bon marché permettent d'abaisser la valeur de la force de travail et donc contrecarrent la baisse tendancielle du taux de profit. Les relations entre les espaces nationaux « *sont donc exclusivement marchandes* » et « *conçues strictement dans le cadre ricardien de la division internationale du travail* », même si celle-ci est vue comme un processus historique. Rompant avec les analyses précédentes qui raisonnaient dans le cadre du capitalisme concurrentiel, Lénine reconnaît la nature monopoliste du capitalisme. À ce stade, les « *groupements économiques* » se partagent le monde, le rôle des États cesse d'être déterminant. L'exportation des capitaux devient alors la caractéristique majeure de l'impérialisme. Elle permet le contrôle des sources de matières premières ou l'obtention d'un taux de profit plus élevé. L'analyse léniniste n'envisage ici que « *le capital-argent* » et ne permet donc pas suffisamment de progresser pour comprendre l'internationalisation de la production, « *à savoir la phase du capital productif* ».

C ~ À la recherche d'une autre problématique, celle du système de l'économie mondiale

- **Précédés par les historiens de « *l'économie monde* », les économistes contemporains proposent des approches variées de l'économie mondiale**. La dichotomie « *centre-périphérie* » forgée par S. Amin a le mérite d'intégrer le tiers monde dans le système mondial mais ne prend pas en compte la délocalisation de certains secteurs industriels. Pour les tenants d'une approche « *sectorielle* » comme W. Andreff, « *les FMN apparaissent comme le produit des contradictions internes des économies nationales* » mais la nature spécifique de l'économie mondiale n'est pas analysée.

- **L'économie mondiale est une réalité en formation**. En face des FMN existent encore des firmes, des administrations d'État et de nombreux salariés pour qui l'horizon économique « *reste délimité par les frontières nationales* ». Les FMN homogénéisent l'espace mondial en étendant le salariat, en uniformisant les normes, en limitant de fait l'indépendance des politiques économiques des États qui cherchent d'ailleurs à renforcer leurs propres groupes multinationaux. Le fractionnement de l'espace mondial est nécessaire aux FMN pour maintenir les inégalités de rémunération. « *L'État-nation doit demeurer un espace clos pour le facteur travail.* » Il ne doit pas par contre gêner la mobilité du capital. « *L'économie mondiale reproduit les États mais efface les nations.* » Le système de l'économie mondiale trouve là ses limites.

L'ouvrage de C.-A. Michalet peut intéresser par sa description des FMN. Il offre aussi un panorama critique des théories de l'économie internationale. Sa synthèse pour comprendre la dynamique de l'économie mondiale s'inscrit dans le prolongement des analyses marxistes du capitalisme contemporain et dépasse donc le cadre habituel des livres traitant de la mondialisation. Si l'on peut y trouver une analyse théorique intéressante de par sa globalité, on y cherchera en vain une analyse détaillée des conséquences de la multinationalisation.

FICHE 21

DE L'ÉTAT-NATION AUX ÉTATS-RÉGIONS

Kenichi OHMAE

Ce livre de Kenichi Ohmae, spécialiste japonais de stratégie et géopolitique des affaires, paru en 1995 aux États-Unis, a été publié en France en 1996. Dans cet ouvrage (Dunod, 200 p.), l'auteur s'interroge sur le rôle des états-nations dans une économie mondialisée, sur l'émergence de nouvelles entités, les états-régions, et les conséquences de cette nouvelle donne pour les entreprises. Le traducteur de K. Ohmae écrit délibérément « état » avec un « é » minuscule pour « mettre l'orthographe en accord avec la thèse centrale du livre ».

1. LE DÉCLIN DES ÉTATS-NATIONS

A ~ Les états-nations sont devenus des unités artificielles

- **La fin de la guerre froide a facilité les remises en cause des états-nations traditionnels.** Les états-nations sont des constructions artificielles héritées des XVIIIe et XIXe siècles dont l'érosion est rendue visible par l'apparition au grand jour d'aspirations politiques réprimées durant la guerre froide. L'échec du centralisme politique se manifeste par la montée de l'autonomisme local, de l'irrédentisme ethnique, racial ou même tribal ou encore par des phénomènes de fusion, par exemple avec le traité de Maastricht. Les aspirations politiques ne sont pourtant pas les seules forces qui effritent les états-nations.
- **Le monde est devenu une économie sans frontières.** « Quatre I » caractérisent cette économie.

  L'investissement – le premier des « quatre I » – circule librement. « *En n'importe quel point du monde, si une opportunité est attrayante, l'argent viendra à elle.* » Actuellement les flux de capitaux internationaux sont essentiellement des capitaux privés, à l'inverse de ce qui se passait voici dix ans. Les pouvoirs publics n'ont donc plus à intervenir.

  L'industrie – le second des « quatre I » – est, elle aussi, bien plus planétaire dans son orientation qu'il y a une dizaine d'années. Les stratégies des multinationales actuelles ignorent la raison d'État. Quand elles s'implantent sur un marché, elles apportent des capitaux, du savoir-faire mais elles suscitent aussi la confiance de tout le monde développé en ce marché.

  Le troisième des « quatre I » – les technologies de l'information – a largement facilité la mondialisation des capitaux et de l'industrie. Les entreprises peuvent fonctionner partout dans le monde sans devoir créer localement à chaque fois une organisation entière. « *Les participations internationales et les alliances stratégiques sont devenues moins difficiles* ».

  Les individus, le dernier des « quatre I », se préoccupent enfin de moins en moins de l'origine nationale des produits qu'ils consomment. Ils veulent les produits les meilleurs et les moins chers, quelle que soit leur provenance.

- **Les états-nations ne sont plus des unités significatives de l'économie planétaire.** La mondialisation des marchés de capitaux rend les états-nations moins capables de contrôler les taux de change ou de défendre leur monnaie. Ils se voient imposer une discipline en raison de choix économiques « [....] *faits ailleurs par des hommes et des institutions sur lesquels ils n'ont en pratique aucune prise* ». Les exemples de spéculation contre diverses monnaies ou l'inutilité des relances japonaises le prouvent.

  Les états-nations sont par ailleurs composés d'ensembles trop hétéroclites. Les statistiques ayant les pays pour cadre d'analyse le dissimulent. Elles ne reflètent pas les flux réels de l'activité économique et sont inutilisables pour les dirigeants du secteur privé ou du secteur public. Les biens et services échangés dans le monde comme les entreprises qui les produisent ne peuvent plus être rattachés de façon satisfaisante à un pays. L'étiquette nationale sur un produit flatte plus un nationalisme facile qu'elle ne garantit une amélioration de la qualité de vie. Comme les consommateurs sont de mieux en mieux informés, le nationalisme économique perd de l'importance. Les marques planétaires de blue jeans, de boissons gazeuses ont déjà fait apparaître une économie planétaire, une californisation du marché !

  Actuellement, les attitudes, les mentalités commencent aussi à converger du fait des nouvelles technologies. « *Dans les sociétés ouvertes aux influences du multimédia, enfants et adolescents sont en train de devenir, à des niveaux profonds de sensibilité et de vision du monde, bien plus semblables à leurs homologues d'autres sociétés soumis aux mêmes influences qu'aux générations antérieures au sein de leur propre culture.* »

  Les états-nations peuvent donc de moins en moins dicter les choix économiques individuels.

B ~ Des politiques économiques inappropriées

Les choix économiques opérés par les états-nations le sont en fonction de leurs conséquences politiques et non de leurs conséquences économiques.

- **Les états-nations sont de plus en plus au service d'intérêts particuliers**. La libre circulation de l'information est fondamentale dans toute économie de marché. Quand le PNB par habitant atteint la barre des 5 000 dollars, le renforcement des liens avec l'économie planétaire exige un relâchement du contrôle étatique sinon les progrès deviennent hésitants. À ce stade, la question de l'efficacité des dirigeants commence donc à se poser. Les pouvoirs publics sont tentés « d'acheter » des groupes sociaux de plus en plus variés dont les revendications sont pressantes. S'installe alors une mentalité d'assistés car les gouvernants peuvent difficilement répudier le principe des aides. Quand les moyens manquent se développe une zizanie interne qui érode le tissu de l'état-nation.

  « *Les systèmes politiques en place deviennent de plus en plus les émanations de groupes de pression et des circonscriptions géographiques pauvres, qui marchandent constamment leur soutien en échange de leur protection et de leurs largesses.* » Ils ne peuvent plus adopter des politiques conformes à l'intérêt général.

- **L'état-nation n'est plus un mécanisme suffisant face aux menaces et aux opportunités de l'économie planétaire**. Il était efficace quand il s'agissait de protéger le territoire, les ressources naturelles, de contrôler leur emploi mais désormais « *dans un monde sans frontières, l'intérêt national au sens traditionnel qui aujourd'hui n'est plus guère qu'un prétexte à subventions et protections, n'a plus vraiment sa place.* »

  Les facteurs clés de la réussite naissent de la capacité des responsables d'entreprise à tisser des liens avec l'économie planétaire ; une politique économique intelligente d'un gouvernement central ne peut donc jouer qu'un rôle marginal. L'état-nation reste prisonnier des demandes d'aides et de protection. Les grandes décisions y relèvent de juristes, fonctionnaires et de groupes de pression qui ont du mal à faciliter de façon systématique et continue l'ouverture sur l'économie planétaire. Les états-régions constituent par contre « *des points d'accès* » efficaces à cette économie.

2. L'ÉMERGENCE DES ÉTATS-RÉGIONS

A ~ Les états-régions sont des unités économiques efficaces

- **Les états-régions sont des unités géographiques de taille restreinte mais avec une forte influence économique**. Le Nord de l'Italie, la région Rhône-Alpes, celle du Languedoc-Roussillon en liaison avec la Catalogne, la Chine méridionale, la Silicon Valley par exemple constituent des marchés suffisamment grands pour les principaux produits de consommation, de l'ordre de cinq à vingt millions de personnes, mais suffisamment petits pour qu'un intérêt commun existe encore. Leur taille doit permettre de rentabiliser les infrastructures nécessaires pour participer à l'économie planétaire (aéroport international, port...)
- **Ce sont les infrastructures de services qui délimitent les états-régions et non les distinctions religieuses, ethniques, raciales**. Le marché ne doit pas nécessiter la création de différents systèmes d'exploitation pour la logistique, le marketing des marques qui doivent pouvoir s'y faire connaître efficacement.
- **Dans le cadre des états-régions, des politiques économiques efficaces peuvent être instaurées**. Sans les contraintes des états-nations, les états-régions peuvent stimuler la flexibilité des entreprises, attirer les ressources de l'économie planétaire. Ceci ne se fait d'ailleurs pas au détriment des territoires limitrophes. « *Quand une région prospère, sa bonne fortune déborde sur les territoires adjacents, à l'intérieur et à l'extérieur de la fédération politique dont elle fait partie.* »

  Les gouvernements centraux ne doivent donc pas considérer les états-régions comme des adversaires.

B ~ La réorganisation nécessaire des entreprises

- **Les organisations actuelles des entreprises, calquées sur les états-nations, ne conviennent plus**. L'économie des états-nations n'est pas homogène. « *En termes économiques,* [...] *tous les états-nations sont des zèbres.* » Malgré la convergence amenée par l'information, la croissance, les infrastructures et les préférences des consommateurs diffèrent encore. À l'intérieur des états-régions, par contre, les disparités sont moindres. Les entreprises japonaises qui ne cherchent pas à pénétrer le marché américain dans son ensemble, mais la Californie par exemple, le savent bien. Leur clientèle se concentrera ici ou là dans de grands « *espaces blancs* » ; les « *rayures de grande activité* », et les arrières-pays « *gris* » qui les entourent, traversent souvent les frontières des états-nations ; cela crée des problèmes sans fin aux multinationales.
- **Deux possibilités s'offrent aux entreprises**. La première consiste à garder les directions nationales mais en les dotant de systèmes d'information orientés vers les flux d'activité régionaux. L'autre conserve les divisions par pays quand il est indispensable de traiter avec les gouvernements centraux et met en place un découpage horizontal par fonctions : achats, R.D., technologies de l'information... Instaurer un échelon de plus pour les états-régions irait à

l'encontre de la tendance à réduire le nombre des niveaux d'organisation.

La psychologie des dirigeants conditionnée par l'état-nation est sans doute un des principaux obstacles au changement. L'objectif est pourtant clair : il faut « *créer et superviser un réseau planétaire de savoir-faire, de compétences et de moyens décentralisés* ».

C ~ Le rôle du centre

- **Le centre doit donner plus d'autonomie économique aux régions**. Des régions ont pu souffrir de querelles ethniques et religieuses mais les gouvernements centraux ne doivent pas user de cet argument pour justifier leur contrôle économique et social car « *elles* [les régions] *doivent au minimum être libres de lever des capitaux, de bâtir des infrastructures et d'attirer les investissement* ». Le gouvernement central est le seul à pouvoir assurer convenablement la défense armée, la monnaie, les normes d'infrastructures, la cohésion de la société ; le fédéralisme est donc le seul type d'organisation politique qui semble adéquat, le degré de contrôle fédéral s'allégeant au fur et à mesure du développement.
- **L'autonomie économique régionale est devenue indispensable pour éviter l'hémorragie des emplois**. Après les industries nationales, ce sont les industries de services qui sont prêtes à quitter les états-nations pour des environnements plus hospitaliers. Déjà la logistique de diagnostic et de maintenance informatique, les systèmes de distribution de nombreux biens de consommation ignorent de plus en plus les frontières. Les États-Unis sont bien préparés à jouer un rôle de catalyseur des initiatives régionales grâce à leur tradition de décentralisation et à la déréglementation de leur économie.

  L'Europe, malgré sa riche tradition de régionalisme, est en train de mettre en place un super état-nation. C'est en Asie que la prospérité est déjà le plus largement fondée sur des bases régionales.

  Ainsi les états-nations n'ont été que transitoirement la forme la mieux adaptée au développement ; les agglomérations urbaines et leurs arrière-pays respectifs redeviennent les unités significatives de la vie économique.

Kenichi Ohmae va donc plus loin que les critiques habituelles de l'État-providence. Pour lui, les états-nations sont des unités artificielles devenues incapables d'avoir une vision à long terme de l'intérêt collectif. Il explique le succès de nombreuses régions économiques par leur adaptation aux exigences de l'économie mondiale et voit en elles les moteurs de la croissance. Les conseils qui en découlent pour faciliter l'adaptation des entreprises à la nouvelle cartographie mondiale sont succincts. Souvent stimulant, apportant de nombreux exemples, l'ouvrage est aussi provocant parfois, notamment pour les Européens, quand il considère l'Union européenne comme dépassée.

FICHE 22

L'ÉCONOMIE MONDIALISÉE

Robert REICH

La transformation économique majeure de cette fin de siècle est la mondialisation de l'économie. Le phénomène bouleverse les sociétés industrielles, modifie la nature des emplois et aggrave les inégalités. Dans ce nouvel environnement, penser en termes de firmes nationales, de technologies ou d'industries nationales, voire d'économies nationales est anachronique.

Dans son livre (Dunod, 1993, 330 p.), Robert Reich décrit et analyse cette transformation à travers le cas des États-Unis et propose des pistes pour une nouvelle politique économique.

L'enjeu de l'ouvrage est de savoir si, alors même que la nation n'existe plus en tant qu'entité économique, elle existe encore comme communauté capable de maintenir un lien entre ses composantes.

1. DE L'ÉCONOMIE-NATION AU RÉSEAU MONDIAL

A ~ L'économie-nation

- **Dans les années cinquante, les succès des grandes firmes américaines sont identifiés à ceux de l'économie nationale**. Le noyau de l'appareil productif est alors formé d'environ 500 firmes qui assurent la moitié de la production industrielle du pays. Elles créent des millions d'emplois et contribuent au développement de la classe moyenne, symbole du capitalisme américain, et ainsi à la réduction des inégalités. E.C. Wilson, alors président de General Motors, peut ainsi déclarer : « Ce qui est bon pour notre pays est bon pour General Motors, et réciproquement ».
- **S'instaure alors un « *compromis national* » entre l'État, les grandes firmes et leurs salariés**. Les firmes développent la production de masse en maintenant des profits substantiels grâce à des ententes sur les prix. Les syndicats acceptent de modérer leurs revendications, en échange d'une participation des salariés à la croissance de la consommation. Le gouvernement s'abstient d'intervenir dans les décisions des firmes. Son domaine d'intervention est limité à la politique conjoncturelle, à la formation de travailleurs disciplinés et à la défense nationale qui permet le développement du complexe militaro-industriel.
- **Cependant le retour du boomerang se produit dans les années soixante-dix**. L'Europe et le Japon ont développé à leur tour un système de production de masse standardisée et créé leurs propres champions nationaux. Les diverses stratégies alors mises en place aux États-Unis pour faire face à la concurrence ne permettent pas d'enrayer la chute des profits des firmes américaines. La « compétitivité déclinante » des États-Unis est alors rendue responsable des difficultés. Cette façon de voir le problème est trompeuse ; elle suppose « *l'existence d'entités – les firmes américaines, les secteurs industriels américains, même l'économie américaine dans son ensemble – dont la vitalité doit être restaurée pour améliorer le niveau de vie américain* ».

Or, il n'y a plus de firme « américaine », voire d'économie « nationale » à l'intérieur de laquelle l'ensemble des Américains réussirait ou échouerait.

B ~ Le réseau mondial

■ **La firme de la fin du XXe siècle ne ressemble guère à celle du milieu du siècle**. Elle est passée de la production de masse à la production personnalisée. Cela lui permet à la fois de pratiquer des sur-prix et d'éviter l'imitation. La production standardisée est abandonnée aux pays en développement. Elle produit essentiellement des services (ex. : 10 % seulement du prix d'achat d'un ordinateur sert à payer la fabrication proprement dite). Sa structure et son organisation sont également modifiées. À la structure traditionnelle pyramidale et bureaucratique, succède la structure souple d'une entreprise-réseau, où le rôle du capital humain est déterminant, et où la propriété et le pouvoir deviennent diffus. La notion de nationalité du produit ou de la firme devient de plus en plus floue. Dans les réseaux mondiaux, les assemblages sont internationaux. Ainsi, dans les 20 000 $ payés à GM pour une Pontiac-Le Mans, 4 % seulement reviennent aux Américains. Le reste est partagé entre la Corée pour l'assemblage, le Japon pour les composants de pointe, l'Allemagne pour le dessin de la carrosserie, Taïwan pour les petits composants, la Grande-Bretagne pour le marketing et l'Irlande pour le traitement des données. Ces flux qui ignorent les frontières représentent désormais la majeure partie du commerce international des pays industriels.

■ **C'est donc la fin du « *champion national* »**. « *Quelle est la différence entre une firme "américaine" qui fabrique ou achète à l'étranger la majeure partie de ce qu'elle vend dans le monde, et une firme "étrangère" qui fabrique ou achète aux États-Unis la majeure partie de ce qu'elle vend ?* » Cette transformation affecte les firmes de tous les pays industriels qui deviennent de véritables réseaux mondiaux. « *L'entreprise mondiale de production personnalisée évolue vers un partenariat international de personnes dont les compétences sont combinées les unes avec les autres, et qui passent des contrats avec des travailleurs non qualifiés partout dans le monde pour toute la production de masse standardisée.* »

2. De l'éclatement de la société américaine à la définition d'une nouvelle politique

A ~ L'économie mondialisée bouleverse la nature des emplois et aggrave les inégalités

■ **Une nouvelle typologie des emplois est nécessaire pour comprendre les positions compétitives des actifs dans l'économie mondiale**. Trois grandes catégories d'emplois émergent : les « *services de production courante, les services personnels et les manipulateurs de symboles* ». Les premiers concernent tous les travaux routiniers et peu qualifiés. Ils représentent un quart des emplois américains en 1990, et sont en baisse. Les services personnels rassemblent les employés de commerce, les caissiers, les secrétaires, les infirmières... Ces tâches simples et répétitives n'exigent pas une formation élevée. Cependant, à la différence des premiers, ils échappent en partie aux contraintes du marché global. Ils concernent 30 % des emplois et sont plutôt en progression. La dernière catégorie (plus de 20 % des emplois et en forte hausse) est celle des services de « *manipulation des symboles* » : chercheurs, ingénieurs, avocats, informaticiens, consultants, publicitaires, journalistes... Niveau d'études supérieur, contenu créatif du travail et concurrence mondiale les caractérisent. Ainsi, l'emploi occupé détermine une position compétitive spécifique et cette différenciation explique en partie la montée des inégalités.

- **On observe en effet une tendance à la croissance des inégalités de revenus depuis le milieu des années soixante-dix**. Ainsi, entre 1977 et 1990, le revenu moyen des 20 % d'Américains les plus pauvres diminue de 5 %, tandis que celui des 20 % les plus aisés croît de 9 %, et aujourd'hui 5 % des Américains les plus riches se partagent 26 % du revenu national. Comment expliquer cette aggravation des inégalités alors même qu'aux États-Unis, ce n'est pas le nombre des emplois qui est en cause ?
- **C'est que les destins économiques des nouvelles catégories d'emplois sont fort différents face à la mondialisation**. Si les Américains étaient autrefois tous dans le même bateau, on peut dire qu'ils sont à présent dans des bateaux différents. Le bateau des travailleurs routiniers coule rapidement : la concurrence des pays à bas salaires, la robotisation et la forte désyndicalisation ne leur permet pas de résister à la baisse de leur niveau de vie. Le bateau des services personnels est également en train de sombrer, mais plus lentement et de façon inégale. Celui des manipulateurs de symboles a en revanche le vent en poupe. La demande mondiale croissante d'idées et d'innovations permet à la fois leur progression en nombre et la hausse de leurs rémunérations. Les États-Unis sont particulièrement bien placés sur ce segment de marché du travail : si l'enseignement primaire et secondaire souffre en effet de manque de moyens, l'Université américaine excelle dans la formation de ses élites, qui profitent ensuite des effets d'apprentissage grâce à l'extrême concentration des cerveaux.

B ~ Pour une nouvelle politique économique

- **La question centrale est aujourd'hui de savoir comment améliorer le niveau de vie de la majorité des Américains appartenant aux catégories perdantes dans l'économie mondiale**. Le problème s'accroît du fait que l'idée d'unité nationale a perdu de sa vigueur. Les manipulateurs de symboles sont en train de faire « *sécession* » en s'organisant pour eux, entre eux, et en se passant du reste de la nation. Les travailleurs routiniers et les services personnels ont perdu tout pouvoir de négociation pour imposer un meilleur partage du revenu national.
- **Il faut alors s'interroger sur le nouveau rôle de l'État dans une économie mondialisée, où les frontières cessent d'exister**. Une fausse solution serait un « *nationalisme à somme nulle* », prenant la forme d'un renouveau protectionniste ou d'une course aux armements. Cette vision à court terme risquerait de menacer la prospérité mondiale. Une autre solution inopérante serait celle du « *cosmopolitisme indifférent* » : se sentir seulement citoyen du monde risque de déresponsabiliser les individus, coupés d'une véritable communauté politique.
- **En revanche, on peut souhaiter un « *nationalisme économique positif* »**. « *Les citoyens de chaque nation prennent une responsabilité importante dans l'amélioration des capacités de leurs compatriotes à rendre leurs vies pleines et productives, mais ils travaillent aussi avec les autres nations pour s'assurer que ces améliorations ne se font pas au détriment du reste de l'humanité* ». Dans cette approche, l'intervention de l'État est indispensable. Le noyau de la politique économique nationale doit être constitué par toutes les dépenses publiques qui améliorent les aptitudes des individus à valoriser leurs compétences (enseignement et infrastructures de bonne qualité). Ceci est évidemment nouveau dans un pays comme les États-Unis qui a connu une forte régression de l'investissement public au cours des dernières décennies. L'État doit aussi subventionner les firmes, sans distinction de nationalité, mettant en œuvre au sein de la nation une production à forte valeur ajoutée pour favoriser les effets d'apprentissage de la population active. Au niveau mondial, on pourrait aussi créer une sorte de « *GATT pour l'investissement direct à l'étranger* » afin

d'éviter en ce domaine les pratiques déloyales, financer également la recherche fondamentale, et aider au développement des pays du Sud, en particulier en réduisant le poids de leur dette.

L'auteur s'appuie principalement sur le cas américain, mais son analyse le déborde largement et peut être étendue à la plupart des pays industriels. Si le nouvel environnement d'une économie mondialisée et des firmes-réseaux rend obsolète le concept traditionnel de nation, il renvoie cependant à de nouvelles responsabilités. R. Reich invite en particulier à une réhabilitation de l'intervention publique, ce qui aux États-Unis est révolutionnaire. Il rejoint en ce sens les nouvelles théories de la croissance endogène.

FICHE 23

LA MONDIALISATION N'EST PAS COUPABLE
Vertus et limites du libre-échange

Paul R. KRUGMAN

« D'où vient qu'aux débats sérieux sur le commerce mondial se soit substituée [...] la théorie pop du commerce international ? » L'économiste américain P. Krugman tente de répondre à cette question, dans cet ouvrage réunissant une série d'articles (La Découverte, 1998, 219 p.). Ce qu'il nomme « pop internationalism » (titre de l'édition originale américaine, 1996) recouvre une « pseudo-théorie » dont la popularité (justifiant l'expression « pop ») tient au fait qu'elle est marquée du sceau de l'évidence. Face à « la paresse intellectuelle » de ceux « qui se veulent sages et avertis », il est nécessaire de démontrer le caractère erroné et dangereux de cette « contrefaçon de la théorie du commerce international », qu'il faut abandonner pour comprendre les véritables enjeux de la mondialisation.

1. DEPUIS LES ANNÉES QUATRE-VINGT, SE DÉVELOPPE « *LA THÉORIE POP DU COMMERCE INTERNATIONAL* »

A ~ Cette théorie s'articule autour d'une « *rhétorique de la compétitivité* » erronée et dangereuse

- **Elle promeut fallacieusement l'idée de compétition entre nations**. Pour « *la théorie pop* [...], *il va de soi que le problème économique de tout État est principalement celui de la compétition sur les marchés mondiaux, que le Japon et les États-Unis sont en compétition exactement de la même façon que Coca-Cola l'est avec Pepsi* ». Dans cette logique, les performances économiques des pays résulteraient de leur réussite sur les marchés mondiaux. Pourtant, « *la compétitivité est un mot vide de sens lorsqu'il est appliqué aux économies nationales* ». Si on peut comprendre que la réussite de Pepsi nuise à Coca-Cola, il en va autrement pour les pays : « *ils constituent, les uns pour les autres, le principal marché d'exportation ainsi que la principale source d'importations* [...]. *Le commerce international n'est pas un jeu à somme nulle* ».
- **Le discours sur la compétition entre nations est dangereux**. Le discours sur la compétition entre nations peut conduire au protectionnisme et à la guerre commerciale : « *si la rhétorique décrivant le commerce international en termes de combat continue à dominer le discours,* [...], *le système actuel de marchés relativement ouverts se désintégrera parce que personne, en dehors de quelques professeurs d'université, ne croira plus à l'idéologie de libre-échange* ».

B ~ Indûment, cet « *ersatz de théorie économique* » lie la détérioration du marché du travail dans les pays avancés aux échanges internationaux

- **Le déclin de l'emploi industriel dans les pays avancés n'est pas dû au commerce extérieur**. La hausse des importations industrielles de ces pays est en grande partie compensée par leurs exportations de produits manufacturés. Ainsi, aux États-Unis par exemple, il apparaît que « *le commerce international* *n'explique qu'une petite partie du déclin de l'importance relative de l'industrie manufacturière dans l'économie* ». Les raisons de ce déclin sont principalement internes : l'évolution de la consommation intérieure qui se porte davantage sur les services, des gains de productivité plus élevés dans l'industrie que dans les services, etc.

- **La quasi-stagnation, voire la baisse, des salaires réels dans les pays industrialisés, ne résulte pas de l'échange international**. Les données statistiques montrent que le ralentissement des hausses de salaires dans les pays avancés est imputable à celui des gains de productivité, dont les causes sont purement internes. La baisse des salaires des travailleurs non qualifiés peut être expliquée par une diminution de la demande de ce type de travail : « *l'utilisation des outils informatiques pourrait être une explication ; mais dans tous les cas, la mondialisation ne peut avoir joué le rôle principal* ». La demande de travail (qualifié et non qualifié) découle de la « *modification de la demande interne à chaque secteur d'activité* » et non pas des évolutions du commerce extérieur. De ce point de vue, les effets des politiques économiques internes ne sont pas négligeables : aux États-Unis, par exemple, l'impact sur l'emploi des variations des taux d'intérêt initiées par la FED est plus significatif que celui du commerce extérieur.

C ~ La « *théorie pop* » privilégie l'orthodoxie monétaire aux dépens du libre-échange

- **Les organismes internationaux ont élaboré une doctrine partiellement fausse**. Ce qu'il convient d'appeler la « *doctrine de Washington* » (celle des grands organismes internationaux dont le siège est dans cette ville : FMI, BIRD...) peut se résumer par l'équation « *marchés libres + monnaie saine = prospérité* ». Or, cette doctrine comporte un fond de vérité (il faut promouvoir les « *marchés libres* », c'est-à-dire le libre-échange) et une erreur (la foi en la monnaie saine, c'est-à-dire, « *le refus d'admettre l'utilité d'une politique monétaire active et de quelques réajustements occasionnels des parités* »). Il est notamment faux que, « *quelles que soient les circonstances, la dévaluation soit une stratégie inutile et inefficace* ».
- **Depuis le début de la décennie quatre-vingt-dix, le libre-échange a été partiellement remis en cause**. L'idée d'un monde formé de trois blocs commerciaux (Amérique, Europe, Japon) aux intérêts économiques divergents, est un non-sens puisque le commerce international profite à tous. Cette idée conduit à récuser le libre-échange, d'abord par ignorance de ses vertus, ensuite parce que « *dès 1990, les gens de bon sens étaient fermement convaincus que la dévaluation n'était plus une option politique possible* ». Il faut revenir sur un tel choix, y compris dans les pays en développement, en sauvegardant le libre-échange et en adoptant des politiques monétaires plus volontaristes, par exemple en dévaluant la monnaie si nécessaire pour parachever les réformes structurelles en cours.

2. Vouloir comprendre les véritables enjeux de la mondialisation commande d'abandonner la « *théorie pop du commerce international* »

A ~ Comment appréhender la question de la compétitivité internationale ?

- « ***La concurrence internationale ne met pas les États en faillite*** ». Il existe toujours des produits pour lesquels les pays disposent d'un avantage comparatif et la dépréciation de la monnaie peut rétablir les écarts de compétitivité entre firmes. Par ailleurs, le développement des pays émergents constitue de nouveaux débouchés, sources de croissance. Il faut d'ailleurs s'inquiéter du caractère extensif de la croissance des pays émergents d'Asie qui se heurtera, dans un avenir plus ou moins lointain, à l'obstacle des rendements d'échelle décroissants. Il en résultera un freinage de la demande mondiale.

- **Les avantages comparatifs peuvent être créés**. Les avantages comparatifs peuvent naître de « *différences plus ou moins permanentes entre les ressources, le climat et la structure sociale des divers pays* ». Les produits primaires correspondent assez bien à ce schéma. Mais l'échange de produits manufacturés révèle que les avantages comparatifs peuvent être créés par des interventions étatiques (par exemple, des subventions à certains secteurs, la protection plus ou moins sévère d'un marché...), dont la conséquence peut être d'exclure certaines nations de quelques secteurs.

B ~ Le libre-échange n'est pas dépassé

- **Les nouvelles théories de l'échange international confirment l'idée d'un commerce international profitable à tous**. Contrairement aux modèles traditionnels du commerce international (Ricardo...), les nouvelles théories, élaborées depuis les années soixante et soixante-dix, raisonnent dans un univers de concurrence imparfaite et de rendements d'échelle croissants. La hausse des exportations, l'élargissement de la taille des marchés, contribuent à la réduction des coûts unitaires, créant des avantages comparatifs *ex post* chez les partenaires commerciaux, source d'expansion des échanges.
- **Cependant, l'interventionnisme étatique peut sembler justifié**. Le modèle de James Brander et Barbara Spencer fonde le concept de politique commerciale stratégique en démontrant que, « *au moins dans certains cas, un État peut améliorer le bien-être national au détriment d'un autre en soutenant ses propres entreprises dans la concurrence internationale* ». Par exemple, le soutien des États européens au consortium Airbus permet à celui-ci de capter une partie des profits de l'échange international, jusqu'alors appropriés par Boeing.
- **Le libre-échange reste, pourtant, la moins mauvaise des solutions (optimum de second rang)**. La mise en œuvre des politiques commerciales stratégiques et plus généralement l'intervention de l'État en faveur des entreprises nationales risquent de conduire à des guerres commerciales entre nations. « *Le meilleur moyen d'éviter une guerre commerciale est de continuer à faire du libre-échange le noyau de tout accord international.* » De plus, les pratiques protectionnistes des États réduisent la taille des marchés sur lesquels peuvent opérer les firmes, limitant ainsi l'ampleur des économies d'échelle. Le libre-échange est donc préférable, d'autant plus qu'il « *est aussi un principe simple permettant de résister aux pressions des groupes organisés autour d'intérêts particuliers* ».

C ~ Ce n'est pas la mondialisation qui explique les difficultés des pays avancés mais le progrès technologique

- **Le progrès technologique induit une demande de travail qualifié**. « *Depuis 1970, le progrès technique a augmenté la prime que le marché donne aux travailleurs hautement qualifiés* », au détriment des travailleurs non qualifiés, essentiellement du fait de changements intervenus dans la manière de produire. Le développement de l'usage de l'ordinateur et plus généralement de l'informatique dans le système productif constitue une première explication. En outre, les inégalités de revenus se creusent également au sein des professions les plus qualifiées en raison de l'effet « *superstar* », analysé par Sherwin Rosen : grâce aux nouvelles technologies de l'information et de la communication, un même individu peut prendre en charge un plus grand nombre d'affaires que jadis. Aussi, ceux qui sont jugés les meilleurs – « *les superstars* » – capteront un volume de clientèle plus important, laissant un volume réduit à leurs collègues jugés moins performants.

- **Le progrès technologique ne va pas nécessairement continuer à favoriser les travailleurs les plus qualifiés.** « *L'histoire enseigne* [...] *que c'est souvent une grave erreur que de croire que les tendances récentes vont perdurer.* » Il n'y a, par exemple, aucune raison de penser que « *la technologie ne puisse devenir économe en éducation supérieure* », du fait de l'élaboration de logiciels de plus en plus spécialisés. Parallèlement, « *les milliers de services qui vont représenter une part croissante de notre consommation* » représenteront une demande de travail propre à diminuer le chômage des travailleurs les moins diplômés. Aussi, « *je prédis que l'ère de l'inégalité cédera la place à une ère d'égalité* ».

L'ouvrage de P. Krugman s'inscrit dans un débat, récurrent depuis les années soixante-dix, sur le concept de compétitivité. En dénonçant les poncifs de la « théorie pop », P. Krugman soutient que seules les entreprises sont en concurrence et non les nations. Cependant, d'autres auteurs, qu'il n'est pas possible de rattacher à la « théorie pop », cherchent à démontrer que la compétitivité des firmes est dépendante du contexte socio-économique dans lequel elles interviennent (voir, par exemple A. Brender en France). Le débat reste donc ouvert.

FICHE 24

LES MULTINATIONALES GLOBALES

Wladimir ANDREFF

Cet ouvrage (La Découverte, 1996, 115 p.) offre un texte très dense et parfois très technique, des tableaux statistiques, de nombreux encadrés et une bibliographie de 149 titres qui permettent de faire le point sur le phénomène des multinationales globales. Loin des polémiques, l'auteur, en pédagogue, cherche à répondre à toutes les questions soulevées par le développement de ces firmes.

1. ORGANISATION ET STRATÉGIE DES MULTINATIONALES

A ~ L'investissement direct étranger

- **L'investissement direct étranger (IDE), fondement de la multinationalisation des firmes, est en général sous-évalué**. Défini comme « *un capital investi dans la propriété d'actifs réels pour implanter une filiale à l'étranger ou pour prendre le contrôle d'une entreprise étrangère existante* », l'IDE est difficile à mesurer avec précision : ainsi, une partie de l'IDE se fait par réinvestissement sur place de profits qui ne figurent pas dans les flux des balances de paiements et ne sont donc pas comptabilisés. Phénomène séculaire, l'IDE représente aujourd'hui près de 2 000 milliards de dollars.
- **L'investissement direct étranger se concentre sur la Triade**. Contrairement à ce que le terme global pourrait faire croire, « *l'IDE est, pour l'essentiel, un mode de relations économiques entre les pays développés à économie de marché (PDEM)* » car ceux-ci sont à la fois les principaux investisseurs et les principaux pays hôtes, ce qu'attestent les statistiques fournies à la fois sur les flux et les stocks d'investissement. Le tiers monde, zone d'accueil dont l'importance relative ne cesse de diminuer, fait l'objet d'une véritable discrimination, tandis qu'à l'Est, les pays en transition font aujourd'hui l'objet d'une stratégie de conquête.
- **L'investissement direct étranger subit « *une tertiarisation massive et durable* »**, due au fait que « *les principaux pays investisseurs qui sont aussi les principaux pays hôtes sont devenus des économies de services* ». En 1990, 48 % du stock d'investissement entrant en PDEM relève du tertiaire (contre 24 % en 1970).

B ~ La multinationale (MN) : une organisation

- **La MN doit être définie de façon dynamique et évolutive à partir du concept d'organisation**. « *Les dimensions de la MN sont devenues si complexes et globales qu'elles ne se laissent pas enfermer dans une définition* ». Il faut donc faire appel à la notion d'organisation : « *la MN est une organisation, une forme de coordination entre des intérêts variés (actionnaires-dirigeants), voire divergents (actionnaires-salariés), devant coopérer entre eux* ». La MN passe en plusieurs étapes de la forme simple (une direction générale, deux filiales dont une étrangère) à une « *organisation matricielle qui abandonne le principe d'unité de commandement, chaque dirigeant de filiale dépendant à la fois d'un responsable de produit (mondial) et d'un directeur de région* ».

■ **Le développement de la MN engendre un marché interne entre société mère et filiales étrangères**. « *Une circulation interne de produits, de techniques, de capitaux et d'hommes* » se développe et modifie la configuration des échanges internationaux, d'autant que « *dans leur commerce internalisé, les MN appliquent non pas les prix du marché mondial, mais des prix de transfert internes établis indépendamment de la concurrence* ». L'externalisation de certaines fonctions des MN dans le cadre de la sous-traitance internationale, et la multiplication des accords OEM (*original equipment manufacturing arrangement*) participent au développement d'un commerce international différent du « *commerce extérieur traditionnel* ».

■ **Les MN contribuent à étendre le rapport salarial dans les pays en voie de développement (PED), avec des conditions différentes de celles des PDEM**. La salarisation de la population active du tiers monde par les MN se fait surtout dans des zones franches dans lesquelles les conditions de travail pourtant médiocres et précaires restent attractives pour des populations pauvres et chroniquement sous-employées. Le développement des MN japonaises incite à se demander si le toyotisme l'emportera sur le fordisme et à y répondre par le doute, car ce système de gestion ne paraît pas adaptable sans heurts « *hors du contexte social japonais* ».

C ~ L'évolution des stratégies

■ **L'histoire du développement des MN révèle une évolution des stratégies industrielles**. Les premières MN menaient une « *stratégie d'approvisionnement* », puis jusqu'aux années soixante se développèrent des « *MN à stratégie de marché* » dont les filiales relais se substituent à la société mère sur les marchés étrangers. Vers le milieu des années soixante s'est imposée une troisième stratégie de « *filiales-ateliers* ». Dans les années quatre-vingt, de nouvelles stratégies ont vu le jour formant ensemble une « *stratégie globale d'intégration mondiale de la production* ». Parmi celles-ci, « *la stratégie de rationalisation de la production* » a été adoptée par les MN dont la production se prête à « *une décompostion internationale du processus de production* ».

■ **L'activité technologique des MN est de plus en plus globalisée et intense**. Les années quatre-vingt sont aussi celles de la respécialisation des MN et du constat de l'épuisement des techniques fordistes face à « *l'apparition d'une demande personnalisée et versatile* » qui ont incité les MN à des mutations technologiques exigeant un gros effort de recherche-développement internationalisé. On assiste donc à « *une délocalisation de la RD* » qui « *est l'indice d'une globalisation technologique du moins au sein de la Triade* ».

■ **Aujourd'hui des « *MN de style nouveau* » adoptent des stratégies globales**. Il y a globalisation de la stratégie lorsque simultanément, « *la MN a une vision mondiale des marchés et de la concurrence, connaît bien ses rivaux, a le pouvoir de contrôler ses opérations dans l'espace de la Triade, se comporte comme un joueur global, opère dans des industries à haute technologie, localise ses activités là où elles sont le plus rentable, a des activités coordonnées à l'aide des technologies d'information et de production flexibles, organise ses usines et filiales spécialisées en réseau intégré, et s'intègre dans un réseau d'alliances avec d'autres MN* ».

2. LA GLOBALISATION

A ~ La tertiarisation des multinationales

■ **L'internationalisation des services mène au complexe tertiaro-industriel global**. Les années récentes ont été le théâtre d'un développement formidable de l'IDE tertiaire, concentré sur un petit nombre de MN, situées essentiellement dans le secteur financier (avec de nombreuses banques multinationales, BMN) et localisées dans la Triade. Les technologies actuelles de l'informatique, des télécommunications, etc. « *tendent à industrialiser la production de services et à tertiariser la production de biens* », si bien que « *la frontière devient floue entre internationalisation secondaire et tertiaire* ».

- **La financiarisation multinationale engendre la globalisation financière**. Les MN « *financiarisées* » sont devenues d'importants opérateurs sur les marchés financiers internationaux. Les opérations des BMN « *forment un seul marché planétaire des changes* » dont le volume des opérations est « *cinquante fois plus important que celui du commerce mondial de biens et services* ». Au total, les MN et les BMN ont constitué « *un système financier global privé* », qui leur confère « *un véritable pouvoir monétaire international* », et accroît l'instabilité du système monétaire international, car « *les autorités monétaires d'un pays n'ont plus le pouvoir de défendre leur taux de change face à la spéculation et les politiques économiques nationales perdent de leur autonomie et de leur efficacité* ».

B ~ L'État et la globalisation

- **Le poids accru des MN constitue la base d'intégration d'un nouveau système productif mondial**. Les 37 530 MN et leurs 206 960 filiales recensées en 1990 « *contrôlent une part appréciable du commerce mondial* » et leur production internationalisée « *est estimée à un tiers du produit mondial* ». Globalisation du commerce (ou des marchés) et globalisation de la production bouleversent les règles du jeu économique et le rôle régulateur des États, d'autant qu'il n'existe « *aucune instance de régulation globale des activités des MN* ».
- **L'impact des MN sur les économies nationales est important**. Résultats du commerce extérieur, équilibre de la balance des capitaux, niveau des recettes fiscales, niveau de l'activité économique, distribution des revenus, emploi, mode de vie et de consommation, vie politique sont affectés par la présence des MN. L'analyse du phénomène est complexe (en matière d'emploi notamment : « *aucune étude n'a pu mettre au point une méthodologie démontrant systématiquement que les effets positifs ou négatifs l'emportent* »), mais sa force n'est pas niable.
- **Les États des pays hôtes mènent aujourd'hui des « *politiques systématiques d'attractivité* » de l'IDE**. Après avoir conduit jusqu'à la fin des années soixante-dix des politiques d'accueil restrictives, les pays hôtes sont passés à des politiques libérales d'accueil et, dans les années quatre-vingt-dix, à une véritable offensive pour attirer une part de l'IDE mondial. En effet, avec la crise, ce sont les pays hôtes qui sont en concurrence : « *la politique d'attractivité de l'IDE devient une politique de long terme, stratégique et globale de l'État, et non plus seulement commerciale, sectorielle ou industrielle* ». Le risque est celui d'une surenchère mondiale entre les États.

C ~ Les approches théoriques

- **L'approche des MN à travers la théorie de l'économie internationale et à travers les théories de l'économie industrielle ne rend pas compte de la réalité**. L'explication par les différences internationales de prix des facteurs de production ne résiste pas à l'examen : ainsi, les comparaisons salariales omettent de prendre en compte les différences de productivité liées à la qualité du capital humain. De même, la théorie néoclassique de la spécialisation internationale est insatisfaisante, notamment parce que « *par nature, une explication fondée sur les dotations de facteurs ne peut saisir qu'un pays est à la fois un lieu d'IDE entrant et sortant* ». L'explication fondée sur « *le cycle international du produit nouveau* » est critiquée pour ses nombreuses lacunes et « *les rares vérifications* *du cycle international du produit ne concernent que quelques biens de consommation durables* ». Quant aux théories de l'oligopole international qui présentent l'IDE comme une arme entre les mains de MN oligopolistiques, elles reposent sur des bases contestables, supposant par exemple « *une mondialisation instantanée de tout marché par réaction* ».

- **L'approche des MN à travers l'économie institutionnelle, dominante aujourd'hui, est incomplète tandis que l'approche des MN à travers les théories systémiques est popularisée par la notion de globalisation**. La théorie de « *l'avantage spécifique* » (la firme, organisation, dispose d'actifs spécifiques que l'IDE lui permet de rentabiliser), la théorie de l'internalisation (« *si les coûts de transaction dépassent ceux de la coordination au sein de l'organisation, la firme internalise le marché : la MN remplace l'exportation par l'IDE* »), et la théorie « *éclectique* » (« *elle repose sur le paradigme OLI décrivant les types d'avantages à devenir une MN : l'avantage spécifique à la firme tiré d'actifs intangibles (O = organisation), l'avantage à la localisation à l'étranger (L) et l'avantage à l'internalisation (I)* ») sont toutes trois contestées. Selon les tenants de la théorie systémique, « *les MN organisent le monde au point que la hiérarchie des économies nationales découle de l'organisation du pouvoir à l'intérieur des MN. Les fonctions économiques de l'État finiraient par être transférées aux MN* ». Pour désigner ce phénomène, on parle de « *système de l'économie mondiale* », de « *système industriel mondial* », « *d'industrie globale* », « *d'économie mondialisée* ». Toutes ces thèses négligent le fait que « *les États ne sont pas les subordonnés passifs des MN.* »

Ce petit ouvrage très dense est absolument indispensable à tous ceux qui veulent s'initier aux multinationales. Il fournit également les éléments d'un approfondissement sur de nombreux points, notamment grâce aux recherches de nombreux auteurs dont Wladimir Andreff se fait l'écho. Le lecteur n'y trouvera aucune réponse toute faite et définitive aux questions qu'il peut se poser et restera sur la certitude de la complexité du phénomène.

FICHE 25

L'IMPÉRATIF DE SOLIDARITÉ
La France face à la mondialisation

Anton BRENDER

Pour A. Brender, deux erreurs d'appréciation faussent les débats actuels sur les effets de la mondialisation. La première est de croire que les États ne disposent pas de marge de manœuvre. La seconde est de réduire la compétition mondiale à un affrontement entre entreprises. En fait, celles-ci établissent leurs projets d'investissements en fonction du rapport coûts/avantages des différents espaces nationaux. D'où l'importance de ce qui confère aux nations un avantage de compétitivité : infrastructures, organisation sociale, système éducatif... Cette thèse soutenue dans un précédent ouvrage, Un choc des nations *(Hatier, 1988), trouve son prolongement dans ce livre (La Découverte, 1997, 151 p.) : A. Brender y développe l'idée que face aux menaces réelles de la mondialisation, nous ne devons pas rester inactifs et prendre en compte les changements survenus dans l'économie mondiale pour mieux définir le cap que nous souhaitons tenir.*

1. FACE À LA MONDIALISATION, NOUS NE DEVONS PAS RESTER INACTIFS

A ~ La mondialisation menace notre niveau de richesse

- **Certes, tous les Français ne sont pas riches, mais les inégalités socio-économiques ne doivent pas masquer notre réel niveau de richesse**. Dans notre société, les plus démunis comme les plus favorisés peuvent bénéficier, en principe, des mêmes droits collectifs (protection sociale, usage d'équipements collectifs, protection juridique, etc.) que peu de pays connaissent. Telle est notre véritable richesse.
- **Notre niveau de richesse repose sur un patrimoine collectif accumulé de générations en générations**. Il se compose de quatre éléments : d'abord, un « *capital matériel* » constitué des moyens de production durables (machines, bâtiments...) et des infrastructures (routes, voies ferrées...) ; ensuite, « *un capital humain* » permettant la mise en œuvre avec efficacité de l'appareil productif. Mais il y a encore plus important : « *un relatif accord sur les règles du jeu social, sur les principes qui président au partage du revenu national* ». C'est notre « *capital social* » : il soude notre société. Enfin, la « *paix civile* » constitue le quatrième fondement de notre richesse. Résultat d'une longue histoire, elle n'exclut pas les conflits revendicatifs mais elle préserve la société de l'éclatement.
- **La mondialisation menace notre richesse en sapant ses fondements les plus importants : le capital social et la paix civile**. La compétition mondiale rejette les plus faibles, notamment les travailleurs les moins qualifiés, mis en concurrence avec les salariés des pays en développement. Ainsi, dans notre société, les inégalités se creusent et l'exclusion progresse mettant à mal la solidarité nationale. Notre cohésion sociale en souffre au risque de remettre en cause la paix civile.

B ~ « *L'impératif de solidarité* » est une priorité qu'il faut réactiver

- **Le capitalisme n'a jamais fonctionné selon les principes du libéralisme pur prônés notamment par F. Von Hayek**. Depuis plus d'un siècle, « *notre société n'a cessé de réduire la marge de liberté du capitalisme et de lui imposer des contraintes* ». Ainsi, c'est l'État qui a permis la forte croissance des « *Trente Glorieuses* » ; il a également évité que les crises qui se sont succédé depuis les années soixante-dix ne dégénèrent en effondrement.
- **Imposer un impératif de solidarité concourt au progrès social**. « *Le capitalisme est une formidable machine à produire, certes, mais sa puissance est aveugle.* » Partis politiques, syndicats, État..., « *chacun à son époque a contribué a faire entrer dans les faits la même aspiration au progrès social* ». Mais cette force qui impose « *l'impératif de solidarité* » n'est rien en elle-même car elle ne produit rien. C'est donc la complémentarité entre le capitalisme et les forces ayant contribué à le « *domestiquer* » qui a permis d'atteindre notre niveau de richesse actuel.

2. Les changements intervenus dans l'économie mondiale peuvent nous être favorables

A ~ L'intégration des pays du Sud et de l'Est à l'économie mondiale offrira une opportunité de croissance si les pays industrialisés savent prendre les mesures nécessaires

- **Les « *perdants de la mondialisation* », c'est-à-dire les travailleurs non qualifiés, doivent être soutenus**. L'échange commercial avec les pays à bas salaires, comme le progrès technique, détruit les emplois les moins qualifiés. De plus, l'ouverture extérieure impose d'accroître la productivité du travail au détriment de ce type d'emploi. En revanche, les consommateurs et les travailleurs qualifiés sont les gagnants de la mondialisation. « *Il est donc essentiel, si l'on veut que l'échange international soit accepté, de redistribuer d'une manière ou d'une autre, ces gains* ».
- **Pour stimuler la croissance mondiale, le crédit international doit financer le développement des pays à bas salaires plutôt que des opérations spéculatives ou le remboursement des dettes**. « *Les pays à bas salaires ne dépensent pas plus que ce qu'ils arrivent à gagner* [en exportant]. » Grâce aux crédits alloués par le système bancaire international, ils pourraient dépenser davantage pour financer leur développement. La croissance mondiale serait renforcée, l'emploi dans nos sociétés également.
- **Enfin, les pays industrialisés doivent mettre en œuvre des politiques macroéconomiques favorables à une croissance soutenue et régulière**. En effet, les pays potentiellement emprunteurs, assurés de trouver davantage de débouchés du fait de la croissance dans les pays industrialisés, sauront qu'un endettement accru ne les placera pas dans une situation critique. C'est aussi pour cette raison que les taux d'intérêt et les cours du change des monnaies ne doivent pas varier de manière erratique.

B ~ Face à la globalisation des marchés financiers, les États doivent se montrer déterminés

- **La mondialisation des marchés financiers contribue au bon fonctionnement de l'économie mondiale**. La croissance économique est liée au dynamisme de l'investissement. Celui-ci dépend du calcul économique des entreprises, « *mais les ressources financières mobilisables jouent aussi un rôle crucial. L'épargne à laquelle l'économie est prête à consentir en commande le montant* ». La globalisation financière participe à la mobilisation de l'épargne aux fins d'investissements.

- **Cependant, pour que la globalisation financière remplisse pleinement son rôle, il faut la « *domestiquer* »**. Les États, plus exactement les banquiers centraux, ont largement les moyens de le faire : les marchés financiers mettent « *en permanence à l'épreuve la cohérence des politiques menées et la détermination de ceux qui les mènent.* [...] *Ils ne décident pas des ces politiques* ». La Banque centrale américaine, par exemple, a largement montré sa capacité à influer sur les marchés financiers. Par ailleurs, l'interdépendance des marchés financiers rend nécessaire la coordination des politiques monétaires des pays industrialisés.

C ~ L'Union européenne dispose des moyens de mettre en œuvre une politique macroéconomique de croissance

- **Le traité de Maastricht offre une chance de peser sur les évolutions de l'économie mondiale**. « *L'Europe est privée aujourd'hui d'une monnaie qui, à l'instar du dollar et du yen, pourrait être utilisée comme moyen de règlement et d'endettement par ceux qui commercent avec elle.* » L'euro pourra participer au financement de la croissance des pays de l'Est et du sud de la Méditerranée. De plus, la monnaie européenne fera contrepoids au yen et au dollar sur les marchés des changes et contribuera ainsi à leur stabilisation.
- **Faire de l'euro une monnaie internationale suppose que son pouvoir d'achat soit préservé**. La stabilisation des prix européens conduit à celle des taux d'intérêt. Ainsi, les pays à bas salaires seront incités à s'endetter en euros pour financer leur croissance. Il est donc totalement fondé que la future Banque Centrale Européenne (BCE) garantisse la stabilité des prix. Mais cela ne l'autorise pas à mener des politiques monétaires excessivement rigoureuses dans le seul but de renforcer son autorité : « *les pays européens accepteront la discipline de la monnaie unique si, en renonçant au droit d'inflation, ils retrouvent le droit à la croissance. Là se jouera finalement la crédibilité de la future BCE* ».
- **La réussite de la politique macroéconomique européenne de croissance dépendra en fait de la capacité des pays européens, membres de l'Union, à harmoniser leurs politiques budgétaires**. Chaque État-membre ne doit pas pouvoir mettre en œuvre une politique budgétaire indépendamment des intérêts de l'Union. Par ailleurs, chaque État doit pouvoir décider du montant de ses dépenses et de ses recettes publiques mais en visant un objectif de solde budgétaire déterminé en concertation avec les membres de l'Union, la BCE veillant à la stabilité des prix.

3. Face à la mondialisation, quel cap faut-il tenir ?

A ~ Il faut promouvoir l'investissement

- **La croissance de la productivité est nécessaire**. D'une part, quel que soit le système de retraite adopté, le vieillissement de la population commande que les actifs produisent davantage pour préserver le niveau de vie de tous. D'autre part, sans gains de productivité, la réduction des inégalités, indispensable au maintien de notre cohésion sociale, se traduirait par un nivellement par le bas : il faudrait prélever beaucoup sur peu de personnes et redistribuer peu au plus grand nombre. Mais, la hausse de la productivité ne suffit pas : il faut aussi « *une volonté délibérée et collective pour que la progression des revenus les plus bas soit effectivement plus forte* ».

- **La hausse de la productivité résulte de celle des investissements**. « *Ce ne sont pas des écritures dans les comptes d'un fond de pension ou d'une compagnie d'assurances qui augmenteront la productivité du travail, mais les investissements plus ou moins judicieux que l'épargne aura financés* ». Ainsi, pour préserver notre richesse, il faut entretenir et faire croître notre capital matériel (dont les infrastructures) mais aussi notre capital humain. Pour une bonne part, leur financement relève de l'État. Il doit prendre également en charge les dépenses destinées à maintenir notre cohésion sociale, qu'il ne faut plus considérer comme improductives mais comme de véritables investissements.

B ~ Le prix élevé de notre travail doit être justifié pour qu'il ne se traduise pas par du chômage

- **Une main-d'œuvre qualifiée mérite d'être chère**. Dans les sociétés riches, les consommateurs exigent des produits de qualité et dont la production comme l'usage préservent l'environnement. Ces exigences impliquent une main-d'œuvre dont la qualification, la motivation... justifient son coût.
- **Une main-d'œuvre productive mérite d'être coûteuse**. Une population « *désespérée* » peut-elle être productive ? Si la formation professionnelle est nécessaire, « *une certaine sérénité d'esprit est aujourd'hui tout aussi importante* ». C'est pourquoi la collectivité doit se mobiliser pour consolider ses infrastructures sociales (Sécurité sociale, système éducatif....). Celles-ci ont un coût élevé mais elles sont aussi garantes d'une cohésion plus grande, facteur d'efficacité et de compétitivité de la nation.

C ~ Il faut redonner du sens à l'État-providence et à la politique

- **L'État-providence doit être ressuscité pour imposer « *l'impératif de solidarité* »**. L'État doit mobiliser les ressources disponibles sur les grands appareils sociaux (éducation, justice, système de santé...) et remettre en état les infrastructures économiques et sociales.
- **En revanche, l'État-entrepreneur n'a plus lieu d'être**. Les privatisations doivent se poursuivre et certains services publics devront être concédés au secteur privé, l'État conservant un pouvoir de contrôle.
- **Il faut redonner du sens à la politique**. Le rôle de la politique est de restaurer notre capacité à décider collectivement, de permettre à chacun de s'inscrire dans un projet collectif. C'est ainsi que nous saurons maîtriser la mondialisation.

« Plus que jamais, chaque société doit donc fixer le cap vers lequel elle veut être portée par les forces du marché ». A. Brender convie le lecteur à ce qu'il appelle le « débat obligé », celui auquel chacun de nous doit participer pour que la mondialisation soit un vecteur du progrès économique et social. C'est la complémentarité entre État et marché qui préservera notre cohésion et évitera l'explosion sociale. Encore faut-il que nous en soyons conscients.

FICHE 26

LA MONDIALISATION HEUREUSE

Alain MINC

Pour beaucoup, la mondialisation actuelle représente davantage une menace qu'une opportunité à saisir. Source de concurrence accrue entre les entreprises, facteur de délocalisations, l'internationalisation est souvent un argument commode et simpliste pour expliquer la crise. Ce livre (Plon, 1997, 260 p.) constitue, pour Alain Minc, une réponse à tous ceux qui voient dans la mondialisation la cause de toutes nos difficultés économiques.

1. LA MONDIALISATION EST INÉLUCTABLE

A ~ Le retour au marché est naturel

- **Le seul système économique viable est l'économie de marché**. « *Le marché n'est pas un état de culture de la société, le choix d'un système parmi d'autres ; c'est un état de nature* ». De fait, les systèmes économiques planifiés devaient inéluctablement s'effondrer.
- **La mondialisation s'étend progressivement des marchés financiers à la circulation des technologies puis à celle des marchandises**. Aujourd'hui, l'épargne est devenue mondiale et les capitaux migrent au gré des opportunités offertes dans chaque État. Avec la mondialisation de l'information, les technologies circulent presque aussi vite que les capitaux. La libéralisation des échanges en constitue le prolongement logique.

B ~ Mais la mondialisation peut se heurter à de multiples obstacles

- **La mondialisation peut se heurter à des risques géostratégiques**. Avec la fin de la bipolarisation, nous sommes passés « *d'un monde avec une menace mais sans risques, à un monde avec des risques mais sans menace* ».
- **La mondialisation peut se heurter à des risques sociaux**. En favorisant davantage les revenus du capital par rapport à ceux du travail, en spécialisant de plus en plus les emplois, la mondialisation tend à accroître les inégalités sociales. Progressivement, la classe moyenne qui s'était formée durant la période fordiste se dissout et l'écart entre les individus bénéficiant d'un capital, qu'il soit financier ou culturel, et les pauvres, même ceux bénéficiant d'un travail, s'accroît.
- **La mondialisation peut se heurter à des aspirations identitaires**. La globalisation conduit inéluctablement à une certaine uniformisation des modes de vie. Face à cela, les aspirations identitaires connaissent aussi un regain de vigueur, comme en témoigne la montée de multiples nationalismes et intégrismes.

C ~ L'Europe n'est pas totalement à l'abri de la mondialisation

- « ***L'Europe est promise, comme le reste du monde, à un destin libéral*** ». En privilégiant le consommateur sur le producteur, le traité de Rome de 1957 était déjà conforme à un modèle libéral. L'uniformisation des législations européennes, la dérégulation ou déréglementation, la fin des monopoles d'État sont l'aboutissement logique d'un processus d'intégration engagé depuis plus de quarante ans.

- **La monnaie unique constitue un atout dans la mondialisation**. Le passage à l'euro permettra de s'affranchir des fluctuations erratiques du dollar, ainsi que de concurrencer la monnaie américaine. « *Si l'euro réussit, la rente du dollar sera atteinte, c'est-à-dire la situation hors normes qui prévaut depuis la fin de l'étalon de change or et qui permet à la fois aux États-Unis de disposer des avantages de compétitivité d'une monnaie sous-évaluée, de financer leur déficit externe avec de bas taux d'intérêt et donc de bénéficier d'un surplus de croissance* ».
- **L'Europe ne constituera pas un ensemble uniforme**. En intégrant des pays ayant adopté des modèles économiques différents, en associant des pays d'Europe centrale et orientale, l'Union européenne sera formée de sous-ensembles aux statuts variés. « *Au lieu de laisser la globalisation imposer un modèle unique, elle fera la démonstration qu'il existe, à l'intérieur de la palette libérale, une gamme de tonalités très différentes* ».

2. La mondialisation impose un nouveau jeu économique

A ~ Il n'existe pas de solution miracle à la crise

- **Les politiques de relance keynésienne accroissent le déficit public**. En période de crise, une augmentation des revenus ne conduit plus à une relance de la consommation, car les ménages ont davantage tendance à épargner. La croissance des dépenses de l'État provoque inévitablement un dangereux approfondissement des déficits publics, impossible à maintenir sur le long terme.
- **Les manipulations monétaires sont dangereuses**. Les dévaluations et les dépréciations monétaires comportent une grande part de risques et se soldent généralement par une hausse des taux d'intérêt à long terme, ce fut le cas lors des dévaluations de la lire, de la livre et de la peseta. La baisse des taux d'intérêt à court terme, sensible en Suisse, au Japon et en France, n'a pas davantage relancé l'activité économique.
- **Le partage du travail est un leurre**. La généralisation de la retraite à 55 ans n'est pas envisageable, puisqu'il faudra à terme réaugmenter le nombre d'années de cotisations pour faire face au déficit des caisses de retraite, vers 2010, 2020, lorsque les générations du baby-boom auront quitté le marché du travail. Le passage aux « *35 heures payées 39* » est une « *loufoquerie : les 35 heures payées 39 équivalent à accorder cinq semaines supplémentaires de congés payés* », charge fort lourde qui ne peut qu'handicaper nos économies.

B ~ Le rôle de l'État est appelé à décliner

- **L'État-providence a fait faillite**. Du fait de la réduction des rythmes de croissance, de l'extension immodérée des prestations, du vieillissement de la population et de la croissance du chômage, l'État a été conduit à augmenter ses dépenses d'année en année. Ces dépenses n'ont pas réussi à atténuer les inégalités sociales, bien au contraire puisqu'elles ont conduit à augmenter de manière significative le coût du travail non qualifié, donc à générer du chômage.
- **Les dépenses publiques sont un frein à l'économie**. Dans une économie où les échanges sont libéralisés, un pays dont les dépenses publiques sont supérieures à celles de ses voisins perd de sa compétitivité. Le maintien d'un déficit public important n'est plus concevable : l'État s'est mis dans une « *impasse financière* ».

- **Le désengagement de l'État est irréversible**. Le choix est simple entre « *un État étendu et appauvri* » et « *un État restreint et plus efficace* ». Ce désengagement peut s'effectuer en concédant une partie des activités qui lui étaient dévolues soit au secteur privé, soit à des institutions plus décentralisées.

C ~ L'économie doit s'adapter aux « lois de la gravitation économique »

- **La recherche de gains de productivité est un impératif**. L'industrie européenne, confrontée depuis la naissance du Marché commun à une concurrence accrue, a déjà depuis longtemps montré ses capacités d'adaptation en la matière. Avec la libération des mouvements de capitaux et la révolution de l'informatique et des télécommunications, cette course à la productivité s'étend maintenant rapidement au secteur des banques et des assurances.
- **Les monopoles publics disparaissent un à un**. Le maintien artificiel d'entreprises déficitaires, peu productives, est aujourd'hui condamné. Face à la concurrence étrangère, à cause aussi des impératifs de réduction des déficits publics, les États sont conduits inexorablement à « *rationaliser l'État-providence* », à la fois par une déréglementation et par l'ouverture aux capitaux privés de certaines entreprises publiques.

3. La France est à mi-chemin entre archaïsme et modernité

A ~ Les risques de marginalisation restent grands

- **Notre pays comporte de dangereuses spécificités**. Sa fiscalité reste élevée et présente de nombreux archaïsmes, « *privilégiant les cotisations sur les impôts, les impôts indolores aux dépens des autres, la rente par rapport à la création d'entreprises, le capital vis-à-vis du travail* ». Sa réglementation reste lourde, plus particulièrement dans le domaine du droit du travail. Son système éducatif reste monolithique et accueille une masse croissante d'étudiants car « *l'excellence n'est pas l'objectif ultime du système ; c'est l'absence de sélection* ».
- **Notre pays est « *social-corporatiste* »**. Face à des revendications multiples et récurrentes, l'État a tendance à octroyer sans cesse des concessions aux uns et aux autres, même si cela va à l'encontre des tendances profondes de l'économie. Protégés par l'État, de multiples secteurs ont d'année en année reporté leurs restructurations et ont par là même accumulé les retards.
- **Notre pays a le goût de l'instabilité politique**. L'alternance se répète depuis 1981, ce qui empêche de mener à bien toute politique économique. L'apparition de coordinations professionnelles à l'occasion de tel ou tel conflit, le déclin des syndicats traditionnels rendent le jeu politique plus difficile.

B ~ Mais la France bénéficie de certains atouts

- **Notre pays a su moderniser son système financier**. La dérégulation financière, la désintermédiation bancaire, la privatisation de certaines grandes banques se sont faites à un rythme accéléré, preuve de nos capacités d'adaptation dans ce domaine.
- **La privatisation de certains services publics est bien engagée**. L'ouverture du capital d'Air France ou de France Télécom l'ont prouvé. La dissociation entre le réseau ferré et l'exploitation ferroviaire confiée à la SNCF, la mise en cause de plus en plus forte des privilèges d'EDF et de Gaz de France vont dans le même sens.

- **Les mentalités ont aussi évolué**. Le service de l'État n'est plus l'ultime ambition des jeunes diplômés et l'entreprise privée gagne chaque jour en image de marque. D'un autre côté, l'énergie dont font preuve beaucoup de jeunes faiblement qualifiés sont le témoignage d'un grand esprit d'initiative et de souplesse.

C ~ Deux modèles s'offrent à nous

- **Le modèle libéral de droite a été suivi par les États-Unis et la Grande-Bretagne**. Reposant sur de faibles cotisations sociales, il passe par une faible redistribution, l'absence de salaire minimum, une faible protection sociale, mais aussi de très faibles salaires pour les emplois les moins qualifiés.
- **Le modèle libéral de gauche, socialement préférable, a été suivi par les Pays-Bas et le Danemark**. Il se caractérise par des salaires contenus, un salaire minimum indexé sur l'inflation, un SMIC jeunes, des allocations chômage versées en échange d'un minimum de contreparties.

La mondialisation n'est en rien responsable de la crise actuelle. Elle constitue au contraire un atout qu'il nous faut saisir : « La France a, en mains, toutes les cartes qui lui permettraient de vivre une mondialisation heureuse ».

Le constat d'A. Minc semble toutefois bien optimiste et nombreux sont les économistes qui ne partagent pas ses conclusions.

FICHE 27

L'EURO CONTRE L'EUROPE ? Guide du citoyen face à la monnaie unique

Gérard LAFAY

Dans son livre (Arléa, 1997, 170 p.), Gérard Lafay présente les dangers de l'Union économique et monétaire et de la mise en place de la monnaie unique. Lafay considère que, mis à part la simplification qu'elle permet dans les échanges, la monnaie unique n'a de sens que si elle permet de rétablir la prospérité et de renforcer la cohésion de l'Europe. Cela est nécessaire car « l'Europe va mal : elle est devenue une zone de chômage endémique, sa croissance est l'une des plus faibles du monde, son organisation sociale est de plus en plus menacée, sa démographie s'affaisse ». Selon l'auteur, il ne faut plus jouer l'autruche et il est urgent de se demander, à la lumière de l'histoire, si l'Europe, telle qu'elle se prépare, est réellement souhaitable.

1. L'AMBITION EUROPÉENNE

A ~ La naissance de l'Europe sous le parapluie américain

- **Dès la fin de la guerre, l'Europe s'est placée sous le parapluie américain**. Les nations européennes sortaient affaiblies de la guerre. Elles se sentaient menacées par le monde communiste et elles ont donc spontanément adopté l'alliance atlantique et le modèle de réussite économique que les États-Unis leur proposaient. L'économie américaine n'avait plus rien à voir avec le libéralisme sauvage qui y prévalait au XIXe siècle ; « *le modèle américain résultait ainsi de la convergence entre le taylorisme, le fordisme et le keynésianisme* ». On rêvait alors en Europe de « *l'American way of life* ».

  D'un point de vue monétaire, la suprématie américaine s'est réalisée par les accords de Bretton Woods. Le rôle central du dollar dans le système monétaire international lui confère une position hégémonique ; « *la monnaie américaine était systématiquement surévaluée, ce qui signifie que son pouvoir d'achat était plus élevé à l'étranger qu'à l'intérieur de l'économie des États-Unis* ».
- **C'est sous ce parapluie américain que l'Europe mit en place « *l'économie sociale de marché* »**. « *Le libéralisme interne était alors tempéré par trois éléments : le rôle compensateur des syndicats, le comportement social du patronat et la fonction régulatrice de l'État.* » La réussite la plus marquée semble être la réussite allemande, elle est souvent attribuée à la politique monétaire rigoureuse de la Bundesbank, mais elle provient surtout du consensus social.
- **Jean Monnet veut créer une Europe supranationale, mais de Gaulle souhaite le respect des identités culturelles et historiques de chaque nation**. Il veut une Europe, indépendante des États-Unis, qui sache mettre en œuvre la préférence communautaire. De Gaulle mène donc un combat contre l'hégémonie du dollar et il développe la force nucléaire de façon à ce que la France puisse se passer du parapluie américain et quitter le commandement intégré de l'OTAN.

Durant les années soixante, la construction européenne est un succès, mais, les États-Unis, conscients du risque de perdre leur suprématie cherchent à amenuiser la préférence communautaire (c'est par exemple l'objectif des différentes négociations commerciales multilatérales). De Gaulle était opposé à la candidature de la Grande-Bretagne de peur que celle-ci ne soit à la solde de l'Amérique. « *Le Royaume-Uni a véritablement joué le rôle de cheval de Troie que craignait le général de Gaulle.* » En effet, elle a œuvré pour que l'anglo-américain soit la langue officielle, elle a été l'auxiliaire du libre-échangisme et elle est en partie responsable du démantèlement de la préférence communautaire et de la politique agricole commune.

B ~ Les économies européennes face au choc de la crise et de la mondialisation

■ **L'Europe est touchée par de profondes mutations dans les années soixante-dix**. Il s'agit tout d'abord des chocs pétroliers qui provoquent un transfert de revenu vers les pays producteurs de pétrole. Les États-Unis ont amorti les chocs pétroliers en mettant en œuvre une politique restrictive, le Japon les a amortis grâce à la concertation sociale dans l'entreprise et l'Allemagne grâce à une politique restrictive et un consensus social ; la France, en revanche, s'est embourbée dans ses problèmes.

Il s'agit ensuite de la crise monétaire internationale et de l'adoption du système des taux de change flottants qui a incité les Européens à mettre en place un îlot de stabilité monétaire grâce au serpent monétaire puis au système monétaire européen (SME). Cette coopération monétaire européenne est d'autant nécessaire que « *grâce à la libéralisation des mouvements de capitaux, les flux opérés chaque jour sur les marchés internationaux représentent, en 1997, plus de mille quatre cents milliards de dollars, soit soixante-dix fois plus que les opérations courantes d'échanges* ». Mais la coopération monétaire européenne conduit à aligner les politiques en fonction du pays le plus vertueux et donc à créer une véritable « *zone mark* ».

■ **L'Europe doit faire face à la mondialisation** qui se caractérise surtout par le développement des investissements directs à l'étranger et la possibilité qu'ont les entreprises de se délocaliser. Auparavant, quand un pays manquait de compétitivité en raison de taux d'intérêt ou de salaires trop élevés, cela nuisait à toute l'économie nationale et donc aux entreprises ; aujourd'hui cela nuit à l'économie nationale, mais pas aux entreprises qui peuvent se délocaliser. « *On assiste par conséquent à une dissociation de plus en plus grande entre la logique des entreprises et celles des nations.* »

D'autant plus que le libéralisme venu des États-Unis et relayé par la Grande-Bretagne tend à submerger l'Europe qui, en déréglementant et en libéralisant son économie a « *surfé sur la vague libérale venue d'Amérique* ». La libéralisation à l'intérieur de l'Europe s'inscrit davantage dans une logique de mondialisation que dans une logique d'approfondissement du marché commun et des liens entre nations européennes. « *Au lieu d'approfondir le Marché commun, le marché unique n'a fait qu'entériner l'abandon graduel de la préférence communautaire.* »

■ **Le « *dilemme chômage contre inégalités* » peut être en partie résolu par l'action sur la monnaie**. La mondialisation profite aux consommateurs qui peuvent se procurer des produits à meilleur coût, mais pas aux salariés des pays développés. Si l'écart de salaire entre pays développés et pays nouvellement industrialisés est plus élevé que l'écart de compétitivité, les pays développés se trouvent confrontés au « *dilemme chômage contre inégalités* ». Soit ils acceptent, comme l'ont fait les États-Unis, une diminution importante des salaires des salariés les moins qualifiés, soit ils acceptent, comme l'a fait l'Europe, une augmentation importante du chômage.

Ce dilemme peut être modifié ou allégé par l'action sur la monnaie. Les pays en développement pratiquent le dumping monétaire, c'est-à-dire la dépréciation systématique de leur taux de change. « *C'est ainsi que dans beaucoup de pays asiatiques, le niveau général des prix est presque quatre fois plus faible que dans la moyenne des pays développés. Vis-à-vis des pays européens de la zone mark, le rapport est même de 1 à 5.* » Lorsque les salaires nominaux sont 40 fois inférieurs dans ces pays que dans les pays développés, le pouvoir d'achat n'est en réalité que huit fois plus faible, et souvent les écarts de productivité sont en mesure de compenser ce décalage. Mais il faudrait que les pays de la zone mark cessent d'apprécier systématiquement leur monnaie, ce qui permettrait de diminuer leur chômage de masse.

2. Pour dépasser l'impasse actuelle, une refondation de l'Europe est nécessaire

A ~ L'Europe est actuellement dans une impasse

- **L'Europe, notamment la France, doit cesser de suivre le modèle allemand**. On attribue souvent les succès de l'économie allemande à la politique de monnaie forte menée par la Bundesbank. Si cette politique a réellement été un succès dans les années soixante-dix et quatre-vingt, elle n'explique en rien le miracle allemand des Trente Glorieuses. Lafay affirme que le mark était sous-évalué durant cette période. En raison de la faiblesse de l'inflation allemande, son taux de change aurait dû augmenter, mais cela n'était pas possible en régime de taux de change fixes. « *Le miracle économique des années cinquante doit beaucoup à la faiblesse qui caractérisait alors le mark sur le plan externe.* » Par ailleurs, dans les années quatre-vingt-dix, cette politique conduit à une impasse.
- **La politique monétaire restrictive est préjudiciable à la croissance et à l'emploi**. Les critères monétaires du traité de Maastricht conduisent à la mise en œuvre de politiques très restrictives qui, non seulement, sont coûteuses en termes d'emploi et de croissance, mais sont aussi la cause principale de la dérive budgétaire. Une politique monétaire restrictive limite la croissance, ce qui ralentit les recettes fiscales et crée des déficits budgétaires. Cela incite les gouver-nements à réduire leurs dépenses, d'où une aggravation du ralentissement de la croissance. On entre alors dans un cercle vicieux, duquel il est difficile de sortir sauf en changeant radicalement de politique monétaire. On affirme souvent que la Banque centrale européenne (BCE) fonctionnera sur le modèle actuel de la Bundesbank ou du *Federal reserve system* américain qui sont des Banques centrales ayant une longue tradition d'indépendance vis-à-vis du pouvoir politique ; en réalité la BCE risque d'être encore plus radicale car, contrairement à la BCE, la Bundesbank peut financer les déficits publics et le Fed n'a pas pour mission unique de stabiliser la monnaie, il peut, aussi stimuler la croissance lorsque cela est nécessaire.
- **La construction de l'Union économique et monétaire, telle qu'elle se prépare, conduit à une surévaluation monétaire préjudiciable**. La France offre un exemple des dégâts que peut faire une monnaie surévaluée. Le taux de croissance français est un des plus faibles taux du monde car « *depuis le début des années quatre-vingt-dix, la politique française a été la plus restrictive de toutes celles menées dans les sept pays les plus développés* ». Entre 1990 et 1995, le cumul des taux d'intérêt a atteint l'indice 142 contre 111 aux États-Unis, 120 au Japon, 125 en Allemagne, 131 au Royaume-Uni, 140 au Canada et 138 en Italie. La hausse des taux d'intérêt pèse sur les conditions d'investissement et la

surévaluation – en accroissant les coûts salariaux de la France relativement au reste du monde – pèse sur les possibilités d'accroissement des salaires et est certainement un des facteurs du chômage. Cette surévaluation a été acceptée car elle n'a pas détérioré le solde commercial ; en effet, en raison d'une croissance inférieure à celle des partenaires, les importations françaises ont moins augmenté que les exportations d'où une relative amélioration du solde extérieur. La surévaluation de l'euro risque de poser les mêmes problèmes aux pays participant à l'Union européenne. Pourquoi vouloir faire de l'euro une monnaie forte alors que le dollar est tantôt surévalué, tantôt sous-évalué en fonction des besoins de l'économie américaine ?

B ~ La nécessaire refondation de l'Europe

- **« *L'impératif de croissance et donc d'emploi doit être mis au cœur d'une refondation de l'Europe* ».** La construction européenne est nécessaire, mais il faut créer une Europe des nations démocratique qui respecte les spécificités de chaque pays ; il faut contrer la dérive bureaucratique : « *en 1992, on en était arrivé au point où Bruxelles prétendait tout fixer dans les moindres détails* ». Il faut aussi relever le défi de la mondialisation avec les deux armes dont l'Europe dispose, c'est-à-dire la politique monétaire et la politique commerciale.
- **L'Europe doit utiliser l'arme monétaire**. Il faut arrêter la « *machine à surévaluer* » que constitue le traité de Maastricht. Le marché des changes doit être guidé afin de contrôler la spéculation et que les taux de change ne s'éloignent pas trop des taux globaux de parité des pouvoirs d'achat (taux de change qui assurent l'équivalence des prix entre les différents pays). On pourrait aussi faire de l'euro, non pas une monnaie unique, mais une monnaie commune qui servirait pour les transactions et pour les réserves internationales. Les monnaies nationales subsisteraient dans le cadre d'un système proche du SME actuel conservant l'Ecu pour définir les cours pivots.
- **Il faut aussi une politique commerciale offensive renouant avec le principe de la préférence communautaire**. « *Il convient de restaurer une préférence communautaire sélective, d'abord en encourageant efficacement les industries d'avenir – comme le font tous nos partenaires – mais aussi en faisant face à la concurrence sauvage de nombreux pays à bas salaires.* » Cette politique serait un moyen efficace pour contrer le dumping monétaire de nombreux pays.

Lafay met en évidence les contradictions de la logique actuelle de construction européenne qui combine le libéralisme venu des États-Unis et de la Grande-Bretagne et l'ultra-monétarisme allemand. Son livre a l'avantage de montrer qu'il est possible de construire autrement l'Europe.

FICHE 28

LA GLOBALISATION FINANCIÈRE : L'AVENTURE OBLIGÉE

Michel AGLIETTA, Anton BRENDER, Virginie COUDERT

Objet d'un rapport du CEPII (Centre d'Études prospectives et d'informations internationales), ce livre s'inscrit dans la tradition de l'École de la régulation dont M. Aglietta, spécialiste des questions financières et monétaires, est l'un des fondateurs. Cet ouvrage (Economica, 1990, 325 p.) a été écrit à la fin d'une période d'orientation exacerbée de la finance dans la plupart des économies développées, avec comme aboutissement le krach de 1987. En effet, les années quatre-vingt ont été celles de la finance par le développement d'une sphère financière globalisée. Le tout est de savoir si cette globalisation financière peut servir l'économie mondiale ou l'handicaper. Partant des fondements de la globalisation financière, ce livre, grâce à des modèles économétriques et théoriques, en analyse dans le détail les mécanismes et les évolutions, pour enfin proposer de nouvelles régulations.

1. L'APPARITION D'UNE SPHÈRE FINANCIÈRE GLOBALISÉE DANS LES ANNÉES SOIXANTE-DIX/QUATRE-VINGT

A ~ Les origines de la globalisation financière sont à rechercher dans la montée des déséquilibres internationaux et dans l'augmentation de l'épargne des ménages du Nord

- **La globalisation financière représente ce mouvement de hausse et de réorientation des capitaux vers le Nord associé au phénomène de mondialisation et d'innovations financières.** Le système financier mis en place dans les années soixante-dix avait servi d'amortisseur à la crise par le recyclage des pétro-dollars en soutenant l'activité mondiale. Cette première étape de la globalisation financière va être suivie d'une implosion du système provenant en grande partie du retournement de la politique monétaire américaine à partir de 1979 (forte augmentation des taux d'intérêt consécutive à la politique monétariste menée par P. Volcker) créant un transfert de l'épargne mondiale du Japon et de l'Allemagne vers les États-Unis. Le centre de gravité des mouvements de capitaux s'est donc déplacé vers le Nord. « *Les mouvements des capitaux Sud-Sud font ainsi place aux mouvements Nord-Nord.* »
- **Le vieillissement des populations du Nord devrait se traduire, selon la théorie du cycle de vie, par une augmentation moyenne de l'épargne des ménages jusqu'en 2010.** Cette évolution expliquerait à la fois le rôle massif des ménages dans la sphère financière, la capacité croissante à financer les déficits ainsi qu'un surplus d'épargne pouvant être canalisé vers des zones à besoin de financement. « *L'autre force sous-jacente à la globalisation financière tient au rôle désormais central du cycle de vie dans la circulation financière.* » Ainsi, cette épargne plus importante et plus financière, issue des évolutions démographiques, participe à l'accélération de la globalisation financière.

B ~ L'efficacité des systèmes financiers réside dans la transformation du surplus d'épargne en investissement productif

- **L'efficacité des systèmes financiers dépend du comportement des ménages dans la répartition entre droits de propriété et droits de créances**. Il faut faire une différence entre les droits de propriété (or, biens immobiliers, actions) et les droits de créances (obligations ou actifs financiers). Tous les marchés des droits de propriété vont rentrer dans une logique spéculative en raison de la rigidité de l'offre et de la durée de vie illimitée de ces droits. La spéculation va se nourrir d'elle-même car les spéculateurs vont rechercher une plus-value d'autant plus forte que les risques d'effondrement sont importants, et des bulles spéculatives vont apparaître. Dans ce cas, la bourse ne peut plus jouer le rôle de régulateur de l'investissement productif à court terme. Pour que l'épargne serve l'investissement productif, il est nécessaire qu'elle prenne majoritairement la forme de droits de créances.
- **L'efficacité dépend aussi de la structure financière des entreprises et des devises étrangères**. Une orientation du patrimoine financier des entreprises vers plus d'actions n'est pas favorable à l'investissement productif. « *Dans la mesure où la montée du prix des actions n'est pas exploitée par une augmentation de capital, l'afflux de ressources d'épargne longue alimente plus la formation de plus-values que l'investissement.* » Le krach boursier de 1987 nous en donne la preuve. Avant le krach, la hausse des taux d'intérêt avait affaibli la composante obligataire et renforcé la composante spéculative. Après, la baisse des taux d'intérêt a dopé le crédit à la consommation et aux entreprises entraînant une croissance forte non prévue en 1988. Cette reprise n'a pu être réalisée que par l'arrêt de la spéculation boursière et l'orientation de l'épargne vers l'investissement productif. De plus, la spéculation sur le dollar (en 1984 et 1985) a orienté la structure financière des entreprises vers une part croissante en droits de propriété. Ceci montre le rôle incontournable des devises dans la structure financière des agents et dans la globalisation financière.

C ~ Un marché financier au rôle primordial dans une économie globalisée

- **Le marché financier a une fonction d'arbitrage et d'information**. Le marché doit assurer l'équilibre entre les plans d'épargne et les projets d'investissement. « *Dans le cas d'une économie fermée – qui est celui de l'économie globalisée – le réglage du flux d'endettement par le taux d'intérêt exerce une influence décisive sur le niveau d'activité.* » Cet arbitrage doit être assuré par une faible volatilité du taux d'intérêt. La préoccupation du marché financier n'étant pas nécessairement le plein emploi, ce sera à la Banque centrale, par sa politique de taux, d'orienter le marché financier vers un ajustement tourné vers le plein emploi.
- **Les innovations financières et la titrisation ont rendu plus floue la frontière entre finance directe et indirecte**. Dans les systèmes financiers, on peut distinguer la finance directe (celle des marchés qui met en relation directe un prêteur et un emprunteur) et la finance indirecte (celle des intermédiaires financiers comme les banques, les compagnies d'assurance, les caisses de retraites...). Les innovations financières (titrisation, swaps, marchés à terme des instruments financiers, marchés des futures...) ont rendu cette frontière de plus en plus floue car on a assisté à la fois à un développement de la place des intermédiaires financiers sur les marchés et à l'apparition de nouveaux marchés sur lesquels les intermédiaires intervenaient. Cette interrelation entre marchés et intermédiaires est caractéristique de la globalisation financière.

La titrisation peut permettre une régulation de l'équilibre plus aisée en assurant une négociabilité d'actifs auparavant non négociables et en mobilisant l'épargne du cycle de vie auprès des intermédiaires. « *La titrisation peut contribuer à atténuer les distorsions mais elle est loin de permettre une marchéisation complète de la finance.* »

2. L'ÉMERGENCE DU RISQUE DE SYSTÈME DANS LA SPHÈRE FINANCIÈRE GLOBALISÉE

A ~ La globalisation financière accroît le risque de système

- **Le risque de système se distingue de la crise financière mais il est le reflet de l'imperfection des systèmes financiers marqués par l'instabilité et l'incertitude**. La crise financière était la manière dont s'exprimait le désordre global jusqu'au milieu du XXe siècle comme avec la crise de 1929. Cependant, le krach de 1987 a été différent de par ses conséquences positives. « *Le monde, hanté par la mémoire de 1929, a découvert avec étonnement qu'au krach pouvait succéder autre chose que la crise.* » Les marchés ne pouvant se corriger eux-mêmes, l'instabilité financière apparaît dangereuse car elle repose sur l'incertitude et la crée. Le système financier n'est pas parfait et le risque de système résulte de ce que la cohérence des plans de dépenses des agents économiques n'est pas toujours assurée. Les agents font des paris, les entreprises produisent sans connaître les marchés, l'investissement n'est jamais financé par une épargne mais anticipe une épargne future. Tous ces comportements peuvent se transformer en crise financière lorsque règne un climat d'incertitude. Le risque de système devient la forme que prend la crise financière lorsque l'on parvient à en maîtriser les effets catastrophiques.
- **La croissance de l'économie mondiale dépend de la capacité des autorités monétaires à garder collectivement le contrôle de l'évolution des structures et du réglage du fonctionnement de la sphère financière globalisée**. Cette globalisation financière provoque une interconnexion croissante des systèmes financiers et donc, une interdépendance accrue des économies. Dans cette sphère financière globalisée, le risque de système est présent et s'accroît avec des modalités différentes :
  – la panne : défaillance interne non technique du système financier. C'est un risque réduit ;
  – l'accident : forme dramatique du risque de système. Il provient d'un choc externe issu d'un décalage entre le système financier et son environnement ;
  – la dérive : forme pernicieuse du risque de système provenant d'un biais dans l'utilisation des ressources. Au contraire de l'accident, c'est le dynamisme même des structures financières qui est à l'origine d'une dérive du mouvement économique, révélant l'emprise du système financier sur l'ensemble de l'économie. « *La globalisation financière en cours a relancé le débat sur la coopération des Banques centrales pour fournir ensemble le service d'un prêteur international en dernier ressort.* »

B ~ La nécessité d'une coopération dans un système monétaire polycentrique

- **Dans un contexte d'instabilité des monnaies et des taux d'intérêt, la politique monétaire doit être coopérative**. Le développement des marchés internationaux entraîne une plus grande mobilité des capitaux et les tensions financières déteignent sur les marchés des changes. Par ailleurs, l'instabilité des taux de change influence la formation des prix des actifs financiers (augmentation du risque de change et donc des primes et des produits pour couvrir ce risque). La politique monétaire, dans un système monétaire tripolaire (dollar, yen et écu), doit être coopérative et elle ne peut se construire sur la seule politique des taux de change car elle risquerait de laisser indéterminé le niveau général des taux d'intérêt. Or, c'est ce niveau instable qui menace la croissance mondiale en accroissant les distorsions des taux de change réels, facteurs de déséquilibres financiers internationaux.

■ **Il faut adapter les leçons du passé à l'actuel système monétaire polycentrique afin de trouver les axes d'une nouvelle régulation monétaire**. Avant 1914, c'est la Banque d'Angleterre qui jouait le rôle de régulateur de l'économie mondiale à travers sa politique de réescompte des lettres de crédit. Le taux d'intérêt fixé par la Banque d'Angleterre résumait les tensions de la conjoncture mondiale et permettait le financement du commerce international. Ainsi, l'économie mondiale, financièrement très intégrée, pouvait être gérée sans coopération monétaire. Cependant, les piliers de l'ordre monétaire du passé sont irrévocablement révolus. La nouvelle régulation devrait être axée sur :

- une coresponsabilité des politiques des dettes publiques ;
- une flexibilité contrôlée des taux de change afin d'absorber les chocs financiers ;
- une convergence de l'action des Banques centrales sur le niveau général des taux d'intérêt ;
- un transfert des capacités d'épargne du Nord vers les pays en développement du Sud et de l'Est.

« *L'efficacité des systèmes financiers va se mesurer par leur aptitude à mettre cette hausse potentielle de l'épargne des ménages du Nord au service d'un accroissement des capacités de croissance de l'économie mondiale.* » La globalisation financière peut donc permettre à l'économie mondiale de renouer avec la croissance même si elle apparaît comme « *une aventure... mais une aventure obligée* ».

Ce livre replace la globalisation financière dans une perspective structurelle (modes de financement des économies, évolutions démographiques...). Il permet de comprendre les nouveaux enjeux de l'économie mondiale à travers la mobilisation efficace par le marché financier d'une épargne de plus en plus importante même si le propos se situe à la fin des années quatre-vingt, au lendemain du krach de 1987. « Il dépendra de la qualité des politiques monétaires que cela soit possible sans inflation. Tel est l'enjeu de la globalisation financière. » Si la globalisation financière peut être une chance pour un retour à la croissance, elle est aussi un risque, le tout est de savoir si l'orientation de cette épargne sera productive ou spéculative, dans une pure tradition keynésienne.

FICHE 29

LES VERTIGES DE LA FINANCE INTERNATIONALE

Henri Bourguinat

Dans la longue introduction de son ouvrage (Economica, 1987, 296 p.), l'auteur rappelle les principaux déséquilibres de l'économie mondiale : le chômage, la saturation des marchés, l'internationalisation qui rétrécit la marge d'autonomie des États-Nations, le développement des activités financières et la baisse de la profitabilité dans l'économie réelle. Une « révolution financière » naît de la combinaison synergique de la mondialisation, des innovations financières et de la déspécialisation bancaire ; elle déstabilise les taux de change. Les États-Unis en sont les principaux bénéficiaires et leur responsabilité est engagée dans la dégénérescence du Système monétaire international. Un autre déséquilibre est représenté par les flux de capitaux issus du tiers monde au profit du Nord. Une réforme du SMI est donc indispensable. L'ensemble de l'ouvrage approfondit l'analyse de ces déséquilibres.

1. Le dollar exerce un pouvoir hégémonique

A ~ Le dollar dispose des attributs d'une monnaie internationale mais il en exerce mal toutes les fonctions

- **Le dollar de 1944 est *« le soleil autour duquel s'organisent les autre monnaies satellites.* »** Une monnaie nationale est une bonne monnaie internationale à condition d'associer les qualités d'« *acceptabilité-liquidité* », définies par l'aptitude à s'imposer dans les échanges en dehors du pays émetteur et à satisfaire les besoins en monnaie de l'économie mondiale, aux qualités de « stabilité-prédictibilité » des taux de change afin d'inspirer confiance. En plus des fonctions traditionnelles (étalon de valeur, instrument de transaction et de réserve), l'auteur lui accorde un rôle essentiel dans le « *bouclage du circuit international* », ce qui attribue au pays émetteur une lourde responsabilité dans la fonction d'intermédiation. Le dollar exerce ces fonctions après 1944 mais bientôt sa position se dégrade et avec lui le système monétaire international de Bretton Woods.
- **Le dollar n'exerce plus les fonctions d'une bonne monnaie internationale depuis les années soixante-dix**. Il n'est plus un « *étalon monétaire intangible* » puisque son cours, très bas à la fin des années soixante-dix (3,85 francs ou 1,74 DM) s'est fortement apprécié jusqu'en 1985 (10,65 francs ou 3,45 DM) avant d'amorcer un net repli. Sa fonction d'instrument de réserve lui est disputée par le DM, par le yen ou par le franc suisse. Enfin, et c'est plus grave, les flux de capitaux entrant aux États-Unis excèdent le flux des sorties. « *Le pays émetteur de la monnaie véhiculaire ponctionne le marché international au lieu de l'alimenter.* »

  Le dollar reste la monnaie internationale mais les États-Unis n'exercent plus leur fonction de « *prêteur en dernier ressort* ». Ils n'assument plus les responsabilités liées à leur suprématie économique. Bretton Woods a laissé la place à un « *non-système* ».

B ~ La gestion des fluctuations du dollar échappe partiellement aux États-Unis

- **L'appréciation du dollar n'est pas due à la consolidation des « fondamentaux » aux États-Unis**. L'auteur réfute l'explication du secrétaire au Trésor de l'époque suivant laquelle « *la force persistante du dollar reflète une amélioration fondamentale de la politique économique américaine avec des performances et des perspectives qu'on ne trouve nulle part ailleurs* ». Cette analyse ne tient pas compte du déficit commercial croissant des États-Unis. L'auteur rejette également l'explication de la hausse du dollar par la hausse des taux d'intérêt car ces derniers ont manifesté une forte tendance à converger partout dans le monde après 1983. Enfin, il relativise l'influence de la confiance inspirée par les États-Unis, présentés comme un « havre de sécurité » lors de la crise mondiale de l'économie d'endettement qui s'estompe vers 1983.
- **L'appréciation du dollar est due aux besoins du Trésor américain et à la spéculation**. Le déficit budgétaire est lié à la faiblesse insigne de l'épargne intérieure et à la réduction de la pression fiscale de l'administration républicaine. Il s'ensuit une entrée massive des capitaux aux États-Unis qui provoque mécaniquement un renforcement du dollar. De plus, une « bulle spéculative » se développe à cause des comportements moutonniers des spéculateurs, conformes aux observations de J.M. Keynes. Comme ils anticipent tous une hausse du dollar, ils adoptent tous la même position sur le marché et leurs anticipations deviennent autoréalisatrices. Les « fondamentaux » (écarts des taux d'intérêt, équilibre budgétaire, solde des comptes courants, endettement extérieur...) ne justifient pas plus l'envol du dollar que son atterrissage en douceur.
- **L'« atterrissage en catastrophe » du dollar surévalué ne s'est pas produit**. En effet, la conférence des Cinq (le « G5 ») à l'hôtel Plaza, à New York, en septembre 1985, montre la détermination des pays les plus puissants à s'opposer aux forces du marché. Les spéculateurs sont impressionnés. Cette concertation internationale est à l'origine de l'« atterrissage en douceur » du dollar qui se déprécie de 40 à 60 % par rapport aux autres grandes monnaies entre 1985 et 1986. Les affirmations solennelles des autorités monétaires ont été également autoréalisatrices. L'auteur souhaite à l'avenir un renforcement du dialogue international afin que les États-Unis ne soient pas tentés, à l'avenir comme dans les années trente, par « *les facilités des dévaluations compétitives du dollar* ». Il déplore que tous les pays doivent s'aligner sur la politique monétaire restrictive des États-Unis car la désinflation compétitive fait courir le risque de la déflation dans toute l'économie occidentale.

2. Les déséquilibres de la finance internationale appellent un apurement de la dette des pays en développement et une réforme du SMI

A ~ À l'endettement des PVD s'ajoute l'endettement paradoxal de l'économie dominante

- **Le Nord doit restructurer ou annuler la dette du Sud**. La dette des PVD avoisine 1 000 milliards de dollars (en 1986). Les emprunteurs ont été imprudents mais de leur côté, les banques commerciales se sont engagées comme si « *la probabilité de choc majeur susceptible d'affecter leur portefeuille international était de zéro* ». Cet endettement à taux variable est brutalement alourdi par la hausse des taux d'intérêt, à partir de 1979, et par le contre-choc pétrolier de 1985-1986 qui pénalise les exportateurs de pétrole. L'endettement s'inscrit dans un cercle sans fin. Les créanciers sont amenés à consentir de nouveaux prêts car « *interrompre l'alimentation en crédits revient pour les prêteurs à condamner l'économie que l'on a financé et à se priver de la seule chance de récupérer sa mise* ».

À la suite des politiques drastiques imposées par le FMI, le remboursement de la dette et la fuite des capitaux désertant les PVD représentent un flux financier positif en faveur du Nord. Les plus riches sont financés par les plus pauvres. Pour résorber ce déséquilibre, le Nord a intérêt à restructurer la dette, voire à l'annuler au profit des pays les plus pauvres de la planète. Il créera ainsi des débouchés pour sa propre production, comme les États-Unis avec le plan Marshall.

- **L'endettement des États-Unis est déstabilisant**. Leur endettement équivaut à la dette cumulée du Mexique et du Brésil, les deux PVD les plus endettés de la planète. Cette situation a été facilitée par la déréglementation et par le décloisonnement des marchés financiers, par la déspécialisation des intermédiaires et par les progrès des technologies informatiques.

La logique irrationnelle de la création de nouveaux produits financiers dus « *à l'imagination débordante de nouveaux alchimistes de la finance aux techniques de plus en plus sophistiquées* » pousse à l'endettement malsain de la première économie mondiale. Cette dernière bénéficie du privilège « *seigneurial* » d'emprunter dans sa propre monnaie. Si elle la laisse se déprécier, la charge de la dette se réduit d'autant. Le pays le plus riche du monde n'exerce plus la fonction de « *prêteur en dernier ressort* » : il reçoit plus de capitaux qu'il n'en fournit à ses partenaires. Ce paradoxe impose une réforme du SMI.

B ~ La réforme du SMI est impérative mais doit être progressive

- **Le monopole monétaire des États-Unis n'est plus justifié**. Une réforme graduelle du SMI devrait permettre de cumuler l'avantage de la souplesse des changes flottants et celui de la fiabilité des parités fixes. Cette réforme devrait tenir compte que le monopole monétaire des États-Unis se délite au profit d'un oligopole monétaire exercé avec les autres grandes monnaies. Dans une économie multipolaire, « *le dollar ne serait pas détrôné mais son rôle aura à être progressivement ajusté, compte-tenu de la montée d'autres centres de pouvoir économique* ».

À la suite de J. Willamson et de R. McKinnon, l'auteur préconise un SMI qui permette l'instauration d'un « *taux de change d'équilibre réel susceptible de maintenir l'activité économique au plus haut niveau possible* » à l'intérieur de « *zones cibles* ». Dans ces zones de référence, les parités monétaires évolueraient avec souplesse dans les limites d'un « *champ balisé* » par le autorités monétaires des pays participants. Il importe que les projets de réforme du SMI « *passent tous par un niveau de coopération internationale renouvelée et approfondie que l'affaiblissement des variables de contrôle* [des marchés] *appelle impérieusement* ».

- **L'expérience de l'Europe peut être mise à profit**. Les participants de la conférence de Séoul d'octobre 1985 ont envisagé de « *faire un SME à l'échelle mondiale* ». L'auteur y est favorable car, dans une large mesure, l'îlot de stabilité créé par le SME de 1979 répond à la définition d'une « *zone cible* » définie par J. Willamson.

Il est en effet admis que le bilan du SME est positif en ce qui concerne la convergence des taux d'intérêt et des taux de change ainsi que dans la lutte contre l'inflation. Le « *SME a exercé une fonction de rassemblement en tirant les pays les moins vertueux vers un palier inférieur de hausse des prix* ». A contrario, le SME n'a pas nettement contribué à soutenir la croissance sur le Vieux Continent ni à réduire les déséquilibres commerciaux entre les États-membres.

Un des objectifs des promoteurs du SME de 1979 était de renforcer le processus d'intégration régionale par la monnaie unique. L'avenir leur a donné raison car l'Ecu est de plus en plus utilisé comme instrument de facturation et d'émission d'obligations internationales. Si « *la monnaie européenne est seulement en train de se faire* », l'Ecu sera « *une monnaie européenne véritable* », un des piliers d'un système monétaire tripolaire (« dollar-yen-Ecu »), dès qu'une banque centrale européenne sera créée.

En conclusion de l'ouvrage, l'auteur insiste sur l'urgence de réformer le SMI car « *la reprise en main d'une économie mondiale de plus en plus à découvert passe sans qu'on puisse en douter par une maîtrise retrouvée des taux de change* ».

Henri Bourguinat réalise une synthèse magistrale de plus de cent vingt études économiques consacrées à la dégradation du système financier international pendant une époque clé de l'histoire de ce dernier demi-siècle. Le style de l'ouvrage est dense, la lecture parfois tendue, tant le discours est riche en concepts et les références nombreuses. Mais la récompense est grande pour le lecteur désireux de comprendre les mécanismes de la finance internationale. Même si toutes les inquiétudes de l'auteur n'ont pas été confirmées par la suite, les lignes de force de l'histoire monétaire des années postérieures ont été clairement perçues dès 1987. Les grilles d'analyse ont prouvé leur pertinence, notamment en ce qui concerne la nécessité d'une monnaie européenne et les craintes exprimées sur l'évolution erratique des marchés financiers irrationnels (du krach de 1987 au krach de 1997).

FICHE 30

L'ORDRE ÉCONOMIQUE INTERNATIONAL Fondements et évolutions

W. Arthur Lewis

Issu de conférences données à l'université de Princeton en 1977, ce livre est sorti en 1978 aux États-Unis puis a été traduit et édité en France en 1980 (Economica, 70 p.). Dans ce court ouvrage, W. Arthur Lewis, prix nobel d'économie pour ses travaux sur le développement, présente une analyse originale de l'ordre économique actuel. Il examine les rapports entre tiers monde et pays industrialisés sous deux angles : les termes de l'échange et la dépendance, pour comprendre d'où vient et comment peut évoluer l'ordre économique international.

1. Les termes de l'échange sont défavorables au tiers monde

A ~ Les faibles prix des produits de base s'expliquent par l'insuffisance de la productivité agricole

- **Les facteurs économiques expliquent le partage du monde entre pays industrialisés et pays exportateurs de denrées agricoles**. La division du monde entre pays industriels et pays non industriels remonte à la fin du XIXe siècle. La colonisation ne peut suffire à l'expliquer car des pays indépendants comme les pays latino-américains n'ont pas réussi à devenir des puissances industrielles. L'étroitesse du marché intérieur a joué un rôle plus important car « *il est* [...] *difficile de démarrer un processus d'industrialisation en vendant sa production industrielle à l'étranger* ». L'absence de révolution agricole préalable ou concomitante dans les pays du Sud a privé le secteur industriel d'une clientèle prospère nationale. La classe politique au pouvoir, d'origine terrienne, profitait d'importations de produits manufacturés bon marché et ne cherchait pas à favoriser l'émergence d'une classe industrielle.
- **Les prix des produits tropicaux dépendent en partie du revenu des immigrants**. Le XIXe siècle a connu deux grandes migrations internationales, une en provenance d'Europe vers des pays en zone tempérée (Canada, Australie...), l'autre en provenance de l'Inde et de la Chine vers les pays tropicaux. Pour retenir les immigrants, les pays d'accueil devaient leur proposer des niveaux de revenus supérieurs à ceux de leurs pays d'origine. Quand l'Europe s'adressa aux nouveaux établissements en zone tempérée pour obtenir de la laine, de la viande puis du blé, « *il lui fallut payer ses achats à des prix assurant un niveau de vie plus élevé qu'en Europe* ». Par contre, quand elle se procura du thé, du caoutchouc ou des arachides dans la ceinture tropicale, des prix faibles suffirent pour permettre une amélioration de niveau de vie aux

paysans immigrés chinois ou indiens. Ceci fut vite compris par les travailleurs des pays neufs qui s'opposèrent à l'entrée d'immigrés indiens ou chinois pour ne pas voir baisser leurs salaires.

- **Seule une augmentation des rendements dans le secteur vivrier peut améliorer les termes de l'échange de la zone tropicale**. « *Les pays tropicaux ne peuvent rééquilibrer à leur profit les termes de l'échange en accroissant la productivité dans les secteurs où ils exportent, car cette amélioration a pour seul effet d'abaisser les prix de leurs exportations.* » Les tentatives volontaristes d'élever les prix des produits de base au-dessus des cours du marché dans le cadre d'accords internationaux ne peuvent concerner que quelques cas : « *il est suicidaire d'élever les prix des denrées agricoles quand on ne maîtrise pas l'extension des cultures* ». Seule l'augmentation des rendements de la production agricole destinée au marché national, en tarissant la source d'une main-d'œuvre rurale quasiment gratuite, peut conduire à la hausse des prix des produits tropicaux dont la culture sinon cesserait d'être rentable.

B ~ L'industrialisation n'apporte pas d'amélioration notable des termes de l'échange

- **La crise des années trente est à l'origine de la création d'industries dans les pays tropicaux**. La grande dépression provoqua l'effondrement du pouvoir d'achat des nations du Sud en les privant de débouchés et en faisant baisser les prix des produits de base. Privés de moyens financiers pour acheter à l'étranger, les pays tropicaux créèrent des industries destinées à remplacer les importations. Les résistances politiques ayant disparu, le mouvement s'accéléra après la Seconde Guerre mondiale. La saturation du marché intérieur amena rapidement chaque pays à se lancer dans l'exportation de produits manufacturés.
- **Les pays industrialisés, d'abord hostiles, favorisèrent l'industrialisation du tiers monde à partir des années soixante**. Les pays industrialisés ont d'abord soumis les produits manufacturés venus du tiers monde à de forts droits de douane ou à des restrictions diverses pour protéger leurs industries nationales. L'expansion qui suivit la Seconde Guerre mondiale fit évoluer leurs positions. « *Les nations industrielles ont connu en même temps le plein emploi et la stagnation démographique...* » L'importation de biens industriels fabriqués dans le tiers monde permit de diminuer les tensions sur le marché du travail des pays développés. « *Dans les années soixante, l'économie internationale a donc entamé une mutation totale. Les pays développés ont investi dans les nations démunies pour y créer des industries exportatrices.* »
- **Les termes de l'échange ne se sont pas pour autant améliorés**. L'existence de termes de l'échange défavorables au tiers monde n'est pas liée à la nature agricole des produits exportés. Les prix des biens industriels qu'ils vendent sont tout aussi faibles. « *Le jeu des termes de l'échange est défavorable aux seuls produits tropicaux, que ceux-ci viennent de l'agriculture ou de l'industrie, parce que, dans cette partie du monde, la main-d'œuvre non qualifiée reçoit sur le marché, indépendamment de ce qu'elle produit, un salaire fondé sur l'existence d'une réserve illimitée d'agriculteurs faiblement productifs.* » L'augmentation de la productivité des actifs agricoles permettrait de fournir des débouchés nationaux à la production industrielle locale et donc de diminuer la dépendance par rapport aux pays industriels.

2. La dépendance du tiers monde

A ~ Le boom démographique et une urbanisation rapide sont les causes d'un fort endettement

- **La pauvreté, le manque d'épargne ou les multinationales ne sont pas les responsables de l'endettement**. Au XIXe siècle, « *les États-Unis, l'Australie ou l'Argentine, pays emprunteurs, bénéficiaient d'un revenu individuel plus élevé que le Royaume-Uni, la France ou l'Allemagne qui prêtaient de l'argent* ». La pauvreté du tiers monde ne peut donc expliquer sa dépendance financière. Le manque d'épargne ne peut non plus être retenu : les taux d'épargne des pays en développement sont assez peu différents de ceux que connaissaient la France et la Grande-Bretagne quand ils sont devenus les créanciers du monde à partir de 1860. Imputer l'endettement aux multinationales étrangères n'est pas davantage fondé ; les capitaux privés étrangers ne sont attirés en général que par quelques secteurs et ils apportent une compétence en gestion, une aide technique et l'ouverture sur de nouveaux marchés.
- **La croissance démographique joue le rôle déterminant**. Il faut financer les infrastructures nécessitées par le boom démographique. « *Le recours à l'emprunt restera probablement nécessaire tant que l'excédent des naissances sur les décès n'aura pas baissé jusqu'aux alentours de 1 p. 100 par an.* »
- **Le développement urbain, consécutif au boom démographique, accentue la dépendance financière**. La croissance démographique rend l'exode rural inévitable. Or, l'habitat urbain exige des infrastructures plus importantes que l'habitat rural. L'investissement nécessaire y est aussi plus coûteux car « *à la campagne,* [...] *chacun contribue, dans une plus large mesure, à la réalisation des équipements qui lui sont nécessaires* ». L'exemple du XIXe siècle montre que les pays prêteurs ont été ceux où la population urbaine augmentait de moins de 3 % par an alors que les pays emprunteurs avaient tous un rythme supérieur.

B ~ La conséquence : une dépendance inquiétante

- **La part des financements à court terme est davantage déterminante que la charge totale de l'endettement**. Les emprunts contractés sont souvent supérieurs aux exportations annuelles. La charge de l'endettement augmente alors rapidement et devient plus lourde quand les prix des matières premières baissent. Pourtant si les emprunts sont rentables, c'est-à-dire s'ils accroissent le revenu dans une proportion supérieure à leur coût, le montant total de l'endettement cumulé n'a aucune importance (plus il est élevé, mieux cela vaut). Il suffit que l'économie soit capable de transformer le supplément de revenu en devises étrangères et que des financements à court terme ne soient pas utilisés pour des investissements à long terme. C'est ce que firent pourtant les nations du tiers monde à partir des années cinquante faute de pouvoir trouver des capitaux privés à long terme. « *Il nous faut créer un flux suffisant de financement à long terme de types variés* [...] *pour que la charge de l'endettement du tiers monde cesse d'être inquiétante.* » L'exemple des pays neufs au début du XXe siècle confirme cette analyse : l'Australie et le Canada étaient proportionnellement plus endettés que les emprunteurs d'aujourd'hui et il n'y eut pas de défaillance. Le danger de la situation actuelle réside donc dans la part excessive des crédits à court terme plus que dans le montant total de l'endettement.
- **La dépendance financière rend le tiers monde plus sensible aux fluctuations internationales**. Les pays du tiers monde sont souvent exportateurs de matières premières. Le prix de leurs exportations fluctue donc au cours du cycle

économique des pays industrialisés. Vient s'ajouter la variation des flux d'investissement et des possibilités de crédit ; c'est au moment où ils en ont le plus besoin, quand leurs recettes baissent, que les capitaux extérieurs se détournent d'eux. Dès lors, « *il est impossible de protéger le tiers monde des effets des crises longues et profondes* ». Toutefois un mécanisme de financement public à long terme compensatoire au niveau international pourrait remédier en partie à la situation de crise.

- **Le marché intérieur devrait être, plus que les exportations, le moteur de la croissance**. Le remboursement des emprunts et la nécessité de payer les importations dont ils ont besoin ont incité les pays du tiers monde à exporter vers les pays industrialisés. Leurs débouchés évoluent donc en fonction de la croissance et de l'ouverture des marchés des pays riches. Cette dépendance commerciale pourrait être réduite en augmentant les échanges mutuels entre pays pauvres et surtout en donnant plus d'importance au marché intérieur. « *La tâche prioritaire sur le front du développement est de transformer le secteur alimentaire, de produire des excédents agricoles pour nourrir la population urbaine et de créer de la sorte, au plan national, les fondements de l'industrie et des services modernes.* » C'est alors que pourra naître un nouvel ordre économique international.

Inscrit dans une problématique qui a marqué les années soixante-dix, l'ouvrage de Sir Arthur Lewis montre qu'une croissance durable dans les pays en voie de développement ne peut pas s'appuyer exclusivement sur les exportations vers les pays développés mais exige une révolution agricole et un recentrage sur le marché national. Ses conclusions ainsi que ses analyses sur les termes de l'échange et la dépendance gardent toute leur actualité.

FICHE 31

L'ÉCHANGE INÉGAL ET LA LOI DE LA VALEUR

Samir Amin

Publié la première fois en 1973 aux éditions Anthropos, l'ouvrage de Samir Amin est enrichi depuis 1988 (248 p.) par l'ajout de plusieurs études. L'auteur signale dans la préface qu'il a choisi de ne pas actualiser le texte central de l'ouvrage : « Nous éviterons ainsi l'exercice qui consiste à masquer les faiblesses éventuelles de l'argument, espérant créer ainsi de meilleures conditions pour l'approfondissement du débat ».

Pour Samir Amin, comme pour l'ensemble des auteurs d'inspiration marxiste, le sous-développement est le produit du développement du système capitaliste. Selon lui, toutes les économies sont intégrées dans le système mondial. Le centre (les pays développés) exerce sur la périphérie (les pays en développement) une domination qui conduit à un échange inégal. Pour ce faire, l'auteur reprend la thèse de l'échange inégal proposée par Arghiri Emmanuel (Maspero, 1969) et il affirme la dépasser.

1. La loi de la valeur et de l'échange inégal

A ~ La loi de la valeur

- **A. Emmanuel affirme que la force de travail a une valeur unique**. Il reprend la théorie de la valeur définie par K. Marx, selon laquelle la valeur d'échange d'une marchandise est égale à la quantité de travail qui a été nécessaire pour la produire. Ainsi selon lui, si deux marchandises produites dans deux pays du monde incorporent la même quantité de travail, elles ont obligatoirement la même valeur. « *La thèse de la mondialisation de la valeur, expression de celle du système productif, implique que la force de travail n'ait qu'une seule valeur pour l'ensemble du système mondial.* » D'après A. Emmanuel, l'heure de travail a la même valeur quelle que soit l'économie nationale.

  « *Il en résulte que l'heure de travail simple au Congo et en Allemagne génère la même valeur, comme c'est le cas dans une usine de Detroit ou chez un coiffeur de New York, parce que le travail du producteur congolais et celui de l'allemand produisent des marchandises mondiales, destinées au même marché capitaliste mondial.* »

- **Bien que la force de travail ait une valeur unique, son prix au centre diffère de celui pratiqué à la périphérie**. L'heure de travail est moins rémunérée à la périphérie qu'au centre, sans que des différences de productivité ne le justifient. Ainsi, des salaires inférieurs dans les pays de la périphérie expliquent que les taux de profit des capitalistes y soient plus élevés. Le prix de la force de travail diffère d'un pays à l'autre, car il dépend de conditions politiques, économiques et sociales propres à chaque pays. « *Ne pas voir qu'ici c'est la vente de la force de travail qui commande le système, c'est donc ne pas comprendre l'unité du système mondial* [...]. »

B ~ L'échange inégal

- **L'échange international est inégal car l'exploitation des travailleurs à la périphérie est supérieure à celle des travailleurs du centre.** « *En lieu et place d'échange inégal, il vaudrait donc mieux parler des conditions inégales d'exploitation.* » Le taux d'exploitation qui provient de l'importance relative du profit par rapport au salaire est plus élevé à la périphérie. C'est pourquoi le capital international émigre du centre vers la périphérie afin de relever son taux de profit. « *Nier cette évidence éclatante conduit nécessairement à rejoindre Rostow : le capitalisme périphérique serait alors seulement une étape vers le capitalisme achevé (central).* » Le commerce international a pour fonction de transférer des richesses de la périphérie où elles sont créées vers le centre dominant : la théorie ricardienne de « *l'avantage comparatif* » est dénoncée.
- **Avec l'impérialisme, une émigration internationale du capital monopolistique se produit et explique « *l'échange inégal* ».** Dès la fin du XIXe siècle, apparaît une coupure fondamentale dans l'histoire du capitalisme que Lénine a nommé l'impérialisme. L'émigration du capital existe uniquement après l'apparition de monopoles ; auparavant l'émigration du capital était rare, car l'entreprise était essentiellement familiale. À la périphérie, des secteurs d'exportation primaires se sont développés. Le mode d'organisation d'origine précapitaliste s'intègre au système mondial par l'échange marchand avec le capitalisme. Le capital prédominant est étranger et il est limité aux secteurs exportateurs.
- **Le pillage impérialiste du tiers monde a favorisé la croissance au centre.** À la fin du XIXe siècle au centre, le capitalisme sauvage devient un capitalisme social et des augmentations de salaires sont consenties. Cet accroissement des salaires, destiné à éviter la révolution, renforce la concurrence entre les capitaux, stimule le progrès technique et élargit les débouchés en augmentant le pouvoir d'achat de la population. Par contre, cela affaiblit le taux de profit du capital. Ainsi, chaque conquête sociale au centre induit une nouvelle expansion impérialiste destinée à relever le taux de profit moyen grâce à l'exploitation plus grande des travailleurs de la périphérie.

2. La « *Déconnexion* » est nécessaire au développement

A ~ De l'échange inégal au développement inégal

- **Le maintien de l'infériorité de la rémunération de la force de travail à la périphérie permet un « *échange inégal* » dont le centre bénéficie.** « [...] *l'échange inégal ne suppose pas nécessairement que ces modes de production chez les partenaires soient capitalistes : il suffit que les marchandises produites soient destinées au marché capitaliste international.* » L'ordre économique établi permet au centre d'importer des marchandises provenant de la périphérie à des prix réduits, et d'exporter vers la périphérie des marchandises à prix élevés. Lors d'un échange, le centre obtient plus de valeur de la périphérie qu'il ne lui en transmet. Grâce à l'échange international, les capitalistes internationaux compensent les coûts salariaux élevés du centre et ils maintiennent ainsi leurs profits moyens. Le centre bloque donc toute tentative de développement de la périphérie qui contribuerait à relever les salaires, augmenterait le prix des marchandises importées, annulerait le transfert de richesses et pénaliserait les profits. « *L'échange inégal est avant tout à l'origine d'un développement inégal.* »

- **La théorie de l'échange inégal dénonce la loi des avantages comparatifs de Ricardo en affirmant que le commerce international sous l'emprise du centre nuit au développement de la périphérie**. L'hégémonie que le centre exerce sur la périphérie emprisonne le tiers monde dans des relations économiques et commerciales qui ne lui permettent pas de rendre effectifs son développement et sa croissance potentiels. « [...] *l'intérêt à long terme est de développer les secteurs de la production où les perspectives des progrès de la production sont les meilleures, et cela même si ce choix doit se faire au détriment de l'échange.* »
- **L'exploitation des travailleurs est plus élevée à la périphérie qu'au centre, mais ce n'est pas le prolétariat du centre qui profite du transfert de richesses produit par « *l'échange inégal* »**. Le niveau des salaires au centre est normalement élevé, il est par contre anormalement faible à la périphérie. L'écart est imposé par le capital et non par le prolétariat du centre. Ce dernier ne peut donc pas être jugé responsable de l'exploitation de la force de travail à la périphérie qui maintient le sous-développement.

B ~ Une stratégie de développement autocentré

- **Puisque le sous-développement résulte de la division internationale du travail (DIT) et de « *l'échange inégal* », le développement de la périphérie ne peut être enclenché que par sa « *déconnexion (delinking)* » vis-à-vis de la DIT**. Cette « *déconnexion* » est une condition nécessaire, même si elle n'est pas suffisante, d'un « *développement autocentré* ». Celui-ci n'est possible qu'à la condition qu'il soit populaire. Pour y parvenir, il est indispensable que l'augmentation de la productivité bénéficie prioritairement et immédiatement au peuple. « *Il y a donc synonymie, pour le tiers monde, entre développement autocentré et développement national et populaire.* » La périphérie n'a plus d'autre choix que celui de la « *déconnexion,* [...] *non pour revivre l'illusion d'un repli culturel illusoire, mais pour faire progresser la perspective universaliste du socialisme* ». Le sous-développement de la périphérie, loin d'être dû à un retard, est en fait le produit du développement du centre.
- **Le « *développement autocentré* », préconisé depuis 1957 par l'auteur, s'oppose aux stratégies extraverties**. « *Tandis que dans le modèle de l'accumulation autocentrée les relations extérieures sont soumises à la logique et aux impératifs de l'accumulation interne, dans le modèle du développement extraverti, ce sont au contraire les relations avec l'extérieur qui déterminent presque intégralement le rythme et les caractères de l'accumulation interne.* » Dans le modèle autocentré, les rémunérations du travail doivent augmenter au rythme du progrès de la productivité, alors que selon le modèle extraverti, les rémunérations du travail peuvent être déconnectées de la croissance de la productivité. Cette stratégie de développement doit être renforcée par une coopération et une intégration économique entre les pays du tiers monde. Elle nécessite par ailleurs la mise en place d'un nouvel ordre économique international fondé sur le relèvement des prix des matières premières et le contrôle des ressources naturelles, l'accès des produits manufacturés du tiers monde aux marchés des pays développés et une accélération des transferts de technologies lorsqu'elles sont indispensables.
- **Le surplus de richesses réalisé dans les secteurs les plus modernes doit être consacré à la modernisation des secteurs les plus attardés ; le développement de l'agriculture vivrière est une priorité absolue**. Dans les activités dont la productivité est la plus élevée, les revenus qui y sont distribués ne doivent pas être supérieurs à ceux accordés dans l'agriculture. L'industrialisation doit être conçue pour soutenir le progrès de la productivité dans l'agriculture et pour satisfaire la demande non alimentaire des populations. Il faut ensuite, qu'à partir de cette demande, une stratégie de remontée de filière soit menée en développant les industries intermédiaires et d'équipement qui

conditionnent la production nationale de biens de consommation. « *Il va de soi qu'on ne peut renoncer à cette industrie nationale en lui substituant des importations. Car celles-ci doivent être payées en exportations et les avantages comparatifs sont ceux qui résultent du système des prix et revenus du système mondial, en conflit avec la cohérence politique esquissée ci-dessus. L'importation doit donc être réduite à chaque étape au minimum.* »

Sur la base des travaux d'Arghiri Emmanuel, la thèse de Samir Amin est une force de proposition constructive, alors que le libre-échange et la mondialisation sont présentés par la pensée unique actuelle comme une fatalité. Ainsi, il est encore possible d'affirmer aujourd'hui que l'échange international est inégal et qu'il maintient les pays du tiers monde dans le sous-développement.

L'ouvrage de Samir Amin manque d'homogénéité car il est constitué de différents chapitres rédigés à des dates différentes. La dernière édition datant de 1988, il ne prend pas en compte l'histoire économique récente ; ainsi l'écroulement des économies socialistes d'Europe centrale ou d'Europe de l'Est n'est pas évoqué.

FICHE 32

LA REVANCHE DU TIERS MONDE

Jean-Claude Chesnais

Cet ouvrage (Robert Laffont, 1987, 300 p.) invite à prendre conscience des formidables mutations qui s'accomplissent dans les pays du tiers monde. Jean-Claude Chesnais, économiste et démographe, après avoir procédé à ce qu'il appelle un « décapage idéologique », rassemble les données sur le développement du tiers monde pour montrer qu'à terme les équilibres stratégiques planétaires seront bouleversés pour peu que certaines conditions soient remplies.

1. Les mythologies tiers-mondistes

A ~ Le mythe de la catastrophe démographique

- **Malthus est à l'origine du mythe de la menace démographique**. Malthus énonce, au début du XIXe siècle, la loi qui l'a rendu célèbre : la population augmente selon une progression géométrique alors que les subsistances suivent une progression arithmétique. L'histoire l'a démenti car la logique était fausse : la croissance démographique moderne n'est pas due à une fécondité incontrôlée mais à une baisse de la mortalité. De plus, écrivant à l'aube de la révolution industrielle, il passe à côté du phénomène essentiel de l'histoire économique moderne : l'essor de la productivité.

  Le Club de Rome, des auteurs comme Bairoch, Dumont ou Lacoste, poursuivant son analyse, font de l'augmentation de la population du tiers monde une des causes majeures de la pauvreté. Plusieurs arguments sont utilisés : la croissance démographique intensifie la pression sur les ressources naturelles, la forte fécondité contraint la majorité des adultes à consacrer son temps et ses efforts à élever des enfants...
- **Or, la croissance démographique peut être stimulante : elle procure de la main-d'œuvre et permet d'absorber une production de masse**. La chute de la mortalité a un effet favorable sur la capacité de travail des individus mais aussi sur leur attitude à l'égard de l'épargne et de l'investissement. La pression sur les terres valorise le capital foncier et immobilier, permettant l'apparition de fortunes qui pourront servir de base à l'accumulation primitive. L'arrivée de nouvelles générations, ouvertes au changement, stimule les gains de productivité d'autant plus que se développent les migrations géographiques et sectorielles. Croissance démographique et croissance économique peuvent donc aller de pair comme le montre l'exemple de l'Europe au XIXe siècle, mais aussi celui des pays peu développés depuis 1945.

B ~ Le mythe de la paupérisation du tiers monde

- **La mesure du revenu des pays peu développés est faussée**. « *L'appréciation du PNB au taux de change est trompeuse, car celui-ci ne reflète pas nécessairement le pouvoir d'achat relatif des monnaies.* » Le recours au PNB pour mesurer les différences de revenu entre pays développés et pays peu développés conduit à sous-estimer la richesse de ces derniers.

- **À la veille de la révolution industrielle, les écarts de niveau de vie entre l'Europe et le reste du monde étaient déjà substantiels**. Contrairement à ce que pense Bairoch, dès le XVIIIe siècle, la productivité semble supérieure en Europe ; le mariage tardif favorise l'accumulation et depuis la Renaissance, les inventions se multiplient. De plus, « *en Occident et au Japon, le régime traditionnel de la propriété est plus favorable à la responsabilité et à l'investissement que dans les autres régions du globe* ». La conquête de territoires lointains dès le XVIe siècle par des petits pays d'Europe confirme d'ailleurs l'avance de l'Occident à cette époque.
- **Le rattrapage a commencé**. La paupérisation relative du tiers monde a été une réalité, moindre cependant que l'avancent les tiers-mondistes à partir de statistiques souvent fantaisistes. Mais depuis les années soixante-dix, « *les inégalités cessent de s'aggraver, elles régressent même sensiblement* ».

2. Le développement du tiers monde

A ~ Le développement de l'homme

- **Le développement modifie d'abord la taille de l'homme**. Le développement socio-économique influence de multiples façons la croissance corporelle : amélioration de la nutrition, de la santé publique, diminution de la taille de la famille, de l'activité des enfants, réduction de la consanguinité grâce à une plus grande mobilité géographique et sociale. Ces facteurs touchent déjà presque toute l'Asie et l'Amérique latine. L'Afrique reste plus à l'écart.
- **La transformation a été plus radicale pour les femmes**. Ces dernières ont vu leur taille croître mais surtout leur condition changer du fait de la baisse de la mortalité et de la chute de la fécondité. « *La fonction de mère cesse d'être centrale, voire exclusive.* » Les changements gagnent peu à peu les sociétés du tiers monde.

B ~ Le développement intellectuel des nations

- **La poussée démographique ne compromet pas le développement intellectuel nécessaire au démarrage économique**. Elle est associée « *à certains mécanismes structurels générateurs de progrès culturels* ». Le recul de la mortalité infantile oblige les parents à chercher de nouveaux débouchés pour les enfants, l'école est ainsi valorisée. De plus, quand les risques de décès deviennent faibles, l'investissement humain et affectif devient rentable. Une population plus nombreuse rend d'ailleurs le coût des établissements scolaires plus supportable pour les économies villageoises. Enfin, la « *montée des jeunes* » crée « *une pression à l'innovation* ». Les statistiques confirment que dans tous les pays, le pourcentage d'analphabètes a régressé. « *La composition de la main-d'œuvre s'en trouve radicalement transformée.* »
- **L'augmentation de l'instruction féminine a été considérable dans l'ensemble des pays en développement**. C'est un fait déjà ancien qui parfois remonte au XIXe siècle. La proportion de jeunes femmes sachant lire et écrire est « *très supérieure à celle qui prévalait en Europe méridionale ou orientale il y a un siècle* ». Pourtant, des disparités subsistent entre les sexes, notamment en Asie et en Afrique chez les musulmans.

C ~ L'essor démographique

- **La révolution démographique est un élément parmi d'autres de la révolution globale qui accompagne le passage d'une société traditionnelle à une société moderne**. Selon la théorie de la transition démographique, « *les niveaux de mortalité et de fécondité d'une population sont, avant tout, fonction* *de son degré de modernisation socio-économique* ». Avant la modernisation, la croissance démographique est lente, une forte fécondité compensant une mortalité élevée ; après la modernisation, la croissance s'arrête, mortalité et fécondité sont très basses. Entre ces phases existe une période de déséquilibre transitoire où la croissance est forte : « *la transition démographique* ». « *La situation démogra-phique est donc un puissant révélateur de l'état d'avancement d'une société.* »

- **La baisse de la mortalité est déjà ancienne**. Plusieurs facteurs sont à l'œuvre : l'infrastructure sanitaire, la densité et la qualité du personnel médical, l'infrastructure générale (canalisations, égouts, voies de communication), l'autorité de l'État, les conditions écologiques, économiques, culturelles. L'espérance de vie dans de nombreux pays en développement est déjà supérieure à celle connue en Occident au début du XXe siècle. Elle a souvent doublé en moins de cinquante ans.
- **La baisse de la fécondité est un phénomène planétaire**. Seules quelques zones en Afrique et en Asie, les moins branchées sur l'économie mondiale, sont restées à l'écart du mouvement. L'obstacle principal y est le statut de la femme, mais il évolue avec la scolarisation des filles. Il s'agit donc plutôt d'une question de rythme. La durée de la transition démographique devrait donc être moins longue que ce qui était prévu dans les années soixante, mais la croissance de la population va encore continuer sur quelques décennies, imposant des stratégies de développement audacieuses.

D ~ L'essor économique

- **L'économie mondiale a connu deux booms**. Le premier (1850-1914) grâce à la chute des coûts de transport maritime déborda le monde occidental, profitant aux zones maritimes d'Asie mais aussi à plusieurs pays d'Afrique (Nigeria, Kenya, Ouganda, Tanzanie...). Le second a commencé dans les années cinquante avec un rythme d'amélioration du niveau de vie de 2 % l'an en moyenne pour l'ensemble du monde en développement. Les années soixante-dix et quatre-vingt ont cependant vu en Amérique latine et en Afrique des baisses de niveau de vie, moins du fait de la dégradation de la conjoncture internationale que des erreurs des gouvernements.
- **Les spécialistes n'avaient pas prévu « *l'extraordinaire montée du tiers monde* »**. Les pays pauvres ne semblaient pas pouvoir augmenter leurs taux d'investissement ; ils ont en fait doublé ou triplé depuis 1945. Leur potentiel industriel a été largement mésestimé même si le décalage actuel entre l'industrie des pays riches et celle encore traditionnelle de la plupart des pays en développement reste grand. À l'échelle du monde, l'amélioration de la situation alimentaire est patente. L'Asie a connu une révolution alimentaire, peut-être due à la pression démographique, qui a éloigné les risques de famine alors qu'en Afrique la situation se détériorait, l'agriculture vivrière étant négligée.

3. Les conditions de la croissance

A ~ Les préalables à la croissance économique

- **La croissance a besoin d'un « *support logistique* » qui s'édifie lentement**. Il est composé de quatre éléments : la protection des hommes et des biens, leur circulation, les investissements sociaux, « *un dispositif institutionnel favorable à l'activité économique* ».
- **Il faut aussi créer un climat psychologique favorable aux entreprises privées**. La dénonciation du profit encore fréquente dans les pays en développement, notamment en Amérique latine et en Afrique noire, entrave la

croissance de l'économie. Les élites se cantonnent alors dans l'appareil étatique, le goût du travail est diminué, les capitaux fuient le pays.

B ~ Les politiques économiques

- **Une politique agricole adéquate est nécessaire**. Souvent délaissée par les gouvernements des pays pauvres, l'agriculture occupe encore fréquemment une place centrale dans leurs économies. La forte croissance en Asie du Sud-Est tient aussi à la politique agricole : le développement de la petite propriété paysanne, l'encouragement à l'innovation et à la recherche agronomique, l'industrialisation rurale ont été décisifs.
- **Une politique économique d'ensemble libérale est indispensable**. L'importance parfois démesurée du secteur étatique dans les pays pauvres dérègle le jeu du marché en faussant « *la fixation de certaines grandeurs stratégiques (prix des produits de base, taux de salaire minimum, taux de change, taux d'intérêt)* » et finit « *par entraîner une mauvaise allocation des ressources* ». Le FMI exerce une influence positive pour inciter les gouvernements à entreprendre les réformes indispensables.
- **Un protectionnisme temporaire et sélectif peut être nécessité par la situation propre du pays**. « *Une industrie prometteuse mais saine a besoin, pendant un certain temps, d'être protégée contre des concurrents plus aguerris* », mais la protection généralisée de l'industrie est à bannir comme le montre l'exemple de l'Amérique latine. « *Le commerce extérieur est l'un des principaux moteurs de la croissance économique.* »
- **L'aide extérieure peut parfois faciliter l'effort de développement**. Elle a des aspects négatifs (modification des comportements des populations, renforcement des pouvoirs en place...) qui l'emportent souvent en Afrique, alors qu'en Asie, elle a eu des effets positifs sur le développement rural, les structures d'accueil étant plus efficaces.

C ~ Les géants de demain

- **La montée en puissance des nations est mal appréhendée**. Leur poids économique est sous-évalué quand il s'agit d'économies du tiers monde. Une démographie importante est maintenant une condition nécessaire à l'affirmation de la puissance, l'avance technique ne suffit plus comme au XVIIIe siècle. Il faudra une certaine masse critique, 200 voire 300 millions d'habitants, pour être présent sur l'avant-scène mondiale au XXIe siècle.
- **Le déclin relatif des États-Unis et de l'Europe semble inéluctable**. « *Le conservatisme, les rigidités, l'excès de confort et de sécurité, la contraction possible du marché interne, le vieillissement de la population* [...] *joueront contre eux.* » Leur avance technique doit de plus se réduire dans une économie ouverte du fait de l'imitation. Si la puissance est mesurée par « *le produit de deux termes : l'effectif de la population et le produit réel par tête* », alors dans la deuxième moitié du XXIe siècle, des pays comme le Brésil ou la Chine participeront « *à la lutte pour l'hégémonie mondiale* » et le tiers monde actuel occupera une part largement dominante de l'économie planétaire.

Écrit au milieu des années quatre-vingt, le livre de Jean-Claude Chesnais a su s'inscrire dans la longue durée pour déceler, au-delà des problèmes conjoncturels pourtant importants à cette époque, des évolutions économiques souvent confirmées depuis. Fondée sur l'idée d'une similitude entre l'histoire économique des différentes sociétés, cet ouvrage ne développe guère d'analyse théorique. Ses conclusions sur les modifications des équilibres stratégiques rappellent les thèses de Paul Kennedy dans Naissance et déclin des grandes puissances.

FICHE 33

GÉOGRAPHIE DU SOUS-DÉVELOPPEMENT Géopolitique d'une crise

Yves LACOSTE

La première édition de ce livre écrit par Yves Lacoste a été publiée aux PUF en 1965. Depuis, de nombreuses rééditions se sont succédé, notamment la sixième de 1985 qui sera analysée ici, ouvrage de 288 pages avec une importante bibliographie. L'auteur n'hésite pas à remettre en question son propre travail initial de 1965 en le jugeant insuffisamment géographique « car les problèmes qui y étaient abordés l'étaient peu en termes d'espace ». Il souhaite également tenir compte des importantes transformations survenues depuis cette date. L'objet principal du livre est la « construction et l'explication d'une carte qui représenterait l'extension à la surface du globe de l'ensemble formé par les pays sous-développés ». Yves Lacoste cherche ainsi à traduire dans l'espace un problème fondamental du XXe siècle et à en éclairer les origines.

1. L'APPLICATION D'UNE DÉMARCHE GÉOGRAPHIQUE À UNE NOTION AMBIGUË

A ~ Une notion ambiguë

- **De nombreuses expressions ont, après la guerre, cherché à définir un phénomène complexe**. « *tiers monde* » apparaît sous la plume d'A. Sauvy en 1952, par analogie avec la situation du Tiers État dans la société française de l'Ancien Régime. En 1959, Pierre Moussa parle de « *nations prolétaires* ». Dans les années soixante-dix, le terme de « *Sud* » devient courant, tandis que Samir Amin évoque pour sa part une « *périphérie* » dominée par un « *centre* ».
- **La définition du sous-développement est difficile**. D'une façon générale, il « *exprime toujours une inégalité, une insuffisance, une infériorité, c'est-à-dire un rapport que l'on considère comme injuste... ou un écart qui doit être diminué, sinon supprimé* ». Il reste à déterminer concrètement cet écart ou ce rapport d'inégalité pour dépasser les représentations classiques du sous-développement (sécheresse, populations faméliques, bidonvilles péri-urbains...).
- **Les causes du sous-développement sont au cœur d'un grand débat**. Certains mettent l'accent sur les causes internes comme le surpeuplement, les blocages économiques... d'autres insistent sur les causes externes représentées principalement par l'héritage de la colonisation qui aurait fait éclater les structures traditionnelles et exercé une domination qui se serait poursuivie sous les traits d'un néocolonialisme après l'indépendance. Mais les relations entre sous-développement et domination sont plus complexes qu'on ne le dit « *car les grands pays industrialisés d'Europe, dominés par les grandes sociétés américaines, n'en sont pas pour autant sous-développés. Il faudrait aussi s'interroger sur le cas des pays socialistes du tiers monde* » dont l'économie n'est plus sous la dépendance des grandes firmes impérialistes.

B ~ Une tentative de clarification

- **La localisation géographique du sous-développement manque souvent de précision.** « *Au lieu de se contenter d'une représentation allégorique d'un espace abstrait* », il faut « *tenter de construire un concept qui soit cartographiable* ». Pour cela, « *il importe de chercher à réduire l'ambiguïté du mot* ». L'auteur avait formulé en quatorze points, les caractères fondamentaux du sous-développement dans la première édition, une liste qu'il juge désormais dépassée.
- **Une première esquisse de carte peut-être tentée en utilisant le PNB par habitant.** Il s'agit d'une notion en elle-même très discutable et qui nécessite la fixation d'un seuil en partie arbitraire entre les pays du tiers monde et les pays développés. Une telle carte ne peut donc avoir qu'un caractère provisoire d'autant plus que certains pays posent problème (Argentine, Afrique du Sud...). Une étude des réalités du sous-développement est nécessaire.

2. Les réalités du sous-développement

A ~ Les déséquilibres démographiques et sociaux

- **Les besoins non satisfaits, qu'ils soient « *élémentaires* » ou « *nouveaux* » sont fort nombreux.** Le problème alimentaire, essentiel, se traduit par la sous-nutrition (la faim) et la malnutrition lorsque le régime alimentaire présente des carences. S'ajoutent des besoins sanitaires et scolaires « *qui s'imposent de façon de plus en plus pressante* ». Mais « *les besoins subjectifs* » prennent une part croissante : équipements collectifs, habillement, « *envies créées par une abondance de produits dans les vitrines* ».
- **La forte croissance démographique est au cœur du sous-développement.** Elle s'explique par le recul de la mortalité lié à une véritable « *révolution sanitaire* » (avec des différences selon les États) et par le maintien d'une forte natalité due « *à des comportements hérités d'un très ancien passé, de valeurs spirituelles estimables et enfin de l'intérêt des familles...* ». Si une telle croissance démographique ne peut être considérée comme une cause fondamentale du sous-développement, elle « *contribue puissamment au développement des contradictions économiques, sociales et politiques* » qui le favorisent. Les politiques de limitation des naissances ne constituent pas à elles seules des remèdes, elles doivent être couplées à des politiques de croissance économique.
- **Le chômage et le sous-emploi constituent un phénomène récent lié au développement de l'économie moderne.** Dans des pays qui autrefois ont plutôt manqué de main-d'œuvre, la monétarisation de l'économie a provoqué le sous-emploi qui touche des populations « *qui sont placées dans l'obligation de dépenser de l'argent mais ne trouvent pas les moyens d'en gagner* ».

B ~ Les déséquilibres économiques

- **En raison du grand nombre de ruraux, les problèmes liés à la terre se posent avec une grande acuité.** Rendements faibles et productivité médiocre ne s'expliquent qu'en partie par les conditions naturelles car « *tout dépend de la puissance des équipements* ». Une partie de l'espace reste en friche ou est gaspillée. Les structures agraires restent très inégalitaires, une minorité de propriétaires accaparant la majeure partie du sol. Face au problème de l'insuffisance de la production et de l'inégale répartition des terres, la « *révolution verte* » d'une part, les réformes agraires d'autre part ont eu des effets limités.

- **Malgré une industrialisation non négligeable, les pays du tiers monde restent pour la plupart mal pourvus dans ce domaine**. Le développement de l'industrie est favorisé par l'implantation de firmes multinationales qui emploient une main-d'œuvre peu coûteuse. Sa portée doit cependant être limitée car « *nombre de pays sous-développés en sont encore au stade de l'importation des produits manufacturés les plus usuels* ». Mais ce processus d'industrialisation ne pourra que s'amplifier puisque depuis longtemps, il résulte « *pour une bonne part de décisions coordonnées au niveau d'un certain nombre d'appareils d'État, de grandes firmes et d'organisations internationales qui ont des objectifs financiers mais aussi politiques...* ».
- **La croissance du secteur tertiaire est liée à l'explosion urbaine**. Les grandes villes se multiplient et s'accroissent par la conjonction du solde naturel et de l'exode rural. L'urbanisation sauvage et anarchique qui en résulte se traduit par des contrastes sociaux violents entre les quartiers résidentiels et les taudis ou bidonvilles. Même si le secteur tertiaire est plus restreint que dans les pays développés, il progresse rapidement (commerce, services, secteurs dépendant de l'État...).

3. Le sous-développement, fruit de contradictions fondamentales

A ~ La distorsion entre croissance économique et croissance démographique

- **L'établissement du système colonial dans de nombreux pays à partir du XVIe siècle crée des contradictions qui restent longtemps à un niveau limité**. La constitution d'une grande propriété terrienne, l'orientation de la production agricole vers l'exportation entraînent bien évidemment des conséquences sur la société mais « *sans que les colonisateurs* [...] *aient eu à faire face à des difficultés majeures mettant en cause leur pouvoir* ». Les contradictions ne sont pas absentes « *mais elles ne se développent pas* ».
- **Le démarrage de la croissance démographique modifie la situation au XXe siècle**. L'explosion provoquée par la baisse de la mortalité et le maintien d'une forte natalité apparaît comme un des moteurs les plus puissants de l'aggravation de toutes les contradictions de la situation de sous-développement. Alors qu'au XIXe siècle en Europe occidentale, la production avait augmenté beaucoup plus fortement que la population entraînant ainsi à long terme une montée globale du niveau de vie, dans les pays du tiers monde la croissance économique, lorsqu'elle existe, reste trop faible. Il en résulte un « *phénomène absolument nouveau dans l'histoire de l'humanité* », la croissance démographique et la croissance économique s'ajustant jusque-là d'elles-mêmes. La situation de sous-développement se met ainsi en place.

B ~ Le rôle déterminant de l'« *aristocratie autochtone* »

- **L'existence d'une bourgeoisie, « *classe sociale spécifiquement européenne* », a favorisé le décollage économique de l'Europe**. Munie de capitaux et animée d'une mentalité productiviste, elle s'est emparée des inventions technologiques à la fin du XVIIIe et au XIXe siècle déclenchant ainsi la « *révolution industrielle* ». Cependant, dès l'époque du Moyen Âge occidental, de nombreux pays appartenant aujourd'hui au tiers monde (Chine, Inde, monde arabe) avaient un niveau technique permettant d'envisager une même évolution encore plus précoce. L'absence d'une véritable bourgeoisie a bloqué la transformation et ces pays ont fini par tomber sous l'influence des Européens.

- **Dans les pays colonisés, les Européens se sont appuyés sur une fraction influente de la population**. Cette minorité, véritable « *aristocratie autochtone* » détient ainsi des pouvoirs considérables qui « *constituent l'obstacle majeur qui empêche tout véritable progrès économique et social* ». Ainsi, les difficultés que connaissent les pays sous-développés résultent bien pour une part du colonialisme, mais aussi du « *rôle essentiel que les privilégiés autochtones ont joué depuis la conquête coloniale, depuis l'Indépendance et qu'ils jouent de plus en plus aujourd'hui* ».

L'ouvrage reste marqué par la formation marxiste de l'auteur. Il se démarque cependant d'une conception idéologique rigide en tenant largement compte des questions démographiques (ce que ne faisaient pas les marxistes orthodoxes). Certaines conclusions s'avèrent aujourd'hui erronées : les pays du tiers monde socialistes, perçus plutôt favorablement connaissent en cette fin de siècle une situation désastreuse (Corée du Nord par exemple) ou se tournent vers le capitalisme (Chine par exemple). Mais Yves Lacoste a atteint deux objectifs : il a traité du sous-développement en géographe, et il s'est efforcé de donner toute sa place aux aspects politiques ou géopolitiques. « Depuis plus de trente ans, affirme-t-il dans un entretien réalisé par la revue Historiens et Géographes *en mars 1994, je me bagarre pour que les géographes prennent eux aussi en compte les phénomènes qui relèvent du politique. » Le sous-titre de son ouvrage, « Géopolitique d'une crise », le montre bien.*

FICHE 34

LE TIERS MONDE DANS L'IMPASSE

Paul BAIROCH

Jusqu'au XVIIIe siècle, l'écart économique et technique entre les différents pays du monde reste faible. Avec la révolution industrielle, les pays occidentaux connaissent une croissance accélérée alors que les trois quarts de l'humanité accumulent les retards. Ce livre cherche à expliquer pourquoi, en près de deux siècles, l'écart qui sépare les pays développés des pays du tiers monde n'a fait que s'accentuer d'année en année.

Cet ouvrage (Gallimard, 1971) a fait l'objet de deux rééditions successives, avec d'importants ajouts et une mise à jour de la plupart des données chiffrées, l'une en 1983, l'autre en 1992 (660 pages).

1. LE TIERS MONDE N'A PAS PU SUIVRE LE MODÈLE DE L'EUROPE DU XIXe SIÈCLE

A ~ La révolution industrielle occidentale constitue un modèle pour les pays du tiers monde

- **Révolution agricole et transition démographique sont un préalable à la révolution industrielle**. Les progrès agricoles apparus en Grande-Bretagne dans la première moitié du XVIIIe siècle, comme le mouvement des *enclosures* ou la généralisation de nouvelles plantes telles les légumineuses ou la pomme de terre, ont fait progressivement reculer la mortalité. En stimulant la transition démographique, ils ont permis à la fois de dégager de nouveaux profits dans l'agriculture et d'augmenter sensiblement la demande industrielle.
- **La révolution industrielle est le moteur du démarrage économique**. Plus encore que la généralisation des chemins de fer, assez tardive, la mécanisation de l'agriculture et de l'industrie textile ont fortement développé la sidérurgie. Il faut attendre en fait le milieu du XIXe siècle pour que la mise au point de machines à vapeur plus efficaces permette une révolution des transports terrestres et maritimes. La révolution industrielle est en définitive « *un processus complexe de développement généralisé et, surtout, auto-entretenu* ».
- **Certains facteurs structurels ont facilité la révolution industrielle**. Au XIXe siècle, les investissements nécessaires restaient très limités. Comme les profits étaient élevés, les entreprises pouvaient se développer en ayant presque exclusivement recours à l'autofinancement. L'absence de législation du travail, le protectionnisme douanier, les faibles besoins en main-d'œuvre qualifiée, eu égard à la simplicité des techniques utilisées, ont aussi favorisé les entreprises.

B ~ Mais les pays du tiers monde n'ont pas pu suivre ce modèle

- **Les conditions géographiques n'ont pas permis la diffusion des techniques**. Même si l'écart des niveaux de développement entre les pays occidentaux et les autres pays du monde restait encore faible au XIXe siècle, les difficultés de communication, la densité de peuplement et surtout les différences climatiques ont handicapé le processus de transmission des révolutions agricole et industrielle.
- **La domination coloniale a été un obstacle au développement du tiers monde**. Depuis plus de quatre siècles, une grande partie des pays d'Amérique latine, d'Afrique et d'Asie ont été des espaces dépendants des métropoles européennes, exploités pour leurs ressources en matières premières agricoles ou minérales, voire pour leur main-d'œuvre. L'expansion coloniale a ainsi « *causé, d'ailleurs non volontairement dans la plupart des cas, des dommages incalculables à l'économie de la majorité des sociétés non européennes* ». Seul le Japon, fermé depuis le XVIIe siècle à toutes les tentatives coloniales, a été « *l'exception qui confirme la règle* » et a réussi depuis l'ère Meiji à se développer.
- **Le tiers monde a longtemps été un débouché marginal pour les industries des pays occidentaux**. « *Le démarrage de la révolution industrielle en Angleterre ainsi que celui de la plupart des pays occidentaux n'ont pratiquement pas été aidés par le phénomène colonial.* »

2. Le démarrage économique des pays du tiers monde reste difficile

A ~ Les conditions ont sensiblement évolué depuis 1900

- **L'agriculture présente un caractère dualiste**. Les cultures d'exportation comme les agrumes, les bananes, le cacao ou le café, produites dans de grandes exploitations, ont connu une forte expansion jusque les années soixante-dix. Depuis, les besoins des pays développés sont arrivés à saturation et les exportations de produits tropicaux se sont nettement ralenties. L'agriculture vivrière, qui emploie la majorité des actifs du tiers monde, a connu une croissance plus faible que celle de la démographie : le déficit alimentaire s'est donc accru avec le temps. Conséquemment, « *le tiers monde a cessé d'être un exportateur important de produits agricoles* ». L'Afrique et le Moyen-Orient sont aujourd'hui devenus des importateurs de produits agricoles, ce qui accroît leur dépendance. « *La priorité à l'agriculture ne constitue pas, pour la plupart des pays du tiers monde, une option mais une nécessité immédiate.* »
- **La croissance industrielle a été limitée**. Les industries extractives, dont les produits sont surtout destinés aux industries des pays développés, ont certes connu un accroissement considérable jusqu'en 1973, mais au prix d'un gaspillage des ressources compromettant parfois « *les chances d'une industrialisation future plus aisée* ». Lorsque la production manufacturière se développe, c'est au prix d'une dépendance accrue envers les sociétés multinationales, ou d'une exploitation de la main-d'œuvre locale. L'industrialisation, longtemps considérée comme le moyen le plus sûr pour atteindre un niveau de vie plus élevé, ne conduit pas nécessairement au développement.

■ **Les écarts entre pays riches et pays pauvres se sont accrus**. Depuis les années cinquante, les termes de l'échange des pays du tiers monde se sont détériorés. Les prix des produits de base ont généralement régressé, contrairement à ceux des produits manufacturés, déséquilibrant par là-même les balances commerciales de nombreux pays en développement, souvent mono-exportateurs de produits bruts. En raison même de la dégradation des termes de l'échange, l'aide financière des pays riches s'est sensiblement accrue durant la même période. Cette « aide » a essentiellement pris la forme de prêts à taux d'intérêt très élevé. D'année en année, la charge est devenue de plus en plus écrasante, et les possibilités de remboursement de plus en plus difficiles. Progressivement, les inégalités se sont à la fois accrues entre pays du tiers monde et pays développés, mais aussi entre les pays du tiers monde eux-mêmes, puisque l'Asie du Sud-Est a connu une croissance bien supérieure à l'Amérique latine, a fortiori à celle de l'Afrique, où certains pays ont même régressé. « *L'égalité des mondes n'est pas pour demain, ni pour après-demain.* »

B ~ De nombreux obstacles s'opposent à leur démarrage

■ **L'« *inflation démographique* » est le plus grand obstacle au développement du tiers monde**. Entre 1950 et 1980, la population des pays du tiers monde a plus que doublé alors qu'en Europe, au XIXe siècle, la population n'avait doublé qu'en 90 ans. Cette croissance inégalée s'explique surtout par l'application de la médecine ordinaire des pays développés, qui fait rapidement baisser la mortalité. « *Étant donné la structure actuelle de la pyramide des âges de la population du tiers monde, même une forte baisse de la fécondité n'entraînerait pas un ralentissement à court terme du taux de progression démographique.* » La transition démographique, effectuée de manière accélérée, génère des effets pervers : la superficie cultivable par actif agricole diminue, l'exode rural est renforcé, l'urbanisation est anarchique, l'industrie n'arrive pas à absorber le surplus de main-d'œuvre, les conditions sociales s'aggravent dramatiquement, les problèmes d'éducation et de formation s'accentuent.

■ **L'obstacle technique s'accroît avec le temps**. Alors qu'au XIXe siècle les techniques mises en œuvre restaient rudimentaires, celles d'aujourd'hui se complexifient constamment et nécessitent des niveaux de formation et d'investissement sans cesse accrus. « *L'impossibilité pratique d'une imitation, à l'aide des ressources traditionnelles, des machines et des techniques en usage actuellement jointe au problème de formation réduisent fortement les incitations à la création d'une industrie locale de production de machines et d'outillages.* » Cette situation renforce inéluctablement la dépendance du tiers monde envers les pays développés pour la fourniture de biens d'équipement, ce qui bloque leur industrialisation. De fait, lorsqu'on enregistre un certain développement économique, celui-ci conduit généralement à une hypertrophie du secteur tertiaire, facteur supplémentaire d'inertie.

■ **La baisse des coûts des transports renforce les difficultés des pays du tiers monde**. Davantage qu'au XIXe siècle, les coûts du kilomètre parcouru, sur terre mais plus encore sur mer, ont sensiblement baissé depuis la Première Guerre mondiale. Cette évolution a entraîné une « *suppression de la barrière protectrice que représentaient les coûts de transport pour les industries naissantes* », les entreprises locales se trouvant immédiatement confrontées à la concurrence des industries plus productives des pays développés. Cette évolution conduit aussi à renforcer les spécialisations régionales. Elle constitue une « *incitation à une spécialisation dans la production agricole non vivrière* », plus rémunératrice, mais qui tend à accroître dangereusement la dépendance alimentaire de ces pays.

Elle renforce par ailleurs les « *possibilités d'établissement d'exploitations minières sans création d'industries de transformation* ».

Ces difficultés peuvent « donner, à juste titre, l'impression que la plupart des pays du tiers monde se trouvent dans une impasse en ce qui concerne leurs chances d'un développement économique rapide. Il y a là une série impressionnante d'obstacles dont chacun d'entre eux pris isolément est presque suffisant pour bloquer un processus de développement ». Dans la situation actuelle, le développement économique reste néanmoins une nécessité impérieuse. Il ne sera possible qu'en freinant sérieusement la progression démographique, en donnant d'abord la priorité au développement de l'agriculture, en protégeant assez longuement le marché national par des barrières douanières élevées, mais aussi en accentuant les efforts en matière de formation et en rationalisant l'utilisation des ressources locales. Il pourrait même s'accélérer si le monde développé consentait à réaliser un véritable effort vis-à-vis des pays les plus pauvres.

FICHE 35

MIRAGES ET MIRACLES Problèmes de l'industrialisation dans le tiers monde

Alain LIPIETZ

L'industrialisation est bel et bien devenue une réalité dans un certain nombre de pays de ce tiers monde que l'on disait voué à l'exportation de matières premières et à l'importation de produits manufacturés. C'est cette réalité que tente d'analyser Alain Lipietz dans son ouvrage (La Découverte, 1986, 177 p.). Il opère d'abord une critique de la théorie de la « dépendance » qui érige en dogme l'inéluctable « développement du sous-développement ». En utilisant les concepts de l'École de la régulation à laquelle il est rattaché (centre, périphérie, régime d'accumulation, fordisme...), l'auteur essaie ensuite de comprendre l'émergence d'une nouvelle division internationale du travail, puis d'expliquer les difficultés rencontrées par les nouveaux pays industrialisés (NPI) à la fin des années quatre-vingt.

1. Critique des théories de l'impérialisme et de la dépendance

A ~ L'évolution historique contredit les thèses tiers-mondistes

- **La théorie de l'impérialisme développée par Lénine et R. Luxembourg naît en période de croissance extensive (obtenue grâce à l'augmentation des facteurs de production) au centre (pays développés)**. Dans ce contexte où l'accumulation de capital (l'investissement) ne s'accompagne pas d'une extension de la demande, la périphérie (pays du tiers monde) constitue un débouché nécessaire pour les produits du centre dans un premier temps, pour leurs capitaux par la suite. « *L'extérieur est aussi un réservoir où le capitalisme va puiser ce qu'il ne peut créer, mais seulement transformer (les matières premières) et contribuer à reproduire (la force de travail).* » Peu à peu s'instaure une division internationale du travail (DIT), le Sud se spécialisant dans la production et l'exportation de produits primaires, le Nord dans celle des biens manufacturés.
- **Cependant, le capitalisme développe son marché intérieur, et le rôle du Sud comme débouché devient secondaire**. Avec l'épanouissement du fordisme au centre, c'est-à-dire le passage à une croissance intensive (obtenue grâce aux gains de productivité) fondée sur la consommation de masse, le capitalisme résoud la question des débouchés. Au milieu des années soixante, la part des exportations dans la production manufacturière du centre atteint son point le plus bas, celle des exportations de biens industriels vers la périphérie représente 2 % de la PIB pour la CEE et 0,8 % pour les État-Unis : le centre n'a plus besoin de la périphérie ! Quant à l'importation de produits primaires, « *il est abusif de dire que le pillage du tiers monde ait eu quantitativement une grande importance dans la croissance du centre, et encore plus de dire que telle fut, après comme avant la Seconde Guerre mondiale, la fonction de la périphérie* ».
- **Les thèses de la « *dépendance* » doivent donc être relativisées**. L'idée selon laquelle le Sud ne peut se développer parce que le Nord a toujours de plus en

plus besoin du sous-développement est battue en brèche à la fois par l'histoire et par l'émergence des NPI.

Si les pays du Sud connaissent des difficultés à s'industrialiser, il faut s'interroger sur la responsabilité de facteurs internes.

B ~ Le rôle important des facteurs internes dans les difficultés de l'industrialisation

- **Une première tentative d'industrialisation s'ébauche autour de la stratégie de « *substitution d'importation* ».** L'Amérique latine dans les années trente, et la Corée dans les années cinquante, inaugurent un modèle fondé sur l'utilisation des recettes d'exportation des produits primaires dans l'industrie des biens de consommation jusque-là importés. Pour ce faire, il est nécessaire d'importer les biens d'équipement au centre et de protéger les industries naissantes par des barrières tarifaires. Malgré des succès initiaux, cette stratégie rencontre de grandes difficultés.
- **On peut qualifier cette stratégie de « *fordisme incomplet* ».** « *Ce modèle d'industrialisation à la périphérie, par adoption partielle et souvent illusoire du modèle central de production et de consommation, mais sans l'adoption des rapports sociaux correspondants, échoue en effet à s'insérer dans le "cercle vertueux" du fordisme central.* » En premier lieu, les gains de productivité ne s'y manifestent guère, par « *absence d'une classe ouvrière expérimentée et de personnel d'encadrement nécessaires à la mise en œuvre des modes d'opération fordistes* ». En second lieu, faute d'une augmentation significative du pouvoir d'achat ouvrier et paysan, les débouchés demeurent limités à la classe dominante, par ailleurs peu encline à consommer des produits standardisés. Enfin, le modèle bute sur le coût des importations de biens d'équipement et le déficit grandissant du commerce extérieur. Ainsi, l'échec de la « *substitution d'importation* » est davantage imputable à une structure sociale interne demeurée fortement inégalitaire qui empêche la réalisation d'un fordisme autonome, qu'à la domination du centre.

2. L'émergence d'une nouvelle DIT : vers une mondialisation du fordisme ?

A ~ Une nouvelle stratégie: la « *substitution d'exportation* »

- **Dans les années soixante, se développe la stratégie de « *substitution d'exportation* ».** Elle consiste à substituer aux exportations traditionnelles de produits primaires celles de produits industriels. Les raisons de ce choix résident d'abord dans l'échec de la stratégie de substitution d'importation, mais également dans la crise latente du mode de régulation fordiste dans les pays du Nord : il s'agit pour eux à la fois d'augmenter les gains de productivité par l'élargissement de l'échelle de production, et la rentabilité par la recherche de zones à bas salaires. Deux configurations se dessinent alors ; elles vont parfois se succéder dans le même pays (cas de la Corée du Sud).
- **La première peut être qualifiée de « *taylorisation primitive* ».** Elle consiste en une « *délocalisation de segments précis et limités de circuits de branches dans les États à très fort taux d'exploitation (salaires, durée et intensité du travail), les produits étant réexportés vers le centre principalement* ». Les branches concernées sont le textile et l'électronique. C'est l'organisation du travail taylorienne et non fordienne qui est implantée, peu coûteuse en capital, mais gourmande en travail abondant et bon marché. On parle de taylorisation « *primitive* », ou « *taylorisation sanguinaire* », car à l'instar de l'accumulation primitive en Europe, « *cette logique vise à extorquer le maximum de plus-value*

d'une main-d'œuvre qu'on ne cherche même pas à reproduire régulièrement ». L'État local joue un rôle majeur dans la gestion de la force de travail : absence de législation du travail, zones franches, répression... Ainsi, en Corée, au milieu des années soixante-dix, 30 % des ouvrières travaillent plus de 15 heures par jour.

- **La seconde configuration est celle du « *fordisme périphérique* ».** Elle se développe dans les années soixante-dix en Corée, mais aussi au Brésil et au Mexique. C'est un « *fordisme* » authentique dans la mesure où on assiste à une véritable mécanisation de l'organisation du travail, et à la croissance des débouchés des biens de consommation durables. Mais il demeure « *périphérique* », car il est limité à des niveaux de production déqualifiés, et surtout parce que l'extérieur constitue encore l'essentiel des débouchés.

B ~ Une nouvelle DIT se substitue peu à peu à l'ancienne

- **On observe donc la naissance d'une nouvelle DIT caractérisée par un double mouvement**. D'abord, la part des biens manufacturés dans les exportations de certains pays croît de manière spectaculaire. Ensuite, les flux du commerce des biens primaires en particulier agricoles se renversent : c'est désormais le Nord (Europe et États-Unis) qui nourrit le Sud.
- **Les échanges Sud-Sud s'intensifient**. L'ancienne périphérie éclate et en son sein se développent de nouveaux flux du style de l'ancienne DIT : les NPI deviennent les fournisseurs industriels de pays moins avancés, ils y exportent également de la technologie.
- **Cette nouvelle répartition des activités n'est pas orchestrée par le centre, même si les FMN et les banques y participent**. Les firmes multinationales trouvent évidemment l'opportunité de nouveaux marchés. Cependant, l'essentiel des investissements directs à l'étranger demeure concentré au centre pendant la période. Quant aux banques, elles disposent d'abondantes liquidités en pétrodollars qu'elles placent volontiers dans les pays demandeurs. Ici encore, « *ce n'est plus le centre qui décide de s'installer dans le tiers monde mais les classes dominantes des pays dominés qui choisissent une stratégie nécessitant un apport rapide en capitaux* ». Cependant, c'est cette forte injection de capitaux bancaires qui va provoquer pour une large part les problèmes ultérieurs. S'y ajoutent en outre les difficultés inhérentes à la logique du fordisme périphérique lui-même.

3. Les malheurs du fordisme périphérique

A ~ Les causes internes des difficultés

- **L'explosion démographique constitue le premier facteur de crise**. De nombreux pays du tiers monde connaissent en effet la transition démographique. Il en résulte une augmentation, certes temporaire, mais très lourde de la charge économique pesant sur les actifs. Ce phénomène rend compte en partie de la stagnation du niveau de vie dans nombre de pays en développement.
- **Le fordisme périphérique bute à son tour sur des contradictions internes**. Le coût croissant des biens d'équipement importés pèse à nouveau sur l'équilibre extérieur. Les débouchés rétrécissent au centre à cause de la croissance ralentie. Dans la périphérie, « *certes, le salariat se développe, mais le salaire unitaire est bridé par la nécessité de rester compétitif (par rapport au centre... et aux concurrents de la périphérie)* ».
- **On assiste enfin à un véritable « *chaos des rapports sociaux* ».** « *Coexistent à la fois des structures autoritaires nécessaires au maintien de très forts taux d'exploitation dans les secteurs exportateurs* » et des poussées de démocratisation liées à la montée des classes moyennes urbaines et à un début d'organisation syndicale.

B ~ La crise de la dette

- **Si l'endettement d'un pays en voie d'industrialisation n'est pas nocif en soi, le problème commence quand il devient cumulatif**. C'est ce qui se produit dans les années soixante-dix, malgré une très grande diversité des situations. « *Une part croissante des nouveaux emprunts sert donc à payer les intérêts des dettes anciennes et le renouvellement du principal* ». Ainsi la dette se nourrit d'elle-même et s'autonomise partiellement par rapport au financement de l'industrialisation.
- **Le choc monétariste vient alors étrangler le fordisme périphérique**. Le tournant monétariste de la politique économique américaine au début des années quatre-vingt engendre la hausse des taux d'intérêt et celle de la valeur du dollar. Or, la dette du tiers monde est pour l'essentiel contractée en dollars et à taux d'intérêt variables. Confrontés en outre à la récession généralisée et donc à la contraction de leurs marchés extérieurs, les NPI entrent alors dans une crise de financement. Durant l'été 1982, le Mexique se déclare en cessation de paiements, et, suivi par d'autres pays débiteurs, il demande une renégociation de sa dette. Les années quatre-vingt sont celles de l'entrée en scène du FMI qui, en échange de nouveaux crédits, impose un ajustement structurel provoquant pour de longues années la stagnation économique des pays concernés.

Dans cet ouvrage, Alain Lipietz nous invite à ne pas négliger dans l'analyse du sous-développement et des problèmes de l'industrialisation la responsabilité de facteurs internes aux pays du tiers monde. Les relations entre le centre et la périphérie ne sont pas de simples relations de dépendance et de domination. Il n'existe pas de « maestro » qui imposerait un ordre économique et une répartition des activités entre pays, même si cet ordre peut effectivement servir les intérêts des pays dominants. « Les hommes et les nations font leur propre histoire », et aujourd'hui « en fait, c'est un nouveau modèle d'industrialisation, de nouveaux modes de consommation, de nouvelles relations sociales qu'il s'agit d'inventer au Nord comme au Sud, et nécessairement ensemble ».

FICHE 36

L'IDENTITÉ DE LA FRANCE

Fernand BRAUDEL

La mort de l'auteur, l'année précédant la parution de l'ouvrage (Arthaud-Flammarion, 1986, 3 vol., 1 000 p.) explique l'inachèvement d'un ouvrage qui devait compter quatre parties et dont seules les deux premières ont pu être publiées (I. Espace et Histoire – II. Les Hommes et les Choses).

F. Braudel y développe le concept de « longue durée » qui correspond selon lui en histoire au « trend » des économistes. Au-delà des faits, du « temps court », il insiste sur l'évolution des grandes tendances séculaires économiques, mentales, culturelles. Son ouvrage consiste donc à chercher l'identité de la France, à cerner sa personnalité au travers de son histoire en utilisant les ressources des différentes sciences humaines comme la géographie, la démographie, l'économie, la science politique...

1. « *ESPACE ET HISTOIRE* » : UNE RÉFLEXION SUR LES RAPPORTS ENTRE L'HISTOIRE DE LA FRANCE ET SON TERRITOIRE

A ~ L'espace français juxtapose des éléments très divers

- **La diversité est celle des paysages et celle des hommes**. Relief, climat, végétation, sols se combinent à l'infini faisant de la France une sorte de « *morceau de la géographie de l'Europe* ». À plus grande échelle, des micro-milieux créent une véritable mosaïque renforcée par la variété culturelle (langues, dialectes, structures familiales...).
- **L'opposition nord-sud domine l'ensemble**. « *Il y a cassure, plaie ouverte* » dans tous les domaines, climatique, culturel (langue d'oïl, langue d'oc), etc. « *Le passé de la France se partage de part et d'autre de cette France médiane.* »
- **L'immensité de l'espace est responsable de cette extrême diversité**. En l'absence de transports rapides, les différentes parties du territoire ont pu vivre pendant des siècles repliées sur elles-mêmes et protégées de l'influence de leurs voisines.

B ~ « *Du pluriel au singulier* » : cette diversité a pourtant donné naissance à la France

- **Des facteurs d'unité existent puisque la France est l'une des plus anciennes nations d'Europe**. L'autarcie n'est jamais totale et « *des mouvements silencieux, continus* [...] *cousent ensemble les parties de l'espace* », appuyés par un système de peuplement hiérarchisé à trois étages : villages – bourgs – villes.

- **Ce système, fort ancien, a évolué mais reste une réalité encore aujourd'hui.** Fondé sur un ensemble de relations réciproques et étroites entre les différents niveaux, il a traversé les siècles, de la chute de Rome jusqu'au XXe siècle. La part respective des divers éléments s'est modifiée, « *les villages se sont dépeuplés mais les bourgs ont pris du poids* » ; toutefois le système est toujours valable.

C ~ La France apparaît donc comme le produit de l'histoire et de la géographie

- **L'isthme français est un atout à relativiser**. L'axe Seine-Saône-Rhône a été fréquenté précocement et a fixé des centres de première importance comme Lyon. Cependant le Rhône, bien qu'étant aujourd'hui « *l'axe de la plus grande circulation française* », a été plutôt « *un axe frontière en marge de la France en formation* » qu'un élément essentiel de l'unité française.
- **C'est autour de Paris que la France va se constituer**. Le rôle de la capitale va peser lourdement sur le destin du pays en affirmant la prééminence de la France du Nord sur celle du Midi.
- **La situation géographique de la France explique une histoire tiraillée entre une vocation maritime et une vocation continentale**. L'étendue de son territoire lui donne une grande longueur de côtes et de frontières. Mais ces dernières ont « *dévoré l'histoire de la France* » en raison des efforts déployés pour les défendre. Entraînée dans des guerres continentales, la France ne pourra jamais se consacrer pleinement à la mer.

2. « *Le nombre et les fluctuations longues* » : les grandes phases de l'évolution démographique

A ~ Avant 1350 : avancées et reculs

- **L'espace français a été très tôt fortement peuplé**. Sa situation à l'ouest du continent et en bordure de l'océan explique le regroupement et le brassage de peuples venus par vagues successives de l'est. La population augmente pendant le IIIe millénaire avant J.-C. dans l'espace qui deviendra la Gaule. La régression après - 1800 est suivie d'une reprise jusqu'à la conquête romaine.
- **De la Gaule romaine à la Gaule carolingienne, les cycles démographiques et économiques se succèdent**. Si de 150 à 950, un long recul l'emporte, il est interrompu par des phases d'expansion (fin VIIe-milieu IXe par exemple).
- **Le contexte économique favorable à partir du Xe siècle accompagne une forte poussée démographique**. Le centre de l'économie-monde se déplace de la Méditerranée vers l'Europe occidentale (foires de Champagne au XIIe siècle) ; les villes prennent leur essor, les défrichements s'étendent, la population triple entre 1100 et 1328.

B ~ La grande cassure : un siècle de crises 1350–1450

- **La France est marginalisée sur le plan économique**. Les nouvelles routes commerciales la laissent à l'écart.
- **L'effondrement démographique est dramatique**. La peste noire qui s'étend à partir de 1347-1348, la guerre de Cent Ans contre l'Angleterre s'additionnent pour diviser par deux la population. La France reste sans doute après cette hécatombe plus peuplée qu'elle ne l'était sous le règne de Charlemagne, « *mais quel recul* ! ».

C ~ Depuis le milieu du XVe siècle, la population augmente

- **Malgré les crises et les guerres, l'expansion démographique s'est poursuivie pendant plus de cinq siècles**. Sans doute la progression est-elle irrégulière, mais « *il y a eu montée d'ensemble* ». La disparition des épidémies, les progrès de la médecine, l'amélioration de l'alimentation ont comme résultat une augmentation de l'espérance moyenne de vie.
- **La France est malthusienne avant Malthus**. En France, la restriction des naissances débute plus tôt qu'ailleurs dès le XVIIe-XVIIIe siècle avec la diffusion progressive de méthodes contraceptives. Des raisons culturelles (laïcisation de la société, plus faible emprise de l'Église) et démographiques (surpopulation dès le XVIIe siècle) expliquent plus ou moins en partie une évolution qui place la France en situation difficile par rapport à ses voisins dans le contexte économique du XIXe siècle. « *Toute la marche de la France est depuis lors influencée par cet événement.* »
- **La France est une terre d'immigration**. L'arrivée d'étrangers a contribué à l'augmentation de la population, surtout à partir du XIXe siècle.

3. « *Une économie paysanne jusqu'au XXe siècle* » : sans être exclusif, le fait rural a toujours été dominant dans l'histoire de la France

A ~ Les activités rurales constituent « *l'infrastructure* » de l'économie

- **L'homme subit, dompte ou s'adapte à la nature** (grêle, sécheresse, rythme des saisons). Il répartit ses cultures et ses activités (céréales, vigne, élevage, forêt) en fonction de ses besoins (manger, se vêtir, etc.).
- **Les besoins ne sont pas toujours couverts**. « *L'offre intérieure répond mal à la demande* ». Des pénuries et des disettes provoquent des révoltes paysannes qui jalonnent l'histoire des campagnes du XVIe au milieu du XIXe siècle.
- **Cependant, le perfectionnement de l'outillage, le recours au chaulage améliorent peu à peu les rendements**, mais trop lentement par rapport à d'autres pays européens. « *C'est ce retard* [...] *qui prolonge en France l'économie paysanne ancienne...* »

B ~ Les « *superstructures* » (villes, industrie, commerce, etc.) n'ont pu jouer un rôle moteur pour entraîner l'économie

- **La progression des villes a été lente**. Malgré une croissance plus soutenue après 1850, elles ne pourront être « *un moteur de développement économique* ». C'est seulement en 1931 que leur population dépasse celle des campagnes.
- **L'industrie a conservé longtemps une structure duale dans le cadre d'un capitalisme peu dynamique**. Du XVIIIe siècle jusqu'au-delà de la Première Guerre mondiale, le poids de la petite industrie éparpillée reste essentiel par rapport à la grande, tournée vers l'avenir, même si son rôle décroît peu à peu. Les Français préfèrent l'épargne (« *capitalisme dormant* ») à l'investissement industriel (« *capitalisme actif* ») de telle sorte que la France « *pas assez capitaliste* [...] *n'a pas su jouer à plein dans la lutte entre les puissances du monde* ».

- **La circulation, « *c'est-à-dire l'ensemble des mouvements économiques que suppose le fonctionnement de toute société* » s'est développée ainsi que le commerce**. Mais en profondeur, l'économie n'a pas pu être modifiée. Le désenclavement, malgré les progrès des transports, n'a pas touché l'ensemble du territoire, si bien que « *presque jusqu'à nos jours, une certaine France paysanne s'est obstinée à vivre sur elle-même. Presque envers et contre tout...* »

Les bouleversements opérés après 1945 pendant la période des « Trente Glorieuses » sonneront le glas de cette économie paysanne qui a si profondément marqué la France. Mais sous une apparente uniformisation, la diversité décrite par l'auteur n'en subsiste pas moins largement.

Fernand Braudel a été avec l'École des Annales l'un des pères de la « Nouvelle histoire », celle du « temps long » qui n'a pas toujours fait l'unanimité chez les historiens. Il se plaignait parfois d'être mieux compris des philosophes que de ces derniers. Au-delà de ces polémiques, l'œuvre témoigne, comme le dit l'historien Pierre Goubert, d'une « pensée riche et nuancée, provocatrice et élégante... », un livre, poursuit-il « qui se déguste comme un très grand cru [...] à petites gorgées lentes et séparées ».

FICHE 37

PENSER L'EUROPE

Edgar MORIN

En 1987, l'Europe reste un continent divisé après 40 années de guerre froide. La Perestroïka de M. Gorbatchev en URSS, dont l'échec permettra indirectement l'ouverture du « rideau de fer » et la chute du communisme, n'en est encore qu'à ses débuts. Le titre du prologue du livre, « Souvenirs d'un anti-européen », n'est pas sans rappeler de façon contraire le titre d'un ouvrage de l'écrivain autrichien Stefan Zweig écrit peu avant son suicide en 1942 : Le monde d'hier, souvenirs d'un Européen. *Mais Edgar Morin se convertit progressivement à l'idée européenne. Après avoir porté un regard sur l'histoire et la culture européennes, il analyse dans cet ouvrage (Gallimard, 1987, 220 p.) ce que pourrait être le destin commun du continent.*

1. UN VOYAGE DANS L'HISTOIRE ET LA CULTURE EUROPÉENNES

A ~ Les « *métamorphoses d'Europe* »

- **Les limites géographiques de l'Europe ont toujours été incertaines**. Si, à l'Ouest et au Sud, elles s'appuient sur l'océan et la Méditerranée, à l'Est en revanche, elles sont artificielles, l'Europe étant le prolongement de l'Asie. L'Oural, qui n'est pas une barrière, n'a jamais empêché les grands mouvements de peuples dans les deux sens : « *L'Asie a déferlé sur l'Europe à l'époque des grandes invasions, puis les Tatars ont submergé la Russie de Kiev, puis la Russie a, à son tour, submergé les Tatars pour finalement répandre l'Europe en Asie jusqu'à Vladivostok* ». À l'intérieur, l'Europe est très fragmentée et sans unité géographique. « *Son originalité est, pour ainsi dire, son manque d'unité.* »
- **L'Europe est cependant devenue une entité historique**. « *Elle se définit, non par ses frontières, mais par ce qui l'organise...* » Les divisions et les conflits se sont succédé depuis le Moyen Âge : schisme religieux de 1054, rupture liée à la Réforme, divisions politiques en États nationaux, multiplication des guerres. Cependant des traits d'unité restent visibles : développement des échanges (foires de Champagne, villes de la Hanse), diffusion des techniques, principe diplomatique de l'équilibre européen... « *Ainsi, tout ce qui forme l'Europe moderne la divise et tout ce qui la divise la forme.* » Ce sont les nationalismes à partir du XIXe siècle, la course aux armements qui entraînent une Europe à son apogée au début du XXe siècle dans deux guerres suicides qui aboutissent à sa division après 1945 ; « *depuis la guerre froide, l'Europe est écartelée entre Orient et Occident* ».
- **L'Europe a ainsi connu tout au long de son histoire, une succession de métamorphoses**. De l'Europe des États à l'Europe des États-nations... de l'Europe marchande à l'Europe industrielle... de l'Europe maîtresse du monde à

l'Europe province sous tutelle. « *Aussi son identité ne se définit-elle pas en dépit des métamorphoses mais dans les métamorphoses.* » À partir du XVe siècle, s'affirme l'idée d'une supériorité de la civilisation européenne sur toutes les autres. Cette civilisation européenne s'est répandue dans le monde entier par la colonisation et l'émigration, si bien que « *aujourd'hui, ce sont les frontières civilisationnelles qui sont floues* ». Enfin, en raison de la variété des différentes cultures, la recherche d'un principe d'unité est difficile puisque « *l'ordre de l'Europe, c'est le désordre du chantier tumultueux* ».

B ~ Le « *bouillon de culture* »

- **L'espace culturel commun européen ne doit pas cacher une réalité culturelle polycentrique**. La base de cette culture est constituée par l'héritage juif, chrétien, grec et latin, base sur laquelle « *l'Europe a produit une civilisation originale, marquée par la spiritualité, l'humanisme, la rationalité, la démocratie...* ». Malgré cela, des cultures nationales prennent forme ; celles-ci sont « *en osmose les unes avec les autres, mais chacune a ses caractères dominants ou ses sphères d'excellence* ».
- **L'Europe moderne naît culturellement de l'éclatement de ses fondements judaïque, chrétien, grec et latin**. « *Le devenir culturel européen moderne s'effectue dans la dislocation et la dérive de ce qui était étroitement uni dans la pensée médiévale* », c'est-à-dire principalement la Foi, la Raison, la Nature. À partir de la Renaissance, ces trois éléments de base de l'héritage (juif, chrétien, grec et romain) restent complémentaires tout en devenant conflictuels, créant ainsi un « *bouillonnement dialogique permanent* ». Dans toute l'Europe, ce bouillonnement culturel se traduit par la multiplication des idées et des théories à la « *recherche de nouveaux fondements* ». Véritable tourbillon « *qui emporte et fait culturellement l'Europe* », se déplaçant d'une ville à l'autre dans l'ensemble du continent, « *de Florence à Amsterdam, Londres, Paris, Iéna, Berlin, Vienne...* ».
- **Dans tous les domaines, la culture européenne évolue selon une dialogique permanente**. L'Europe apparaît à la fois comme fille de la chrétienté et comme fille de la Grèce ; de ces deux sources, chacun peut puiser des notions telles que la Liberté ou la Justice. Raison et Foi ont dû tenir compte l'une de l'autre et s'accepter mutuellement, « *la Raison a dû accepter la Foi comme la Foi avait dû accepter l'autonomie de la Raison...* ». La science européenne est « *propulsée entre rationalisme et empirisme, entre imagination et vérification* ». Le problème du sens de l'histoire, l'élaboration de philosophies fondées sur le devenir, les théories de l'évolution sont aussi bien des « *produits que des producteurs typiques de la culture européenne* ». En définitive, « *ce que l'Europe a produit de plus original s'est aujourd'hui universalisé pour le pire et pour le meilleur* ». Mais cette universalisation pose le problème de ce qui reste spécifiquement européen.

2. La prise de conscience d'un destin commun

A ~ L'éveil d'une conscience européenne

- **Après des débuts timides, la nouvelle conscience européenne s'affermit à partir des années 1960-1980**. Au lendemain de la guerre, « *l'édification de la première Europe trouve peu de maçons et peu de ciment* ». Elle se construit cependant mais essentiellement sur le terrain économique (1957 : le traité de

Rome fonde la communauté économique européenne), et sous le regard méfiant des intellectuels de gauche qui « *voient dans la première cristallisation ouest-européenne plus un obstacle qu'une transition vers une Humanité réconciliée* ». Après 1960, la réconciliation franco-allemande, la transformation interne et l'uniformisation des pays qui « *vivent désormais au même rythme* », l'achèvement de la décolonisation qui « *purifie l'idée d'Europe* » sont autant de facteurs qui lèvent des « *obstacles à l'adhésion européenne, mais sans vraiment y conduire* ».

- **La conscience européenne est la conscience d'un « *héritage singulier à valeur universelle* » mais d'une grande fragilité**. Le choc pétrolier de 1973-1974 a révélé la forte dépendance énergétique de l'Europe. La crise démographique se traduit par la baisse de la fécondité et le vieillissement de la population. La menace est aussi politique et militaire ; il s'agit d'une part du totalitarisme incarné par l'URSS « *menace étrange, certaine et incertaine* », et d'autre part « *l'exterminationnisme* » représenté par le risque thermonucléaire. La menace est enfin culturelle, la diversité européenne risquant de se fondre en un magma uniformisateur. Des forces de résistance existent néanmoins : les mouvements écologistes, mais aussi les mouvements régionalistes, reflets « *d'aspirations infra-nationales fortes* [...] *qui veulent sauvegarder la variété et l'identité européennes* ».

B ~ La réalisation du destin commun

- **Le passé européen est essentiellement fait de divisions et de conflits**. Il faut retrouver dans ce passé des éléments communs qui pouvaient autrefois apparaître comme secondaires par rapport aux guerres, et qui permettraient de forger une communauté de destin. Le plus grand risque serait l'incapacité des Européens d'assumer ce destin commun. « *La crainte de voir l'Europe périr* » peut leur fournir la volonté nécessaire. Mais il faut pour réussir, faire du projet européen autre chose que « *du beurre excédentaire, des quotas laitiers, des luttes fratricides entre porcs hollandais et français, des réunions interminables où l'on arrache au petit matin un 0,01 de hausse ou de baisse sur la betterave...* ». Réduite à des discussions entre technocrates à Bruxelles ou à Strasbourg, l'Europe manquerait de souffle et de pouvoir d'attraction.
- **Les intellectuels pourraient jouer un rôle « *d'éclaireurs actifs* » de la « *nouvelle conscience européenne* »**. Ils seraient ainsi les héritiers des humanistes du XVe siècle ou des philosophes des Lumières en exprimant « *la conscience du destin commun et de l'identité commune* », toujours présents pour poser les problèmes essentiels, pour intervenir dans les grands débats, les conflits, les crises. Reste à savoir s'ils seraient dignes de cette confiance, alors que beaucoup d'entre eux ont été aveuglés par le marxisme après la guerre, et n'ont prêté attention au message des intellectuels dissidents de l'Est que parfois fort tard. Avec réalisme mais aussi enthousiasme, « *les intellectuels européens d'aujourd'hui doivent prendre du mot Aufklärer, non pas le sens éblouissant de porteur de Lumière, mais le sens avancé du mot Éclaireur* ».
- **Une double métamorphose de l'Europe est nécessaire**. Elle doit accomplir « *deux conversions, apparemment contradictoires, en fait complémentaires,* [...] *se métamorphoser à la fois en province et en méta-nation* ». L'Europe est, en effet, devenue une province par rapport aux grands États de la planète. À ce titre, si elle veut continuer d'exister, elle ne peut rester divisée. « *C'est sa provincialisation qui exige paradoxalement qu'elle dépasse ses nations pour les conserver et qu'elle se constitue en loi supérieure aux États.* » Sentiment national et sentiment européen ne sont pas incompatibles, mais ce dernier, encore dans l'enfance, doit se développer. Cette transformation qui aboutira à faire de l'Europe une « *province méta-nationale* » est en cours : « *Nous ne sommes ni chenille, ni libellule, nous sommes encore dans la chrysalide* ».

Edgar Morin cherche à démontrer la nécessité de la construction européenne, vaste chantier commencé après la Seconde Guerre mondiale et qui, depuis la parution de cet ouvrage, a largement progressé dans deux directions : élargissement géographique et approfondissement. D'autre part, la chute du système communiste à l'Est permet à nouveau d'imaginer l'entreprise européenne dans le cadre d'un continent réunifié. L'auteur a voulu aussi « penser l'Europe » à partir de méthodes et de principes qui lui sont chers : le principe dialogique, qui unit deux notions contradictoires mais indissociables pour comprendre une même réalité ; et le principe de récursion, conçu comme une boucle génératrice où chaque élément du processus est en même temps le produit et le producteur.

FICHE 38

L'EUROPE DES EUROPÉENS

Henri MENDRAS

Avec ce livre (Gallimard, 1997, 418 p.), H. Mendras poursuit une démarche synthétique commencée avec La seconde révolution française *qui a pour but de donner sens aux changements sociaux intervenus dans les sociétés développées depuis les années soixante. Cet ouvrage s'interroge aussi sur la cohérence d'une identité sociale européenne en s'appuyant sur de nombreux travaux de sciences sociales. Pour H. Mendras, il s'agit de penser à la fois les processus d'homogénéisation qui se développent à l'intérieur de l'Europe et les processus de différenciation qui, paradoxalement, s'accélèrent. L'Europe demeure avant tout une civilisation originale à l'échelle de l'histoire. Elle s'oppose en cela à l'« Autre Europe », celle qui s'est trouvée, après 1948, isolée derrière le rideau de fer. Ce qui fait l'originalité de la civilisation européenne, c'est l'émergence irrésistible de l'individu. Dans l'Autre Europe, le groupe prime encore l'individu.*

I. LES COMPOSANTES DE LA CIVILISATION EUROPÉENNE

La civilisation européenne repose sur l'individualisme et sur les idées de nation, de capital et de démocratie.

A ~ L'individualisme évangélique et romain

Cette révolution totale qu'est la montée de l'individualisme comporte trois dimensions principales : religieuse, juridique et politique.

- **Le catholicisme s'inscrit dans la tradition religieuse monothéiste inaugurée par le judaïsme qui établissait un « *contrat* » entre un peuple libre de son destin et un Dieu libre de son choix, tout en infléchissant le message religieux vers un individualisme absolu**. Ainsi, les Évangiles établissent un « *rapport direct entre la créature et son Créateur* » qui est « *le fondement de l'individualisme occidental* » et « *la société est totalement absente de l'Évangile, sauf sous la forme des Pharisiens, du Temple peuplé de marchands et de la foule qui exige de Pilate le martyre de Jésus. Autrement dit la société est mauvaise, elle fait obstacle à l'élection divine, au lieu d'aider l'homme à accéder au royaume de Dieu* ». Le paradoxe historique est que ce message individualiste sera médiatisé par une puissante institution hiérarchique et centralisée : l'église romaine. La contestation de cette médiation fait naître le protestantisme qui divise l'Europe en deux « modèles » : une Europe du Nord et une Europe du Sud.
- **L'institutionnalisation de droits pour l'individu prolonge ces révolutions idéologiques**. Le droit romain affirme que « *nul n'est censé rester dans l'indivision* » et « *qu'une chose ne peut avoir un seul maître, et que celui-ci a tous les droits sur la chose* ». Le droit canon affirme, lui, que le mariage est d'abord le résultat de l'accord des volontés des deux conjoints. Ces idées ont ébranlé la famille et la parenté mais, autre paradoxe, en les obligeant à s'adapter, les ont rendues plus fortes.

- **L'individualisme occidental comporte aussi une dimension politique** qui s'est matérialisée dans les Déclarations des droits de l'homme qui imposent la représentation d'une société politique composée de citoyens créant la volonté nationale. Le paradoxe est que la nation impose sa loi aux individus.

B ~ Les idées de nation, de capital et de démocratie

- **Le trait historique commun aux nations appartenant à la civilisation européenne occidentale est que la féodalité accouche de l'État-nation sans passer par l'Empire**. L'Europe des nations fait ainsi contraste avec l'Europe des empires. La nation oppose les deux Europes mais crée des conflits entre les nations européennes. L'idée de nation demeure, pour H. Mendras, une « *idée paysanne* ». D'abord, « *l'Europe occidentale* [...] *a une caractéristique commune : être peuplée de paysans stables sur leur tenure depuis au moins le XII*[e] *siècle* ». Ensuite, « *un peuple, une langue, une nation séparée de ses voisines par des frontières qu'il faut défendre, comme la haie protège le champ, comme la borne limite l'héritage* ».
- **La civilisation européenne accompagne l'émergence d'un nouveau système économique : le capitalisme**. La question centrale est alors : « *Comment est née l'idée qu'une richesse pouvait être vue comme un capital producteur de richesse ?* » H. Mendras résume de nombreux travaux historiques pour donner une réponse à cette question. Progressivement, s'imposent en Europe trois légitimités : le religieux, le politique et l'économique. Trois grandes institutions : l'Église, l'État et l'Entreprise, vont incarner ces légitimités. Cette trichotomie est inconnue au sein des autres civilisations. Faisant référence aux travaux de M. Weber, H. Mendras insiste sur le rôle des villes dans l'essor de l'économique avec la croissance des échanges. C'est la bourgeoisie qui devient la classe montante. La marche vers une nation européenne dans la deuxième moitié du XXe siècle s'accompagne d'une remise en cause des États-nations et de l'importance d'une Europe des villes. Que le capital produise des richesses suppose aussi une liaison nouvelle entre la science et la technique. Il faut tout de même attendre le XVIIIe siècle pour voir émerger une classe d'entrepreneurs capitalistes. La tentative d'un capitalisme d'État dans l'Autre Europe échoue montrant les limites d'une greffe intervenue sur un corps social qui n'avait pas été imprégné par les autres innovations idéologiques qui ont favorisé l'esprit du capitalisme.
- **La démocratie européenne repose sur la loi de la majorité**. « *Cette règle de gouvernement de la majorité dans le respect des droits de la minorité n'a jamais été instituée ailleurs qu'en Europe occidentale. Par contraste l'Autre Europe n'a jamais connu que l'unanimité.* » Sur ce point aussi, l'idée majoritaire semble naître au sein de l'Église catholique avec l'élection du pape en 499 pour ensuite s'imposer au niveau de la nation.

2. Institutions, mœurs et structures sociales des Européens : homogénéisation et différenciation

A ~ Institutions et mœurs religieuses

- **Toutes les nations européennes sont atteintes par une désaffection vis-à-vis des institutions ecclésiales**. Cette désaffection est plus ou moins forte mais elle frappe les nations catholiques comme les nations protestantes. Les enquêtes sur les valeurs des Européens de 1987 et de 1990 mettent en avant la moindre importance que les individus accordent à la religion dans leur vie.

Cependant, le besoin de croire demeure puissant partout en Europe et chacun peut et veut « *se construire une mémoire religieuse personnelle* ». Les individus cherchent aussi à partager leurs croyances au sein de communautés plus restreintes auxquelles ils adhèrent volontairement. Par ailleurs, apparaissent de vastes manifestations de foule, notamment à l'appel du pape. Ce desserrement des contraintes institutionnelles explique en partie une plus grande tolérance comportementale constatée au sein de toutes les nations européennes.

- **Ces évolutions ne doivent pas masquer le maintien de profondes différences nationales**. Par exemple, la laïcité républicaine française fait contraste avec une moindre séparation entre l'Église et l'État dans les quatre autres nations catholiques européennes. H. Mendras souligne aussi les particularités fortes entre ces nations. Il en est de même au sein de l'Europe protestante. La coexistence de différentes religions au sein d'une même nation donne lieu à des compromis différents. Si les compromis institutionnels sont nationaux, les pratiques ecclésiales et les coutumes religieuses sont régionales. En France, « *d'une région à l'autre les pourcentages de pratique dominicale variaient de 80 % à 10 % et des frontières brutales séparaient les régions de traditions religieuses différentes* ».

B ~ Institutions et mœurs familiales

- **Les structures familiales semblaient inébranlables jusqu'au milieu des années soixante quand un mouvement de baisse de la fécondité intervient en Europe**. La révolution des mœurs qui éclate pendant cette période fragilise le groupe domestique. Depuis les années soixante-dix, la croissance rapide du taux de naissances hors mariage apparaît comme le meilleur indicateur des transformations de la vie conjugale en Europe. Cette évolution est accompagnée d'un renforcement du rôle des réseaux de parenté. Ces réseaux se complexifient avec le développement des familles recomposées. Les identités familiales acquièrent une importance déterminante au moment où elles deviennent plus complexes.
- **Il s'agit d'une manifestation de l'individualisme européen** : « *Cette liberté de choix donne une vitalité neuve aux traditions régionales, familiales ou sociales que chacun peut décider de respecter ou d'enfreindre* ». Cette liberté serait un facteur explicatif déterminant des différences nationales, régionales et locales qui, malgré un processus d'homogénéisation des comportements, renforcent certains contrastes. Pour prendre un exemple, la famille à deux enfants apparaît comme le modèle le plus répandu dans les pays d'Europe du Nord et en France, mais l'enfant unique devient la règle dans le nord de l'Italie, le nord de l'Espagne et le sud de l'Allemagne.

C ~ Classes et strates sociales

- **Les structures sociales des pays européens ont profondément évolué depuis les Trente Glorieuses**. H. Mendras conclut à la fin des classes sociales selon la définition élaborée par la tradition marxiste. En Europe, émergent différentes « *constellations* ». La constellation centrale, composée de professionnels salariés disposant d'un niveau d'instruction et de revenu relativement élevé, impose un nouveau système de valeurs. Parallèlement, émergent de nouveaux groupes comme les classes d'âges. « *Jeunes* » et « *seniors* » cherchent à créer de nouvelles identités sociales. Les femmes accèdent massivement aux emplois salariés et conquièrent les systèmes éducatifs européens.
- **Mais ces différents processus sociaux prennent des formes différentes**. « *Si les classes sociales, au sens fort du terme, ont disparu en tant que structures sociales, elles survivent dans l'idéologie et continuent à fournir des modèles de mœurs et des systèmes de valeurs aux différentes catégories sociales.* » Il faut alors revenir en arrière pour comprendre comment les différentes structures sociales nationales se sont transformées.

En France, le maintien d'une paysannerie forte et puissante politiquement, la création tardive d'une industrie lourde et un État fort et centralisé sont autant de facteurs explicatifs d'un « *modèle français* ». En Allemagne, une classe moyenne salariée s'était constituée dès la fin du XIXe siècle et bénéficiait d'un État-providence. En Angleterre, la classe ouvrière demeure majoritaire jusqu'aux années soixante-dix.

D ~ Diversité des capitalismes

- **Le capitalisme industriel s'est transformé depuis la première révolution industrielle**. L'essor des services, le développement d'une économie mixte où l'État joue un rôle déterminant, les mutations de l'entreprise sont autant de manifestations de ces transformations. Aujourd'hui, l'Europe est confrontée à un vaste mouvement d'ouverture et au défi historique de la création d'institutions européennes. Partout, l'État est remis en cause, car il est devenu, pour reprendre une expression de D. Bell, « *trop petit pour les grandes choses et trop grand pour les petites* ».
- **Cependant les modèles nationaux demeurent forts**. Ainsi, faisant référence aux travaux de P. d'Iribarne, H. Mendras mentionne l'existence de modèles de gestion des entreprises différents : « *Les études sur la gestion comparée des grandes entreprises multinationales commencent à se développer et montrent à quel point les conceptions sont incompatibles entre l'individualisme britannique et le sens de l'honneur des Français, le respect du groupe des Allemands, des Hollandais et des Scandinaves, l'arrangement clientélaire à l'italienne, le goût de la cooptation et le juridisme des Anglais qui veulent que tout soit précisé dans un contrat clair* ». Plus généralement, H. Mendras conclut à l'existence de plusieurs capitalismes en Europe : le « *capitalisme négocié* », le « *capitalisme réticulaire* », le « *capitalisme colbertien* » et le « *capitalisme individualiste* ».

H. Mendras met en avant le changement des valeurs : « L'individualisme est une innovation idéologique d'une force incroyable qui se heurtait au principe contraire, commun à toutes les civilisations connues : le groupe prime l'individu ». L'individualisme expliquerait et l'homogénéisation des modèles nationaux européens et les fortes différenciations existant au sein du modèle européen. Mais l'individualisme suscite des processus de compensation destinés à maintenir le lien social : « Tout ce livre cherche à montrer comment l'individualisme, triomphant au bout de vingt siècles, suppose des mécanismes de contrôle et de régulation sociale, qui se mettent en place sous nos yeux ».

FICHE 39

L'ESPACE VITAL
Du paradis terrestre à l'aménagement du territoire

Jean-François GRAVIER

La notion de « paradis » (lieu idéal où il fait bon vivre) constitue le fil conducteur de ce livre (Flammarion, 1984, 339 p.). Ce terme apparaît pour cette raison dans le sous-titre de l'ouvrage et il clôt le dernier chapitre. Il s'agit de montrer comment, des temps les plus reculés du néolithique jusqu'à la deuxième moitié du XXe siècle, les hommes ont toujours été en quête de ce paradis pour connaître le bonheur.

1. LA NOSTALGIE DU PARADIS TERRESTRE : DU NÉOLITHIQUE AU XVIIIe SIÈCLE

A ~ Depuis des millénaires, les hommes cherchent à organiser leur espace

- **Jéricho néolithique, la plus ancienne ville du monde (– 7 000 ?) témoigne déjà du rapport homme-espace**. Elle rassemble ainsi très tôt « *tous les éléments de cette révolution néolithique pendant laquelle l'homme commence à marquer l'espace* ».
- **Les Perses développent l'art des jardins et jettent les bases d'une politique de maîtrise de l'espace**. C'est surtout le cas à partir du règne de Cyrus (VIe siècle avant J.-C.). Dans le cadre d'un vaste territoire, les Perses s'attachent à la transformation des paysages par l'aménagement de merveilleux jardins qualifiés de « *paradis* » qui témoignent de leur goût pour la nature.
- **Grecs et Romains bâtissent des villes mais restent soucieux de maintenir un équilibre urbain-rural**. Les Grecs « *ont donné la clé de la civilisation urbaine* » qui s'organise autour de l'agora, lieu de rencontres, d'échanges, de convivialité. Les Romains sèment des villes autour d'une Méditerranée cœur d'un immense empire et démontrent leurs qualités en matière d'organisation de l'espace. Mais, reliées entre elles par un réseau routier cohérent, ces villes n'en ignorent pas pour autant l'arrière-pays rural.

B ~ La France du Moyen Âge et de l'Ancien Régime : une évolution faite d'harmonie et d'équilibre

- **De la Gaule romaine aux débuts de la Révolution française, l'organisation du territoire manifeste une belle continuité**. L'Église en constitue le premier élément structurant fondé sur la permanence de la carte ecclésiastique. Le deuxième élément est « *l'apport féodal* » à l'origine des provinces. C'est dans ces cadres que se constituent les racines administratives de la France, que les Constituants conserveront finalement plus qu'ils ne détruiront en créant les départements, « *heureux compromis entre les exigences de la tradition et celles de la vie pratique* ».

- **La répartition des hommes et des activités sur le territoire reflète un bel équilibre**. L'âge « *éotechnique* » qui s'amorce au XIe siècle est fondé sur le moulin (à eau ou à vent), l'exploitation de la forêt et une abondante main-d'œuvre rurale. La dispersion géographique des activités industrielles en découle. L'aménagement de l'espace se caractérise par des opérations d'assèchement ou de défrichements. Plus tard, au XVIIIe siècle, les intendants en charge des généralités multiplient les travaux routiers et urbains, démontrant ainsi leurs qualités d'aménageurs.

2. La rupture de l'équilibre au XIXe siècle : le « *paradis perdu* »

A ~ L'ère paléotechnique : charbon-fer-vapeur

- **Partie d'Angleterre, la révolution industrielle s'étend en Europe et en Amérique du Nord.** Les forces vivantes (hommes, animaux) et animées (moulins) sont remplacées par des sources d'énergie fossiles (charbon) qui alimentent les machines à vapeur. « *L'esprit de la mine va se répandre dans tout l'organisme social.* »
- **La machine à vapeur permet de réaliser des économies d'échelle**. Il devient intéressant d'augmenter la puissance pour atteindre un rendement de plus en plus élevé. Tout concourt à la massivité de la production. « *L'âge paléotechnique, c'est d'abord l'âge de la quantité.* »
- **La concentration géographique des activités et des hommes est le résultat logique de ce processus**. Les industries lourdes s'installent sur les bassins miniers transformés en « *pays noirs* », alors que les établissements dispersés de l'âge éotechnique périclitent. La puissance industrielle se concentre dans un petit nombre de pays.

B ~ Les hommes et leur environnement sacrifiés

- **L'expansion sauvage des villes détériore le cadre de vie**. Cet essor urbain « *se déroule dans l'anarchie, la laideur, la souffrance* ». Dans les quartiers ouvriers et dans les banlieues, le paysage urbain est « *inorganisé, sale, désolant...* ». Les taudis se développent et avec eux alcoolisme et prostitution, épidémies et sous-alimentation. Les grands travaux comme ceux du baron Haussmann à Paris sous le IIe empire façonnent « *un paysage urbain qui reflète la rupture sociale entraînée par un brusque déplacement d'intérêt des valeurs qualitatives vers les valeurs pécuniaires* ».
- **Les États-Unis représentent un cas extrême « *d'indifférence totale à l'environnement, à la beauté, à la culture* »**. Le territoire comme les villes subissent la loi de division géométrique, engendrant ennui et monotonie, « *sempiternel plan en damier, avec rues numérotées, mais sans agora ni forum* ». Peuplement et mise en valeur s'accompagnent du gaspillage des ressources, du massacre des Indiens et de l'extermination des bisons. Partout, le processus économique favorise « *les usines géantes, les villes géantes, les concentrations géantes* ».

C ~ Les effets pervers de la centralisation politique

- **La plupart des capitales européennes profitent de la centralisation politique, mais c'est en France que l'évolution est la plus marquée**. Cette centralisation est à la fois administrative, intellectuelle et ferroviaire. Paris concentre « *matière* *grise et richesse* » au détriment d'une province « *totalement dépendante créant ainsi en France un système littéralement colonial* ».

- **Le centralisme napoléonien a également favorisé la destruction de « *l'équilibre européen* ».** L'application du principe des nationalités auquel l'Empereur se réfère au moins partiellement « *était incompatible avec la paix de l'Europe* ». Il mènera aux traités de 1919 dont les conséquences rendront « *impossible pour longtemps l'organisation de l'espace européen* ».

3. Du « *Paradis perdu* » au « *Paradis réinventé* » : le rôle de l'aménagement du territoire

A ~ Les conditions nouvelles créées par l'ère néotechnique bouleversent les données antérieures à partir des années trente

- **Les facteurs décisifs concernent la diversification des ressources, les progrès des transports, la révolution de l'informatique**. Le charbon laisse peu à peu la place à l'hydroélectricité, puis aux hydrocarbures, enfin au nucléaire pendant que la recherche d'énergies renouvelables se développe (vent, soleil, biomasse). Parallèlement, les progrès des communications permettent d'abaisser le coût du transport sur longue distance. L'essor de l'informatique s'accompagne d'une miniaturisation accrue notamment dans la télématique.
- **L'organisation de l'espace s'en trouve ainsi transformée**. Les activités économiques de production prennent leur liberté par rapport aux gisements de matières premières. Il devient donc possible de diversifier les critères de localisation (climat, qualité de l'environnement...). La transmission rapide d'informations permet une large décentralisation et le développement du télétravail.
- **Après une phase de forte croissance, les mégalopoles éclatent**. La saturation des vieux centres, les nuisances diverses poussent les populations vers les périphéries suburbaines ou rurales dans la plupart des pays développés.

B ~ Il devient donc possible de mener des politiques fondées sur une croissance harmonieuse et le respect du cadre de vie

- **Une qualité de vie retrouvée**. Celle-ci peut s'ordonner autour de quelques grands thèmes d'une politique d'aménagement du territoire : maîtrise de l'eau, amélioration du cadre urbain, valorisation des espaces littoraux et montagnards par le tourisme en respectant l'environnement.
- **La lutte pour le désenclavement passe par une politique cohérente des transports**. Celle-ci est en effet « *le premier besoin de toute économie régionale* ». Elle suppose une répartition judicieuse de l'utilisation des différents moyens de transport.
- **En définitive, toutes ces politiques se retrouvent dans le cadre d'un aménagement global**, c'est-à-dire « *un ensemble d'actions à longue échéance* [...] *qui répondent aux aspirations et aux besoins du corps social* ».

C ~ Une décentralisation indispensable

- **Il faut revivifier la vie locale**. En France, le cadre communal trop exigu pourrait être avantageusement remplacé par le cadre du canton, « *l'esprit parcellaire reculerait ainsi devant l'esprit de synthèse* ».

- **Après la Seconde Guerre mondiale, une évolution se dessine en faveur du régionalisme**. Les options restent cependant différentes d'un pays à l'autre, du fédéralisme allemand à la décentralisation française en passant par toutes les nuances d'autonomie locale en Grande-Bretagne ou en Italie.
- **Contrairement aux idées reçues, le fédéralisme ne supprimerait pas les nations**. En laissant à un gouvernement fédéral la gestion de quelques grandes questions communes, la nation pourrait devenir « *une collectivité ouverte insérée dans la hiérarchie des patries* ».

L'aménagement du territoire, défini comme une « vaste entreprise de réforme, voire de reconstruction de l'habitat humain qui va du remodelage des paysages à celui des institutions régionales et locales », est défendu avec vigueur par l'auteur, qui en souligne le caractère récent en tant que politique globale. Derrière la référence à la notion de paradis qui peut sembler naïve, se cache en fait la question fondamentale du cadre de vie des sociétés et du rôle actif que l'homme doit jouer pour que son environnement demeure « humain ».

FICHE 40

PARIS ET LE DÉSERT FRANÇAIS

Jean-François Gravier

Dès l'automne 1947, dans cet essai au titre provocateur, Jean-François Gravier dénonçait l'ampleur du déséquilibre entre une capitale qui avait confisqué les forces vives du pays et une province qui s'en trouvait anémiée, voire désertifiée. Réédité en 1958 et en 1972 (Flammarion, 277 p.), ce livre démontre que, malgré les efforts pour aménager le territoire, le poids de Paris reste déterminant. Dans la troisième édition, présentée ici, l'auteur, après avoir montré que les déséquilibres Paris-province ne datent que du XIXe siècle, et exposé les politiques menées depuis la fin de la guerre, propose des solutions pour revitaliser le « désert » français et atténuer l'importance de Paris, en organisant sur de nouvelles bases les pouvoirs régionaux et locaux.

1. Paris responsable du désert français

A ~ La centralisation excessive explique l'hypertrophie parisienne

- **Jusqu'à la fin du XVIIIe siècle, les hommes et les activités sont équitablement répartis dans l'espace français**. La monarchie a largement favorisé une déconcentration, voire une décentralisation administrative. La Révolution, en divisant la France en départements cherche à modérer le rôle de Paris. Au moment du premier recensement en 1801, « *rien ne semblait préparer les déséquilibres ultérieurs* ».
- **L'importance de Paris est le résultat d'une double centralisation** ; la centralisation politique et administrative mise en place par Napoléon s'est maintenue globalement par la suite ; la centralisation intellectuelle assure à Paris une véritable hégémonie (Université, grandes écoles), concentrant les élites dans la capitale.

B ~ L'évolution démographique et économique jusqu'en 1940 accentue cette orientation

- **La croissance de Paris coïncide avec le déclin démographique de la France**. Contrairement à celle de ses voisins, la démographie française « *se caractérise par une dénatalité précoce et par une mortalité anormalement forte* » engendrant un moindre dynamisme et un vieillissement démographique. Paris va absorber la plus grosse part de cette croissance pourtant faible pendant que de nombreux départements se dépeuplent. « *La France est la seule nation européenne où la croissance globale se soit traduite par une perte de substance pour 95 % du territoire.* »
- **La construction du réseau ferré renforce la centralisation parisienne**. La révolution paléotechnique du XIXe siècle fondée sur le fer et le charbon ne s'est

développée en France que tardivement et lentement ; « *elle n'aurait guère changé le visage du pays, contrairement à ce qui s'était passé en Grande-Bretagne* », mais l'adoption du plan Legrand par l'État va mettre la capitale au cœur d'un réseau ferré en étoile alors « *qu'aucun impératif économique ou technique ne justifiait ce schéma* ».

- **Une véritable situation coloniale intérieure s'est ainsi mise en place entre 1850 et 1940**. « *Paris a confisqué les activités directrices et laissé au reste de la France les activités subordonnées* ». De surcroît, Paris a agi comme une métropole qui se désintéresse de la mise en valeur de ses colonies ; « *la bourgeoisie parisienne en était venue à croire que la province* [...] *ne méritait aucun effort d'investissement* ».

2. Un remède possible : la politique d'aménagement du territoire

A ~ Un nouveau contexte après 1945

- **Le passage de l'ère paléotechnique à la civilisation néotechnique modifie les données**. La mutation énergétique au détriment du charbon, la décentralisation du potentiel industriel qui en découle, le développement des communications favorisent la « *liberté géographique des activités* ». Les exemples allemand, néerlandais et suisse montrent que l'ère néotechnique « *offre des chances concrètes aux pays jadis dépourvus de vocation industrielle, aux petites villes et aux villages* ».
- **Le redressement de la natalité provoque un rajeunissement démographique**. La législation familiale, amorcée dès 1939 et poursuivie après 1945, favorise le maintien d'une vitalité démographique qui tranche avec le déclin d'avant-guerre. En 1962, « *les moins de vingt ans représentent 33,1 % de la population totale, au lieu de 30,2 % en 1936* ».
- **Une renaissance économique accompagne cet essor démographique**. Le plan Monnet lance un programme de modernisation et d'équipement « *rompant délibérément avec le malthusianisme d'avant-guerre* ». Le redressement industriel est rapide (sidérurgie, pétrochimie).

B ~ Aménager le territoire pour lutter contre le déséquilibre Paris-province

- **La politique d'aménagement du territoire se met en place lentement**. Les décentralisations des années trente avaient surtout un caractère stratégique. Après 1945, elles se poursuivent timidement d'abord, plus systématiquement ensuite. Simultanément, les conditions d'implantation de nouvelles entreprises dans la région parisienne deviennent plus sévères. Mais c'est surtout avec la création de la Délégation à l'aménagement du territoire et à l'action régionale (DATAR) en 1963 qu'une action plus volontariste se développe. Un schéma directeur d'aménagement et d'urbanisme de Paris voit le jour en 1965. L'idée de réforme régionale est lancée à partir de 1968-1969.
- **Les actions menées dans les années soixante constituent le temps fort de cette politique** : programme d'équipement touristique, ouverture de parcs naturels, politique des métropoles d'équilibre, politiques de rénovation rurale, création de nouvelles universités notamment dans le Bassin parisien.

C ~ Ces mesures ne sont cependant pas toujours à la hauteur de l'enjeu

- **Les recensements de 1962 et de 1968 révèlent une nouvelle géographie humaine et industrielle**. La croissance de la population parisienne est freinée tandis qu'une reprise démographique revivifie la province où « *d'innombrables petites villes se réveillent* ». L'emploi industriel diminue à Paris et progresse dans de nombreux départements.
- **Malgré cela, la position de la région parisienne n'est pas vraiment entamée**. Le solde migratoire y est toujours fortement positif ; « *les anomalies et les contradictions léguées par le colonialisme parisien à son apogée* [...] *n'ont pas disparu* [...] *le monopole parisien demeure* ».
- **Plusieurs causes expliquent le maintien de cette situation**. Le schéma directeur cherche plus à canaliser qu'à limiter l'expansion parisienne. Spéculation et opérations onéreuses se multiplient alors que les problèmes parisiens ne sont pas résolus. La politique suivie par les pouvoirs publics est fragmentaire, trop centralisée et parfois incohérente (autorisations de construction de bureaux par exemple).

3. Des propositions pour réanimer le « *Désert français* »

A ~ Les leçons à tirer de l'examen du territoire français et de quelques expériences étrangères

- **Les « *aires privilégiées* » couvrent la plus grande partie du territoire**. Dans ces conditions, « *tout recommande un pluralisme et non la domination exclusive d'une seule métropole* ». Ces aires ont pourtant des densités limitées. De véritables déserts s'étendent de l'Ardenne aux Pyrénées. Revitaliser ces zones, c'est connaître le seuil à partir duquel les équipements viennent à disparaître. Favoriser un cadre urbain « *vivable* », c'est aussi penser que métropole et gigantisme ne sont pas nécessairement synonymes.
- **Les pays voisins peuvent offrir des pistes intéressantes**. Le fédéralisme allemand fondé sur la « *dispersion des services à compétence nationale sur un grand nombre de villes* » décentralise fortement les responsabilités. Le Randstad Holland crée « *un système polycentrique formé de villes complémentaires à l'échelle humaine* ». La « *régionalisation* » italienne rompt avec la centralisation, mais son application est discutable en raison de « *la défaillance des institutions* ».

B ~ Une décentralisation « à la française »

- **La situation administrative et géographique de la France est complexe**. Plusieurs niveaux se superposent ; au-dessus du « *pays* », le département constitue aujourd'hui un cadre trop étroit. Ce seraient donc les régions (avec des regroupements nécessaires) qui « *fourniraient des structures d'accueil robustes à une décentralisation authentique* ».
- **C'est en effet cette dernière et non un utopique fédéralisme qui permettrait de lutter efficacement contre le centralisme**. Il faut refondre la carte administrative en promouvant le canton au rang de véritable collectivité locale, en mettant en place des institutions régionales qui coopèrent avec l'État. Une réforme des finances locales s'avère également indispensable. Pour y parvenir, il faut faire naître une « *nouvelle société administrative* » en « *abaissant la féodalité administrative parisienne* » trop marquée par le centralisme.

C ~ Les réformes devraient aboutir à un territoire équilibré

- **Le schéma directeur de Paris doit être revu**. La création d'une ceinture verte pour bloquer l'extension urbaine, l'amélioration des transports collectifs, une meilleure répartition de l'emploi sont quelques priorités pour tenir en échec le « Léviathan » parisien.
- **Des schémas sectoriels et régionaux planifieraient les différents aménagements**. Ils déboucheraient sur « *une harmonie interne conforme aux indications de la géographie* ». L'analyse de la situation de deux départements (la Lozère et la Creuse) et de deux régions (la Champagne-Ardenne et les Alpes du Sud), quatre ensembles largement sous-peuplés, indique les directions à suivre : valorisation de l'environnement (tourisme), croissance de petites villes...
- **La France peut redevenir ainsi une « *nouvelle Arcadie* »**. La décolonisation intérieure étant achevée, Paris « *sera tourné vers le service de la nation, et le désert français aura partout refleuri* ».

Le livre de Jean-François Gravier est devenu un « classique ». Il a été à l'origine de la prise de conscience des excès d'une trop forte centralisation après la guerre et a inspiré dans une large mesure la politique d'aménagement du territoire. Certaines décisions prises depuis la dernière édition de 1972, comme la décentralisation administrative de 1982, la politique de l'environnement (ex. : lois sur la montagne, l'eau, les paysages), la délocalisation de services publics parisiens vers la province (ex. : ENA), les progrès de l'intercommunalité, sont allées, au moins partiellement, dans le sens des propositions de l'auteur. Mais l'hypertrophie de Paris demeure cependant, et pour certains, elle se justifie même aujourd'hui par la tendance mondiale à la métropolisation.

FICHE 41

LA NOUVELLE FRANCE

Emmanuel Todd

Les travaux d'Emmanuel Todd constituent une brillante tentative d'explication des comportements électoraux par les structures sociales et culturelles, un exemple de l'intérêt que peut présenter le croisement des données de la géographie, de la sociologie, de l'économie, de l'histoire et des sciences politiques.

Selon lui, les concepts de nation et de société françaises sont des mythes. L'espace français a toujours été hétérogène et ouvert à de multiples influences. L'échelle régionale permet de mieux restituer les forces profondes qui justifient bien des attitudes et des façons de penser, en particulier les comportements électoraux. Dans cet ouvrage (Seuil, 1990, 281 p.), l'auteur superpose les cartes électorales des années 1970-1980 à de multiples cartes thématiques des structures familiales, économiques, culturelles, afin de mettre en évidence sinon des causalités, du moins des corrélations.

1. Le paysage politique traditionnel français est héritier d'une géographie sociale et culturelle pluriséculaire

A ~ Catégories idéologiques et catégories familiales

- **Dans les régions du Sud, à l'exception de la façade méditerranéenne, dominaient jadis des organisations familiales dites « familles souches », dont les valeurs étaient autoritaires et inégalitaires**. Dans ce type de familles cohabitaient sous le même toit plusieurs générations, sous l'autorité du chef de famille, et où l'héritage revenait en priorité à l'aîné. Ce mode de transmission du patrimoine permettait en particulier de ne pas diviser les terres, dans des régions où le mode de faire-valoir était essentiellement direct, c'est-à-dire où l'agriculteur était à la fois propriétaire et exploitant. Le système familial était donc à la fois autoritaire et inégalitaire. Historiquement, la France du Sud apparaît aussi depuis le milieu du Moyen Âge à la fois comme un espace d'activisme religieux mais aussi de contestations et de réformes, massives et diverses : Cathares et Vaudois dès le XIIe siècle, protestants dès le XVIe siècle. Les périphéries vendéennes, bretonnes, flamandes, lorraines et alsaciennes connaissaient le même type de structures familiales et agraires, de type autoritaire et inégalitaire, mais elles sont restées au contraire fortement marquées par le catholicisme.
- **Le système familial communautaire, autoritaire et égalitaire, ne touchait jadis que le nord-ouest du Massif central ainsi que l'arc méditerranéen**. Il associait simultanément sous un même toit parents et enfants mariés, sans qu'un frère soit avantagé par rapport aux autres dans l'héritage. Elle coïncidait avec les zones de métayage, où l'exploitant louait sa terre à part de fruit à un propriétaire. Ces régions ont fait partie des premières à connaître la déchristianisation, dès le milieu du XVIIIe siècle.

- **Centré sur le Bassin parisien, le cœur du pays correspondait à des zones de familles nucléaires, libérales et égalitaires**. Ces régions dans lesquelles dominaient depuis fort longtemps des familles associant parents et enfants non mariés, et à système d'héritage égalitaire, étaient tout autant déchristianisées que les précédentes, mais leur spécificité s'était surtout affirmée à l'occasion de la Révolution française. Ce sont essentiellement des régions de grandes exploitations. L'est de la Bretagne, une partie du Jura connaissaient aussi la structure familiale nucléaire, mais l'héritage favorisait plus souvent l'aîné.

B ~ Le système politique traditionnel

- **Le socialisme s'est facilement développé dans les régions où dominaient jadis les familles souches**. « *Ce qui mène de la famille souche au socialisme, c'est le principe d'autorité* ». Le socialisme conçoit en effet un rôle et une autorité de l'État importants. « *L'intervention de l'État dans la vie économique et sociale succède à celle des parents dans la vie professionnelle et personnelle.* » En outre, le socialisme accepte l'idée qu'il existe des différences entre les individus, « *n'exige pas l'homogénéisation absolue du système social.* » Tolérant, il accepte par ailleurs la pratique religieuse : le socialisme peut donc coïncider avec le protestantisme ou le catholicisme.
- **La droite traditionnelle reste quant à elle fermement et durablement implantée aux marges du pays** : Pays basque, Vendée, Bretagne, Lorraine, Alsace, une partie du Jura et de la Savoie. La ressemblance entre cette géographie et la carte du catholicisme est évidente. « *Le catholicisme implique une orientation de droite.* » Le catholicisme reconnaissant l'autorité de l'Église tout en acceptant l'inégalité entre les hommes, il correspond aussi spatialement au type anthropologique de la famille souche, autoritaire et inégalitaire.
- **« *Le communisme est la plus récente et la moins stable des quatre grandes forces idéologiques qui se partagent l'espace français.* »** Ses principaux bastions se situent surtout dans le Nord-Pas-de-Calais, la Région parisienne, le Centre-Limousin et la façade méditerranéenne. Pour ces deux dernières régions, les facteurs économiques (importance quantitative du prolétariat dans les régions fortement industrialisées) ne peuvent expliquer son implantation. Le vote communiste correspond aux zones de familles communautaires, égalitaires et autoritaires, anciennement déchristianisées.
- **Le gaullisme s'inscrit essentiellement dans les secteurs où domine la famille nucléaire, libérale et égalitaire, essentiellement le Bassin parisien**. Pour Emmanuel Todd, « *le gaullisme n'est pas un accident historique, œuvre d'un homme seul ; il s'appuie sur des forces profondes et stables* ». De Gaulle représentant lui-même l'exemple du refus de l'autorité légale, « *la conception gaulliste du pouvoir doit être présentée comme centraliste et personnelle plutôt que comme autoritaire* ». En cela, il existe une réelle filiation du bonapartisme au gaullisme. Le gaullisme représente par ailleurs en grande partie une droite populiste, égalitariste et laïque.

2. L'ÉVOLUTION ACTUELLE DU PAYSAGE POLITIQUE EST LA CONSÉQUENCE DE PROFONDES TRANSFORMATIONS SOCIALES

A ~ Les transformations sociales

- **La classe ouvrière tend rapidement à disparaître**. Si elle n'a jamais été majoritaire dans le pays, elle représente en 1975 le groupe socio-économique le plus nombreux, avec 38 % de la population active, chiffre qui constitue son maximum historique. Sept ans plus tard, au recensement de 1982, elle n'en représente déjà plus que 34 %. Cette évolution est en fait la conséquence d'une véritable contre-révolution industrielle. « *Le prolétaire industriel devient tragiquement superflu.* » Les branches motrices du XIXe siècle (charbonnages, sidérurgie, textile, chimie de base) se sont effondrées, plongeant les vieilles régions industrielles du Nord et de l'Est dans une crise profonde. Aujourd'hui, l'industrie moderne se localise préférentiellement dans les régions de l'Ouest et du Sud, plus attractives, mais ne conduit pas à la naissance d'une nouvelle classe ouvrière. Le monde ouvrier, en déclin, se dilue désormais davantage dans l'espace.

- **Parallèlement les classes moyennes, constituées essentiellement des cadres et des employés, se sont fortement développées, constituant aujourd'hui la majorité de la population française**. Dans le détail, « *deux classes moyennes émergent, dont les qualifications professionnelles sont très proches, mais dont les fonctions économiques et les styles de vie sont différents. L'une anime l'État et les services sociaux, l'autre l'entreprise et l'activité marchande* ». La première prédomine essentiellement à la périphérie de l'espace national, la seconde surtout dans le Bassin parisien et le couloir rhodanien.
- **Les cadres religieux traditionnels sont fortement ébranlés, quelles que soient les régions**. La généralisation de l'éducation secondaire et l'effondrement de la fécondité, deux phénomènes qui coïncident géographiquement, témoignent en effet de profondes mutations mentales. « *Le catholicisme, qui avait survécu, dans certaines régions, à la crise protestante et à la Révolution française, semble aujourd'hui succomber définitivement sous les coups invisibles d'une révolution culturelle et sexuelle d'autant plus irrésistible qu'elle se passe d'enveloppe idéologique ou d'apparence doctrinale.* »
- **La question de l'immigration, enfin, paraît de plus en plus préoccupante**. Cette question n'est pas récente puisque la France a toujours été une terre d'immigration. Les difficultés d'intégration des familles d'immigrés s'expliquent certes par la crise économique, mais sont renforcées par la baisse tendancielle de leur niveau de formation ainsi que par leurs différences culturelles. L'intégration de populations européennes, espagnoles, portugaises ou italiennes était par le passé beaucoup plus facile que celle aujourd'hui des travailleurs nord-africains. Elle n'est pas impossible mais se fait « *en l'espace de deux générations plutôt que d'une* ».

B ~ L'implosion politique

- **La victoire socialiste de 1981 a été permise par l'effondrement du Parti communiste**. Cet effondrement est sensible jusque dans les bastions anciens du PC. Elle s'explique par le déclin irrémédiable de ses anciennes bases socio-économiques. L'accession au pouvoir de François Mitterrand démontre donc paradoxalement « *l'inexistence profonde de la gauche française en tant qu'unité idéologique* ».
- **La montée en puissance du Parti socialiste s'explique aussi d'un autre côté par la dissolution du catholicisme, plus particulièrement dans les régions périphériques de la France, traditionnellement à droite**. « *Les populations passent au Parti socialiste, mais reportent sur l'État le respect, ou l'amour, qu'elles portaient autrefois à l'Église. Une gauche autoritaire succède à une droite autoritaire.* »
- **Le Parti socialiste a donc accédé au pouvoir en remplissant les vides laissés par le communisme et la droite catholique**. Les deux grands débats politiques de jadis, « *l'amour ou la haine du catholicisme, l'identification ou la négation de la classe ouvrière* » ne sont plus d'actualité. Symétriquement, la droite laïque,

surtout représentée par le gaullisme, en a aussi partiellement profité. Une nouvelle logique de pouvoir, celle de la cohabitation, pouvait être mise en pratique.

- **Cette décomposition des thèmes traditionnels définissant le conflit gauche-droite conduit surtout à un flottement idéologique**. Cette situation d' « *anomie idéologique* » marquée par une absence de règles et de valeurs organisant l'existence des individus se manifeste essentiellement par la montée de l'abstentionnisme et par le vote pour le Front national. Ce vote est semble-t-il exclusivement contestataire, lié « *à un moment historique de désarroi* ». Pour Emmanuel Todd, « *le Front national n'a pas d'avenir parce qu'il n'existe pas vraiment. Il n'est pas greffé sur des zones anthropologiques et sur des valeurs systémiques particulières* » et exploite momentanément le débat de l'immigration.

Malgré la profondeur des changements sociaux intervenus durant les années 1970-1980, les valeurs systémiques ancrées dans les systèmes familiaux régionaux marquent encore fondamentalement les mentalités et s'imposent à la droite comme à la gauche. « La désintégration des systèmes des partis n'implique donc pas une abolition des traditions idéologiques nationales ». La France « ne cessera pas d'être elle-même ».

L'originalité du travail d'Emmanuel Todd réside essentiellement dans l'analyse des forces socioculturelles profondes, structurelles, qui animent des comportements électoraux à première vue purement liés à la conjoncture. En cela, la première partie de son travail possède plus de force que la seconde.

FICHE 42

LA GLOIRE DES NATIONS, ou la fin de l'Empire soviétique

Hélène CARRÈRE D'ENCAUSSE

La première partie de l'ouvrage (Arthème Fayard, 1991, 472 p.) rappelle « L'incompréhension » des tensions nationalistes de la part des promoteurs de la Perestroïka qui entretiennent le mythe d'un espace unifié et de « l'amitié des peuples » soviétiques. Dans la deuxième partie, l'auteur étudie les « Explosions » nationalistes contre la tutelle russe au Kazakhstan et dans un Caucase « libanisé » par les affrontements inter-ethniques. La troisième partie est consacrée à « La fin du fédéralisme » sous la pression populaire, privé du soutien traditionnel du Parti communiste de l'Union soviétique (PCUS) et de l'Armée Rouge. Dans la quatrième partie, « Après l'Empire », l'auteur rappelle les efforts de Gorbatchev pour rassembler les peuples dans une « maison commune » refusée par les républiques. Désormais les minorités ethniques, et notamment les Russes, sont considérées comme des « populations déplacées » dont le sort est incertain. Elle conclut sur l'idée que le renouveau du sentiment national est favorable au retour à la démocratie.

1. « *L'INCOMPRÉHENSION* » DES REVENDICATIONS NATIONALISTES PAR LE POUVOIR CENTRAL

A ~ Le Russe Mikhaïl Gorbatchev méconnaît la question des nationalités

- ***« Camarades, nous sommes en droit d'affirmer que nous avons réglé la question des nationalités »***, proclame Mikhaïl Gorbatchev devant le XXVIIe congrès du parti communiste de l'Union soviétique en 1986, un an après son accession au pouvoir. En l'occurrence, il ne manifeste pas sa lucidité habituelle. Alors que le promoteur de la « restructuration » (Perestroïka) analyse clairement la nécessité de réformes économiques radicales, les menaces d'éclatement de l'Empire sont sous-estimées. De par ses origines, sa formation et son parcours dans la nomenklatura, il n'est pas à même de comprendre les forces centrifuges qui divisent la société multi-ethnique de l'URSS. Il se raccroche à la fiction de l'« *amitié des peuples de l'URSS* » et après Lénine et Staline, il prétend que « *le peuple soviétique est une communauté sociale et internationale d'un type nouveau où les oppressions et les inégalités ont été supprimées* » et « *remplacées par le respect des cultures nationales et la dignité nationale de tous* ».
- **Il assimile les forces centrifuges à la corruption**. Le « *localisme* » est dû au népotisme des élites politiques des républiques qui préfèrent promouvoir aux postes de responsabilité des compatriotes plutôt que des Soviétiques compétents. La lutte contre la corruption généralisée, contre la « mafiacratie », fournit l'occasion de renforcer la main mise du pouvoir central sur la société russe et d'accentuer la russification de l'encadrement politique dans les républiques. En fait, la multiplication des conflits inter-ethniques donne la mesure de la

déliquescence du pouvoir. Les griefs nationalistes prennent la forme de révoltes de la périphérie contre le centre ou de conflits inter-ethniques ou interculturels. Les langues locales ont les mêmes droits que la langue russe mais cette dernière est imposée par l'administration pour véhiculer la culture soviétique. C'est contre la russification forcée que se révoltent les minorités.

B ~ « *Explosions* » anti-russes dans le Kazakhstan et inter-ethniques dans le Caucase

- « ***Le Kazakhstan aux Kazakhs et seulement aux Kazakhs*** », scandent des milliers de manifestants en décembre 1986 à Alma Ata. Ils sont dispersés puis présentés comme des hooligans. En fait, le malaise est profond. Le Kazakhstan est une terre de colonisation. Les populations nomades ont été sédentarisées par la contrainte et le territoire a dû recevoir un grand nombre d'Allemands, de Tatars, d'Ukrainiens et d'Ouzbeks, des « *populations punies* » et déportées depuis Staline. Les Russes détiennent les pouvoirs politiques et économiques. L'identité du peuple kazakh, devenu minoritaire, est menacée, mais le dynamisme démographique lui donne la force de sa révolte. Désormais, il entend gérer lui-même le problème des minorités. Un Comité des relations inter-ethniques est créé en janvier 1986. Les Russes en sont absents.
- **Le Caucase est « *libanisé* » dès 1988**, tant la question arménienne divise la région et affaiblit le pouvoir établi. Les Arméniens revendiquent le rattachement à l'Arménie de la région autonome du Nagorny-Karabakh, enclavée en Azerbaïdjan. Le dynamisme démographique des Arméniens, devenus majoritaires en Nagorny-Karabakh, renforce leurs positions. La dégradation de l'environnement, particulièrement grave en République arménienne fournit un sujet de mécontentement supplémentaire car le modèle soviétique d'industrialisation en est considéré comme responsable. En 1988, le soviet du Nagorny-Karabakh vote son rattachement à la République d'Arménie. Le pouvoir central de Moscou est incapable de réagir.
- **En Géorgie, la minorité musulmane abkhaze rejette l'autorité de la république**. En 1988, elle exige un statut indépendant et demande son rattachement à la République de Russie. Les nationalistes géorgiens, piqués au vif, manifestent contre les sécessionnistes à Tbilissi. La répression est réprimée dans le sang, sans doute à l'instigation des Soviétiques. Le sentiment anti-russe s'en trouve exacerbé. Les Géorgiens réagissent en novembre 1989 en votant un amendement à leur Constitution qui leur donne le droit de rejeter toute loi fédérale contraire aux intérêts de la Géorgie. Le nationalisme géorgien s'est réveillé avec l'affaire abkhaze et s'oppose désormais ouvertement au pouvoir central. Moscou subit un deuxième échec et s'en trouve discrédité.
- **Partout, le nationalisme réveille les anciennes rancœurs**. Elles sont particulièrement vives contre les populations russes déplacées depuis l'époque stalinienne pour coloniser les périphéries. Les échecs économiques et les désastres écologiques, comme celui de la Mer d'Aral, sont attribués au système soviétique tandis qu'une véritable explosion démographique aggrave les tensions. Moscou s'est révélé incapable d'assurer la cohésion de son Empire par la prospérité économique et le centralisme démocratique inapte à résoudre les conflits inter-ethniques de la périphérie. La crise d'efficacité s'est vite transformée en crise de légitimité.

2. « *La fin du fédéralisme soviétique* » sous la pression populaire

A ~ La révolte n'est pas le fait de chefs dissidents mais de la société civile

- **Les « *fronts populaires* » trouvent leur légitimité dans le suffrage universel.** Le fédéralisme perd le soutien de ses deux piliers traditionnels, le Parti communiste et l'Armée Rouge, eux-mêmes divisés par les conflits interethnique. Une société civile émerge et s'exprime par la création de « *fronts populaires* » dans les pays baltes, puis en Moldavie, en Biélorussie et en Ukraine en 1988, puis dans les Républiques caucasiennes et asiatiques en 1989. Les rappels de l'histoire nationale cimentent les mouvements populaires qui organisent bientôt des consultations électorales malgré Moscou. Les premiers résultats sont relativement favorables à Gorbatchev, considéré comme le promoteur de la Perestroïka, mais le mouvement reste incompris par Moscou et débouche sur la proclamation de l'indépendance des pays baltes dans les années 1988-1990. Les pays baltes ne sont jamais entrés de plein gré dans l'Union soviétique. Ils en sortent les premiers alors que jusqu'ici, c'était dans les républiques musulmanes d'Asie centrale que les tendances à la dissidence paraissaient les plus fortes. Le Caucase et l'Asie centrale prennent eux aussi leurs distances à l'égard d'un pouvoir déjà bien lointain. Désormais, la législation nationale prime sur les lois de l'Empire et la diplomatie nationale sur la diplomatie centrale.
- **Le « *modèle balte* » suscite de émules même en Russie.** Des groupes d'intellectuels, encouragés au départ par Gorbatchev, veulent retrouver leurs racines russes et les traditions paysannes malmenées pendant des décennies. Leur faiblesse est que la distinction entre culture russe et culture soviétique est de plus en plus difficile, après trois quarts de siècle de communisme. Le mouvement national russe est affaibli par l'amalgame historique établi entre patriotisme et socialisme, entre Russie et URSS.

  Différentes tendances se manifestent dans ce renouveau culturel. Les uns revendiquent un gouvernement indépendant, d'autres le retour de la propriété privée au profit de la paysannerie, d'autres enfin la séparation de l'Église et de l'État. Les élections de 1990 relancent ce mouvement jusqu'à l'élection de Boris Eltsine à la présidence de la Russie.

  Un État national russe apparaît alors, créant des conditions favorables à la démocratisation. Les difficultés majeures qui subsistent sont de se séparer de l'Empire, d'accepter l'hétérogénéité ethnique de la Russie, d'assumer l'héritage de l'URSS et de conduire à leur terme les réformes politiques et économiques indispensables.

B ~ « *Après l'Empire* » : pourquoi Gorbatchev a-t-il échoué ? Quels lendemains pour l'ex-Empire soviétique ?

- **La question nationale a toujours été tenue pour secondaire par le Kremlin.** Face aux difficultés économiques et aux problèmes de rivalités personnelles, les dirigeants ont considéré comme marginal le problème latent des périphéries. Les républiques n'ont vu que des mesures vexatoires dans le projet de réforme constitutionnelle de 1988, alors que Gorbatchev souhaitait instaurer plus de démocratie. Il l'a amendé en conséquence mais trop tardivement. Les républiques recherchaient déjà les modalités de leur indépendance. La méconnaissance de la question nationale par Gorbatchev est apparue dans la maladresse de ses réformes, dans ses hésitations et dans son incapacité à endiguer à temps les mouvements de dissidence.

- **Le problème des « *personnes déplacées* » reste patent**. « *Staline avait transformé la société de son pays en déplaçant les hommes.* » Les difficultés sont aujourd'hui aggravées par la déliquescence des pouvoirs et par la pénurie généralisée. Les personnes déplacées sont représentées par les Russes et les Ukrainiens, dispersés par Moscou dans l'Empire avec la mission d'assurer les bases du pouvoir central. Ils sont aujourd'hui des colons, des « *pieds-noirs* », repoussés notamment par les populations musulmanes. S'y ajoutent les Tatars de Crimée, qui veulent retrouver leur place sur un territoire occupé par des Ukrainiens hostiles, les Allemands installés en Asie centrale depuis un demi-siècle, les Juifs qui n'ont pas tous profité de l'ouverture des frontières pour émigrer. « *Les Soviétiques découvrent l'incapacité des pouvoirs publics à assurer un accueil minimal à ceux que la guerre chasse de leurs foyers sans leur avoir permis de préparer leur départ.* »
- Un mouvement nationaliste, spontané, sans chef de file charismatique, a fait basculer le communisme dans l'histoire des utopies mortes. Pour Hélène Carrère d'Encausse, l'affirmation de la nation est une étape nécessaire et décisive dans un processus de modernisation car « *la communauté ethnoculturelle est le cadre naturel de toute société digne de ce nom* ». Même si, dans un premier temps, la prise de conscience des héritages historiques exacerbe intolérance et agressivité, l'avenir doit déboucher sur un nationalisme « *apaisé et ouvert* » à la démocratie. Après l'âge des révolutions, vient l'âge des nations.

Ce livre propose un récit historique très documenté, orienté sur une ligne directrice déjà définie dans L'Empire éclaté, *en 1978, sans complaisance pour le système ni pour les hommes politiques soviétiques. L'histoire a donné raison à l'auteur, à quelques détails près, et l'implosion finale de l'Empire, en 1991, après la rédaction du manuscrit de l'ouvrage, était inscrite dans les lignes de force analysées un an plus tôt. L'auteur pose le problème toujours latent des véritables limites géo-politiques de la Russie et de ses relations avec son ancien empire.*

FICHE 43

SOCIALISME ET ÉCONOMIE DE PÉNURIE

Janos Kornai

Cet ouvrage, du plus connu des économistes hongrois, Janos Kornai, publié en 1980 et traduit en français en 1984 (Economica, 600 p.), a pour ambition de présenter une analyse générale du fonctionnement des économies socialistes centralement planifiées. Partant de la production, passant ensuite à la consommation, introduisant tardivement les prix, Kornai démonte méticuleusement le système économique pour trouver les causes de la pénurie, laissant à d'autres le soin d'exploiter son analyse pour remédier aux problèmes.

1. Une offre limitée par les ressources

A ~ La rareté des ressources est la principale contrainte limitant l'activité en économie socialiste

- **L'économie socialiste est une économie contrainte par les ressources**. Trois groupes de contraintes peuvent empêcher un accroissement de production : les contraintes de ressources (stocks de pièces détachées, de produits semi-finis, de matières premières, machines et équipements, ouvriers qualifiés), les contraintes de demande, les contraintes de budget. Une seule contrainte suffit pour limiter la production, la plus étroite. « *Pour l'entreprise capitaliste classique c'est normalement la contrainte de la demande qui est limitative, alors que pour l'entreprise socialiste traditionnelle c'est la contrainte de ressources.* » Cela ne signifie pas que la production d'une entreprise socialiste soit parfaitement indépendante de la demande. Mais quand le plan est donné, c'est essentiellement les inputs disponibles qui peuvent limiter l'activité, la contrainte budgétaire étant assez lâche.
- **Dans une économie contrainte par les ressources, pénurie et excédents peuvent apparaître simultanément**. L'entreprise socialiste ne craint pas la faillite ; sa demande n'est pas restreinte par des considérations de solvabilité. Les planificateurs, en lui fixant un plan « tendu », l'encouragent à atteindre la production la plus élevée. Pour éviter une pénurie d'inputs qui empêcherait sa production, l'entreprise essaie d'en acquérir le plus possible, mais elle se heurte de manière réitérée à une des contraintes de ressources : machine tombant en panne, ouvrier absent. « *La pénurie signifie que les inputs requis pour l'accomplissement d'un dessein sérieux n'étaient pas disponibles.* » Conséquence du goulot d'étranglement, d'autres ressources qui étaient en quantités suffisantes pour satisfaire le plan de production vont devenir excédentaires mais elles seront impossibles à mobiliser.

B ~ L'économie socialiste souffre de la pénurie de main-d'œuvre

- **La pénurie de main-d'œuvre est une des contraintes de ressources les plus importantes du système**. Dans les économies capitalistes, le marché du travail est un « *marché d'acheteurs* » avec une forte réserve de main-d'œuvre potentielle car la production est limitée par la demande. Dans les économies socialistes, le secteur des entreprises et des organisations publiques non marchandes a absorbé la réserve de main-d'œuvre potentielle : petits producteurs indépendants, professions libérales, femmes au foyer... Le marché du travail est un « *marché de vendeurs* », contraint par les ressources.

- **Là encore, pénurie et excédent coexistent**. « *La pénurie intensive de la main-d'œuvre provoque une tendance à faire des réserves de main-d'œuvre.* » Chômage sur le lieu de travail, relâchement de la discipline, détérioration de la qualité du travail sont les principales conséquences micro-économiques de cette situation. Sur le plan macro-économique, c'est un des principaux obstacles à la croissance.

  La planification perpétue la rareté des ressources. Certaines entreprises reçoivent un plan facile à réaliser, d'autres un plan irréalisable. La majorité a un plan « *tendu* ». Pour le réaliser dans les délais, les entreprises multiplient les heures supplémentaires, diminuent la qualité des produits. Globalement les objectifs du plan sont atteints et le plan suivant sera tout aussi exigeant malgré les difficultés.

2. Une demande insatiable

A ~ La demande des entreprises tend vers l'infini

- **La tendance à amasser les matières est la conséquence des pénuries et contribue à les intensifier**. L'entreprise qui se trouve face à une pénurie partielle va déplacer sa demande vers un autre marché mieux approvisionné. Elle s'efforce ensuite d'amasser les inputs essentiels ou difficilement substituables, d'une part pour accroître sa production, d'autre part pour faire face à l'incertitude. Quand un rationnement central existe pour les inputs en question, l'entreprise exagère ses besoins par sécurité. Cette demande fictive et l'accumulation de stocks « *gelés* » entretiennent l'état de pénurie.
- **La « *soif d'investissement* » des entreprises est une conséquence et une cause de la pénurie générale**. Pour augmenter leur pouvoir personnel, pour bénéficier d'avantages plus élevés ou par identification à leur travail, des dirigeants d'une organisation manifestent une volonté d'expansion que la pénurie intensifie encore. « *Les investissements sont nécessaires pour que ceux qui font la queue puissent obtenir davantage.* » L'ensemble des demandes dépasse donc toujours les contingents d'investissements prévus. De plus, les projets approuvés exigent souvent plus d'inputs que ce qui est planifié. Il y a donc « *tension de l'investissement* ». Plus celle-ci est forte, plus la demande d'investissement a un effet d'éviction sur les ressources d'autres domaines, amplifiant par conséquent les pénuries générales. « *S'il n'y avait pas d'autres facteurs exerçant une influence dans cette direction, la soif d'investissement et son résultat, la tension de l'investissement, suffiraient pour transformer le système en une économie de pénurie.* »

B ~ La demande des ménages est limitée mais se heurte aussi à la pénurie

- **La demande de biens par les ménages est limitée par une contrainte budgétaire dure**. La composante principale du revenu monétaire total du ménage est le salaire. Celui-ci limite l'accès aux « *produits vendus pour de la monnaie* » car le recours à l'endettement est restreint. Pour augmenter sa consommation, un ménage peut s'efforcer d'obtenir plus de prestations gratuites ou quasi gratuites.

- **La pénurie est inévitable pour la plupart des consommations gratuites ou quasi gratuites**. Une des spécifités des économies socialistes est la proportion relativement élevée de consommations non marchandes. « *L'offre* de services non marchands *n'étant pas suffisante pour saturer les besoins,* [...] *il est certain qu'une pénurie doit apparaître.* » Celle-ci peut apparaître comme un prix à payer pour bénéficier d'avantages sociaux tels que soins et enseignement gratuits.
- **Le marché des biens de consommation n'échappe pas à la pénurie**. Les biens et services acquis sur un marché connaissent aussi des phénomènes de pénurie car les ménages, les entreprises et les organisations non marchandes se livrent une concurrence à l'achat. Or, celle-ci est inégale car les entreprises ont une contrainte budgétaire lâche et peuvent intercepter les produits avant qu'ils arrivent au magasin en essayant de gagner les faveurs du vendeur. Le consommateur, face à une pénurie partielle, peut modifier ses dépenses, soit par soif de consommation, soit pour se constituer un stock de sécurité, soit par crainte d'une hausse des prix. Il peut aussi épargner. Dans une économie de pénurie, il faut en effet disposer d'une épargne plus importante que dans une économie capitaliste pour remédier aux carences du système de crédit et pour être capable « *de saisir l'occasion d'achat au moment où elle se présente* ». Le consommateur, tout en étant victime de la pénurie, participe ainsi à son extension.

3. L'ÉCONOMIE DE PÉNURIE EST UNE ÉCONOMIE SEMI-MONÉTAIRE ET PATERNALISTE

A ~ Les économies socialistes sont des économies semi-monétaires

- **Les prix ont peu d'influence sur les entreprises**. Lorsque l'entreprise veut acheter un input quelconque, un prix élevé ne la décourage pas car elle sait que tôt ou tard elle pourra mettre à la charge de l'acheteur ou de l'État ses coûts accrus. De même, aucun problème de financement ne se pose : l'entreprise préfère emprunter et payer des intérêts plutôt que de laisser échapper une possibilité d'achat. La banque d'État finit toujours par accepter le projet. « *Dans le système contraint par les ressources, la quantité de la monnaie détenue par l'acheteur n'est pas une contrainte effective.* » Pour les biens d'investissement, les difficultés de financement peuvent être plus importantes, contraignant l'entreprise à ralentir son programme, mais le projet est systématiquement exécuté.
- **Les entreprises influencent les prix**. Il est souvent admis que dans les économies socialistes, les prix sont fixés par l'État, mais la réalité est plus complexe. La régulation des prix par l'État exige une description complète du produit puis un contrôle des conditions de vente. Ceci est possible pour des biens standards de production de masse : charbon, essence, sucre, lait... Mais la grande partie de la production dans des économies développées est composée de produits dont la description exigerait la prise en compte de centaines de paramètres. Les entreprises peuvent alors facilement échapper au contrôle administratif des prix en sortant de nouveaux produits plus chers ou en réduisant les coûts de fabrication par l'emploi de matériaux plus médiocres. Les deux cas correspondent à une hausse des prix camouflée. Or, « *l'entreprise socialiste, tant comme vendeur que comme acheteur, est stimulée à accroître les prix* ». En situation de pénurie, l'acheteur est enclin à tolérer une hausse du prix de l'input,

il peut d'ailleurs la proposer sachant qu'il la répercutera plus tard quand il sera le vendeur. Ce phénomène de « *traction de la demande* » est particulièrement tangible sur les marchés des biens d'investissement et des services. La tendance à l'accroissement des prix ne mène pas à la réduction de la pénurie. L'explication de celle-ci ne peut être cherchée dans la sphère monétaire, mais plutôt dans les rapports institutionnels.

B ~ Les relations paternalistes entre l'État et les agents économiques sont aux sources de la pénurie

- **La politique économique centrale ne peut éliminer la pénurie**. L'État peut lutter contre les tendances inflationnistes en contrôlant le revenu nominal des ménages. Ainsi, la hausse des prix n'atteint pas les biens de consommation car la demande globale de la totalité des ménages est limitée par la monnaie qu'ils détiennent. De fait, les économies socialistes connaissent en général une stabilité des prix. Par contre, malgré différentes tentatives, la pénurie ne peut être éliminée. « *La politique économique centrale a les moyens de protéger certaines sphères de la pénurie et de la déplacer vers d'autres sphères.* » Elle peut être transformée par exemple en un déficit de la balance des paiements. Son intensité générale peut être réduite ou augmentée en planifiant un taux de croissance plus rapide ou plus modeste, en accroissant ou en diminuant les projets d'investissements centralisés, mais les causes essentielles de la pénurie sont plus profondes.
- **Le faible rôle de la contrainte budgétaire pour les entreprises est une cause suffisante de la pénurie et provient du paternalisme de l'État**. Dans le système socialiste, les autorités centrales assument toute la responsabilité de la situation économique. Les membres de l'appareil vont donc multiplier les actions « *pour former le cours de la vie économique* ». Cette tendance au paternalisme venue « *d'en haut* » est complétée par une demande venant « *d'en bas* ». « *Le paternalisme signifie une protection et une sécurité absolues.* » L'État aide l'entreprise par des facilités d'impôts, des crédits avantageux, des subventions, provoquant ainsi le relâchement de la contrainte budgétaire et donc les phénomènes reliés à la pénurie : tendance à amasser, demande presque insatiable de main-d'œuvre, soif d'investissement... Les relations paternalistes expliquent ainsi que l'entreprise cherche systématiquement à « *pomper* » les autres entreprises vendant des inputs et les autorités supérieures. C'est donc les conditions institutionnelles, notamment la « *propriété sociale des moyens de production* », qui produisent la pénurie avec ses effets positifs (croissance rapide, plein emploi) et négatifs (queues, dégradation de la qualité des produits...).

L'ouvrage de Janos Kornai offre une représentation simplifiée de la vie économique dans le système socialiste : l'économie informelle et l'agriculture sont ignorées ; la planification et le commerce extérieur ne sont abordés qu'en quelques pages pour les besoins de la démonstration. Pourtant, c'est un livre majeur pour qui veut comprendre ce qu'a été le fonctionnement des économies planifiées. Après sa lecture, il devient clair que les réformes ne pouvaient pas réussir, que la pénurie était inhérente au système, même si elle pouvait être réduite, et qu'elle était intimement liée à la sécurité économique dont bénéficiaient entreprises et ménages. Kornai, pour cela, a su utiliser une approche originale ; en n'hésitant pas à décrire le quotidien des producteurs et consommateurs, en le resituant dans le cadre théorique des marchés non walrasiens, en forgeant parfois de nouveaux concepts et en reléguant en annexes les formalisations mathématiques, il a rendu son livre accessible à tous.

FICHE 44

LA MACHINE ET LE CHÔMAGE
Le progrès technique et l'emploi

Alfred Sauvy

Dans ce livre, préfacé par Wassily Leontief (prix Nobel), Alfred Sauvy explique que l'opinion presque unanime est que la machine crée du chômage, mais que l'observation des faits dans les pays industriels démontre le contraire. L'objectif de son ouvrage (Dunod, 1980, 300 p.) est de répondre à la question suivante : « quelle influence ont, sur le nombre des emplois dans la nation, les décisions inspirées par les découvertes techniques et prises le plus souvent dans le souci d'améliorer le rendement financier d'une fraction de l'économie ? ».

1. Historique : de tout temps et en tout lieu, la machine a été accusée de provoquer du chômage

A ~ Le refus de la machine

- **De l'Antiquité jusqu'au XVIIIe siècle, le refus de la machine est presque unanime.** Même des personnalités aussi avisées et progressistes que Colbert ou Montesquieu se sont méfiées de la machine.

  Les révoltes contre les machines se multiplient en Grande-Bretagne à partir du XVIIe siècle ; ces révoltes ne résultent pas seulement de la crainte de l'élimination des travailleurs, « *mais aussi d'une crainte à l'égard du surnaturel, presque diabolique* ». Les machines sont cassées, les inventeurs souvent pourchassés et parfois assassinés ; signe caractéristique, la peine de mort sera décrétée en 1812 en Grande-Bretagne contre les briseurs de machines.

- **À partir du XVIIIe siècle, la situation change, la mécanisation va grand train et semble dorénavant inéluctable** ; les défenseurs de la machine, dont les économistes classiques, sont de plus en plus nombreux, toutefois les misères ouvrières augmentent. Les révoltes perdurent, le problème devient toutefois différent : « *il ne s'agit plus de refuser la machine qui supprime des emplois, mais d'améliorer le sort de l'ouvrier, tant en salaire qu'en conditions de travail, au besoin, en changeant de régime* ».

- **Au XXe siècle, le débat sur les effets du progrès technique et plus largement du progrès économique se poursuit.** Il est accentué par le chômage de l'entre-deux-guerres qui met en valeur les thèses stagnationnistes affirmant que le progrès économique est limité. Heureusement, Keynes, en préconisant une intervention de l'État, offre de nouveaux horizons à l'économie.

  Après la Seconde Guerre mondiale, le débat porte essentiellement sur les effets de l'automation. Georges Friedmann l'accuse de détruire des emplois. L'opinion publique lui fait écho : « *la vue localisée d'une entreprise licenciant du personnel, par suite de l'adoption de machines, inspire l'opinion, plus encore, peut-être, qu'aux siècles précédents, car, placée de façon continue devant des statistiques de chômage alarmantes, elle lie fatalement les deux aspects* ».

B ~ L'expérience montre que la machine n'est pas préjudiciable à l'emploi

■ **L'examen des réalités économiques du XIXe siècle montre que l'augmentation de l'emploi a accompagné le progrès technique.** Le nombre de personnes ayant un emploi augmente parallèlement à la durée du travail ; l'exode rural témoigne d'ailleurs de l'effet positif du progrès technique sur l'emploi industriel. En revanche, le chômage, souvent déguisé, est important dans les pays « *restés sans machine* », formant le tiers monde.

L'étude des réalités du XIXe siècle montre aussi que le progrès technique n'a pas été accompagné d'une diminution du niveau de vie ; ce dernier a au contraire augmenté, lentement durant la première partie du siècle, rapidement lors de la seconde. De la même façon, l'espérance de vie a fortement augmenté, passant de 27,5 ans pour les hommes vers 1789 à 48,5 ans vers 1910. Sauvy conclut donc que « *le progrès technique a ouvert la voie à une prospérité et un pouvoir de l'homme, sans doute mal exploités, mais que même les utopistes n'imaginaient pas, sur certains points* ».

■ **Le XXe siècle nous montre que « *dans tous les pays où la productivité a augmenté, le nombre des emplois a également augmenté*,** *à salaires égaux, du moins en régime libéral* ». C'est par exemple le cas de la période des Trente Glorieuses. Ainsi, de 1952 à 1972 en France, « *pour l'ensemble des branches, la productivité a à peu près triplé et le nombre d'emplois a augmenté de 4,1 %, dépendant bien plus de la population active que du niveau technique* ». Force est de considérer que l'automation aux États-Unis a été accompagnée d'une hausse des emplois et que les progrès potentiels sont encore importants (énergies nouvelles, progrès médicaux, nucléaire...).

2. Les perturbations directes et indirectes du progrès technique

« Tout changement décidé par une entreprise, dans le but d'améliorer sa rentabilité, provoque de proche en proche, des perturbations dans l'ensemble de l'économie, en particulier sur l'emploi. »

A ~ Les effets directs du progrès technique

« Quelle que soit la situation initiale, elle est détruite par tout progrès technique, par tout changement de la façon de travailler. »

■ **Certaines perturbations dues au progrès technique sont directement réductrices d'emplois.** Il s'agit des progrès techniques induisant des économies directes de personnel, de ceux qui permettent des économies d'autres facteurs de production comme les matières premières ou l'outillage qui peuvent provoquer des perturbations sur l'emploi des activités situées à l'amont ; la perte d'emplois peut aussi concerner des entreprises concurrentes : « *les entreprises qui produisent les mêmes produits que les entreprises bénéficiant du progrès, sans être en mesure de bénéficier de ce progrès sont mises en difficulté et parfois dans l'obligation de supprimer des emplois* ».

■ **Il est possible de distinguer trois types de progrès technique en fonction de leurs effets directs sur l'emploi** : d'une part, le « *progrès refouleur* » qui permet d'économiser le travail (*labour saving*) et diminue le volume de l'emploi ; d'autre part, le « *progrès neutre* » qui maintient le nombre d'emplois, mais qui augmente la rémunération des travailleurs ; et enfin, « *le progrès multiplicateur* » qui crée des emplois en ouvrant de nouvelles opportunités de production, en effet « *le progrès technique permet, peu à peu, de tirer parti de* *ressources naturelles jugées longtemps sans valeur et de donner à une matière un ouvrage de plus en plus poussé* ».

B ~ L'effet indirect du progrès technique : le déversement

- **Le progrès technique crée des emplois.** Les trois arguments classiques les plus souvent cités sont « *le travail consacré à la production de la machine ; l'accroissement de la vente des produits bénéficiant du progrès, grâce à la baisse de leur prix et la production de masse ; l'apparition de consommations nouvelles ou l'augmentation de consommations anciennes* ». C'est sur ce dernier point, qu'il appelle « *déversement* », que Sauvy insiste.
- **Le progrès technique dans un secteur permet d'augmenter la consommation et donc la production de nombreux autres produits ; c'est ce que Sauvy nomme « *le déversement* ».** Chaque progrès bénéficie à au moins un individu qui voit son pouvoir d'achat augmenter ; cela peut être le chef d'entreprise dont le profit s'accroît, les salariés si leur rémunération augmente, les consommateurs si les prix baissent ou même l'État s'il profite du progrès technique pour augmenter les impôts. « *Quel que soit le bénéficiaire et quels que soient les justifications ou les reproches qui peuvent être formulés, l'utilisation de ce ou de ces revenus supplémentaires crée des emplois ailleurs, mais ces emplois ne sont identiques ni en nature, ni en nombre aux emplois perdus.* »

  Ainsi, l'augmentation des rémunérations ou la baisse des prix permettent d'augmenter la consommation d'autres produits et donc la production d'autres activités, ce qui a un effet positif sur l'emploi.
- **Le progrès technique crée des perturbations en vagues successives.** Les secteurs perturbés par un progrès technique mis en œuvre dans un autre secteur vont eux aussi provoquer à leur tour de nouvelles perturbations. « *Compte tenu de ces répercussions massives de proche en proche, il n'est guère de secteur qui ne soit atteint par un changement d'une certaine importance.* »

  Dans l'absolu, les effets peuvent être illimités, la personne ayant profité du progrès technique peut décider d'acheter une voiture, le garagiste, grâce à ce revenu supplémentaire un meuble, le vendeur de meubles un tableau... Le déversement s'effectue aussi en partie par l'État ; le déversement public a trois orientations principales : il sert « *à rémunérer des emplois publics ; à acquérir le matériel nécessaire au fonctionnement des services ; à verser des rentes ou des pensions aux ayants droit* ».

3. Obstacles divers et politiques de l'emploi

A ~ Les différents obstacles au déversement

- **Le premier obstacle au déversement est l'inélasticité relative de l'offre par rapport à la demande.** Dans certains secteurs, l'offre reste assez rigide, il s'agit par exemple des logements en milieu urbain ; dans ce cas, le déversement s'effectue moins bien et l'augmentation de la demande risque d'accroître les prix. Sauvy remarque que les secteurs à offre élastique concernent davantage les consommations des catégories favorisées (services divers dont les loisirs par exemple). Il en déduit que la redistribution, quoique socialement souhaitable et financièrement neutre, peut être défavorable à l'emploi.
- **Les rigidités du travail sont aussi des obstacles au déversement.** Ces rigidités résultent de nombreux facteurs : ententes professionnelles, allocations chômage (« *progrès social, mais régression économique* »), entraves au licenciement, résistance aux changements, formation non conforme aux besoins, refus par la population active de certains emplois par crainte de la déchéance sociale,

cristallisation du logement dans les villes en raison du blocage des loyers, rigidité à la baisse des prix et des rémunérations... Toutes ces rigidités freinent le déversement car « *toute rigidité est conservatrice et s'oppose au mouvement* ».

L'ampleur et le succès du déversement dépendent aussi de la rémunération des travailleurs dans la branche qui va en profiter. « *Ainsi, de fortes rémunérations, dans les secteurs d'accueil, freinent le déversement vers elles, ainsi que la récupération du nombre des emplois* ».

- **Le déversement s'effectue de plus en plus vers le secteur tertiaire et est donc moins favorable à l'emploi.** « *Pendant longtemps, le déversement s'est fait de l'agriculture, secteur à rendement souvent décroissant, vers l'industrie, domaine où le rendement croît, pendant quelques temps, avec les quantités : abandon de terres pauvres d'un côté, et gain en productivité de l'autre. Le déversement actuel du secteur secondaire vers les services est loin de présenter les mêmes avantages.* » En effet, le secteur tertiaire présente deux caractères défavorables : les rémunérations y sont généralement élevées (c'est par exemple le cas des rémunérations des professions libérales) et la croissance du rendement selon les quantités produites (économies d'échelle) y est moins importante que dans les deux autres secteurs.

B ~ La politique de l'emploi

- **Pour éclairer les orientations de la politique économique, il faudrait bâtir « *la matrice de l'emploi* ».** À l'image du tableau des échanges interindustriels de la comptabilité nationale qui comptabilise les échanges croisés de consommations intermédiaires, il faudrait bâtir une matrice de l'emploi. Au lieu d'utiliser une unité monétaire, l'unité employée serait la quantité de travail nécessaire pour chaque produit, c'est-à-dire « *l'équivalent travail d'une production* ». À partir de là, l'étude des besoins potentiels de chaque catégorie de la population permet de mesurer les effets sur l'emploi des différentes augmentations de revenu.

  Cela permettrait d'évaluer les effets exacts en termes d'emplois du progrès technique. « *La protestation de l'opinion publique et des syndicats, contre tout licenciement peut conduire à freiner ou interdire des investissements de productivité, chaque fois que la récupération des emplois n'apparaît pas à première vue.* » L'étude de l'impact réel du déversement sur l'emploi permettrait d'informer l'opinion publique et de faire plus largement accepter les investissements de productivité.
- **Il faut aussi assouplir le fonctionnement du marché du travail en enrayant certaines rigidités, notamment celles concernant les rémunérations.** Il faudrait, par exemple, modifier l'échelle des rémunérations en faveur des professions peu recherchées et au détriment des services libéraux et semi-libéraux dont les fortes rémunérations freinent le déversement, ainsi qu'au détriment des travailleurs du service public, ce qui permettrait, pour une dépense identique, d'embaucher plus de personnes et de mieux couvrir les besoins.
- **« *La recherche immédiate d'emplois, au détriment de la production, ne peut aboutir qu'à des résultats éphémères.* »** Sauvy est opposé à toutes les mesures qui ne profitent pas durablement à l'emploi ; ainsi il refuse la baisse de la durée du temps de travail, sauf pour des raisons sociales, car elle conduit à un alourdissement du coût du travail, ce qui augmente les dépenses, et donc supprime des emplois.

Wassily Leontief affirme dans la préface que « Alfred Sauvy traite le sujet avec un ensemble peu commun de compétence technique, de sens de l'Histoire et de bon sens, que ses collègues plus spécialisés et le public en général ont appris à attendre de lui ». Si la nécessité du progrès technique et des investissements de productivité pour la croissance et pour l'emploi ne fait plus de doute aujourd'hui, c'est certainement grâce à la contribution d'Alfred Sauvy.

FICHE 45

RETOUR AU PLEIN EMPLOI ?

James E. Meade

Dans ce petit livre (Economica, 1995, 88 p.) préfacé par Robert M. Solow (prix Nobel), James E. Meade (prix Nobel) propose des solutions macro-économiques au sous-emploi. Il préconise de laisser agir les forces du marché, et donc d'accepter une baisse importante des salaires, tout en conseillant une forte intervention de l'État dans la relance de la croissance et dans la répartition du revenu national.

1. Dans les conditions actuelles, il est impossible de lutter efficacement et d'une façon socialement acceptable contre le sous-emploi

Meade définit l'économie actuelle des pays industrialisés comme « *une économie affectée d'un chômage massif, menacée par l'inflation, dans laquelle la répartition du revenu et de la richesse est extrêmement inégalitaire, et qui manque de capital productif et de certaines compétences de pointe* ».

A ~ Les politiques actuelles sont pour la plupart inadaptées

- **Les remèdes microéconomiques sont peu efficaces ; il faut mettre en œuvre des solutions macroéconomiques**. Les hommes politiques s'intéressent essentiellement aux moyens microéconomiques de lutte contre le chômage. Ils utilisent des remèdes comme l'éducation, la formation, les gains de compétitivité et cherchent surtout à diminuer le coût de la main-d'œuvre, ce qui a des répercussions défavorables sur le niveau de vie et sur la demande globale de l'économie. Pourtant Meade est persuadé que des solutions macroéconomiques existent et qu'elles sont applicables sous condition d'un certain consensus.
- **Les forces du marché sont insuffisantes pour assurer le plein emploi**. Si la concurrence parfaite existait et si le niveau global de la production était suffisant pour embaucher toute la population active, il n'y aurait pas de problème de chômage. Mais, la situation est bien différente, la concurrence pure et parfaite est un mythe, les politiques globales ne sont pas assez expansives car elles craignent l'inflation, risque de plus en plus élevé à mesure que l'on s'approche de la situation de plein emploi. De plus, l'emploi de tous nécessite des salaires si bas que les moins qualifiés risquent de subir une forte diminution de leur pouvoir d'achat.

B ~ Les conditions du plein emploi

- **Le plein emploi n'est possible que si le niveau de la production est assez élevé et le coût de la main-d'œuvre assez faible**. Selon Meade, le plein emploi n'est réalisable que si deux conditions sont réunies : d'une part, la mise en œuvre de politiques budgétaires et monétaires (que l'auteur nomme « *politiques de gestion de la demande* ») appropriées permettant d'offrir à l'économie un débouché stable pour un niveau de production suffisant à l'emploi de toute la population active ; d'autre part, que les travailleurs offrent leur travail à un salaire assez bas pour que des employeurs en régime de concurrence les emploient. Le problème est que ce salaire de plein emploi risque, notamment pour les moins qualifiés, d'être très faible. Cette situation est non seulement susceptible de provoquer des poussées inflationnistes en cas de revendications salariales, mais en plus est socialement inacceptable car la société devient trop inégalitaire.

- **Des réformes institutionnelles sont nécessaires**. Les enjeux du futur porteront sur la répartition du revenu national. Si on souhaite le plein emploi et une répartition équitable, il est nécessaire d'accepter de grands changements institutionnels et de grandes modifications dans l'application des politiques que l'auteur se propose de dévoiler.

2. Les réformes institutionnelles proposées par Meade

A ~ Les politiques de gestion de la demande

- **Meade préconise des politiques de gestion de la demande ayant des objectifs en termes de PIB nominal**. Les politiques de gestion de la demande agissent sur le niveau de la demande de l'économie et disposent de deux instruments principaux : la politique monétaire et la politique budgétaire. Ces politiques cherchent à assurer le plein emploi en évitant les dérapages inflationnistes.

  Les politiques conjoncturelles sont appliquées en fonction de critères qui restent à définir. Ainsi, la politique peut se fixer des objectifs en termes de PIB réel, de quantité de monnaie (c'était l'unique critère des politiques monétaristes) ou de niveau de prix. Meade pense que le meilleur critère est celui du PIB nominal puisqu'il dépend à la fois du niveau réel du PIB et du niveau des prix.

  « *En résumé, l'objectif d'une politique de gestion de la demande devrait être de programmer le maintien sur une pente modérément et régulièrement ascendante le total de la dépense monétaire consacré aux biens et services produits dans le pays (PIB nominal).* »

- **Meade préconise une cohérence entre une politique monétaire qui doit être expansive et une politique budgétaire qui doit rester assez restrictive**. L'auteur préconise la mise en œuvre de politiques monétaires expansives réduisant les taux d'intérêt réels, ce qui est d'autant plus aisé que l'on accepte un certain taux d'inflation (le taux réel est égal au taux nominal moins l'inflation), et un taux d'imposition assez élevé. Une telle politique de relance favorise davantage l'investissement (dopé par la baisse des taux d'intérêt) que la consommation (modérée par un taux d'imposition assez élevé) et elle a un effet favorable sur les dépenses publiques.

  On le voit, les politiques budgétaires et monétaires doivent être menées avec cohérence ; elles doivent donc être mises en œuvre par la même autorité. « *Faire d'une Banque centrale un organisme indépendant dont la responsabilité première est d'empêcher toute hausse excessive du niveau des prix (ou mieux du PIB nominal) tandis qu'une autorité budgétaire gouvernementale a de son côté la responsabilité de fixer les taux d'imposition et d'ordonner les dépenses publiques, c'est aller à la catastrophe.* »

B ~ La diminution du coût de la main-d'œuvre

- **La politique salariale doit être restrictive**. Lorsque le niveau potentiel de la production est suffisant grâce à la politique de l'État, le seul moyen pour encourager les entreprises à embaucher est de réduire fortement le coût de la main-d'œuvre. Or, cela n'est possible que si on diminue fortement les salaires de tous les travailleurs (même ceux qui sont déjà engagés) ou si l'on abandonne la règle « *à travail égal, salaire égal* ». Une façon de dépasser en partie ce problème est de créer un « *partenariat travail-capital* ».

- **La proposition originale de Meade est de créer un « *partenariat travail-capital* »** et de rémunérer les travailleurs, non par des salaires fixes, mais, comme les actionnaires, par une part du profit. De la même façon que les apporteurs de capitaux disposent de certificats de parts de capital (actions) qui leur procurent des dividendes et un droit de décision, les travailleurs disposeraient de certificats de parts de travail attribués en fonction de leur contribution (l'ancienneté et l'expérience doivent être prises en compte). Ces certificats donnent le droit à une part du profit. Tout le monde y gagne, les travailleurs ont tout intérêt à ce que l'entreprise fasse du profit ; ils ont aussi intérêt à ce que les nouveaux embauchés soient moins rémunérés qu'eux (leur profit en est d'autant augmenté), et les nouveaux embauchés gagnent davantage qu'ils ne recevraient en restant au chômage.

C ~ La répartition du revenu et de la richesse

- **Il faut complètement réformer le système de prestations et de prélèvements obligatoires des pays industrialisés.** Le système actuel est inefficace et dangereux car il ne réduit pas assez les inégalités et parce que les cotisations sociales, assises sur les salaires alourdissent le coût du travail alors qu'il faudrait au contraire le diminuer pour atteindre le plein emploi.
- **Il faut verser à chaque individu un « *revenu du citoyen* ».** Il faudrait reformer les prestations sociales dans l'objectif d'aider les moins favorisés. Le problème à dépasser est que la plupart des prestations actuelles sont dissuasives. « *Lorsque la prestation n'est versée que dans la mesure où elle est nécessaire pour amener le revenu au revenu minimum, elle supprime (c'est une conséquence bien connue) toute incitation à travailler et gagner davantage, car tout revenu supplémentaire correspond à une réduction équivalente de la prestation sociale.* » Par contre, une prestation versée à tous les citoyens supprime cet effet dissuasif, mais elle est très onéreuse. Meade propose une solution intermédiaire. Tous les individus, quels que soient leur revenus, recevraient le « *revenu du citoyen* » ; la charge budgétaire très lourde de cette dépense sera allégée par l'abolition de toutes les déductions d'impôt, par une réduction compensatrice de toutes les prestations sociales que le citoyen recevrait si le « *revenu de citoyen* » n'existait pas et surtout par un prélèvement supplémentaire sur les autres revenus perçus jusqu'à un certain seuil. « *Un des objectifs du revenu du citoyen est d'assurer un revenu* [...] *et de faire en sorte que la répartition du revenu national entre les individus soit plus égalitaire.* »
- **L'impôt doit diminuer les inégalités de revenu et de richesse.** Meade propose une forte redistributivité de l'impôt et donc une augmentation des taux marginaux, jusqu'à 60 % et même au-delà, afin de diminuer les inégalités de revenus entre les plus riches et les plus pauvres. Il propose aussi de mettre en place un système d'impôt permettant de diminuer les inégalités de patrimoine. Pour cela, il ne faudrait plus imposer le revenu, mais la dépense (revenu moins épargne), ce qui inciterait les catégories les moins favorisées à épargner, alors qu'un impôt assez lourd sur la grande fortune contribuerait à diminuer les fortunes les plus élevées.
- **Il propose un large impôt sur la pollution qui pourrait par exemple prendre la forme de permis de pollution vendus aux enchères.** Meade affirme qu'il est plus rationnel de taxer les pollueurs que de réglementer ou que de subventionner l'utilisation de procédés moins polluants. « *Dans le cas d'une économie dont le sur-développement est général, l'abaissement de l'échelle de la production*

totale dû à la fiscalité sur les activités nocives a le double effet d'atténuer les conséquences indésirables de celles-ci, et de réduire l'emploi abusif des ressources naturelles qu'entraîne le sur-développement. »

- **Il préconise des « *nationalisations inversées* ».** Meade pense que sa réforme permettra à l'État de dégager des excédents budgétaires, avec lesquels il conseille l'achat d'actions dans des entreprises privées. « *L'épargne de l'État serait ainsi mêlée à celle du secteur privé en vue d'investissements dans des entreprises qui continueraient à être librement gérées comme toute entreprise concurrentielle.* » Meade appelle cette épargne de l'État « *nationalisation inversée* » et il pense qu'elle pourrait dans l'avenir donner une grande marge de manœuvre à la politique budgétaire de l'État.

3. Les impacts et les difficultés prévisibles de telles réformes

A ~ Les relations avec l'extérieur

- **La Grande-Bretagne gagnerait certainement en compétitivité**. Les taux de salaire seraient fixés au niveau très bas permettant d'assurer le plein emploi, donc la Grande-Bretagne gagnerait en compétitivité par rapport aux autres pays, ce qui améliorerait sa balance commerciale.
- **La Grande-Bretagne serait alors certainement accusée de dumping social par ses partenaires qui insisteraient pour la mise en œuvre d'une charte sociale**. Meade pense qu'une telle charte sociale est acceptable si elle porte sur le revenu minimal des individus, mais inacceptable si elle porte sur le salaire minimal. En effet, « *s'il n'y a pas de subventions directes sur les taux de salaire, le faible salaire réel en Grande-Bretagne ne serait que ce qu'il doit être sur un marché concurrentiel pour absorber toute la main-d'œuvre disponible.* [...] *Il appartient à ces autres pays de réformer leurs propres institutions comme il convient* ».

B ~ La seule solution envisageable malgré les difficultés

- **Meade reconnaît que sa proposition souffre d'imperfections**. D'une part, il a mené son étude sur le plan des grands mécanismes macroéconomiques sans apprécier quantitativement les effets de ses propositions. Ensuite, il reconnaît que la mise en œuvre d'une telle réforme est relativement utopique car elle nécessite un consensus important et parce qu'elle ne peut être que longue et progressive. Pour finir, son modèle est simplifié, il faudrait tenir compte de multiples autres variables, dont les variables sociales.
- **Meade pense que la mise en œuvre de ses propositions est le seul moyen d'atteindre le plein emploi sans avoir à craindre une reprise de l'inflation**. Il faut donc mener une politique de gestion de la demande permettant d'atteindre le niveau de PIB nominal assurant le plein emploi, diminuer le coût de la main-d'œuvre grâce à un « *partenariat travail-capital* », verser un « *revenu du citoyen* » et mettre en place un impôt qui diminue les inégalités et qui taxe la pollution.

Meade, qui était plutôt classé parmi les libéraux, malgré son attachement à l'analyse keynésienne, et parmi les microéconomistes, nous propose ici une analyse macroéconomique légitimant une forte intervention de l'État dans la répartition des revenus. Comme le dit Solow, « il est de moins en moins à la mode, pour un économiste, d'avoir sa conception de ce qui convient à la société, comme Meade le fait ici ».

FICHE 46

LE DÉBAT INTERDIT Monnaie, Europe, pauvreté

Jean-Paul Fitoussi

« Il n'est pas de déséquilibre plus grave, en temps de paix, que le chômage de masse ; plus menaçant même pour les fondements de notre société. » L'ouvrage de J.-P. Fitoussi (Arléa, 1995, 318 p.) permet de comprendre les facteurs qui ont conduit à une telle dégradation de l'emploi. Dénonçant l'inflexibilité, voire le dogmatisme, présidant à la mise en œuvre des politiques économiques au cours des années quatre-vingt, Fitoussi souhaite sortir du « débat interdit » sur leurs finalités – qui, en effet, défendrait un franc faible, des déséquilibres extérieurs, l'inflation, le déclin de l'Europe ? – pour en ouvrir un autre, beaucoup plus fécond, sur les moyens permettant de les atteindre. Face à la crise profonde que traverse notre société, entretenue par la récurrence des politiques d'austérité, il convient d'opter pour des politiques économiques plus volontaristes.

1. L'Union européenne et singulièrement la France traversent une crise profonde marquée par la croissance du chômage, la précarité et l'exclusion

A ~ Certaines explications des causes de la montée du chômage sont trop partielles, voire erronées

- **Le progrès technologique n'est pas directement en cause**. « *L'augmentation continue du chômage en Europe, au cours des vingt dernières années, a coïncidé avec une diminution – et non pas une augmentation – du rythme de croissance du progrès technique* » : en effet, les gains de productivité se sont amoindris. En fait, c'est le manque de dynamisme de la demande globale et donc de la production qui explique la hausse du chômage. Il est alors nécessaire « *de créer les conditions pour que la demande globale s'établisse à un niveau suffisant* ».
- **Il est très contestable d'attribuer la montée du chômage à la concurrence internationale, en particulier celle des pays à bas salaires**. Les conséquences de la concurrence des pays à bas salaires sur l'emploi essentiellement non qualifié, dans les pays industrialisés, « *est un problème réel, bien sûr, et il l'a toujours été, mais il n'est en rien le problème* ». Il n'y a pas de déséquilibre majeur dans les échanges commerciaux entre l'Europe et les pays à bas salaires : c'est le marché américain qui constitue le véritable enjeu de la concurrence, notamment avec les pays asiatiques. Par conséquent, il serait vain de protéger les marchés européens : la tendance à la libéralisation des échanges doit être poursuivie car elle « *permet à des régions pauvres d'accéder au développement* [et] *produit à terme, un surcroît net de revenus pour toutes les régions participant au commerce international* ».
- **Il est réducteur d'attribuer la hausse du chômage en Europe à l'existence d'un excédent de main-d'œuvre**. L'ouverture des frontières favorise la mobilité du capital : les délocalisations vers les pays à bas salaires se multiplient. Le capital devient alors relativement rare dans les pays industrialisés d'où l'inactivité forcée de la partie la moins qualifiée de la main-d'œuvre. « *Tout se*

passe comme si la surpopulation se trouvait importée chez nous, à mesure que le capital s'exportait ailleurs. » Ce problème n'est pas nouveau. Il conduit à la disparition de nombreuses entreprises dans les pays industrialisés mais d'autres se développent, notamment sous l'effet de l'élévation du niveau de vie dans les pays à bas salaires. Toutefois, ce processus s'accompagne d'un creusement des inégalités de revenus au sein des pays développés, au détriment des travailleurs les moins qualifiés, et plus globalement, des revenus du travail, mettant en péril la cohésion sociale. « *Il s'agit donc – et prioritairement – de lutter contre ces conséquences néfastes en mettant en œuvre des politiques qui visent à mieux répartir les dividendes de l'enrichissement.* »

B ~ Le niveau anormalement élevé des taux d'intérêt réels, depuis une quinzaine d'années, constitue la véritable cause de la croissance du chômage

- **Le maintien de hauts taux d'intérêt réels depuis le début des années quatre-vingt a freiné l'activité économique**. Initiée aux États-Unis à la fin des années soixante-dix, la hausse des taux d'intérêt réels s'est étendue à l'Europe du fait de l'interdépendance des économies. De hauts taux d'intérêt incitent au désendettement, encouragent l'épargne et dissuadent d'investir. Or, « *l'acte qui témoigne de la confiance en l'avenir, c'est l'investissement. L'épargne, au contraire, est en partie un acte de défiance envers le futur* ». Par ailleurs, pour obtenir une rentabilité au moins égale à celle des placements financiers, les entreprises ont réduit la part des salaires dans leur valeur ajoutée contribuant ainsi au ralentissement de la demande globale d'où le freinage de l'investissement. En outre, l'alourdissement de la charge de la dette et le ralentissement de l'activité économique ont creusé les déficits publics impliquant le renforcement des politiques d'austérité monétaire, voire l'accroissement des prélèvements. Enfin, la globalisation financière, en multipliant les opportunités de placements, a renforcé le pouvoir des créanciers au détriment des débiteurs. Or, « *les créanciers ne redoutent rien tant que l'inflation* ». Les autorités monétaires ont alors été contraintes à l'orthodoxie financière, interdisant toute baisse importante des taux réels.
- **La France est pénalisée par des taux d'intérêt réels parmi les plus élevés du monde qui finissent par entamer la crédibilité de sa politique monétaire**. « *Sans conteste, c'est le souci – l'obsession ? – de crédibilité, et la sujétion de la politique économique* [...] *aux marchés financiers mondiaux* » qui expliquent le caractère restrictif des politiques économiques menées en France depuis quinze ans. Cependant, « *une politique n'est crédible que si, en satisfaisant un objectif – la désinflation par exemple – elle ne contribue pas à dégrader les autres objectifs normalement associés à la politique économique – l'équilibre budgétaire et l'emploi notamment* ». Or, une politique monétaire excessivement restrictive conduit au déficit budgétaire et à la montée du chômage et pourrait même devenir inflationniste : l'histoire montre que c'est par l'inflation que les États annulent leurs dettes.

2. La tutelle des marchés financiers interdit tout débat autour de la mise en œuvre des politiques économiques

A ~ La mondialisation exigerait le maintien de politiques économiques d'austérité

- **Les politiques d'austérité monétaire sont devenues structurelles**. L'aggravation de tensions inflationnistes, à la suite des chocs pétroliers, a conduit le G5 à donner priorité à la lutte contre l'inflation, en 1979. Par ailleurs, la globalisation financière a placé les politiques économiques nationales sous la tutelle des marchés : tout manquement à la rigueur monétaire est rapidement sanctionné par les fuites de capitaux et la dépréciation du change. Après une phase de recherche de taux d'inflation peu élevés (par exemple, en France, à partir de 1983), s'ouvre une période au cours de laquelle il s'agit d'éradiquer tout risque de tensions inflationnistes afin que « *l'anticipation d'une inflation future soit improbable. Ce qui importe est donc de combattre la possibilité même d'une inflation future* ». La politique monétaire devient alors structurellement restrictive. « *Il n'est pas d'autre choix répète le discours dominant.* »

- **Les salariés sont les victimes de l'austérité persistante**. La montée du chômage résulte du freinage de la croissance provoqué par les politiques d'austérité. Pour y faire face, « *on demande aux salariés de résoudre le problème entre eux. Comme si c'étaient eux qui en avaient décidé* ». Il leur faudrait donc accepter une baisse des salaires pour relancer l'embauche. Or, « *la baisse des salaires réels ne conduit pas nécessairement à une augmentation de l'emploi* ». En outre, « *pourquoi, au lieu de limiter ce partage aux seuls salariés, ne peut-on faire participer également le profit et la rente à ce nouvel échange social* » ? Mais la remise en cause des profits n'est pas envisagée. En revanche, « *affirmer que la protection sociale en général, et le SMIC en particulier, sont responsables du niveau élevé du chômage* » correspond au *credo* des nouvelles politiques économiques mises en œuvre. C'est oublier que le renforcement de la cohésion sociale, notamment par la distribution de revenus de transfert, favorise la croissance : « *des travailleurs mieux intégrés socialement ont davantage de raisons de participer et de s'investir dans un effort collectif.* [...] *La cohésion sociale est elle aussi un investissement* ». En outre, il faut craindre les effets dévastateurs de la suppression ou de la diminution du SMIC dans un contexte d'atonie de la demande. Enfin, remettre en question la protection sociale et le SMIC, c'est porter atteinte au statut du travail en l'assimilant à une marchandise : « *lorsque le travail-projet devient travail-marchandise, le lien social se distend* ». C'est le cas aux États-Unis par exemple.
- **Il est temps de préférer à la baisse des salaires, une réforme de la fiscalité et de la parafiscalité sociale**. En supprimant les cotisations patronales jusqu'à hauteur du SMIC, l'incitation à l'embauche des travailleurs les moins qualifiés serait plus grande, mais en même temps, toutes les catégories de travailleurs seraient concernées par la réduction du coût du travail. Il faudrait financer cette mesure par des prélèvements ne pesant pas sur le coût du travail (CSG, impôt sur les bénéfices...). Elle laisserait intact le niveau des salaires tout en étant compatible avec une croissance des salaires nets des salariés les moins favorisés. Par exemple, une réduction des cotisations salariales permettrait d'accroître le salaire direct sans rehausser pour autant le coût du travail et dynamiserait la demande. En outre, pourquoi ne pas considérer que le chômage est la conséquence du niveau élevé des hautes rémunérations plutôt que du niveau trop élevé des bas salaires ? « *Si certains acceptaient de ne gagner que quatre-vingt-dix fois le SMIC plutôt que cent fois, l'entreprise aurait les ressources suffisantes pour embaucher dix salariés non qualifiés supplémentaires.* »

B ~ La politique de désinflation permettrait de restaurer le plein-emploi

- **La désinflation compétitive ferait, à terme, baisser le chômage**. La désinflation permet de baisser les taux d'intérêt, facteur de relance de l'investissement. En outre, en modérant la hausse des coûts salariaux, elle se substitue aux dévaluations pour doper la compétitivité des entreprises, qui, à terme, pourront augmenter leur demande de travail en raison de l'accroissement de leurs parts de marché.

- **Cependant, la politique de désinflation « *n'est pas une stratégie aussi efficace qu'on pourrait le penser* ».** Au niveau national, la désinflation implique une compétitivité accrue à trois conditions : les échanges extérieurs doivent être équilibrés ou, en cas de déficit, le financement de celui-ci doit être assuré à un taux d'intérêt réel plus faible que le taux de croissance ; le taux d'inflation doit être inférieur à celui des partenaires commerciaux ; il doit en être de même du taux de chômage. « *Si l'une de ces conditions n'était pas satisfaite, l'économie devrait être jugée comme insuffisamment compétitive. C'est le cas de la France.* »
- **La perpétuation des politiques monétaires restrictives est en cause.** « *Il est vain de substituer à un différentiel d'inflation un différentiel de chômage et de se féliciter, ensuite, d'avoir vaincu l'inflation.* » En France, à partir de 1983, le choix – justifié à cette époque – de la désinflation compétitive a nécessité des taux d'intérêt réels élevés. Le maintien de cette politique a entraîné une hausse du chômage. *A contrario*, aux États-Unis, la baisse conséquente du taux de chômage doit beaucoup à la mise en œuvre de politiques économiques – y compris la politique de change – adaptées. Par exemple, les taux d'intérêt réels, sur la période 1990-1993, furent en moyenne nuls alors qu'ils étaient compris entre 5 et 10 % en France. Non seulement le chômage a baissé mais l'inflation est restée modérée.

3. Face à la montée du chômage, il faut faire preuve de plus de volontarisme

A ~ Il ne faut pas se contenter de « *solutions de résignation* »

- **La résignation face au chômage conduit à prôner la réduction des salaires.** Aujourd'hui, le rythme de croissance effectif est inférieur à la croissance potentielle : la montée du chômage en est la conséquence. Réduire les salaires réels semblerait pouvoir contribuer à accroître l'emploi, mais pour quelles raisons y aurait-il embauche dans un contexte de croissance de la demande trop faible ? La baisse des salaires pourrait même aggraver cette tendance. Il faut alors préférer un nouveau partage salaires-profits, tel qu'une part de ces derniers soit consacrée à des embauches supplémentaires. La croissance redémarrerait alimentant les administrations publiques en recettes qui réduiraient leurs déficits. « *Le cercle serait vertueux alors qu'il était pervers dans le cadre d'un autre partage salaires-emploi.* » Les pouvoirs publics français devraient donc agir pour modifier le partage du revenu national devenu trop défavorable aux revenus du travail : si la profitabilité des entreprises a été rétablie ce qui dynamise l'offre, le déséquilibre de la répartition des revenus et la montée du chômage sont préjudiciables à la demande. « *Offre et demande sont comme les deux lames d'une paire de ciseaux et il n'est point de bonne politique qui ne les considère simultanément.* »
- **La résignation face au chômage conduit à prôner le partage du travail.** « *La question est de savoir si la réduction du temps de travail, plus contrainte que choisie, offre une vraie solution au problème du chômage de masse. Si la question est posée en ces termes, c'est qu'on est persuadé que la croissance ne sera plus suffisante, à l'avenir, pour réduire de façon significative le nombre des chômeurs.* » Par ailleurs, cette question trouve un prolongement dangereux dans l'idée que l'activité doive se substituer à l'emploi. « *La substitution de l'activité au travail fait irrésistiblement penser à l'adresse de Marie-Antoinette au peuple : qu'ils mangent des brioches ! Le problème pour un chômeur n'est pas de s'occuper mais de trouver un emploi qui lui permette de vivre* », sauf à

considérer les chômeurs comme des personnes profitant de la protection sociale qui leur permet de percevoir un revenu sans travailler.

Par le passé, c'est la croissance économique et celle de la productivité qui ont permis la baisse de la durée du travail tout en préservant la hausse du niveau de vie. Depuis les années quatre-vingt, les gains de productivité sont plus faibles et accaparés par les revenus du capital financier du fait de la hausse des taux d'intérêt réels. Il ne reste plus grand chose pour le niveau de vie et pour la réduction de la durée du travail. Aussi, se résigner à partager le travail implique une baisse des salaires et un partage du chômage. Cette solution ne peut être envisagée que lorsque ont été épuisées toutes les possibilités de relance de la demande.

- **Favoriser le développement des activités de proximité, c'est également se résigner face au chômage**. Économe en capital, les activités de proximité (aides aux personnes âgées, gardiennage,...) sont aussi protégées de la concurrence internationale et génèrent de faibles gains de productivité. C'est pour cela qu'elles sont considérées comme des gisements d'emplois. Néanmoins, leur développement suppose l'existence d'une demande solvable, généralement aidée par les collectivités publiques et/ou des subventions à l'emploi (exonérations de charges...). L'utilité des ces activités est réelle. Cependant, il ne faudrait pas que le développement de ce type d'emplois aidés se substitue à ceux qui ne le sont pas, ou que la demande orientée vers ce type de services fasse défaut à d'autres secteurs d'activité. Finalement, promouvoir ces emplois revient à accepter l'idée que la croissance n'est plus créatrice d'emplois, ce qui est loin de correspondre à la réalité.

B ~ Il est nécessaire d'opter pour des politiques économiques plus actives, adaptées à la complexité de la société

- **La politique économique ne doit plus être unidimensionnelle**. La politique économique actuelle ne vise qu'un seul objectif : la désinflation ; « *une crispation s'est produite au fur et à mesure que les résultats s'amélioraient sur le front de l'inflation* [...]. *On a cru que tout changement serait perçu comme un fléchissement dans la voie de la désinflation, comme un retour aux errements du passé* ». Il est temps de « *retrouver la crédibilité de la politique de l'emploi* » pour redonner confiance aux agents économiques. Les ménages réduiraient « *leur épargne de précaution, les entreprises* [...] *investiraient davantage. La demande privée croîtrait spontanément et, avec elle, les recettes publiques, ce qui permettrait soit de réduire les déficits, soit d'entreprendre de nouvelles actions pour l'emploi* ».
- **Pour construire l'avenir, il faut changer de logique**. « *Nous vivons depuis plus de vingt ans dans un monde sans ancrage nominal* » du fait de la flexibilité des changes et de la globalisation financière. L'instabilité engendrée par cette situation n'est pas propice à la croissance. Il faut donc renouer avec les changes fixes, et la création de la monnaie unique européenne va dans ce sens. De plus, « *il faudrait fournir à chaque pays, et simultanément, des liquidités à n'utiliser que pour importer* ». Il faut donc réactiver les DTS qui seraient distribués aux pays de l'Est et du Sud. Ceux-ci pourraient alors importer des biens d'équipement. Le commerce international en serait dopé, ce dont les pays industrialisés bénéficieraient.
- **La monnaie unique est une chance pour la France**. L'Union monétaire européenne sera « *pour de nombreux pays européens, y compris la France, le moyen de récupérer, et au-delà, une souveraineté perdue* », en rééquilibrant les pouvoirs monétaires des Banques centrales alors qu'aujourd'hui, c'est de fait la Bundesbank qui impose ses choix. De plus, elle éliminera les risques liés aux dévaluations compétitives. L'adoption de la monnaie unique induira une baisse des taux d'intérêt puisque, par définition, il ne sera plus nécessaire de défendre

une quelconque parité à l'égard du mark. Toutefois, la politique monétaire commune ne doit pas interdire la pratique de politiques budgétaires nationales en vue de réguler l'activité économique dans un sens favorable à l'emploi, d'autant plus que le budget européen, aux ressources très limitées, ne peut s'y substituer. La monnaie unique est une chance pour l'Europe et la France à la condition qu'elle ne soit pas qu'un « *projet financier vertueux* » mais « *un destin mobilisateur des peuples* ». En effet, « *la seule vraie justification économique de la construction européenne, c'est qu'elle permet d'accroître le bien-être des peuples – c'est-à-dire leur niveau de vie et leurs opportunités d'emploi. Ce n'est pas de rechercher la vertu financière au détriment de la cohésion sociale* ».

L'analyse de J.-P. Fitoussi fonde les débats qui devraient présider à la mise en œuvre de toute politique économique. À l'inflexibilité des politiques désinflationnistes – qui furent, un temps, parfaitement adaptées aux circonstances – il faut préférer la volonté de concilier les objectifs qui devraient être ceux de toute politique économique : « le plein emploi et la croissance d'abord [...] ; la stabilité des prix et l'équilibre extérieur ensuite ». S'il faut parfois donner la priorité aux seconds quand l'inflation et les déséquilibres externes sont trop forts, il ne faut jamais pour autant renoncer aux premiers.

FICHE 47

LE NOUVEL ÂGE DES INÉGALITÉS

Jean-Paul FITOUSSI, Pierre ROSANVALLON

Cet ouvrage (Seuil, 1996, 232 p.) est issu d'un groupe de réflexion animé par l'économiste Jean-Paul Fitoussi et le sociologue Pierre Rosanvallon. Les auteurs font le constat d'un « nouveau malaise français » alimenté par la progression des incertitudes et des inégalités. Ils s'interrogent sur le rôle joué par l'individualisme et la mondialisation dans cette crise sociale. Ils souhaitent, enfin, la dépasser par l'adoption d'un « réformisme radical ».

1. Le malaise social

A ~ La société est devenue opaque

- **La société apparaît plus indéchiffrable**. Jusqu'aux années soixante-dix, les analyses en termes de groupes socioprofessionnels permettaient de déchiffrer l'essentiel des phénomènes sociaux et donnaient à la société une « *lisibilité* » qui favorisait l'action politique et rassurait les citoyens. Depuis, « *le sentiment d'identification sociale a plutôt régressé* » et les outils intellectuels mis en place dans les années cinquante pour comprendre une société de classe « *ne saisissent plus qu'une part limitée de la société actuelle* ». Privés d'informations pertinentes sur une réalité sociale qu'ils sont censés organiser, les hommes politiques n'ont plus prise sur la société et les citoyens sont désorientés.
- **Les insécurités sociales minent la confiance dans l'avenir**. Après plusieurs décennies de plein emploi et de consolidation des relations salariales, la progression du chômage et de l'emploi précaire laissent craindre l'arrêt du progrès social. Du coup, « *l'avenir n'est plus perçu comme le temps de la carrière, de la progression professionnelle, mais comme celui de l'aléa* ». Les villes sont également devenues plus incertaines. La délinquance et la toxicomanie alimentent l'insécurité tout en offrant à certains une identité que l'ordre professionnel n'est pas en mesure de leur fournir.

B ~ Les inégalités augmentent sans être légitimées

- **Les inégalités structurelles se sont élargies**. Les auteurs qualifient de structurelles les inégalités qui séparent les groupes sociaux entre eux. Les politiques économiques associant rigueur salariale et taux d'intérêt élevés ont, partout dans le monde, profité aux détenteurs de capitaux et pénalisé les salariés. Au sein de ce dernier groupe, les inégalités ont progressé dans les pays anglo-saxons et, apparemment, stagné en France.
- **Des inégalités dynamiques se sont superposées aux inégalités structurelles**. Les inégalités dynamiques sont « *intracatégorielles* » et résultent des aléas rencontrés par un individu dans sa vie professionnelle ou familiale. Le chômage et le divorce affectent le revenu et le patrimoine des individus et créent des inégalités fortement marquées entre les membres d'un même groupe socioprofessionnel.

■ **Certaines inégalités sont illégitimes**. Tout contrat social suppose la définition d'un ou de plusieurs principes d'égalité qui permettent de circonscrire les inégalités légitimes. Ainsi, le principe « *à travail égal, salaire égal* » justifie l'inégalité de salaire qui découle de l'inégalité de travail. Or, une partie des inégalités actuelles et, en particulier, les inégalités dynamiques ne sont pas légitimées. Relevant de l'aléa, ces inégalités sont vécues comme injustes et renforcent le sentiment de malaise social. « *La société devient alors moins lisible car les inégalités structurelles sont redoublées par de nouvelles inégalités au statut indéterminé.* »

2. Les causes de la crise sociale

A ~ L'individualisme

■ **L'individualisme est d'abord « *un vecteur d'émancipation des individus* »**. Il est à l'origine de « *l'émancipation vis-à-vis du carcan des traditions dans lesquelles la vie quotidienne se trouvait emprisonnée* ». Portés par ce mouvement, les femmes et les jeunes ont bénéficié d'une plus grande autonomie au sein des familles.

■ **L'individualisme est devenu « *un facteur d'insécurisation* »**. Dans la mesure où « *l'appartenance à un groupe n'est plus là pour donner du sens* », chacun est « *contraint de donner à sa vie un sens que plus rien d'extérieur à lui-même n'organise* ». L'effacement des normes et des institutions place chacun d'entre nous dans une « *obligation d'incertitude* ». D'institutionnelles, les relations familiales sont devenues affectives et donc fragiles. Dès lors, « *la relation égalitaire avec autrui se retourne dans la crainte d'une incertitude sur l'avenir* ».

B ~ La mondialisation

■ **La mondialisation multiplie les incertitudes**. Le développement des échanges de marchandises à partir des années soixante et celui des capitaux vingt ans plus tard ont favorisé l'émergence d'une partie des pays du Sud et le déclin relatif des pays européens. Il faut, insistent les auteurs, se féliciter d'un processus qui a permis à des centaines de millions de personnes d'échapper à la pauvreté. Ce double phénomène d'émergence et de déclin relatif pourrait se reproduire avec l'insertion dans le commerce international des anciens pays socialistes, de l'Inde et de la Chine. Or, en l'absence de toute « *institution internationale de régulation* », cette intégration s'accompagne d'une très grande incertitude : « *l'avenir est ouvert* ».

■ **La mondialisation n'explique que partiellement la croissance des inégalités**. Les auteurs reconnaissent que la mondialisation favorise les inégalités au sein des pays développés. Le fait que les capitaux puissent se placer dans les pays où le partage de la valeur ajoutée entre le salaire et le profit leur est le plus favorable pénalise les salariés. Par ailleurs, la concurrence commerciale des pays à faible coût de main-d'œuvre accroît les inégalités salariales. Mais ils doutent que les échanges puissent expliquer, à eux seuls, la progression des inégalités : « *les évolutions constatées dans les échanges entre pays du Nord et pays du Sud ont été trop mineures pour expliquer des phénomènes de cette dimension* ». La progression des inégalités peut tout aussi bien être une conséquence du progrès technique. « *Il est difficile de trancher entre les deux causes, la mondialisation et le progrès technique puisque l'une comme l'autre expliquent aussi bien les faits observés.* »

- **La richesse créée par la mondialisation peut être utilisée pour renforcer la cohésion sociale**. Les auteurs rejoignent Ricardo pour affirmer que le commerce international est créateur de richesse mais amendent sa théorie en reconnaissant que la construction d'avantages comparatifs nécessite des entorses au libre-échange. Loin de s'opposer à l'internationalisation des économies, il faut donc organiser ce processus dans l'intérêt de tous et utiliser la richesse créée afin de renforcer la cohésion sociale. L'État-providence dont il faut améliorer le fonctionnement est l'acteur essentiel de cette solidarité : « *la question de savoir s'il a un avenir ou non n'a pas plus de sens que celle qui consisterait à se demander si la démocratie est ou non adaptée au monde contemporain* ». Aucun mécanisme n'affectant de façon automatique les gains de la croissance économique au renforcement de la cohésion sociale, il est nécessaire d'effectuer un choix politique dans ce sens.

3. L'ACTION POLITIQUE

A ~ Les impasses politiques

- **La social-démocratie appartient au passé**. Adopté au cours des Trente Glorieuses par les pays d'Europe du Nord, le modèle social-démocrate est fondé sur « *un compromis progressif entre le capital et le travail, à partir de la reconnaissance de la pluralité et de la légitimité des intérêts sociaux* ». Des partenaires sociaux puissants et un État redistributeur sont les instruments de ce compromis. Au cours des dernières décennies, une partie de la gauche française a adopté ce modèle au moment même où le ralentissement de la croissance minait la redistribution et où la crise syndicale s'approfondissait. Dans le contexte actuel, « *la social-démocratie est impossible* ».
- **La nostalgie républicaine est anti-libérale et anti-européenne**. Promouvant l'idée d'indivisibilité de la nation, la nostalgie républicaine rencontre un certain écho alors que les forces de fragmentation du social sont à l'œuvre. La pertinence de certaines revendications (reconstruction de l'État, de l'École, de la Justice) ne doit pas nous faire oublier le caractère anti-libéral et anti-européen de ce projet. Anti-libéral car il ne conçoit pas l'existence d'une pluralité d'intérêts sociaux légitimes ; anti-européen car la souveraineté populaire n'est pensée qu'en terme national.
- **Les « *utopies de résignation* » débouchent sur une citoyenneté à deux vitesses**. Les auteurs qualifient d' « *utopie de résignation* » l'ensemble des analyses fondées sur le constat d'une disparition de l'emploi et préconisant la distribution de revenus indépendants de l'activité productrice. Citant un texte d'André Gorz, ils rappellent que la citoyenneté sociale suppose des droits mais également des devoirs dont celui de participer à la création de la richesse. Faute de quoi, le citoyen se transforme en assisté. Fournir un emploi doté d'une capacité intégratrice à chacun est, pour les auteurs, un impératif aussi bien qu'une possibilité.

B ~ Le renouveau démocratique

- **Le politique doit donner de la lisibilité à la société**. La représentation politique doit proposer aux citoyens des principes d'égalité permettant clairement de distinguer les inégalités acceptables de celles qui ne le sont pas. Placés devant un choix, les électeurs sont appelés à valider un contrat social qui donnera à tous des points de repère. Ainsi, le politique peut-il remplir sa fonction essentielle qui est de « *donner de la lisibilité à la société* ».

- **Il faut assurer à tous l'égalité des chances**. Le premier impératif proposé par les auteurs est de « *redonner substance au principe d'égalité des chances, qui est l'un des fondements de la démocratie* ». Ils proposent, pour cela, d'accorder à tous les citoyens des droits au logement, à l'éducation, à la santé, etc. qui leur permettraient d'acquérir un « *capital minimal* » en vue de leur intégration dans la société. Cette fonction de solidarité sociale devrait être remplie par l'État dans le cadre d'un service public et financée par l'impôt.
- **Il faut recentrer la protection sociale sur sa fonction d'assurance sociale**. Alors qu'elle remplit à la fois les fonctions d'assurance sociale, de solidarité sociale et de stabilisation économique, la protection sociale est aujourd'hui fragilisée par la crise de l'emploi. Or, la solidarité relève de la fiscalité et la régulation de la politique économique. La protection sociale devrait donc se recentrer sur sa fonction principale qui est d'assurer les individus contre les aléas de la vie (chômage, maladie, etc.). Dans l'hypothèse ou l'égalité des chances serait assurée, chaque individu se trouverait « *alternativement dans la position de recevoir et dans celle de donner* » et la légitimité de la protection sociale serait refondée.

Le mérite essentiel de cet ouvrage est peut-être de nous rappeler qu'il n'y a pas de fatalité économique et que le rôle du politique est de « mettre en forme » et de « mettre en sens » la société. Les auteurs proposent aux citoyens français de mettre la mondialisation et la construction européenne au service de la solidarité. Cela suppose, évidemment, que les citoyens soient les acteurs de cette construction européenne.

FICHE 48

LA DETTE, LE BOOM, LA CRISE

Vivien Lévy-Garboua, Gérard Maarek

Dans cet ouvrage (Economica, 1985, 276 p.), les auteurs critiquent tout d'abord les interprétations purement économiques de la crise avant de souligner les effets néfastes de la dégradation du taux de profit des entreprises sur l'investissement. Ils montrent ensuite que l'inflation obscurcit le jugement des investisseurs, alors que les marchés financiers ne participent pas assez au financement de l'économie. Ils préconisent enfin, dans une économie mondialisée, le recours aux politiques orthodoxes favorables au profit et à l'épargne. Les auteurs sont convaincus que « la crise mêle de manière indissoluble les causes réelles et monétaires ».

1. Fragilité des explications traditionnelles de la crise par des causes exclusivement économiques

A ~ Les interprétations schumpétérienne et régulationniste de la crise ne sont pas satisfaisantes

■ **Les schumpétériens méconnaissent la permanence des flux de l'innovation**. Pour eux, l'entrepreneur joue un rôle central car il est à l'origine d'innovations en grappes qui exercent un effet de destruction créatrice sur l'économie. Le rythme d'apparition est de cinquante ans environ. Au début de chaque cycle, l'entrepreneur transforme l'invention en innovations économiques et maximalise son profit en investissant massivement, au risque de sur-dimensionner ses capacités de production. La crise actuelle, qui érode la rentabilité des entreprises, serait due à la fin du cycle qui a provoqué le « *boom* » de l'après-guerre. Les auteurs prétendent que les innovations ne suivent pas la périodicité décrite par Schumpeter.

En réalité, elle émergent en flux continus comme le montrent les progrès réguliers réalisés depuis plusieurs décennies dans l'informatique, dans la productique, dans les télécommunications et dans les biotechnologies. De plus, l'approche schumpétérienne n'explique pas une crise qui frappe plus fortement l'Europe alors que les gains de productivité y sont supérieurs à ceux des États-Unis depuis la fin des années soixante-dix.

■ **Les régulationnistes proposent une « *description documentée* » plutôt qu'une théorie explicative**. Ces économistes français ont « *élaboré une interprétation de la crise qui s'apparente à l'analyse marxiste et à celle des radicaux américains* ». Le modèle fordiste serait à l'origine d'un « *âge d'or* » et « *la crise n'est que la fin de cet âge d'or* ». Les gains de productivité dus à l'innovation permettaient alors la hausse des salaires, la consommation de masse offrait des débouchés à la production de masse, notamment des biens d'équipement des ménages en électroménager et en automobile. Le progrès économique entraînait le progrès social grâce à ce compromis salarial.

Les auteurs reprochent aux régulationnistes de ne pas expliquer l'origine de cette

« *conjonction heureuse* » ni sa disparition. Ils refusent de l'attribuer « *à une sorte de hasard socio-économique sans que l'on comprenne ce qui l'a rendue possible et ce qui a permis de la maintenir* ».

B ~ Les monétaristes et les keynésiens ne sont pas plus convaincants

- **Les recettes des monétaristes sont inefficaces pour remédier à la fois à l'inflation et au chômage**. Pour Milton Friedman, chef de file de ce courant libéral, la crise est due aux interventions de l'État sur le marché du travail. Il existe un taux de chômage naturel dans une croissance équilibrée. Ce taux de chômage est réduit quand le marché du travail est flexible et il s'élève quand la réglementation étatique le rend rigide, comme c'est le cas. L'État keynésien est également responsable de la poussée inflationniste des premières années de la crise car il a suivi une politique monétaire expansionniste, voire laxiste, pendant trois décennies.

  Les auteurs montrent que les politiques de déréglementation sur le marché du travail et d'austérité monétaire et budgétaire suivies depuis le début de la décennie quatre-vingt n'ont pas amélioré la situation en Europe.
- **Les politiques keynésiennes ont favorisé la montée d'une économie d'endettement inflationniste**. Pour éviter le retour des crises, les keynésiens ont voulu stimuler l'activité économique par une politique expansionniste en sacrifiant la monnaie au plein emploi. C'est l'origine d'une économie d'endettement caractérisée par « *la faiblesse du financement direct et la prédominance de l'intermédiation bancaire* ». Comme la création monétaire par les banques commerciales a échappé à la Banque centrale, le « *processus cumulatif* » de l'inflation s'est enclenché. Pour les auteurs, « *le discrédit où il* [Keynes] *est tombé est à la mesure de l'espoir qu'il a suscité* ».

2. Nécessité de recourir à l'étude des causes financières

A ~ La crise est avant tout une crise de rentabilité des entreprises

- **La rentabilité économique des entreprises se dégrade**. Les auteurs admettent que l'économie suit des phases d'expansion et de récession mais, à la différence de Schumpeter, ils prétendent que la périodicité n'en est pas régulière et que les facteurs financiers déterminent l'évolution de l'économie réelle. La baisse des taux de profit, qui mesure la rentabilité du capital, est à l'origine de la récession. À l'échelle du pays, cette rentabilité économique est « *le résultat d'une recherche d'efficacité technique et d'équilibre entre les forces sociales pour partager la valeur ajoutée* ». Le taux de profit a progressé entre 1960 et 1968, il atteint un palier entre 1968 et 1974 puis s'effondre jusqu'en 1983.
- **La cause principale en est la charge salariale**. Les entreprises sont pénalisées par l'indexation des salaires sur les prix et par la rigidité à la baisse des effectifs, qui augmente le coût salarial. « *Le choc pétrolier s'est rapidement mué en choc des salaires.* » Paradoxalement, « *dans la phase de croissance soutenue (1962-1972), le partage de la valeur ajoutée s'est fait à l'avantage des entreprises alors que les tensions sur le marché du travail auraient dû favoriser les salariés* ». Le phénomène inverse se produit entre 1973 et 1983 et les entreprises en sont les victimes. Désormais, le partage de la valeur ajoutée établi par le compromis salarial condamne la rentabilité économique.

B ~ La rentabilité financière se dégrade avec la crise de l'économie d'endettement

- **L'endettement a exercé un effet de levier efficace**. À l'époque de la forte croissance, le taux d'intérêt était inférieur au taux de rentabilité du capital investi, l'entreprise augmente son taux de profit en empruntant et l'endettement était profitable. « *L'effet de levier a exercé une fascination extraordinaire* [...] *c'était sur le papier un vrai miracle économique comme la multiplication des pains et le multiplicateur keynésien.* » Les entreprises ne perçoivent pas le danger de ce « *paradoxe de la tranquillité* » décrit par Minsk. « *C'est parce que les choses allaient trop bien qu'elles ont fini par aller mal.* »
- **La rentabilité financière est pénalisée par la hausse des taux d'intérêt**. La politique monétaire restrictive décidée aux États-Unis vers 1980, conjuguée à une politique salariale rigoureuse, freine efficacement la hausse des prix. Les taux d'intérêt réels deviennent nettement positifs. Le remboursement des emprunts n'est plus allégé par la dépréciation de la monnaie et la rentabilité financière de l'entreprise s'en trouve érodée. Pour l'entreprise qui reste soumise aux contraintes de la solvabilité, le poids de l'endettement rend bientôt négative sa rentabilité financière. Le désendettement impose une politique rigoureuse qui renforce la tendance à la récession, comme au début des années trente.

3. Réhabilitation du profit, de l'épargne et des politiques orthodoxes

A ~ Les entreprises devraient recourir davantage à l'autofinancement et aux marchés financiers

- **C'est la perspective du profit qui détermine avant tout l'investissement**. Les auteurs admettent avec Keynes que « *l'investissement est le facteur clé des fluctuations conjoncturelles* », mais ils s'en séparent aussitôt car ils accordent moins d'importance à la demande effective qu'au taux de profit dans la décision d'investir. Ils admettent « *le fameux théorème d'Helmut Schmidt : les profits d'aujourd'hui sont les investissements de demain et les emplois d'après-demain* », conformément à l'observation de David Ricardo : « *le taux de profit dicte la croissance car on n'investit qu'à concurrence des profits faits* ». La solution est donc le rétablissement du profit qui permet d'autofinancer l'investissement sans s'endetter.
- **Le recours aux marchés financiers aurait pu être efficace**. Il est regrettable que la Bourse ait joué un rôle si réduit à l'époque de l'économie d'endettement, entre 1965 et 1981. La cause en est la faiblesse de l'épargne et la rareté des fonds prêtables. Les auteurs le déplorent car, si « *à court terme, l'épargne empêche le plein emploi, à long terme, elle est la condition sine qua non d'une croissance durable* ». En bref, ils réhabilitent le profit et l'épargne des entreprises, qui permettent l'autofinancement, ainsi que l'épargne des ménages, qui alimente les marchés financiers.

B ~ La solution consiste à combattre l'inflation et l'endettement et à favoriser l'équilibre financier de l'entreprise

- **Les marchés monopolistiques entretiennent des tensions inflationnistes**. Les prix sont administrés sur le marché des marchandises par les grandes entreprises concentrées, sur le marché du travail par « *l'oligopole social* » constitué par la collusion entre l'État et le pouvoir syndical, sur le marché du crédit par les autorités monétaires. La rigidité des prix à la baisse favorise également l'inflation. Les avantages en ont été soulignés par les keynésiens mais ils sont considérés comme illusoires par les auteurs qui postulent que « *l'inflation est parfaitement neutre et n'exerce aucun effet sur la croissance* ». De plus, l'avenir économique devient indécis, la comptabilité d'entreprise s'en trouve faussée et le jugement des entrepreneurs obscurci. Lévy-Garboua et Maarek suivent les conclusions d'Irving Fischer qui montrait en 1933 que « *le surendettement obligeait les entreprises à cesser d'investir, les ménages à réduire leur consommation et les États à réduire leur train de vie, créant la déflation* ». C'est ainsi que l'Europe connaît depuis plusieurs années un équilibre de sous-emploi « *qui se différencie du chômage keynésien en ce que seuls les hommes sont sous-employés* » et non les machines.

- **Les politiques économiques doivent privilégier le long terme plutôt que le court terme**. L'effet multiplicateur du déficit budgétaire est éphémère, « *celui qui fait une relance budgétaire est myope* », car l'État s'endette. À ce titre, les auteurs préconisent la politique d'équilibre budgétaire de Madame Thatcher plutôt que celle de Ronald Reagan. La politique impopulaire de réduction des déficits publics suivie au Royaume-Uni dans la décennie quatre-vingt est justifiée car « *c'est parce que nos sociétés refusent les conséquences sociales parfois dramatiques des crises d'autrefois que la crise de notre temps s'éternise sous la tente à oxygène des déficits publics* ». Les politiques structurelles doivent améliorer la rentabilité des entreprises et promouvoir l'épargne pour aboutir à « *une détente sur les taux d'intérêt, une augmentation du taux de marge des entreprises et un allégement des charges financières* ». Dans l'économie du « *village global* », selon la formule de Mac Luhan, l'essentiel est de surmonter la contrainte externe qui pèse « *sur les pays qui veulent vivre au-dessus de leurs moyens* ». Les politiques monétaires et budgétaires orthodoxes s'imposent pour restaurer le profit qui commande l'investissement. La crise appelle donc une solution de nature financière plutôt qu'économique.

Cet ouvrage met en relief les aspects financiers de la crise, traditionnellement sous-estimés, et établit un pont entre la micro et la macro-économie. Les auteurs montrent le danger de l'économie d'endettement et en réhabilitant le profit, source de l'investissement, ainsi que le recours au financement par l'épargne préalable, ils justifient les politiques économiques orthodoxes initiées dans la décennie quatre-vingt. Ils critiquent les monétaristes mais ils sont plus proches du courant libéral que du courant keynésien. Ils n'ont pu prévoir les piètres résultats des politiques de rigueur suivies en Europe depuis une quinzaine d'années. Ils n'ont pu prévoir la baisse des taux d'intérêt réels du milieu des années quatre-vingt-dix, ni la nouvelle séduction que « l'effet de levier » de l'endettement exercerait à nouveau sur les entreprises américaines et européennes à la fin de cette décennie.

FICHE 49

RICHESSE DU MONDE, PAUVRETÉS DES NATIONS

Daniel Cohen

Le monde continue à s'enrichir fortement. La croissance globale est tirée en particulier par les « pays émergents » de l'Asie du Sud-Est et de l'Extrême-Orient. Paradoxalement, les vieilles nations occidentales voient resurgir le paupérisme. Il est alors tentant d'attribuer la montée du chômage et des inégalités dans les pays riches à l'émergence sur la scène mondiale des pays pauvres. Dans ce livre (Flammarion, 1997, 165 p.), Daniel Cohen propose de renverser la perspective : ce n'est pas la « mondialisation » qui est responsable des maux de l'Occident : le commerce des pays riches avec les pays en développement ne représente que 3 % de leur produit total, c'est la nouvelle révolution industrielle qui précarise les conditions du travail et la mondialisation n'en est qu'une conséquence.

1. Les pays riches ne doivent pas craindre la mondialisation

A ~ Les sources de la croissance des pays asiatiques

- **Alors que la révolution industrielle avait creusé les écarts de revenus entre les nations, on observe depuis le milieu des années quatre-vingt une certaine convergence**. En 1870, les pays riches, en termes de revenu par habitant, étaient onze fois plus riches que les pays pauvres ; aujourd'hui, ils le sont cinquante fois plus. Cependant, les experts notent récemment un rattrapage qui se fait sous trois conditions : fort taux d'investissement, forte scolarisation et forte ouverture commerciale.
- **L'exemple des « *quatre dragons* » permet d'analyser les ressorts de la croissance**. Si l'on reprend la distinction habituelle des facteurs de production : travail, capital et progrès technique ou « résidu » (mesuré par la productivité globale), on pourrait penser que le rôle de ce dernier a été capital. Or, c'est l'inverse que l'on constate. La croissance de la Corée du Sud entre 1950 et 1973 est de 10,3 % par an en moyenne, la part du capital y est de 4,6 %, celle du travail de 4,5 % (soit au total 9,1 %). La France à l'époque connaît un taux de croissance de 5 %, dont 1,8 % pour le capital, 0,2 % pour le travail, et donc plus de la moitié pour le « résidu ». La réussite asiatique viendrait alors d'un taux d'épargne élevé qui permet l'investissement, et de l'utilisation d'une main-d'œuvre abondante dans l'industrie. « *L'enrichissement des quatre dragons résulte presque entièrement de leurs efforts domestiques.* »
- **Si la stratégie d'exportation n'a eu qu'un rôle minime dans la croissance asiatique, elle a cependant contribué à modifier l'organisation interne de leurs économies**. « *Grâce au marché mondial, les pays asiatiques ont pu accéder en quelques années à une économie de "marché" que les pays occidentaux ont mis plus d'un siècle à constituer.* » Or, le marché est exigeant en matière de prix et de qualité. « *Bien plus que des "parts" de marché, c'est bel et bien une "structure" de marché qui est ainsi captée par les pays asiatiques.* »

B ~ La grande peur de l'Occident

- **Cette peur, c'est celle de la concurrence des pays à bas coûts de main-d'œuvre**. Ne va-t-elle pas porter un coup fatal aux productions et à l'emploi des pays riches ? Mais « *si les pays pauvres vendent 100 F aux pays riches, tôt ou tard ils achètent 100 F également* ». Il n'y a donc pas de risque de déséquilibre global des échanges, mais en revanche une nécessité de modification de leur composition sectorielle.
- **Il est vrai qu'historiquement la théorie des avantages comparatifs de D. Ricardo n'a pas toujours été vérifiée**. Le commerce international ne bénéficie pas à tous les partenaires. Ainsi, l'Angleterre ruine l'artisanat indien en inondant le marché local de ses produits textiles au XIXe siècle. Autrement dit, l'industrialisation des uns aurait pour corollaire obligé la désindustrialisation des autres. C'est cette crainte de la désindustrialisation que nombre de pays pauvres, optant pour des stratégies « autocentrées » ont connue, et que les pays riches connaissent aujourd'hui.
- **Or, la désindustrialisation « *à l'ancienne* », régressive, n'est pas un risque réel pour l'Occident**. Dès 1955, V. Leontieff avait montré que les États-Unis exportaient des biens plus intensifs en travail que ceux qu'ils importaient. Le véritable avantage comparatif des pays riches réside dans le contenu en travail qualifié de leurs exportations et non dans le coefficient de capital de celles-ci. « *S'il est exact que 100 F d'exportations du Nord créent moins d'emplois que 100 F d'exportations du Sud, ce n'est pas parce qu'il y a au Nord un plus fort contenu en capital mais que ces 100 F payent mieux un nombre plus faible d'heures de travail plus qualifié.* » Par conséquent, le danger principal pèse sur les travailleurs non qualifiés des pays riches, et non sur l'activité globale de ceux-ci.
- **Cette situation implique une reconversion des appareils productifs des pays riches vers une industrie « *du troisième type* » à forte valeur ajoutée, laissant sur le bord de la route les travailleurs non qualifiés, qui connaissent chômage et baisse de salaires**. Mais « *la concurrence des pays pauvres n'explique qu'une faible part des problèmes d'emploi dans les pays industrialisés* ». Tout se passe « *comme si le mouvement inégalitaire était en fait premier, et que c'est dans son sillage que venait s'inscrire le commerce international* ».

2. Les vraies raisons des difficultés des pays occidentaux

A ~ La croissance des inégalités

- **La croissance des inégalités est le fait majeur des sociétés occidentales à la fin du XXe siècle**. En Europe, le fait inégalitaire s'inscrit dans l'emploi, aux États-Unis, dans la question salariale. Alors que jusque dans les années soixante-dix, la France détenait le record des inégalités salariales, ce sont aujourd'hui les États-Unis qui connaissent cette situation. Depuis les années quatre-vingt, la paupérisation des travailleurs non qualifiés y a explosé, comme en témoigne la vulgarisation du terme de « *working poors* » (travailleurs disposant d'un emploi, mais vivant au-dessous du seuil de pauvreté), qui représentent environ 20 % des actifs. La tertiarisation, souvent mise en cause, n'est pas responsable du phénomène. Depuis 1990, les deux tiers des emplois créés l'ont été dans des secteurs où la rémunération est supérieure à la moyenne. Les emplois non qualifiés ont même tendance à régresser dans les services. L'immigration et la déréglementation du marché du travail ne sont pas non plus des facteurs explicatifs suffisants.

- **En Europe, les inégalités se créent à travers l'emploi et concernent principalement les salariés non qualifiés**. Si le taux de chômage est passé de 2,5 % à 4,5 % pour les travailleurs qualifiés en vingt ans, il a presque sextuplé pour les travailleurs non qualifiés (passant de 3,5 % à 20 %). La comparaison entre la France et les États-Unis montre que le chômage est beaucoup plus courant dans la vie des travailleurs américains que dans celle des Français. En France, le chômage est un état d'exclusion dont on sort difficilement : l'ajustement du marché se fait par la quantité de travail. Aux États-Unis, il est un état transitoire traversé par de très nombreux travailleurs : l'ajustement se fait par les salaires. En France, l'emploi en effet se concentre sur un noyau dur, assez fermé, d'*insiders*. Aux États-Unis, l'emploi est davantage ouvert à tous. Une des explications de la spécificité française réside peut-être dans le fait que la culture française, très égalitariste, répugne au licenciement brutal. L'employeur hésite alors à embaucher craignant les difficultés d'un licenciement.

B ~ Le rôle de la troisième révolution industrielle

- **À l'origine des inégalités, la troisième révolution industrielle, centrée sur l'informatique, qui bouleverse la société**. Pour décrire la mutation opérée, l'économiste Michael Kremer propose la théorie de la « *production O-Ring* », nom du joint torique dont le dysfonctionnement a été la cause de l'explosion de la navette spatiale Challenger. Pour éviter tout dysfonctionnement fatal à la chaîne de production, il faut que les niveaux de qualité des travailleurs engagés dans un processus commun de production soient les plus proches possibles (de la secrétaire au directeur). Conséquence : à niveau de qualification égale, des salariés peuvent connaître des situations salariales très différentes, selon la nature du processus où ils opèrent (navette spatiale ou supermarché). Ainsi, s'observe un éclatement des inégalités au sein de chaque catégorie socioprofessionnelle qui s'ajoute à l'inégalité qualifié-non qualifié. « *Plus de 70 % du phénomène inégalitaire s'explique ainsi par l'écartement des salaires des jeunes travailleurs entre eux, des diplômés entre eux, ou des travailleurs de l'industrie entre eux.* » C'est la transformation du capitalisme qui provoque ces inégalités intragroupes, la mondialisation ne pouvant expliquer que des inégalités intergroupes.
- **Cette évolution va de pair avec la fin de la grande usine fordiste**. Dans un système productif composé désormais « *d'ensembles plus petits, plus "professionnels" et surtout beaucoup plus homogènes* », les travailleurs non qualifiés sont marginalisés. De plus, pour les travailleurs qualifiés, l'instabilité devient la règle : « *qui débute sa carrière chez Microsoft n'a aucune idée de là où il la terminera* ».

C ~ Misère de la politique

- **Les « *trois âges de l'économie politique* » ont vécu**. Si l'on tente de repérer les relations entre la sphère économique et la sphère politique, on peut dégager trois périodes. Les deux premières, celle du mercantilisme, où le politique « absorbe » l'économique, et celle du libéralisme où c'est l'inverse, sont passées. Le troisième âge, celui du keynésianisme, où l'État retrouve ses prérogatives et régule l'économie, a dominé les Trente Glorieuses. Il est aujourd'hui en crise. Mais la contrainte extérieure née de la mondialisation n'en est pas seule responsable.
- **C'est la crise des finances publiques qui diminue la marge de manœuvre des politiques de régulation keynésiennes**. La forte croissance des Trente Glorieuses autorisait le déficit public. Aujourd'hui, la charge de la dette publique est devenue le premier poste de dépenses des pays de l'OCDE. C'est la montée de l'État-providence qui génère des dépenses croissantes. Conçu à une époque où la croissance annuelle moyenne était de 5 % et où la part des inactifs était bien moindre, le système redistributif paraît maintenant obsolète. Or, le principal défi

lancé aux politiques est la lutte contre le retour du paupérisme. Dans ce domaine, c'est la recherche constante de moyens pour éviter le piège de l'assistanat qui doit être au cœur de la réflexion.

- **Nous sommes entrés dans un « *quatrième âge de l'économie politique, un âge où l'économique et le politique s'examinent sans qu'aucun ne parvienne plus à dominer l'autre* »**. Il accompagne une résurgence de l'individualisme où le politique est très suspect. Or, ce n'est pas dans l'affaiblissement de l'État-providence que l'on retrouvera la croissance et la compétitivité. Il s'agit plutôt de « *transformer une structure qui a été pensée dans le cadre de l'époque "fordiste", celle de la seconde révolution industrielle, pour l'adapter aux inégalités créées par la troisième* ».

C'est donc à une lecture originale et critique de la mondialisation, devenue « aventure obligée », que nous invite Daniel Cohen. Selon lui, le grand espoir du XXIe siècle est « d'abord qu'il permette de resserrer les inégalités entre les nations. Il est aussi de souhaiter que les nations occidentales réapprennent à penser le politique, à l'heure où l'économie cesse de fortifier le lien social ». Il rejoint ici d'autres auteurs qui cherchent à réhabiliter l'espace politique.

FICHE 50

LA FIN DU TRAVAIL

Jeremy Rifkin

Publié en 1995 aux États-Unis, la traduction française de cet ouvrage (La Découverte, 1997, 460 p.) est complétée d'une préface de Michel Rocard et d'une postface d'Alain Caillé. Le texte en lui-même est partagé en cinq chapitres : les deux premiers traitent des révolutions industrielles ; les deux suivants des conséquences de la troisième révolution industrielle sur l'emploi et les inégalités sociales ; le dernier, intitulé « l'aube de l'ère postmarchande », est centré sur les solutions proposées par l'auteur pour sortir de ce qui est, pour lui, une crise de civilisation.

1. Les révolutions industrielles

A ~ Les deux visages de la technologie

- **La société moderne voue un véritable culte à la technologie**. Les « *utopistes technologiques* » (des industriels, des ingénieurs voire des écrivains de science fiction) estiment qu'elle est susceptible de résoudre tous les problèmes que rencontre l'humanité. Les économistes participent à cette célébration en affirmant qu'elle crée plus d'emploi qu'elle n'en détruit. En s'appuyant sur la théorie de J.B. Say selon laquelle « l'offre crée sa propre demande », la « théorie du déversement » expose les mécanismes par lesquels l'emploi se déverse des secteurs primaire et secondaire vers le secteur tertiaire.
- **Le progrès technique détruit des emplois**. La théorie du déversement est, aujourd'hui, invalidée par la troisième révolution industrielle qui détruit des emplois dans tous les secteurs y compris dans les services en raison de l'informatisation de ces activités. « *L'informatique et les télécommunications menacent des dizaines de millions d'emplois dans les années à venir* », nous dit Rifkin. Le déversement des emplois ne se fait plus et nous sommes, aujourd'hui, en présence d'un chômage d'origine technologique.

B ~ La troisième révolution industrielle

- **Nous sommes entrés dans une société de l'information**. La troisième révolution industrielle fondée sur l'informatique et les télécommunications nous fait entrer dans la société de l'information et du savoir. Amorcée dès la fin de la Seconde Guerre mondiale, cette révolution ne commence qu'aujourd'hui à peser sur la manière dont sont organisées les activités économiques.
- **Le postfordisme accroît les contraintes exercées sur les travailleurs**. Dans le domaine industriel, l'ancienne organisation du travail, trop hiérarchisée, a laissé place à un postfordisme dont l'objectif est d'accroître la productivité grâce à une plus grande rapidité de transmission des informations. Cependant, les contraintes exercées sur les travailleurs se sont accrues avec le développement des flux tendus. Afin de répondre plus rapidement aux demandes des clients,

les entreprises ont intensifié le travail, développé le « *management by stress* » et, finalement, réduit l'autonomie des salariés.

2. Les conséquences de la troisième révolution industrielle

A ~ Le déclin mondial du travail

- **L'emploi est en voie de disparition dans l'agriculture et l'industrie**. Les pays en développement prennent l'agriculture des pays développés comme modèle. L'emploi agricole devrait donc fortement régresser à l'échelle de la planète. « *Pour des centaines de millions de paysans du monde entier, c'est l'horizon de leur élimination définitive du processus économique qui s'avance.* » Par ailleurs, l'automatisation et l'informatisation de l'industrie est un phénomène mondial. La conséquence prévisible est que « *d'ici au milieu du siècle prochain, les travailleurs en col bleu seront tombés dans les oubliettes de l'histoire* ».
- **L'informatisation va considérablement réduire l'emploi dans les services**. La troisième révolution industrielle permet l'informatisation des services et, pour la première fois, l'augmentation de la productivité dans ce secteur. L'augmentation de l'emploi devrait donc se ralentir à l'image de ce qui se passe déjà dans le commerce et l'hôtellerie qui étaient pourtant à la pointe des créations d'emploi au cours des deux dernières décennies. Or, aucune autre branche hormis celle du savoir ne semble susceptible d'émerger. Cette menace pèse d'abord sur les emplois peu qualifiés : « *les secrétaires seront les premières victimes de la révolution bureautique* ». Mais tous les emplois sont menacés puisque « *la machine intelligente remonte imperturbablement la hiérarchie administrative, phagocytant non seulement les tâches administratives simples, mais aussi les travaux classiquement du ressort de l'encadrement* ». Le secteur tertiaire ne pourra donc pas accueillir la totalité des millions de chômeurs rejetés par les secteurs primaire et secondaire. Nous progressons donc vers une « *société de l'information presque dépourvue de travailleurs* ».

B ~ La progression des inégalités et de la violence

- **Les gagnants de la troisième révolution industrielle sont les actionnaires et l'élite des travailleurs du savoir**. Groupe social dominant de la société industrielle, les propriétaires d'entreprises bénéficient, aujourd'hui, de la hausse du cours des actions consécutive aux vagues de licenciement. Cependant, le groupe social qui devrait être le principal bénéficiaire de la société de l'information est celui des travailleurs du savoir. « *Ce sont les créateurs, les manipulateurs, et les pourvoyeurs du flot d'informations qui caractérise l'économie mondiale postindustrielle et post-tertiaire.* » L'élite de ces travailleurs du savoir est en train de se constituer en nouvelle aristocratie. Le fossé qui les sépare des « *multitudes mal payées du tertiaire* » est en train de se creuser.
- **Les perdants sont les ouvriers et les membres des classes moyennes**. La diminution de l'emploi industriel a favorisé la constitution d'une « *nouvelle armée de réserve* » composée de travailleurs précaires dont la concurrence tire les salaires ouvriers vers le bas. Les classes moyennes américaines sont également victimes des licenciements, de la baisse des salaires et de la multiplication des emplois à temps partiel. Ce « *déclin des classes moyennes* » a été atténué par l'arrivée sur le marché du travail des épouses des cadres moyens. Cependant, l'augmentation du nombre des salariés à temps partiel au sein d'une

famille ne permet pas toujours de compenser la perte d'un emploi à plein temps et bien rémunéré. Cela donne parfois aux observateurs l'illusion d'une société prospère et créatrice d'emplois.

- **La violence est une des conséquences de la progression des inégalités**. La coexistence d'une Amérique extrêmement riche et d'une autre extrêmement pauvre conduit Robert Reich, ministre du Travail, à s'interroger sur la solidité du lien social : « *que doivent les uns aux autres les membres d'une même société qui n'habitent plus dans la même économie ?* » Rifkin rappelle que cette inégalité est source de violence et de répression : 3 % des Américains ont affaire avec la justice ou sont en prison. L'exclusion d'une partie d'entre eux du marché du travail contribue à la réduction du nombre des chômeurs.

3. L'aube de l'ère postmarchande

A ~ Ni le marché ni l'État ne peuvent être la solution à notre crise de civilisation

- **Le marché détruit du travail**. Sur le marché du travail, le libre jeu de l'offre et de la demande aboutit à une diminution des salaires et du travail. Alors que les salariés à temps plein travaillent de plus en plus, le nombre de personnes en situation de sous-emploi augmente. Le nombre d'emplois peut augmenter, comme c'est le cas aux États-unis, mais ces emplois sont souvent peu qualifiés, peu payés et à temps partiel. Ils n'offrent pas à leurs détenteurs un statut social valorisant et devraient disparaître en raison du progrès technologique. Le marché n'apportera pas spontanément de solutions à cette crise.
- **L'action de l'État est neutralisée**. L'État n'est pas en mesure de corriger cette évolution spontanée car la crise financière qu'il connaît actuellement l'empêche de jouer son rôle « *d'employeur en dernier ressort* ». La mondialisation de la concurrence a réduit le pouvoir de l'État sur les agents économiques nationaux. Sur le long terme, le passage à une société de l'information « *réduit encore d'avantage l'importance de l'État-nation en tant que garant du bon fonctionnement du marché* ».

B ~ Baisse du temps de travail et développement du tiers secteur constituent les solutions

- **La baisse du temps de travail est une solution partielle à cette crise**. La baisse du temps de travail est une nécessité. Rifkin reprend à son compte l'analyse d'un syndicaliste américain : « *le temps libre est une certitude. À nous de choisir entre chômage et loisirs* ». Cette diminution a permis jusqu'à maintenant de compenser les pertes d'emplois mais cela ne sera plus le cas à l'avenir en raison de l'extension des gains de productivité aux services.
- **Le développement du tiers secteur est la solution préconisée par Rifkin**. Ce tiers secteur est constitué par l'ensemble des activités « *dans lesquelles les accords fiduciaires cèdent le pas aux liens communautaires* ». Rifkin donne comme exemple d'activités relevant de ce secteur le militantisme associatif ou mutualiste, le bénévolat, le travail social, etc.

  Ce tiers secteur devrait permettre de créer de la solidarité et du lien social en se substituant partiellement au marché et à l'État. Il faut, selon l'auteur, réintroduire au niveau local une solidarité que l'État-providence a prétendu gérer de façon centralisée. Il s'agit de « *recréer des collectivités locales viables qui protégeront les individus des forces impersonnelles du marché mondial et d'autorités centrales de plus en plus faibles et incompétentes* ».

Le rôle de l'État devrait alors se borner à aider au financement du tiers secteur. Cela pourrait se faire sous forme d'exonérations fiscales dont bénéficieraient les associations. Cela pourrait également prendre la forme d'un « *salaire social* » attribué à des millions de pauvres en échange de leur travail dans l'économie sociale. Rifkin envisage enfin la création d'un « *revenu social* » destiné aux travailleurs qualifiés afin de les attirer dans le tiers secteur. La TVA pourrait être utilisée afin de financer ces dépenses publiques.

Le premier mérite de l'ouvrage de Rifkin est de nous inviter à remettre en question nos certitudes. Que le progrès technique crée des emplois est pour les économistes une évidence maintes fois mesurée. Il convient, toutefois, de distinguer le travail de l'emploi. Or, dans le cas de la France, si l'emploi a effectivement augmenté en un siècle, le volume de travail (le nombre d'heures de travail mis en œuvre) a très nettement diminué. La diminution du travail se traduit-elle automatiquement par des créations d'emplois ? Rifkin répond par la négative et nous invite à reconsidérer la théorie du déversement.

Le second mérite de « La fin du travail » est de nous proposer les pistes pour lutter contre le chômage. La loi française sur les « 35 heures » et les créations des « emplois-jeunes » s'inscrivent dans la logique de ses propositions. On peut craindre, cependant, que la coexistence d'un secteur productif et d'un tiers secteur n'officialise une société à deux vitesses.

FICHE 51

LE CHOMÂGE PARADOXAL

Philippe D'IRIBARNE

Le chômage de cette fin de siècle défie autant les gouvernants que les économistes. Pourquoi cette diversité des taux de chômage malgré des évolutions conjoncturelles similaires ? Pourquoi cette diversité de la durée du chômage ? Pourquoi le maintien du chômage dans certains pays, même en période de « haute conjoncture » ? Ce sont les questions auxquelles tente de répondre Ph. d'Iribarne dans cet ouvrage (PUF, 1990, 170 p.).

Après avoir passé en revue les différentes explications du chômage et en avoir posé les limites, l'auteur invite à une approche plurielle « intégrant l'histoire, les institutions et la culture dans l'analyse économique ».

La construction de l'appareil productif et le fonctionnement du marché du travail ne sont pas seulement, selon lui, régis par une logique universelle de concurrence mais par l'existence de logiques sociales propres à chaque pays. C'est à l'étude des interférences entre ces deux logiques dans différents pays que l'auteur procède, le cas exemplaire de la France étant particulièrement détaillé.

1. LES INTERFÉRENCES ENTRE LOGIQUE MARCHANDE ET LOGIQUE STATUTAIRE : DIVERSITÉ DES SITUATIONS NATIONALES

A ~ Le cadre d'analyse

- **Deux logiques de fonctionnement du marché du travail interfèrent : logique marchande et logique statutaire**. La logique marchande est celle de la mise en concurrence. Elle refuse les distinctions entre les personnes. « *Elle conduit chacun, soumis à la pression de la concurrence, à ne pouvoir se fournir ou offrir ses services qu'au prix du marché.* » La logique statutaire à l'inverse reconnaît les êtres humains comme marqués par un statut. Elle opère alors des distinctions selon la nationalité, le sexe, l'âge... et établit des règles de rétribution en corrélation avec ces différences. « *Pendant que la première de ces logiques oppose le compétitif au non compétitif, le rentable au non rentable, la seconde oppose le légitime au non légitime* ».
- **Deux modèles de plein emploi difficiles à combiner découlent de ces logiques**. Dans la logique marchande, « *le plein emploi suppose que le fonctionnement réel du marché soit identique à celui du marché parfait* ». Ce sont alors en particulier les rigidités de salaires qui sont génératrices de sous-emploi. Dans la logique statutaire, « *le plein emploi repose sur le fait que la communauté assigne à chacun une place (un statut) impliquant une certaine insertion dans le processus de production et le protège de toute concurrence*

susceptible de lui faire perdre sa place ». Toutes les sociétés associent les deux logiques. Le problème est alors de savoir quelles sont les combinaisons de ces deux logiques plus ou moins génératrices de chômage, dans un contexte mondial qui s'est profondément transformé.

■ **Au cours de ces dernières décennies, de nombreuses mutations affectent le relatif équilibre entre la logique de marché et les considérations de légitimité**. Pendant les Trente Glorieuses, le compromis taylorien régit la situation des moins productifs : les postes peu qualifiés abondent, et le niveau global d'études est peu poussé. Mais l'ouverture progressive des frontières, la montée des exportations des pays à bas salaires, et l'évolution des possibilités d'automatisation développent un handicap concurrentiel des moins qualifiés. Ces derniers se trouvent alors « *pris en tenaille entre une logique marchande qui pousse à réviser leur position à la baisse, et des considérations sociales relatives aux positions (et en particulier aux salaires) qui peuvent légitimement leur échoir* ». Ce sont les divergences entre ces deux logiques qui produisent des effets plus ou moins importants sur l'emploi selon les pays : dans certains, la baisse des salaires est acceptée, dans d'autres, elle est refusée et provoque alors l'exclusion du marché du travail.

B ~ La diversité des réponses nationales

■ **Aux États-Unis, c'est la logique marchande qui domine**. « *Nulle part sans doute la distance n'est plus faible entre ce qui est conforme à une logique marchande et ce qui paraît légitime* ». La solution est la flexibilité des salaires : les hommes sont payés à leur « juste prix », c'est-à-dire en fonction de leur efficacité supposée. On a donc vu se développer des emplois tertiaires peu qualifiés où les individus les moins performants restaient compétitifs. Ces emplois sont d'autant plus facilement acceptés que le problème de leur honorabilité ne se pose pas. Ainsi, les États-Unis ont-ils connu, en dehors des chocs pétroliers, une relative stabilité de leur taux de chômage, avec un chômage frictionnel assez élevé mais un faible chômage de longue durée.

■ **La Suède est marquée par une forte pression communautaire**. Les niveaux de chômage y sont assez bas jusqu'à une date récente. On peut parler de modèle communautaire dans la mesure où « *la collectivité prend tout le monde en charge, tout en exerçant une forte autorité sur ses membres* ». Cela passe par une politique très développée d'aide étatique aux moins employables ; en revanche, un chômeur ne peut refuser un emploi proposé.

■ **Le Japon est caractérisé par le dualisme**. On y observe une capacité à créer des secteurs peu performants abrités de la concurrence internationale dans les services marchands et même dans l'industrie où les éléments les moins compétitifs peuvent trouver leur place. Ceci conduit donc à une évolution très différenciée de la productivité et des salaires. Ce dualisme est rendu possible par l'absence de distinction entre activités plus ou moins nobles, et l'absence d'attachement au métier.

■ **En revanche, la Communauté européenne semble plus attachée à des identités professionnelles bien définies et son chômage demeure à un niveau élevé**. La productivité y a progressé de façon homogène et l'écart intersectoriel des salaires est faible, un peu comme si on s'y refusait de laisser la logique du marché régir la hiérarchie des salaires. Ainsi, on peut faire l'hypothèse que les différences entre les pays où le chômage est peu éloigné de ce qu'il était il y a vingt ans et ceux où il a fortement crû sont liées à la difficulté de concilier dans ces derniers les considérations marchandes et les considérations de légitimité.

2. Le « *Chômage paradoxal* » en France

A ~ Les résistances au « *déclassement* » et l'émergence de catégories peu employables

- **La logique de statut occupe une place centrale dans la société française**. Les diverses positions professionnelles sont très hiérarchisées selon une échelle de prestige fondée en grande partie sur le niveau de diplôme. Ainsi, il importe pour chacun de « *tenir son rang* ». On considère donc qu'un emploi est « acceptable » pour un chômeur lorsqu'il n'entraîne pas de dégradation de son salaire ou d'un autre aspect de son travail, et pour un jeune sorti du système éducatif lorsqu'il n'est pas inadéquat à la formation reçue. Tout écart par rapport à cette « norme » est vécu comme un « *déclassement* » ou une « *déqualification* ». Vont alors se produire des résistances au déclassement assimilables parfois à du chômage volontaire : refus de l'emploi proposé et surtout allongement de la durée du chômage. Ces résistances peuvent provoquer des modifications des choix d'organisation des entreprises privilégiant l'automatisation de tâches considérées comme peu nobles et favorisant ainsi les emplois qualifiés. L'ampleur des résistances au déclassement est une constante de la société française. Le problème actuel est la montée de catégories peu employables.
- **La montée de catégories peu employables est le résultat de plusieurs événements**. D'une part, l'explosion scolaire et la hausse du nombre de diplômés qui l'accompagne a été plus forte que l'augmentation des emplois qualifiés. Entre 1962 et 1985 par exemple, le nombre d'emplois de cadres et de professions intermédiaires a quasiment doublé tandis que la population étudiante faisait plus que quadrupler. D'autre part, comme dans les autres pays industriels, l'ouverture des frontières, le progrès technique et la remise en cause de l'organisation taylorienne du travail, augmentent l'avantage concurrentiel des plus qualifiés. Le conflit entre les considérations de concurrence et de légitimité s'aiguise alors, et comme il est impossible de baisser les salaires, le chômage des moins qualifiés augmente.

B ~ La montée du chômage global

- **Le gonflement de catégories que des raisons sociales mettent en situation concurrentielle difficile a joué un rôle décisif dans l'évolution du taux de chômage global**. Il provoque un chômage de segmentation, lié aux désajustements qualitatifs entre offre et demande de travail, et un chômage « *lié aux aspirations de la main-d'œuvre* », qui s'ajoutent à un éventuel chômage classique ou keynésien. En situation de haute conjoncture (la fin des années quatre-vingt par exemple), ces types de chômage résistent et expliquent le maintien d'un taux de chômage global élevé.
- **La reconnaissance du poids des racines socioculturelles du chômage propres à chaque pays implique une révision des politiques d'emploi**. Quelques pistes peuvent être proposées. D'abord, il est nécessaire de « *limiter la pression du marché à un niveau compatible avec les conceptions relatives aux positions légitimes* ». Entretenir quelques secteurs protégés, à faible productivité, comme le fait le Japon, est souhaitable. Ensuite, il faut « *revoir la politique d'éducation, en donnant le pas à l'amélioration de la qualité de la formation, à diplôme donné, sur l'inflation des diplômes* ». Sinon, le mouvement général de « déclassement » s'accentuera. On doit enfin trouver une place aux moins compétitifs, en développant les entreprises d'insertion.

■ **Des facteurs extra-économiques influencent donc de manière diversifiée les fonctionnements des marchés nationaux du travail.** On peut les représenter selon le schéma suivant :

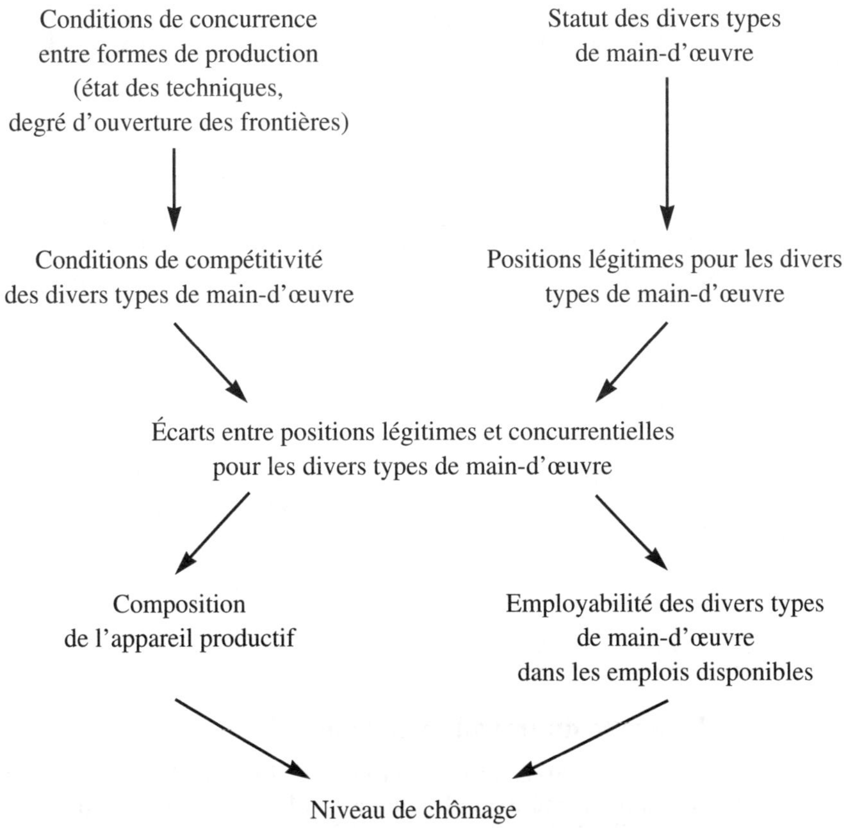

L'intérêt de l'ouvrage est de tenter d'expliquer les disparités nationales en matière de chômage et de montrer que les théories classiques, trop universalistes et abstraites, ne peuvent en rendre compte. L'économie doit s'ouvrir à d'autres disciplines telles que la sociologie et l'histoire et intégrer de la sorte les contextes institutionnels, sociaux et culturels de chaque nation pour comprendre les contraintes sociales qui pèsent sur le fonctionnement des marchés du travail. L'auteur nous invite donc à la combinaison de l'approche économique et sociologique.

FICHE 52

L'HORREUR ÉCONOMIQUE

Viviane FORRESTER

Viviane Forrester a reçu le prix Médicis de l'essai pour cet ouvrage (Fayard, 1997, 206 p.), dont le titre est inspiré d'un poème d'Arthur Rimbaud (« Soir historique » dans Illuminations*). L'auteur met l'accent sur le paradoxe suivant : l'économie produit sans cesse plus de richesses et pourtant le chômage et l'exclusion s'aggravent.*

Ce livre est une réflexion à bâtons rompus et non une analyse structurée, la même idée est développée et abordée sous différents aspects : les douze parties de longueurs inégales contribuent davantage à aérer l'ouvrage qu'à présenter des thèmes différents.

Il ne s'agit pas d'un ouvrage de spécialiste, mais plutôt celui d'une citoyenne qui s'insurge contre la pensée unique selon laquelle chômage et pauvreté sont une fatalité.

1. DE L'EXPLOITATION À L'EXCLUSION

A ~ Le mythe du travail et de l'emploi

- **Pour vivre et être intégré, la société impose à chacun de travailler. Cependant, le chômage de masse rend cela impossible pour un nombre croissant d'individus**. « *On s'entête à tenir pour la norme un passé révolu, un modèle éventé... Le navire a déjà fait naufrage, mais nous préférons (on nous y encourage) ne pas l'admettre et rester à son bord, couler à l'abri d'un décor familier plutôt que de tenter, peut-être en vain, quelque mode de sauvetage.* »

  On attend pourtant des chômeurs qu'ils cherchent activement un emploi qui n'existe pas.

  Durant les Trente Glorieuses, les « forces vives » (c'est-à-dire les entreprises et le capital) avaient besoin d'une masse importante de travailleurs à exploiter pour réaliser des profits. Aujourd'hui, les « forces vives » s'attachent à réduire le coût du travail en réduisant l'emploi pour accroître les profits. « *Au-delà de l'exploitation, il y avait pire : l'absence de toute exploitation - , comment ne pas se dire que, non exploitable, pas même exploitable, plus du tout nécessaire à l'exploitation* ».

  V. Forrester dénonce ainsi « *les paradoxes d'une société fondée sur le "travail", c'est-à-dire sur l'emploi, alors que le marché de l'emploi non seulement périclite mais périt* ». La suppression d'emplois est devenu le mode de gestion favorable aux profits. C'est pourquoi, à l'annonce de licenciements, les cours boursiers montent, alors qu'à l'annonce de créations d'emplois, les cours chutent.

- **Le marché du travail est une « peau de chagrin », les hommes en dépendent mais ce marché ne dépend pas d'eux**. Au lieu d'ouvrir la voie d'une diminution concertée de la charge de travail, le choix est fait de raréfier l'emploi et parfois de le supprimer. Pourtant, l'obligation de travailler ou la nécessité de travailler demeurent. Avec l'introduction des nouvelles technologie, la croissance peut être entretenue sans créer d'emplois, ce qui est la preuve d'une mutation de la civilisation plutôt que celle d'une crise. On culpabilise pourtant des « *cohortes discrètes de sans-travail* » parce qu'elles ne trouvent pas d'emploi, alors qu'il est de notoriété que la source de création d'emplois est tarie.

B ~ L'économie libérale crée l'exclusion

- **Le chômeur est victime d'une mise à l'écart de plus en plus irréversible, mais cette situation est acceptée comme si elle n'était pas alarmante**. La réaction la plus courante est l'indifférence et la passivité. « *Surprenant de découvrir à quel point on peut rapidement perdre pied et comme la société devient sévère, comme il n'est plus ou presque plus de recours si l'on est démuni.* »

  L'injustice qui frappe ceux qui n'ont plus d'emploi ou ceux dont l'activité professionnelle est insuffisamment rémunérée, peut aller jusqu'à la perte de leur logement.

  V. Forrester, reprenant le titre de son essai publié en 1980, évoque « *la violence du calme* » en ces termes : « *Autant de vies acculées, ligotées, tabassées et qui se délitent, tangente à une société qui se rétracte* » ; « *est-il utile de vivre si l'on n'est pas profitable au profit ?* »
- **On en vient à s'attaquer à ceux qui sont un peu moins démunis que les autres, alors que les classes fortunées et dirigeantes ne sont pas incriminées**. On pense que ceux qui ont la chance d'avoir un emploi même s'ils sont mal rémunérés devraient partager, alors qu'on n'envisage pas de partager les profits et les fortunes. Il s'agit en fait d'une stratégie consistant à dresser une partie du pays contre l'autre et destinée à protéger les détenteurs du capital.

  « *Et donner ces "forces vives", ces dirigeants de multinationales* [...], *comme osant seuls prendre des risques, aventuriers impatients de se mettre sans cesse et sans fin en danger, en permanence soucieux de mettre en jeu... on ne sait trop quoi, tandis que les nababs conducteurs de métro, les parvenus patentés préposés de la Poste prospèrent scandaleusement en toute sécurité !* »

  On continue pourtant à s'identifier aux opprimés sans agir pour autant contre leur exclusion : à la lecture des *Misérables* de V. Hugo selon V. Forrester, on s'identifie à Cosette, à sa mère, ou à Jean Valjean. Même les exploiteurs s'identifient aux opprimés ou à leurs protecteurs et personne ne s'identifie aux Thénardier. On se reconnaît en Gavroche, alors que dans la réalité, ce type de personnage est exécré.
- **L'exclusion est plus présente dans les banlieues défavorisées, frappant prioritairement les jeunes en mal d'emploi, particulièrement ceux d'origine étrangère**. Il s'agissait de « *ghettos de travailleurs, autrefois. De sans-travail, sans-projet, aujourd'hui* ».

  Les jeunes répondent parfois à la violence de leur situation par la violence physique, on leur reproche alors de ne pas s'intégrer. « *Mais s'intégrer à quoi ? Au chômage, à la misère ? Au rejet ? Aux vacuités de l'ennui, au sentiment d'être inutiles ou, même, parasitaires ? À l'avenir sans projet ? S'intégrer !* » L'insécurité qu'ils causent est la réponse à l'insécurité qu'ils subissent.

  Le racisme et la xénophobie sont des moyens de détourner l'attention de la réalité des problèmes, celle de la misère. Il est en effet plus commode de ramener l'exclusion à des questions de différences de couleur, de nationalité, de religion, de culture, qui n'auraient rien à voir avec la loi des marchés. Cela contribue à dresser des pauvres contre des pauvres. « *Qu'ont-ils à perdre puisqu'ils n'ont rien reçu, sinon des modèles de vie que tout empêche d'imiter ?* » Les efforts de l'école pour leur inculquer une culture générale sont insuffisants, elle s'attache surtout à renforcer la professionnalisation pour les préparer à entrer sur le marché du travail, alors que les entreprises ne veulent pas d'eux.

2. L'ÉTAT DISSIMULE OU RENFORCE L'EXCLUSION

A ~ La responsabilité du fonctionnement de l'économie libérale n'est pas dénoncée

- **La solution qui est de « *réduire le labeur* » en reconnaissant que le travail est fréquemment vécu comme une contrainte, voire un enfer, n'a pas été adoptée**. Il a été préféré de raréfier l'emploi, ce qui contribue à faire pression à la baisse des rémunérations. Les politiques adoptées contribuent à la rupture du lien social et à la paupérisation. On fait croire à d'hypothétiques créations d'emplois, car avouer qu'elles ne se produiront pas risquerait de provoquer insurrection et frayeur.

  Les hommes politiques recourent à un euphémisme pour désigner l'exclusion : « *Cela s'appelle la "fracture sociale". Pas l'injustice sociale, ni le scandale social. Pas l'enfer social. La fracture sociale, comme les plans du même nom* ».

- **L'intervention de l'État est parfois mise en cause**. L'économie produit des dégâts comme le chômage et la pauvreté, ce qui accroît les dépenses publiques et alourdit la dette de l'État. Celui-ci est ensuite accusé de développer une assistance à outrance.

  Certains voient dans l'intervention de l'État « *des fastes effrénés d'une aide sociale orgiaque !* ». « *L'État-providence, c'est bien connu, s'offre sans relâche de ces danseuses en fin de droits, au chômage, sans domicile fixe, qu'il entretient dans un luxe coupable.* »

  Des acquis comme le salaire minimum, la Sécurité sociale, les allocations familiales, le RMI ou les congés payés sont mis en cause sous prétexte qu'ils nuisent à la compétitivité des entreprises dans une économie concurrentielle.

- **Si aucune solution radicale n'est trouvée, c'est parce que le problème est mal posé**. Le problème n'est pas d'inciter à chercher un emploi, comme le suggère la théorie du Job search avec E.S. Phelps, mais de donner la possibilité d'en trouver un ; en effet, ce n'est pas la recherche d'emplois qui en crée.

  « *Pourquoi ne pas chercher avant tout un mode de répartition et de survivance qui ne serait pas fonction d'une rémunération d'emploi ?* » Ainsi, il serait juste de restituer aux chômeurs une partie des profits réalisés indirectement grâce à la privation d'emplois.

  Cependant, dans un contexte de mondialisation, l'État est démuni car il ne contrôle plus les décisions économiques des groupes transnationaux et des opérateurs financiers qui bénéficient d'une absence de règles sur des marchés dont les frontières ont été supprimées.

B ~ La précarité de l'emploi est la seule action menée

- **Les gouvernements sont satisfaits lorsque la progression du chômage est ralentie, même si c'est au prix d'une précarité croissante qui renforce la vulnérabilité face au chômage**. Les employeurs veulent bien embaucher ou du moins renoncer à licencier, uniquement si les travailleurs sont prêts à accepter n'importe quoi. C'est la raison pour laquelle il est possible de se poser la question suivante : « *Le chômage ; ami public numéro un ?* »

  Le modèle anglo-saxon suggère de développer les catégories de travailleurs pauvres *(working poors)*. « *En clair, on est aussi pauvre, mais, en plus (si l'on ose dire), sans aide sociale, et tout en travaillant.* » Ceux qui bénéficient de la sécurité de l'emploi gênent car « *ils ralentissent l'asphyxie du marché du travail* ».

- **On développe la précarité en faisant peser sur les travailleurs et sur eux seuls tous les effets de la crise, ils doivent s'adapter à tous les changements, à tous les caprices des employeurs**. Ils doivent être prêts à changer sans cesse d'emploi et à accepter de travailler de petits boulots en petits boulots.

  Une précarité généralisée se développe. Il reste à la dissimuler derrière un intitulé ronflant comme c'est le cas pour le travail par intérim, appelé « *mission* » : « *Du James Bond sur toute la ligne* ».

  De nouvelles formes d'emplois précaires apparaissent comme le « *travail à heure zéro* » déjà expérimenté en Grande-Bretagne : le salarié n'est payé que pour les heures de travail effectuées, en nombre réduit le plus souvent, le reste du temps il doit rester disponible à son domicile sans être rémunéré.

  La stratégie des « forces vives » est de renforcer la concurrence entre les salariés et les chômeurs, pour imposer une précarisation du marché du travail.

  L'aide apportée à un chômeur ne peut alors que se limiter à le conseiller afin qu'il puisse se faire embaucher plutôt qu'un autre, sachant que les demandeurs d'emplois se font concurrence même s'il ne s'agit que de décrocher un CES.
  Ce faisant, on ne fait que gérer la pénurie d'emplois en redistribuant le chômage.

Cause et conséquence de sa médiatisation, cet ouvrage est un best-seller de l'année 1997. Cet essai présente l'intérêt de dénoncer le fonctionnement du système économique et social et lance ou reprend des pistes de réflexions délaissées.

En revanche, on peut reprocher à cet ouvrage son absence de structure et ses effets de style qui accordent parfois la priorité à l'esthétique plutôt qu'à l'analyse rigoureuse. De plus, la confusion entre les concepts de travail et d'emploi est regrettable ; Viviane Forrester affirme à tort que le travail s'est raréfié, alors que ce sont les emplois qui sont en nombre insuffisant. La confusion aurait pu être évitée si une réflexion sur le partage du temps de travail avait été développée.

Néanmoins, il est plutôt rassurant et sympathique de constater qu'un profane ose mener une réflexion économique qui reste trop souvent la chasse gardée de spécialistes convaincus qu'ils en ont l'exclusivité. On comprend à la lecture de cet ouvrage que des choix de société sont à faire et sont possibles, que ceux-ci sont fonction de la place accordée à l'économie dans la société.

FICHE 53

THÉORIE DE LA JUSTICE

John Rawls

Ce livre de plus de 600 pages, publié en 1971 pour la version originale, est en grande partie le regroupement, sous forme synthétique et analytique, de l'ensemble des articles publiés par J. Rawls pendant la période 1958-1971. Les traductions françaises de 1987 et 1997 (Seuil) reprennent le texte remanié de 1975 après que Rawls eut intégré certaines critiques qui lui avaient été adressées (en particulier par H.L.A. Hart dès 1973). Pour Rawls, la théorie de la justice doit servir l'équité et la démocratie constitutionnelle. Il propose une « théorie de la justice comme équité » se substituant à l'utilitarisme dominant. L'utilitarisme, c'est-à-dire le comportement qui consiste à rechercher le maximum de satisfaction personnelle tout en limitant au mieux les efforts (J. Bentham), ne peut fournir une base satisfaisante aux institutions d'une démocratie. La solution apparaît être le contrat social.

1. La « *théorie de la justice comme équité* » est une solution supérieure aux conceptions utilitaristes de la justice

A ~ Les modalités de la définition des principes de justice sociale

- **Un accord social sur la conception de la justice est une condition préalable indispensable à l'existence de toute société humaine.** Toute société, même lorsqu'elle recherche l'avantage mutuel, se caractérise à la fois par des intérêts identiques et des intérêts conflictuels. C'est pour cela qu'il faut définir les principes de la justice sociale : *« ils fournissent un moyen de fixer les droits et les devoirs dans les institutions de base de la société et ils définissent la répartition adéquate des bénéfices et des charges de la coopération sociale ».* Certes, les individus ont des projets différents mais le fait de partager cette même idée de la justice établit des liens sociaux fondamentaux limitant leurs projets personnels tout en permettant de les réaliser. Une véritable coopération sociale pourra s'instaurer à partir du moment où il y aura un accord sur la définition, dans une société, du juste et de l'injuste. L'objet principal de la justice sociale est de fonder la structure de base de la société c'est-à-dire *« la façon dont les institutions sociales répartissent les droits et les devoirs fondamentaux et déterminent la répartition des avantages tirés de la coopération sociale ».*
- **Les principes généraux qui définissent la conception de la justice doivent faire l'objet d'un accord originel.** *« Ce sont les principes mêmes que des personnes libres et rationnelles, désireuses de favoriser leurs propres intérêts et placées dans une position initiale d'égalité, accepteraient et qui, selon elles, définiraient les termes fondamentaux de*

leur association. » Ces principes déterminent ensuite à la fois les formes de coopération sociale, les formes de gouvernement, les règles pour les accords ultérieurs ainsi que les critiques et réformes éventuelles. La « *théorie de la justice comme équité* » consiste à définir au préalable ce qui doit être tenu pour juste et pour injuste.

- **Ces principes de la justice sont choisis derrière « *un voile d'ignorance* ».** La position originelle d'égalité n'est pas une situation historique réelle mais une situation purement hypothétique permettant de définir une conception de la justice. Les individus ne perçoivent pas parfaitement leur position sociale ainsi que leurs futures trajectoires sociales. C'est dans ce cadre d'ignorance qu'ils choisissent les principes d'égalité. Ils ne peuvent donc choisir des principes qui les avantageraient. « *Tout ceci nous explique la justesse de l'expression "justice comme équité" : elle transmet l'idée que les principes de la justice sont issus d'un accord conclu dans une situation initiale elle-même équitable* ». Certes, ces obligations sont imposées aux individus mais elles ont été choisies librement assurant la coopération basée sur la volonté. « *La position originelle représente le statu quo initial qui garantit l'équité des accords fondamentaux qui pourraient y être conclus* ».

B ~ Les principes de la théorie de la justice susceptibles d'être retenus

- **Le principe d'utilité n'est pas compatible avec les principes de la « *justice comme équité* ».** En effet, si les personnes se considèrent comme égales, elles ne vont pas consentir une diminution des perspectives de vie de certains au nom d'une augmentation dont jouiraient les autres. De plus, personne n'a avantage à voir sa propre satisfaction diminuer afin que la satisfaction totale augmente. Au contraire, il faut choisir d'autres principes. Le premier sera celui de l'égalité des droits et des devoirs de base et le deuxième « *pose que des inégalités socio-économiques sont justes si et seulement si elles produisent, en compensation, des avantages pour chacun et en particulier, pour les membres les plus désavantagés de la société* ». Il n'est donc pas injuste que certains aient des avantages supérieurs à la moyenne à condition que la situation des moins favorisés s'améliore.

- **La « *théorie de la justice comme équité* » est une théorie du contrat.** Cette théorie suppose que les principes de justice soient choisis par des êtres rationnels dans des situations différentes et parfois conflictuelles. « *Le contrat suggère cette pluralité ainsi que les conditions d'une répartition adéquate des avantages, à savoir qu'elle doit se faire en accord avec des principes acceptables par tous les partenaires.* » Le caractère public du contrat lui donne sa force car tous les citoyens ont connaissance des principes suivis par les autres.

- **Les principes de la justice sont justifiés parce qu'ils emportent l'adhésion et permettent de définir un « *état final d'équilibre réfléchi* ».** Les principes adoptés ne doivent pas être affectés par des aspirations individuelles. Il faut aussi que les individus soient égaux c'est-à-dire « *qu'ils aient tous les mêmes droits dans la procédure du choix des principes* ». En cela, ils ont la même capacité à comprendre les principes adoptés et à agir sur eux. Cette position originelle acceptée dans un processus dynamique d'ajustement entre les principes retenus et les convictions des citoyens débouchera sur un état final d'équilibre réfléchi. Ces principes peuvent être simples ou non mais « *l'accord originel établit les limites dans lesquelles les personnes sont prêtes à faire des compromis et des simplifications afin d'établir les règles de priorité nécessaires à une conception commune de la justice* ».

2. Les principes de base qui sont les conditions d'une démocratie constitutionnelle

A ~ Les principes de liberté égale pour tous, de différence et d'égalité des chances fondent la théorie de la justice

- **Le principe de la plus grande liberté pour tous ainsi que celui de la juste égalité des chances et celui de différence guident la théorie de la justice.** D'un côté, le système social doit garantir l'égalité des libertés de base et de l'autre, il doit organiser la répartition des inégalités économiques et sociales de manière à ce que chacun en bénéficie. « *L'injustice alors est simplement constituée par les inégalités qui ne bénéficient pas à tous.* » Ainsi s'opère une distinction entre libertés et droits fondamentaux d'une part et avantages économiques et sociaux d'autre part.
- **L'égalité démocratique repose sur le principe de différence.** Si on considère que le premier principe de la liberté égale pour tous est satisfait (tous les individus ont les mêmes droits légaux d'accès à toutes les positions sociales pourvues d'avantages), le deuxième principe ne sera réalisé que dans l'interprétation démocratique combinant le principe de la juste égalité des chances avec le principe de différence. Cette égalité démocratique se définit avant tout par le principe de différence : *« les inégalités sociales et économiques doivent être organisées de façon à ce que, à la fois, elles apportent aux plus désavantagés les meilleures perspectives et elles soient attachées à des fonctions et à des positions ouvertes à tous, conformément à la juste égalité des chances »*.
- **Le principe de l'égalité des chances garantit un système basé sur une justice procédurale pure.** La théorie de la justice considère la société comme une entreprise de coopération en vue d'avantages mutuels. Pour cela, elle se doit de définir des règles justes sur une base procédurale pure c'est-à-dire équitable. *« Pour appliquer à la répartition la notion de justice procédurale pure, il est nécessaire de créer un système d'institutions justes et de l'administrer impartialement. La juste procédure n'existe que si la structure de base est elle-même juste ce qui inclut la justice de l'organisation des institutions socio-économiques et de la constitution politique. »* Cette justice procédurale pure peut s'appliquer à tous dans n'importe quelle circonstance à partir du système public de règles.
- **La répartition des talents naturels, des positions sociales n'est ni injuste, ni juste.** Dans la « *théorie de la justice comme équité* » et dans les sociétés démocratiques, les hommes, par leurs actions complémentaires, doivent se servir de ces *« accidents de la nature »*, c'est-à-dire leurs différences, pour améliorer le sort de la collectivité. Le principe de la juste égalité des chances ne peut déboucher sur une méritocratie. Les plus favorisés doivent bien sûr garder leurs droits naturels mais *« il faut refuser des avantages plus grands s'ils ne profitent pas aussi à d'autres moins fortunés »*.

B ~ La « *théorie de la justice comme équité* » est la base des institutions d'une démocratie constitutionnelle

- **Le principe de plus grande liberté ainsi que celui de la juste égalité et de différence sont les meilleurs moyens pour définir les bases d'une société juste.** Pour que cette conception de la justice émerge, les acteurs doivent définir librement leurs attentes en matière d'avantages sociaux. Ces avantages étant en quantités limitées, cette répartition se réalisera dans un cadre de conflit. Des conditions pèsent également sur la définition du juste. *« Une conception du juste* *est un ensemble de principes généraux dans leur forme et universels dans leur application qui doit être publiquement reconnu comme l'instance finale pour hiérarchiser les revendications conflictuelles des personnes morales. »*

- **Être rationnel et ne pas connaître sa situation sociale sont des conditions pour définir la position de départ.** Le voile d'ignorance garantit une information pertinente et identique à tout moment. En effet, les individus ne connaissent pas leur situation économique, sociale, générationnelle... Cette ignorance de la différence leur permet d'être convaincus par la même argumentation et de ne pas élaborer des principes pour leur propre avantage. *« Le voile d'ignorance rend possible un choix unanime d'une conception particulière de la justice ».* Les acteurs sont considérés comme libres et rationnels, c'est-à-dire qu'ils essaient de trouver les principes qui leur permettent d'obtenir le maximum de biens sociaux possibles. Ils répondent à leur propre motivation sans pour autant être égoïtes car ils sont mutuellement désintéressés. Une fois les principes de la position originelle trouvés, les acteurs s'y doivent d'obéir. Il y a une obligation morale, imposée par l'individu lui-même, à respecter le contrat.
- **Partager une conception commune de la « *justice comme équité* » permet de déboucher sur une démocratie constitutionnelle.** Cette théorie de la justice garantit de la manière la plus solide les libertés car elle repose sur l'exigence que toute inégalité soit justifiée par le bien des plus désavantagés et la priorité de la liberté. Elle constitue donc la base d'une véritable démocratie constitutionnelle.

L'analyse de Rawls a deux objectifs majeurs : fournir une analyse convaincante de la justice et compléter cette analyse par une conception de l'égalité démocratique. Son livre s'inscrit dans la pure tradition de la théorie du contrat que l'on retrouve aussi bien chez Aristote, Rousseau ou bien Kant.

C'est une œuvre constructive, originale dans sa conception de l'égalité et donc de l'inégalité et en cela critiquable et qui a été fortement critiquée. À l'heure de l'exclusion ou de la fracture sociale, ce livre nous permet de poser les questions de l'équité et de l'égalité sous des formes philosophiques, n'excluant en rien le positionnement politique, tout au contraire.

FICHE 54

LA CRISE DE L'ÉTAT-PROVIDENCE

Pierre ROSANVALLON

Dès la première phrase de son ouvrage (Seuil, 1981, 200 p.), Pierre Rosanvallon affirme : « l'État-providence est malade de la crise ». Cette crise, qui se caractérise par les déficits de la protection sociale, la bureaucratisation, le refus de la population face à la hausse des prélèvements obligatoires, etc., risque d'ouvrir la voie à une solution libérale qui serait regrettable, selon Rosanvallon. Il faut donc trouver une troisième voie entre le scénario social-étatiste qui se nourrit de la hausse des prélèvements obligatoires et le scénario libéral.

1. LA CRISE DE L'ÉTAT-PROVIDENCE

A ~ Les manifestations de la crise de l'État-providence

- **L'État-providence est un approfondissement de l'État-protecteur** qui avait « *une double tâche : la production de la sécurité et la réduction de l'incertitude* ». En plus des interventions de protection, l'État-providence s'est doté d'actions positives comme la redistribution des revenus, la réglementation des relations sociales ou la prise en charge de certains services collectifs.
- **Trois raisons sont généralement évoquées pour expliquer la crise de l'État-providence** : « *il se trouve dans une impasse financière, son efficacité économique et sociale décroît, son développement est contrarié par certaines mutations structurelles* ». Ce diagnostic est irréfutable, mais il occulte la question centrale : « *y a-t-il une limite sociologique au développement de l'État-providence et au degré de redistribution que son financement implique ?* » En effet, il est toujours mécaniquement possible d'augmenter les cotisations et les impôts, mais cette hausse peut être refusée par la population ; le problème de l'État-providence est donc avant tout d'ordre politique et sociologique.

B ~ La crise de l'État-providence est due à une perte de légitimité, à une crise de la solidarité et à une crise de « *l'équation keynésienne* »

- **La crise de l'État-providence s'explique d'abord par le doute de ses finalités.** Il a pour objectif de répondre aux besoins sociaux, mais ceux-ci sont illimités et ne peuvent jamais être entièrement satisfaits ; ensuite, et c'est cela le plus important, un doute essentiel traverse l'État-providence : « *l'égalité est-elle une valeur qui a encore un avenir ?* » La valeur « égalité » est en crise et cela peut s'expliquer par quatre raisons principales :

  – la demande sociale envers l'État-providence se tourne de plus en plus vers la sécurité physique, notamment dans les grandes villes : « *la demande de sécurité tend à relativiser la demande d'égalité* » ;

  – le développement récent de l'État-providence n'est pas le résultat d'une explosion sociale ; « *c'est une progression mécanique qui s'est développée à froid* ». La réduction des inégalités apparaît alors moins légitime ;

– le financement de l'État-providence ne provient plus d'une minorité de privilégiés car les contribuables représentent dorénavant une part importante de la population : « *l'idée qu'il suffisait de faire payer "les autres" n'a plus guère de sens* » ;

– la société n'est plus homogène ; elle est de plus en plus segmentée en différentes catégories sociales. Dans ces conditions, chacun cherche à se placer dans le segment le plus favorable. « *L'État clientèlaire commence à s'édifier dans l'État-providence.* »

■ **La crise de État-providence correspond aussi à une crise de la solidarité organisée par l'État** qui est, aux yeux des citoyens, opaque et abstraite ; la solidarité « *ne peut s'exercer que si la morale sociale qu'elle traduit repose sur un minimum de visibilité des rapports sociaux* ». Chacun a besoin de savoir comment est utilisée sa contribution, or « *aujourd'hui l'interface étatique est devenue largement opaque* ».

■ **« *L'équation keynésienne ne fonctionne plus.* »** L'État-providence est fondé sur « *l'équation keynésienne* » selon laquelle, grâce à l'intervention de l'État, la croissance économique va de pair avec le progrès social. Or, depuis le début des années soixante-dix, les politiques de relance sont inefficaces pour enrayer la crise ; l'efficacité économique et le progrès social semblent redevenir contradictoires, tout au moins à court terme. « *Il y a entrecroisement de critiques de droite et d'insatisfactions de gauche.* »

2. Le libéralisme : de la critique de l'État-providence à la théorie de la société sans État

A ~ Le nouveau libéralisme se fonde sur la mise en cause de l'efficacité de l'État et sur une conception différente de la justice

■ **Le retour du libéralisme est le trait marquant de la période actuelle**. Il se caractérise par « *la critique de la critique de l'économie de marché* ». Ce nouveau libéralisme reconnaît les défaillances du marché, mais il considère qu'elles sont moindres que celles de l'État ; il se fonde donc sur la seule base d'un calcul coûts-avantages qui conclut que le marché est moins inefficace que l'État.

■ **Les libéraux affirment que certaines inégalités sont légitimes**. Les premiers libéraux, comme Smith, préconisaient une « *justice commutative* », ils considéraient que l'égalité de droit est la seule égalité nécessaire. L'inégalité de fait doit donc être acceptée car elle provient de l'usage différent que les individus font de leur liberté ; certains « *peuvent décider de travailler moins ou de prendre moins de risques que d'autres par exemple* ». Rawls repense, dans une logique libérale, le concept de justice ; il affirme que pour assurer l'égalité des chances, la société doit apporter davantage à ceux qui sont dans les situations sociales défavorables. Cette conception de la justice est celle de la « *justice distributive* ». L'objectif est d'assurer l'égalité des chances, les inégalités de fait demeurent légitimes. Rawls considère qu'il existe de justes inégalités.

B ~ La critique de la pensée libérale

■ **La conception libérale de l'État est floue**. Rosanvallon affirme que les penseurs fondateurs du libéralisme, comme Smith ou Bentham, sont incapables de fixer clairement les limites de l'intervention de l'État. Ils considèrent que deux États coexistent : « *un État de droit, gardien de la démocratie et garant des libertés individuelles, et un État interventionniste, destructeur de ces libertés* », mais ils sont incapables de les distinguer nettement. Ils ne développent donc pas de réelle théorie de l'État.

- **La critique néolibérale de l'État-providence se fonde sur la « *négation du social* ».** L'autonomie de l'individu est au centre de la pensée néolibérale ; celui-ci est « *un tout parfait et solitaire* », il ne ressent pas d'envie et donc son regard ne se fixe jamais sur ce que l'autre possède ; il est totalement indifférent aux autres individus. La pensée libérale est donc « *radicalement a-sociologique* ». Pourtant, « *ils sont actuellement les seuls à penser au-delà de l'État-providence. C'est ce qui fait leur force* ». Rosanvallon énonce alors l'objectif de son ouvrage : « *c'est contre cette utopie de la raison qu'il nous faut penser une alternative positive à l'essoufflement actuel de l'État-providence* ».

3. État-providence et société solidaire

A ~ Il faut sortir de « *l'alternative privatisation/étatisation* »

Deux scénarios sont généralement proposés : le « *scénario social-étatiste* » et le « *scénario libéral* ». Aucun de ces scénarios n'est souhaitable.

- **Le scénario social-étatiste correspond à une fuite en avant.** « *Le scénario « social-étatiste » se heurterait à de graves difficultés financières dans la situation actuelle, mais surtout il serait confronté à une résistance sociologique diffuse difficilement surmontable.* » De nouvelles augmentations des prélèvements obligatoires conduiraient à un blocage social et au développement de nombreux effets pervers comme l'amplification de l'économie souterraine et du travail au noir et l'accélération de la segmentation du marché du travail.
- **Le scénario libéral est un scénario de « *régression sociale* ».** Il risque de provoquer des révoltes sociales et il nécessite donc un État fort pour y faire face. « *Au fond, ce scénario n'aurait de sens que s'il s'inscrivait dans la perspective cynique d'une coalition sociale qui s'établirait au détriment exclusif de la minorité la plus démunie de la population.* »

B ~ Rosanvallon préconise « *une société solidaire* »

- **Il faut réduire la demande de l'État et réencastrer la solidarité dans la société.** L'État-providence ne doit plus rester l'unique instrument de la solidarité. Il faut « *transférer à des collectivités non publiques (associations, fondations, groupements divers) des tâches de service public : c'est la voie de l'autonomisation* ». Les espaces de solidarité doivent être encastrés dans la société civile de façon à la rendre plus « *épaisse* ». Il faut réinsérer les individus dans des réseaux de solidarité et créer des « *auto-services collectifs* » ou « *services publics ponctuels d'initiative locale* ». Pour cela, il est d'abord nécessaire que le droit soit modifié, de façon à créer un véritable droit social qui contribue à rendre la société plus flexible ; il est souhaitable « *que des segments de la société civile (groupes de voisinage, réseaux d'entraide, structures de prise en charge d'un service collectif, etc.) puissent être reconnus comme des sujets de droit* ».

  Il est aussi nécessaire que les individus disposent de temps libre pour élargir leurs activités de voisinage et se rendre des services mutuels. « *Dans cette perspective, la réduction du temps de travail n'apparaît plus seulement comme une exigence économique de réduction du chômage, elle est la condition de l'apprentissage de nouveaux modes de vie.* »

- **Le fonctionnement de l'État-providence doit aussi être amélioré**. Pour cela, il faut « *débureaucratiser et rationaliser la gestion des grands équipements et fonctions collectives* » ; il faut surtout aménager les services publics pour les rendre plus proches de l'utilisateur, et donc décentraliser afin de contrer la tendance à la prolifération des règlements administratifs.

  Il est aussi nécessaire d'accroître la visibilité sociale ; « *l'État-providence fonctionne dans un certain brouillard* ». Il serait mieux accepté si son fonctionnement était explicite. Cette nouvelle visibilité créerait des interrogations sur les différents objectifs sociaux à mettre en œuvre, sur le degré d'égalité souhaité..., de nombreuses questions essentielles qui sont actuellement éludées. Il faudrait alors réanimer des espaces publics et démocratiques pour que la société civile prenne en main la solidarité nationale.

Rosanvallon propose un « espace post-social-démocrate » qui permette de « redéfinir les frontières et les rapports entre l'État et la société » de façon à mettre en œuvre un mode de régulation autogestionnaire. Sa proposition semble utopique et irréalisable sur le court terme, mais elle a l'avantage de montrer que la déréglementation, l'abandon de la solidarité et l'accroissement des inégalités ne sont pas les seules issues de la crise de l'État-providence.

FICHE 55

ÉTAT MODESTE, ÉTAT MODERNE
Stratégies pour un autre changement

Michel CROZIER

Cet ouvrage (Fayard, 1987, 320 p.) paraît au moment où éclate au grand jour le paradoxe d'un État condamné pour cause d'inefficacité alors que la demande d'interventions publiques se fait plus pressante dans l'opinion. Le couple infernal d'un État autoritaire et d'une société civile plus exigeante est menacé d'éclatement. L'auteur explore les voies de la réconciliation. Dans une première partie intitulée « Diagnostic », il analyse la détérioration des relations entre l'État et la société française. Dans la deuxième partie intitulée « Problèmes », il montre que l'État est irremplaçable mais que l'administration n'a pas évolué en même temps que la société. Enfin, dans la troisième partie, intitulée « Stratégies », il propose de promouvoir la société civile et le professionalisme des fonctionnaires.

1. « *DIAGNOSTIC* » : L'ÉTAT NE JOUE PLUS LE RÔLE QUI DEVRAIT ÊTRE LE SIEN

A ~ L'État est resté insensible aux aspirations de la société

- **L'État n'a pas compris la crise de mai 1968**. Alors que l'explosion anti-bureaucratique était due à la détérioration des rapports entre le pouvoir et la société, l'État français n'apporte comme palliatif que la recherche matérielle d'un supplément à une croissance économique illusoire.
- **Les tentatives de réformes ont été mal perçues**. Les technocrates libéraux étaient compétents mais ils obéissaient à une rationalité étroite, ignorant les problèmes vécus sur le terrain. Les réformateurs socialistes prétendaient changer la société plutôt que l'État. L'opinion mesura vite l'écart qui sépare « *la générosité de l'appel socialiste et la contrainte bureaucratique que la mise en œuvre de programmes idéalistes entraîne nécessairement* ». En bref, l'État a multiplié les « *occasions perdues* » depuis trente ans car « *on ne modernise pas plus les relations sociales qu'on ne change la société par décret* ».

B ~ L'État freine le dynamisme d'une France en pleine évolution

- **La société postindustrielle est dynamique**. Les Français ont fait face aux grandes mutations de l'appareil productif, aux nouvelles technologies et au renforcement de la concurrence extérieure. Le développement rapide du secteur tertiaire témoigne de leur esprit d'entreprise et de leurs qualités d'adaptation. Ils investissent massivement leurs ressources financières et humaines dans les services marchands.
- **L'État est absent de cette mutation fondamentale**. Il reste attaché au système politico-syndical qui était le fondement de l'ancienne société industrielle. Au moment où l'emploi se tertiairise, il défend des secteurs condamnés. « *On découvrira avec le temps que les Français avaient raison de préférer investir dans la restauration et l'hôtellerie et que l'État avait tort de dépenser tant de milliards dans l'acier.* »

C ~ La gestion publique est en crise

- **L'écart se creuse entre l'État et les comportements sociaux**. Notre culture évolue vers plus de simplicité, vers moins de formalisme dans les relations entre les hommes mais les rapports avec l'administration centralisée et hiérarchisée restent impersonnels. L'ouverture au monde de la société se confirme mais l'État ne tient pas compte des expérience étrangères pour se réformer lui-même.
- **L'« *économie de commande* » est devenue inefficace**. Après la Libération, le Plan facilitait la concertation et fournissait des perspectives à l'initiative privée. Il a été efficace tant qu'il est resté un organisme marginal par rapport à l'administration. Par la suite, il s'est institutionnalisé et bureaucratisé, se fixant des objectifs seulement quantitatifs. Aujourd'hui, la « *commande directe* » ne répond plus aux besoins qualitatifs dans le domaine de l'éducation, de la recherche-développement et dans le règlement des tensions sociales.

  L'État n'a pas su se réformer lui-même. « *La logique administrative est d'ores et déjà condamnée pour tout ce qui concerne les services immatériels* ». L'État a perdu son efficacité car « *les réformateurs ont voulu moderniser la société en utilisant l'outil administratif tel qu'il était... Ils n'ont pas senti que la transformation de cet outil était plus importante que les objectifs qu'on lui fixait* ».

2. « *Problèmes* » : une meilleure approche de la régulation sociale doit permettre de réformer l'État

A ~ L'amalgame des néolibéraux entre régulation et réglementation est abusif

- **Régulation n'est pas synonyme de réglementation**. La régulation désigne l'action de « *tous les mécanismes correcteurs qui maintiennent un système en existence* ». Trois régulations existent, la régulation automatique par le marché, la régulation par la concertation entre les agents et la régulation par la réglementation étatique. En anglais, le terme de *regulation* désigne exclusivement la réglementation étatique, d'où la confusion des néolibéraux entre réglementation et régulation.

  Les néolibéraux ignorent la régulation par les agents. Ils n'ont pas conscience que le marché n'est pas « *un état de nature que viennent troubler ça et là des interventions extérieures abusives* » mais « *un construit humain qui pour émerger, s'affirmer et se développer, demande d'énormes efforts collectifs* ». Dans la pratique, les agents définissent eux-mêmes la régulation qui régit leurs relations mercantiles. Ils sollicitent parfois l'intervention réglementaire de l'État pour la faire respecter car la concurrence a besoin de règles qui la limitent et la protègent.
- **La fonction de l'État est de faciliter la concertation entre les hommes de terrain**. Il appartient à ces derniers de fixer eux-mêmes leurs règles de conduite car « *la réglementation la plus efficace est celle qui s'appuie sur les régulations déjà existantes* ». Cette nouvelle philosophie de l'intervention de l'État est éloignée du « *rêve impossible* » des néolibéraux car plus la société est complexe, plus elle exige d'intervention publique. « *Il faut beaucoup d'organisation pour assurer davantage de liberté à un plus grand nombre de personnes.* » Il convient donc de réformer l'État plutôt que d'en restreindre la mission.

B ~ À la recherche de la quantité doit succéder la recherche prioritaire de la qualité

- **À l'époque de la société industrielle, le quantitatif imposait sa logique**. Il s'agissait alors de faire reculer la pénurie matérielle. L'économique et le social était dissociés. Le domaine de la production économique était celui du quantitatif. Le domaine du social était celui du qualitatif, de la recherche de la justice sociale par la redistribution.
- **Aujourd'hui, le qualitatif devient « *le moteur de la société postindustrielle* »**. L'économique et le social sont étroitement imbriqués. De la qualité de la gestion des ressources humaines dépend la performance productive. Comme les services sont affaire de relations humaines, la richesse produite par l'administration est avant tout déterminée par la motivation des fonctionnaires et par la qualité de leurs rapports avec les usagers.

C ~ Le critère de la qualité s'impose aux agents de l'État

- **La priorité à l'investissement immatériel et les réformes de fonctionnement s'imposent**. La condition de réussite de la réforme est l'amélioration de « *la formation des hommes, l'organisation des rapports humains, la recherche... le développement culturel* ». De plus, la collusion de l'État et des institutions représentatives des personnels doit disparaître. Le « *condominiun* » informel exercé par l'administration centrale et par les grandes fédérations syndicales empêche de faire prévaloir l'intérêt pour le client sur les intérêts catégoriels.
- L'administration doit promouvoir sa propre réforme. La réforme doit s'appuyer sur la compétence et sur le sens du service des fonctionnaires. Les hauts fonctionnaires détiennent au premier chef les clés de la réussite. « *Le problème n'est pas de s'attaquer aux élites* [...] *mais de les faire bouger et de transformer le mode de raisonnement qui est le leur* ».

3. « *STRATÉGIES* » : POUR AMÉLIORER LA DÉCISION, L'ÉVALUATION DE LA QUALITÉ ET POUR REDÉFINIR LES PROFESSIONS ADMINISTRATIVES

A ~ Les méthodes de prise de décision et de contrôle de qualité doivent être réexaminées

- **La prise de décision et le contrôle de la qualité par les pouvoirs établis sont défectueux**. Le système politico-administratif jouit d'un « *quasi-monopole de la préparation des décisions, de la direction de leur mise en œuvre et de l'évaluation de leurs résultats* ». Il ne tient pas assez compte de la réalité du terrain.
  Les hommes politiques sont démunis pour contrôler la qualité de l'administration car ils sont soumis à la pression de leur électorat. L'autocontrôle de l'administration est inefficace, car lorsque « *l'administration se juge elle-même, elle empêche les fonctionnaires de s'écarter de la ligne. Mais elle est totalement incapable de juger de l'utilité de cette ligne* ».
- **Le contrôle par les citoyens est actuellement aléatoire**. Les consultations électorales ne permettent pas aux citoyens de s'exprimer sur l'action quotidienne de l'administration. L'abus de la voie procédurière et la multiplication des procès systématiquement intentés à l'État, comme aux États-Unis, sont nocifs car les citoyens ignorent l'intérêt collectif et ne participent pas à l'amélioration des services publics.

B ~ Un nouveau système d'évaluation de l'efficacité de l'administration doit être mis en place

- **La création de « *cellules de préparation à la décision* » devrait être efficace**. Ces cellules, composées ni de fonctionnaires ni de politiques, seraient libres de toute responsabilité pratique. Leur professionnalisme leur permettrait de suggérer des stratégies en accord avec les rapports humains tels qu'ils sont vécus. L'expérience du Japon est éclairante à cet égard.
- **Il appartient aux citoyens de s'exprimer en dernier ressort**. Deux moyens sont également expérimentés au Japon : les études d'opinion par des sondages et la création d'agence locales destinées à recueillir les observations et les plaintes formulées par des comités de bénévoles.

  La réussite d'une telle démarche dépend du professionnalisme et de l'indépendance des évaluateurs issus de la société civile, mais elle exige aussi une grande fluidité de l'information circulant entre le citoyen, l'administration et le sommet de l'État.

C ~ La réforme implique de restaurer le prestige du « *métier* » et de réviser la conception du leadership

- **Le qualité individuelle des fonctionnaires n'est pas assez appréciée par l'administration**. Elle influence peu leur carrière, garantie par un statut. Ce statut doit être conservé, pour le moment, en dépit de la pression des néolibéraux, car il les protège contre les interventions des administrés et contre le favoritisme des supérieurs. Mais cela impose des contreparties.

  Leur professionnalisme doit être nettement amélioré. La plupart des métiers exercés dans le cadre de la fonction publique correspondent à des actions « *d'animation, de conseil, d'arbitrage et d'arrangements humains* ». Si le métier est revalorisé, « *le fonctionnaire moyen ne sert plus l'État mais le client* » et « *c'est le métier qui commande, non les supérieurs* ».
- **Les cadres doivent devenir des « *patrons* »**. Une nouvelle philosophie du commandement doit animer les dirigeants. Les supérieurs hiérarchiques ont un rôle prééminent car « *il n'est pas d'innovation sans innovateur, de réforme sans réformateur, de risque assumé sans leadership, de leadership sans leader* ». Des « *patrons* » vraiment responsables, plutôt que des technocrates interchangeables, conduiront la réforme administrative. Il ne s'agit pas de restaurer le mythe du chef autocrate mais de valoriser le rôle « *d'un dérangeur, d'un éveilleur, d'un animateur* ». Des recherches en ce sens sont conduites aux États-Unis et en Suède.

En conclusion, l'auteur précise la fonction du politique. « Le suffrage universel donne le droit de gouverner [...]. Il ne peut consacrer le droit de changer de société ni même de changer la société » comme le prétend l'État totalitaire. « L'État moderne n'est pas un État faible, c'est un État modeste » qui se réforme lui-même, respecte les valeurs de la société et aide les citoyens à définir leurs propres régulations. La postface rédigée pour la réédition de 1991 porte un jugement plutôt favorable sur la réforme du service public amorcée en 1989.

L'audience de cet ouvrage a été considérable dès sa publication. Michel Crozier est un « dérangeur » qui s'oppose autant aux conservateurs qu'aux néolibéraux. Il a clairement posé la question de la qualité dans l'administration, influençant directement les réformes amorcées en France. Il a inspiré la formule du « mieux d'État » pour dépasser l'alternative du « plus » ou du « moins » d'État.

FICHE 56

LE MAÎTRE DES HORLOGES

Philippe Delmas

Philippe Delmas, magistrat à la Cour des comptes, a écrit cet ouvrage pour défendre la modernité de l'action publique après les années quatre-vingt où l'intervention de l'État fut régulièrement dénoncée. Le livre (Odile Jacob, 1991, 350 p.) s'appuie sur les exemples américain, japonais et européen pour examiner les rôles que doivent tenir les collectivités publiques soucieuses de l'équilibre interne des sociétés.

1. L'ÉTAT N'EST PAS CONDAMNÉ

A ~ L'État a encore un rôle à jouer

- **La légitimité des collectivités publiques est souvent remise en question**. Les rigidités, les inégalités qu'engendrent certaines perversions du fonctionnement des collectivités publiques sont souvent analysées comme les causes de la contestation de l'État. Elles ne font qu'y contribuer. Quels que soient les gouvernements, quelle que soit la forme de l'État, décentralisé comme aux États-Unis, paternaliste comme en Suède ou créatif comme en Italie, c'est sa vocation qui est en cause. « *C'est une crise d'identification, d'identité même : à quoi sert l'État ?* » Ce qu'on lui reproche, c'est d'être inefficace, de ne pas savoir réduire le chômage, répartir la richesse ou améliorer la vie quotidienne. Selon la logique anglo-saxonne, les collectivités publiques sont condamnées par leur pesanteur.
- **Il faudrait créer une convergence entre l'État et le marché**. « *La revalorisation des entreprises a tourné à l'apologie exclusive du marché.* [...] *Apologie du temps présent.* » Or, la logique des marchés ne convient pas aux changements structurels. L'État a donc encore un rôle à jouer. Il doit être « *garant de la continuité* », c'est-à-dire permettre la création de relations de solidarités et « *donner du temps au temps* » en empêchant par exemple le déchirement du tissu social, en favorisant la conversion de certaines activités. De là naîtra la compétitivité de la nation.

B ~ L'impératif industriel demeure

- **Le développement d'une société de services paraît combiner créations d'emplois et allégement de l'État**. La demande de beaucoup de services est plus rigide que celle de la plupart des biens, elle est aussi plus extensible. Les secteurs de services exigent beaucoup d'investissements. Ils sont donc de grands pourvoyeurs d'emplois. Pourtant leur développement s'est fait sans soutien de l'État. Ils donnent une véritable légitimité au discours du désengagement de l'État.
- **Le découplage entre la croissance industrielle et l'emploi est dû au progrès technique**. De nombreuses explications concernant ce découplage sont insuffisantes. La désindustrialisation ne concerne que certains pays alors que le découplage est un phénomène général ; la mondialisation n'est pas plus convaincante pour la même raison : les difficultés conjoncturelles n'ont pas touché tous les secteurs, or tous ont perdu des emplois.

Des mécanismes plus profonds, liés au progrès technique sont à l'œuvre. Ainsi, le principal effet de l'automatisation est de permettre la croissance sans création d'emplois. Depuis les années soixante-dix, le phénomène s'est accéléré car les biens produits contiennent de plus en plus d'intelligence. « *Au cœur du processus productif, l'information émerge désormais comme un facteur déterminant.* »

- **Malgré l'essor des services, l'industrie reste pourtant au cœur de la compétitivité**. La complexité des produits rend indissociables conception et production. Les activités industrielles déterminent une partie des emplois créés par les services. Elles jouent aussi un rôle fondamental pour le maintien du pouvoir d'achat car elles créent plus de richesse en moyenne que les services. « *Le secteur manufacturier possède le potentiel d'augmenter les salaires réels tout en diffusant ses gains de productivité dans le reste de l'économie par une baisse des prix relatifs.* » Enfin, c'est l'industrie, et elle seule, qui détermine la compétitivité sur les marchés mondiaux sur lesquels les services s'échangent moins que les biens.

2. L'État peut favoriser la compétitivité des entreprises manufacturières

A ~ L'État est le « *gardien des horloges* »

- **La stratégie des entreprises américaines privilégie la logique financière à court terme jusqu'à l'absurde**. Les entreprises américaines recherchent la rentabilité immédiate. « *D'où un étourdissant ballet d'actifs industriels achetés et revendus sous le seul motif de la gestion de ce taux.* » On assiste à un découplage de l'actionnaire et de l'entreprise, à une dislocation progressive de ses structures et de ses équipes qui entraînent une dégradation des performances. Même d'un pur point de vue financier, cette logique est perdante car le choix d'une rentabilité immédiate élevée restreint doublement l'accès au capital. « *D'abord, il limite les émissions qui, diluant le bénéfice par titre, discréditeraient l'entreprise.* [...] *Ensuite, ce choix renchérit globalement le coût du financement.* »
- **L'État, en Europe et au Japon, donne la durée nécessaire à la réussite des stratégies des entreprises**. Au Japon puis en Europe occidentale, une nouvelle stratégie s'est développée : elle consiste à investir de façon disproportionnée avec l'évolution attendue des marchés, entraînant une baisse durable de la rentabilité. Cette stratégie concerne principalement deux types de produits : ceux à grande diffusion et à marge faible et ceux permettant d'exercer des effets de domination technologique. « *Progressivement elle use et asservit ses adversaires, enfermés dans un piège inexorable : ne pas suivre c'est être éliminé, suivre c'est être ruiné.* » C'est la concurrence par l'investissement. C'est une stratégie qui exige du temps ; les profits sont différés et sans l'aide de l'État, il est difficile de trouver des capitaux prêts à attendre sa réussite. Seul l'État peut donner aux entreprises le temps que nécessite la stratégie de l'investissement. « *La logique de l'action future est que l'État soit le garant des horloges, grâce auquel la lenteur nécessaire est donnée pour la gestion du futur.* » Il n'a pas à s'inquiéter que son rythme soit différent de celui des marchés. Mais investir ne suffit pas, il faut aussi savoir produire.

B ~ Il aide à resserrer le tissu industriel

- **La concurrence par la qualité et la diversité des produits joue un rôle croissant**. Savoir produire ne signifie plus seulement savoir baisser les prix, il faut aussi offrir des produits fiables, diversifiés, qui se renouvellent rapidement.

Là encore, les Japonais ont montré l'exemple. Ils ont concilié ces exigences apparemment contradictoires en modifiant les relations de l'entreprise avec ses clients et ses fournisseurs. « *De purement marchandes, les relations tendent vers un véritable partenariat.* »

- **Le nouveau mode de concurrence revalorise le rôle de la production dans l'entreprise**. Si toutes les entreprises recherchent une plus grande productivité, deux démarches s'opposent. Dans la plupart des cas, une voie à sens unique va du concepteur vers le producteur. En revanche, les entreprises japonaises cherchent la productivité dans la meilleure coopération des facteurs, inventant des « *échanges à double sens, entre égaux* ». Cette stratégie de rationalité va aller jusqu'à refuser la modernité quand celle-ci s'oppose à la productivité. La modernité est pourtant aussi indispensable. Rationalité et modernité doivent se suivre dans cet ordre. « *La première dénoue pas à pas des problèmes particuliers. La seconde cherche une solution d'ensemble.* » Au Japon et en Allemagne, les grands industriels utilisateurs sont soucieux de la diversité et de la compétitivité de leurs fournisseurs. Ils les aident en cofinançant des programmes de développement et en assurant des débouchés si les résultats sont atteints.

  Les États-Unis ont privilégié un autre modèle. Ils ont cherché la compétitivité dans la technologie. La coopération avec les fournisseurs n'existe pas et ceci « *aboutit à la mort lente du tissu des fournisseurs des grandes entreprises qui, de plus en plus, s'intègrent verticalement* ». Les grandes entreprises ne comptent que sur le seul marché.

- **Le rôle de l'État est différent selon le type de modèle industriel**. Le rôle du marché est central dans la stratégie de modernité américaine. C'est là que les entreprises trouvent les technologies dont elles ont besoin. Le rôle des collectivités publiques se limite à assurer le bon fonctionnement des marchés. Par contre, l'État peut contribuer à la réussite des stratégies de partenariat japonaise ou européenne en développant le tissu industriel. Il ne s'agit pas d'intervenir dans les réorganisations nécessaires à la gestion interne de la compétitivité, mais de favoriser les solidarités entre entreprises. En Allemagne et au Japon, « *le cœur du dispositif de la modernisation a été un mécanisme de financement extrêmement avantageux de l'automatisation des PME.* [...] *La collectivité publique a permis de séparer les risques techniques et financiers en les rendant successifs* ». En facilitant la diffusion des hautes technologies dans tous les secteurs, l'État est « *le garant des lenteurs nécessaires et le réparateur des asynchronies que créent les logiques propres des marchés. Ainsi conçue, l'action publique n'affaiblit pas les marchés, elle les renforce* ». De fait, les marchés japonais ou allemands sont plus concurrentiels que ceux des États-Unis ou de Grande-Bretagne. La création d'un tissu industriel ne suffit pourtant pas si une gestion sociale efficace n'existe pas à l'intérieur des entreprises.

3. POUR UN NOUVEAU CONTRAT SOCIAL

A ~ Dans l'entreprise comme dans la société, la marginalisation sociale doit être réduite

- **La main-d'œuvre doit être mieux intégrée à l'intérieur des entreprises**. « *Les mêmes forces de compétitivité qui demandent la fin de l'atomisation des entreprises demandent aussi la fin de l'isolement du personnel dans la ségrégation des structures.* » La modernisation des structures existantes ne suffit pas car ces structures portent inscrites en elles un « *siècle de défiance ou d'indifférence envers la main-d'œuvre* ». Aux États-Unis, le sort des employés ne relève pas de la responsabilité du dirigeant mais du bon fonctionnement de l'économie et du marché du travail. Au Japon, la situation est quasiment la même pour la majorité de la main-d'œuvre qui ne bénéficie pas de l'emploi à vie. Pourtant la complexité et le coût des équipements exigent de plus en plus une collaboration intense de la main-d'œuvre. Celle-ci demande d'ailleurs d'être reconnue comme partenaire à part entière.

- **La marginalisation d'une partie de la population fonde l'organisation sociale aux États-Unis et au Japon**. Réduction du chômage et accroissement de la marginalité peuvent coexister. L'organisation sociale se fonde sur des clivages de plus en plus prononcés, induits par la technologie. La majorité de la main-d'œuvre se trouve dans des PME, zones de « *franchise sociale* ». La modernisation se fait grâce à la flexibilité salariale au Japon, grâce à la flexibilité de l'emploi aux États-Unis. Dans les deux pays existe un « *retard dramatique du social sur la technique* ». En effet la pénétration de la technologie ne se fait pas partout à la même vitesse, ce qui peut entraîner un déchirement du tissu social.

B ~ L'État est le garant de l'efficacité sociale

- **Face à la modernisation technique, plusieurs attitudes s'offrent à la collectivité**. Elle peut se contenter d'assurer à la société la fluidité nécessaire pour que les meilleures solutions se répandent le plus rapidement possible (solution anglo-saxonne). Elle peut aussi s'organiser pour favoriser la modernisation des entreprises qui devient la légitimité ultime (solution japonaise). L'État européen partage avec l'État japonais l'impératif de la modernité sans lui donner pour autant la même force, mais à la différence des modèles nippo-américains, il a refusé de faire régler la facture du rattrapage technologique par la main-d'œuvre seulement. « *En considérant que la modernisation de l'industrie était l'intérêt collectif, l'État a fait en sorte que le prix soit collectivement payé.* » L'action publique crée des structures permettant la coopération sociale et permet la généralisation, par différentes voies, des méthodes pilotes de gestion sociale intelligente.
- **La gestion sociale ne se fait pas, en Europe, au détriment de l'emploi**. L'imperfection du système social américain peut sembler la condition de la réussite en matière d'emplois. « *Pour créer des emplois l'Europe continentale n'a accepté ni le déchirement du tissu social ni le maintien voire la multiplication de faux emplois.* » Le taux de croissance de la productivité le prouve. La France est particulièrement représentative, réussissant même à limiter les écarts de chômage régionaux, se refusant à faire porter le poids des ajustements sur les immigrés.
- **La gestion sociale de la technologie doit aussi préparer l'avenir**. Pour éviter la marginalisation sociale, les États européens ont tous choisi d'augmenter leur effort de formation mais la logique uniquement quantitative conduit à l'échec. « *La pleine intégration des entreprises dans le système de formation se révèle donc indispensable.* » Les conséquences sont une plus grande efficacité dans la recherche d'emploi mais aussi l'implication réelle des entreprises dans l'éducation. L'exemple allemand est à étudier. L'État a aussi un rôle à jouer dans la recherche et développement, en organisant les efforts, en favorisant la coopération notamment avec l'université, en protégeant les résultats. L'action publique doit donc retrouver sa légitimité, les Européens doivent cesser de l'opposer au marché, il doit y avoir une répartition fluide des rôles.

Cet ouvrage se veut une défense de la tradition européenne d'intervention de l'État. Curieusement aucune référence n'est faite à ce qu'il advient de celle-ci dans la construction européenne. Les modèles japonais et américain, eux, sont l'objet d'une sévère critique que le lecteur, avec le recul du temps, peut être amené à nuancer. Au-delà des démonstrations ancrées dans la conjoncture du début des années quatre-vingt-dix, l'analyse des relations entre État et marché reste fort stimulante.

FICHE 57

L'ÉTAT ET L'ÉCONOMIE

Robert André, Christine Delorme

Ce livre (Seuil, 1983, 750 p.) est l'aboutissement d'une recherche sur les origines de la croissance de l'État et des dépenses publiques en France. Il se présente comme une confrontation des faits, étayés par un important appareil statistique, et des théories qui proposent des explications très diverses à cette croissance du rôle de l'État.

L'argument essentiel du livre est que, selon les auteurs, Robert André et Christine Delorme, l'évolution du capitalisme s'est accompagnée non seulement d'une montée du poids de l'État, mais aussi de changements dans les formes et les modalités d'intervention de l'État dans l'économie.

L'Ancien Régime est marqué par le poids écrasant des dépenses militaires : à une époque de formation des États-nations, l'État se pose en garant du territoire national ; l'économie est sous la coupe du politique. Avec la Révolution et le développement du libéralisme, la pensée économique cherche à circonscrire l'État : A. Smith en donnera une parfaite illustration avec la théorie de l'État-gendarme. Enfin, dès la fin du XIXe siècle, mais surtout après 1945, on passe d'un État circonscrit à un État « inséré » ou « inscrit ». La dynamique des dépenses publiques joue alors un rôle déterminant dans le soutien de la croissance.

1. Anatomie des dépenses publiques en France : un mouvement heurté et hétérogène

A ~ Le mouvement d'ensemble

- **Se pose tout d'abord un problème de définition : la notion de dépenses publiques recouvre un domaine aux frontières mouvantes.** On peut partir de la nature des organismes gestionnaires ; en ce sens, les dépenses publiques recouvrent les dépenses faites par les administrations publiques détentrices de prérogatives de puissance publique : État central, collectivités locales (communes, départements, régions) et Sécurité sociale. Une définition économique peut aussi être envisagée ; elle est fondée sur la théorie des biens collectifs : ce seraient alors les caractéristiques intrinsèques à certains biens et services (indivisibilité, coût de transaction, caractère tutélaire) qui impliqueraient la prise en charge collective de leur fourniture.
- **Se pose en second lieu la question de la mesure des dépenses publiques. Si le phénomène de croissance des dépenses publiques sur le long terme relève de l'évidence, l'analyse détaillée montre qu'il ne s'agit pas d'un phénomène continu.** Des écarts importants de rythmes de croissance apparaissent selon les périodes, en termes absolus et en rapport avec un agrégat comme le PIB.

Les deux guerres mondiales délimitent trois sous-périodes.

– La croissance est lente avant 1914, avec une accélération pour la période 1872-1912. Ainsi, les taux de croissance moyens annuels sont de 1,3 % pour la PIB (production intérieure brute) et de 1,6 % pour l'ensemble des dépenses publiques (dont 1,4 % pour l'État central et 2,2 % pour les collectivités locales). C'est donc le poids du local qui, au XIXe siècle, tire à la hausse les dépenses publiques.

– L'entre-deux-guerres constitue une période particulièrement heurtée et irrégulière. Le haut niveau atypique des dépenses des années 1920 et 1921 (près de 31 % de la PIB) s'explique par les nécessités de la reconstruction, dans le cadre d'un financement très déficitaire, ouvert dans la perspective du paiement des réparations allemandes. La situation inflationniste qui en découle appelle une stabilisation, obtenue par le gouvernement Poincaré (1926-1929), appliquant une politique budgétaire stricte. Le poids des dépenses publiques dans la PIB passe de 15,8 % en 1926 à 13,6 % en 1929.

Suit une période de fluctuation, marquée par la déflation Laval de 1935 (compression des dépenses), puis une nette croissance du poids des dépenses publiques, qui atteint un maximum en 1936 avec 21,5 % de la PIB.

– La période d'après 1945 est marquée par une accélération et une plus grande régularité des rythmes d'évolution. L'année 1974 constitue un seuil. D'un niveau proche de 40 % dans la période 1960-1974, le rapport dépenses publiques sur PIB passe brusquement à 45 % en 1975 et n'a plus décru par la suite.

■ **Enfin, un dernier indicateur de la croissance des dépenses publiques et de l'État peut être fourni par les effectifs d'agents employés et leurs évolutions par rapport à la population active totale**. Là encore, la césure se produit au lendemain de la Seconde Guerre mondiale. Alors que la proportion des agents des services publics restait autour de 5 à 6 % de la population active dans l'entre-deux-guerres, elle atteint 9,1 % en 1956 et 15,8 % en 1976.

B ~ Les transformations des dépenses de l'État

■ **L'observation des tendances longues de l'évolution des dépenses publiques laisse apparaître une périodisation très nette délimitée par les deux guerres mondiales : on passe ainsi d'un État circonscrit, limité, à un État inscrit**. L'évolution des dépenses et des recettes reflète bien cette évolution : affaiblissement des dépenses liées à la guerre et à la charge de la dette, diversification des dépenses civiles, montée en puissance des transferts sociaux. En premier lieu, l'évolution longue est caractérisée par un affaiblissement des dépenses liées à la guerre et à la charge de la dette publique. « *Il ne paraît pas contraire aux faits de résumer l'activité dépensière de l'État jusqu'à la Seconde Guerre mondiale à celle du financement de la préparation à la guerre et de sa conduite, puis de la liquidation de ses séquelles, à deux reprises, ainsi qu'à celle du service de la dette.* » De 1872 à 1938, ces deux groupes de dépenses absorbent plus des deux tiers des dépenses de l'État, les dépenses de fonctionnement des pouvoirs publics ne représentant que 10 à 15 % des dépenses. Les pics de charge relative des dépenses militaires sont atteints évidemment dans les périodes autour des guerres : 1912 et 1938 par exemple.

L'importance des dépenses militaires ne régressera véritablement qu'à partir de la fin des années cinquante (avec encore deux pics en 1952 et 1953 – guerre froide et guerre d'Indochine –) pour se stabiliser autour de 15 % depuis 1980.

■ **Cette diminution du poids des dépenses liées à la guerre et au service de la dette est compensée, après 1945 surtout, par l'accroissement des dépenses de tous les autres domaines civils**. L'action sociale commence à prendre de l'importance à partir de 1909. Le véritable bouleversement intervient après 1945 : dépenses de reconstruction, effort considérable en matière de logement et d'urbanisme... La poussée des dépenses civiles est donc continue jusqu'à nos jours. Ainsi, sur la période, la dynamique des dépenses publiques est redevable, pour une large mesure, à celle des prestations sociales : sans elles, les dépenses publiques seraient restées stables à 22 % environ du PIB jusqu'en 1973.

2. Comment expliquer le développement des dépenses publiques ?

A ~ Les études « positives » des déterminants des dépenses publiques en longue période

Deux éléments essentiels en sont issus :

- **Le premier élément porte sur la mise en lumière de « *lois d'évolution* » de portée générale : la « loi de Wagner » en constitue la principale illustration.** Adolf Wagner, économiste allemand (1835-1917), publie au début du XXe siècle un ouvrage important, *Les fondements de l'économie politique*, dont la dernière partie porte sur « *l'État au point de vue de l'économie nationale* ». Sa thèse fait référence à une « *loi de l'extension croissante de l'activité publique et de l'État* », d'après laquelle les dépenses publiques ont tendance à croître relativement plus vite que les dépenses privées, par suite des effets de l'industrialisation.

  Wagner avance trois catégories d'arguments : les dépenses dites « régaliennes » doivent augmenter en raison des tensions sociales plus fortes dans une société industrielle ; les dépenses de culture et d'éducation trouvent leur origine dans les « *conditions de la vie nationale arrivée à un degré de civilisation élevé* » ; enfin, Wagner estime que l'État doit avoir une activité productive par le biais des entreprises publiques.

- **Le second élément repose sur l'utilisation de techniques statistiques permettant de faire des « *coupes transversales* » et de repérer les fractures significatives dans les évolutions longues des dépenses publiques.** Les travaux de Peacock et Wiseman (1967) appartiennent à cette seconde catégorie. On doit à ces auteurs la mise en lumière d'effets de déplacement des dépenses publiques. Les périodes de paix (ou du moins de « non-guerre ») sont peu propices à l'accroissement des dépenses publiques, car les agents économiques ne sont pas prêts à supporter la charge fiscale qui s'y rapporte. Par contre, les crises et les guerres sont susceptibles, devant la nécessité, d'entraîner un accroissement des dépenses publiques et de la pression fiscale, ce qui provoque un effet de déplacement : le rapport dépenses publiques/PIB progresserait ainsi par paliers successifs.

  Toutefois, l'absence de théorie du comportement fiscal collectif remet en cause le caractère scientifique de l'analyse. Elle se contentera d'un statut empirique et intuitif.

B ~ Les approches individualistes

- **Les approches individualistes sont fondées sur l'idée que l'activité de l'État et les dépenses publiques s'expliquent par le jeu des comportements individuels fondés sur les notions de rationalité et d'utilité** ; il s'agit donc d'une transposition des principes de l'*homo economicus* à l'analyse des dépenses publiques. À l'origine, cette approche individualiste repose sur les travaux de Wicksell portant sur la théorie de l'échange volontaire et la théorie des biens collectifs, selon laquelle l'activité de l'État répond à des demandes des individus pour des biens et services ne pouvant être obtenus par l'activité privée. Dans ce cadre conceptuel, l'impôt est conçu comme un prix et non comme une contribution. Ces analyses s'efforcent également de lever l'obstacle du « *passager clandestin* » : alors que le marché a un caractère contraignant pour les agents économiques (système de prix, libre entrée et sortie du marché...), l'absence de prix dans l'économie publique donne naissance à des comportements de type « free-rider » ou « passager clandestin ».

- **Le courant théorique du *Public Choice*, qui s'est développé dans les années soixante, constitue certainement aujourd'hui le paradigme principal de l'approche individualiste de l'État**. Le socle commun à ces analyses réside dans l'utilisation des principes de l'individualisme méthodologique (postulats de rationalité et d'utilitarisme, révélation des préférences...) pour l'analyse des mécanismes politiques et de l'action de l'État. Ce sont essentiellement les travaux de G. Tullock et J. Buchanan (*The Calculus of Consent*, 1962) qui ont jeté les bases de cette approche. Les décisions politiques et singulièrement celles qui ont trait aux dépenses publiques dépendent d'un calcul et d'un raisonnement comparant coûts et avantages. Comme le marché, l'État est conçu comme un mécanisme à travers lequel les hommes tentent de réaliser leurs objectifs. Ainsi, l'homme politique a pour but l'accès ou le maintien au pouvoir : pour y parvenir, il tend à multiplier les actions de redistribution et d'équipements publics, afin de satisfaire les groupes de pression dont le soutien est jugé indispensable. En conséquence, l'accroissement des dépenses publiques ne correspond pas à l'intérêt général, mais à des intérêts particuliers. De plus, la définition même de l'intérêt général se heurte au théorème d'impossibilité de Arrow qui, à la suite de Condorcet, montre l'impossibilité d'agréger des préférences individuelles pour parvenir à définir un intérêt général.

C ~ L'approche par la contrainte

- **L'approche par la contrainte est une approche plus sociologique et surtout macroéconomique, en rupture avec l'approche individualiste**. On peut en trouver les prémices chez les mercantilistes, dont on sait qu'un des thèmes récurrents est le financement de l'État et l'enrichissement du royaume. Il en est ainsi chez J. Bodin, A. de Montchrestien ou Vauban. Le colbertisme, forme française du mercantilisme, correspond à la mise en œuvre de ces préceptes : rôle de la réglementation, politique douanière, création de manufactures royales...

  La tradition allemande de la contrainte s'illustre avec les travaux de F. List (*Système national d'économie politique*, 1817) et la notion de protectionnisme éducateur. List considère que la rationalité de l'économie privée doit se soumettre aux impératifs de l'État et de la nation.

- **Au XXe siècle, le courant de la contrainte peut être scindé en deux approches : « *contrainte bienveillante* » et « *contrainte autoritaire* ».**

  Pour le courant qualifié de « *contrainte bienveillante* », l'État est conçu comme un arbitre. La théorie keynésienne appartient à ce courant : elle assigne à l'État une fonction essentielle de régulation. L'État est donc à la fois partie prenante de l'économie et exogène à celle-ci. Les auteurs montrent toutefois le caractère tautologique de cette approche keynésienne de l'État : l'activité de l'État découle de la poursuite de l'intérêt général ; l'intérêt général est ce que met en œuvre l'État. Cette tautologie provient de l'absence d'une théorie de l'État et d'une conception pragmatique de celui-ci.

  Le courant de la « *contrainte autoritaire* » est illustré par les analyses de J.K. Galbraith sur la notion de « *corporate state* » et de technostructure. Selon l'auteur du *Nouvel État industriel* (1968), l'économie contemporaine est dominée par les grandes organisations (firmes multinationales en particulier), manipulant les consommateurs (thèse de la filière inversée) et qui, associées à la bureaucratie étatique, forment une technostructure poursuivant ses propres objectifs en asservissant l'ensemble de l'économie. Ces analyses rejoignent les thèses plus sociologiques sur la bureaucratie.

D ~ Les approches marxistes

- **Il n'existe pas de théorie marxienne achevée de l'État en tant que tel**. *Le Capital* étant inachevé, Marx n'a pas abordé cette question de manière approfondie. Par contre, les ouvrages plus philosophiques (*La Critique de l'État hégélien* de 1843 ou l'*Idéologie allemande* de 1848 par exemple) développent une approche critique du rôle de l'État, superstructure produite par le mode de production capitaliste et instrument de la classe dominante. Il s'agit donc d'une « *conception instrumentale de l'État, vu comme la chose de la bourgeoisie* ».
- **La théorie contemporaine de l'État est incarnée dans le courant du capitalisme monopoliste d'État (CME), notion qui sert de cadre explicatif à l'interprétation du rôle de l'État depuis 1945**. La tendance fondamentale du capitalisme est la suraccumulation, c'est-à-dire l'excès d'accumulation du capital par rapport aux profits, ce qui entraîne le phénomène de baisse tendancielle du taux de profit. La dévalorisation d'une partie du capital, lors des crises périodiques, est un moyen de contrecarrer cette baisse tendancielle. L'État occupe aujourd'hui une place majeure dans la dévalorisation du capital par la prise en charge systématique de la production la moins rentable (par les entreprises publiques), par une politique de subventions, de marchés publics, d'aides à l'investissement : l'État devient la « *béquille du capital* ».

3. L'ÉTAT ET LES SECTEURS : LES GRANDES TENDANCES

A ~ Jusqu'à la Seconde Guerre mondiale, des interventions limitées

- **À la fin du XIXe siècle, l'appareil de production connaît un développement autonome par rapport à l'État**. Un patronat très organisé (création du Comité des Forges en 1864), la relative facilité du financement, l'organisation de cartels (dans la métallurgie notamment) expliquent ce faible recours à l'État en matière industrielle. L'activité industrielle directe de celui-ci est d'ailleurs limitée à quelques héritages du passé monarchique (Tapisseries des Gobelins, porcelaine de Sèvres...), à des raisons fiscales (tabacs, poudres...) et à des besoins propres (Imprimerie nationale, Monnaie et médailles...).

  En fait, face à la grande dépression de la fin du XIXe siècle, l'intervention de l'État se dessine dans trois domaines :

  – le rétablissement du protectionnisme, sous la pression des industriels du textile notamment. La « loi du cadenas » de 1897 impose de forts droits de douane ;

  – le plan Freycinet (1878), important programme de développement des infrastructures ferroviaires et des voies d'eau, fournit un débouché pour les industries métallurgiques et sidérurgiques ;

  – enfin, la crise agricole qui débute en 1873, liée au développement de la concurrence internationale, au problème du phylloxéra dans la vigne, conduit les pouvoirs publics à utiliser l'instrument réglementaire : création d'un ministère de l'Agriculture (1881) et surtout vote des lois Méline, fortement protectionnistes, en 1892.
- **La Première Guerre mondiale et la crise des années trente consacrent l'intervention massive de l'État dans les secteurs industriel et agricole** : renforcement de la réglementation, aide directe aux entreprises (prêts bonifiés, rôle de la Caisse des Dépôts...), création de l'Office national interprofessionnel du blé (1936), débuts de la politique conjoncturelle.

B ~ L'après-guerre marque le passage d'un État circonscrit à un État inscrit

- **L'ampleur des mesures prises à la Libération montre bien le passage d'un État circonscrit à un État inscrit**. Le programme économique du Conseil national de la résistance prévoit le « *retour à la nation des grands moyens de production monopolisés, fruit du travail commun* ». De ce fait, les interventions de l'État ont un caractère massif jamais rencontré auparavant :

  – nationalisation d'une partie du crédit, des transports (Air France), des mines (Charbonnages de France), création d'Électricité et Gaz de France (1946), nationalisation de Renault... ;

  – naissance de la planification : le Commissariat au Plan est institué en 1946.

  Surtout, l'État joue un rôle déterminant dans la stimulation de la croissance : action par la tarification publique (de 1954 à 1968, l'évolution des prix de l'électricité est nettement moins rapide que celle des autres biens et services), incitation à l'investissement, action conjoncturelle (politiques de *stop and go* de type keynésien) : dans un contexte de faible ouverture de l'économie, l'efficacité de la dépense publique est maximale.

- **Les années 1958-1962 marquent un tournant : l'économie française s'ouvre sur l'extérieur**. La compétitivité devient désormais un impératif. La politique industrielle joue un rôle de premier plan, avec de grands programmes fondés sur la recherche de l'indépendance nationale (politique de créneaux), mais avec une réussite inégale : plan Calcul (1967-1971), construction navale, construction aéronautique, sidérurgie... L'agriculture est profondément restructurée par les lois Pisani de 1960 et 1962 : création des SAFER, incitation à la productivité et au remembrement, soutien aux prix ; la création de la politique agricole commune prend progressivement le relais dans les années soixante.

- **L'entrée dans la crise, à partir de 1974, suscite une inflexion des interventions de l'État**. Le thème du redéploiement industriel succède à celui de l'impératif industriel. L'économie d'endettement, contrainte et réglementée, encore prédominante dans les années soixante-dix, laisse la place à un financement par les marchés financiers. Surtout, l'ouverture économique croissante consacre l'émergence de la contrainte extérieure : le cadre national n'est plus le cadre pertinent de la régulation macroéconomique.

Le résultat fondamental de cette vaste étude peut être résumé ainsi :

– le passage d'un État circonscrit à un État inséré débute dans l'entre-deux-guerres ; la crise des années trente renforce cette évolution qui se généralise après la Seconde Guerre mondiale ;

– l'étude tend à démentir la vision d'un État initiateur et la représentation d'une évolution économique opposant l'État au marché et supposant une autonomie forte du premier. Les auteurs mettent en garde contre une illusion volontariste qui surestimerait le rôle de l'État dans l'économie française.

LES ORGANISATIONS

James G. MARCH, Herbert A. SIMON

Cet ouvrage, publié en 1958 aux États-Unis, a été traduit en France dès 1960 puis réédité en 1979 (Dunod, 250 p.). Ses auteurs, March et Simon, ont voulu offrir un répertoire des recherches de sciences humaines portant sur les organisations. Ils se sont attachés à déterminer la contribution de chaque théorie, à montrer le développement cumulatif de toute une série de connaissances. Après l'examen de la théorie classique des organisations, ils abordent l'influence des motivations sur les décisions, le problème des conflits avant de se consacrer à l'impact de la rationalité limitée sur les organisations.

1. LA THÉORIE CLASSIQUE ET LES APPORTS SOCIOLOGIQUES

A ~ La théorie classique doit être dépassée

- **Le fondateur de la théorie classique des organisations, Taylor, introduit le rationalisme dans l'organisation du travail**. Le mouvement de la gestion scientifique, représenté par Taylor et ses successeurs, s'est chargé principalement de l'organisation des travaux exécutés dans les ateliers ou dans les bureaux, des travaux routiniers ne mettant pas en œuvre de processus mentaux complexes. Aussi les hommes vont-ils être considérés comme les auxiliaires des machines. « *L'objectif était d'employer l'organisme humain, plutôt inefficient, de la manière la meilleure possible dans le processus de production.* » Pour cela, Taylor et ses associés établissent un ensemble de méthodes pour transformer l'ouvrier en mécanisme spécialisé. L'objectif principal des salariés est supposé être la maximisation de leurs gains ; il faut donc introduire un salaire au rendement pour inciter le travailleur à produire à sa capacité maximum.
- **Les théories de la départementalisation examinent comment répartir d'une manière efficace un ensemble donné d'activités entre un certain nombre de personnes**. Les représentants les plus connus sont Fayol (1930), Gulick et Urwick (1937). Ils s'intéressent, comme les théoriciens de la gestion scientifique, aux travaux les plus simples exécutés dans les organisations et aboutissent à des propositions sur la spécialisation des services : « *il est possible, pour chaque cas, d'utiliser les divisions du travail et la spécialisation la plus efficace en rassemblant dans un seul bureau un nombre important de chacune des tâches distinctes, définies en termes techniques.* » Les critères de regroupement des tâches peuvent être les objectifs, les méthodes, les clientèles, les emplacements, les durées, les produits. La théorie ne cherche pas pour autant à se confronter aux faits.
- **De façon générale, la théorie classique des organisations a cinq limites principales** :
  – les hypothèses de motivation sont « *incomplètes et donc inexactes* » ;

– les conflits d'intérêts à l'intérieur des organisations sont trop peu pris en compte ;
– les possibilités limitées qu'a l'homme pour traiter l'information sont ignorées ;
– le rôle de la connaissance dans la prise de décision est sous-estimé ;
– le phénomène de programmation des décisions est peu mis en relief.

Tout un ensemble de recherches a été entrepris ultérieurement pour dépasser ces limites.

B ~ Les apports des sociologues

- **Les sociologues étudient les conséquences inattendues du fait de traiter l'homme comme une machine**. Merton (1940) met en garde contre les rigidités qui résultent d'une approche mécaniste du comportement humain : développement d'un esprit de corps, rigidité des conduites qui accroissent le nombre des difficultés rencontrées avec les clients, d'autant plus lorsque les membres de l'organisation abusent des signes extérieurs de l'autorité. Selznick (1949) examine les conséquences de la délégation d'autorité ; elle améliore la capacité des employés à traiter les problèmes, mais elle augmente la divergence des intérêts entre les sous-groupes de l'organisation et donc les conflits entre eux. Gauldner (1954) montre comment l'emploi de règles générales et impersonnelles conduit les salariés à adopter un niveau minimum d'activité qui renforce le contrôle et élève le niveau de tension dans le groupe de travail.
- **La motivation incitant les employés à produire est plus complexe que ce qu'affirme le taylorisme**. Les employés ne considèrent pas forcément que les récompenses qu'ils reçoivent sont reliées à leur comportement de production. « *Un niveau de satisfaction élevé ne permet pas de diagnostiquer une production élevée et* [...] *ne facilite pas la production à la manière d'un élément causal.* » Trois catégories de facteurs doivent être étudiées.

  Tout d'abord, l'impression globale de participation à la prise de décisions, la complexité du travail, les styles de contrôle vont influencer l'individu.

  Le second type de motivations est lié à la cohésion du groupe de travail, sa dimension, le système d'avancement et de rémunération.

  Le troisième facteur résulte des objectifs individuels et plus précisément de l'identification à l'organisation ou aux sous-groupes la composant ; celle-ci sera fonction du prestige du groupe, de la compétition existant entre les membres du groupe, de la quantité des besoins personnels satisfaits dans le groupe ; l'identification avec des groupes extérieurs à l'organisation comme les syndicats, les groupes communautaires, la famille joue aussi un rôle.
- **L'analyse des conflits est développée pour discerner leurs causes et donc les prévoir**. « *Nous pouvons discerner trois classes principales de phénomènes conflictuels :*

  1) conflits individuels ;
  2) conflits organisationnels : le conflit de groupes ou d'individus dans une organisation ;
  3) conflits inter-organisationnels : le conflit entre des organisations ou groupes. »

  Le mot conflit doit être entendu comme « *blocage des mécanismes normaux de la prise de décision de sorte qu'un individu ou un groupe éprouve des difficultés à opérer le choix de son action* ».

  Les conflits individuels ont trois causes principales possibles : l'individu a fait un choix qui ne lui procure pas un niveau de satisfaction satisfaisant, l'individu n'arrive pas à discerner un choix préférable ou l'individu ne réussit pas à évaluer les conséquences des choix qui s'offrent à lui. L'environnement et les caractéristiques de l'organisation ont une influence sur la quantité de conflits individuels qui s'y produisent.

  Comme les conflits inter-organisationnels, les conflits organisationnels résultent du besoin de décisions communes, de l'existence d'une différence d'objectifs ou d'une différence de perception de la réalité parmi les participants à l'organisation.

2. La prise en compte de la rationalité

A ~ La rationalité des individus est limitée

■ **La théorie économique classique (libérale) considère que l'homme est rationnel et qu'il accomplit des choix optimaux**. « *La théorie admet :*

1) que toutes les possibilités de choix font partie d'un donné ;

2) que toutes les conséquences découlant de chaque possibilité de choix sont connues [...] *;*

3) que l'homme rationnel possède un ordre de valeurs d'usage (ou un principe cardinal) pour tous les ensembles possibles de conséquences. »

■ **Mais dans la vie économique, ni l'entrepreneur ni l'agent d'exécution ne recherchent la solution optimale ; chacun s'arrête consciemment ou non à la première solution satisfaisante qu'il découvre**. Un choix est dit optimal quand il existe un ensemble de critères qui permettent de comparer tous les choix et ainsi de déterminer une préférence. Il n'existe qu'un choix optimal alors que de nombreuses possibilités peuvent s'avérer satisfaisantes. Rechercher l'optimum est donc plus complexe que rechercher la satisfaction. Les individus ne pouvant appréhender qu'un nombre limité de choses à la fois, la rationalité limitée les conduit à se contenter de solutions satisfaisantes et ne pas rechercher les solutions optimales.

■ **Les structures d'organisation sont dérivées de la rationalité limitée de l'homme**. « *La structure de l'organisation consiste simplement en ces aspects du comportement qui sont relativement stables et qui ne changent que lentement.* » Les individus ont des possibilités limitées face à la complexité. Il faut donc diviser les problèmes, faire une analyse des fins et des moyens qui deviennent des buts secondaires, programmer les tâches, répartir les activités entre les individus et les unités organisationnelles. Les structures des organisations doivent être vues comme des moyens de pallier les défaillances des individus.

B ~ L'organisation doit tenir compte de la rationalité limitée

■ **Les limites de l'esprit humain agissent sur le processus de changement dans l'organisation**. La tendance à raisonner en termes de satisfaction et non d'optimum conduit à privilégier la continuité parce que « *l'individu ou l'organisation ne recherche pas ou ne prend pas en considération des modifications à l'état existant, à moins que cet état de choses ne soit de quelque manière insatisfaisant* ». Pour la même raison, les ressources attribuées aux programmes d'innovation dépendent largement « *du réseau des communications* [...] *et de l'ordre de présentation des possibilités* ». Les « *limites cognitives de l'esprit humain* » font aussi que la totalité d'un problème ne peut être appréhendée et donc imposent une prise de décision par étapes. Celle-ci doit être répartie entre les différents niveaux de l'organisation, les plus disposés au changement étant ceux à qui ne sont pas attribuées « *des responsabilités lourdes envers une activité programme* ».

■ **En raison de la rationalité limitée de l'homme, les mécanismes de décisions fondés sur la décentralisation semblent plus adéquats que la planification pour aboutir à des solutions non optimales mais satisfaisantes**. Dans une entreprise, « *si l'intérêt personnel est le mobile le plus solide, alors la décentralisation des décisions* [...] *doit s'accompagner de mécanismes qui poussent les personnes prenant les décisions à choisir des lignes d'actions qui contribuent à la maximisation du profit par la firme* ». Le mécanisme des prix peut aussi être employé quand les départements distincts sont suffisamment indépendants pour faciliter la décentralisation des décisions. À l'échelle de la société, la régulation par un système de prix exige de moindres demandes d'information et de prévisions qu'une planification centrale, elle semble donc plus adaptée, compte tenu de la rationalité limitée.

Ce livre ne concerne pas seulement la théorie de la firme mais aussi la microéconomie, par la construction d'une nouvelle approche de la rationalité. Pour les auteurs, les comportements constituent en eux-mêmes un objet d'analyse essentiel. Plus qu'une théorie achevée, ils proposent un ensemble de principes à partir desquels peut être construite une théorie de la décision. La méthode de leur exposé, l'absence de référence à des cas d'entreprises peuvent cependant dérouter le lecteur.

FICHE 59

L'ATELIER ET LE CHRONOMÈTRE Essai sur le taylorisme, le fordisme et la production de masse

Benjamin CORIAT

Benjamin Coriat publie cet ouvrage en 1979. Son livre, à nouveau édité en 1982 et 1994 chez Christian Bourgeois (298 p.), est issu de sa thèse de doctorat qu'il a soutenue en 1976. Il présente une analyse des rapports entre travail et accumulation du capital. Il montre que la production de masse et « l'ouvrier-masse » ont révolutionné l'histoire des faits et des idées économiques, à travers les réalisations de Taylor puis de Ford et les études de Keynes.

1. DE L'OUVRIER DE MÉTIER À « *L'OUVRIER-MASSE* »

A ~ L'ouvrier de métier est devenu un obstacle à l'accumulation capitaliste

■ **L'industrialisation a nécessité l'exercice du savoir-faire de l'ouvrier de métier**. « *À la naissance de l'industrie* [...], *la main de l'ouvrier, son "métier" sont une réserve où le capital avant toute chose doit d'abord s'alimenter, dont il tire sa substance* ». Ce qui caractérise l'ouvrier de métier est « *le sentiment de la lime* », c'est-à-dire le métier patiemment acquis. Ainsi par exemple, pour parvenir au balancement de la paume et au mouvement des doigts appropriés pour limer, un long apprentissage est nécessaire.

■ **À terme cependant, le métier constitue un obstacle à l'accumulation du capital**. Le nombre d'ouvriers de métier n'est plus suffisant, l'essor du capitalisme est freiné. Les ouvriers de métier sont alors en position de force et ils exercent une pression sur les conditions d'embauche, le salaire ou le temps de travail, par l'intermédiaire d'associations ouvrières et de syndicats. Cela exige que l'on mette fin au métier.

■ **Certaines pratiques pré-tayloriennes tentent de lutter contre le métier en recourant à la machine, à l'enfant ou au tâcheron, mais elles sont insuffisantes**. L'utilisation de la machine peut accroître le rythme de travail, lutter contre l'insubordination et l'indiscipline ouvrières. L'intérêt de la force de travail de l'enfant est d'être docile et souple. Le tâcheron est chargé par l'entrepreneur de surveiller et de soumettre les autres travailleurs. Il recrute les ouvriers, il les contrôle, il organise leur travail et il gère leur paiement pour le compte de l'entrepreneur. « *En bref, faute de pouvoir le briser ou l'éliminer, il s'agit d'utiliser le métier contre lui-même en employant un homme de métier pour surveiller et contrôler le travail des autres* ».

B ~ L'accumulation capitaliste nécessite l'existence de « *l'ouvrier-masse* »

■ **Le *Scientific Management* élaboré par Taylor, c'est-à-dire l'organisation scientifique du travail (OST), met fin à la maîtrise ouvrière des modes opératoires industriels et des temps de production**. « *Briser l'ouvrier de* *métier, "libérer" le procès de travail du pouvoir qu'il y exerce pour y instaurer la loi et la norme patronales, telle sera la contribution historique du taylorisme* ». Par le moyen du « *time and motion study* », c'est-à-dire l'analyse des temps et des mouvements, l'ouvrier est dépossédé de la maîtrise des modes opératoires. Son savoir-faire est décomposé en gestes élémentaires, il perd également la maîtrise du temps par la réduction des temps morts, ce qui allonge la durée effective du travail. Le travail de conception est strictement séparé du travail d'exécution et ce dernier est parcellisé. La productivité et l'intensité du travail s'en trouvent accrues.

Par ce moyen, Taylor rend possible l'entrée en masse de travailleurs non qualifiés et peu coûteux dans la production. Ce sont par exemple des immigrés, des femmes ou des travailleurs chassés des campagnes. « *L'ouvrier-masse* » ainsi apparu se substitue à l'ouvrier de métier, il n'est pas organisé et il est rarement syndiqué.

- **En introduisant la norme et le chronomètre, Taylor franchit une étape décisive dans la destruction du métier**. Des normes de travail sont imposées à « *l'ouvrier-masse* », elles inversent l'ordre du savoir et du pouvoir dans l'atelier. Le chronomètre contrôle le déroulement des gestes et des opérations de travail ; il est surtout un instrument politique de domination du travail. « *Ce que le chronomètre entend briser en attaquant la confrérie des "compagnons", c'est la figure haute et la plus avancée de la résistance ouvrière* [...]. »

2. « *L'OUVRIER-MASSE* » CONSTITUE L'UN DES SUPPORTS ESSENTIELS DE LA CROISSANCE MODERNE

A ~ L'essor de la production de masse

- **La chaîne introduite par Ford renforce l'OST**. De nouvelles normes de production sont adoptées, elles sont destinées à mettre en place une production en grande série de marchandises standardisées, dont la valeur en temps de travail est réduite. La chaîne est un convoyeur qui assure la circulation d'un ensemble de pièces, devant des ouvriers fixés à leurs postes de travail de plus en plus parcellisés. Cela marque le passage de la machine universelle à la machine spécialisée qui ne requiert le plus souvent que des ouvriers peu qualifiés.

  « *La chaîne dans ce contexte est le principe organisateur de l'ensemble de l'usine et des rapports qui s'y établissent entre les différents groupes de travailleurs.* » La chaîne impose aux ouvriers une cadence élevée. La rémunération à la journée se substitue au salaire aux pièces qui n'est plus utile. Une économie de main-d'œuvre de manutention est réalisée. De plus, la diminution des temps morts augmente le temps de travail productif.

  « *À l'origine de la chaîne, violence calculée, systématiquement appliquée contre le travail des hommes, ce rêve originel du capital à la recherche du "mouvement perpétuel" de la fabrique* [...]. *L'usine "rationnelle" est née.* »

- **Taylorisme et fordisme ne sont pas uniquement des modifications du procès de travail, ils modifient aussi l'accumulation du capital par le mécanisme de la production de masse**. Les nouvelles normes augmentent à la fois l'intensité du travail et la productivité. « *Seule en effet une augmentation de la productivité du travail peut favoriser l'essor de l'accumulation du capital.* » Il en résulte aussi un bouleversement général puisque la valeur de la production s'accroît même si la valeur unitaire des marchandises standardisées produites en grande série diminue. « *La production capitaliste de masse sous la forme "moderne" que nous lui connaissons aujourd'hui trouve ici son origine.* »

- **L'analyse keynésienne parachève les travaux et les réalisations de Taylor et de Ford**. Keynes élabore une thèse selon laquelle l'État doit impérativement intervenir afin d'assurer le bon fonctionnement du système économique. « *Après la théorie et la pratique de la production de masse au sein de l'atelier, la théorie et la pratique du type d'État et de régulation qui lui correspondent.* » L'État est en mesure de restaurer l'équilibre lorsqu'une crise survient, comme ce fut le cas durant les années trente. Plus généralement, il doit mener une politique du travail et du salaire. Ainsi édifie-t-il des règles et des normes qui encadrent les rapports d'exploitation en matière de durée du travail, d'heures supplémentaires, de travail des enfants, ou de salaire. « *L'ouvrier fou de Chaplin, mais aussi la Sécurité sociale et l'État : les "Temps modernes" sont nés* ».

B ~ L'essor et la maîtrise des salaires

- **L'adoption du principe de la « *réserve* » permet de réduire le coût de la main-d'œuvre que la grande industrie supporte**. Les entreprises sont exonérées d'une partie de la charge de la production ou de la reproduction de la force de travail. Des structures étatiques ou para-étatiques peuvent verser un salaire indirect aux ménages, ce qui permet de réduire le salaire direct versé par les entreprises à leurs salariés. « *Pour le capital dès lors qu'on s'engageait dans des politiques institutionnelles d'Assistance, le danger devenait celui que se répande dans la population ouvrière l'illusion qu'un certain revenu pouvait être obtenu sans travail.* » C'est pourquoi, ne doivent bénéficier d'une assistance, que ceux qui subissent une cessation forcée de travail salarié, c'est-à-dire le chômage et la vieillesse et éventuellement l'accident de travail.
- **Le salaire demeure une stimulation au travail et un instrument de régulation**. Il faut parvenir à verser un meilleur salaire aux ouvriers sans qu'ils aient besoin de recourir au syndicat, ce qui contribue à casser le métier et les syndicats.

  Le *five dollars day* mis en place par Ford en 1914 s'inscrit dans cette logique. Il s'agit d'un relèvement important du taux de salaire nominal, puisque la rémunération moyenne par jour qui était comprise chez Ford entre 2,5 et 2,3 dollars, passe à 5 dollars. Cependant des conditions d'âge, d'ancienneté et de bonne moralité ainsi qu'une application réservée aux hommes, limitent le nombre des bénéficiaires dans l'entreprise Ford. Les hauts salaires freinent le *turn-over* ou taux de rotation du personnel et réduisent l'absentéisme. En augmentant le pouvoir d'achat des ouvriers, ils participent surtout à la mise en place d'un nouveau mode de consommation, indispensable à la poursuite de l'accumulation capitaliste.

3. La mise en cause de l'organisation scientifique du travail

A ~ Les méthodes tayloriennes et fordiennes sont dépassées

- **Les limites « technico-économiques » de la ligne de montage proviennent des contradictions liées au « *temps de transfert* », de la difficulté à effectuer « *l'équilibrage* »**. Le « *temps de transfert* » est celui durant lequel le produit, en cours de fabrication, passe d'un poste à un autre. Or, en voulant combattre les temps morts, la parcellisation du travail allonge le « *temps de transfert* » et les fait réapparaître. « *L'équilibrage* » est la gestion de l'ensemble des postes de travail individuels et leur coordination. La parcellisation rend cette opération plus complexe et moins efficace.

- **Les luttes ouvrières font perdre sa légitimité à l'OST et son efficacité économique s'effondre**. « *Crise de légitimité et crise d'efficacité, mais dont l'intelligence n'est pas divisible.* » Le rejet de « *l'ouvrier-masse* » est au centre du nouveau cycle de lutte ouvrière qui s'ouvre au milieu des années soixante. L'absentéisme, le *turn-over*, ou le manque de soin dans la production sont des indices mais aussi des causes de la perte d'efficacité. L'absentéisme et le *turn-over* expriment une résistance en amont du processus productif, le manque de soin révèle une résistance dans l'exercice du travail.

  L'appareil de production moderne rationalisé et spécialisé est vulnérable, car lorsqu'un atelier produisant une pièce essentielle s'arrête, l'ensemble du processus de production est paralysé.

  « *L'ouvrier de métier, cassé par la ligne de montage, voit l'OS assurer le relais, ouvrir un terrain nouveau de lutte et de recomposition.* »

  Le ralentissement des gains de productivité qui marque la crise déclenchée au milieu des années soixante-dix, s'explique par l'épuisement des méthodes tayloriennes et fordiennes d'organisation du travail. L'intensité capitalistique continuant de s'accroître, la rentabilité du capital s'affaiblit.

B ~ Le travail en îlots ou par petits groupes de travailleurs autonomes

- **L'adoption du travail en îlots sur la ligne de montage révèle de nouveaux principes d'organisation du travail au cours des années soixante-dix**. Il s'agit de renouer avec les gains de productivité et l'augmentation de l'intensité du travail, en procédant à la recomposition de la ligne de montage. Cela exige la reconnaissance de l'entreprise comme un « *système sociotechnique* ».

  La ligne de montage est segmentée en espaces de travail distincts occupés par de petits groupes de travailleurs (de 3 à 6 en général). La direction fixe un objectif de production à atteindre à chaque groupe, celui-ci gère ensuite librement le temps à l'intérieur des contraintes imposées, il est donc en autonomie contrôlée. La production à flux continu est reconduite, les différents groupes étant reliés par un convoyeur central qui assure la circulation du produit.

  Les désavantages d'un travail trop parcellisé et répétitif étant supprimés, des gains de productivité sont réalisés. L'entreprise profite des aptitudes des ouvriers sans reconstituer des métiers socialement reconnus.

- **Le temps est économisé et le contrôle est plus efficace à réaliser**. Chaque groupe autonome assure son propre contrôle au cours de la production ; l'autonomie devient un instrument d'autodiscipline. Le groupe identifie sa production, par exemple par un poinçon, et le contrôle du produit est ensuite effectué par le marché. Au-delà d'un certain seuil de défectuosité, des sanctions sur salaires sont possibles. La présence d'un contremaître en cours de production, ou celle d'un contrôleur en bout de ligne de montage, ne sont donc plus nécessaires.

  Le fonctionnement du système est moins vulnérable à une grève, car l'entreprise n'est pas paralysée lorsque seuls quelques îlots arrêtent leur travail.

Benjamin Coriat signale que son analyse adopte la même démarche que celle de la théorie de la régulation et qu'elle en est complémentaire. Cet ouvrage, dont le contenu est aujourd'hui relativement bien connu, demeure une référence en économie du travail.

L'auteur, affirmant que les méthodes tayloriennes et fordiennes sont dépassées, précise toutefois à la fin de l'ouvrage que le taylorisme continue de peser lourdement dans les faits et les mentalités.

FICHE 60

LE TRAVAIL EN MIETTES

Georges FRIEDMANN

Dans cet ouvrage (Gallimard, 1964, 2e éd., 374 p.), Georges Friedmann s'interroge « sur les problèmes que pose aujourd'hui la spécialisation des tâches et sur les perspectives qu'elle offre à l'humanisation du travail ». Il étudie les effets pervers de l'organisation scientifique du travail et propose des solutions pour les atténuer.

Ce livre est émaillé de nombreux exemples concrets et de nombreuses références à des auteurs aussi bien sociologues, économistes que philosophes ; un appendice très documenté propose de nombreuses informations.

1. L'ÉCLATEMENT DU TRAVAIL INDUSTRIEL

A ~ La division du travail mène à la spécialisation et à l'éclatement du travail

- **La thèse de Durkheim est trop optimiste**. Durkheim a publié son livre *De la division du travail social* en 1893 ; la même année, Taylor décidait, en tant qu'ingénieur consultant, de diffuser la mise en œuvre de l'organisation scientifique du travail (OST). Pour Durkheim, la division du travail est un facteur de complémentarité et de solidarité entre les hommes ; il ne nie pas « *les effets dégradants de la spécialisation industrielle* », mais il pense que ces effets ne découlent pas systématiquement de la division du travail. Friedmann considère au contraire que « *l'interdépendance mécanique ne suscite pas nécessairement la solidarité morale* » et que la division du travail provoque l'éclatement du travail.
- **Une caractéristique importante du travail moderne est la spécialisation qui menace le métier** de base et qui est due à l'évolution technique. La spécialisation concerne tous les métiers, même les plus qualifiés comme celui de médecin. Friedmann reconnaît que la spécialisation « *présente des avantages incontestables et correspond à une évolution qu'il serait absurde de nier et de vouloir totalement inverser* », mais il faut voir qu'il existe une « *différence essentielle entre le professionnel spécialiste et l'ouvrier spécialisé* ». Le premier acquiert sa spécialisation sur la base d'une culture, d'un savoir alors que le second est déqualifié et effectue un travail en miettes.

B ~ Le travail en miettes

- **Le travail en miettes se compose de « *tâches éclatées, très simples, effectuées à une cadence rapide* »**. Dans la société moderne, « *la simplification des tâches est portée à l'extrême* ». Ainsi, les ouvriers répètent de nombreuses fois les même gestes ; ils sont eux-mêmes pris par la répétitivité de leur travail, qui leur permet de s'évader, de penser à autre chose. Friedmann utilise le terme « *accoutumance* » pour expliquer « *une certaine répugnance au changement* » ; « *quand ça change, il faut penser à son travail* ».

- **Le travail en miettes provoque une perte du métier**. L'ouvrier n'a besoin que d'une qualification réduite. « *Rien d'étonnant à ce que l'apprentissage de tâches ainsi préparées soit fort réduit* ». La principale qualité demandée est la rapidité. Dans le choix du personnel destiné aux tâches très simples, souvent les employeurs préfèrent embaucher les moins intelligents car les autres pourraient prendre des initiatives et « *il s'agit de retenir les stéréotypés, d'écarter les éveillés* ». La perte du métier se caractérise aussi par le déclin dans la connaissance du matériau : « *la rationalisation* [...] *a dépouillé les travailleurs de ce qui était un des contenus les plus précieux de leur activité professionnelle : le contact avec le matériau et sa connaissance* ».

C ~ Le travail en miettes comporte de nombreux dangers

- **Le travail en miettes déresponsabilise les salariés**. « *L'OST orthodoxe, par sa sur-fonctionnalisation et les pratiques qui s'en suivent, a en fait privé les salariés de toute possibilité de participer à la vie économique de leur entreprise.* » Les ouvriers se sentent déresponsabilisés et exclus : « *l'ouvrier, n'effectuant jamais un travail en entier avec lequel il puisse identifier son activité personnelle, se trouve privé d'intérêt et frustré* ». Le travail perd toute signification, ce qui incite le salarié à se sentir de moins en moins responsable à l'égard de sa tâche ; en réaction, l'entreprise alourdit la pression et la surveillance, ce qui suscite des comportements de résistance d'où un nouvel alourdissement de la surveillance...
- **Le travail en miettes est nocif à la santé des salariés**. Le travail en miettes provoque une fatigue nerveuse importante. « *L'atomisation du travail réduit à un seul mouvement, augmente la fatigue, conduit à des dommages physiologiques et nerveux (tics, maux de tête, surdité, névrites).* » De plus, « *l'ouvrier est astreint à suivre la cadence de l'opérateur le plus lent de la chaîne, sans pouvoir travailler à son rythme personnel ; d'où, ici encore, fatigue, irritabilité, à-coup et nervosité* ». La monotonie et la répétitivité des tâches provoquent l'ennui.
- **Le travail en miettes est, en conséquence, préjudiciable aux rendements des entreprises**. « *Là où les travaux sont trop spécialisés, à la fois le rendement et le moral laissent à désirer* ». En raison de leur fatigue, les salariés sont moins productifs ; en raison du peu d'intérêt qu'ils éprouvent à travailler, la qualité de la production est mauvaise ; l'absentéisme et le turn-over augmentent ; les coûts de surveillance des entreprises s'alourdissent… Friedmann est persuadé que, dans la plupart des cas, le travail en miettes n'est une bonne solution ni pour les salariés, ni pour les entreprises.

2. Les solutions et les espoirs

A ~ Il faut revaloriser le travail

- **La rotation des postes améliore les conditions de travail, mais elle est insuffisante**. Afin de lutter contre la monotonie et l'ennui, certaines entreprises introduisent une rotation des postes qui permet aux ouvriers de circuler sur la chaîne et d'effectuer tour à tour toutes les tâches ; grâce à cette amélioration de l'organisation traditionnelle du travail, les ouvriers peuvent de nouveau « *éprouver de la satisfaction dans leur travail, voire une certaine fierté de l'œuvre achevée, du produit "total"* ». Dans tous les cas étudiés par Friedmann, la rotation des postes est positive pour les salariés et pour l'entreprise : « *même s'il y a, après rotation, en certains cas, diminution du rendement, l'amélioration de la qualité, la décroissance du turn-over et de l'absentéisme peuvent largement la contrebalancer* ».

La rotation des postes n'est toutefois pas une panacée pour l'ouvrier, « *nous doutons qu'il puisse atteindre une véritable revalorisation intellectuelle* », l'élargissement des tâches est préférable.

- **L'élargissement du travail est le meilleur moyen pour enrichir le travail**. Élargir le travail, c'est recomposer les tâches ; « *on entend par là l'extension du travail actuel de l'ouvrier, l'accroissement de sa variété et de son intérêt, l'encouragement donné à le mieux accomplir* ». Dans la grande majorité des cas, l'élargissement du travail a diminué les frais des entreprises, a élevé leur rendement et offert au consommateur des produits de meilleure qualité. IBM est une firme pionnière. De nombreuses tâches y ont été élargies, les efforts de formation ont été considérables, le travail des ouvriers est devenu plus complet et donc plus satisfaisant.

  Le bilan est très positif : « *les avantages ont été triples. Du point de vue de l'entreprise : main-d'œuvre plus satisfaisante, frais généraux de la production diminués, qualité accrue du produit. Du point de vue ouvrier, accroissement à la fois du salaire et de la satisfaction du travail. Du point de vue du consommateur, un nouveau progrès dans la qualité du produit* ». Toutes les expériences, qu'elles soient américaines ou britanniques parviennent à la même conclusion : on est allé trop loin dans la parcellisation du travail, il faut élargir et recomposer les tâches.

- **Comme toutes les tâches ne pourront être élargies, il est nécessaire de promouvoir la « *pluri-spécialisation* » des ouvriers**. On peut espérer que l'augmentation des tâches de contrôle et de surveillance de machines automatiques et polyvalentes participe à la valorisation du travail, mais ni l'automation, ni l'élargissement ne permettront de supprimer totalement les tâches répétitives. L'automation n'est pas une panacée : les hommes ne dirigent plus la machine, « *ils sont enchaînés à la machine* ». Ce qui inquiète Friedmann, c'est aussi la disparition de l'utilité de l'homme dans des usines « *presse-bouton* ». La revalorisation du travail ne peut être complète, il existera toujours des millions de tâches qui ne pourront être ni recomposées ni revalorisées.

  Friedmann préconise alors que l'ouvrier soit pluri-spécialisé afin qu'il « *bénéficie de l'intégration de toute une série de tâches partielles qu'il sait accomplir* ». L'ouvrier n'est plus limité à une seule tâche, il devient polyvalent ; cette nouvelle qualification pourrait « *susciter un type original et neuf d'ouvrier qualifié, capable de fierté et de satisfaction* ».

B ~ Le loisir peut constituer une riposte à l'insatisfaction du travail

- **Le loisir n'a pas toujours les effets positifs que l'on pourrait espérer**. Friedmann ne définit pas le loisir comme l'absence d'activité, mais comme l'activité libre. Il devrait être une riposte à l'insatisfaction du travail. Malheureusement le loisir ne peut pas toujours tenir ce rôle car pour beaucoup, « *leur temps hors travail est menacé par une fatigue souvent plus psychique que physique qui pèse, jusqu'à la briser, sur leur capacité de se divertir et même de se réparer* ».

  De plus, le loisir est souvent peu actif et nombreux sont les ouvriers qui l'utilisent à « *tuer le temps* ». L'homme aliéné, dans la civilisation technique du capitalisme, est malheureux. Friedmann cite Erich Fromm : « *en consommant de l'amusement, il cherche à réprimer la conscience de son malheur. Il s'ingénie à gagner du temps et ensuite il s'inquiète de tuer le temps qu'il a gagné* ».

- **Il faut promouvoir les loisirs actifs**. Puisqu'il est peu probable que l'on pourra améliorer significativement toutes les conditions de travail, le loisir a une grande importance « *pour l'humanisation de la civilisation technique* ». Lorsque le travail ne peut être revalorisé, « *la réalisation de soi et la satisfaction ne peuvent être cherchées que dans les activités de loisir, et plus précisément dans le "temps libre" progressivement accru par la réduction de la semaine de travail* ». Une part de cet épanouissement moral et intellectuel peut être trouvé dans la lutte collective au sein des organisations syndicales et politiques. Friedmann cite Georges Navel : « *il y a une tristesse ouvrière dont on ne guérit que par la participation politique* ».

Georges Friedmann est un humaniste que l'on peut considérer comme l'un des fondateurs de la sociologie du travail. Il considère que, quoique souvent aliénant, le travail a une fonction sociale fondamentale comme en témoignent les problèmes liés au chômage et à la retraite, que Friedmann étudie particulièrement. « La privation prolongée de travail est véritablement une menace pour la santé mentale de l'individu. »

Ce livre très riche aborde un grand nombre de pistes qui restent à défricher. Mais avant tout, la leçon que propose Friedmann est que « le progrès technique ne donnera des fruits bienfaisants que s'il est accompagné du progrès des sciences sociales et de leur judicieuse application aux problèmes de l'individu et de la cité ».

FICHE 61

LE TRAVAIL
Une valeur en voie de disparition

Dominique MÉDA

Les sociétés industrielles connaissent aujourd'hui le paradoxe suivant : les énormes gains de productivité qu'elles enregistrent leur permettent de produire toujours plus en économisant du travail. Or, ce qui pourrait être reconnu comme une chance est considéré comme un mal social majeur. Les réflexions contemporaines sur le travail, prenant appui sur la tradition constituée au XIXe siècle par le christianisme, le marxisme et l'humanisme, considèrent que le travail est une catégorie anthropologique, c'est-à-dire qu'il est l'essence de l'homme. Il serait à la fois le lieu de réalisation de soi et celui du lien social.

Dominique Méda, dans cet ouvrage (Alto-Aubier, 1995, 358 p.), opère une analyse critique de ce concept « inventé » récemment. Ce qui lui permet alors de repérer les contradictions des actuelles pensées de légitimation du travail, et de remettre ainsi ce dernier à sa vraie place.

1. L'INVENTION DU TRAVAIL

A ~ Le travail n'a pas toujours existé

- **Dans les sociétés primitives, la notion même de travail n'existe pas**. Les activités de subsistance y occupent une place réduite, compte-tenu des besoins limités ; elles ne sont pas accomplies en fonction du gain individuel, ni de l'échange. Le lien social est fondé sur des logiques sociales et sacrées.
- **Dans la Grèce ancienne, le travail est assimilé à des tâches dégradantes**. Les philosophes grecs distinguent la sphère de la nécessité : celle du travail, et la sphère de la liberté : celle de la pensée, de l'activité éthique et de l'activité politique. Cette dernière seule est valorisée. En aucun cas par ailleurs, le travail ne constitue le fondement du lien social.
- **Au Moyen Âge, le travail demeure une activité dévalorisée**. L'Église condamne l'idée de gain et de nombreux métiers sont considérés comme illicites.

B ~ L' invention du travail

- **Le concept de travail est construit au XVIIIe siècle**. Adam Smith dans *Recherches sur les causes de la richesse des nations* en 1776 lui donne une définition abstraite : le travail fonde la valeur des marchandises et crée la richesse, celle-ci étant conçue de manière très restrictive, limitée aux seuls objets matériels. Il est lui-même une marchandise au centre d'un échange et, de ce fait, acquiert un prix. Il devient le nouveau rapport social qui structure la société dont le cœur est l'échange marchand.
- **Cette invention du travail comme catégorie centrale est en partie liée à la naissance du protestantisme**. Celui-ci valorise les activités terrestres comme signe de l'élection divine (c'est l'interprétation de Max Weber).

Mais plus profondément, elle prend sa source dans le bouleversement des représentations traditionnelles du monde opéré au XVIIe siècle. D'abord, l'idée d'un ordre naturel du monde imposé à l'homme cède la place à celle d'une maîtrise de la nature par l'homme. Ensuite, se développe l'affirmation d'un individu souverain. Dans cette logique, le travail acquiert une nouvelle position qui devient centrale au cours des deux siècles suivants.

C ~ Le travail devient une valeur centrale

- **Au XIXe siècle, le travail est conçu comme modèle de l'activité créatrice**. Le bouleversement conceptuel s'opère d'abord en Allemagne. K. Marx oppose le « *vrai travail* », essence de l'homme, à la « *réalité du travail* » qui n'en est qu'une forme aliénée. Le capitalisme réduit en effet le travail à un facteur de production et à un moyen d'enrichissement, il l'empêche donc d'être l'activité consciente d'humanisation de la nature et d'expression de soi. La société communiste permettra la fin de l'aliénation du travail.
- **Au XXe siècle, on passe du concept de travail à celui d'emploi**. Dès le début du siècle et surtout après la Seconde Guerre mondiale, l'État-providence s'efforce de rendre le rapport salarial plus supportable sans le remettre en cause. « *Le travail n'a plus véritablement besoin d'être libéré, puisqu'il est à l'origine d'avantages certains, en particulier de la participation aux fruits de la croissance.* » Le rôle de l'État est donc de fournir à chacun un emploi qui lui permettra l'accès aux richesses et à un statut social assorti de droit à la formation et à la protection sociale.

2. Les contradictions des discours de légitimation du travail

A ~ Le travail serait un moyen de réalisation de soi

- **S'inspirant de la tradition développée au XIXe siècle, un premier discours fait du travail le lieu de l'épanouissement individuel**. Dans la réalité, le travail est davantage perçu comme une contrainte que comme un moyen d'expression de soi, sauf pour certaines professions intellectuelles, qui représentent une petite minorité.
- **Ce discours oublie la dimension historique et économique du travail**. « *Le travail n'est pas apparu comme une fin, poursuivie pour elle-même par des individus cherchant à se réaliser. Dans les discours comme dans la réalité, il a été dès l'origine un moyen, pour la nation d'augmenter les richesses produites, pour l'individu d'acquérir un revenu, pour la classe capitaliste de faire du profit.* [...] *Il est également apparu comme moyen permettant d'aménager la nature et plus tard comme moyen d'humaniser le monde.* » D'autre part, le travail salarié dominant dans le système capitaliste est caractérisé par un lien de subordination entre l'employeur et l'employé. On ne voit pas, dans ces conditions, comment le travail pourrait constituer le lieu de l'autonomie et de l'épanouissement.

B ~ Le travail serait le fondement du lien social

- **Selon cette logique, le travail permettrait l'apprentissage de la vie sociale, il serait la mesure des échanges sociaux, le moyen d'avoir une utilité sociale, et le lieu essentiel de sociabilité**. Cette approche est éminemment réductrice. Car si le travail est certes un élément constitutif du lien social, il ne l'est pas en soi, mais de manière dérivée, et quand il remplit cette fonction, il ne le fait pas toujours au mieux.

- **Cette conception résulte en fait de la réduction du lien social au lien économique**. C'est la représentation léguée par Smith, puis par Marx, selon laquelle l'activité humaine fondatrice du rapport social est la production.

C ~ Le travail serait un moyen d'intégration sociale

- **Les pensées de légitimation du travail considèrent enfin le travail comme un moyen de renforcer les solidarités collectives**. L'entreprise, microcosme de la société, devient alors le lieu de cette coopération et de cette intégration.
- **Or, l'entreprise est d'abord le lieu de combinaison des facteurs de production pour aboutir à un produit**. « *Elle ne peut pas être considérée comme une communauté d'égaux qui coopéreraient ; elle est bien plutôt éclatée entre des logiques et des légitimités diverses.* »

  Ces contradictions sont fondées sur la domination de la pensée économique qui assigne au travail une place centrale et sur le dépérissement de la politique.

3. Pour un nouveau modèle de société

A ~ La critique de l'économie

- **L'économie est devenue la science dominante de notre temps**. Elle constituerait la meilleure solution au problème du lien social. Grâce à l'échange, les individus mus par le désir d'abondance tissent des liens non volontaires. Il en découle ainsi un ordre social naturel. Son objet est l'accroissement des richesses et les moyens d'y parvenir. Le problème de la répartition est secondaire. L'économie ne fait que « *dévoiler la répartition naturelle* ». Mais « *on sait pourtant qu'il n'existe pas de loi naturelle. Il n'y a pas plus de contribution naturelle et calculable d'un individu à la production que de valeur naturelle du diplôme. Pourquoi un diplôme de polytechnicien, d'énarque ou d'élève d'une école de commerce devrait-il être plus payé qu'un autre, pourquoi posséder un tel diplôme signifierait-il une plus grande contribution à la production ?* »
- **L'économie se croit donc neutre vis-à-vis de toute conception éthique ou philosophique**. Elle prétend à l'universalité de ses catégories. Ainsi, l'ensemble des activités humaines peut être inclus dans son champ d'analyse. Mais c'est oublier les conditions historiques de sa naissance. « *Au lieu de reconnaître qu'elle s'enracinait dans l'histoire, elle a transformé le contexte de sa naissance et les données historiques du problème qu'elle avait à résoudre en données universelles.* »
- **Elle s'est donc substituée dès le XVIIIe siècle à la politique**. Dans la mesure où elle a réduit l'objectif de toute société à l'abondance, il n'y a plus de débat possible sur les fins, mais seulement sur les moyens. La classe politique est alors réduite à une technocratie spécialisée dans le choix des moyens.

B ~ La nécessaire réinvention de la politique

- **Les questions urgentes posées aujourd'hui (cohésion sociale, exclusion, inégalités) exigent de redéfinir les fondements du lien social**. « *Nos sociétés occidentales industrialisées traversent aujourd'hui une crise où leur capacité à constituer un lieu d'ancrage des identités individuelles est en jeu.* »

- **Il est donc nécessaire de subordonner l'économie à la politique**. Nous devons réfléchir à une nouvelle « *représentation de la société comme une communauté ayant un ou plusieurs biens propres (parmi lesquels sa propre cohésion)* » et à « *une conception de l'État comme symbole de l'unité sociale et comme instance utilisant de façon légitime les instruments propres à rendre celle-ci concrète* ».

C ~ Le désenchantement du travail

- **La place du travail doit être diminuée au profit d'autres logiques, d'autres valeurs exerçant les fonctions d'épanouissement de la personne et de lien social**. « *Le travail est chargé de toutes les énergies utopiques qui se sont fixées sur lui au long des deux siècles passés. Il est "enchanté" au sens où il exerce sur nous un "charme" dont nous sommes aujourd'hui prisonniers. Il nous faut maintenant briser le sortilège, désenchanter le travail.* »
- **On doit alors revoir l'organisation du travail dans sa fonction de distribution des richesses, c'est-à-dire repenser la répartition**. La société nouvelle devrait garantir un égal accès au travail, viser à un partage acceptable de l'ensemble travail, revenu, statuts, protections, et enfin accepter d'autres moyens de distribution du revenu que le seul travail.

Il s'agit d'un ouvrage extrêmement documenté, qui s'inscrit de façon critique dans le large courant de réflexion actuel autour du travail. Si la conclusion (la nécessaire transition vers une société où l'économique ne serait plus dominant) peut paraître utopique car difficile à mettre en œuvre, elle met l'accent sur la nécessité de remettre le travail à sa place, et de « réenchanter » le monde à travers d'autres espaces que celui de la production.

FICHE 62

LE TRAVAIL EN FRANCE

Olivier MARCHAND, Claude THÉLOT

L'ambition des deux auteurs de cet ouvrage (Nathan, 1997, 255 p.) est de retracer l'évolution du travail en France de 1800 à 1996 en croisant les analyses historiques, économiques et sociales. Les trois premiers chapitres sont consacrés à la population active ; le chapitre 5 traite de la structure sociale ; les quatre autres sont consacrés la qualification de la main-d'œuvre, au temps de travail, à la productivité du travail et aux salaires. Les séries statistiques qui servent de référence aux auteurs sont rassemblées en fin d'ouvrage.

1. LA POPULATION ACTIVE

A ~ L'augmentation de la population active

- **La population active augmente rapidement au cours du XIXe siècle**. Forte au début du siècle, cette croissance se ralentit pourtant après 1850. Les facteurs démographiques expliquent la majeure partie de cette croissance mais la hausse des taux d'activité masculin et féminin renforcent cette évolution. Le décollage économique du pays à partir des années 1830 est à l'origine de cette flexion des taux d'activité.
- **La période 1911-1962 constitue un palier**. Le nombre d'actifs est même légèrement inférieur en 1962 à son niveau de 1911 alors que le territoire était amputé de l'Alsace et de la Lorraine. Entre 1931 et 1935, la population active diminue de 1,2 million de personnes. La crise économique est évidemment à l'origine d'un retrait d'un certain nombre de personnes de la population active. Les taux d'activité diminuent et celui des femmes, en baisse depuis 1906, retrouve en 1962 le niveau qu'il avait en 1806. Mais l'essentiel de cette évolution est d'origine démographique : le déficit des naissances lié à la guerre de 14-18 s'est traduit par une diminution des jeunes actifs au cours des années trente.
- **L'augmentation de la population active depuis 1962 est spectaculaire** (de l'ordre de 1% par an sur l'ensemble de la période). Elle s'explique par des phénomènes démographiques (arrivée des jeunes du baby-boom sur le marché du travail, rapatriés d'Algérie en 1962, immigration forte jusqu'en 1975). Globalement l'effet des taux d'activité est légèrement négatif puisque l'augmentation importante du taux d'activité des femmes agées de 25 à 54 ans depuis le début des années soixante a été un peu plus que compensée par une baisse du taux d'activité des hommes, des jeunes (hommes et femmes) et des plus de 54 ans.
- **La population active pourrait diminuer à partir de 2006**. Déjà l'accroissement de la population active s'est ralenti depuis 1982. Sous les hypothèses d'une stabilité du taux de fécondité, d'une immigration faible et d'une poursuite de la diminution du taux d'activité aux âges extrêmes de la vie active, la population

active devrait culminer à près de 28 millions en 2006 (contre 26,6 millions en 1996) avant de diminuer. Un recul de cinq ans de l'âge de la retraite prolongerait et accentuerait la croissance de la population active qui ne diminuerait qu'à partir de 2040. Un tel scénario de remontée de l'âge de la retraite pourrait se justifier, selon les auteurs par « *l'allongement de l'espérance de vie en bonne santé, par la montée de l'âge d'entrée dans la vie active ou encore par les risques de déséquilibre des régimes de retraite* ».

B ~ Les fluctuations puis l'explosion du chômage

■ **Le chômage se développe avec le salariat**. Le chômage n'est mesuré en France que depuis 1896. Cette notion n'a, en effet, pas de sens dans une société de travailleurs indépendants où le travail ne fait pas l'objet d'un échange marchand et où il n'y a pas de coupure entre le travail social orienté vers le revenu et le travail domestique destiné à satisfaire les besoins du groupe domestique. « *L'histoire du chômage est donc celle de l'extension du salariat.* »

■ **Le chômage reste faible au cours des trente premières années du XXe siècle**. En dépit des imperfections de l'appareil statistique, on peut estimer que le taux de chômage reste inférieur à 2 % exception faite de 1921, année ou l'économie est en crise. Toute cette période se caractérise par une croissance économique relativement soutenue qui a profité, en premier lieu, à l'industrie. L'emploi industriel progresse donc et compense la diminution de l'emploi dans l'agriculture.

■ **Le chômage augmente à l'occasion de la crise des années trente**. Ressentie tardivement, cette crise ne se traduit par une augmentation significative du chômage qu'au milieu des années trente : le taux de chômage culmine à 4,5 % en 1936 contre seulement 2,1 % en 1931. Pourtant l'emploi industriel a fortement pâti de la crise mais une partie des salariés privés d'emploi s'est retirée du marché du travail. La diminution du taux d'activité, celle du nombre des jeunes actifs nés pendant la guerre et l'imperfection de l'appareil statistique dans les campagnes expliquent que le chômage soit resté à un niveau qui nous paraît, aujourd'hui, faible.

■ **Les Trente Glorieuses sont une période de plein emploi**. « *Les "Trente Glorieuses" constituent véritablement une période de plein emploi, voire de suremploi* » en raison d'une croissance économique élevée. Le taux de chômage ne dépasse jamais les 2 % jusqu'au début des années soixante. Il augmente à partir de 1967 alors que la durée du chômage diminue. Ceci est caractéristique d'un chômage d'adaptation : entre l'offre et la demande de travail d'une part, entre l'offre et la demande de biens d'autre part, puisque cette période est marquée par des restructurations industrielles liée à l'internationalisation de l'économie française.

■ **La montée du chômage de masse (1974-1996)**. Le chômage augmente très rapidement sur toute la période exception faite des deux périodes de reprise économique 1987-90 et 1994-95. En fin de période, le taux de chômage culmine à 12,3 %. S'il est légitime de parler de « *chômage de masse* », ce serait une erreur d'imaginer que la vulnérabilité de tous les groupes sociaux soit identique. Les taux de chômage des jeunes ainsi que celui des salariés peu ou pas qualifiés sont très supérieurs à la moyenne. Mais ces deux groupes ne sont pas dans une même situation : les jeunes sont fréquemment au chômage mais, pour la majorité d'entre eux, ils trouvent un emploi dans l'année qui suit leur inscription à l'ANPE alors que les personnes plus âgées sont moins souvent au chômage mais y restent plus longtemps. Pour les jeunes, la poursuite d'études est une stratégie individuelle pertinente pour trouver un emploi puisque le taux de chômage décroît avec la qualification.

C ~ La qualité de la main-d'œuvre a progressé

■ **La formation de la main-d'œuvre est deux fois plus longue qu'il y a 100 ans.** Alors que les deux tiers des actifs ne savaient pas lire au début du XIXe siècle, seuls 10 % d'entre eux sont dans cette situation à la veille de la guerre de 1914. L'urbanisation de la société française et les progrès de la scolarité expliquent cette évolution. Les lois Guizot (1833) et Ferry (1880-1882) ont favorisé puis rendu obligatoire la scolarisation primaire qui ne devient effective pour l'ensemble d'une génération qu'au tournant du siècle. Cela se traduit par une augmentation de la durée moyenne des études qui s'accélère au cours des années soixante à la suite de la prolongation de l'âge de la scolarité de 14 à 16 ans. Le lycée ne devient un « *lycée de masse* » qu'à partir de la fin des années quatre-vingt et la scolarisation secondaire semble achevée au milieu des années quatre-vingt-dix puisque 68 % d'une génération parvient au niveau du bac. Cette massification du secondaire provoque une augmentation des flux en direction du supérieur et, en particulier, de l'université. Au total, la durée moyenne des études est passée de 4,3 ans en 1850 à 18,9 ans en 1995, l'âge moyen de sortie de l'école étant proche de 21 ans.

■ **Le capital humain a plus que triplé depuis deux siècles**. Pour les théoriciens du capital humain, la qualité de la main-d'œuvre est un des facteurs de la croissance économique, au même titre que le volume du travail et celui du capital. Le volume du capital humain qui est le produit du volume du travail par la qualité moyenne des actifs a été multiplié par (au moins) 3,3 entre 1831 et 1996. Son accroissement est particulièrement élevé depuis 1950 et résulte d'une progression rapide du nombre d'actifs et surtout de la qualité de ces actifs en raison de l'augmentation de la scolarité. Cette amélioration de la qualité de la main-d'œuvre se traduit, au niveau individuel, par une augmentation des salaires et, au niveau collectif, par une plus grande compétitivité.

2. La structure sociale

A ~ La « *déprolétarisation* » des paysans

■ **La quasi-extinction des salariés agricoles** constitue, pour les auteurs, le phénomène majeur dans l'agriculture. En 1866, la France comptait 3,4 millions de salariés agricoles ; ils sont moins de trois cent mille aujourd'hui. Ce déclin date du milieu du XIXe siècle et a alimenté pratiquement à lui seul l'exode rural jusqu'en 1914. « *Ce sont surtout les ouvriers agricoles qui partent en ville* », notent les auteurs, qui parlent de « *déprolétarisation des paysans* » pour résumer « *l'évolution de la structure interne de la classe paysanne* ».

■ **Le nombre des agriculteurs diminue après 1914**. Jusqu'à la Première Guerre mondiale, l'exode rural ne concerne que marginalement les agriculteurs dont le nombre se maintient au alentour de 5,8 millions. Il en va tout autrement après 1914. L'exode rural devient plus massif et s'étend aux propriétaires d'exploitation agricole. Le nombre d'agriculteurs diminue alors rapidement tout particulièrement sur la période 1965-1975. Ce déclin est plus rapide pour les agriculteurs non-propriétaires que pour les propriétaires. La part de ces derniers dans l'ensemble des agriculteurs augmente.

B ~ Les indépendants : ascension-stabilité-déclin

■ **Le poids des artisans-commerçants-industriels diminue**. Ils représentaient 17,5 % des actifs sous le Second Empire ; ils ne représentent plus que 6,6 % de la population active aujourd'hui. Ce déclin semble enrayé depuis le début des années quatre-vingt. Les auteurs expliquent ce phénomène par une « *renaissance de l'esprit d'entreprise* » que favorisent les grandes et moyennes entreprises en externalisant leurs activités. En valeur absolue, l'évolution des indépendants non-agricoles est caractérisée par une ascension, une stabilité puis un déclin : ascension lors du décollage industriel, stabilité sous la IIIe République, déclin depuis avec, semble-t-il, un nouveau palier depuis une quinzaine d'année.

- **La frontière entre les ouvriers et les artisans est perméable**. La moitié des artisans et commerçants sont d'anciens ouvriers Pour les auteurs, cela « *illustre bien la proximité entre ces deux positions* ». Mais ce qui vaut pour les origines ne vaut pas pour les destinées : « *les chances des fils d'ouvriers d'accéder à l'artisanat ou au commerce sont actuellement modestes* » (un fils d'ouvrier sur 10).

C ~ Progression et transformation du monde salarié

- **Montée et déclin des ouvriers**. La montée des ouvriers est continue du début du XIXe siècle jusqu'en 1980, à l'exception de la période correspondant à la crise de 1929. Il y avait 3,5 millions d'ouvriers en 1866 et 8,3 millions en 1982 au point culminant de cette ascension telle qu'elle est mesurée à l'aide des PCS. Cette croissance est maximum avant 1914 quand on la mesure en pourcentage et après 1945 si l'on s'en tient aux valeurs absolues. La baisse du nombre d'ouvriers depuis 1980 marque certainement la fin de cette évolution. Les auteurs jugent possible une quasi-disparition des ouvriers à l'image de ce qui s'est passé pour les actifs agricoles.
- **Apogée et déclin de la domesticité**. L'apogée des cochers, maîtres d'hôtel, lingères, cuisinières et femmes de ménage se situe au début des années 1880. La domesticité (hors salariés agricoles) représente alors 1 100 000 personnes (300 000 hommes, 800 000 femmes). Leur déclin, après cette date, concerne d'abord les hommes dont les professions pouvaient soit être exercées par des femmes (cuisiniers) soit être supprimées (cochers). La domesticité féminine qui décline lentement après 1914 régresse rapidement au cours des Trente Glorieuses.
- **L'irruption des employés et des cadres** constitue, pour les auteurs, le fait marquant de l'évolution de la structure sociale depuis 1945. Employés et cadres forment, pour les auteurs, le groupe social le plus important puisqu'il rassemble 60 % des actifs. Si cette évolution se poursuivait, la société française pourrait être « *constituée de 15 % de paysans, artisans, commerçants et ouvriers, et de 85 % de salariés tertiaires, employés et cadres* ». Cependant, une analyse plus fine de la structure sociale obligerait à opérer plusieurs distinctions à l'intérieur de ce « *groupe social* ». La première consiste à distinguer les cadres, des professions intermédiaires et des employés ; la seconde à séparer le magasin (commerce et industrie) du bureau (services non marchands).

3. Temps de travail, salaires et productivité

A ~ La baisse historique du temps de travail

- **La loi encadre la réduction du temps de travail**. Faute de système de contrôle efficace, les lois sur le temps de travail n'ont qu'une valeur symbolique tout au long du XIXe siècle : elles rappellent que la « *liberté* » du travail doit être limitée. À partir de 1890, la législation sur le temps de travail devient de plus en plus contraignante mais se contente, le plus souvent, d'officialiser et de régulariser des pratiques déjà existantes. La loi des 40 heures de 1936 fait exception à la règle puisqu'elle a été imposée par les pouvoirs publics.

- **La référence prise pour mesurer le temps de travail s'est déplacée au cours du siècle**. Au début du siècle, l'objectif était de réduire la journée de travail. Entre les deux guerres, la volonté d'encadrer la durée hebdomadaire du travail s'est substituée à ce premier objectif. Depuis 1974, l'année de travail est devenue, selon les auteurs, la référence pertinente lors de toute négociation sur la durée du travail. Cette réduction annuelle du travail « *est devenue indissociable d'une politique plus générale de réorganisation des processus de production s'appuyant sur une moindre rigidité du droit du travail* ».

- **La durée annuelle du travail a été réduite de moitié depuis cent ans**. Sur très longue période, le temps de travail annuel de tous les actifs occupés, salariés et non-salariés, à temps complet ou à temps partiel a diminué de 44 % entre 1896 et 1996 (1631 heures contre 2913). La durée du travail est restée pratiquement stable au XIXe siècle. Sa réduction s'est amorcée avant 1914 et s'est accélérée entre les deux guerres et au cours de la période 1965-1980. Ce processus s'est accompagné d'un mouvement d'uniformisation des durées offertes. Les années quatre-vingt marquent la fin de ces deux tendances. Les entreprises cherchent depuis à aménager le temps de travail et augmentent parfois la durée effective du travail à plein temps alors qu'elles multiplient les temps partiels.

B ~ L'accroissement des salaires

- **Le pouvoir d'achat du salaire ouvrier est multiplié par 7,5 entre 1820 et 1995** mais cette augmentation est irrégulière. Jusqu'en 1855, le salaire réel ne progresse pas. Il est, ensuite, multiplié par deux entre 1856 et 1914. Il ne progresse que faiblement au cours de la première moitié du XXe siècle alors que se mettent en place les prémices d'un système d'assurances sociales et que le temps de travail diminue. « *L'amélioration de la condition ouvrière passe plus par le développement de la protection sociale et par une réduction du temps de travail.* » Au cours des Trente Glorieuses, de 1946 à 1976, le pouvoir d'achat de l'ouvrier est multiplié par 3,3, le rythme de sa croissance annuelle étant de 4 %. Depuis 1976, le salaire ouvrier progresse dix fois moins vite que durant les Trente Glorieuses à un rythme annuel de 0,4 %.

- **Les inégalités salariales ont fortement diminué sur longue période**. Celles entre Paris et la province ont beaucoup diminué sans, pour autant, disparaître. Celles entre professions se sont fortement réduites : en 1820, un conseiller d'État gagnait 45 fois plus qu'un ouvrier ; il en gagnait 3,8 fois plus en 1948. Par contre, les inégalités de salaire entre les hommes et les femmes n'ont commencé à diminuer que tardivement (après 1921) et lentement : dans l'industrie, les ouvrières percevaient la moitié du salaire des hommes en 1821 comme en 1896 et un peu plus de 80 % en 1951.

C ~ La croissance de la productivité

- **La production a été multipliée par 10 au cours des cent dernières années mais cette progression est irrégulière**. La croissance annuelle moyenne du PIB est de l'ordre de 1,5 % pour la période allant de 1831 à 1911 avec une accélération au moment du décollage dans les années 1830 et un ralentissement entre 1866 et 1896. Par la suite, le taux de croissance du PIB est particulièrement élevé au cours des années vingt (3,6 % par an) et des Trente Glorieuses (5,1 %). En revanche, la croissance est faible de 1931 à 1949 et depuis 1974 puisque le taux de croissance du PIB, sur cette dernière période, est inférieur de moitié à celui enregistré précédemment. Sur très longue période (de 1896 à 1996), la production augmente de 2,3 % par an en moyenne, ce qui correspond à une multiplication par 9,95.

- **Le volume de travail a diminué**. Le volume de travail, c'est-à-dire le nombre d'heures travaillées, est le produit de l'emploi par le temps de travail annuel. Il a diminué de 0,3 % par an au cours des 100 dernières années, les Trente Glorieuses étant la seule période au cours de laquelle le volume de travail ait augmenté (de 0,1 % par an en moyenne).
- **L'heure de travail est 28 fois plus productive qu'au début de l'industrialisation**. Le décollage de l'économie française à partir de 1830 ouvre une période qui va durer soixante ans au cours de laquelle la productivité horaire du travail augmente de 1 % par an en moyenne. Cette croissance double au cours de la période suivante qui s'étend de 1890 à 1930 en raison de la diminution du temps de travail et des gains de productivité dans l'industrie dans les années vingt. Les vingt années suivantes marquent une première rupture puisque la croissance de la productivité se ralentit pour retrouver un rythme proche de celui du siècle précédent. Les Trente Glorieuses sont, au contraire, caractérisées par une croissance forte de la productivité (la productivité par tête croît de 4,6 % par an en moyenne et la productivité horaire de 5 %). La crise de 1974 constitue une seconde cassure puisque le rythme de croissance de la productivité a été divisé par deux depuis (la productivité par tête croît de 2 % par an et la productivité horaire de 2,8 %). Cependant, « *même ralenti, le rythme actuel est très élevé à l'échelle historique.* [...] *Nos années de "langueur" sont tout de même, au regard de l'histoire, des années de dynamisme* ». Au total, la productivité par tête a été multipliée par 15 depuis 1830 et la productivité horaire par 28.

La volonté affichée par Olivier Marchand et Claude Thélot de replacer les évolutions récentes de l'emploi en France dans une perspective de très long terme permet de relativiser les « ruptures » actuelles. Certains des choix opérés par les auteurs pour délimiter les groupes sociaux ou pour périodiser une évolution peuvent être contestés. Les nombreuses séries détaillées rassemblées en annexe permettent, le cas échéant, de le faire. C'est là un des signes de la qualité de ce travail, que l'on souhaiterait voir étendre aux autres pays développés.

FICHE 63

CIVILISATION MATÉRIELLE, ÉCONOMIE ET CAPITALISME, XVe-XVIIIe SIÈCLE

Fernand BRAUDEL

Avec Marc Bloch et Lucien Febvre, Fernand Braudel est l'un des plus illustres représentants de l'école historique des Annales. Se démarquant de l'histoire événementielle traditionnelle, ce courant cherche à appréhender l'histoire d'une manière plus large, en restituant ses dimensions économiques, sociales et culturelles, pour aboutir à une explication globale du passé, sur la courte comme sur la longue durée. Dans cet esprit, ce livre constitue un essai d'histoire économique globale du monde préindustriel, de la fin du Moyen Âge à l'aube de l'époque contemporaine. Il marque une étape importante dans l'historiographie en introduisant l'idée qu'il existe plusieurs niveaux dans l'activité économique et en diffusant le concept d'économie-monde.

Ce livre paraît pour la première fois en trois volumes en 1979 à Paris, aux éditions Armand Colin. Seul le tome I : « Les structures du quotidien » (544 p.) était sorti auparavant, dès 1967. Le tome II s'intitule « Le temps du monde » (607 p.) et le tome III « Les jeux de l'échange » (600 p.). L'ouvrage est republié chez le même éditeur en 1986.

1. LE PREMIER NIVEAU DE L'ACTIVITÉ ÉCONOMIQUE : LES STRUCTURES DU QUOTIDIEN

A ~ L'importance du nombre des hommes

- **Le poids démographique des civilisations reste un facteur structurel essentiel**. Nul ne connaît précisément la population entière du monde entre le XVe et le XVIIIe siècle, tant sont rares les données chiffrées de l'époque. Pour autant, il est vraisemblable que le nombre des hommes ait plus que doublé, approchant peut-être le milliard vers 1800. Sur le long terme, le taux d'accroissement reste faible, à peine perceptible à l'échelle des générations. La démographie reste caractéristique d'une situation « *d'ancien régime biologique* », antérieure à la transition démographique, où la mortalité comme la fécondité restent très élevées, avec d'importantes fluctuations conjoncturelles.
- **Ces populations sont déjà très mal réparties à l'échelle du globe**. Le facteur limitant est essentiellement l'alimentation. En Chine, en Inde ou en Europe, régions de vieilles civilisations, le riz et le blé sont des cultures peuplantes. Elles permettent de nourrir de fortes densités de population, au prix il est vrai d'importants efforts : sélection des semences, amélioration de l'outillage, travaux d'irrigation ou de drainage, élevage d'animaux de trait... L'igname, le manioc, le sorgho et le mil d'Afrique ou d'Asie centrale, aux rendements bien plus faibles, limitent davantage le peuplement. Seul le maïs américain apporte des calories presque sans effort, mais il conduit néanmoins à un immobilisme technique.
- **Une grande partie de l'activité économique se concentre surtout dans les villes**. « *Elles augmentent les tensions, elles précipitent les échanges, elles brassent sans fin la vie des hommes.* » Les villes aussi grandes que Paris, Naples, Londres ou Pékin sont certes rares avant le XIXe siècle. Les populations restent

rurales à plus de 80 % et le réseau urbain est plutôt constitué de petites villes de quelques dizaines de milliers d'habitants. Néanmoins, « *une ville est toujours une ville* » et l'on y retrouve toujours des régularités. Elle est d'abord l'endroit où se renforce et s'adapte sans cesse la division du travail. Elle est aussi un lieu et un enjeu de pouvoirs. Au centre d'un réseau de liaisons plus ou moins lointaines, la ville est surtout un lieu d'intenses contacts : « *la ville, en somme, généralise le marché* ». Les villes d'Occident sont en outre très tôt apparues plus originales que celles des autres régions du monde. Elles ont souvent joui de libertés et de privilèges inégalés, ont davantage dominé leurs périphéries, ont aussi connu une croissance plus rapide.

B ~ Une diffusion inégale des techniques

- **L'innovation, l'évolution technique sont les principaux moteurs de l'histoire économique, avant même le XIXe siècle**. « *La technique est reine : c'est elle qui change le monde.* » La naissance d'associations techniques complexes comme l'artillerie, l'imprimerie ou les progrès de la navigation hauturière marquent le passage à la modernité et assurent progressivement la domination de l'Occident, mais leur diffusion demeure lente. Certains secteurs restent surtout stagnants. L'énergie est en effet longtemps dominée par l'animal, l'eau, le vent ou le charbon de bois. Les progrès agricoles (pomme de terre, légumineuses) ne se généralisent pas. Les transports terrestres constituent enfin une des plus fortes contraintes de l'économie. Ce sont essentiellement les inerties de ces secteurs qui sont corrigées par la révolution industrielle britannique à la fin du XVIIIe siècle.
- **C'est en Occident que naissent ou se perfectionnent la plupart des techniques monétaires**. Les arrivées d'or du Nouveau Monde deviennent régulières à partir des années 1530, celles d'argent se renforcent vers 1570. Les mines de cuivre de Suède fournissent le métal nécessaire à la frappe des monnaies divisionnaires, dites de billon. Ce gonflement sans précédent de la masse monétaire métallique européenne permet bien sûr un accroissement important des échanges, mais c'est aussi durant cette période que se perfectionnent monnaies fiduciaires et instruments de crédit comme les billets de banque, les lettres de change ou les rentes d'État. Ailleurs dominent encore des formes d'échange plus rudimentaires : troc, monnaies-marchandises (le sel, les animaux, les fourrures servent de monnaies d'échange) pour les régions les moins avancées du globe, « *monnaies métalliques dans l'enfance* » au Japon, en Chine, en Inde et dans l'Empire turc. « *Plus un pays est économiquement développé, plus il a élargi la gamme de ses outils monétaires et de ses instruments de crédit* [...]. *L'argent, c'est l'unité, c'est aussi l'injustice du monde.* »

2. Les deuxième et troisième niveaux de l'activité économique : économie de marché et capitalisme

A ~ L'économie de marché est une économie concurrentielle

- **L'économie de marché est un secteur concurrentiel qui s'autorégule naturellement**. Elle réunit l'offre et la demande à des degrés divers, soit directement soit par l'intermédiaire du marchand ou du négociant. On peut repérer cette économie de marché « *dès qu'il y a fluctuation et unisson des prix entre les marchés d'une zone donnée, phénomène d'autant plus caractéristique qu'il se produit à travers des juridictions et souverainetés différentes* ». Pour l'économie européenne les prix augmentent ainsi partout des années 1475 à 1600, stagnent voire régressent vers 1600-1730, puis augmentent à nouveau sensiblement jusqu'aux années 1810-1815. Ce niveau de l'économie prend pour chacun la figure du colportage, de la boutique, des marchés urbains. À un degré plus élevé, elle s'incarne dans les grandes bourses de commerce, telles celles de Londres ou d'Amsterdam, qui supplantent progressivement les grandes foires de Flandres, de Champagne ou de Plaisance, florissantes au Moyen Âge.

- **Ces échanges sont toujours inégaux**. C'est à ce niveau que se diffusent les trafics quotidiens à faible distance (céréales, bois) comme à plus large rayon (vin, huile, draps). Mais ces flux ne sont jamais équilibrés. Sur le long terme, on constate à la fois un essor continu et une plus grande spécialisation des lieux d'échanges. L'inégalité des trafics fait apparaître des régions où les balances du commerce sont soit excédentaires soit déficitaires. La circulation des richesses fait toujours apparaître des zones dominantes et d'autres qui lui sont subordonnées, des centres et des périphéries.

B ~ Le capitalisme tend à constituer un « *contre-marché* »

- **Le capitalisme constitue le niveau supérieur des échanges**. Ce niveau est dominé par de très riches négociants, de grands capitaines d'industrie ou de grands bailleurs de fonds, tels les Fugger d'Allemagne, les Ruiz d'Espagne ou les Vanrobais en France, qui constituent le haut de la hiérarchie marchande. Ces riches personnages n'exercent en réalité jamais une seule et même activité et ont un patrimoine fort diversifié qui les met à l'abri des retournements du sort : exploitations agricoles en Europe, plantations en Amérique, mines, fabriques, etc.
- **Leur stratégie vise à s'affranchir des règles de l'économie de marché pour constituer un marché privé, un « *contre-marché* »**. Animés d'un esprit et d'une logique déjà « *capitaliste* », ils cherchent à concentrer de gros bénéfices par le commerce au long cours, la spéculation, la constitution des premiers monopoles de droit ou de fait (grandes compagnies de commerce, manufactures). Ils bénéficient d'un réseau d'informateurs déjà performant et s'assurent par leurs capacités financières le concours des princes. Leurs investissements brassent à long terme un volume de capitaux sans commune mesure avec celui des autres étages de l'économie, parfois supérieur aux finances des États, leurs prises de risques sont souvent importantes. « *La recherche du profit, la maximisation du profit sont déjà les règles implicites du capitalisme de ce temps-là.* » En ce sens, le capitalisme existe bien avant la révolution industrielle.

3. VERS UNE HISTOIRE GÉNÉRALE DE L'ÉCONOMIE DU MONDE

A ~ Économie mondiale et économie-monde

- **L'« *économie mondiale* » désigne simplement l'économie du monde pris dans son entier**. Cette expression caractérise la situation économique des XIXe et XXe siècles, où l'ensemble de l'économie s'est progressivement internationalisée. Elle doit être nettement distinguée de l'expression « *économie-monde* ».
- **Une « *économie-monde* » est une partie du monde formant un ensemble économique cohérent, un système**. Forgée à partir du mot allemand Weltwirtschaft, cette expression désigne en effet « *un morceau de la planète économiquement autonome, capable pour l'essentiel de se suffire à lui-même et auquel ses liaisons et ses échanges intérieurs confèrent une certaine unité organique* ». En ce sens, la Méditerranée du XVIe siècle, qui forme un monde en soi, peut être ainsi considérée comme une économie-monde. Trois conditions sont nécessaires. En premier lieu, une économie-monde occupe un espace bien défini, limité géographiquement par des barrières naturelles ou des zones de faibles densités et dont l'étendue varie très lentement. En deuxième lieu, une économie-monde est toujours dominée par un pôle urbain, une ville capitaliste assurant le rôle de centre décisionnel et logistique. Ce pôle n'est néanmoins pas

fixé une fois pour toutes car une même économie-monde peut être dominée successivement par plusieurs cités. En dernier lieu, toute économie-monde se partage en zones successives, fortement hiérarchisées, qui font l'objet d'une certaine division du travail. Proches de la ville dominante se trouvent les régions centrales, les plus dynamiques, aux activités à plus forte valeur-ajoutée. À mesure que l'on s'éloigne du centre apparaissent les zones intermédiaires puis les zones périphériques, subordonnées et dépendantes. Plus loin encore se trouvent des isolats vivant hors du temps du monde.

B ~ Le passage d'économies-mondes à une économie mondiale

- **Avant le XIXe siècle, le monde est encore constitué d'une juxtaposition d'économies-mondes ayant très peu de relations entre elles**. Jusqu'au règne de Pierre Le Grand (1694-1725), la Russie reste ainsi une économie à elle seule. L'empire ottoman, l'Afrique Noire, l'Inde et la Chine constituent aussi des ensembles économiques cohérents, souvent comparables à ceux de l'Europe. En Europe même, l'économie est dominée par de grandes cités du XIVe au XVIIIe siècle. Depuis les années 1380, l'économie-monde méditerranéenne est dominée par la ville de Venise avant que Gènes en prenne momentanément le relais au milieu du XVIe siècle. Dans le même temps, l'Europe septentrionale constitue une économie-monde parallèle, dominée par Bruges, Anvers et les villes de la Hanse, telles Lübeck ou Hambourg. Progressivement, l'économie-monde s'élargit à l'ensemble de la façade atlantique européenne et son centre de gravité se déplace d'abord à Anvers puis à Amsterdam, ville dominante tout au long du XVIIe siècle et au début du siècle suivant. L'Amérique, quant à elle, ne constitue pas une économie-monde. Depuis sa découverte, elle reste « *l'enjeu des enjeux* » des puissances européennes et constitue longtemps une périphérie dominée.
- **Avec la révolution industrielle, l'économie devient progressivement mondiale**. À partir de la fin du XVIIIe siècle, Londres prend en effet le relais de l'économie-monde européenne, puis étend cette économie à l'ensemble de la planète. Cette domination mondiale de la Grande-Bretagne ne s'explique pas seulement par l'industrialisation. L'histoire a en effet déjà été marquée par d'autres révolutions industrielles qui ont toutes avorté. La force de la vapeur est déjà connue dans l'Égypte du Ier siècle avant notre ère, la mécanisation apparaît en Europe dès le XIe siècle, mines et sidérurgie connaissent d'importants progrès dès le XVIe siècle. Elle s'explique surtout par les conditions sociales et les structures économiques du pays, plus particulièrement par le dynamisme de son capitalisme. L'industrialisation n'est au total qu'une accélération de processus apparus très anciennement. « *L'image de l'histoire du monde de 1400 ou 1450 à 1850-1950, c'est celle d'une égalité ancienne qui se rompt sous les effets d'une distorsion multiséculaire, commencée dès la fin du XVe siècle.* »

Ce livre reste l'ouvrage majeur de Fernand Braudel et synthétise l'ensemble de son œuvre. En privilégiant l'analyse de la longue durée par rapport à celle de la conjoncture, l'auteur montre essentiellement que le système économique actuel n'est pas uniquement issu de processus ou de structures apparus au XIXe siècle, mais qu'il puise ses racines dans une histoire bien plus ancienne. La conquête économique du monde par la Grande-Bretagne, puis par les États-Unis, appuyée par la révolution industrielle, reste bien la plus profonde rupture de l'histoire économique, mais sa gestation est très antérieure.

Les méthodes employées tout comme les concepts diffusés par Fernand Braudel ont marqué d'une manière profonde la plupart des historiens et des économistes actuels.

FICHE 64

LES ÉTAPES DE LA CROISSANCE ÉCONOMIQUE
Un manifeste non-communiste

Walt Whitman Rostow

Dans son ouvrage, publié en 1960, l'Américain W.W. Rostow propose une thèse évolutionniste du développement (ce terme est plus approprié que celui de « croissance économique » figurant dans le titre) : la modernisation des sociétés passe par une série d'étapes successives (de la société traditionnelle à l'ère de la consommation de masse). Son ambition est non seulement d'ouvrir des perspectives aux pays pauvres, mais aussi de discréditer l'analyse marxiste du changement social. Ainsi, dans ce livre (trad. fr. Seuil, 1963, 255 p.), Rostow décrit, à partir des expériences historiques de quelques pays, ces différentes étapes dont la succession fut fréquemment à l'origine de conflits, de guerres, et dont l'analyse constitue un manifeste anti-communiste.

1. Le développement économique et social des sociétés est caractérisé par une succession de cinq étapes

A ~ Les sociétés traditionnelles peuvent se développer si certaines conditions sont réunies

■ **La première étape du développement économique est celle de la société traditionnelle**. « *Du point de vue historique nous groupons sous le terme de société traditionnelle tout le monde prénewtonien* [...], *et nous y ajoutons les sociétés postnewtoniennes qui, pendant un certain temps, demeurèrent étrangères ou indifférentes à la capacité nouvelle qu'avait l'homme d'utiliser systématiquement son milieu physique pour améliorer sa condition économique.* » Dans ces sociétés de type agricole, la famille, le clan, constituaient la base de l'organisation sociale et le pouvoir politique était « *entre les mains de ceux qui possédaient la terre ou l'avaient soumise à leur autorité* ». Enfin, un « *fatalisme à long terme* » marquait les comportements. « *Les dynasties chinoises, la civilisation du Moyen-Orient et du bassin méditerranéen, le monde de l'Europe médiévale* » constituent des exemples de ce type de société.

■ **Au cours de la deuxième étape du développement, les sociétés traditionnelles créent les conditions d'un démarrage économique**. C'est « *en Europe occidentale, à la fin du XVII*[e] *siècle et au début du XVIII*[e]*, que les conditions préalables au démarrage ont commencé à se créer de façon indiscutable à mesure que les conquêtes de la science moderne donnaient naissance à de nouvelles fonctions de production tant dans l'agriculture que dans l'industrie* ». Les transformations de l'agriculture ont été décisives. Elles ont permis de nourrir une population croissante, de financer les importations de biens d'équipement, de dynamiser la demande de produits industriels, de constituer une source de recettes fiscales permettant aux gouvernements de financer les infrastructures nécessaires au développement (voies ferrées, routes...), d'accroître l'offre de capitaux, etc. De nouvelles élites promouvant la modernisation se sont substituées aux anciennes : cette transformation sociale « *est au cœur même de la création des conditions préalables au démarrage* ». Sur le plan politique, « *un État national centralisé* » a émergé. Il s'est appuyé sur « *des coalitions teintées d'un nationalisme nouveau* », désireuses de réagir contre la domination des nations plus avancées : « *il ne fait pas de doute que si la dignité des individus et des nations n'avait pas été humiliée par l'intrusion de puissances plus évoluées, le rythme de modernisation des sociétés traditionnelles aurait été beaucoup plus lent qu'il ne l'a effectivement été au cours des cent cinquante dernières années* ».

B ~ Après avoir franchi l'étape du démarrage, les sociétés progressent vers la maturité qui mène au stade de la société de consommation de masse

■ **L'étape du démarrage fait entrer les sociétés dans une phase de croissance irréversible**. « *Le démarrage est la période pendant laquelle la société finit par renverser les obstacles et les barrages qui s'opposaient à sa croissance régulière.* » La conjonction de trois facteurs caractérise cette étape : le taux d'investissement et d'épargne passe de 5 à 10 % du revenu national de manière à faire face au croît démographique ; des industries de transformation se développent et les profits sont réinvestis ; un nouveau cadre institutionnel impulse et entretient la croissance. En général, le démarrage est la conséquence de l'action d'un stimulus particulièrement actif : une révolution politique, l'adoption d'une technique nouvelle à forts effets d'entraînement, l'ouverture de nouveaux marchés, l'accroissement des échanges, une arrivée massive de capitaux, etc. Ainsi, « *en l'espace d'une à deux décennies, la structure fondamentale de l'économie et la structure sociale et politique de la société se transforment de telle façon que le taux de croissance de l'économie pourra par la suite rester constant* ». La Grande-Bretagne accède à cette étape entre 1783 et 1802 ; la France, entre 1830 et 1860 ; les États-Unis entre 1843 et 1860 ; l'Allemagne, entre 1850 et 1873 ; le Japon , entre 1878 et 1890 ; la Russie, entre 1890 et 1914...

■ **Puis la société entame sa « *marche vers la maturité* »**. Dorénavant, « *le volume des investissements représente régulièrement de 10 à 20 % du revenu national de telle sorte que la production peut conserver une avance sur l'accroissement de la population* ». L'industrie poursuit sa croissance et se diversifie. Des produits jusqu'alors importés sont produits sur place puis exportés. « *Une soixantaine d'années après le début du démarrage,* [...] *l'économie atteint généralement ce que l'on peut appeler sa maturité* ».

■ **« *L'ère de la consommation de masse* » est l'étape ultime**. Par la suite, les secteurs de biens de consommation durables, par exemple l'automobile, et des services dynamisent la croissance. Les besoins fondamentaux de la population sont satisfaits. L'État-providence se développe... C'est « *l'ère de la consommation de masse* » à laquelle les États-Unis sont parvenus en 1914, l'Europe occidentale y accédant vers la fin des années quarante, et le Japon au début des années cinquante.

C ~ La théorie des étapes n'exclut pas la diversité des trajectoires nationales

■ **L'activité de chaque secteur de l'économie dépend à la fois de la demande et des conditions d'offre**. Le développement des secteurs clés dépend du progrès technique qui dynamise l'offre, mais aussi de la demande intérieure et/ou extérieure, privée et/ou publique. La nature, l'importance et les effets de ces différents facteurs varient selon les sociétés.

- **Les secteurs clés et l'ordre de leur apparition ne sont pas identiques dans toutes les sociétés**. Les secteurs jouant un rôle clé sont « *les secteurs de croissance primaire* » qui provoquent l'expansion de « *secteurs de croissance complémentaire* » par effet d'entraînement. Parallèlement, des « *secteurs de croissance secondaire* » se développent du fait de l'accroissement du revenu réel total, de la croissance démographique et « *de quelques autres variables de caractère général, en évolution lente* ». La nature de ces secteurs et leur ordre d'apparition n'étant pas déterminés *a priori*, le modèle des étapes de la croissance n'impose pas « *un schéma unique d'évolution* », auquel devrait se conformer toute société.

2. Le passage par étapes de la société traditionnelle à la société moderne est à l'origine de conflits et de guerres

A ~ Les guerres coloniales sont en partie liées aux premières étapes du développement

- **La colonisation résulte de la volonté des grandes puissances européennes d'élargir leurs débouchés**. Les sociétés traditionnelles se montraient incapables d'établir des liens commerciaux avec les grandes puissances. Celles-ci, à la recherche de débouchés, sont alors devenues colonisatrices pour structurer les sociétés traditionnelles de manière à élargir les échanges.
- **Rapidement, les objectifs non économiques de la colonisation ont supplanté tous les autres**. « *Les nations étaient contraintes non seulement d'agir positivement dans l'intérêt national mais aussi de soutenir celui-ci négativement en empêchant une autre nation d'acquérir une source de puissance.* » La colonisation relevait de cette logique : lorsque qu'une nation s'emparait de colonies, elle étendait sa sphère d'influence et limitait la puissance des autres nations.

B ~ Les agressions régionales sont provoquées par la dynamique des conditions préalables

- **Les guerres régionales sont provoquées le plus souvent par des nations nouvelles, issues des indépendances**. Les colonisateurs, en réorganisant leurs colonies, ont contribué au développement de nouvelles élites modernisatrices et nationalistes, qui structurèrent les luttes pour l'indépendance. Mais, en accédant au pouvoir, ces nouvelles élites, désireuses de réunir les conditions préalables au démarrage, ont du prendre en charge des sociétés instables. Aussi, « *il s'est avéré tentant de détourner une partie du nouveau nationalisme vers des objectifs extérieurs, surtout s'ils paraissaient que ces objectifs pouvaient être atteints à peu de frais et à peu de risques* ».
- **Ces agressions à objectifs limités correspondent fréquemment à la fin de la période des conditions préalables ou au début du démarrage**. Dans la mesure où, très souvent, elle est le fruit d'humiliations passées, la guerre régionale ressoude la société à un moment où « *la modernisation soulève des problèmes intérieurs difficiles qui tendent à rompre l'unité* ». Ce processus, que certaines

nations colonisées ont connu en devenant indépendantes, caractérise plus généralement les sociétés accédant à la deuxième ou à la troisième étape de la croissance. C'est ainsi, par exemple, que l'Allemagne constitue progressivement son unité nationale lors de plusieurs conflits, notamment contre l'Autriche (1864) et la France (1871). Fréquemment, cette période de guerres régionales est suivie d'un moment où « *l'engouement pour la modernisation l'emporte* ».

C ~ Les guerres de masses sont le résultat du décalage avec lequel les nations accèdent au stade de la maturité économique

■ **Trois grands conflits de masses ont eu lieu depuis le début du siècle**. La première et la seconde guerres mondiales, puis la guerre froide, sont des guerres de masses dont l'objectif est le contrôle de l'Eurasie (Europe orientale et Asie). Chaque fois que l'équilibre des forces était rompu dans cette zone, un conflit majeur entre grandes puissances a éclaté.

■ **Les trois grands conflits ont pour origine un décalage de développement**. « *Le décalage dans le temps avec lequel les pays approchent de la maturité économique contribue vraiment à éclairer les trois grands conflits du XX*e *siècle.* » Ces conflits s'inscrivent dans une continuité qui provient de la tentation éprouvée par trois puissances, l'Allemagne, le Japon et la Russie, d'exploiter « *leur maturité nouvellement acquise* », alors que les sociétés d'Europe de l'Est et de la Chine n'avaient pas encore achevé leur mutation. L'intervention d'une quatrième puissance, les États-Unis, a pour le moment fait échouer ces tentatives de domination.

3. L'ANALYSE DES ÉTAPES DE LA CROISSANCE CONSTITUE UN MANIFESTE ANTI-COMMUNISTE

A ~ L'analyse en termes d'étapes conteste la pertinence de l'analyse marxiste

■ **Bien qu'il soit nécessaire de les relativiser, des analogies entre l'analyse marxiste et celle des étapes de la croissance sont possibles**. Les deux analyses étudient l'évolution des sociétés : de la société féodale à la société communiste chez Marx ; de la société traditionnelle à l'ère de la consommation de masse chez Rostow. Dans les deux cas, le rôle moteur de certains secteurs, davantage diversifiés dans la théorie des étapes qu'ils ne le sont dans la théorie marxiste, est largement mis en avant. Les deux approches montrent comment les transformations économiques influent sur les structures sociopolitiques mais la théorie des étapes ne réduit pas cette influence à un strict déterminisme. Enfin, si les deux analyses accréditent l'idée que des intérêts économiques divergents puissent conduire à des conflits, la théorie des étapes n'y voit pas un motif prépondérant, contrairement aux conclusions de Marx.

■ **D'importantes divergences opposent fondamentalement les deux analyses**. Marx est dans l'erreur lorsqu'il réduit les motivations humaines à la recherche du profit maximum. L'homme recherche « *non pas seulement le profit économique, mais la puissance, les loisirs, l'aventure, la continuité de ses occupations, et la sécurité ; il a le souci de sa famille, tient aux valeurs sur lesquelles se fonde la civilisation de son pays ou de sa région, et aime bien aller s'amuser un peu au café avec ses amis* ». La solidarité peut également fonder ses actions. En outre, les oppositions d'intérêts entre groupes sociaux n'excluent pas les compromis : « *cet esprit de compromis que l'on retrouve au fond du creuset dans l'état du comportement humain, Karl Marx qui vécut en solitaire, profondément isolé de ses semblables, ne l'a jamais compris* ». Par ailleurs, les travailleurs ont bénéficié de la croissance économique capitaliste : le salaire réel a beaucoup plus augmenté que dans les pays socialistes. L'État-providence a accru le bien-être... Sur un autre plan, les crises économiques n'ont pas abouti à la crise finale du capitalisme : la baisse tendancielle des taux de profit n'a pas eu lieu en raison, notamment, des perspectives ouvertes par les sciences et les techniques.

B ~ La voie communiste est à rejeter

- **Le communisme moderne conduit à la dictature d'un parti**. Les ouvriers paraissant davantage désireux de bénéficier des fruits de la croissance que de faire la révolution socialiste, Lénine affirma que « *le parti communiste les forcerait à accomplir la destinée marxiste que leur fixait l'histoire* ». Le Parti devenait un parti d'élites et « *recherchait le pouvoir sur une base minoritaire* ». Rapidement, après 1917, Lénine décida « *de continuer à gouverner selon la formule de la dictature de l'État policier* ». Staline accentua cette tendance ; ses successeurs l'ont peu infléchie. Finalement, « *la dictature politique de l'élite sur la majorité, qu'elle utilise dans son propre intérêt, est très proche de ce que Marx croyait être la structure politique du capitalisme où ceux qui possèdent gouvernent* ».
- **Le communisme est une maladie de la période de transition**. En prenant le pouvoir, les communistes ont renversé un ordre ancien, établi un État fort, organisé la société dans laquelle, pendant l'étape des conditions préalables, « *une classe moyenne commerçante, nombreuse et entreprenante, et une entente politique suffisante entre les dirigeants de la société* » ne s'étaient pas créées. Le communisme est donc « *une sorte de maladie qui peut atteindre une société en période de transition si elle n'organise pas efficacement ceux de ses éléments qui seraient disposés à s'attaquer à la tâche de la modernisation* ». Il convient alors de réfléchir aux moyens permettant aux pays en développement de ne pas suivre la voie socialiste, en leur permettant de réunir les conditions préalables et d'entamer un démarrage facteur de croissance durable, dans un contexte politique démocratique. La théorie des étapes montre comment il est possible de se développer « *sans supprimer la possibilité pour l'homme d'être libre* [...]. *L'homme est un être pluraliste,* [...] *et il a le droit de vivre dans une société pluraliste* ». Il est donc nécessaire de « *faire preuve d'imagination créatrice* » pour que ces sociétés se détournent de la voie communiste.
- **Il convient de promouvoir un mode de développement inspiré des expériences des pays en voie d'industrialisation au XIXe siècle**. Face aux nombreux problèmes identiques à ceux rencontrés au XIXe siècle par les pays arrivés aujourd'hui à « *l'ère de la consommation de masse* », les pays en développement disposent d'un stock de technologies plus élevé qu'au siècle dernier et de l'aide internationale. En revanche, ils sont confrontés aux difficultés générées par une croissance démographique très supérieure à celle qu'avaient enregistrée les pays développés au début de leur développement. Ces constats conduisent à préconiser une stratégie orientée dans trois directions : en premier lieu, il faut mobiliser les possibilités offertes par la technologie pour accroître la productivité agricole, une diminution concomitante de la natalité étant souhaitable ; ensuite, « *il faut tirer plus largement et surtout plus régulièrement parti des possibilités de l'aide extérieure* » pour financer les investissements ; enfin, « *les élites cultivées non communistes de ces sociétés en transition,* [...] *ont le droit d'espérer que le monde des démocraties avancées les aidera plus largement et avec plus de continuité ;*

mais, ce sont elles [...] *qui doivent concentrer toute leur attention sur les tâches du développement, malgré les tentations qu'ils peuvent avoir de pousser le nationalisme dans d'autres voies et de céder aux appels démentiels de la guerre froide* ».

L'analyse de Rostow a été abondamment critiquée : la séquence de développement en cinq étapes, que la Grande-Bretagne a sans doute connue, n'est pas transposable aux autres sociétés dont les structures socio-économiques sont différentes. De même, la stratégie de développement proposée – modernisation agricole et aide internationale massive – a fait l'objet de nombreuses discussions. Pourtant, Rostow admet la variété des trajectoires nationales et sa critique virulente de la voie communiste est confortée par l'effondrement des pays socialistes depuis la fin des années quatre-vingt. Mais sans doute sous-estime-t-il les effets de la domination des pays riches sur les pays pauvres, qui pour de nombreux auteurs, y compris non marxistes, sont facteurs de blocage du développement.

MYTHES ET PARADOXES DE L'HISTOIRE ÉCONOMIQUE

Paul Bairoch

Paul Bairoch explique qu'il a écrit ce livre car l'histoire est souvent prise comme argument pour légitimer des politiques économiques ou pour conseiller les pays en développement. En réalité, les solutions alors proposées s'appuient souvent sur des mythes et des paradoxes, que l'auteur se propose de nous dévoiler dans cet ouvrage (La Découverte, 1994, 286 p.).

1. Les grands mythes concernant le monde développé

A ~ Les mythes concernant la croissance et la crise

- **Contrairement à ce que l'on croit souvent, la période précédant la Première Guerre mondiale n'était pas une période de crise ; la croissance fut parmi les plus fortes enregistrées jusqu'alors**. En revanche, la croissance du XIXe siècle fut globalement très faible puisque la croissance moyenne par habitant avoisinait tout juste 1 % dans les pays d'Europe en cours de développement.
- **Le protectionnisme ne fut pas croissant durant les années vingt**. On considère parfois qu'une des causes de la crise des années trente est un regain de protectionnisme ; en réalité, ce regain a été la conséquence de la crise et non sa cause. « *D'un point de vue général, on peut considérer que la période qui a précédé la crise fut marquée en Europe par une tendance à la libéralisation des échanges.* »
- **L'ampleur de la dépression des années trente est à nuancer**. « *Malgré un effondrement du commerce international, les années trente ne furent pas aussi négatives du point de vue de la croissance économique, qu'on les considère au niveau mondial ou dans de nombreux pays en particulier.* » En effet, excepté les États-Unis, l'Allemagne, les Pays-Bas et la Norvège qui furent fortement touchés par la dépression au début des années trente, on n'enregistre pas de déclin important du PNB par habitant dans les pays développés ; certains pays comme le Royaume-Uni ont même connu une décennie plus prospère dans les années trente que dans les années vingt. Le taux de croissance du PNB par habitant dans les pays industrialisés est de 1,1 % entre 1929 et 1939, ce qui n'est que faiblement inférieur à la période 1913-1929 (1,6 %) et supérieur à la plupart des périodes du XIXe siècle.
- **Les économies fascistes ne furent pas les seules à surmonter la dépression**. « *Les économies fascistes n'étaient pas si florissantes.* » Parmi celles-ci, seule l'Allemagne, au prix de déséquilibres importants, a enregistré un fort taux de croissance dans les années trente et a réussi à diminuer son chômage.

B ~ Contrairement à ce qui est souvent affirmé, « *le libre-échange est l'exception et le protectionnisme est la règle* »

- **Entre 1815 et 1913, l'Europe n'était pas globalement libre-échangiste**. Il est vrai qu'au XIXe siècle la doctrine dominante est le libre-échange : « *c'est la* *première fois dans l'histoire, que les hommes commencèrent à raisonner en termes de niveau de développement à atteindre plus ou moins rapidement plutôt qu'en termes d'appropriation d'une plus grande part des richesses ; autrement dit, d'un gâteau plus gros et non d'une plus grosse portion de celui-ci* ». Mais, excepté le cas de la Grande-Bretagne et à part l'intermède libre-échangiste européen entre 1860 et 1879, en 1815 comme en 1913, le constat est le même : « *un océan de protectionnisme cernant quelques îlots libéraux* ».

- **Le libre-échangisme n'était pas non plus la règle dans le reste du monde développé**. C'est bien sûr le cas des États-Unis, « *patrie et bastion du protectionnisme moderne* », qui prend comme argument la protection des industries dans l'enfance, mais qui poursuit sa politique commerciale très protectionniste même après que l'industrie américaine eut rattrapé l'industrie européenne. Les dominions britanniques ont aussi été relativement protectionnistes : l'Australie dès 1867 et le Canada à partir de 1878 s'engagèrent dans une politique commerciale défensive. « *À l'exception du Royaume-Uni, le monde développé était un océan de protectionnisme.* »
- **En revanche, « *le tiers monde était un océan de libéralisme sans îlot protectionniste* »**. En effet, les pays occidentaux avaient imposé une politique commerciale libérale à toutes leurs colonies ainsi qu'aux pays politiquement indépendants (Chine, certains pays d'Amérique latine...). Des traités qualifiés de « traités inégaux » avaient été signés pour cela.

C ~ Le bilan du libre-échange est en réalité plutôt négatif

- **En Europe, seul le Royaume-Uni semble avoir profité du libre-échange**. L'analyse des données statistiques montre que la libéralisation s'est traduite par une croissance de la production et des échanges extérieurs britanniques. « *L'industrie britannique, qui jouissait d'une nette avance technologique, avait trouvé un marché beaucoup plus vaste.* »

  En revanche, le reste de l'Europe ne semble pas avoir profité de la période libre-échangiste ; c'est même au moment où la politique commerciale était la plus libérale que la grande dépression a éclaté. La fin de la crise a d'ailleurs coïncidé avec le retour au protectionnisme.

  C'est le monde paysan qui a le plus souffert de la libéralisation des échanges en raison de la chute du prix des produits agricoles. La baisse du niveau de vie des paysans a eu des effets récessifs sur le reste de l'économie du fait de leur poids relatif dans la population. La Grande-Bretagne, beaucoup moins agricole que l'Europe continentale, a logiquement moins souffert de la grande dépression.

  Paradoxalement, le protectionnisme induit par la grande dépression n'a pas provoqué de contraction du commerce mondial, bien au contraire.
- **La politique protectionniste américaine semble être une réussite**. Non seulement, les États-Unis ont connu des taux de croissance parmi les plus élevés du monde à partir du milieu du XIXe siècle, mais en plus, les périodes d'accentuation de protectionnisme semblent coïncider avec celles de l'accélération de la croissance. « *Qui ne joue pas le jeu gagne.* »
- **Le tiers monde a souffert de son libre-échange forcé**. « *Il ne fait aucun doute que le libéralisme imposé au tiers monde au XIXe siècle est un des principaux éléments d'explication du retard pris par le processus d'industrialisation.* » Comme ce fut le cas en Inde, le libre-échange forcé a étouffé l'artisanat de ces pays.

2. Les grands mythes concernant la colonisation

A ~ Le rôle de la colonisation dans le développement occidental est à nuancer

- **Les matières premières du tiers monde n'étaient pas indispensables à l'industrialisation occidentale**. « *À la veille de la Première Guerre mondiale,*

98 % des minerais métalliques utilisés dans les pays développés venaient du monde développé ; le chiffre était de 80 % pour les fibres textiles et, comme nous l'avons vu, de plus de 100 % pour l'énergie. » Le monde développé n'était donc dépendant que pour de rares produits : caoutchouc, cuivre, phosphates naturels... L'autosuffisance en matières premières ne s'est érodée qu'à partir de 1913. Mais vu du coté du tiers monde, les choses apparaissent différemment car les produits primaires représentent plus de 90 % des exportations du tiers monde.

- **Les débouchés coloniaux ont joué un rôle limité dans le développement occidental**. Si la quasi-totalité des produits manufacturés consommés dans les pays du tiers monde provient des pays industrialisés, les exportations de ces derniers vers le tiers monde ne représentent pas, excepté pour le Royaume-Uni, un débouché important. Ainsi, entre 1800 et 1938, seulement 9 % de toutes les exportations européennes s'effectuaient à destination des empires coloniaux.

- **Le colonialisme ne fut pas un facteur de croissance pour les pays colonisateurs**. Quoique la colonisation n'ait pas été une des causes de sa révolution industrielle précoce, le Royaume-Uni est le pays qui a le plus profité de son empire au XIXe siècle. Pour autant, l'impact de la colonisation doit être nuancé car Bairoch remarque : « *en comparant les taux de croissance pour le XIXe siècle, il apparaît qu'en règle générale les pays non coloniaux ont connu un développement économique plus rapide que les pays coloniaux* ». Cela s'explique par le fait que certains facteurs de croissance aient été détournés vers les colonies et que la facilité d'accès aux marchés coloniaux était un frein à l'innovation.

B ~ Le bilan du colonialisme est très négatif

- **Le bilan de la colonisation pour le tiers monde est négatif.** « *Si l'Occident n'a guère gagné au colonialisme, cela ne signifie pas que le tiers monde n'y ait pas beaucoup perdu.* » Le bilan est effectivement très lourd : désindustrialisation, diminution de la production vivrière pour réserver les bonnes terres aux cultures d'exportation dont les prix ont tendance à diminuer, explosion démographique, perte de l'indépendance nationale, traite des Noirs et dégradation de nombreuses formes de civilisation. « *Dans certaines zones du tiers monde le niveau de vie était en 1950 inférieur à celui de 1800.* »

- **Il faut souligner que l'Occident ne fut pas l'unique colonisateur**. De nombreux empires se sont formés au cours de l'histoire. Ce fut par exemple le cas des empires égyptien, perse, romain, chinois... On peut ajouter, que si la traite des Noirs fut « *l'un des aspects les plus infamants de la colonisation européenne* », l'occident ne fut pas le plus grand marchand d'esclaves (environ 11 millions) ; la traite des Noirs par le monde musulman fut plus importante (environ 25 millions).

3. Les mythes concernant le tiers monde

A ~ Croissance et niveau de vie

- **Les pays composant actuellement le tiers monde n'étaient pas significativement plus pauvres que les pays actuellement développés avant leur révolution industrielle**. Bairoch pense qu'en 1700-1750, les écarts de revenus entre les grandes régions du monde étaient faibles. Comme l'indiquent les déclarations de Marco Polo sur la Chine, des conquistadores sur la civilisation précolombienne ou des voyageurs sur l'opulence de l'Extrême-Orient, l'Europe était loin de constituer le seul îlot de richesse avant son développement. La société traditionnelle, aussi bien celle des pays aujourd'hui développés que celle des pays formant actuellement le tiers monde, est bien différente de ce que l'on croit généralement ; Bairoch affirme par exemple que le monde traditionnel était relativement urbanisé.

- **La croissance démographique n'est pas un facteur de croissance économique**. Bairoch pense que la croissance démographique n'a pas été un facteur de développement pour les pays industrialisés au XIXe siècle et qu'elle est un facteur grave de déséquilibre pour les pays du tiers monde car elle a de nombreux impacts néfastes : population en âge d'activité trop élevée par rapport aux possibilités de l'économie, nécessité de soutenir un investissement important pour compenser le surcroît de population, explosion urbaine et raréfaction de l'espace. « *La croissance démographique ne fut jamais un atout et elle représente dans tous les cas une contrainte importante.* »

B ~ Les termes de l'échange des pays du tiers monde

- **La détérioration des termes de l'échange des pays du tiers monde n'est pas une tendance lourde de l'histoire**. Les termes de l'échange des produits primaires (excepté le sucre) se sont améliorés du début du XIXe siècle jusqu'à la Seconde Guerre mondiale ; ce n'est que depuis les années cinquante qu'ils se détériorent (excepté durant les années soixante-dix), ce qui correspond paradoxalement à l'époque de la décolonisation. « *Les grandes entreprises acheteuses ont pu imposer des baisses de prix puisque les problèmes locaux ne concernaient plus directement l'ancienne métropole développée.* »

  Bairoch pense que « *la spécialisation dans le secteur des exportations de produits primaires ne mène pas nécessairement au sous-développement* », comme le montre le fait que la plupart des gros exportateurs de produits primaires sont des pays développés.

- **L'essor des exportations de produits tropicaux par les pays du tiers monde explique partiellement leurs importations de denrées alimentaires**. Effectivement, les cultures d'exportation étant plus rentables que les cultures vivrières, les premières ont pris de l'importance par rapport aux secondes, ce qui a incité le recours à des importations de produits alimentaires. La corrélation entre les deux phénomènes n'est toutefois pas parfaite car l'importation de produits alimentaires par le tiers monde n'a vraiment débuté que dans les années cinquante et parce que les plus gros importateurs de produits alimentaires (pays du Moyen-Orient) ne sont que faiblement exportateurs de produits tropicaux.

  L'explication principale des importations croissantes de produits agricoles par les pays du tiers monde réside dans les gains considérables de productivité réalisés par l'agriculture des pays développés ; de ce fait, le coût de production des produits agricoles devient plus faible dans les pays développés que dans le tiers monde.

En conclusion, Bairoch affirme qu'il n'existe pas de lois absolues : « à structures différentes, évolution et lois différentes. L'histoire ne se répète pas nécessairement et jamais exactement ». L'ouvrage de Bairoch permet de bousculer une vingtaine d'idées reçues. Ses conclusions ne sont cependant pas toutes indiscutables ; ainsi, Jean-Charles Asselain, dans la post-face du livre, affirme que, contrairement à ce que pense Bairoch, le libre-échange serait un facteur de croissance économique.

ESQUISSE DU MOUVEMENT DES PRIX ET DES REVENUS EN FRANCE AU XVIIIE SIÈCLE

Ernest LABROUSSE

Cet ouvrage d'Ernest Labrousse constitue une des premières études d'histoire quantitative. Reposant sur un impressionnant dépouillement de sources, c'est avant tout une œuvre d'historien. Elle s'inspire à la fois des idées de Marx (primat de l'infrastructure économique et sociale), de Juglar (notion de cycle économique) et de l'école des Annales (existence de plusieurs durées dans l'histoire).

Destinée au départ à servir d'introduction à une étude des origines historiques françaises des assurances sociales, ce travail est devenu bien vite une œuvre autonome. Il est publié pour la première fois à Paris, chez Dalloz, en 1933, puis réédité in extenso en 1984, en Suisse, à Montreux, aux Éditions des Archives contemporaines (2 tomes, 695 p.).

1. UNE TENDANCE GÉNÉRALE À LA HAUSSE DES PRIX AU XVIIIE SIÈCLE…

A ~ Une période d'inflation…

- **Le niveau général des prix augmente.** Si l'on se réfère aux mercuriales (registres des prix des grains) tenues sous l'Ancien Régime par les officiers municipaux ou aux statistiques des généralités et du contrôle général des finances, les prix du froment augmentent en moyenne en France de 56 % entre les périodes 1726-1741 et 1771-1789. Durant le même laps de temps, les prix du seigle augmentent de 60 %, ceux de l'orge de 52 % et ceux de l'avoine de 74 %. Cette hausse importante des prix des céréales paraît bien représentative d'une hausse généralisée des prix, « *unique depuis trois siècles par sa longueur et son amplitude* », puisque les prix du vin augmentent aussi de 41 %, ceux de la viande de 55 % ou ceux de la laine filée de 57 %. « *Le mouvement de longue durée naît à la fin du premier ou au début du deuxième tiers du siècle. Il se prolonge jusqu'à la fin de la seconde décade du siècle suivant.* »
- **Cette période d'inflation coïncide avec une phase de croissance**. Le contexte général est relativement favorable. Aucune guerre ne touche le sol de France de 1713 à 1792. Le pays jouit d'une extraordinaire stabilité monétaire depuis que la monarchie a renoncé, en 1726, à toute mutation arbitraire de la valeur en or de la livre tournois. Les profits augmentent régulièrement, les investissements se font croissants, l'ensemble des indicateurs économiques sont à la hausse.

B ~ … qui renforce les inégalités sociales

- **La rente féodale et la rente foncière augmentent plus vite que les prix**. Sur la plupart des terres, les seigneurs laïcs ou ecclésiastiques prélèvent chaque année le champart, représentant une partie de la récolte, ordinairement le douzième, en nature ou en argent selon les localités. Chaque année, le clergé prélève aussi la dîme qui se porte généralement à un douzième des récoltes ou du croît des troupeaux. Cette catégorie de revenus profite fortement de l'augmentation généralisée des prix des céréales ainsi que d'une hausse limitée des rendements agricoles : « *pour le propriétaire féodal, toute augmentation de la production provoque une rente additionnelle : la dîme et le champart sont proportionnels à la récolte* ».

De même, les propriétaires de terres non exploitants voient les revenus de leurs fermages ou de leurs métayages sensiblement augmenter. « *Payée en argent ou en nature, sous forme de fermages fixes ou de redevances proportionnelles, la rente présente donc ce caractère commun de croître plus que les prix agricoles, notamment plus que les céréales qui constituent l'article essentiel de l'agriculture française. La hausse dépasse davantage celle des produits à destination industrielle et, plus encore, celle des produits industriels proprement dits.* » La hausse des prix enrichit donc essentiellement les plus riches.

- **Les salaires nominaux augmentent moins vite que les prix**. De 1726-1741 à 1771-1789, le salaire ouvrier moyen dans l'agriculture et l'artisanat n'augmente que de 17 %. Dans la longue durée, le salaire réel de l'ouvrier, c'est-à-dire le rapport entre le salaire nominal et les prix, a donc sensiblement baissé. Cette faible croissance des salaires nominaux s'explique surtout par l'augmentation de la population due à la baisse de la mortalité : l'offre de main-d'œuvre reste sur le long terme supérieure à la demande de main-d'œuvre. Cette baisse du salaire réel entraîne une augmentation du coût de la vie pour la majeure partie de la population. Une famille ordinaire comprenant cinq personnes dont trois enfants de six à neuf ans consacre environ 66 % de son budget à l'alimentation (surtout composée de pain et de soupe), 15 % en vêtement, 6 % en chauffage et en éclairage. Du fait de la forte augmentation des prix des céréales, le coût de la vie augmenterait pour une telle famille de 54 % entre 1726-1741 et 1771-1789. « *Sous la pression du mouvement de longue durée, toute une catégorie de consommations comme les légumes, la viande, sortent pour une part du budget du salarié. Le rôle des "douceurs", pour reprendre un mot par lequel on désignait les aliments autres que le pain qui entrent dans l'alimentation du pauvre, se réduit. Inversement, la part du pain, appréciée en valeur, augmente.* » La hausse des prix appauvrit donc essentiellement les plus pauvres. Au total, « *le mouvement de longue durée du salaire au XVIII*e *siècle paraît ainsi engendrer, d'une part, une paupérisation radicale, mais limitée, d'autre part une paupérisation générale mais atténuée, de la masse de la population* ».

2. … PONCTUÉE PAR DES MOUVEMENTS CYCLIQUES DE FORTE AMPLITUDE

A ~ Des variations cycliques de moyenne durée

- **Les prix obéissent à des cycles d'environ six ans**. Ces cycles sont caractéristiques des économies pré-industrielles et disparaissent au XIXe siècle. Les prix agricoles restent très sensibles et fluctuent au rythme des récoltes et des stocks. De 1734 à 1789, les écarts annuels moyens dépassent 14 %. En sept ans, une hausse cyclique complète peut même augmenter le prix du blé de près de 130 %. Plus que la tendance de longue durée, peu perceptible à l'échelle des générations, c'est ce mouvement qui est le plus sensible pour la plupart des gens car il tend à aggraver les effets sociaux de la baisse du salaire réel. « *L'instabilité des prix, "l'inégalité des prix" comme disent les économistes, trouble, en effet, la vie sociale, y répand la ruine et la misère.* » Au contraire, en période de prix hauts, la rente foncière et féodale a tendance a augmenter plus rapidement.

■ **La Révolution française éclate à l'apogée d'un cycle de moyenne durée**. Depuis 1774, les cycles n'ont pas connu une forte amplitude. Les prix des grains augmentent certes nettement vers 1775 et 1782, mais n'atteignent plus les niveaux de 1770. Cette faible variabilité des prix aurait certes tendance à favoriser les travailleurs les plus pauvres. Pourtant, la plupart des Français ont le sentiment d'être plongés dans un marasme économique. Le pouvoir d'achat des viticulteurs, nombreux à l'époque, diminue depuis 1781. Dans l'artisanat et les manufactures, le traité de libre-échange franco-britannique de 1786, qui profite surtout à la Grande-Bretagne, provoque un effondrement de la production et un vaste chômage ouvrier. À partir de 1787, les prix des céréales réaugmentent fortement, dépassent les maxima antérieurs et culminent en juillet 1789. « *La Révolution éclate dans cette salve de hauts prix.* »

B ~ Des crises récurrentes

■ **Les crises économiques de l'Ancien Régime sont des crises à antécédence agricole**. Elles commencent toujours par une ou plusieurs mauvaises récoltes, dues à un printemps pluvieux qui fait pourrir ou germer sur pied les récoltes, ou à un hiver rigoureux qui fait geler en terre le blé d'hiver (froment, seigle). Le manque de grains fait monter les prix dès la récolte, mais la hausse est maximale au printemps suivant, durant la période de soudure, lorsque les stocks sont presque épuisés alors que la récolte future n'est pas encore engrangée. Cette variation sensible des prix céréaliers est surtout dramatique pour les plus pauvres. Ceux-ci sont obligés de consacrer l'ensemble de leurs revenus pour leur alimentation, reportant à des jours meilleurs tout autre achat. Lorsque ceux-ci ne couvrent plus les besoins journaliers en calories, on peut parler de disette. Cette disette est surtout nette en 1740, 1748 et 1770. On peut aussi parler de crise frumentaire ou de crise de subsistances.

Dans le même temps, malgré la baisse des rendements agricoles et du fait même de la hausse des prix des grains, les revenus féodaux et fonciers ont tendance à augmenter. À cause de la baisse de la demande en biens secondaires, les prix des produits artisanaux, par contre, s'effondrent brutalement. La mévente dans l'artisanat entraîne rapidement une montée du chômage, surtout en ville, et de la mendicité. « *La crise cyclique de sous-production agricole ne reste pas agricole dans ses conséquences. Elle gagne toute la vie industrielle. La sous-production agricole déclenche une crise de sous-consommation industrielle, de surproduction industrielle relative.* » Les crises économiques de l'Ancien Régime sont donc caractérisées par une hausse des prix céréaliers et une baisse des prix artisanaux.

■ **La crise économique de 1787-1789 constitue un modèle de crise de l'Ancien Régime**. « *L'explosion révolutionnaire qui survient en juillet 1789 dans les villes et les campagnes coïncide non seulement avec l'année, mais, approximativement, avec la période de l'année où le prix du blé atteint son maximum depuis le début du mouvement de longue durée, et même depuis la seconde décade du siècle* […]. *Le maximum cyclique est atteint à la fois dans la presque totalité du royaume, dans 27 généralités sur 32* ». La hausse violente des prix des grains aggrave alors la condition de nombreux travailleurs, viticulteurs ou artisans, déjà malmenés par la conjoncture. « *La chute cyclique du revenu du travailleur des villes et des campagnes, renforcée de sa chute de longue durée, fait de la crise de 1789 une des plus terribles de l'ancien régime économique.* » Si la Révolution française a aussi des origines purement politiques, liées à l'incapacité du système institutionnel et juridique à se réformer, son déclencheur est surtout économique. « *Le mouvement des revenus reproduit et aggrave en quelques mois, dans un raccourci dramatique, le mouvement de plus d'un demi-siècle. La* *révolte de 1789 contre les communs privilégiés de la rente, de l'impôt monarchique et de l'impôt féodal constitue déjà elle-même, bien qu'à des degrés inégaux, un aperçu symbolique de la Révolution. »*

Ces mouvements parfois contradictoires, en tout cas complexes, des prix, de la rente et des revenus ont au total de multiples conséquences. Ils constituent d'abord le principal sujet d'étude de nombreux économistes des XVIIIe et XIXe siècles, tels François Quesnay qui s'interroge sur le « prix naturel », David Ricardo avec la théorie de la rente ou Jean-Baptiste Say avec la théorie des débouchés. Il met aussi en évidence de manière criante les archaïsmes du système fiscal de l'Ancien Régime, en accentuant les inégalités sociales, en rendant le système seigneurial de plus en plus lourd et en faisant apparaître les privilèges de plus en plus insupportables au fil du temps. Dans la courte durée, il exerce par ailleurs une « influence provocatrice » sur le déclenchement et le rythme de la Révolution française.

Cette étude de l'évolution des prix au XVIIIe siècle a le mérite d'être d'une grande précision, de reposer sur des sources multiples, critiquées et recoupées, mais reste exclusivement descriptive, l'origine même de ces fluctuations n'étant pas étudiée. Elle ne remplace donc pas les travaux de François Simiand sur le même sujet. On retiendra surtout des travaux d'Ernest Labrousse, l'analyse précise du mécanisme des crises économiques de l'Ancien Régime, ainsi que les rapports étroits entre la crise économique de 1787-1789 et le déclenchement des événements révolutionnaires.

FICHE 67

EMPIRE COLONIAL ET CAPITALISME FRANÇAIS Histoire d'un divorce

Jacques MARSEILLE

Ce livre (Albin Michel, 1984, 458 p.) est la version allégée de la thèse de doctorat d'État que Jacques Marseille a soutenu à la Sorbonne le 5 mai 1984. L'édition publiée comporte des notes, une abondante bibliographie et des index. Le texte original est à la bibliothèque universitaire de la Sorbonne.

L'auteur étudie la colonisation française dans la longue durée, des années 1880-1890 aux années 1950-1960 pour répondre à une question fondamentale : l'empire colonial a-t-il été un moteur ou un frein pour le développement du capitalisme français ? Le livre est structuré en trois parties : « Mythes et réalités du bilan colonial », « Redéploiement ou protectionnisme ? » et « À la recherche de l'État ».

1. « *MYTHES ET RÉALITÉS DU BILAN COLONIAL* »

A ~ Les apparences : l'importance de l'empire pour le capitalisme français

- **L'empire joue un rôle essentiel dans le commerce extérieur de la France**. Il lui fournit des matières premières agricoles et minières (vin, café, phosphates, arachides...) tandis qu'il constitue un débouché pour de nombreuses industries métropolitaines (cimenteries, industrie cotonnière, métallurgie, automobile). Premier partenaire commercial de la France en 1929, il représente encore plus de 37 % de ses exportations et plus de 27 % de ses importations en 1958. Les colonies constituent également un partenaire commercial sûr, très utile en particulier dans les périodes de difficultés ou de crises économiques. Alors que les relations commerciales avec les pays étrangers connaissent parfois de grandes fluctuations, celles qui se font avec l'empire montrent une grande stabilité sur le long terme.
- **L'empire constitue un champ privilégié pour les investissements extérieurs**. Ceux-ci se font par des transferts de capitaux ou la création de sociétés coloniales. Ils mettent l'empire colonial au 3e rang pour les placements extérieurs en 1914. Ils représentent en 1939, 40 à 50 % de la valeur totale des placements français à l'étranger.

B ~ La réalité : pourtant la disparition de l'empire n'a eu aucune conséquence grave pour le capitalisme français

- **Derrière les statistiques, se cache l'intérêt des produits échangés**. Or, ceux « *que la France importait de son empire n'étaient ni des produits rares, ni des produits dont les prix étaient inférieurs aux cours mondiaux* ». Il faut donc en relativiser l'importance. Les importations sont constituées « *de produits dont le poids global diminuait* », ce qui atténue progressivement la nécessité de les faire venir de l'empire, d'autant plus que certains d'entre eux concurrencent directement les produits métropolitains comme les céréales ou le vin.

■ **L'exportation de capitaux privés n'a pas été synonyme de véritable impérialisme**. L'histoire de la Compagnie occidentale de Madagascar montre davantage un « *bluff* » qu'un véritable investissement. Créée en 1895, elle extorque près de 10 millions de francs-or à ses souscripteurs jusqu'en 1929, quelques années avant sa faillite. Ce cas n'est pas isolé et montre bien la nécessité d'un examen approfondi des données statistiques. En réalité, il est difficile « *d'assimiler exportations de capitaux et investissements* ». Les exportations de capitaux « *n'ont pas modifié les économies locales* ». Comment dans ces conditions, affirmer l'existence d'un « *impérialisme dynamique et conquérant ?* ».

C ~ Les années trente correspondent à une charnière dans l'évolution

■ **Jusqu'en 1930, le monde des affaires fait de l'empire un « *champ privilégié d'expansion* »**. Il se trouve en phase avec la situation économique de la France fondée sur un capitalisme industriel qui recherche avant tout un débouché sûr et protégé pour des secteurs en essor comme la métallurgie et le textile. L'opinion reste cependant majoritairement indifférente à la colonisation.

■ **À partir des années trente, la crise des industries traditionnelles entraîne la crise de l'impérialisme colonial**. Le marché colonial est « *accaparé par des branches dont le poids décline* » alors que les secteurs nouveaux « *semblent s'en désintéresser* ». Simultanément, les capitaux publics prennent le relais des capitaux privés. Ces années trente apparaissent donc cruciales « *pour les différentes fractions du capitalisme français intéressées à la mise en valeur de l'empire* », qui doivent faire des choix dans le cadre d'un contexte nouveau.

2. « *Redéploiement ou protectionnisme ?* »

Le capitalisme français face à la mise en valeur de l'empire à partir des années trente hésite entre trois stratégies.

A ~ La stratégie « *autarcique* »

■ **Il s'agit de constituer une zone économique entre la France et ses colonies**. À l'intérieur de celle-ci, les échanges commerciaux sont complémentaires (produits primaires contre produits industriels). La protection douanière interdit toute concurrence extérieure, ce qui permet des prix élevés.

■ **Elle permet de défendre les secteurs économiques qui entrent en crise à cette date**. C'est le cas de certaines branches du monde agricole ainsi que de l'industrie cotonnière. Cette ancienne industrie, peu concentrée financièrement et géographiquement, est alors de plus en plus concurrencée par des producteurs extra-européens soit parce que la main-d'œuvre est bon marché (Inde, Japon), soit parce que la productivité est plus élevée (États-Unis). Le débouché colonial apparaît alors comme une planche de salut. Véritable « *ligne Maginot de branches industrielles vieillissantes* », cette stratégie fondée sur le repli peut-elle être efficace ?

B ~ La stratégie « *libérale* »

■ **Ses partisans veulent rétablir les lois du marché**. Par conséquent, il est nécessaire de rechercher la « *clientèle solvable* » des pays développés pour remplacer les débouchés trop étriqués des colonies, en pratiquant une politique de bas prix. La crise est « *l'occasion de liquider les entreprises parasitaires qui avaient pullulé à l'ombre des tarifs protecteurs* ».

■ **Une partie du monde des affaires est favorable, mais le contexte international est difficile**. La crise des années trente renforce partout le protectionnisme. Dans un monde hérissé de barrières douanières, il semble téméraire de faire triompher la thèse libre-échangiste. Cependant les fabricants de produits de luxe traditionnellement exportateurs (industrie de la soie, de la laine) appuient cette thèse, épaulés par les milieux d'affaires marseillais.

C ~ La stratégie « *anticipatrice* »

■ **Elle suppose la rupture avec la division internationale du travail** (des producteurs de matières premières d'un côté, des producteurs de biens manufacturés de l'autre). La solution préconisée est l'industrialisation des colonies et le développement du marché colonial. « *En devenant des pays industriels, les colonies deviendraient en fait de bien meilleurs clients pour les métropoles car l'expérience démontrait que les pays riches étaient les meilleurs débouchés des pays riches.* »

■ **Elle est soutenue activement par un capitalisme favorable à un redéploiement**. Pour celui-ci, « *la domination politique directe présente plus d'inconvénients que de commodités* », industrialisation et autonomie politique allant de pair.

■ **Mais elle n'a pas réussi à s'imposer dans l'immédiat.** Le patronat accroché à la solution autarcique a fini par l'emporter (Syndicat général de l'industrie cotonnière en particulier). Dans ce débat, le rôle de l'État a pesé lourd.

3. « *À la recherche de l'État* »

A ~ Le dilemme

■ **La solution du protectionnisme est sage sur le plan social mais risquée sur le plan économique**. La concurrence absente maintient le calme social dans l'empire et donc la présence politique française, mais le repli finit par stériliser l'économie et l'affaiblir par rapport aux autres puissances puisque cette politique soutient des secteurs en perte de vitesse.

■ **La solution de l'ouverture favorise l'expansion économique mais présente des risques sociaux**. Elle suppose « *un alignement des prix de la production coloniale sur les prix mondiaux* » avec l'industrialisation des territoires. À ce titre, des troubles sociaux peuvent remettre en question la domination politique de la France.

B ~ Les hésitations

■ **Une grande prudence caractérise les gouvernements successifs**. Sauf peut-être sous Vichy où de nombreux rapports insistent sur la nécessité d'industrialiser les colonies « *pour traiter sur place certains produits* [...] *et élever le niveau de vie de l'indigène* », les responsables politiques ne se sont pas engagés en faveur d'une telle orientation (du Front populaire au plan Monnet en passant par le conférence de Brazzaville en 1944). L'idée d'une évolution des territoires hors du cadre français est exclue.

■ **Certains hommes politiques sont cependant sensibles au « *complexe hollandais* »**. L'abandon de l'Indonésie par les Pays-Bas en 1949 et la croissance de l'économie néerlandaise qui a suivi fournit des arguments à ceux qui sont favorables à un « *divorce par consentement mutuel* » entre la France et son empire. Plusieurs membres du Comité central de la France d'outre-mer « *n'étaient pas loin d'estimer que la France pouvait gagner à rompre ses liens politiques avec l'empire pour sauver l'essentiel, c'est-à-dire les liens monétaires et financiers* ».

C ~ Le divorce

- **Le mouvement « *moderniste* » partisan d'une décolonisation impose progressivement ses conceptions**. Il regroupe des hommes « *pour lesquels l'analyse du chiffre oblitérait le plus souvent la passion partisane, pour lesquels la puissance de la France ne s'identifiait pas avec la possession d'un empire* ». Pour eux, celui-ci étant devenu un « boulet », il fallait s'en séparer. Paradoxalement, au même moment, « *les Français dans leur majorité, pensaient que la France avait intérêt à garder ses colonies* ».
- **La thèse du divorce triomphe définitivement à la fin des années cinquante et au début des années soixante**. Dès 1954, Pierre Mendès-France déclare « *qu'entre l'Indochine et le redressement économique de la France, il fallait choisir* ». Le général De Gaulle après son retour en 1958 affirme nettement que « *la décolonisation est notre intérêt, et par conséquent notre politique* ».

*Avant d'entreprendre son travail en 1970, l'auteur pensait, selon une vision marxiste-léniniste largement répandue, que la croissance du capitalisme était liée à l'exploitation économique des colonies, que les guerres d'Indochine et d'Algérie s'expliquaient par le refus d'abandonner ce qui rapportait beaucoup. Ses recherches, achevées en 1983, lui ont permis de découvrir que l'abandon de l'empire n'avait « causé aucun dommage au capitalisme français », et qu'il « avait été l'une des conditions et l'accompagnement logique de sa modernisation ». Le colonialisme, jugé autrefois par Lénine comme le prolongement normal du capitalisme (*L'impérialisme, stade suprême du capitalisme, *1917) a fini par entrer en contradiction avec les nécessités d'une croissance « capitalistique » moderne.*

En revanche, les plus grandes difficultés se présentent aux nouveaux États indépendants. « C'est donc, conclut Jacques Marseille, l'histoire d'un divorce, avec un divorcé joyeux, la métropole, et un divorcé malheureux, les colonies » (entretien avec la revue Enquête sur l'histoire, *1993).*

FICHE 68

UN SIÈCLE DE BANQUE FRANÇAISE Les contraintes de l'État et les incertitudes des marchés

Jean BOUVIER

Les véritables études historiques du système bancaire français restent peu nombreuses, en grande partie parce que les archives sont d'un accès très difficile du fait de la confidentialité de beaucoup d'opérations. En 1959, à l'occasion de la rédaction d'une thèse, Jean Bouvier réussit à accéder aux archives du Crédit lyonnais, qui constitueront la base principale de sa réflexion ultérieure. Cet ouvrage (Hachette, 1973, 283 p.) demeure une des rares synthèses sur le sujet.

Cette étude n'est pas une chronique événementielle des banques françaises. Privilégiant l'analyse de longue durée, l'évolution des structures par rapport à la conjoncture, elle constitue « un essai de mise en situation et de compréhension de la place du système bancaire français dans la société et l'opinion, dans la croissance économique, dans les relations avec l'État, et dans les échanges internationaux ». S'écartant de toute neutralité, l'auteur opte ouvertement pour une analyse marxiste de l'histoire.

1. LES STRUCTURES BANCAIRES ÉVOLUENT EN FONCTION DE L'ENVIRONNEMENT ÉCONOMIQUE

A ~ Les premières banques ont de multiples fonctions

- **Le système bancaire du début du XIXe siècle s'est effondré durant la crise de 1847-1848**. Il était constitué de banques d'émission comme la Banque de France et les banques départementales, ainsi que de grandes banques de commerce. Après la crise, le système bancaire est incapable de fournir à l'économie les crédits dont elle a besoin pour son développement.
- **Après 1848 se développent de nouvelles formes de banques**. Ce sont des sociétés par actions, pour l'essentiel d'origine parisienne, mais qui mettent en place un maillage régional constituant progressivement de véritables réseaux bancaires. Les plus connues sont le Crédit mobilier des frères Pereire, fondé en 1852, le Crédit foncier (1852), le Crédit industriel et commercial (1859), le Crédit lyonnais (1863), la Société générale (1864), ou la Banque des Pays-Bas (1864) et la Banque de Paris (1869) qui fusionnent en 1872. Elles drainent les capitaux afin de répondre aux besoins d'équipement du pays : chemins de fer, urbanisation, mines, sidérurgie, etc.
- **Ces établissements restent des « *banques mixtes* » qui prennent des risques élevés**. Ce sont des sociétés qui mêlent « *opérations ordinaires et "grosses affaires" sur des bases purement empiriques, sans théorie ni garde-fou, dirigées par des équipes d'industriels et de banquiers dévorés du désir de faire, d'avancer, de gagner, et qui utilisent la banque nouvelle d'abord pour leurs propres affaires et entreprises* ». Elles atteignent pratiquement tous les milieux, de la haute bourgeoisie au petit commerce, et pratiquent des opérations à court comme à long terme, « *courant plus après le rendement qu'après la sécurité* ». Elles sont enfin, dès leur création, engagées dans des investissements et des prêts à l'étranger.

B ~ La distinction entre banques de dépôts et banques d'affaires se fait durant la « *grande dépression* »

- **Les banques de dépôts se désengagent des investissements industriels lors de la « *grande dépression* »**. Ce désengagement est délibéré. Les prêts à l'industrie comportent une part de risques que vient renforcer la conjoncture morose des années 1870-1900. Le Crédit lyonnais, par exemple, délaisse « *les branches vermoulues de l'industrie* » et ne conserve avec le secteur secondaire « *que des rapports de crédits à court terme et de services courants* ». La part des dépôts à terme y diminue en faveur des dépôts à vue. Il est suivi de près par le Crédit industriel et commercial et la Société générale. Ces banques s'appuient donc essentiellement sur leur réseau d'agences pour drainer l'épargne des ménages et des petites et moyennes entreprises. Comme elles disposent surtout de dépôts à vue, elles ne peuvent utiliser leurs fonds à des investissements à long terme et se spécialisent plus prudemment dans les crédits à court terme comme l'escompte.
- **Les banques d'affaires se spécialisent dans les prêts à l'industrie**. S'appuyant sur des ressources propres plus importantes que celles des banques de dépôts, ainsi que sur des dépôts à moyen et à long terme, elles octroient des prêts à de grands industriels ainsi qu'aux gouvernements étrangers. C'est le cas par exemple du Crédit mobilier ou de la Banque de Paris et des Pays-Bas. « *Aux époques où l'investissement prend une vitesse de croisière, ou aux époques d'affaiblissement du tonus économique national, la division du travail interbancaire est mieux adaptée aux circonstances, c'est-à-dire aux besoins.* »

C ~ Les structures bancaires se complexifient au XXe siècle

- **Le morcellement bancaire n'est qu'une apparence**. En dépit d'une multiplicité des types de banques et du nombre d'agences, le secteur bancaire a été très tôt très concentré, les regroupements se faisant sous forme de « *syndicats* » ou sous forme de « *groupes* ». Les « *syndicats* » sont des coalitions informelles associant divers types d'établissements en vue d'une opération d'envergure (placement de titres par exemple). Les « *groupes* » bancaires « *sont des constructions permanentes, des empires d'affaires* » formés de plusieurs sociétés dont une grande banque a pris le contrôle.
- **Après 1945, « *l'impératif de croissance* » a poussé les banques à diversifier leurs activités**. Les besoins de financement étant trop forts, « *les banques ne peuvent être que mixtes, comme à l'âge de leurs débuts ; le dégagement industriel n'est plus de saison. Les dépôts (même à court terme) vont servir à de vastes opérations* ». Les prises de risques s'accroissent donc en période de croissance. Les poussées vers « *la confusion des activités de "dépôts" et "d'affaires" se produisent aux époques d'intenses besoins d'investissements, de développement économique général, de renouvellement, de rénovation, d'extension de l'outillage national* ».

2. La tutelle de l'État s'est progressivement renforcée

A ~ Jusqu'en 1941, cette tutelle reste limitée

- **L'État ne contrôle pas les établissements bancaires**. Aux termes des lois de 1863 et 1867, quiconque est libre de créer une banque, sous forme de société anonyme. Il n'existe pas de concertation entre la politique économique de l'État et la gestion de l'offre de crédit : « *le "marché" va l'emporter sur l'État* ».

■ **La Banque de France contrôle l'émission monétaire**. Elle conserve encore une structure mixte, alliant l'État à des intérêts privés, mais ses administrateurs sont flanqués depuis 1806 d'un gouverneur et d'un sous-gouverneur nommés par le pouvoir. À partir de 1848, la Banque de France absorbe toutes les banques départementales et obtient *de facto* le privilège d'émission des billets. Jusqu'en 1945, pourtant, le rôle de la Banque de France reste ambigu. Si elle tient la fonction de Banque centrale, elle apparaît parfois en concurrence avec d'autres établissements bancaires, en octroyant par exemple des crédits à court terme, comme l'escompte, aux entreprises.

B ~ Cette tutelle se renforce fortement à partir de 1941

■ **La banque devient « *cartellisée* »**. Depuis 1941, la banque est devenue une « *corporation* ». Cette « *corporation s'autocontrôle en subissant le contrôle de l'État* », par l'entremise du ministère des Finances. Les banques constituent un cartel au sens où elles s'entendent sur les conditions d'octroi de crédits, sur les coûts des opérations et même sur les créations de guichets. Après les difficultés économiques de la crise des années trente, une « *planification capitaliste se met en place pour sauver le système capitaliste lui-même* ».

■ **Cette tutelle mène à « *la banque forcée* »**. Après une réforme opérée en 1936, la Banque de France est nationalisée le 2 décembre 1945. « *L'État, seul maître de l'institut d'émission, pourrait alors, croyait-on, en dehors de toute pression privée, élaborer une politique monétaire adaptée à la nouvelle politique économique.* » Sont aussi nationalisées les principales banques de dépôts disposant d'un réseau national d'agences, le Crédit lyonnais, la Société générale, le Comptoir national d'Escompte de Paris et la Banque nationale pour le Commerce et l'Industrie. Le contrôle des principales banques françaises permet désormais à l'État de disposer de nouveaux moyens servant à l'application des politiques d'inspiration keynésiennes : encadrement et distribution du crédit, maîtrise de la masse monétaire. Pourtant, ces nationalisations bancaires ont été un échec. Alors que les banques nationalisées devaient être mises au service de l'économie, elles ont adopté des comportements similaires à ceux des établissements privés.

■ **À partir des années 1966-1967, la banque redevient un secteur « *surexposé* »**. Sous l'influence de Michel Debré, alors ministre des Finances, les lois régissant les rapports entre les différentes banques françaises sont considérablement assouplies : liberté de concurrence, ouverture possible de nouveaux guichets, ce qui a encore accentué la concentration du secteur. « *Il y a cohérence entre la contre-offensive de l'idéologie libérale et les décisions de l'État offrant aux banques la possibilité de grandes manœuvres en terrain découvert.* » Certes, ce sont « *les nécessités de la croissance, mais aussi l'état des rapports de force politiques qui décident de "la marche des affaires" tant publiques que privées* ».

3. Les banques maîtrisent peu la conjoncture économique

A ~ L'évolution de la masse monétaire dépend surtout de la demande de monnaie

■ **L'évolution des formes monétaires s'est faite plus lentement que dans d'autres pays**. La monnaie métallique reste très importante jusque 1914, date à laquelle on cesse de mettre en circulation des monnaies d'or et d'argent. Les métaux précieux ne servent plus alors que de liquidités internationales. La monnaie fiduciaire, émise par la Banque de France, augmente très fortement jusque la Seconde Guerre mondiale. La monnaie scripturale, véritable monnaie de banque, n'approche le seuil des 50 % de la masse monétaire qu'en 1950.

- **Les banques ont répondu tardivement aux besoins monétaires**. « *En longue durée séculaire, la monnaie "privée" fournie par les banques l'a emporté sur la monnaie "publique" fournie par l'État.* » Le système français a cependant longtemps montré « *une sorte de sous-production des moyens de paiement et une incapacité à ajuster de manière souple l'offre de monnaie à sa demande* ». Si le système bancaire a su, par la suite, répondre à cette demande, cela a souvent entraîné de l'inflation.

B ~ Les banques sont à la fois les actrices et les victimes de l'inflation

- **L'inflation est un phénomène majeur du XXe siècle**. Elle apparaît avec l'économie de guerre de 1914-1918. Essentiellement due à l'émission trop importante de monnaie par l'État, ainsi qu'aux crédits octroyés par les banques, elle favorise les emprunteurs et les spéculateurs, mais a aussi des effets pervers : « *en tant que hausse accélérée des prix, elle s'accompagne inévitablement de l'érosion du pouvoir d'achat de l'unité monétaire, de la "chute" de la monnaie, c'est-à-dire sa perte de valeur* ».
- **L'inflation est à la fois une menace et un stimulant pour les banques**. Comme la dévalorisation du capital est rapide, « *seule la croissance rapide des dépôts permet aux banques de sortir victorieuses du défi inflationniste* ». Celles-ci peuvent aussi participer activement à la spéculation monétaire. Naturellement, un tel processus favorise surtout les groupes bancaires les plus dynamiques et les plus puissants.

En définitive, la banque et les banquiers paraissent « plus acteurs que thaumaturges, plus soumis à l'environnement que capables d'en inventer un nouveau, et possédant plus d'influence que de puissance [...]. *Dans la course à l'accumulation capitaliste les banquiers ne sont pas les seuls. Ils sont les rouages d'un système, système qu'ils ont contribué à édifier et qui leur impose sa logique ».*

Pour le lecteur d'aujourd'hui, cet ouvrage apporte des réflexions en partie dépassées. Elles peuvent encore présenter un intérêt en les replaçant dans le contexte idéologique des années soixante-dix.

FICHE 69

HISTOIRE ÉCONOMIQUE DE LA FRANCE ENTRE LES DEUX GUERRES

Alfred SAUVY

En 1984, Alfred Sauvy publie les trois tomes de ce livre, version refondue de l'édition de 1965, vaste étude fondée sur l'analyse de documents. Cet ouvrage (Économica, 1 300 p.) aborde tous les aspects économiques et démographiques de la période sous l'angle chronologique et thématique. Le tome I traite des événements, le tome II examine des secteurs particuliers à l'exception des questions financières auxquelles est consacré le tome III, où figurent également des chapitres sur des économies étrangères, une comparaison entre la crise des années trente et celle des années quatre-vingt ainsi que des études d'autres auteurs. En raison du caractère très composite de l'ouvrage, la présente fiche est centrée sur l'évolution chronologique de 1918 à 1939.

1. 1919-1931 : LES LENDEMAINS AMERS D'UNE VICTOIRE CHÈREMENT ACQUISE

A ~ La trilogie pertes-réparations-reconstruction

- **La guerre a touché la France humainement et matériellement**. « *Aucun pays, sauf la Serbie, n'a payé de tribut aussi important* » avec 10,5 morts pour 100 hommes actifs. En ajoutant la sous-natalité, « *aucune guerre n'avait dans les temps modernes, provoqué une telle saignée* ». Les destructions expliquent la baisse de la production, les pertes financières sont lourdes et l'État est très endetté. La récupération de l'Alsace-Lorraine apparaît comme une bien maigre compensation.
- **L'Allemagne considérée comme responsable doit payer ces dommages**. « *L'Allemagne paiera !* » devient un leitmotiv. La France doit obtenir 52 % des 132 milliards de marks-or demandés, mais devant les tergiversations allemandes, le gouvernement opte pour une politique dure en occupant la Ruhr. Finalement les plans Dawes (1924) et Young (1929) réduisent le montant des réparations et la crise y met un point final. Des trois grands pays vainqueurs en 1918, « *la France est celui qui a le moins bien défendu ses intérêts* ».
- **Dans ces conditions, les frais de reconstruction vont peser lourd dans le budget de l'État**. Les gouvernements ont employé une solution de facilité pour les financer, le recours à l'emprunt. Cette politique est lourde de conséquences car « *la monnaie n'a pas tenu sous ce poids. Les libéralités envers les sinistrés de la guerre ont finalement créé les sinistrés de la monnaie* ».

B ~ Un problème majeur : la dépréciation monétaire

■ **Ce sont les problèmes financiers qui font tomber la plupart des gouvernements à partir de 1919**. Par rapport à la livre et au dollar, le franc perd de sa valeur inexorablement. L'inflation a d'inévitables conséquences sociales car elle nuit au pouvoir d'achat des Français. Les gouvernements hésitent sur la politique à suivre pour la combattre. Faut-il « *fixer un plafond impérieux aux billets en circulation* » ou « *priver le commerce de moyens pour ralentir la spéculation ?* » La volonté politique manque trop souvent et les « *incantations rituelles* » sont davantage « *propres à soulager le cœur qu'à résoudre le problème* ».

■ **Le fétichisme de l'or n'est pas étranger à cette attitude**. Depuis sa création en 1803, le franc-germinal a conservé la même valeur-or, par conséquent « *si solide est le dogme de l'étalon-or qu'il prime toute considération économique* ». La solution, impensable pour beaucoup, serait de dévaluer la monnaie. C'est en effet le recours à « *cette arme diabolique* » qui assainira provisoirement la situation.

C ~ Une brève prospérité

■ **Poincaré, président du Conseil en juillet 1926, rétablit la confiance**. Il établit un budget en équilibre. Mais il doit trancher entre partisans de la revalorisation de la monnaie et partisans de la dévaluation. Il opte finalement pour la dévaluation, « *acte de sagesse réaliste* » qui provoque entre « *la France et le franc-germinal un divorce de raison* ».

■ **Un redressement s'opère mais la crise mondiale se déclenche**. L'assainissement financier porte ses fruits, « *les impôts rentrent, l'activité s'améliore, la production augmente* ». Cette situation cache en réalité des lendemains difficiles. La conjoncture mondiale se détériore dès le début de 1929, avant le krach boursier de Wall Street, « *mais la population française dans son ensemble, y compris ses dirigeants, ne songe absolument pas aux malheurs qui la menacent* ».

2. 1931-1939 : L'ÉCROULEMENT DU MYTHE DE LA FRANCE « *ÎLE HEUREUSE* »

A ~ Un problème fondamental et pourtant mal perçu : l'écart entre les prix français et les prix mondiaux

■ **La dévaluation de la livre en septembre 1931 met le feu aux poudres**. Dans un climat social tendu, la monnaie anglaise est décrochée de l'or et baisse rapidement par rapport aux autres monnaies. Or, le poids de l'Angleterre est à ce moment encore considérable sur les marchés mondiaux de telle sorte que « *la dévaluation de la livre détruit l'équilibre mondial* ». De nombreux pays dévaluent à leur tour et adoptent un contrôle des changes.

■ **L'économie française ne peut résister à ce nouveau choc**. « *L'île heureuse est à son tour envahie par les eaux* » et les indices économiques sont à la baisse. La reprise de 1932 est éphémère et illusoire. La dévaluation du dollar en 1933 frappe les pays qui, comme la France, sont restés fidèles à l'étalon-or, en accentuant les effets de la décision anglaise de 1931. En conséquence, les prix français sont au début de 1935 supérieurs de 22 % aux prix anglais, asphyxiant ainsi les exportations et la production. C'est bien ce problème qui « *va dominer toute la période, sans retenir de l'opinion l'attention qu'il mérite* ».

B ~ Entre la déflation et la dévaluation : un choix difficile

- **Cette alternative n'apparaît vraiment qu'à partir de 1934**. La politique de déflation destinée à maintenir une monnaie forte suppose l'application d'un strict équilibre budgétaire. Elle doit permettre en comprimant les salaires, d'abaisser les prix et de faciliter ainsi les exportations. Le recours à la dévaluation doit redonner une compétitivité aux produits nationaux sur les marchés étrangers. Le dilemme tient en fait à une attitude par rapport à la monnaie.
- **C'est sur cette question que les forces politiques doivent se déterminer**. Or, au début de la crise, « *tous les partis sont d'accord : aucun ne met en cause la valeur-or du franc* ». Seules quelques voix isolées, dont la plus insistante est à droite celle de Paul Reynaud, clament en vain la nécessité de dévaluer. Dans ces conditions, la droite et les radicaux, ensemble ou séparément, pratiquent la déflation jusqu'en 1936. Mais celle-ci avive le mécontentement social et, en comprimant le pouvoir d'achat, empêche la reprise. Le principe de la dévaluation est admis par le Front populaire mais n'est pas inscrit dans le programme car « *il s'agit toujours, aux yeux de l'opinion d'un artifice* [...] *propre à dépouiller la population* ». Elle est décidée malgré tout en octobre 1936, mais n'entraîne pas les résultats escomptés.

3. 1919-1939 : « *LA PÉRIODE DES GRANDES ERREURS* »

A ~ Droite, gauche : un même constat d'échec

- **L'alternance politique suit un scénario qui se répète à trois reprises**. Une majorité conservatrice sort des urnes en 1919 (Bloc national). Par la suite, toutes les élections sont favorables à la gauche (1924, 1932, 1936) mais celle-ci n'en profite pas et laisse la place à la droite après deux ans de gouvernement (1926, 1934, 1938).
- **Ces majorités mènent des politiques inadaptées et inefficaces**. La droite qui gouverne en 1929-30 ne profite pas de la restauration financière due à la dévaluation de 1928 car « *les mesures prises à ce moment* [...] *ne sont pas d'une parfaite opportunité* ». L'adoption de la semaine de 40 heures en 1936 par la gauche « *équivaut à donner 2 mois de congés supplémentaires en sus des 2 semaines légales* ». En définitive, la réforme monétaire décidée par Poincaré en 1928 est « *la seule à avoir été réfléchie, voire calculée. Un îlot de raison dans un océan d'erreurs* ».

B ~ Les causes de ces échecs

- **L'ignorance des faits peut expliquer en partie ces défaillances.** Les problèmes économiques et monétaires, très techniques, sont complètement nouveaux après la guerre ; non seulement l'opinion ne les comprend pas, mais les hommes politiques, par leur formation littéraire et juridique ne sont nullement préparés à y faire face. Cette « *ignorance profonde des mécanismes économiques* » ajoutée à l'absence de comptabilité nationale et à la grande pauvreté du matériel statistique est à l'origine d'appréciations erronées et de décisions maladroites de la part d'hommes « *débordés par les événements* ».
- **La tradition malthusienne française se poursuit dans l'entre-deux-guerres**. La France semble avoir « *peur de l'avenir parce que engagée depuis longtemps dans un processus de vieillissement* ». Le malthusianisme imprègne tous les domaines : réduction de la production agricole, crainte du progrès technique, contingentement des importations, affaiblissement démographique... « *toujours des réductions, de vaines réductions qui n'atteignent pas leur but* ».

- **Cette attitude rejoint la volonté d'isolement**. L'idée la plus répandue est que « *la France est un jardin* » et qu'elle peut se suffire à elle-même. Par conséquent, les échanges extérieurs la laissent indifférente d'autant plus qu'elle peut vivre repliée sur son empire. La dévaluation de la livre concerne les Anglais, et celle du dollar les Américains. Cependant, les problèmes pouvant venir de l'étranger, une protection est nécessaire aussi bien sur le plan économique que sur le plan militaire, « *barrières douanières et fortifications Maginot ou autres sont l'antidote spécifique aux troubles venant de l'extérieur* ».

« Période longtemps négligée par les historiens et les économistes » selon l'auteur, l'entre-deux-guerres est dominée par les questions économiques. Mais Alfred Sauvy, passionné toute sa vie par la démographie, montre fréquemment la liaison essentielle entre économie et population. Lui qui résumait sa conception de l'action par la nécessité « d'être en état permanent de rupture imminente, d'être happé par ce qu'on jette devant soi », n'est pas tendre pour les hommes politiques de l'entre-deux-guerres à l'exception de Poincaré en 1928 et de Reynaud en 1938 qui ont « su rétablir l'économie en détresse ». Il accorde malgré tout aux hommes politiques des circonstances atténuantes en constatant avec « déchirement l'ignorance profonde de ces hommes à l'égard des choses qu'ils entendent manier ». C'est pourquoi il a toujours voulu informer, connaître « les données essentielles ». Son ouvrage répond à ce souci.

FICHE 70

DIX-HUIT LEÇONS SUR LA SOCIÉTÉ INDUSTRIELLE

Raymond ARON

Cet ouvrage (Gallimard, 1962, 375 p.) est la reprise de cours professés en Sorbonne en 1955 et 1956. Les quatre premières leçons présentent un caractère très général, définissant la sociologie, confrontant les pensées de Marx, Tocqueville et Montesquieu quant à la notion de progrès et d'évolution sociale. Dans les leçons suivantes, Raymond Aron compare les sociétés industrielles capitaliste et soviétique en cherchant à en dégager les dynamiques.

1. LES SOCIÉTÉS INDUSTRIELLES SONT CARACTÉRISÉES PAR LA RECHERCHE DU PROGRÈS

A ~ La notion de progrès caractérise les sociétés industrielles

- **Avant la révolution industrielle, les évolutions étaient plus lentes**. « *Entre l'Antiquité et le monde d'hier, les différences de possibilités techniques étaient médiocres* » ; chaque génération cherchait simplement à vivre comme la génération précédente.
- **Progrès économique et croissance sont indissociables**. Dans les sociétés industrielles apparues aux XIXe et XXe siècles, « *l'industrie, la grande industrie,* [est] *la forme de production la plus caractéristique* ». L'entreprise y est radicalement séparée de la famille, la division technologique du travail y est forte, l'accumulation du capital importante, les ouvriers sont concentrés sur leur lieu de travail.

  Ce qui distingue les sociétés industrielles des sociétés antérieures, c'est aussi la recherche continue du progrès et ce faisant de la croissance de la production : « *le progrès économique se mesure par la quantité de valeur produite par chaque individu ou* [...] *par l'augmentation des ressources collectives en proportion de la population* ». Pour Raymond Aron, la croissance est donc « *une transformation qualitative dont les résultats sont mesurables* ». Elle ne se distingue pas réellement du développement, car elle le suppose ou l'entraîne.

B ~ La croissance économique nécessite de constants changements industriels

- **La croissance nécessite une évolution des structures économiques**. Produire davantage ne peut conduire qu'à « *la saturation successive des différents besoins* », au « *transfert de la demande d'un secteur à un autre* » et à la recherche sans fin du progrès technique. L'organisation de la production, la répartition de la main-d'œuvre, doivent donc sans cesse évoluer pour permettre de répondre à la demande ou d'accroître la productivité du travail. « *Une économie à croissance rapide est une économie en perpétuelle révolution.* »

- **La croissance conduit à de profonds changements sociaux et politiques**. Elle conduit inéluctablement à une modification de la répartition des revenus et de la propriété, de la stratification sociale, des institutions.

2. Le modèle économique soviétique conduit au totalitarisme

A ~ La croissance soviétique s'est faite au prix d'énormes sacrifices

- **La croissance économique soviétique est la plus forte du monde mais elle est déséquilibrée**. De 1928 à 1955, les Soviétiques ont réussi à élever leur pays au second rang mondial, multipliant environ par dix leur production industrielle. En 1955, le rythme d'expansion de leur industrie lourde reste encore supérieur à celui des États-Unis.

  Cette croissance quantitative dissimule en réalité des phénomènes qualitatifs de grande ampleur. Elle s'est essentiellement réalisée grâce à une collectivisation forcée et à de brutaux transferts de population des campagnes vers les villes. Pour développer une grande industrie, les Soviétiques ont développé l'urbanisation au prix de déplorables conditions de logement, ils ont sacrifié leur consommation et ont vu baisser leur niveau de vie. « *Si le but principal d'un système économique est d'élever le plus rapidement possible le niveau de vie de la population, le système a été peu efficace. En revanche, si l'objectif majeur du système économique est de renforcer la puissance de la collectivité, le jugement est tout autre.* »

- **Le modèle soviétique est à la fois le résultat de la planification et des circonstances**. Les planificateurs ont d'abord cherché à créer une base de puissance en édifiant une industrie lourde. Comme il fallait à tout prix rattraper l'économie capitaliste, ils ont mobilisé une main-d'œuvre de plus en plus importante car sa productivité restait faible. La priorité accordée à l'industrie de base rendant impossibles les échanges entre les villes et les campagnes, il a été décidé de collectiviser l'agriculture, au prix d'une brutale chute de la production agricole conduisant à une famine en 1932-1933. « *L'économie soviétique a abouti à un ordre de priorité comparable à celui que nous appliquons dans le cas de l'économie de guerre.* »

  Dès le départ, planification et collectivisation ont montré leurs limites. Si le système peut aisément s'appliquer à la grande industrie, il ne permet pas efficacement de développer l'agriculture, le commerce ou la construction. Or, « *ce qui, à échéance, déterminera le succès ou l'échec du système soviétique au point de vue économique, c'est l'évolution dans l'agriculture* ».

B ~ Le modèle soviétique s'appuie sur des pratiques totalitaires

- **La planification centrale de l'économie exclut la démocratie politique**. Le mode de régulation planifié suppose en effet que l'État soit omnipotent puisqu'il fixe une règle valable pour tous les citoyens. Il impose une idéologie et fait de la croissance économique un objet de foi. Il multiplie les « *incentives* », c'est-à-dire les incitations à produire comme les primes au rendement et sanctionne toutes les défaillances. Il impose un mode de vie, même si celui-ci ne peut pas toujours correspondre aux aspirations de l'ensemble de la population.

- **Ce système manque d'efficacité**. La répartition de la main-d'œuvre comme celle des investissements ne peuvent jamais bien correspondre à la demande. Les prix ne sont que le reflet d'une volonté politique et n'ont aucun rôle de régulation.

  Pour Raymond Aron, « *il n'est pas démontré que le régime qui produit le plus soit à d'autres égards le plus désirable, il n'est pas démontré que le régime le plus équitable soit en même temps le plus efficace* ». La question se pose donc de savoir si le régime soviétique pourra longtemps maintenir son système, car il sera de plus en plus difficile d'imposer des privations à la population au fur et à mesure du temps. À terme, il est probable que les revendications sociales s'accroissent fortement.

3. Le modèle capitaliste conduit à la démocratie

A ~ Le modèle capitaliste est controversé

- **Le modèle capitaliste peut faire l'objet de vives critiques**. Reposant sur la propriété privée des moyens de production, il génère effectivement des inégalités. Il repose bien sur une forme d'exploitation de la main-d'œuvre mais cette exploitation est à relativiser dans la mesure où la plus grande partie des profits réalisés par les entreprises est réinvestie et retourne ainsi dans les différents secteurs de l'économie. Si l'essentiel de la plus-value ne revient pas aux capitalistes mais sert à élargir l'appareil de production, ce système n'a rien d'immoral.
- **Ce modèle se caractérise par une grande diversité des formes de pouvoir**. L'entreprise capitaliste ne peut jamais être hégémonique. Les types de propriétés et d'entreprises sont en réalité multiples, aussi bien par leurs statuts que par leurs dimensions. Les marchés extérieurs, le comportement des consommateurs, l'action des syndicats ouvriers, l'action correctrice de l'État tendent à orienter la production elle-même et constituent autant de contre-pouvoirs.

  Cette diversité assure en outre au système capitaliste une plus grande flexibilité. L'idée, d'origine marxiste, de l'autodestruction du capitalisme, est plutôt un mythe, car ni « *l'insuffisance du pouvoir d'achat créé au fur et à mesure de la croissance économique, par suite d'une répartition de plus en plus inégalitaire des revenus* », ni « *l'idée du rendement décroissant du capital* » ne peuvent être démontrés.

B ~ Le capitalisme conduit à la démocratie et au ralentissement de la croissance

- **La qualification accrue de la main-d'œuvre conduit inexorablement à des aspirations égalitaires**. Plus la production se complexifie et intègre de valeur ajoutée, plus les besoins en main-d'œuvre qualifiée s'accroissent. « *Toute société industrielle est, d'une certaine façon, obligée d'invoquer des idées égalitaires, parce qu'elle est fondée non pas sur des inégalités de statut, sur l'hérédité ou sur la naissance, mais sur la fonction remplie par chacun.* »

  La réduction des disparités de revenus, la diminution du temps de travail, le plein emploi constituent des valeurs de plus en plus partagées qui aboutissent à une intervention accrue de l'État, plus particulièrement dans les sociétés européennes comme en Grande-Bretagne, en France, en Belgique et en Allemagne.

- **La démocratie conduit à la socialisation de l'économie et au ralentissement de la croissance**. Avec le temps, l'État est conduit à nationaliser certaines entreprises, pour des raisons d'ordre politique plutôt qu'économique, à modifier la législation sociale et fiscale, à intervenir davantage dans l'économie.

  Cette « *socialisation des économies européennes* » ne peut que conduire à un ralentissement de la croissance. « *Il serait plus difficile de modifier l'importance relative des différents secteurs de l'économie, plus difficile de changer l'organisation de la production, plus difficile d'élargir les dimensions des entreprises dans un système où les lois sociales s'efforcent de protéger l'individu contre les hasards de l'existence.* » L'importance des transferts sociaux risque par ailleurs de démotiver les travailleurs car les revenus ne seraient alors plus différenciés en fonction des efforts fournis. L'importance des prélèvements opérés sur les entreprises peut enfin peser sur leurs investissements. « *Le capitalisme risque de se paralyser lui-même, au fur et à mesure qu'il vieillit.* »

Cette série de cours est plus qu'une réfutation du marxisme et du système soviétique. L'évolution historique a confirmé une grande part des remarques de Raymond Aron. Progressivement, la croissance économique des pays capitalistes s'est ralentie et l'Europe cherche encore l'issue d'une crise structurelle. Presque dans le même temps, incapable d'assurer le passage d'une croissance extensive à une croissance intensive, l'économie soviétique s'est écroulée. En revanche, le désengagement de l'État dans les pays capitalistes infirme en partie la thèse de R. Aron.

FICHE 71

LA COEXISTENCE PACIFIQUE

François PERROUX

Jetant un regard critique sur les systèmes socialistes planifiés comme sur le pur libéralisme, s'interrogeant sur l'influence des systèmes de pouvoir sur l'économie et sur les formes de diffusion de la croissance, François Perroux s'écarte de toute orthodoxie.

Paru pour la première fois en 1958 aux Presses universitaires de France, réédité en 1992 aux Presses universitaires de Grenoble (612 p.), cet ouvrage pose la question des rapports entre les systèmes socialiste et capitaliste. Y sont analysés la plupart des concepts chers à l'auteur : la notion de pôle de développement, de pôle de croissance, l'idée de l'émergence d'une « économie générale » mondialisée, comme celle de l'échec de l'économie au XXe siècle.

1. « *L'ÉCONOMIE AU XXE SIÈCLE* » A ÉCHOUÉ

A ~ La « *coexistence hostile* » a des effets pervers

- **Elle conduit à une opposition trop radicale des systèmes économiques**. La lutte entre l'Ouest et l'Est est aussi une lutte théorique où les systèmes économiques sont utilisés comme des « *idéologies de combat* ». Or, « *le marché ne saurait plus être présenté comme un répartiteur infaillible en longue période* ». Il conduit par exemple à un gaspillage des ressources naturelles ou à un renforcement des inégalités sociales. Le plan soviétique n'est pas non plus le meilleur moyen de répartir les ressources car, dans les faits, l'offre du plan ne correspond jamais réellement à la demande : « *l'optimum praticable se découvre dans les tâtonnements et dans l'épreuve des résistances* ».

  En définitive, « *le marché fonctionne d'autant mieux qu'il prend place dans des plans et des programmes mieux établis et surveillés ; le Plan est d'autant plus fécond que la Centrale peut mieux détecter et résoudre les résistances périphériques, comme ferait un marché* ».
- **Les logiques de guerre déstabilisent les économies**. Les guerres, qu'elles soient mondiales ou régionales, « *agissent par les inflations durables, par les modifications imprimées aux techniques, surtout par les changements qu'elles introduisent dans les rapports de puissance entre classes et entre nations candidates au statut d'unités dominantes* ». La course à l'armement entre les deux blocs crée certes des emplois, mais elle conduit à des déséquilibres importants. Les industries d'armement, souvent en position de monopole, reçoivent des profits « *supranormaux* ». Les ressources sont détournées vers le secteur de l'armement au détriment d'autres secteurs, comme celui des biens de consommation. En définitive, la logique de guerre « *oblige chaque partie à une répartition optimum de plus en plus difficile de ses ressources disponibles entre les moyens de développement et les moyens stratégiques* ».
- **L'aide au développement est mise au service de la lutte entre les deux blocs**. Elle peut s'effectuer sous forme d'aide financière et plus souvent sous forme d'exportation d'équipements, de machines et de techniciens. Ces « *inves-*

tissements combinés en choses et en hommes » nouent des liens entre des ensembles de territoires et des complexes de production. L'aide au développement sert alors directement aux deux économies dominantes à étendre leurs zones d'influence, déjà puissamment polarisées. Cette stratégie mondiale de l'aide au développement « *suscite des régionalisations paradoxales et instables* » et contribue en fait à déstabiliser le reste du monde.

B ~ « *L'économie au XXᵉ siècle* » n'a pas réussi à répondre aux besoins de l'humanité

- **Elle n'a pas su « *nourrir les hommes* »**. Les civilisations du XXᵉ siècle ont pris pour la première fois véritablement conscience des rapports entre la population mondiale et le niveau des subsistances. Alors que la technique permet d'accroître considérablement la production agricole, « *par suite de défauts massifs de propagation, l'économie moderne n'est pas parvenue à alimenter convenablement les hommes* ». Les deux tiers de l'humanité n'ont pas une ration alimentaire normale, dépassant 2700 calories par jour, et ceux qui disposent de plus ont parfois une ration qualitativement insuffisante, en protéines ou en vitamines.

  Ces insuffisances ou ces carences alimentaires entraînent un effroyable « *gaspillage d'hommes* », du fait de la mortalité infantile, de la faible espérance de vie, d'une vie vécue « *dans des conditions infra-humaines* ». Cette insuffisance alimentaire est une preuve de l'échec de l'économie marchande, qui concentre ses profits « *au bénéfice d'individus et de nations privilégiés* », mais c'est aussi une conséquence de la politique soviétique, qui a toujours « *saboté, par haine de la prépondérance américaine, l'œuvre de toutes les organisations spécialisées* ».

- **Elle n'a pas su « *soigner les hommes* »**. Les régions les plus pauvres du globe sont les plus mal soignées et les plus malades.

  Dans les systèmes capitalistes, les innovations médicales ne se diffusent en fait que dans les zones ou des profits sont anticipés, soit du fait de la commercialisation même des innovations, soit dans l'espérance d'un « *rendement humain* » accru.

  Dans les systèmes socialistes planifiés, l'accumulation des instruments de puissance est souvent préférée au progrès des conditions d'existence. « *L'homme n'est pas un capital, en quelque régime que ce soit, ce qui supposerait qu'il est, ainsi qu'un bien matériel ou qu'une chose, soumis à un plan d'emploi.* »

- **Elle n'a pas su « *libérer les esclaves* »**. « *Les esclaves proprement dits et les victimes du travail forcé stricto sensu, se comptent par dizaines de millions.* » Dans les démocraties populaires, les libertés sont bafouées et les individus sont soumis à des régimes policiers insupportables. Dans les systèmes capitalistes, le temps de travail a certes été réduit au bénéfice des loisirs, mais au prix d'une parcellisation et d'une mécanisation des tâches souvent difficile à vivre et « *en gardant en son sein et sur ses pourtours des îlots-témoins de misères extrêmes, des jardins secrets pour esclaves à demi-libérés* ».

2. Les économies nationales sont appelées à se désintégrer

A ~ L'économie est impulsée par des pôles de croissance

- **La croissance ne se répartit pas régulièrement dans l'espace mondial**. Il existe des pays-foyers, qui sont des zones de croissance et de progrès. Ce sont des nations qui disposent d'un complexe d'industries dynamiques coopérant avec la puissance publique ainsi que de grandes places économiques et financières. Autour de ces foyers se distinguent des pays affiliés, qui commercent essentiellement avec les pays-foyers et en sont fortement dépendants. Ils profitent de la croissance des pays-foyers mais ne l'impulsent pas.

- **La croissance ne se répartit pas régulièrement dans l'espace national**. Le progrès économique se diffuse essentiellement à partir d'unités motrices, qui sont des unités complexes de production capables « *d'exercer sur d'autres unités des actions qui augmentent la dimension de ces dernières, qui modifient leurs structures, qui changent leurs types d'organisation* ». Elles peuvent avoir une action d'entraînement sur une longue période, en conduisant pour des raisons techniques à un abaissement des coûts, en générant localement des « *blocs d'investissement* », en stimulant le développement urbain et la création d'infrastructures, en créant des « *nœuds de trafics* » même au-delà des frontières nationales. C'est le cas par exemple de l'industrie sidérurgique de Lorraine ou du Nord de la France au XIXe siècle, de l'industrie automobile des Grands Lacs aux États-Unis au XXe siècle.

  Ces unités motrices peuvent s'établir spontanément dans certaines zones, en fonction de facteurs multiples comme la proximité des matières premières, le coût de la main-d'œuvre, les facilités de transport. On parlera alors de « *pôles de croissance* ». Elles peuvent aussi être établies par la puissance publique. On parlera dans ce cas de « *pôles de développement* ». Néanmoins, « *les nations et leurs États possèdent très inégalement la faculté de créer des unités motrices ou des pôles de développement. Il en découle des conséquences notables pour l'intelligence du développement extérieur des nations* ».

- **Les deux camps créent des pôles de développement dans leurs aires d'influence respective**. Les Soviétiques créent d'énormes combinats en Europe orientale et en Sibérie, ils tentent d'en exporter en Extrême et au Moyen-Orient. En Europe occidentale, on s'emploie à « *regrouper les nations européennes autour de la Ruhr, par le grand marché européen, par le Marché commun* ». Ces évolutions montrent que « *les fonctions économiques débordent les nations. Les ensembles moteurs, les pôles de développement possèdent une logique incompatible avec celle de l'économie territoriale* ».

B ~ L'économie est appelée à se « *généraliser* »

- **De nombreuses forces conduisent à l'apparition d'une « *économie sans extérieur* »**. « *Ces changements sont provoqués par les progrès techniques des transports, des productions et de l'information, par la mémoire collective des sociétés d'hommes et le perfectionnement de ses instruments, et par la construction d'un temps économique plus étendu de la prévision, des projets et des plans des activités économiques.* » Aucune économie, de nos jours, n'est capable de vivre en autarcie. Les échanges de matières premières, d'informations, de technologies sont inéluctables. Les problèmes écologiques, les besoins de sécurité commune, le défi du sous-développement, la réalité des régions transnationales, sont autant de facteurs qui poussent à la constitution d'institutions mondiales : « *l'État souverain est devenu une recette impraticable* ».

- **La coexistence pacifique laissera place à une « *économie généralisée* »**. Une « *économie généralisée* » est une économie « *dont le capitalisme et le communisme peuvent être considérés comme des cas particuliers* ». Progressivement, les écarts entre le capitalisme et le socialisme se combleront. La radicalisation des systèmes économiques est un non-sens.

  Dans les pays capitalistes, les inégalités sociales restent criantes. Le besoin se fait sentir d'une économie plus « *distributive selon des programmes et des plans souples* ». Les sociétés capitalistes ont a sacrifier « *un superflu en biens et en libertés secondaires* […], *à renoncer à leurs impérialismes marchands atténués ou camouflés au bénéfice d'une œuvre commune explicitement définie et acceptée* ». Dans les pays socialistes planifiés, la nécessité de décentralisation et de déconcentration s'impose. « *La société industrielle de type soviétique est soumise à des forces contradictoires comme toute société industrielle. Quand le produit s'élève, la contrainte est moins exercée et subie ; quand la division du travail progresse, l'information sur ses procédés et ses résultats doit nécessairement se propager.* »

Le système idéologique et économique bipolaire issu de la confrontation entre le bloc communiste et le bloc socialiste conduit donc à une impasse. Pire, il repose sur des fictions « qui permettent à des individus peu nombreux d'anéantir et d'asservir des multitudes humaines, au lieu de les faire vivre en plénitude ». Pour répondre à l'échec de « l'économie au XXe siècle », il faut dépasser les contradictions du système actuel pour inventer de nouvelles autorités et une nouvelle société : « le combat pour l'homme nouveau est le contraire de la guerre contre une coalition ».

S'écartant de tout dogmatisme, François Perroux apporte à l'économie le regard d'un humaniste. Il se garde par ailleurs d'une réflexion trop théorique pour coller au plus près à la réalité, en intégrant des dimensions historiques et surtout géographiques aux faits étudiés. Si certaines de ses conclusions peuvent paraître aujourd'hui quelque peu utopiques, s'il s'est en grande partie trompé sur l'évolution du système capitaliste, la plupart de ses analyses s'avèrent être, avec le temps, d'une extrême justesse.

FICHE 72

VOYAGE DANS LE TEMPS ÉCONOMIQUE

John Kenneth GALBRAITH

Cet ouvrage, écrit en 1993 et publié en français en 1995 (Seuil, 286 p.), est, comme l'indique son sous- titre, un « témoignage de première main » sur l'histoire économique du XXe siècle. J.K. Galbraith, « observateur activement engagé » fait en 25 chapitres la chronique de ce qu'il a vu et appris et se donne pour objectif d'expliquer, « en langage clair, et mis ainsi à la portée du lecteur cultivé et intéressé », les réalités économiques et sociales de ce siècle. Si la démarche est peu originale – les événements sont racontés dans l'ordre chronologique –, le regard porté et les jugements, très personnels, confèrent un grand intérêt à cet ouvrage.

1. DE LA PREMIÈRE À LA SECONDE GUERRE MONDIALE

A ~ Guerre et après-guerre

- **La Grande Guerre fut un « *grand tournant de l'histoire économique moderne* ».** Elle mit fin en Europe à un système politique et économique dans lequel l'État était « *la chasse gardée des anciennes classes foncières et jadis féodales* », alors que les grands capitalistes étaient exclus du pouvoir politique. Dans les pays en guerre, « *la direction politique et militaire se situait à un niveau minimal de compétence intellectuelle* » et la mentalité féodale des chefs de guerre explique l'effroyable coût humain de 14-18. Les États-Unis modernes sortirent vainqueurs de ce conflit qui leur permit de construire leur puissance économique sur les erreurs des classes dominantes d'Europe.
- **La conférence de Versailles en 1919 fut le théâtre d'une monstrueuse erreur économique** qui se révéla aussi une effroyable erreur politique et participa au malheur de l'Europe. Faire payer l'Allemagne, sans se préoccuper de savoir comment, « *vision d'une simplicité frisant le grotesque* », c'était entraîner ce pays dans l'hyper-inflation et le malheur. J.M. Keynes, membre de la délégation britannique, démissionna et dénonça dans un livre, *Les conséquences économiques de la paix*, l'aberration d'un traité qui, au lieu de restaurer l'économie européenne, créait les conditions d'un nouveau conflit.
- **Les années vingt « *ne furent pas une époque de bien-être universel* ».** Hyper-inflation suivie d'une situation économique récessive en Allemagne, retour à l'étalon-or, « *erreur peut-être la plus dommageable de toute la politique économique et financière moderne* », entraînant stagnation économique et chômage en Grande-Bretagne, spéculation et prospérité apparentes mais conditions de travail et de vie très difficiles pour une grande partie de la population aux États-Unis : le constat est celui de « *craquements inquiétants* ».

B ~ Krach, dépression et guerre

- **Le krach était prévisible mais les autorités politiques et économiques se montrèrent aveugles, grisées par le boom spéculatif.** L'euphorie caractérisait l'état d'esprit national américain tandis que « *la dynamique interne d'auto-alimentation du boom spéculatif* » était en marche. Encouragée par tous ceux qui savaient en tirer parti, la spéculation fut aussi facilitée par le mécanisme du levier soit dans sa « *forme simple* » (achat des actions à crédit, la hausse du cours permettant de rembourser), soit dans sa forme « *plus sophistiquée* » (à travers les échafaudages de sociétés d'investissement à capital fixe qui faisaient monter artificiellement le cours de l'action de la société mère). Lorsque s'effondra la confiance donc la demande et par suite les cours de la Bourse, le levier joua à l'envers, et « *beaucoup de gens virent arriver les nuages noirs du chagrin et de la ruine personnelle* ».

- **La grande dépression dura dix ans, s'étendit au monde entier et ne se termina qu'avec un tout autre drame : la Seconde Guerre mondiale**. Au krach boursier succéda une chute de la demande (entraînée par la ruine de très nombreux acheteurs potentiels) et une dépression économique qui donna raison à la théorie keynésienne selon laquelle un équilibre de sous-emploi peut durer si la demande est insuffisante. Faillites bancaires et effondrement des prix et des revenus agricoles, résultat d'une « *surproduction endémique* », consolidèrent la dépression. Les autorités de Washington, le président Hoover en tête, mais aussi Roosevelt à ses débuts, tenants de l'orthodoxie économique, ne prirent aucune mesure concrète contre la dépression, affirmant l'imminence de la reprise d'autant que « *les deux chefs d'État avaient une base sociale où un grand nombre de gens préféraient, personnellement, une situation de dépression économique aux mesures nécessaires pour la redresser* ».
- **Entouré de conseillers (dont l'auteur) « *brouillés avec l'idée, plus tout à fait crédible, de la bienveillance du marché* », Roosevelt prit cependant assez vite des mesures inspirées par « *une sorte d'activisme pragmatique* »**. Le New Deal mit en place des programmes économiques divers mais unis par leur caractère hétérodoxe par rapport à la pensée libérale dominante : ainsi le National Recovery Act permit aux entreprises de chaque branche de s'entendre pour limiter les baisses de prix, l'Agricultural Adjustment Act organisa un contrôle de la production et des prix dans le domaine agricole, la Federal Reserve mena une politique à la fois orthodoxe (baisse des taux d'interêt) et plus « *exotique* » : un programme d'achat d'or destiné à faire remonter le prix de l'or et l'ensemble des prix par la même occasion, le Public Works Administration et le Works Progress Administration créèrent des emplois, enfin, le Social Security Act assura « *à des niveaux certes fort modestes et même primitifs, des retraites aux personnes âgées et des indemnités aux chômeurs* ».
- **La vie économique pendant la Seconde Guerre mondiale se déroula différemment selon les pays.** Les États-unis qui disposaient d'énormes réserves d'usines et de main-d'œuvre, « *cadeau imprévu et inattendu de la dépression* », surent tirer la leçon de la Première Guerre et évitèrent l'inflation mais en revanche ne surent pas réorienter avec efficacité la production civile vers la production militaire même si finalement ils « *devinrent, de fait, l'arsenal de la démocratie* ». La guerre joua un rôle positif sur l'économie américaine. La Grande-Bretagne sut mobiliser ses énergies pour mettre en place une économie de guerre et devint « *grâce au soutien du prêt bail américain mais surtout grâce à la détermination de ses citoyens un redoutable producteur d'armements* ». Contrairement à ce que croyaient Britanniques et Américains, l'économie de guerre allemande, entravée par l'insuffisance de main-d'œuvre sans emploi et de capacités productives inutilisées, gênée par son incapacité à jauger et utiliser à fond les réactions de la population et surtout confiée à des hommes « *dont la culture générale et économique était franchement inadéquate* » se révéla peu performante.

2. De la paix au « *miracle incertain* » des années quatre-vingt-dix

A ~ Paix, années fastes et menaces cachées

■ **Les États-Unis sortirent vainqueurs sur tous les plans et aidèrent les Alliés à reconstruire leur économie**. L'économie américaine bénéficia de la grande réserve de pouvoir d'achat non dépensé pendant la période de guerre et d'un très important remboursement de la dette de guerre et « *plaça fermement la responsabilité de la gestion macroéconomique entre les mains de l'État* ». On évita les erreurs de la première guerre : les réparations imposées à l'Allemagne furent vite abandonnées, pour cause d'inefficacité et d'impact social démoralisant, ce fut aussi le cas du contrôle de la gestion des économies vaincues, jugé impossible compte tenu de « *l'infinie complexité* » d'une économie industrielle moderne. Pour permettre aux belligérants ruinés de reconstruire leur économie (mais aussi par crainte du communisme), les États-Unis mirent en œuvre le plan Marshall : 13 milliards de dollars, versés sans contrepartie aux Alliés, aidèrent ces derniers à renouer avec la croissance économique en faisant notamment des achats de denrées, matières premières et biens d'équipement auprès de l'économie américaine qui profita ainsi, indirectement, de la manne qu'elle avait distribuée.

■ **Les années cinquante et soixante furent des années fastes pour les pays développés tandis que la décolonisation posait le problème du développement économique du tiers monde**. La période de la reconstruction fut suivie d'une prospérité partagée par les États-Unis et les pays d'Europe de l'Ouest et, dans une moindre mesure, de l'Est. Deux traits essentiels caractérisent les économies de cette ère : le rôle essentiel de l'État, dit providence, dans le domaine social surtout et l'unification politique et/ou économique de l'Europe, conséquence de l'internationalisation du capitalisme et de la multiplication des firmes transnationales. Dans le même temps eut lieu la décolonisation inspirée par un mobile politique (le droit des peuples à disposer d'eux-mêmes) mais surtout par un mobile économique : « *les colonies n'apportaient plus aucun avantage économique susceptible de les justifier* ». La plupart des pays décolonisés n'accédèrent pas au développement économique, malgré les programmes d'aide, pour des raisons endogènes : population non instruite, instabilité politique, domination des classes féodales, erreurs de stratégie, rôle écrasant de l'État, sacrifice de l'agriculture, explosion démographique. Mais il existe un « *autre facteur contribuant à la désastreuse situation interne des pays pauvres : les erreurs des riches secourables* », notamment l'impérialisme du modèle des économies avancées et la militarisation de l'aide et des économies des pays pauvres par « *peur viscérale du communisme* ».

■ **La prospérité américaine des années Kennedy et des années Johnson laissa dans l'ombre un phénomène de paupérisation de certaines couches de la population**. Les années Kennedy, auxquelles l'auteur fut étroitement associé, furent riches d'initiatives : politique anti-inflationniste de modération des prix et salaires, politique macroéconomique keynésienne, réduction d'impôt, libéralisation du commerce international, nouveau programme d'aide aux pays pauvres à travers le Peace Corps. Ces années furent aussi le temps du mouvement pour les droits civiques qui fut « *une révolution économique* » en permettant la seconde émancipation des Noirs et en élargissant leur participation à la vie économique et sociale. Ces années-là furent aussi celles d'un phénomène grandissant de pauvreté.

B ~ Ultimes bouleversements

■ **La décennie soixante-dix amorça le déclin des États-Unis contrastant avec les performances de l'Allemagne, du Japon et de l'Italie**. Quatre facteurs expliquent la « *stagflation* » subie par l'économie américaine : la spirale inflationniste prix-salaires et les réticences à la contrer, le triplement des prix de l'énergie en dollars constants, la perte de confiance en l'État et la baisse de compétitivité de l'économie américaine. Nombreuses furent les erreurs commises en matière de politique économique, par exemple la rigueur de la politique monétaire qui cassa l'investissement, donc la compétitivité (et finalement la croissance) par des taux d'intérêt élevés, ou la déréglementation qui, dans le domaine des transports aériens notamment, causa de nombreux dégâts. Le déclin américain contrastait avec des réussites comme celles de l'Allemagne, du Japon et de L'Italie qui bénéficièrent de considérables atouts dont furent privés les États-unis : la force de l'ambition consécutive à la défaite, la conviction que l'État est au service de l'économie et donc la mise en place de politiques industrielles efficaces, la perte d'influence du pouvoir militaro-industriel, la jeunesse de leurs firmes et enfin une « *main-d'œuvre revigorante* ».

- **La décennie quatre-vingt fut celle des années Reagan qui enrichirent encore les riches aux États-Unis, mais aussi celle de la grande implosion de l'Europe de l'Est**. L'échec de la politique économique reaganienne est patent. Pour « *effacer autant qu'on le pourrait les pauvres de la conscience publique* », l'administration Reagan fit des choix clairs qui servirent les intérêts des riches : limitation des dépenses sociales, réductions massives des taux d'imposition marginaux, destruction du pouvoir syndical, politique de rigueur monétaire. Pour « *combattre vigoureusement la menace communiste* », elle accrut les dépenses militaires si bien que « *le président Reagan, vu le rôle de soutien qu'il donna aux dépenses publiques, fut le keynésien le plus clairement convaincu depuis les années Kennedy, peut-être depuis J.M. Keynes lui-même* » ! La révolution en Union soviétique et en Europe de l'Est fut totalement imprévue car le monde capitaliste surestimait la puissance du communisme et était incapable de « *comprendre les forces portant la révolution* ». L'incapacité à satisfaire les besoins de consommation courante contrastant avec la puissance de l'industrie lourde et le mépris affiché des dirigeants pour les droits de l'homme, alors que « *au-delà d'un certain stade de succès économique, les droits de l'homme deviennent non seulement un droit mais un fait inévitable* », expliquent cette révolution.
- **Les années quatre-vingt-dix se présentent sous le signe du « *miracle incertain* »**. La récession se prolonge et « *la possibilité d'un équilibre dépressif ne saurait être ignorée plus longtemps* ». À des causes temporaires – impact récessif venu du système bancaire et de la spéculation qu'il a financée, faillites des « *infâmes* » caisses d'épargne (*Savings and loan associations*), multiplication des fusions et achats d'entreprises financés par une dette à impact dépressif, effondrement des junk bonds –, s'ajoutent des causes permanentes qui menacent les chances de reprise : l'inégale répartition des revenus est une entrave terrible au comportement efficace d'une économie de marché moderne tandis qu'une partie de la population (fonctionnaires, professions libérales, retraités, employeurs) préfère le sous-emploi aux mesures qui s'y attaqueraient et qui pèseraient sur ses revenus.

Ouvrage d'histoire économique, ce livre est aussi une histoire personnelle (J.K. Galbraith raconte par bribes sa longue et riche carrière) et une histoire de la pensée économique marquée par la révolution de J.M. Keynes, pour lequel J.K. Galbraith ne cache pas son admiration. L'auteur ignore la langue de bois et manie l'humour voire l'ironie, si bien que la lecture de cet ouvrage – qui ne constitue en aucun cas une bible d'histoire économique mais propose une vision personnelle, parfois de l'intérieur – est à la fois instructive et divertissante.

FICHE 73

LA CROISSANCE FRANÇAISE

Jean-Jacques Carré, Paul Dubois, Edmond Malinvaud

Ce livre s'inscrit dans une problématique fondamentale de la science économique : rechercher les tenants et les aboutissants du phénomène de croissance. Rompant avec le pessimisme classique de l'état stationnaire, que l'on trouve chez Smith ou Ricardo, une reformulation fondée sur l'analyse keynésienne (modèle Harrod Domar) puis néoclassique (avec le modèle de Solow) relance, dans les années cinquante, le débat sur le phénomène de croissance qui reste, par de nombreux aspects, assez mystérieux. Parallèlement à ces développements théoriques, des travaux économétriques et historiques interrogent, dans le contexte de forte croissance des Trente Glorieuses, les facteurs de croissance dans le but de dégager les principes permettant de favoriser la poursuite d'une croissance équilibrée.

C'est dans cette perspective que l'on peut placer les travaux de J.-J. Carré, P. Dubois et E. Malinvaud. Ce livre (Seuil, 1972, 630 p.) est donc au carrefour de trois évolutions : la croissance particulièrement forte d'après 1945 associée au développement du rôle régulateur de l'État, qui cherche à préserver et à prolonger le phénomène de croissance ; un cadre conceptuel renouvelé par les récentes théories de la croissance ; les progrès de l'analyse économétrique, liés au développement de la Comptabilité nationale et de la statistique (E. Malinvaud était administrateur de l'INSEE).

1. Les composantes de la croissance économique

A ~ Les grandes étapes de la croissance française

■ **La restitution de l'arrière-plan historique de la croissance, permettant de dégager les rythmes et les phases, est indispensable à la compréhension du phénomène lui-même, et permet d'éviter toute approche moniste et réductrice**. De la révolution industrielle à 1945, les travaux des historiens de l'économie (J.-C. Toutain, J. Marczewski, I. Markovitch) ont montré que la croissance française est relativement modérée : 1,1 % de moyenne annuelle, contre 1,4 % en Allemagne et 1,6 % en Grande-Bretagne. Le phasage de la croissance française peut être résumé ainsi :

1820 – 1870	1870 – 1896	1896 – 1930
Croissance économique fondée sur : – un développement rapide de l'industrie et notamment du chemin de fer ; – une croissance plus faible du secteur agricole ; – une urbanisation assez lente.	« Grande dépression » de la fin du XIXe siècle : crise agricole (mauvaises récoltes, crise du phylloxéra…) associée à une crise bancaire et industrielle. Rattrapage économique de la France par l'Allemagne. Repli protectionniste (lois Méline).	Phase de croissance économique assez rapide, associant une conjoncture internationale favorable, les effets de la seconde révolution industrielle et le mouvement de concentration industrielle.

Les auteurs insistent toutefois sur les problèmes de fiabilité des statistiques disponibles, parfois lacunaires et partielles, ainsi que sur les difficultés conceptuelles et de méthode portant sur la définition des opérations productives et les indices utilisés.

- **Le changement de rythme d'après 1945 est impressionnant**. Si l'industrie confirme ses taux de croissance du XIXe siècle, les services et l'agriculture connaissent les progrès les plus nets. Le phasage de la croissance d'après-guerre fait apparaître quatre périodes : 1945-1951, période de reconstruction et de redémarrage économique, suivie de trois cycles (1951-1957, 1957-1963, 1963-1970), qui se déroulent suivant un schéma relativement homogène : « *croissance inflationniste, intervention déflationniste du gouvernement désireux de stabiliser les prix, ralentissement de la croissance pendant un an ou deux, puis reprise à des rythmes de 5 à 6 % par an, stimulée par des incitations gouvernementales* ». Il s'agit donc clairement de politiques de *stop and go* d'inspiration keynésienne.

B ~ Facteurs de production et croissance économique

- **L'examen du rôle du facteur travail dans la croissance suppose une étude de l'évo-lution des variables démographiques**. Durant le XIXe siècle, la croissance de la population française a été particulièrement faible. L'influence malthusienne est très nette à la fin du XIXe et au début du XXe siècle, avec un taux de croissance moyen annuel de 0,2 %, à comparer aux 0,8 % de l'Allemagne, aux 1,1 % de la Grande-Bretagne et aux 2,3 % des États-Unis. La situation des années trente peut même être qualifiée de catastrophique.

L'immédiat après-guerre (dès 1943, en fait), on assiste à un véritable renouveau démographique. Les auteurs avancent plusieurs explications :

– « *Paradoxalement, la guerre, c'est-à-dire l'expérience de l'insécurité dans une société qui avait alors jusque-là multiplié les sécurités, a pu contribuer à abaisser les normes de sécurité individuelle qui, entre autres, commandent l'intensité de le restriction des naissances* » ;

– une réaction anti-malthusienne, comme en témoigne le Code de la famille de 1938, impulsée par une attention nouvelle aux questions démographiques (influence de A. Sauvy et A. Landry) ;

– une explication en termes de cycle d'Easterlin.

Ces évolutions conditionnent les variations de la population active et donc le facteur travail ; mais il faut tenir compte des taux d'activité et des changements de la structure par sexe et âge de cette population active. Ainsi, la population active française est en quasi-stagnation de 1896 à 1962 :

Période	Taux de croissance moyen annuel
1896 - 1931	+ 0,15 %
1931 - 1936	– 1,20 %
1936 - 1946	0 %
1946 - 1962	+ 0,1 %

Cette situation s'accompagne d'une baisse du taux d'activité qui passe de 51 % en 1896 à 41 % en 1968. Enfin, la structure par sexe témoigne d'une baisse de l'activité féminine des années vingt au milieu des années soixante.

L'évolution du chômage montre que celui-ci reste à bas niveau sur la période étudiée, avec toutefois une pointe lors de la crise de 1921 (2,7 % de la population active) et lors de la crise des années trente (4,5 % soit 860 000 chômeurs en 1936). Après une niveau particulièrement bas durant les années cinquante, la dégradation de l'emploi se manifeste dès 1965 : la composante démographique des causes du chômage est très nette dans le cas français.

■ **La croissance du capital est le résultat de l'effort d'investissement**. Trois formes d'investissement sont distinguées : les investissements productifs, en logements, et ceux des administrations civiles.

La part de ces trois composantes a légèrement varié au cours de l'après-guerre, avec notamment une montée de l'investissement en logements.

Mais la donnée fondamentale est le rapport investissement/PIB, qui mesure l'effort d'investissement de la nation.

	1949	**1952**	**1954**	**1960**	**1963**	**1966**	**1969**
Taux d'investissement (% du PIB)	19,7	17,8	18,5	21,2	22,7	24,1	25

L'effort d'investissement a donc été soutenu et en progression durant les années de croissance.

2. L'ANALYSE DES EFFETS COMBINÉS DES DIVERS FACTEURS PHYSIQUES DE LA CROISSANCE ET LA MISE EN LUMIÈRE DU « *RÉSIDU* »

A ~ Une démarche économétrique fondée sur l'étude de la fonction de production

■ **La mesure de la contribution des facteurs de production à la croissance permet de mettre en lumière l'existence d'un « *résidu* ».**

L'analyse repose sur l'utilisation d'une fonction de production de type Cobb-Douglas, d'inspiration néoclassique, dont les caractéristiques semblent convenir aux choix méthodologiques des auteurs.

Le niveau de production à la période t, noté Q_t, est fonction des quantités de capital (K_t) et de travail (N_t) utilisées. Ainsi : $Q_t = f(K_t, N_t) = A \,.\, N_t^{\alpha} .\, K_t^{1-\alpha}$ (A représente un coefficient donné, α une valeur comprise entre 0 et 1 représente l'élasticité de la production par rapport au facteur travail, et (1 – α) représente l'élasticité de la production par rapport au facteur capital). Les recherches économétriques ont permis d'estimer les valeurs de ces deux élasticités dans le cas français et pour la période analysée par les auteurs : α est égale à 0,7 (1 – α = 0,3).

Puisqu'il s'agit de rendre compte de phénomènes d'accroissement, on utilisera cette fonction sous forme de différentielle totale, ce qui donne :

$$\frac{d\,Q_t}{Q_t} = \alpha \frac{dN_t}{N_t} + (1-\alpha)\frac{dK_t}{K_t}$$

Taux de croissance de la production

Taux de croissance du facteur travail, estimé à 0,9 % de moyenne annuelle

Taux de croissance du facteur capital, estimé à 6,6 % de moyenne annuelle

En conséquence, si l'on calcule la contribution des facteurs travail et capital à la croissance économique, on obtient le résultat suivant :

$$\frac{dQ_t}{Q_t} = (0{,}7 \text{ x } 0{,}9\ \%) + (0{,}3 \text{ x } 6{,}6\ \%) = 2{,}6\ \%$$

- **L'analyse de cette équation permet de mettre en lumière le résidu**. En effet, le taux de croissance réel de l'économie française pour la période considérée est de 5 %. L'accroissement du volume des facteurs travail et capital n'explique que 2,6 % sur les 5 % observés ; cette différence, tout à fait considérable, constitue le « *résidu* » qu'il s'agit d'expliquer. Il est à remarquer que les travaux menés par E. Denison (*Why do Growth rates differ ?* 1967), portant sur les États-Unis et quelques pays européens, aboutissent sensiblement aux mêmes conclusions : la part du résidu est d'environ la moitié du taux de croissance global.

B ~ Le problème du résidu et les recherches causales de la croissance

- **L'explication du résidu doit donc permettre de compléter les analyses de la croissance par le jeu des facteurs primaires, trop restrictives**. Or, une telle explication s'avère difficile. L'élément essentiel évoqué par les auteurs est le progrès technique. Les travaux économétriques de Carré, Dubois et Malinvaud rejoignent alors les analyses théoriques du progrès technique présentées dans le modèle de R. Solow notamment. Ce progrès technique recouvre en particulier la généralisation de l'organisation scientifique du travail et les économies d'échelle.
- **En définitive, les auteurs s'efforcent d'écarter toute explication de type moniste** : « *Attribuer la responsabilité première à un seul facteur nous paraît relever d'un esprit de système que l'examen objectif des faits ne justifie pas* ». Et c'est bien là l'argument essentiel du livre : la croissance est un phénomène complexe qui, dans le cas français, ne saurait s'expliquer par le seul rattrapage spontané, mais plutôt par la conjonction, à un moment historique donné :

  – du jeu des facteurs primaires, capital et travail, dynamisé par l'effet du progrès technique (le résidu de la croissance) ;

  – d'un phénomène particulièrement important dans le cas français, qui est le rattrapage démographique et la fin d'un « *malthusianisme craintif et paralysant* » : les mutations qui conditionnent la croissance auraient été ainsi socialement acceptées alors qu'elles étaient autrefois refusées ;

  – de grandes réformes institutionnelles, réalisées dans l'immédiat après-guerre, comme la planification ou les nationalisations, qui ont favorisé le développement des secteurs de base.

Approche pluridisciplinaire, faisant appel à un vaste appareil statistique, cet ouvrage constitue une somme impressionnante sur la croissance française d'après-guerre. Quelques critiques, d'ordre méthodologique notamment, peuvent toutefois être émises.

Au-delà de la conclusion finalement peu originale (la croissance comme phénomène multiforme et irréductible à une seul élément explicatif), on peut regretter que l'approche économétrique choisie repose sur une fonction de production très sommaire, et qui suppose l'adhésion à l'analyse marginaliste du producteur rationnel, critiquable sur de nombreux points (travaux de H. Simon sur la rationalité limitée, d'ailleurs contemporains de l'ouvrage de Carré, Dubois et Malinvaud). De plus, le choix d'une fonction de production à rendements constants n'est pas réellement justifié. Enfin, les aspects internationaux de la croissance sont peu étudiés, les auteurs privilégiant les causes internes.

FICHE 74

LES TRENTE GLORIEUSES ou la révolution invisible de 1946 à 1975

Jean Fourastié

Les Trente Glorieuses représentent les trente années qui se sont écoulées de la fin de la Seconde Guerre mondiale à la crise. Durant cette période, l'économie française s'est affranchie des contraintes de la rareté qu'elle subissait depuis des millénaires.

Le titre de l'ouvrage (Hachette, 1979, 288 p.) a été choisi par J. Fourastié par analogie aux « Trois Glorieuses » de la révolution de Juillet, c'est-à-dire les trois jours d'insurrection des 27, 28 et 29 juillet 1830.

Le livre compare la situation des années 1975-1978 à celle des années 1946-1950 puis il analyse les causes de la révolution économique et sociale pour ensuite aborder les perspectives postérieures aux Trente Glorieuses. « La réflexion sur le présent et le récent passé nous permettra, je l'espère, de mieux orienter notre avenir. »

1. Une révolution économique et sociale

A ~ De Madère à Cessac, de Marie à Séverine

- **Madère est un village sous-développé dans un état pré-industriel, Cessac est un village économiquement développé dans un état post-industriel**. En laissant croire au lecteur qu'il compare deux villages différents à une même époque (Madère et Cessac), J. Fourastié évoque la transformation d'un village entre 1946 et 1975 : Douelle en Quercy. L'histoire de ce village est révélatrice des mutations de l'économie et de la société françaises. Madère est marqué par les caractéristiques suivantes : un taux de mortalité infantile élevé, une espérance de vie à la naissance faible, une population active essentiellement agricole travaillant dans de petites exploitations, un faible niveau technologique, un taux d'activité élevé, un faible niveau de scolarité, un prix réel des marchandises élevé, une alimentation rudimentaire absorbant l'essentiel du budget des ménages, une grande sédentarité. Cessac est marqué par des caractéristiques opposées. « *Ne doit-on pas dire glorieuses les trente années qui séparent Madère de Cessac, et ont fait passer et Douelle et la France de la pauvreté millénaire, de la vie végétative traditionnelle, aux niveaux de vie et aux genres de vie contemporains ?* »
- **Les profondes transformations économiques et sociales sont à l'origine de la naissance d'un homme nouveau, que J. Fourastié illustre avec l'exemple de Marie et de Séverine**. Séverine est une jeune femme de 1975, son aïeule Marie est née deux cents ans plus tôt. Séverine est l'archétype de cet être humain nouveau, issu d'une longue évolution qui s'est accélérée durant les Trente Glorieuses. Marie a eu de nombreux frères et sœurs décédés en bas âge. Elle-même a échappé à une longue maladie ; elle a été orpheline de père alors qu'elle n'était qu'une jeune adolescente et elle n'a jamais connu ses grands-parents. Elle

a travaillé dès l'enfance. Elle s'est mariée vers 25 ans, beaucoup de ses enfants sont morts très jeunes ; veuve après 15 ans de mariage, elle est décédée à l'âge de 50 ans. Séverine est la petite-fille de la petite-fille de Marie. Elle a 18 ans, elle est étudiante ; son frère unique, ses parents et ses grands-parents sont vivants. Elle a déjà voyagé et a eu plusieurs amis intimes. Elles se mariera vers 23 ans aura un ou deux enfants, puis divorcera peut-être. À 45 ans, âge auquel Marie était la seule survivante de sa génération et voyait la mort se rapprocher, Séverine sera dégagée de toute obligation maternelle et elle pourra prétendre vivre encore 34 années paisibles et confortables. « *Naguère, la mort était au centre de la vie, comme le cimetière au centre du village ; aujourd'hui, la mort est exilée aux marges de la vieillesse.* »

B ~ De la France de 1946 à celle de 1975

■ **Les transformations majeures sont avant tout celles de la population**. Elle croît fortement de 1946 à 1975, passant de 40 à 53 millions d'habitants ; la densité de la population est multipliée par 1,33 (de 75 à 100 habitants au km^2).

La population française a augmenté en raison du taux d'accroissement naturel élevé. Cela s'explique par la diminution du taux de mortalité de 13,1 pour mille durant la période 1946-1950 à 10,6 pour mille durant la période 1971-1975. « *Aujourd'hui, un grand nombre de maladies cèdent devant la technique médicale et chirurgicale ; à l'échelle des grands nombres, on peut dire que seules deux "maladies" n'ont pas cédé : le cancer et la vieillesse.* » Le taux de mortalité infantile passe de 85 pour mille après la Seconde Guerre mondiale, à 14 pour mille en 1975. L'espérance de vie à la naissance augmente : de l'ordre de 25 ans au XVIIIe siècle, de 55 ans en 1898-1903, de 59 ans en 1933-1938 et de 73 ans en 1975. Mais l'élévation de l'accroissement naturel s'explique aussi parce qu'à partir de 1946 le taux de fécondité a considérablement augmenté. Le taux de fécondité de 8,9 enfants durant la période 1935-1937, passe à 12,6 durant la période 1946-1947. Enfin la population totale s'est accrue sous l'effet de l'augmentation du solde migratoire.

■ **La France de 1946 était encore largement agricole et rurale ; la France de 1975 est déjà fortement tertiaire et elle s'est urbanisée ; les gains de productivité sont les plus importants jamais réalisés**. Les agriculteurs même s'ils sont minoritaires représentent environ le tiers de la population active en 1946. En 1975, ils ne sont plus qu'un dixième. « [...] *en 1946, un agriculteur nourrissait (mal) 5 à 6 personnes, tandis qu'en 1975 un agriculteur en nourrit (très bien) 26* ». Entre 1946 et 1975, l'agriculture a perdu les trois quarts de ses effectifs. Le nombre d'actifs dans le secondaire n'a été multiplié que par 1,2, par contre celui du tertiaire l'a été par 1,6. La population rurale représente 85 % de la population totale en 1700, 50 % en 1946, mais elle ne représente plus qu'un tiers de la population totale en 1975.

Grâce aux gains de productivité, un actif finance par ses cotisations la charge de 1,36 inactif en 1700, de 1,98 inactif en 1946 et de 2 en 1978 : une augmentation de 45 % en 150 ans puis de 20 % en trente ans. Le taux d'activité de 51 % en 1946 se réduit à 41 % en 1975 et la durée de la scolarité s'allonge.

C ~ Une accélération du processus de développement

■ **La France de 1946 ressemble plus à celle de 1700 qu'à celle de 1975**. « *On voit aisément que, de 1946 à 1975, la France a changé plus vite que de 1846 à 1946, et, à plusieurs points de vue, plus que de 1700 à 1946.* » Ainsi par exemple, la baisse de la population active agricole n'a pas été très forte entre le début du XVIIIe siècle et la fin de la Seconde Guerre mondiale : elle équivaut en 1946 à 65 % de ce qu'elle était en 1700. Par contre en 1975, elle est égale à 27 % seulement de ce qu'elle était en 1946.

■ L'évolution entre 1946 et 1975 consiste en une accélération de tendances antérieures. On peut même admettre que le démarrage des Trente Glorieuses a été lent jusqu'à la moitié des années cinquante et que l'accélération la plus forte s'est produite surtout entre 1968 et 1975. « *On observera qu'en ordre de grandeurs, le minimum vital subjectif s'est élevé autant au cours des "Trente Glorieuses" et même en 26 ans, de 1949 à 1975, que de 1700 à 1939 : un triplement de Louis XIV à Daladier, un autre de Jean Monnet à Georges Pompidou...* »

2. La croissance et le développement

A ~ L'élévation du niveau de vie et la transformation du genre de vie

■ **Après avoir fortement baissé au cours de la guerre et dans les années qui suivirent, le niveau de vie dont l'indicateur est le revenu national moyen réel par tête, est en 1975 le triple de ce qu'il était en 1949**. Ce n'est qu'en 1949 que le niveau de vie, qui avait chuté pendant la Seconde Guerre mondiale, retrouve son niveau de la fin des années trente.

Le pouvoir d'achat est exprimé en francs constants, c'est-à-dire en valeurs déflatées ou avec des prix réels, c'est-à-dire des prix relatifs exprimant la valeur d'un produit en nombre d'heures de travail.

Là où la productivité a augmenté, le prix réel du produit a diminué. « *On pourrait multiplier les tests montrant que les produits à grand progrès technique ont tous engendré de fortes hausses du pouvoir d'achat, tandis que les prix de produits ou services à faible progrès ont augmenté presque aussi vite que les salaires.* »

L'augmentation du niveau de vie a induit une transformation de la structure de la consommation : le coefficient budgétaire de l'alimentation est passé de 44 % en 1949, à 26 % en 1974 ; celui de l'habitation de 12 % à 22 % et celui du poste hygiène-santé de 6 % à 14 %. En même temps, les taux d'équipement des ménages en biens durables ont augmenté. « *Schématiquement : le réfrigérateur et la machine à laver ont pris dans le budget ouvrier la place du pain quotidien.* »

■ **Le niveau de vie est la capacité moyenne de consommation des habitants d'un pays ; le genre de vie désigne les éléments plus qualitatifs de la vie quotidienne**. De 1946 à 1975, les taux de scolarisation augmentent surtout pour l'enseignement pré-élémentaire et pour le secondaire, puis pour l'enseignement supérieur de masse.

Le niveau de diplôme s'élève même si la part des « sans diplômes » est encore de 20 %.

L'abaissement de l'âge de la retraite et l'allongement de la scolarité ont augmenté le temps de loisirs : « [...] *si très peu de nos ancêtres connaissaient le loisir, c'est parce que le travail absorbait toute la durée de la vie consciente en dehors du repos dominical et de jours fériés.* »

Le stock de logements existants a pu passer de 14 millions en 1954, à plus de 21 millions en 1975, avec un niveau de confort supérieur. Alors que le nombre moyen de personnes par logement est de 3,7 en 1954, il n'est plus que de 2,5 en 1975.

B ~ Une forte réduction des inégalités

■ **L'éventail des revenus s'est considérablement réduit durant les Trente Glorieuses**. On constate une réduction de l'ordre de 10 à 7 de l'écart de salaires nets moyens des cadres et de ceux des ouvriers entre 1939 et 1976.

« La croissance progressive du salaire indirect, issu des transferts sociaux , a été facteur d'égalisation plus fort encore. [...] Le poids du salaire indirect dans le salaire ouvrier total, de l'ordre de 20 % en 1938, atteignait 40 % en 1975. »

- **On pense à tort que l'élévation du niveau de vie provient d'une plus grande justice sociale et de la redistribution des revenus**. En fait, l'augmentation du niveau de vie s'explique uniquement par l'accroissement de la production. Les inégalités étaient autrefois perçues comme une fatalité, elles sont désormais assimilées à une injustice sociale et politique.

C ~ Le progrès technique à l'origine de la croissance et du développement

- **La crise des années trente a cassé l'optimisme qui régnait, on a alors cru que la croissance et le développement cessaient**. Le tort de Keynes a été de tout ramener à des problèmes financiers de court terme, et d'ignorer l'importance du progrès technique et de la productivité. « *Ainsi la chaîne, progrès technique-progrès économique, a pour moteur le progrès scientifique et pour conséquence le progrès social.* »
- **L'évolution du nombre d'actifs dans chaque secteur d'activité résulte de la variation de la productivité et de la consommation**. Le progrès technique a été plus rapide pour l'industrie que pour l'agriculture, il a par contre été lent dans le tertiaire. La population active migre et change de secteur ou d'activité lorsque la productivité augmente plus vite que la consommation.

  « Si la consommation croissante change de structure, alors la production croissante doit aussi changer de structure. Cela ne peut se faire à moyen terme, et cela ne se fait que par des migrations professionnelles. »
- **L'augmentation de la productivité, si elle est assez forte, doit permettre de réduire la durée du travail et d'améliorer les conditions de travail**.

  « La durée du travail a, depuis 1946, diminué selon cinq modes. On commence moins jeune à travailler professionnellement ; on cesse plus tôt ; enfin, dans l'année normale de travail, on fait moins de semaines par an, moins de jours par semaine et moins d'heures par jour. »

  Un homme de 75 ans avait travaillé 220 000 heures en 1880, 110 000 en 1946, 82 000 en 1975. La perspective est de 40 000 heures pour la fin du siècle.

  Le taux de chômage est resté inférieur à 3 % de 1946 à 1974, le chômage des Trente Glorieuses n'était donc qu'un chômage frictionnel ou résiduel. « *Le grave problème du chômage ne s'est donc pas posé pendant les "Trente Glorieuses", mais il se pose aujourd'hui et se posera demain.* »

Les Trente Glorieuses *est un ouvrage largement documenté qui présente une démarche pédagogique à laquelle nuisent des redondances et des redites. Aujourd'hui, après plus de vingt années de crise et donc un plus grand recul de l'histoire, l'analyse de J. Fourastié mériterait un regard nouveau.*

« Les Trente Glorieuses » est une expression passée à la postérité pour désigner cette période exceptionnelle de l'histoire économique.

L'auteur affirme à la fin du livre que la crise commencée en 1973 n'est pas simplement économique, il s'agit selon lui d'une crise de civilisation marquée par l'effondrement des croyances religieuses, la crise de la morale sexuelle traditionnelle, l'usure des idéologies politiques et plus généralement le désarroi des jeunes ; la perte de l'enthousiasme, la chute de l'ardeur de vivre, et l'effondrement de la natalité.

« [...] l'Occident ne connaîtra plus, d'ici plusieurs lustres, un progrès économique comparable à celui qu'il vient de vivre pendant ce quart de siècle. »

FICHE 75

HALTE À LA CROISSANCE ?
Rapport sur les limites de la croissance

Donnella H. Meadows, Dennis L. Meadows, Jorgens Randers, William W. Behrens

En 1970, à la demande du Club de Rome, une équipe du Massachussets Institute of Technology dirigée par Donnella Meadows a entrepris de collecter des séries statistiques démographiques et économiques afin de bâtir une des premières modélisations de la croissance par ordinateur et d'étudier les interactions d'un certain nombre de facteurs pouvant conduire à dérégler le système planétaire. Remettant profondément en question la possibilité d'une croissance continue, le rapport Meadows bouleversait profondément les idées de l'époque et semblait alors être de bien mauvais augure.

Ce rapport a été publié en français en 1972, sous le titre Halte à la croissance ?*, augmenté d'une enquête sur le Club de Rome présentée par Janine Delaunay (Fayard, 314 p.).*

1. La croissance atteindra rapidement ses limites

A ~ La croissance présente un caractère exponentiel

- **La croissance de la population mondiale s'accélère d'année en année**. En 1650, la population mondiale ne s'élevait qu'à environ 500 millions d'habitants et n'augmentait qu'à raison de 0,3 % par an, ce qui correspondait à un doublement en 250 ans. En 1970, la population mondiale atteint déjà 3,6 milliards. Comme la mortalité diminue bien plus rapidement que la natalité, cette population s'accroît à un rythme de 2,1 % par an, ce qui correspond à un doublement en 32 ans seulement. Au milieu du XXIe siècle, il est fort probable que la population soit quatre fois plus élevée qu'en 1970.
- **La croissance économique mondiale évolue à un rythme encore supérieur**. Entre 1963 et 1968, la production industrielle a crû à un rythme de 7 % par an, le temps de doublement n'étant que de dix ans. Néanmoins, cette croissance économique n'est pas équitablement répartie puisqu'elle se concentre essentiellement dans les pays développés. En définitive, « *les riches s'enrichissent et les pauvres font des enfants* ». La croissance économique ne fait qu'accroître le fossé qui existe entre les riches et les pauvres à l'échelle mondiale. Or, ce rythme exponentiel ne peut qu'être momentané. « *Il est peu probable que les taux de croissance* [...] *demeurent inchangés et cela même avant la fin de notre siècle. Beaucoup de facteurs seront modifiés d'ici 30 ans.* »

B ~ Il existe des limites à la croissance

- **Les ressources alimentaires sont limitées**. « *La surface totale des terres susceptibles d'être cultivées n'excède pas 3,2 milliards d'hectares* », ce qui correspond à un peu plus de trois fois la superficie des États-Unis. Comme les terres les plus riches, environ la moitié du total, sont déjà aujourd'hui cultivées, la mise en valeur de nouveaux espaces demandera des investissements supérieurs pour des rendements plus faibles. En outre, du fait de l'urbanisation et de l'érosion des sols, le manque de terres arables devrait s'accroître avec le temps. En raison de la croissance de la population mondiale, nous pourrons « *passer en quelques années d'un état d'abondance à un état de disette* ». Il est certes possible techniquement de doubler, voire de quadrupler les rendements agricoles, mais cela ne ferait que reculer dans le temps l'échéance de la crise. S'ajoute à cela le problème de l'approvisionnement en eau douce, dont les disponibilités à l'échelle du globe sont tout autant limitées.

- **Les ressources minérales ne sont pas renouvelables**. Les réserves d'énergies fossiles comme le pétrole ou le gaz tout comme celles de métaux sont insuffisantes pour faire face à la croissance exponentielle des besoins. Même dans l'hypothèse où de nouvelles découvertes feraient quintupler le stock actuellement connu, ces réserves seront épuisées au cours des XXIe et XXIIe siècles. Tant que la production continuera à croître, la découverte de produits de substitution et le recyclage des matériaux ne feront qu'en retarder l'échéance. Il est en fait fort probable que « *la grande majorité des ressources naturelles non renouvelables les plus importantes auront atteint des prix prohibitifs avant qu'un siècle ne se soit écoulé* ».
- **La croissance génère une forte pollution**. Cette pollution paraît croître elle aussi à un rythme exponentiel, plus rapide que celui de la population mondiale. La combustion du charbon et du pétrole dégage du gaz carbonique et réchauffe l'atmosphère. L'énergie nucléaire produit des déchets radioactifs. Des métaux toxiques tels le plomb ou le mercure, des pesticides sont rejetés dans les cours d'eau. Or, « *un temps très long peut s'écouler entre le moment où une substance polluante est libérée dans l'environnement et celui où les effets s'en font sentir* », notamment en parcourant la chaîne alimentaire. S'il est impossible actuellement de connaître avec précision les seuils maxima de tolérance à la pollution, il est évident que la terre présente une capacité limitée à absorber des polluants en quantité croissante.

2. L'ÉCOSYSTÈME MONDIAL EST APPELÉ À S'EFFONDRER BRUTALEMENT

A ~ Le monde est un système global

- **Tous les facteurs sont en interrelation**. Certains facteurs génèrent des rétroactions ou des « *boucles* » positives qui renforcent ou accélèrent d'autres facteurs. Par exemple, la croissance de la population mondiale peut conduire à renforcer la demande, stimuler les investissements et accélérer la croissance économique. Dans le même temps, la plupart des facteurs génèrent aussi des rétroactions négatives qui conduisent à limiter d'autres phénomènes. Ainsi, « *les activités industrielles et agricoles peuvent toutes deux être cause de pollution* [...]. *La pollution peut avoir un effet direct sur la mortalité et aussi un effet indirect en ce sens qu'elle diminue la production agricole* ».
- **Il existe un « *effet de seuil* » pour chacun des facteurs**. À l'approche de ce seuil, certains facteurs peuvent tendre vers un état d'équilibre, mais la plupart décroissent fortement « *par suite de surconsommation de quelque ressource naturelle non renouvelable et de première nécessité* ». La population risque ainsi de régresser par manque de nourriture ou à cause d'une trop forte pollution et la croissance risque de s'arrêter par manque de ressources. « *La planète n'est pas assez vaste et ses ressources ne sont pas suffisantes pour tolérer plus longtemps le comportement égocentrique et agressif de ses habitants. Plus nous nous approchons des limites matérielles de la terre, plus ce problème risque d'être insoluble.* »

B ~ La croissance s'arrêtera au plus tard au cours du XXIe siècle

- **Plusieurs scénarios sont possibles**. Le système peut s'effondrer par suite d'une pénurie de matières premières agricoles ou minérales. Si les ressources naturelles sont plus importantes que celles actuellement estimées, « *c'est le niveau de pollution qui est la cause essentielle de l'arrêt de la croissance. Le taux de mortalité monte rapidement sous l'action conjointe des polluants et du manque de nourriture* ».
- **Les progrès techniques ne feront que décaler les problèmes dans le temps**. Même en imaginant que la totalité des ressources puisse être recyclée et que la pollution puisse être contrôlée, le quota alimentaire s'effondrera à cause de la surpopulation et de l'usure des sols. En définitive, « *le comportement fondamental de l'écosystème mondial est défini par une croissance exponentielle de la population et des investissements, suivie d'un effondrement* [...]. *Le résultat unique à plus ou moins long terme est l'effondrement du système, même si cet effondrement peut être différé* ».

3. Il faut passer d'un état de croissance à un état d'équilibre

A ~ Il faut délibérément limiter les facteurs de croissance

- **Seul un état d'équilibre pourrait éviter la crise**. Cet état serait caractérisé « *par une population et un capital essentiellement stables, les forces qui tendent à les accroître ou à les diminuer étant soigneusement équilibrées* ». Cet état ne peut être atteint brutalement, mais le monde « *doit tendre vers cet objectif par approches successives* », sachant que plus longtemps sera maintenue la croissance exponentielle, plus faibles seront les chances de parvenir à un équilibre final.
- **La population mondiale doit donc être rapidement stabilisée**. Cela ne pourrait se faire qu'en prenant partout des mesures draconiennes visant à équilibrer taux de natalité et taux de mortalité, avec pour objectif final deux enfants par couple.
- **La croissance de la production industrielle doit aussi s'arrêter**. Les capitaux devraient être prélevés sur l'industrie pour servir à l'agriculture, aux services, au recyclage et au contrôle de la pollution. « *Pour contrebalancer cet effet, il faudra élever la durée de vie du capital industriel, ce qui implique une meilleure conception des machines et des produits destinés à leur conférer une durée de vie bien plus grande, ainsi que la possibilité de réparation et de rénovation. Le matériel ne devra plus se périmer aussi rapidement qu'aujourd'hui.* »

B ~ Il faut chercher en même temps à atteindre un optimum

- **L'optimum économique doit être atteint**. Il se caractérise par la satisfaction des besoins humains fondamentaux : nourriture, logement et loisirs. Cette satisfaction des besoins ne pourra se faire qu'en répartissant la richesse mondiale de manière plus équitable pour aboutir à « *un affranchissement de la faim et du dénuement qui reste, aujourd'hui encore, le privilège de si peu d'hommes sur la terre* ».
- **L'équilibre économique n'entraîne pas un arrêt du progrès**. Le progrès social peut continuer, l'éducation, la culture peuvent largement se diffuser. Les progrès techniques pourraient contribuer à maintenir durablement un état d'équilibre, en apportant par exemple de nouvelles solutions aux problèmes du

recyclage des déchets, de l'allongement de la durée de vie des produits manufacturés, de la domestication de l'énergie solaire ou de la régulation des naissances. La croissance de la productivité du travail peut continuer à la condition qu'elle ne serve plus à accroître la production manufacturée, mais qu'elle serve essentiellement à augmenter le nombre d'heures de loisir. L'amélioration des conditions de vie peut donc encore continuer. « *Cet équilibre global ne signifie ni la fin du progrès, ni celle du développement de l'homme. Dans cet état, au contraire, les possibilités d'évolution sont presque illimitées.* »

Même s'il existe des raisons d'espérer, les motifs d'inquiétude restent grands. Une croissance exponentielle durable dans un domaine fini est impossible. « Chaque jour pendant lequel se poursuit la croissance exponentielle rapproche notre écosystème mondial des limites ultimes de sa croissance. Décider de ne rien faire, c'est décider d'accroître le risque d'effondrement [...]. Nous estimons, en l'état actuel de nos connaissances sur les limites physiques de la planète, que la phase de croissance ne pourra durer un siècle de plus. Mais encore une fois, étant donné les temps de réponse du système, si l'on attend que ces limites deviennent évidentes, il sera trop tard ».

Rédigé à un moment où les possibilités de croissance paraissaient infinies, le rapport Meadows a suscité de vives polémiques mais a été partiellement confirmé par la crise apparue dans les pays développés à partir de 1973. Les rythmes de croissance atteints durant les « Trente Glorieuses » ont été uniques dans notre histoire. Ce rapport a été l'une des premières études à entraîner un éveil des consciences quant aux possibilités limitées de notre planète et pousser à la mise en œuvre de mesures visant à une gestion durable de nos ressources. La conférence internationale de Rio, tenue en juin 1992, pour trouver un compromis viable entre l'environnement et le développement et assurer l'avenir de la planète en est l'une des premières concrétisations.

FICHE 76

ÉVOLUTION AGRAIRE ET PRESSION DÉMOGRAPHIQUE

Ester BOSERUP

Au cours des années cinquante, le très fort essor démographique des pays du tiers monde réactive le discours malthusien. Par exemple, selon Ansley Coale et Edgar Hoover (1958), l'accroissement démographique excessif pèse sur l'épargne donc sur l'investissement et, par conséquent, freine la croissance économique. À l'opposé, un courant anti-malthusien, animé en France par Alfred Sauvy, voit dans l'augmentation de la population un facteur de croissance et de développement. C'est à ce courant qu'il faut rattacher Ester Boserup. Dans son ouvrage, The conditions of agricultural growth *(1965) dont l'édition française est parue en 1970 (Flammarion, 221 p.), elle analyse le développement des sociétés rurales traditionnelles soumises aux effets d'une densification démographique : celle-ci, en contribuant à l'intensification des cultures, concourt à la transformation des structures agraires.*

1. DANS LES SOCIÉTÉS TRADITIONNELLES, LA PRESSION DÉMOGRAPHIQUE INDUIT UNE INTENSIFICATION DE L'EXPLOITATION DU SOL

A ~ Le développement de l'agriculture au cours de l'histoire résulte de l'adoption, très progressive, de modes d'exploitation du sol de plus en plus intensifs

- **L'exploitation du sol est devenue plus intensive**. Les systèmes d'utilisation du sol peuvent être classés en plusieurs catégories par ordre d'intensité croissante : les cultures à jachère longue (la durée de celle-ci variant de 5 ou 6 ans à plus de 20 ans) ; les cultures à jachère courte (1 ou 2 ans) ; les cultures à jachère très courte ou sans jachère (une à plusieurs récoltes par an). « *Il n'y a guère de raisons de douter, semble-t-il, que la séquence typique du développement de l'agriculture ait été un changement graduel,* [...] *allant des types extensifs aux types intensifs.* »
- **Le mode d'utilisation du sol détermine le genre d'outil agricole utilisé par les cultivateurs (bâton pointu, houe, charrue...)**. La jachère courte exige l'usage de la charrue tandis que la jachère longue suppose au mieux la houe. Cependant, si le genre d'outil est déterminé, « *chaque système de culture peut se pratiquer avec des outils très primitifs ou très perfectionnés* ». Par exemple, la charrue utilisée dans le cadre de la jachère courte peut être une simple araire ou être davantage perfectionnée ; la houe, en jachère longue, peut être plus ou moins rudimentaire...

B ~ L'intensification de l'usage du sol accroît la production agricole mais, dans un premier temps, réduit la productivité horaire du travail

■ **Le passage à une agriculture plus intensive nécessite une quantité de travail plus importante**. « *L'évolution de l'emploi agricole, dans une région donnée, à la suite de la croissance démographique et de l'intensification de l'utilisation agricole du sol, correspond à un allongement graduel de la durée du travail agricole.* » La jachère courte, et plus encore les cultures à récoltes multiples, diminuent ou éliminent les périodes d'inactivité : il faut, par exemple, s'occuper des animaux de trait et les nourrir d'où la culture de plantes fourragères qui exige un temps de travail supplémentaire ; la fabrication et l'entretien de l'outillage et l'adoption de méthodes de cultures plus élaborées (fertilisation, irrigation...) impliquent également un allongement de la durée du travail.

■ **C'est pourquoi, dans un premier temps, l'intensification des modes de culture se traduit le plus souvent par une diminution de la productivité horaire du travail**. « *On admet généralement que la production par heure de travail humain augmente beaucoup quand la charrue est introduite dans une collectivité donnée à la place de méthodes utilisées jusque-là, en système de longue jachère. C'est là, pourtant, une généralisation bien hasardeuse.* » La prise en compte de la totalité du travail qu'il est nécessaire de mobiliser fait apparaître que l'intensification de l'utilisation du sol « *réduit la productivité par heure de travail (autrement dit l'emploi agricole augmente plus vite que la production)* ». La croissance démographique, lorsqu'elle induit une intensification des modes de culture, ne génère donc pas une population surnuméraire dans les campagnes.

C ~ La croissance démographique est une condition nécessaire mais non suffisante de l'intensification de l'usage du sol et de l'accroissement de la production agricole

■ **Les rythmes de croissance de la population influent sur la modernisation de l'agriculture**. Un accroissement démographique implique, à partir d'un certain seuil de densité, impossible à déterminer *a priori*, la mise en œuvre de méthodes de culture plus intensives. Ce fut le cas en Europe occidentale, au XVIIIe siècle. La pression démographique conduit à la généralisation de techniques agricoles déjà connues mais peu répandues : par exemple, « *la rotation sans jachères de cultures incluant les légumineuses, était pratiquée dans l'Antiquité en Méditerranée et ailleurs* », c'est-à-dire bien avant son extension, au XVIIIe siècle, en Europe occidentale. *A contrario*, lorsque la densité de population s'abaisse, notamment du fait de catastrophes ou de guerres, « *il semble qu'il y ait eu souvent un retour à des systèmes plus extensifs* ».

■ **Pour autant, la croissance démographique ou plus exactement l'accès à un seuil de densité critique, ne suffit pas à garantir l'adoption de modes de culture plus intensifs**. En dépit de la pression démographique, les paysans peuvent refuser l'adoption de nouveaux modes d'exploitation du sol du fait « *d'une comparaison parfaitement rationnelle entre la quantité de travail supplémentaire à fournir et la quantité de production supplémentaire à en attendre* ». Leur refus n'a donc rien à voir, sauf cas très rares, avec un quelconque fatalisme. La densification de la population les incitera à adopter des modes de culture plus intensifs dès lors qu'ils y verront un intérêt, une source de satisfaction compensant l'effort de travail supplémentaire, une perspective de gains suffisants...

2. La transformation des modes d'utilisation du sol fait évoluer les structures agraires

A ~ En simplifiant, trois catégories de structures agraires, liées aux modes d'utilisation des sols, peuvent être distinguées

■ **Aux modes de culture les plus extensifs correspond un système de « *tenure tribale* »**. Dans les systèmes de très longue jachère, chaque famille, clan, tribu... dispose d'un « *droit reconnu d'exploitation du sol, d'un territoire* » (système de « *tenure tribale* »). Un accroissement de la population amène à raccourcir la durée des jachères et à en réduire la surface. Aussi, « *l'attachement individuel des familles à des pièces de terre déterminées devient de plus en plus important* ». Cependant, dans tous les cas, le droit d'exploiter la terre ne constitue pas un droit de propriété.

■ **Ultérieurement, l'intensification de l'usage du sol conduit à l'instauration d'un mode de « *tenure féodale* »**. Progressivement, dans les sociétés traditionnelles, la hiérarchie sociale se complexifie et comporte généralement « *une classe supérieure de chefs tribaux ou de seigneurs féodaux qui reçoivent un tribut* [des] *cultivateurs – en nature, en travail ou des deux sortes* » (mode de « *tenure féodale* »). Les seigneurs peuvent utiliser le travail obligatoire pour défricher de nouvelles terres. Ils élargissent alors leur domaine qui reste, toutefois, inaliénable.

■ **Plus tard, l'appropriation privée du sol va apparaître et se développer (mode de « *tenure moderne* »)**. Très progressivement, les seigneurs se muent en propriétaires, les cultivateurs devenant alors leurs fermiers ou leurs métayers. Mais, il est également possible que leur situation par rapport aux cultivateurs s'affaiblisse. Dans ce cas, ces derniers peuvent transformer leur droit d'usage de la terre, en droit de propriété.

B ~ Dans les systèmes de « *tenure tribale ou féodale* », c'est-à-dire sans propriété privée du sol, la croissance démographique favorise le développement agricole

■ **Dans les systèmes de « *tenure tribale ou féodale* », les investissements agricoles sont pris en charge par la population plus nombreuse**. La croissance démographique implique l'accentuation des défrichements, voire la construction de réseaux rudimentaires d'irrigation, etc. Ces investissements sont réalisés par les cultivateurs dans la mesure où ils disposent de temps libre du fait des modes extensifs d'utilisation du sol : l'augmentation de la population permet « *de contrebalancer et même bien au-delà, le fardeau relativement léger de quelques investissements agricoles supplémentaires* ».

■ **Cependant, les solidarités rurales peuvent être menacées**. L'exploitation de plus en plus individualisée des parcelles de terre due à la densification de la population peut devenir source de nombreux litiges entre agriculteurs. Ils peuvent prendre la dimension de conflits ethniques de grande ampleur et mettre à mal les solidarités rurales. D'ailleurs, la colonisation, en instaurant prématurément la propriété privée du sol, a accentué ces conflits. De plus, les cultivateurs devenant les salariés des colonisateurs ou des chefs tribaux qui leur étaient inféodés, ne se sentaient plus concernés par les investissements agricoles collectifs. C'est pourquoi, la croissance démographique a fait apparaître une population surnuméraire.

C ~ L'apparition puis le développement de la propriété privée du sol confortent le développement agricole

- **Lorsque l'usage de la monnaie est encore limité et l'autoconsommation des denrées alimentaires élevée, les cultivateurs travaillent davantage pour faire face à l'accroissement des investissements agricoles**. La pression démographique conduit à intensifier les cultures et commande la croissance des investissements agricoles : les défrichages, l'aménagement de canaux d'irrigation et de terrasses, etc. sont alors pris en charge par une partie plus importante de la population. Par ailleurs, les cultivateurs-propriétaires bénéficient d'une main-d'œuvre peu coûteuse du fait de la pression démographique, laquelle stimule la demande et dynamise les prix des produits agricoles. Les perspectives de profits incitent les paysans à accepter le surcroît de travail nécessaire à l'intensification des cultures.
- **La fiscalité peut contribuer au développement agricole**. La prise en charge des investissements collectifs – réseau d'irrigation, par exemple – est dorénavant assurée par un gouvernement local ou central. Un impôt relativement lourd sur l'agriculture génère des recettes permettant de les financer et amène les paysans à travailler davantage. Ce fut, par exemple, le cas au Japon de l'ère Meiji. *A contrario*, une politique de bas prix agricoles et d'impôts allégés ne stimule pas les paysans et freine l'expansion agricole. Les gouvernements de l'Inde indépendante appliquèrent ce type de politique qui échoua non pas du fait d'un accroissement démographique trop important mais de la mise en œuvre de mesures inadaptées.
- **Par la suite, la monétisation croissante et le développement industriel permettent d'utiliser, dans l'agriculture, des intrants fournis par l'industrie (machines, engrais...)**. « *Si l'on tient compte des possibilités d'intensifier l'utilisation du sol qu'apportent les fournitures industrielles, le potentiel de productivité des méthodes modernes d'agriculture devient pleinement apparent.* » Les conséquences sur l'emploi dans les campagnes de la mécanisation de l'agriculture et de l'usage d'engrais, sont variables. Si la population augmente et accroît la demande et si les cultivateurs sont stimulés par des prix des produits agricoles suffisamment incitatifs, l'emploi augmentera. En revanche, si la demande de produits agricoles ne s'accroît pas, ou si elle est couverte par l'importation de produits alimentaires, le sous-emploi frappera la population rurale.

La position anti-malthusienne d'Ester Boserup ne doit pas être réduite à une caricature : elle n'oublie pas qu'il existe « une relation à double sens entre le trend démographique et le développement agraire », même si, dans cet ouvrage, elle a souhaité privilégier l'analyse des effets de la pression démographique sur le développement agricole. En outre, jamais elle n'affirme qu'il suffit d'une forte pression démographique pour que s'enclenche un processus de développement des sociétés rurales. E. Boserup ne cesse de détailler les conditions requises pour que les effets de la croissance démographique soient positifs. L'implication personnelle des cultivateurs n'est pas la moindre.

FICHE 77

MARIANNE ET LES LAPINS L'obsession démographique

Hervé LE BRAS

Dans cet ouvrage (Hachette, 1991, 283 p.), Hervé Le Bras s'oppose à la vision apocalyptique de certains démographes ou gouvernants, à propos de l'évolution de la population française et il démontre l'existence de liens entre le natalisme et le nationalisme.

L'auteur présente son analyse démographique ainsi que les différends qui l'ont opposé à l'Institut national des études démographiques (INED), où il occupait les fonctions de chercheur.

1. L'UTILISATION D'UN INDICE DÉMOGRAPHIQUE PEUT ÊTRE SOURCE DE MANIPULATION

A ~ L'indicateur conjoncturel de fécondité est un indice biaisé

- **L'indicateur conjoncturel de fécondité, longtemps utilisé comme principal indice, diminue**. Il est aussi appelé indice synthétique de fécondité, ou somme des naissances réduites. Il est égal à la somme des taux de fécondité par âge et il est indépendant de la structure d'âge ; il permet d'effectuer des comparaisons notamment dans le temps. Il présenterait l'avantage d'être calculé sans attendre que les jeunes femmes aient achevé de constituer leur famille et il donnerait une estimation du nombre d'enfants auxquels elles peuvent donner naissance.

  À partir de 1965, cet indicateur diminue : de 3 en 1965, il est passé à 1,8 en 1975, depuis il reste stable.
- **Un glissement sémantique se produit dans l'interprétation de l'indicateur conjoncturel de fécondité**. « *Avec l'indicateur conjoncturel, toute référence concrète s'évanouit. Il s'agit d'un indice statistique, c'est-à-dire d'une construction de l'esprit.* » Affirmer, comme l'ont fait des démographes de l'INED, que le seuil de renouvellement des générations est atteint pour une valeur de l'indicateur conjoncturel de fécondité au moins égal à 2,1 est faux. « *Personne ne rappelle que même avec un indice de 1,8, même en l'absence d'apport migratoire, il faudrait attendre l'an 2030 avant que la croissance ne s'arrête.* » Une baisse de l'indicateur conjoncturel de fécondité peut ne pas indiquer un risque de dénatalité, de dépopulation et de non-renouvellement des générations.

  La baisse de l'indicateur conjoncturel de fécondité s'explique par le recul du calendrier des naissances. Il ne faut pas l'interpréter par une baisse de la fécondité mais par son report. L'âge moyen des maternités s'est élevé de deux années depuis les années soixante-dix. S'il est vrai que le taux de fécondité des plus jeunes femmes a diminué, celui des plus âgées s'est élevé en contrepartie. L'affirmation selon laquelle, à force de reculer les naissances, les femmes vont buter contre la contrainte d'infertilité n'est pas d'actualité. Au rythme actuel de deux mois de retard par an, cela ne peut pas arriver avant 2050.

- **L'indicateur conjoncturel de fécondité n'est pas une prévision de ce que va être la descendance finale**. La descendance finale est le nombre moyen de naissances vivantes par femme d'une génération donnée, une fois leur fécondité révolue. Le retard de fécondité réduit l'indicateur conjoncturel de fécondité tandis que la descendance finale reste stable, car les femmes donnent naissance à autant d'enfants mais plus tard. « *La difficulté et, en un sens, la tromperie tiennent au fait qu'un seul mot, "fécondité", recouvre un grand nombre d'indices différents, alors qu'on imagine une seule mesure et que l'on en cite toujours une seule comme si elle était unique.* » L'utilisation de l'indice de fécondité le plus inquiétant justifie et encourage le natalisme.

  Lorsque la descendance finale est évoquée, il s'agit toujours de la descendance brute et non pas nette (déduction faite des décès). Ainsi, le seuil de renouvellement d'une génération est atteint pour une descendance finale brute de 2,1 et non pas de 2. Les naissances féminines étant un peu moins nombreuses que les naissances masculines, 100 mères doivent donc donner naissance à 205 enfants pour être remplacées. Mais certaines des 100 filles, parmi ces 205 enfants, mourront avant l'âge de cinquante ans. Ce risque étant actuellement d'environ 2,5 %, il faut alors 211 enfants pour 100 femmes, ou 2,1 enfants en moyenne par femme afin que le renouvellement des générations soit assuré.

  Bien que la mortalité soit plus faible qu'autrefois, on persiste pour des raisons d'idéologie nataliste, à comparer les descendances finales brutes et non pas nettes. En comparant les descendances finales brutes, la fécondité des femmes d'autrefois apparaît beaucoup plus élevée que celle des femmes d'aujourd'hui. « *On imagine immédiatement de grandes familles, des ribambelles d'enfants et une croissance démographique rapide, ce qui est archifaux. Les nombreuses naissances étaient rapidement suivies de nombreux décès.* »

B ~ Les affirmations de la thèse nataliste sont erronées et dangereuses

- **Le « *natalisme* » considère que la natalité, facteur de croissance démographique, est un indicateur essentiel de la puissance d'un pays**. En 1800, la France était le pays le plus peuplé d'Europe avec 30 millions d'habitants. En 1860, elle en comporte 40 millions, puis jusqu'à la deuxième guerre mondiale la population stagne. « *De 1840 à 1940, la démographie devient l'explication favorite de nos faiblesses. Le nombre s'impose comme critère unique de puissance* [...]. *On a confondu natalité et vitalité nationale.* »

  La reprise de la fécondité dès le début de la guerre, le baby-boom de 1945 à 1965, donne satisfaction aux partisans du natalisme. La diminution de la fécondité puis sa stabilisation depuis 1975 les inquiètent donc. « *Contrairement aux autres pays d'Europe, la population est restée en France la cause préférée de nos maux, et le symptôme de nos faiblesses.* »

  Pour les partisans du natalisme, l'enfant est une nécessité d'État. C'est pourquoi la politique nataliste cherche à inciter les familles récalcitrantes à procréer, en leur versant des prestations diverses et en les faisant bénéficier d'avantages fiscaux.

  Le natalisme se distingue du populationnisme et du familialisme ; il se confond avec le nationalisme. Avec le familialisme, les mesures sont prises en faveur des familles et des enfants, avec le natalisme seules les naissances importent. Le populationnisme, à la différence du natalisme, affirme la nécessité d'un accroissement démographique même s'il provient de l'immigration. Par contre, le natalisme comme le nationalisme se fondent sur le mythe des racines et sur une identité nationale, que personne n'est capable de définir correctement : « *confusion entre race et culture, puis entre culture et citoyenneté. Amalgame même* ».

- **La population se serait accrue même en l'absence du recul de la mortalité et du recours à l'immigration**. En effet, en dehors du déficit de naissances durant la première guerre mondiale, le nombre des naissances est étonnamment stable. Il reste compris entre 750 000 et 900 000 par an depuis cent ans et même depuis plus de deux siècles. Certes, ce nombre a diminué depuis 1975 ; cependant, le nombre de naissances est encore supérieur à ce qu'il était en 1955 au cœur du baby-boom.

  Bon nombre de démographes passent sous silence l'augmentation rapide et régulière de la population totale. Ils insistent sur la baisse jugée catastrophique de l'indicateur conjoncturel de fécondité et ils la présentent comme s'il s'agissait d'une diminution de la population totale.

  L'INED qui détient en France un monopole en matière de démographie effectue cette manipulation à des fins d'idéologie nataliste et il proscrit tout débat. « *Il y a substitution pure et simple d'une production bureaucratique à une production scientifique : le chercheur entre dans la machine un article scientifique, il en ressort une note nataliste.* »

  Les gouvernements successifs savent qu'en France, les peurs démographiques consolident leur prestige, la présentation d'un bilan démographique pessimiste les tente donc.

2. Le vieillissement de la population est à relativiser

A ~ Le vieillissement n'est pas catastrophique

- **Le vieillissement provient de ce que l'on vit plus vieux et que l'on part à la retraite plus jeune**. Pourtant, les spécialistes expliquent souvent le vieillissement par une prétendue insuffisance de la fécondité. Ainsi, le vieillissement pour Sauvy a pour cause et pour conséquence la dénatalité et l'effondrement de la croyance à la vie.

  On affirme même parfois qu'il faudrait 2,4 enfants par femmes pour empêcher le vieillissement. « *Quand on sera à 2,4, on vous demandera 2,7, sous prétexte, par exemple, de maintenir constante la proportion d'arrière-grand-mères ou de nonagénaires, puis à 2,7 on vous parlera de trois enfants par femme.* » De toutes façons, le chiffre de 2,4 n'est pas hors de portée si on considère l'immigration et le retard de calendrier de la fécondité.
- **Tout dépend de l'âge auquel la barre du vieillissement est fixée**. Les calculs sur le vieillissement reposent toujours sur une convention. Par exemple, si l'on fixe la limite à soixante ans au lieu de soixante-cinq ans, en retenant l'hypothèse basse de mortalité, ce ne sont pas 2,4, mais 2,9 enfants par femme qu'il faut pour maintenir le pourcentage des plus de soixante ans à sa valeur actuelle. On aboutit ainsi à une absurdité : plus la mortalité baisse, plus la natalité devrait être élevée pour empêcher le vieillissement.
- **On oublie que dans la réalité, on ne devient vieux qu'au terme de l'existence**. « *En plaçant le début de la vieillesse à cinquante, soixante ou soixante-cinq ans, au gré des auteurs, on suppose que l'âge mesure l'état de santé et les capacités productives de l'individu.* » On vit plus longtemps, mais le nombre des années durant lesquelles on est malade et dépendant ne s'allonge pas. « *Il faut admettre qu'à mesure que nous mourons plus tard, nous vieillissons plus lentement, ou plus tard.* » Au lieu d'augmenter les dépenses de santé, le vieillissement les reporte vers les grands âges. Elles augmentent donc plus en raison de la croissance des revenus et de leur élasticité élevée, qu'à cause du vieillissement.

B ~ Le financement des retraites ne pose pas un problème insoluble

- **L'allongement de la durée de vie peut mettre en péril l'équilibre des régimes de retraite ; pour y faire face, trois solutions sont envisageables.** La première consiste à diminuer les pensions versées aux retraités, la deuxième à augmenter les cotisations payées par les travailleurs, la troisième propose d'accroître le nombre des travailleurs en proportion de celui des retraités. Il n'est jamais fait allusion à un financement assuré par le recours à la solidarité entre classes sociales plutôt qu'à celle entre générations. En France, les deux premières solutions sont généralement rejetées car on considère qu'elles sont impossibles à mettre en place. Seule la troisième solution est étudiée, c'est pourquoi on propose un relèvement de l'âge de la retraite. Pourtant, cela nuirait à la productivité.
- **Le financement des retraites ainsi que l'âge de la retraite peuvent être préservés grâce à une augmentation des cotisations.** La crainte d'une baisse du volume des cotisations des futurs actifs qui mettrait en péril le système de retraite n'est pas fondée, puisque le niveau de la descendance finale se maintient. On peut même considérer que le montant global des cotisations puisse augmenter pour trois raisons. D'une part, l'inactivité des femmes étant encore élevée, une augmentation du taux d'activité féminin est possible et génèrerait des cotisations supplémentaires. Il en irait de même, d'autre part, si le taux de chômage était plus faible. Enfin, on peut admettre qu'en accueillant de nouveaux immigrés, un surcroît de cotisations serait induit. La conjonction de ces différents éléments permettrait que la charge d'un retraité soit financée par 2,6 actifs, ce qui est proche du rapport de 3 actifs pour un retraité qui est parfois préconisé. Il est donc possible de maintenir l'âge du départ à la retraite, sans que la charge des actifs n'augmente au cours des prochaines décennies. Cela laisse une trentaine d'années de répit, avant que le problème ne se pose à nouveau, lorsque les femmes ou immigrés actifs supplémentaires parviendront à l'âge de la retraite.

  On peut aussi envisager une réévaluation du taux de cotisation que permettraient les gains de productivité.

Un mois après sa parution, des responsables de l'INED, dans un courrier adressé à son auteur, qualifiaient l'ouvrage de « livre-pamphlet ». Hervé Le Bras joint la lettre qu'il a reçue, ainsi que sa réponse, à la fin du livre. Il y affirme notamment qu'il continuera ses recherches, comme par le passé, avec rigueur et sans se laisser impressionner.

L'auteur précise que l'INED a toutefois changé de ton depuis. Ainsi, dans le « Rapport sur la situation démographique de la France » que l'INED a remis au Parlement en 1991, la descendance finale figure en bonne place parmi les différents indices démographiques. Ce rapport évoque, pour la première fois, que le recul du calendrier des naissances explique pour une large part la faiblesse de l'indicateur conjoncturel de fécondité. Il n'y est plus indiqué, comme ce fut le cas précédemment, que cet indicateur doit être au moins égal à 2,1 pour que les générations soient renouvelées. D'autre part, dans l'étude de l'évolution de la fécondité que le rapport présente, la mortalité est prise en compte. Par contre, le pessimisme habituel de l'INED n'a pas disparu, car il continue d'affirmer que le maintien de la descendance finale à 2,1 est peu vraisemblable. Pourtant Hervé Le Bras rappelle qu'on ignore quel sera le comportement des jeunes femmes actuelles, puisque leur fécondité n'est pas encore révolue.

FICHE 78

LA FIN DES PAYSANS

Henri MENDRAS

Lorsqu'Henri Mendras rédige son livre (basé sur sa thèse), en 1967, le monde rural traditionnel est en train de disparaître. L'exode rural prive les campagnes de ses forces vives, ne laissant sur place que quelques exploitants ; un mode de vie pluriséculaire s'efface. Son étude est en quelque sorte la photographie d'une société sur sa fin.

L'ouvrage est édité pour la première fois à Paris en 1967, puis en 1970, aux éditions Armand Colin. Devenu un classique, il est réédité en 1984, aux éditions Actes Sud, augmenté d'une postface sur le monde rural « vingt ans après » (437 p.).

1. LA SECONDE RÉVOLUTION AGRICOLE A BOULEVERSÉ L'ÉQUILIBRE TRADITIONNEL DES SOCIÉTÉS RURALES

A ~ L'agriculture est confrontée à une accélération des progrès techniques

- **Les sociétés paysannes ont toujours connu des progrès techniques**. Aux XIe et XIIe siècles, l'utilisation d'outils ferrés (bêches, araires, herses), l'emploi du collier de cheval et de la charrue ont permis d'améliorer les rendements et de défricher de nouvelles terres. Aux XVIIIe et XIXe siècles, la première révolution agricole a conduit à la suppression de la jachère et de la vaine pâture permise par la généralisation de nouvelles plantes (trèfle, sainfoin, luzerne, pomme de terre). Alors que ces changements étaient lents à se diffuser, la seconde révolution agricole, apparue après le second conflit mondial, se généralise à un rythme précipité : mécanisation accrue, tractorisation, emploi massif d'engrais et de produits phytosanitaires, etc. En précipitant l'exode rural, cette révolution bouleverse totalement les sociétés villageoises.
- **Mais ces sociétés ont longtemps été rétives aux innovations**. Ces progrès sont toujours venus de l'extérieur et ne se sont imposés qu'avec lenteur, plus facilement lorsqu'ils n'ébranlaient pas trop les cadres sociaux traditionnels. « *Résultat d'un agencement savant entre les différentes techniques, le système de production assure l'équilibre alimentaire et démographique précaire de tout le système social. L'un ne peut donc être modifié sans que l'autre soit remis en question* ».

  Plus renfermées sur elles-mêmes, ces sociétés connaissent en outre un plus fort contrôle social et se conforment davantage à la tradition. « *À la limite on peut dire que l'innovation n'a pas de place dans ces sociétés. Tant qu'elle est une nouveauté elle demeure marginale au système et quand elle y fait sa place ce n'est plus une nouveauté. Le changement s'effectue par refus de l'innovation en tant que telle.* »

■ **La difficile introduction du maïs hybride dans le Sud-Ouest constitue un bon exemple de refus de l'innovation**. Ce maïs mis au point aux États-Unis met beaucoup de temps à supplanter le maïs traditionnel alors que son rendement est double. Il impose en fait à l'agriculteur d'acheter la semence et donc parfois de commencer à s'endetter, il demande davantage de soins culturaux, donc conduit à l'achat d'un tracteur et de machines plus perfectionnées. En l'adoptant, l'agriculteur « *met le doigt dans un engrenage qu'il ne contrôlera plus et auquel il ne pourra plus échapper. Il sera acculé à devenir un agriculteur moderne et à remettre en question les notions et les valeurs les mieux établies* ».

B ~ Les innovations agricoles nécessitent une évolution des mentalités et des compétences

■ **La terre était une valeur, elle devient un simple outil de travail**. Le travail de la terre était le fruit de longues années d'observations des qualités et de la structure du sol, qui étaient le produit de patients amendements. Cette familiarité avec la terre créait un attachement sentimental qui conduisait le paysan à préférer le faire-valoir direct au fermage. Progressivement, la terre devient un simple facteur de production et l'investissement dans le capital d'exploitation (machines, bâtiments) a tendance à primer sur les investissements fonciers.

■ **Le temps horaire devient une nouvelle référence**. La conception traditionnelle cyclique et saisonnière du temps ne peut être abolie, puisqu'il faut bien tenir compte des cycles végétatifs pour prévoir les travaux agricoles. Mais « *avec la motorisation, le temps technique et urbain a fait une intrusion définitive dans le travail agricole et y a introduit l'unité nouvelle de l'heure* ». Néanmoins, les impératifs de productivité horaire utilisés dans l'industrie ne peuvent pas totalement s'appliquer au travail de la terre qui reste soumis aux caprices de la nature.

■ **La révolution agricole nécessite de nouvelles compétences**. Comme les machines se perfectionnent, l'agriculteur doit avoir désormais de meilleures connaissances en mécanique. Malgré le secours de multiples techniciens, l'agriculteur doit aussi avoir de meilleures connaissances en pédologie, en phytologie ou en gestion. « *Le paysan devient de plus en plus un agent économique qui choisit de faire telle ou telle spéculation en fonction des moyens techniques dont il dispose et des rentrées qu'il peut escompter.* »

C ~ Mais les exploitations restent encore majoritairement familiales

■ **L'exploitation familiale reste le modèle dominant**. « *La famille et l'entreprise coïncident : le chef de famille est, en même temps, chef d'entreprise* ». Les fils apprennent leur métier dans le cadre familial, la division du travail par sexe reste assez marquée. En outre, les fonctions de production et de consommation sont souvent confondues, ce qui rend difficile la distinction réelle des finances de l'exploitation de celles de la famille. « *Au bout du compte, la survie et la continuité de la famille dépendent de celle de l'exploitation et vice versa.* »

■ **Cette structure familiale entraîne un émiettement du pouvoir de décision**. Les choix économiques décisifs étant toujours pris au niveau de l'exploitation agricole, tout effort de prévision et d'orientation économiques globales reste encore difficile. De par leur dispersion, les agriculteurs ont un faible pouvoir de pression sur les dirigeants politiques nationaux ou européens.

2. La modernisation conduit les agriculteurs à une crise morale

A ~ Ils se sentent contraints à accepter l'innovation

- **La diffusion du progrès technique vient d'un effet d'imitation**. L'adoption ou le rejet de telle ou telle innovation provient davantage de l'imitation du voisinage que d'études précises. Dans certaines régions, les rapports interindividuels peuvent pousser au dynamisme, dans d'autres ils conduisent au *statu quo*.
- **Les décisions ne répondent pas toujours à une logique économique**. La rentabilité du matériel et son amortissement effectif sont rarement pris en compte et l'investissement se fait selon les possibilités financières du moment. « *Le besoin se crée en même temps que le moyen de le satisfaire apparaît et la distinction entre le pourquoi et le comment d'une amélioration est étrangère à l'agriculteur.* » Ainsi, l'achat d'un tracteur dans une petite exploitation répond plus souvent à un désir de valorisation et apporte peu de productivité supplémentaire s'il n'est pas accompagné d'un remplacement des machines.
- **Il y a peu de liens entre la situation individuelle des agriculteurs et leurs attitudes**. L'âge, la superficie de l'exploitation, le mode de faire-valoir influent peu sur la modernisation qui dépend surtout des mentalités, individuelles ou collectives. « *Chaque calcul ayant ainsi ses données et sa rationalité propre ne peut s'agréger ni s'intégrer aux autres, bien que tous vivent dans les mêmes structures agraires et partagent les mêmes attitudes générales.* »

B ~ Ils se sentent de plus en plus dévalorisés

- **Le pessimisme paysan n'est pas une simple image**. L'avenir paraît sombre et les agriculteurs « *ont tendance à considérer cette adaptation nouvelle comme un mal, nécessaire sans doute, mais comme un mal* ». Pour eux, le monde rural traverse une crise qui se manifeste par le manque d'argent, le départ des jeunes ou les risques latents de surproduction.
- **La plupart des exploitants ont le sentiment d'être défavorisés dans la nation**. La condition d'agriculteur n'est jamais choisie au départ et beaucoup restent dans le métier « *parce qu'il n'y a pas le choix* ». Ils pensent ne pas être considérés comme ils le méritent, eu égard aux contraintes et à la dureté de leur travail.
- **Mais les agriculteurs gardent le sentiment d'une certaine supériorité morale**. Malgré ses inconvénients, la vie à la campagne paraît à tout prendre bien plus saine que celle de la ville. Ils reconnaissent en outre que le métier leur apporte de nombreuses satisfactions. « *Voir pousser de belles récoltes, soigner de belles bêtes, vivre au sein de la nature, être son maître, se partager entre des tâches variées, assumer le cycle entier de production de la semence à la moisson ou de l'herbe jusqu'au lait sont autant de satisfactions vivement ressenties par les agriculteurs.* »

C ~ L'agriculteur reste pourtant un acteur social important

- **À l'échelle nationale, les agriculteurs ont toujours eu des attitudes politiques très diversifiées**. Ne formant pas une classe sociale, caractérisé par une stratification complexe, le monde rural ne s'est jamais assimilé à un parti politique. Lorsque la population était encore majoritairement rurale, l'ensemble des partis politiques s'en préoccupait. « *Dans la situation présente, il est difficile de savoir si les transformations de l'agriculture peuvent conduire à un regroupement de l'électorat agricole.* »

- **Les organisations professionnelles exercent une influence croissante**. À mesure où régresse la population agricole, les agriculteurs sont conduits, s'ils veulent encore peser sur la vie politique ou économique du pays, à se regrouper. Ces groupements prennent des formes variées : syndicats agricoles, CETA (centres d'études techniques agricoles), GAEC (groupements agricoles d'exploitation en commun), CUMA (coopératives d'utilisation de matériel agricole), etc.
- **Les frustrations paysannes peuvent se révéler dans de nouvelles jacqueries**. Convaincus qu'ils exercent une influence de plus en plus réduite sur le monde politique, les agriculteurs peuvent aussi exprimer leurs angoisses par des barrages de routes et des manifestations violentes. L'analyse des manifestations de 1961 montre ainsi qu'elles résultaient essentiellement « *de l'inquiétude d'agriculteurs progressistes qui avaient fait des investissements et craignaient qu'ils ne soient pas rentables : crise de croissance et non de misère* ».

« Constat de décès d'une civilisation qui meurt après dix siècles d'existence », cette étude se termine par des perspectives assez pessimistes. Vingt ans après, les évolutions de l'agriculture se sont renforcées, famille et exploitation sont désormais dissociées et les agriculteurs sont devenus eux-mêmes minoritaires au sein du monde rural. Le mode de vie des ruraux s'est urbanisé, la société rurale s'est considérablement diversifiée mais a su engager une spectaculaire renaissance. Si le monde rural du passé est définitivement mort, celui d'aujourd'hui fait preuve d'une extraordinaire vitalité.

FICHE 79

L'ENFANT ET LA VIE FAMILIALE SOUS L'ANCIEN RÉGIME

Philippe Ariès

L'objet de ce livre, initialement publié aux éditions Plon en 1960 et réédité aux Éditions du Seuil en 1973 puis, dans une version réduite à 316 pages en 1975, est d'étudier les transformations des mentalités familiales survenues au tournant du XVIe et du XVIIe siècle. Il est divisé en trois parties : la première est consacrée à l'apparition du « sentiment de l'enfance » ; la seconde à la transformation de l'école ; la dernière situe les phénomènes précédents dans la perspective de l'instauration de la famille moderne.

1. Le sentiment de l'enfance

A ~ L'apparition d'un « *sentiment de l'enfance* »

- **L'enfant n'est pas distingué de l'adulte au Moyen Âge**. Le « *sentiment de l'enfance* » n'existe pas à cette époque car il n'y a pas de conscience de la « *particularité enfantine* [...] *qui distingue l'enfant de l'adulte même jeune* ». Certes, l'idée d'enfance existe mais elle n'est pas associée à un âge biologique mais plutôt à un état : celui de la dépendance qui est le lot aussi bien des jeunes enfants que des hommes de basse condition. Il n'est pas admis que les enfants aient besoin d'une éducation particulière. Dès qu'ils avaient franchi la période de forte mortalité ou leur survie était incertaine (vers 7 ans), ils « *entraient d'emblée dans la grande communauté des hommes* ».
- **Le « *sentiment de l'enfance* » apparaît à la fin du XVIe siècle**. Le sentiment de l'enfance se développe sous l'influence des hommes d'Église qui veulent moraliser la société. « *Les moralistes et éducateurs du XVIIe siècle ont imposé leur sentiment grave d'une enfance longue.* » Les familles prennent alors conscience du fait que l'on ne doit pas passer sans transition de la très petite enfance à l'âge adulte et que plusieurs années sont nécessaires afin d'acquérir des « *mœurs policées et raisonnables* ». Ce sentiment s'ancre d'abord chez les familles bourgeoises alors que la haute noblesse et, surtout, les classes populaires restent, pour un temps, à l'écart de cette prise de conscience.

B ~ Les signes de ce sentiment

- **Le costume de l'enfant se distingue de celui des adultes**. L'apparition d'un vêtement réservé aux enfants est, pour Ariès, un des signes de la prise de conscience de la spécificité de l'enfance. Jusqu'au XVIe siècle, l'usage voulait que le bébé soit emmailloté et que le jeune soit habillé comme les autres hommes et femmes de sa condition. Dès le siècle suivant, le garçon de qualité se distingue par le port d'un costume réservé à son âge : une robe ouverte sur le devant à la façon d'une soutane. En agissant ainsi, ses parents reconnaissent qu'il n'appartient ni au monde des très jeunes enfants ni à celui des adultes.
- **Les jeux de l'enfant se différencient de ceux des adultes**. Alors que les mêmes jeux étaient abondamment pratiqués à la fois par les jeunes et les adultes au

Moyen Âge, ces derniers abandonnent les jeux aux enfants à l'exception de ceux d'argent dont les plus jeunes sont progressivement exclus. Ce processus diffère selon les classes sociales et Ariès observe « *l'abandon de ces jeux par les adultes des classes sociales supérieures et, au contraire, leur survivance à la fois dans le peuple et chez les enfants de ces classes supérieures* ».

- **Les adultes deviennent plus pudiques dans leurs relations avec les enfants**. Alors que les jeunes étaient fréquemment associés aux plaisanteries sexuelles des adultes, une réserve nouvelle s'instaure qui reflète ce sentiment nouveau de l'enfance. Dans les familles qui ont recours à l'école, la scolarisation favorise cette attitude nouvelle car elle impose une séparation entre l'enfant et l'adulte.

2. La transformation de l'école

A ~ Au Moyen Âge, l'éducation passe par l'apprentissage

- **L'éducation se fait par immersion dans un groupe social**. Pendant des siècles, l'éducation a été assurée par l'apprentissage qui consistait à placer un enfant au service d'un maître ou dans une famille de paysans ou d'artisans. Par imitation des adultes, l'enfant apprenait à la fois les gestes propres à un métier et les règles de la vie en communauté puisqu'il n'y avait pas de barrière entre les activités liées au métier et les autres, qu'elles soient familiales ou religieuses. « *La transmission d'une génération à l'autre était assurée par la participation familière des enfants à la vie des adultes.* » Dans la mesure où l'enfant ne demeurait pas longtemps dans sa propre famille, « *la transmission des valeurs et des savoirs et plus généralement la socialisation de l'enfant n'était donc pas assurées par la famille ni contrôlées par elle* ».
- **L'école ne joue qu'un rôle marginal dans l'éducation**. « *L'école était une exception,* [...] *la règle commune à tous étant l'apprentissage.* » Elle était réservée à un petit nombre de clercs qu'il fallait préparer à leurs futures fonctions. Jeunes et adultes y étaient mélangés et faiblement encadrés. « *L'école n'avait pas pour but essentiel l'éducation de l'enfance.* »

B ~ L'école devient l'institution chargée de l'éducation des enfants

- **L'école moderne se met en place**. À partir du XVIe siècle, sur l'initiative des ordres religieux, l'école modifie son recrutement et l'élargit : elle s'ouvre aux laïcs et se partage entre une école pour les classes dirigeantes (les collèges) et une école du peuple (les petites classes rurales ou urbaines). La discipline scolaire s'affirme car l'école a pour objectif l'encadrement de ceux qui lui sont confiés. Afin de « *proportionner l'enseignement du maître au niveau de l'élève* », les élèves sont répartis dans des classes en fonction de leur âge et ne sont donc plus mêlés aux adultes. Ce phénomène profite d'abord aux garçons des classes dirigeantes puisque les filles sont exclues de l'école. « *En dehors de l'apprentissage domestique, les filles ne recevaient, pour ainsi dire, aucune éducation.* »
- **L'école acquiert une fonction d'éducation.** L'école permet d'isoler les élèves du reste de la population. « *On admet désormais que l'enfant n'est pas mûr pour la vie, qu'il faut le soumettre à un régime spécial, à une quarantaine, avant de le laisser rejoindre les adultes.* » Elle devient une institution chargée de l'éducation des enfants. « *L'école se substitue à l'apprentissage comme moyen d'éducation.* » Famille et école deviennent donc, en même temps, des lieux de socialisation car, si la famille doit préparer les enfants à la vie adulte, l'école devient l'instrument de cette préparation.

- **L'école crée le sentiment de l'enfance**. Dans leur volonté de moraliser la société, les hommes d'Église ont incité les parents à scolariser leurs enfants et donc à reconnaître la spécificité de l'enfance. Ces éducateurs sont « *à l'origine à la fois du sentiment moderne de l'enfance et de la scolarité moderne* ».

3. L'INSTAURATION DE LA FAMILLE MODERNE

A ~ La famille traditionnelle est ouverte sur l'extérieur

- **La famille traditionnelle a une fonction de reproduction**. Elle assurait la reproduction de la vie, des biens et des noms. « *Cette famille ancienne avait pour mission très ressentie la conservation des biens, la pratique commune d'un métier, l'entraide quotidienne dans un monde où un homme et plus encore une femme isolés ne pouvaient pas survivre, et dans les cas de crise, la protection de l'honneur et des vies.* »
- **Elle n'est pas nécessairement une unité affective**. L'amour entre les époux pouvait survenir, mais n'était pas nécessaire ni à l'existence ni à l'équilibre de la famille. Les sentiments affectueux entre les parents et les enfants n'étaient pas non plus la norme. Le niveau élevé de la mortalité infantile puis de départ précoce des enfants du domicile familial ne favorisaient pas l'attachement parental. C'est ainsi que Montaigne a pu écrire : « *J'ai perdu deux ou trois enfants en nourrice, non sans regrets, mais sans fascherie.* »
- **Elle est ouverte sur l'extérieur**. Chacun des membres d'une famille était intégré dans un réseau de sociabilité qui laissait peu de place aux relations familiales. Le lignage, la communauté villageoise ou le métier étaient à l'origine de relations sociales autrement plus riches que celles qui unissaient les époux. « *Les échanges affectifs et les communications sociales étaient assurés en dehors de la famille par un milieu très dense et très chaud, composé de voisins, de maîtres et serviteurs, d'enfants et de vieillards.* » La composition des habitations largement ouvertes au public et sans intimité pour les époux reflète le peu de cas que l'on faisait des relations conjugales.

B ~ La famille moderne est centrée sur elle-même

- **La famille moderne est une famille conjugale isolée**. La famille composée des époux et de leurs enfants est l'objet d'une attention nouvelle à partir des XVIe et XVIIe siècles. Les maisons bourgeoises se réorganisent pour isoler la famille du public. « *La famille moderne se retranche du monde et oppose à la société le groupe solitaire des parents et des enfants.* » Ces rapports nouveaux entre les époux coexistent un temps avec les anciennes sociabilités puis se développent à leur détriment. « *Le sentiment familial se substitue à d'autres sentiments de fidélité, de service et devient prépondérant, parfois exclusif.* » Peu à peu, la famille s'autonomise et se pense comme un lieu de solidarité et une unité affective.
- **Cette famille est caractérisée par des échanges affectifs**. Les relations entre les membres de la famille gagnent en intensité. L'amour entre les époux et l'affection réciproque entre les parents et les enfants sont valorisés. « *La famille est devenue un lieu d'affection nécessaire entre les époux et entre parents et enfants.* » Plus qu'autour des époux, la famille moderne se construit autour de la relation entre les parents et les enfants. « *Le sentiment de famille, qui émerge ainsi aux XVIe-XVIIe siècles, est inséparable du sentiment de l'enfance.* »
- **La famille a une fonction d'éducation**. Ainsi centrée sur elle-même, la famille moderne a pour fonction l'éducation de ses enfants en complément de celle

apportée par l'école. Rédigés par les hommes d'Église à l'origine des institutions scolaires, les manuels éducatifs incitent les parents à éduquer leurs enfants non pas comme s'ils étaient déjà des adultes mais en tenant compte de leur « *faiblesse* » et de leur « *innocence* ». Ils invitent les parents à donner à leurs enfants des habitudes distinctes de celles des adultes et à répéter le travail scolaire. On leur demande également de donner l'exemple, dans l'espoir d'étendre dans leur direction ce processus de moralisation initialement dirigé vers les enfants.

Publié en 1960, cet ouvrage a surpris en raison de son sujet et de la méthode utilisée par Ariès. C'est, en effet, un des premiers ouvrages consacrés à l'histoire des mentalités sous l'Ancien Régime. Ariès a donc ouvert la voie à de nombreux chercheurs qui ont complété et amendé son travail. La seconde originalité de cet ouvrage réside dans son style, très littéraire et éloigné des canons de la recherche historique, et dans l'usage fait par l'auteur des sources iconographiques pour appuyer ses affirmations.

FICHE 80

LA SOCIÉTÉ DE CONSOMMATION

Jean BAUDRILLARD

L'ouvrage de J. Baudrillard (Gallimard, 1970, 318 p.) est une critique de la société de consommation. Sa thèse est forte : loin d'assurer la liberté et le bonheur des individus, la consommation les enserre dans des rapports de domination complémentaires de ceux qui existent toujours dans la production.

Le livre est divisé en trois parties : la première est consacrée au statut de l'objet dans notre société ; la seconde est une théorie de la consommation ; la troisième analyse la culture véhiculée par les mass médias.

1. LE STATUT DE L'OBJET

A ~ Le statut miraculeux de la consommation

- **La profusion semble avoir remplacé la rareté**. Le trait descriptif le plus évident de notre société est la profusion des biens et des services destinés à la consommation. Cette profusion est à l'origine d'un changement de mentalité : à la crainte multi-millénaire du manque s'est substituée « *l'évidence du surplus, la négation magique et définitive de la rareté* ». La présentation des marchandises en panoplies, en collections, en gammes d'objets renforce ce sentiment chez un consommateur placé dans l'impossibilité de se procurer la totalité des biens exposés.
- **La consommation est vécue comme un miracle**. Ainsi présentés, les objets perdent tout lien avec le processus de fabrication dont ils sont issus et sont considérés « *comme une grâce de la nature* ». Entreprises et consommateurs sont complices dans cette volonté d'occulter la rareté et le travail et d'accorder aux objets une origine miraculeuse. En effet, « *la pensée qui régit la consommation est magique* ». À l'image des indigènes mélanésiens persuadés que les blancs arrivaient à capter les avions remplis de marchandises en installant sur le sol des objets magiques (piste d'atterrissage, tour de contrôle, etc), le consommateur moderne se procure les signes du bonheur en supposant que celui-ci va suivre. C'est, pour l'auteur, une mentalité de primitif puisqu'elle est « *fondée en la toute-puissance des pensées : ici, c'est la croyance en la toute-puissance des signes* ».

B ~ Le cercle vicieux de la croissance

- **La mesure de la croissance favorise ce mythe de l'abondance**. Le principal reproche adressé par Baudrillard au PNB est que celui-ci mesure positivement aussi bien la production de biens objectivement utiles que les nuisances et leurs palliatifs. Il en est ainsi des dépenses provoquées par l'augmentation de la pollution. Ce faisant, la Comptabilité nationale entretient le mythe de l'abondance en exagérant la richesse produite et en justifiant l'existence des biens et des services quelle que soit leur utilité sociale. « *Toute chose produite est sacralisée par le fait même de l'être.* »

- **Le gaspillage est le moteur de notre économie**. Toutes les sociétés gaspillent une partie de leur richesse, mais la société de consommation fait du gaspillage le moteur de l'activité économique. La multiplication des emballages, l'obsolescence prévue des marchandises, parfois leur médiocre qualité ont pour fonction d'entretenir la croissance de la consommation. « *Ce qui est produit aujourd'hui ne l'est pas en fonction de sa valeur d'usage ou de sa durée possible mais, au contraire, en fonction de sa mort.* » La publicité permet d'accélérer le renouvellement des objets et participe à cette logique de gaspillage.

2. La théorie de la consommation

A ~ La logique sociale de la consommation

- **Le bonheur est la valeur centrale de la société de consommation**. Le bonheur est, dans les sociétés modernes, la finalité ultime de l'action des individus. Ce sentiment étant insaisissable, ceux-ci évaluent leur réussite dans ce domaine à la quantité de signes du bonheur qu'ils peuvent se procurer : sa recherche s'incarne dans l'accumulation d'objets.
- **L'égalité devant l'objet s'est substituée à l'égalité politique**. Les sociétés modernes font de l'égalité un idéal inaccessible. Avec la société de consommation, l'égalité devant les objets et le bonheur s'est substituée à l'égalité politique. Le mythe du bonheur est devenu le véhicule du mythe de l'égalité. « *Le principe démocratique est transféré alors d'une égalité réelle* [...] *à une égalité devant l'**objet** et autres signes évidents de la réussite sociale et du bonheur.* »
- **La société de consommation est, par principe, inégalitaire**. L'égalité et le bonheur sont des idéologies car ces mythes masquent les contradictions sociales objectives qui trouvent leur origine dans la production. C'est pourquoi la croissance économique ne permet pas de réduire les inégalités sociales. C'est, au contraire, « *la croissance qui est fonction de l'inégalité* » puisqu'elle suppose un déséquilibre entre des besoins et leur satisfaction et qu'elle est alimentée par le gaspillage des plus riches.
- **La consommation est à la fois un langage et un moyen de différenciation sociale**. C'est d'abord un langage puisque les objets sont des symboles qui permettent au consommateur d'afficher son revenu et ses goûts. « *La consommation est ici un système d'échange, et l'équivalent d'un langage.* » C'est, ensuite, un mode de différenciation puisque les objets sont des « *signes qui vous distinguent soit en vous affiliant à votre propre groupe pris comme une référence idéale, soit en vous démarquant de votre propre groupe par référence à un groupe de statut supérieur* ».

B ~ Pour une théorie de la consommation

- **Le système des besoins est le produit du système de production**. Les économistes néoclassiques fondent leurs travaux sur l'hypothèse d'individus rationnels dotés de besoins. Ils ne s'interrogent donc pas sur l'origine de ces besoins. Baudrillard attribue à Galbraith le mérite de poser cette question et d'apporter une première réponse avec sa théorie de la « *filière inversée* ». Mais il estime que ce ne sont pas les entreprises mais le système productif qui est à l'origine de ce « *conditionnement des besoins* ». Les besoins créés sont ceux qui sont nécessaires à la croissance.

■ **La consommation est dominée par une contrainte de production**. La fonction de la consommation n'est ni de satisfaire des besoins, ni de procurer du plaisir au consommateur. Elle est de servir de débouché au système productif. La croissance de la consommation doit accompagner celle, potentiellement illimitée, de la productivité et de la production.

C ~ La personnalisation de la consommation

■ **La différenciation permet de concilier la consommation de masse avec l'individualisme**. Le conditionnement social des besoins pourrait entrer en contradiction avec l'idéologie individualiste. La différenciation des objets par la publicité ou la présentation fait que chaque consommateur achète un produit largement standardisé tout en ayant le sentiment de sa singularité. « *C'est sur la perte des différences que se fonde le culte de la différence.* »

■ **La conformité se nourrit de la différenciation**. La conformité n'a pas son origine dans l'imitation mais dans la différenciation, c'est-à-dire dans la volonté de se distinguer des membres d'un groupe social : « *La conformité* [...], *c'est le fait d'avoir en commun le même code, de partager les mêmes signes qui vous font différents tous ensemble, de tel autre groupe* ».

3. La culture véhiculée par les mass médias

A ~ La culture de masse

■ **La culture de masse est un ensemble de signes**. La culture était un patrimoine d'œuvres, de pensées et de traditions qui avait permis l'élaboration d'une réflexion théorique et critique sur la société. La culture de masse est « *un corpus de signes et de références, de réminiscences scolaires et de signaux intellectuels de mode* ». Elle se distingue de la précédente par son caractère éphémère (elle est soumise à la mode) et par sa fonction qui n'est plus de comprendre le réel mais de permettre « *au consommateur moyen d'accéder au titre de citoyen de cette société de consommation* ». Cette norme culturelle est l'équivalente dans le domaine des connaissances de la norme de consommation. Les médias (radios, télévisions, etc.) participent à la diffusion et au renouvellement de cette culture de masse au moyen des jeux basés sur le principe des questions et des réponses.

■ **Les médias transforment le réel en signes**. Pour des raisons techniques et idéologiques, la fonction de ces médias est de « *désarticuler le réel en signes successifs et équivalents* ». La télévision et la publicité ne nous donnent pas à comprendre la réalité mais nous donnent à voir un spectacle, des images en substituant des signes et des codes à cette réalité. Alors que les images (le signifiant) sont sensées représenter le réel (le signifié), ces médias font des images une fin en soi. « *On passe d'un message centré sur le signifié à un message centré sur le signifiant.* » L'important étant de célébrer la toute-puissance des images, un reportage sur la faim dans le monde et une publicité pour de la nourriture peuvent se succéder sans contradiction.

B ~ Le corps et les loisirs

■ **Le corps est un objet de consommation**. De la même manière que la société capitaliste a pour condition la liberté du travail, la société de consommation suppose la liberté du corps. Cela ne signifie pas, en dépit de ce que prétendent les publicitaires, que la sexualité soit effectivement libérée de toute entrave sociale. Le respect des critères de beauté et des normes d'hygiène imposent, au contraire, des contraintes sociales extrêmement rigoureuses. La nouveauté réside dans le fait que le corps est devenu un objet de consommation alors qu'il n'était, auparavant, qu'un capital disponible pour le travail. « *On gère son corps* [...] *comme un des multiples signifiants de statut social.* » Les soins du corps, les régimes, le sport, etc. ont pour objectif de rendre évidente la réussite sociale et l'accès au bonheur. Ainsi réduite à des signes, la sexualité se normalise et perd sa capacité de subversion.

- **Le temps libre n'existe pas**. Certains sociologues et les médias affirment que la société de consommation a inventé le temps libre en réduisant celui consacré au travail. Ce temps de loisir qui serait hors contrainte sociale permettrait aux individus d'exercer pleinement leur liberté. Or, nous dit Baudrillard, « *le temps libre est vendu au consommateur* » qui paie toutes les activités ménagères lui permettant de « gagner » du temps et qui achète des loisirs au même titre que n'importe quelle autre marchandise. Dans la société de consommation, l'ensemble du temps, y compris celui hors travail, est soumis à une logique de rentabilité. « *Il ne peut y avoir que du temps contraint. Le temps de la consommation est celui de la production.* »

Alors que les Trente Glorieuses s'achevaient, Baudrillard s'est livré à une opération de démythification de la société de consommation. Depuis, la crise du système productif et l'apparition de nouvelles formes de pauvretés ont déplacé les sujets de préoccupation ainsi que l'intérêt des chercheurs et du public. Cela ne retire rien à la pertinence de l'essentiel des thèses défendues dans cet ouvrage.

FICHE 81

TEL PÈRE, TEL FILS ? Position sociale et origine familiale

Claude THÉLOT

Les nombreuses données statistiques que présente ce livre (Dunod, 1982, 221 p.), notamment celles qui permettent de comparer la situation des années 1953, 1970 et 1977, proviennent des recensements de la population ou d'enquêtes par sondage. Dans la préface, J. Fourastié indique que l'objet de l'ouvrage est d'approfondir l'analyse et les mécanismes de la mobilité sociale ; il rappelle qu'il s'agit d'un sujet polémique.

Après avoir composé la position sociale atteinte à l'origine sociale, le livre présente les facteurs individuels ou globaux déterminant la position sociale, pour ensuite montrer que les situations et les comportements d'individus d'une même position sociale diffèrent selon leur origine sociale.

1. LA RELATION ENTRE STRUCTURE SOCIALE ET MOBILITÉ SOCIALE

A ~ Le sens et l'origine de la mobilité

- **La mobilité sociale d'une génération à l'autre est révélatrice de la souplesse ou de la rigidité de la structure sociale**. « *Étudier la mobilité sociale dans une société, c'est décrire et analyser les relations qui unissent la position des personnes ou des familles dans la structure sociale à celle de leurs parents ou aïeux.* »

  Dans une société, la répartition de chaque génération dans la structure sociale ne se fait pas au hasard. Le statut atteint dépend étroitement de la position d'origine.
- **La mobilité sociale est inéluctable lorsque des mutations économiques modifient la structure sociale**. L'économie et la société ne sont plus agricoles, elles sont devenues industrielles voire post-industrielles. « *Dire, par exemple, qu'aujourd'hui moins d'un fils de paysan sur deux est paysan lui-même n'a qu'une signification limitée si l'on ne sait pas qu'au début du siècle les paysans représentaient presque la moitié des actifs, alors qu'aujourd'hui ils n'en forment qu'un dixième.* »

B ~ Les tables de mobilité, instrument de mesure de la mobilité sociale

- **Une table de mobilité est un instrument d'observation qui permet de rapprocher, pour chaque individu, la position qu'il occupe à une date donnée avec celle qu'occupait son père**. Les tables peuvent répertorier différemment les origines et les positions sociales des individus. Les premières tables présentées dans le livre sont les plus simples, puisqu'elles ne comprennent que trois groupes sociaux : classes populaires, classes dirigeantes et classes moyennes. Les tables présentées ensuite utilisent la nomenclature par catégories socioprofessionnelles (CSP) de 1950 (la nouvelle nomenclature n'est pas prise en compte car elle est ultérieure à la sortie du livre).

- **La table des destinées présente la répartition des personnes d'une origine sociale donnée, en fonction de leur position sociale actuelle. La table des recrutements permet d'observer la répartition des personnes occupant une position sociale donnée, en fonction de leur origine sociale**. La première met en évidence l'importance de la fluidité de la société, ou au contraire une certaine reproduction sociale. La deuxième fait apparaître la diversité du recrutement, ou au contraire l'importance de l'autorecrutement.
- **Les tables sont imparfaites pour trois raisons principales**. La première provient de ce qu'elles ignorent au moins une dimension de l'hérédité sociale : du fait de l'absence de distinction entre le privé et le public dans la nomenclature, la forte hérédité sociale dans la fonction publique en France est invisible.

  La deuxième est que la comparaison de la catégorie sociale des fils à celle des pères ne prend pas en compte un paramètre. On ignore, en effet, si la position sociale des pères a été obtenue par promotion au cours de leur trajectoire professionnelle, ou pas. Un certain nombre de descentes sociales des fils masquent donc un maintien dans la catégorie sociale à laquelle leurs pères appartenaient au début de leur activité.

  La troisième provient de l'hétérogénéité de chaque groupe en raison de la diversification du recrutement. Ainsi par exemple, les tables ne font pas apparaître que la situation des ouvriers n'est pas la même selon qu'ils sont d'origine ouvrière ou paysanne.

C ~ L'importance de la mobilité et de l'immobilité

- **La baisse de l'immobilité ne s'explique pas seulement par l'évolution de la structure sociale ; cela fait apparaître une mobilité nette au-delà de la mobilité structurelle**. Le vieil adage « tel père, tel fils » se vérifie toujours, mais dans une moindre mesure. L'immobilité a surtout diminué dans les couches populaires et chez les indépendants. Une mobilité minimale d'une génération à l'autre résulte de l'évolution de la structure sociale : dès que la structure sociale se modifie, un fils ne peut pas toujours occuper la même position que celle de son père. « *Ce minimum de mobilité est appelé mobilité structurelle. La mobilité observée ne se réduit pas, dans le cas général, à la mobilité structurelle ; les changements excèdent ce que requiert l'évolution de la structure sociale et le "surplus" est appelé "mobilité nette" ou "circulation"* ». Ainsi, environ les trois quarts seulement de la baisse globale de l'immobilité sont imputables à la mobilité structurelle. Cependant, il convient de relativiser le phénomène : « *L'empreinte du milieu d'origine ne se réduit pas à l'alternative : être ou ne pas être dans la même position que son père. Elle marque également la façon dont se répartissent ceux qui n'y sont pas* ».
- **L'importance de l'immobilité sociale est mesurée par un indice**. L'évolution de la structure sociale est représentée par la différence entre les marges, c'est-à-dire entre la structure sociale des pères et celle des fils. Les marges imposent une immobilité maximale inférieure à 100 % ; elles imposent aussi une immobilité minimale. L'indice d'immobilité (I) proposé par R. Boudon permet de situer l'immobilité observée entre ces deux bornes, l'immobilité minimale et l'immobilité maximale. Compris entre 0 et 1, il se calcule de la façon suivante :

$$I = \frac{\text{immobilité observée - immobilité minimale}}{\text{immobilité maximale - immobilité minimale}}$$

  « *En somme, l'immobilité observée est à peu près située au milieu de son minimum et de son maximum et elle dérive doucement vers le premier : ni absolument rigide, ni complètement fluide, la société française aurait tendu [...] à s'assouplir du début des années cinquante à la fin des années soixante-dix.* »

2. La détermination des trajectoires des individus

A ~ L'origine sociale, la position initiale et la position finale

- **Une « *transmission en cascade* » du statut social s'explique par le fait, qu'au lieu de comparer le début et la fin des trajectoires, il est possible de rapprocher l'origine sociale, la position initiale et la position finale**. À son entrée dans la vie active, un individu occupe une position initiale, en fonction principalement de son origine sociale. Sa position finale est susceptible d'en être différente lorsqu'il bénéficie ou pâtit d'une mobilité professionnelle au cours de sa vie active. Cela peut se traduire par une mobilité sociale. Cependant, lorsqu'elle paraît ascendante, la mobilité professionnelle n'est pas toujours le signe d'une ascension sociale. Elle peut compenser par exemple un déclassement qui a pu avoir lieu en début de vie active, par rapport au milieu d'origine. C'est ainsi que R. Girod définit la notion de « *contre-mobilité* ».
- **On distingue cinq types de trajectoires selon que l'origine sociale, la position initiale, la position finale sont identiques ou non** : les « *ancrés* » sont ceux dont la position sociale est stable ou immobile d'une génération à l'autre : leur proportion décroît ; les « *revenants* » qui sont des contre-mobiles : leur pourcentage demeure faible bien que croissant ; les « *transfuges* » sont ceux dont la position sociale est différente de leur origine sociale : leur poids augmente ; les « *enracinés* » qui font partie d'une autre catégorie sociale que celle de leur père et qui ne la quittent pas du début à la fin de leur vie active : leur proportion est moindre en raison de l'accroissement de la mobilité professionnelle ; les « *déracinés* » qui sont ceux dont l'origine sociale, la position initiale puis la position finale sont toutes trois différentes : leur importance est modérée mais croissante.

B ~ Le rôle de l'école et des aspirations professionnelles dans la détermination des trajectoires

- **Les inégalités sociales face à l'école existent**. « *En dépit d'une école unique affichée, les filières sont* [...] *multiples, plus ou moins hiérarchisées, complémentaires.* » Les destinées scolaires divergent selon l'origine sociale, l'âge de fin d'études et le diplôme le plus élevé obtenu notamment.

  Le rendement de l'école, c'est-à-dire l'impact de la filière suivie et du diplôme obtenu sur les trajectoires et les positions ultérieures, diffère. « [...] *le rendement économique de l'école varie suivant le milieu d'origine. Les études constituent une étape de première importance de la trajectoire sociale car elles en orientent le cours. Mais l'ampleur de cette orientation dépend du point de départ de la trajectoire. L'école constitue bien une instance de sélection et de distribution mais ses effets dépendent de cette autre instance première de socialisation : la famille.* »
- **Le paradoxe d'Anderson : la position relative des individus par rapport à celle de leur père n'est que faiblement liée à leur diplôme relatif**. Anderson a montré par exemple qu'avec un diplôme plus élevé que celui de son père, un individu n'est pas garanti d'occuper une position sociale plus élevée et inversement. « *Un tel résultat heurte de plein fouet la croyance fermement répandue de l'impact bénéfique des études.* »

  « *Et l'on conçoit que, si les individus se comparent à leur père, puisse naître la vague impression d'une loterie.* »

  R. Boudon démontre que le paradoxe selon lequel diplôme et position sociale sont déconnectés n'est qu'apparent, en postulant trois axiomes : l'axiome de l'inégalité sociale devant l'école, l'axiome de « méritocratie » et l'axiome de distorsion entre l'offre et la demande, c'est-à-dire que la structure éducationnelle et la structure sociale sont inadéquates. « *Boudon montre qu'en effet les trois axiomes précédents engendrent une configuration où avoir fait plus (ou moins) d'études que son père ne garantit pas (ou ne condamne pas) à une position plus élevée (ou plus basse).* »

- **Après l'insertion dans la vie active et le rôle des études, les aspirations professionnelles émises durant l'adolescence constituent le troisième déterminant des trajectoires**. « [...] *en dépit des désillusions probables que l'insertion dans la vie active fera naître, les projets d'adolescence semblent en effet partiellement infléchir les situations professionnelles ultérieures.* » Les aspirations professionnelles de l'adolescent et de celle de sa famille apparaissent comme l'expression de stratégies familiales marquées par leur appartenance sociale. Cependant les aspirations professionnelles des adolescents expriment aussi des goûts et des attitudes spécifiques.

C ~ Des comportements spécifiques selon la position sociale

- **Les alliances se font dans le cadre de l'homogamie**. Le mariage, élément fondateur essentiel de la famille, est au cœur de la transmission du statut social. « [...] *dans ce domaine où la liberté et le hasard paraissent régner en maîtres, le choix que les jeunes font de leur conjoint porte la marque de leur origine sociale, la trace de la lignée à laquelle ils appartiennent.* » Cependant, l'homogamie, comme l'immobilité sociale, diminue en raison principalement de l'évolution de la structure sociale. Toutefois, lorsqu'un mariage a lieu en dehors du groupe, c'est dans la plupart des cas avec un conjoint issu d'un groupe proche.
- **La fécondité est différente selon l'appartenance sociale**. La taille de la descendance finale, c'est-à-dire le nombre total d'enfants d'un couple, dépend comme le choix du conjoint, à la fois du milieu d'appartenance des époux et de leur milieu d'origine. D'autre part, la descendance finale n'est pas la même en moyenne selon la position socioculturelle occupée. Les familles paysannes et, à un moindre degré, les familles ouvrières sont les plus fécondes ; les familles appartenant aux couches moyennes, salariées ou non, ont en moyenne le moins d'enfants ; enfin, dans les familles de cadres supérieurs, la descendance finale moyenne est intermédiaire entre les deux extrêmes précédents.
- **Le comportement électoral dépend de l'appartenance sociale**. Par exemple, l'individu qui a bénéficié d'une mobilité ascendante, est généralement plus conservateur que les membres de son groupe d'origine, mais il l'est moins que ceux de son groupe d'accueil. L'individu dont la position sociale est différente de son origine sociale adopte un comportement politique intermédiaire, entre celui de son groupe d'origine et celui de son groupe d'accueil.

Si l'adage « tel père, tel fils » se vérifie dans la table des destinées, il est possible aussi de l'inverser en « tel fils, tel père » à la lecture de la table des recrutements. C. Thélot montre pourtant que l'immobilité sociale s'est réduite au cours du temps. Cela n'est pas propre à la France et est une caractéristique des sociétés industrielles.

Le livre de C. Thélot n'a pas pu prendre en compte les tables de mobilité les plus récentes, notamment celles de 1993. Il reste toutefois pertinent car si la situation a évolué depuis 1977, elle n'est pas radicalement différente.

FICHE 82

LES MÉTAMORPHOSES DE LA QUESTION SOCIALE

Robert CASTEL

Dans cet ouvrage (Fayard, 1995, 490 p.), R. Castel s'interroge sur les formes prises par l'exclusion sociale dans les sociétés occidentales et sur les différents traitements de cette « question sociale ». Dans la première partie de l'ouvrage, « De la tutelle au contrat », l'auteur expose les limites du traitement de la question sociale dans le cadre de la société préindustrielle et les solutions préconisées par les penseurs libéraux du XVIIIe siècle. Dans la seconde partie, « Du contrat au statut », il retrace l'échec du projet libéral, expose la solution apportée par la « société salariale » et s'interroge sur la dernière métamorphose en date de la question sociale.

1. DE LA TUTELLE AU CONTRAT

A ~ La prise en charge des marginaux dans la société préindustrielle

- **Les réseaux primaires de sociabilité permettent souvent l'intégration des « *désaffiliés* »**. Les membres des sociétés paysannes sont enserrés dans des relations d'interdépendances locales qui, en principe, ne laissent personne à l'écart de la communauté. Ceux qui pourraient l'être (les orphelins, les handicapés, etc.) bénéficient, le plus souvent, d'une forme de solidarité parfois dévalorisante dans le cadre d'une « *famille providence* ».
- **L'assistance est ciblée sur les marginaux socialement acceptables**. Après l'an mil, la société féodale occidentale se dote d'institutions spécialisées dans le secours aux nécessiteux. Le public visé est celui des indigents originaires de la collectivité qui les assiste, dans l'incapacité de travailler et respectueux de l'ordre social. Pour eux, se met en place un assistanat local qui permet aux habitants les plus fortunés de faire preuve de charité en finançant les institutions hospitalières.
- **Les vagabonds sont exclus de ce dispositif**. Par contre, la société féodale n'a pas de réponse à apporter à une pauvreté de type démographique ou économique qui n'a pas son origine dans une infirmité physique ou mentale. Or, à partir du XIVe siècle apparaît « *un nouveau profil d'indigent caractérisé par un rapport impossible au travail* ». L'ébranlement des rapports sociaux suite à la saignée démographique occasionnée par la peste noire a poussé sur les routes les « *inutiles au monde* » qui « *viennent de la terre qui ne les nourrit pas* ». Au début du XVIe siècle, la poussée démographique, cette fois, « *ruine les pauvres* » et alimente le vagabondage. Déliés de leur appartenance communautaire, et physiquement capables de travailler, les vagabonds ne bénéficient pas de l'assistanat local.

  La société féodale réprime le vagabondage. Il n'existait pas de solution, autre que répressive, dans le cadre des rapports sociaux féodaux. Ne voulant pas mettre en question « *les statuts immuables de l'organisation du travail* », les autorités ont cherché à limiter la mobilité géographique et professionnelle des travailleurs par l'adoption d'un code du travail rigide. Le vagabondage a été réprimé et puni de peines aussi lourdes que le bannissement, la peine de mort, le travail forcé, la peine de galère, la déportation dans les colonies et même la mise en esclavage.

B ~ La libération du marché du travail

- **Il n'y a pas de marché du travail dans la société préindustrielle**. Jusqu'au XVIIIe siècle, le travail est réglementé par des corporations dont l'objectif est d'empêcher la mise en concurrence des membres d'une même communauté de métier et des communautés entre elles. Le travail ne pouvant pas être vendu et acheté « librement », il n'existe pas de marché du travail. Les salariés occupent une place supérieure à celle du vagabond, mais inférieure à celle de tous ceux qui ont un statut. « *Le salariat reste structurellement périphérique par rapport aux formes légitimes de la division du travail.* »
- **Puis, le travail devient une marchandise**. L'attention portée au travail s'accroît tout au long du XVIIIe siècle. Alors même que les famines disparaissent, les contemporains prennent conscience de l'existence d'une « *vulnérabilité de masse* ». Ils identifient mieux le rôle joué par les mouvements démographiques ou économiques dans le processus d'exclusion sociale. Parallèlement, les économistes libéraux insistent sur le rôle du travail dans la création des richesses et sur la nécessité de créer un marché du travail. « *La liberté des échanges suppose la liberté du travail, et donc la libéralisation du travail ouvrier.* » C'est chose faite en France avec l'adoption du décret d'Allarde et de la loi Le Chapelier, qui interdisent corporations et coalitions.
- **La libération du marché du travail était présentée comme une solution au problème du vagabondage**. Dans l'esprit des révolutionnaires qui ont libéralisé le marché du travail, cette mesure devait résoudre la question sociale telle qu'elle se posait à l'époque en stimulant la création de richesses et en permettant aux indigents de trouver du travail. Dans ces conditions, l'oisiveté devait être combattue mais une assistance étatique était envisagée pour ceux qui n'étaient pas en mesure de travailler. Cette protection sociale préfigurant notre État-providence ne sera pas effective, pas plus que ne sera reconnu un « droit au travail ».

2. Du contrat au statut

A ~ La gestion du paupérisme par les « *réformateurs sociaux* »

- **Le paupérisme est le signe de l'échec du projet libéral**. Les observateurs les plus avertis du début du XIXe siècle remarquent que les pays ayant réalisé leur révolution industrielle sont à la fois les plus riches et ceux dans lesquels la misère semble la plus profonde. Il est évident qu'« *il existe une indigence qui n'est pas due à l'absence de travail mais à une nouvelle organisation du travail, c'est-à-dire au travail libéré* ». Loin de supprimer la pauvreté, la création d'un marché du travail semble l'avoir développée. Castel note que « *le paupérisme est d'abord une immense déception qui sanctionne l'échec de l'optimisme libéral façon XVIIIe* ».
- **Les « *réformateurs sociaux* » ont tenté de promouvoir un assistanat moralisateur**. Castel qualifie de « *réformateurs sociaux* » les individus qui ont cherché a atténuer la misère du peuple sans poser le problème en termes politiques.

Églises, œuvres de charité, entreprises parfois, ont développé des programmes d'assistance dont la contrepartie était la moralisation des pratiques des bénéficiaires. Assujettis à des devoirs et privés de droits, les pauvres n'étaient pas reconnus comme des citoyens à part entière.

- **Cette gestion du paupérisme n'a pas rencontré l'adhésion du peuple**. Cet assistanat vécu comme une forme de « *mansuétude des gens de biens envers les misérables* » est resté extérieur à la culture et au mode d'organisation ouvrier. Acceptée, faute de mieux, par les pauvres et, souvent, dénoncée par les organisations ouvrières, cette gestion de la question sociale était condamnée.

B ~ La mise en place de la société salariale

- **La reconnaissance d'une « *propriété sociale* » est une solution alternative à l'assistanat**. À une logique d'assistanat, les républicains les plus lucides ont opposé une logique d'assurance sociale fondée sur les droits d'individus égaux entre eux. Considérant que « *chacun à des dettes à l'égard de tous* » à l'intérieur d'une société, ils soutiennent que seul l'État « *peut donner à ceux qui sont créanciers et faire payer ceux qui sont débiteurs* ». Tout se passe comme si chaque salarié bénéficiait d'une « *propriété sociale* » (des droits sociaux) dont l'État était le garant et qui lui apportait de la sécurité. D'abord lents en France, les progrès de cet « *État social* » ont été plus rapides après la Seconde Guerre mondiale.
- **Le statut des salariés s'est amélioré**. Tant que seule la propriété d'un capital assurait à ses détenteurs une sécurité matérielle, le salariat ne bénéficiait que d'un statut indigne, c'est-à-dire auquel n'était associée aucune dignité. Le développement de la « propriété sociale », celui du droit du travail et l'augmentation des salaires ont contribué à valoriser le statut de salarié.
- **La « *société salariale* » est notre présent**. La salarisation croissante de notre société fait que le salariat est devenu le fondement de l'identité sociale de la plupart de ses membres. Mais les salariés forment un groupe social hétérogène au sein duquel les ouvriers sont minoritaires. Dans la mesure où la possession d'un capital a perdu de son importance, la société « *n'est plus traversée par un conflit central entre les salariés et non-salariés, c'est-à-dire entre prolétaires et bourgeois, capital et travail* ». Les contradictions sociales n'ont pas disparu pour autant mais « *les antagonismes prennent la forme de luttes pour les placements et les classements plutôt que celle de la lutte des classes* ».

C ~ La nouvelle question sociale

- **La précarisation de l'emploi est à l'origine de la nouvelle question sociale**. L'explosion du chômage depuis 1974 ne constitue que l'élément le plus visible de la dégradation du salariat. La « *précarisation de l'emploi* » est un phénomène plus significatif pour trois raisons :
  – il « *déstabilise les stables* » en fragilisant la position d'individus que la société salariale avait préalablement intégrés ;
  – il conduit des populations dont « *l'identité par le travail s'est perdue* » à s'installer dans la précarité et à développer une « *culture de l'aléatoire* » ;
  – il traduit un « *déficit de places occupables dans la structure sociale si l'on entend par places des positions auxquelles sont associées une utilité sociale et une reconnaissance publique* ».
- **Ni les entreprises ni l'État n'ont su répondre à cette nouvelle question sociale**. Le fonctionnement des entreprises est à l'origine de cette précarisation de l'emploi. Il est illusoire de leur demander de résoudre ce problème au moment même où « *est remise en question la fonction intégratrice de l'entreprise* ». Les politiques d'insertion menées par l'État en direction des « *valides invalidés par la conjoncture* » ont limité les dégâts sociaux sans, pour autant, enclencher de processus généralisé d'intégration sociale.

■ **L'avenir de la société salariale est en suspens**. La société salariale qui reste notre présent est minée par la crise de l'État social et l'effritement de la condition salariale. L'avenir n'étant jamais écrit, R. Castel envisage quatre scénarios possibles :

– la solution libérale consistant à laisser faire le marché conduirait à une augmentation de la précarité et à une dégradation du salariat ;

– le renforcement des politiques d'insertion permettrait de maintenir la précarité à son niveau actuel sans résoudre le problème sur le fond ;

– le développement d'activités sociales alternatives au travail productif a pour ambition de fonder l'utilité sociale sur d'autres pratiques que le travail rémunéré mais risquerait de créer une catégorie de sous-citoyens ;

– le partage des « *ressources rares que sont le travail productif et les protections sociales* » est la solution qui a les faveurs de l'auteur. La réduction négociée du temps de travail lui semble indispensable pour assurer à tous un emploi permettant de vivre dignement. L'État, ensuite, doit assumer « *sa fonction proprement régalienne de sauvegarde de l'unité nationale* » et les citoyens doivent accepter d'en payer le coût.

L'ouvrage de Robert Castel illustre la fécondité d'une méthode qui consiste à solliciter l'histoire, la sociologie et l'économie pour nous éclairer sur les phénomènes sociaux les plus actuels. Cela permet d'analyser une situation dans sa complexité sans la réduire à l'une ou l'autre de ses composantes.

Cette démarche lui permet de traiter de la crise sociale actuelle sans s'enfermer dans une problématique réductrice qui consiste à opposer les « exclus » aux « inclus ». Il montre ainsi que la « précarité économique » qui peut être plus ou moins prononcée et dont le chômage n'est qu'une des formes favorise la « désaffiliation sociale » (la perte du lien social).

FICHE 83

OUTSIDERS
Études de sociologie de la déviance

Howard S. Becker

L'un des courants les plus féconds de la sociologie américaine est celui de « l'école de Chicago », qualifié ensuite « d'interactionnisme ». Howard S. Becker, à la suite d'E. Goffman, s'y inscrit en publiant cet ouvrage en 1963 (pour l'édition française : Métailié, 1985, 248 p.). Il y renouvelle l'approche de la délinquance, objet récurrent de la sociologie, en constituant un objet d'étude plus vaste, la déviance, qui inclut des comportements non conventionnels. Il y renouvelle aussi la méthode sociologique, en pratiquant l'observation sur le terrain, alors que la méthode dominante à l'époque était celle des enquêtes par questionnaire. À travers l'étude des fumeurs de marijuana et des musiciens de jazz, l'auteur (lui-même pianiste de jazz dans sa jeunesse à Chicago) entreprend d'expliquer l'intérêt de la démarche interactionniste.

1. Comment devient-on déviant ?

A ~ Définitions et types de déviance

- **Le terme d'« *outsider* » a un double sens**. Tous les groupes sociaux instituent des normes, c'est-à-dire définissent ce qui est prescrit et ce qui est interdit. Lorsqu'un individu les transgresse, il est considéré comme « *outsider* », étranger au groupe. Mais il peut aussi considérer que les « *étrangers* » sont ceux qui définissent et font appliquer la norme. Il est donc nécessaire d'élucider les situations et les processus où la norme est transgressée et où on la fait appliquer.
- **Les approches traditionnelles de la déviance ne permettent pas de rendre compte complètement du phénomène**. On peut d'abord définir la déviance comme la situation de celui qui s'écarte par trop de la moyenne, ou comme un état pathologique, ou bien comme un symptôme de dysfonctionnement de la vie sociale, enfin comme un défaut d'obéissance aux normes du groupe. Toutes ces définitions sont incomplètes, car elles négligent un fait central : la déviance est créée par la société.
- **La déviance est la conséquence des réactions des autres à l'acte d'une personne**. Dire que la déviance est créée par la société ne signifie pas que les causes sont à rechercher dans la situation sociale du déviant. C'est dire que « *les groupes sociaux créent la déviance en instituant des normes dont la transgression constitue la déviance, en appliquant ces normes à certains individus et en les étiquetant comme des déviants* ». Davantage qu'un état, la déviance est un « *processus* » : elle n'est pas simplement le fait objectif de ne pas se conformer aux normes, mais tout autant la conséquence d'une étiquette qui est collée au dos du déviant par ceux qui le repèrent et le sanctionnent. D'où le nom de « *théorie de l'étiquetage* » donnée à cette interprétation. Les individus « *ainsi désignés comme étrangers, en viennent eux-mêmes à se considérer comme tels* ».

■ **La combinaison des deux critères de la déviance permet de construire un tableau distinguant les divers types de déviants.**

Types de comportements déviants

	Obéissant à la norme	*Transgressant la norme*
Perçu comme déviant	Accusé à tort	Pleinement déviant
Non perçu comme déviant	Conforme	Secrètement déviant

Cette grille permet de comprendre la genèse du comportement déviant, en partant de l'hypothèse que le comportement se développe selon une succession de phases, de passages d'une position à une autre, du simple débutant au déviant confirmé. On peut alors parler d'une véritable « *carrière* » de déviant.

B ~ L'exemple des fumeurs de marijuana

■ **Le cas des fumeurs de marijuana met particulièrement en évidence la genèse du comportement déviant**. Les études traditionnelles du phénomène reposent sur le présupposé suivant : il y a chez les utilisateurs de drogue un caractère psychologique particulier qui les prédispose à en user. Or, « *ce ne sont pas les motivations déviantes qui conduisent au comportement déviant mais, à l'inverse, c'est le comportement déviant qui produit, au fil du temps, la motivation déviante* ».

■ **On devient fumeur de marijuana par un processus d'apprentissage**. Il s'agit d'abord d'acquérir la « *technique* » qui permet de concevoir la drogue comme source de plaisir. Le nouvel utilisateur doit ensuite faire l'apprentissage de la « *perception des effets* », c'est-à-dire prendre conscience des symptômes et de leur liaison avec la consommation de drogue. Enfin, il doit apprendre le « *goût pour ses effets* ». Bref, « *un individu n'adopte un mode de consommation régulier de la marijuana que s'il a appris à l'aimer* ».

■ **Il est ensuite nécessaire de maîtriser les contrôles sociaux qui font apparaître l'usage de la drogue comme dangereux et immoral**. Au fur et à mesure que se déroule la « *carrière* » du fumeur, de débutant à fumeur occasionnel, puis régulier, les divers contrôles sociaux perdent peu à peu leur efficacité. En particulier, le novice doit parvenir à trouver des justifications de sa pratique, c'est-à-dire réviser ses conceptions morales : par exemple, la drogue n'est pas nocive pour lui, d'autres activités (alcoolisme) le sont davantage, il n'est pas vraiment esclave de son usage, etc. C'est par la fréquentation d'autres fumeurs qu'il confortera son nouveau système de valeurs.

C ~ La culture d'un groupe déviant : les musiciens de danse

■ **Le mode de vie non conventionnel des musiciens de danse fait de ce groupe social un groupe déviant.** Les musiciens de danse, étudiés en 1948 et 1949 à Chicago, sont des personnes qui jouent de la musique populaire pour gagner de l'argent dans des bars, des cabarets, parfois des orchestres. « *Leurs activités sont formellement légales mais leur culture et leur mode de vie sont suffisamment bizarres pour qu'ils soient qualifiés de marginaux par les membres plus conformistes de la communauté.* »

■ **Les musiciens de danse développent une culture spécifique, une sous-culture, qui leur permet de se distinguer des autres.** Les autres, c'est-à-dire les non-musiciens, sont appelés « *caves* ». Ce mot « *désigne les personnes qui sont le contraire de tout ce que sont, ou devraient être, les musiciens ; il vise aussi les manières de penser, de sentir et de se conduire qui sont à l'opposé de celles qu'apprécient les musiciens* ». Les musiciens ont la conviction qu'ils possèdent un don spécial qui les rend différents et supérieurs aux « *caves* », et les soustrait à leur critique et à leur contrôle à la fois dans leur activité musicale et dans tous les autres domaines de leur vie. Dans cette logique, ils valorisent fortement tous les comportements non conventionnels. Mais ils sont parfois obligés de faire des concessions en acceptant une musique « *commerciale* », et sont donc généralement hostiles à leur public. Cette situation les pousse à manifester des tendances à l'isolement et à l'autoségrégation censées les mettre à l'abri de toute pression, ce qui conduit à renforcer leur statut déviant.

2. L'IMPORTANCE DE L'IMPOSITION ET DE L'APPLICATION DES NORMES

A ~ La fabrication sociale des normes

- **Du point de vue de la personne déviante, les outsiders sont ceux qui instituent les normes**. Or, dans une société complexe, les normes ne font pas l'objet d'un accord unanime. Elles sont multiples, parfois contradictoires. Même lorsqu'il existe un relatif consensus, leur application est sélective. Les faits de déviance surgissent ainsi en fonction des divers systèmes de normativité.
- **Les normes sont des constructions sociales**. Certains groupes en effet réussissent à rendre leurs pratiques légitimes et à les imposer. Ce sont généralement les groupes occupant des statuts « *supérieurs* » qui exercent leur pouvoir à travers la manipulation de définitions et d'étiquettes. Par exemple, ce sont les adultes qui élaborent les normes concernant les jeunes, ou les hommes qui édictent celles pour les femmes. La fabrication sociale des normes renvoie donc à une distribution inégalitaire du pouvoir économique et politique entre les acteurs ou les groupes d'acteurs.
- **Les normes sont donc le produit de l'initiative de certains groupes ou individus**. On peut les appeller les « *entrepreneurs de morale* ».

B ~ Les « *entrepreneurs de morale* »

- **La première catégorie des « *entrepreneurs de morale* » est celle des individus qui créent les normes**. Le prototype en est celui qui entreprend une croisade pour la réforme des mœurs : le « *croisé de la morale* ». Il agit certes dans un but moraliste, mais parfois aussi humanitaire (exemple des abolitionnistes de l'esclavage). Dans le cas de la marijuana, c'est le Bureau of Narcotics du Treasury Department qui a obtenu la législation de 1937, Marijuana Tax Act aux États-Unis, au prix d'un énorme travail d'initiative, d'information et d'influence de l'opinion publique.
- **La seconde catégorie des « *entrepreneurs de morale* » est celle des individus qui font appliquer les normes**. Parfois, on crée de nouvelles institutions pour les faire respecter. Le plus souvent, c'est la police qui s'en charge. Elle justifie ainsi l'existence de sa fonction et cherche à gagner le respect de ceux dont elle s'occupe. « *Quelqu'un peut être qualifié de déviant non parce qu'il a effectivement enfreint la loi, mais parce qu'il a manqué de respect envers celui qui est chargé de la faire appliquer.* » Par ailleurs, des possibilités « *d'arrangement* » existent pour certains et pas pour d'autres. On le voit, l'application de la norme est variable et arbitraire.
- **La déviance est donc toujours le résultat d'initiatives d'autrui**. Elle est le produit d'une interaction entre la personne qui commet un acte et ceux qui réagissent à cet acte. « *Nous devons considérer la déviance et les déviants, qui incarnent ce concept abstrait, comme un résultat du processus d'interaction entre des individus ou des groupes : les uns, en poursuivant la satisfaction de*

leurs propres intérêts, élaborent et font appliquer les normes sous le coup desquelles tombent les autres qui, en poursuivant la satisfaction de leurs propres intérêts, ont commis des actes que l'on qualifie de déviants. » Ce processus commence par l'adoption de certaines pratiques sociales admises dans le milieu social de l'acteur (fumer de la marijuana par exemple). Ayant fait cette expérience, l'acteur devient persuadé du caractère bénéfique et normal de ces pratiques. La prise de conscience de son étiquetage vient par la suite renforcer le sentiment d'appartenance et le rejet des autres manières d'être et des divers contrôles sociaux.

On a qualifié l'analyse de Becker de « théorie de l'étiquetage » (« labelling theory »). L'auteur lui-même à la fin de son ouvrage se montre réticent à l'égard de ce qualificatif, qu'il estime réducteur. Il préfère parler de « théorie interactionniste » de la déviance. Toute la sociologie classique avait visé à expliquer les raisons du comportement déviant, donc à en faire apparaître les déterminants individuels et sociaux. H. Becker montre que la déviance est une « action collective », c'est-à-dire qu'elle ne se réduit pas à l'acte de transgression d'une norme, mais qu'elle doit être considérée comme un « drame complexe », impliquant un grand nombre d'acteurs et mettant en œuvre une série d'actions et de réactions des individus concernés.

FICHE 84

UNE SOCIÉTÉ EN QUÊTE DE SENS

Jean-Baptiste DE FOUCAULD, Denis PIVETEAU

La crise actuelle de l'emploi ne peut être dissociée d'une crise du lien social et d'une crise du sens. Tel est le cœur du propos de Jean-Baptiste de Foucauld et de Denis Piveteau dans cet ouvrage (Odile Jacob, 1995, 295 p.). Chômage et exclusion ne peuvent donc être résolus par des moyens strictement techniques. Après avoir analysé les trois dimensions de la crise contemporaine et montré leur interaction, les auteurs proposent des pistes de réflexion et d'action pour un « développement choisi et solidaire », faisant appel « aux capacités de chacun à réenchanter le monde ».

1. CRISE DE L'EMPLOI, CRISE DU LIEN SOCIAL, CRISE DU SENS

A ~ L'emploi se recompose difficilement

- **Le mécanisme du « *déversement* » des emplois qui a si bien fonctionné pendant les Trente Glorieuses est aujourd'hui grippé**. Après-guerre en effet, les progrès techniques dans l'agriculture ont libéré de la main-d'œuvre qui a facilement trouvé à s'embaucher dans l'industrie en expansion. Aujourd'hui, le glissement des emplois du secteur secondaire à celui des services est beaucoup plus malaisé. « *La société industrielle appelait un emploi de masse homogénéisant et intégrateur, et fonctionnait comme une pompe aspirante. La société post-industrielle fonctionne plutôt comme une pompe refoulante : elle oblige l'emploi à se recréer dans un tissu beaucoup plus morcelé et hétérogène. Là où il y avait du travail, inconditionnellement pour tous, apparaît progressivement une embauche sélective et conditionnelle pour quelques-uns.* »
- **Dans une société qui se tertiarise, la recomposition de l'emploi dépend essentiellement de trois conditions**. D'abord, l'« *ardente obligation d'initiative* » : « *il faut que se multiplient les entrepreneurs pour que se crée l'emploi, et que se diffuse l'esprit d'entreprise pour voir se déployer l'activité* ». Ensuite, la « *requalification professionnelle permanente* », d'autant plus nécessaire que le déversement s'opère rapidement, compte tenu de l'accélération du progrès technique. Enfin, et c'est une exigence nouvelle : la « *qualification relationnelle* ». Les travailleurs sont de moins en moins interchangeables, « *on exige de plus en plus des qualités individuelles de relation, d'adaptation, d'implication* ».

  Au total, la mutation inévitable de l'emploi « *exige un système de valeurs et de solidarité collective qui favorise les initiatives, les articule entre elles, et s'efforce de faire en sorte que les ressources personnelles de chacun soient valorisées et utilisées économiquement* ». Or, la société post-industrielle renforce au contraire la compétition et la contrainte du marché, rendant ainsi les individus plus vulnérables.

B ~ Le lien social est aléatoire

- **La sphère des relations sociales, comme celle du travail, subit un double mouvement de décomposition-recomposition**. Les cercles traditionnels de solidarité (religieux, syndicaux ou politiques) ont peu à peu perdu de leur importance. L'individu n'est cependant pas seul, mais il doit à présent construire ses propres cercles d'appartenance, qui quoique souvent multiples sont en même temps fragiles et instables. Si dans ce « *libre-service* », l'individu est moins contraint par des relations imposées, il est davantage vulnérable, car « *aucune structure ne viendra désormais épauler celui qui aura vu se déliter son tissu de relations* ».
- **Dans ce contexte de fragilisation du lien social, le travail tend paradoxalement à être revalorisé comme moyen de considération sociale, d'identité et de sécurité**. Or, « *s'il y a besoin de davantage de travail pour compenser l'insuffisance des liens sociaux de base, l'emploi ne peut se développer pour répondre à cette attente que si le tissu relationnel se développe aussi* ». Politique de l'emploi et politique de resserrement des liens sociaux doivent donc être menées de front. Ainsi, « l*a crise de l'emploi ne prend sa vraie dimension que rapportée à la fragilité des liens sociaux. Mais celle-ci ne se comprend que si on la relie à une autre crise, celle d'une société qui ne parvient plus à se donner des objectifs individuels et collectifs mobilisateurs* ».

C ~ La société est en quête de sens

- **La crise du sens n'est pas une crise de la disparition du sens mais une recomposition de l'accès au sens**. Les grands systèmes de sens, religieux ou politiques, qui s'imposaient autrefois à l'individu, se sont effondrés. À chacun à présent de donner un sens à son existence. Or, cette quête requiert beaucoup de ressources personnelles d'intériorité.
- **L'exclusion est aussi une crise du sens**. « *L'exclusion est à la société post-industrielle ce que fut l'exploitation à la société industrielle.* » Les deux situations peuvent certes coexister, voire se renforcer mutuellement, elles sont cependant différentes. La classe exploitée entretient des relations avec l'exploiteur, elle se mobilise sur des revendications, elle se donne des moyens d'agir, elle entre en conflit. Les exclus sont en revanche dispersés, en rupture. L'exclusion est « *le domaine de l'indifférence, du non-sens et de l'inaction. Elle est une maladie de l'échange social* ». Il est donc urgent de retrouver de la cohésion sociale.

2. Pour un développement choisi et solidaire

A ~ À la recherche du « *carré parfait* » de la cohésion sociale

- **On peut définir quatre pôles de l'échange social dont l'équilibre conduit à l'harmonie de l'organisation collective**. Les deux premiers, initiative et coopération, sont ceux du rapport à l'autre. L'initiative permet d'exprimer ses choix et ses volontés, la coopération ouvre vers l'autre et organise l'action en fonction de ses attentes. Ces deux comportements connaissent en même temps une régulation par le conflit ou la contrainte, qui sont les deux autres pôles. « *Le conflit agit lorsque l'action est modérée, freinée, ou stoppée par l'expression des mécontentements ou du refus des autres. La contrainte, elle, peut résulter d'une impossibilité de fait, ou d'une intervention coercitive d'une autorité.* »

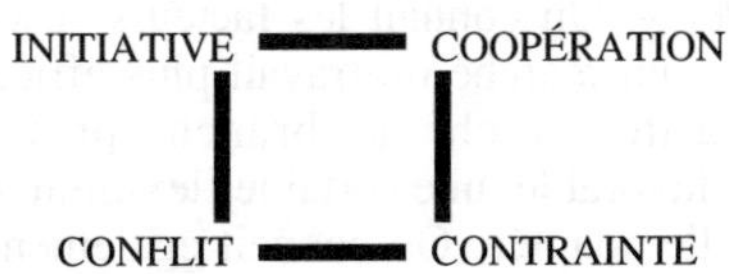

On peut dire que ce « *carré parfait* » d'équilibre entre ces quatre pôles était réalisé pendant les Trente Glorieuses : « *les conflits qui traversaient la société n'empêchaient pas une profonde coopération de ses membres autour d'objectifs communs. Et les contraintes diverses que faisait peser l'interventionnisme d'État n'y bridaient pas pour autant l'initiative* ».

■ **L'instabilité de la société actuelle est la conséquence d'un échange social déséquilibré**. Deux schémas extrêmes permettent d'illustrer les carences d'une société bipolaire. Le premier est celui du libéralisme pur, celui de l'équilibre par la concurrence.

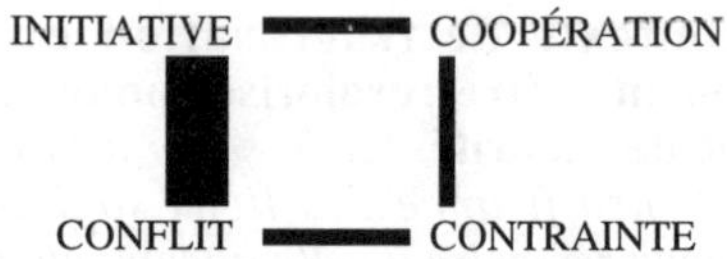

Les deux pôles privilégiés y sont l'initiative et le conflit. L'ordre social optimal ne doit être que la résultante du conflit des intérêts individuels.
Le second est celui d'une collectivité exclusivement centrée sur le couple coopération-contrainte, dont les pays de l'Est fournissaient l'exemple.

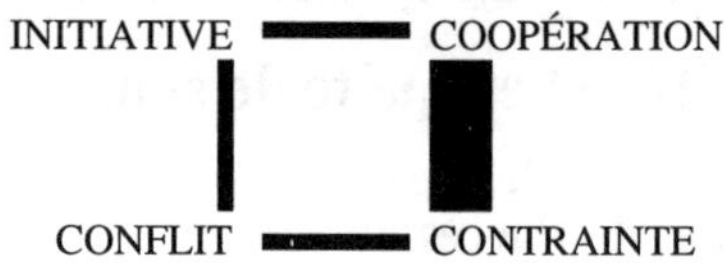

Mais outre ces cas extrêmes, on peut montrer aussi que la cohésion sociale à trois dimensions est une impasse. Prenons l'exemple des mécanismes d'aide à la grande pauvreté. « *Voilà un système où prédominent la coopération, qui est sa raison d'être, l'initiative privée, qui est l'un de ses ferments, et la contrainte, qui y est puissante ne serait-ce que par l'impôt qui financera les différents minima de ressources.* »

Mais le conflit y est absent : les « *nouveaux pauvres* » ne sont pas organisés pour exprimer leurs revendications.

■ **Notre société a besoin d'un « *projet de démocratie solidaire* » et d'« *acteurs de sens* » pour le porter**. Ce projet qui permettra de retrouver l'équilibre à quatre pôles « *devra encourager l'initiative, oser davantage de contrainte, motiver à plus de coopération, et organiser de plus clairs conflits* ». Il existe en germe dans toutes les réalisations d'individus « *acteurs de sens* » qui, à partir de préoccupations éthiques, décident d'agir contre des situations qu'ils jugent inadmissibles. Ils sont les « *pionniers du réenchantement du monde, un peu comme les entrepreneurs protestants furent les pionniers de la révolution industrielle* ».

B ~ Un nouveau modèle de développement : le « *développement socialement durable* »

■ **Contre le chômage, il faut mettre en œuvre des « *engagements coopératifs pour l'emploi* »**. On connaît les facteurs susceptibles d'intervenir positivement sur l'emploi : un marché du travail plus efficace, un coût du travail qui épouse les particularités de chaque branche professionnelle, un contexte macro-économique favorable, une certaine flexibilité du temps de travail, une formation professionnelle adaptée. On connaît également les acteurs qui peuvent jouer un rôle : l'État, les entreprises, les salariés, les chômeurs, les collectivités locales, les associations. Il s'agit de mettre en mouvement et en interaction ces leviers et ces acteurs à travers des « *engagements coopératifs pour l'emploi* ». Par exemple, une grande entreprise s'engage à mettre en œuvre une nouvelle organisation du travail susceptible de créer des emplois et adresse aux syndicats et à l'État les suggestions et les demandes d'aide nécessaires. Cet engagement s'inscrit dans la concertation et la durée.

- **Le champ de la gestion du temps doit aussi être ouvert à la réflexion**. Il faut d'abord développer le temps partiel choisi par la signature de « *protocoles de temps choisi* » qui en stipuleraient au sein de l'entreprise ou de la branche les conditions et les modalités, en concertation avec les intéressés. D'autre part, il est nécessaire de reconnaître socialement, en-dehors de la sphère professionnelle, des activités civiques ou humanitaires. On pourrait instituer un « *contrat de bénévolat* » qui, en fixant les conditions d'engagement mutuel du bénévole et de l'organisme auquel il offre son temps, donnerait une légitimité à des activités considérées souvent comme secondaires.
- **Il est également urgent de faire participer les exclus au débat collectif**. Cela pose le problème de leur représentation et oblige le syndicalisme à se remettre en cause.
- **Enfin, l'État-providence doit repenser ses missions**. « *L'État moderne et efficace est un État qui personnalise son action, dont les agents sont des personnes qui nouent des relations avec d'autres personnes* », bref, un État « *à visage humain* ». L'État doit également davantage partir des besoins des intéressés. On peut imaginer par exemple l'existence de « *recueils municipaux des besoins* » à destination des personnes en difficulté, dont la synthèse permettrait d'orienter l'offre de l'action publique de manière plus efficace.

Il s'agit d'un ouvrage d'une grande richesse. Les deux auteurs ne se contentent pas en effet d'expliquer la crise sociale contemporaine, mais font des propositions très concrètes. Ils nous invitent à inventer un nouveau modèle de développement pour remplacer le fordisme, permettant l'équilibre entre la quête du sens et la marche du progrès. En effet, nos sociétés ont longtemps été figées dans leurs structures économiques et sociales, au risque d'entraver le progrès : c'était l'époque du « sens sans progrès ». À partir des XVIIe et XVIIIe siècles, le progrès scientifique, technique et industriel a tenu lieu de sens. L'enjeu actuel pour nos démocraties est de parvenir à conjuguer sens et progrès de façon dynamique. Pour Jean-Baptiste de Foucauld et Denis Piveteau, cela passe par un nouveau civisme, économique et social.

FICHE 85

LA NOUVELLE QUESTION SOCIALE

Pierre ROSANVALLON

*P. Rosanvallon, sociologue, spécialiste des questions sociales relatives aux conceptions de l'État, tente, avec cet ouvrage (Seuil, 1995, 223 p.), de prolonger et de dépasser l'analyse de la crise de l'État-providence qui avait été l'objet en 1981 d'un de ses principaux livres (*La crise de l'État-providence*). Après la crise financière (années soixante-dix) et la crise idéologique et de légitimité (années quatre-vingt), on entrerait dans une troisième crise de l'État-providence, une crise philosophique, s'accompagnant d'une nouvelle question sociale. À travers une étude qui utilise les références sociales historiques et les problèmes contemporains (l'exclusion), il propose de repenser le contrat social, les questions de justice et d'équité, les formes de solidarité dans lesquels l'acteur sera réhabilité sans condition ; le RMI apparaît comme une caractéristique de ce nouveau droit de l'insertion.*

1. LA DÉSAGRÉGATION DES PRINCIPES ORGANISATEURS DE LA SOLIDARITÉ

A ~ L'épuisement de la société assurancielle

■ **Avec l'industrialisation, le développement du paupérisme a débouché sur une société assurancielle et sur la reconnaissance de la notion objective de risque dépassant la notion subjective de responsabilité individuelle**. Si, dans les sociétés traditionnelles, le principe de la cohésion sociale est perçu naturellement, dans les sociétés modernes, il est nécessaire de trouver de nouvelles formes de lien social. C'est dans ce cadre que l'idée d'assurance va se développer ; il faudra attendre la fin du XIXe siècle pour que les techniques assurancielles soient reconnues comme efficaces car auparavant, on opposait « *la prévoyance, qui responsabilise les individus en les obligeant à songer à leur avenir, à l'assurance, suspectée de favoriser l'insouciance* ».

La loi de 1898 sur l'indemnisation des accidents du travail, en France, est caractéristique de ce changement. « *L'assurance sociale n'est pas comme l'assistance, un secours consenti, elle représente l'exécution d'un contrat dans lequel l'État et les citoyens sont également impliqués. La prestation est un dû, pas une libéralité.* » De plus, l'assurance devient sociale car elle produit à la fois de la sécurité, de la solidarité et de l'interdépendance entre les hommes (institution du contrat social). Ce paradigme assuranciel sera définitivement mis en place, en France, avec la Sécurité sociale, le 4 octobre 1945.

■ **C'est ce paradigme assuranciel qui est aujourd'hui en train de se dissoudre** car les risques sociaux (maladie, chômage, famille, vieillesse) qui, autrefois, apparaissaient comme répartis de manière égale et de nature aléatoire, sont devenus pour certains (chômage de longue durée, exclusion) des états stables, faiblement réversibles. « *Le développement de la société assurancielle avait* *correspondu à la visée d'une socialisation de la responsabilité dans laquelle l'imputation des fautes s'effaçait derrière la recherche d'un régime satisfaisant d'indemnisation.* » Des risques devenus plus collectifs, le retour à la faute individuelle et le climat d'insécurité économique ont entraîné une certaine désagrégation de l'édifice de la Sécurité sociale qui ne couvre plus tous les risques. De plus, les progrès de la génétique médicale ont permis une meilleure connaissance du risque et surtout une personnalisation de ce risque entraînant la disparition du « *risque assurable* ». « *Le voile d'ignorance qui accompagnait le contrat social est irrémédiablement déchiré.* »

Enfin, les effets redistributifs de plus en plus incertains ainsi que le déclin du paritarisme se sont conjugués pour mettre à mal le modèle assuranciel bismarckien sans pour autant que le modèle beveridgien puisse le remplacer démontrant que c'est « *le principe même de la solidarité qui est à refonder* ».

- **D'un État-providence assuranciel, il nous faut retourner à un État-civique-providence axé sur une logique solidariste**. L'histoire de l'État-providence peut se décliner de deux manières : l'histoire de ses institutions et de la mise en place des techniques assurancielles et « *l'histoire plus philosophique, articulée autour de la notion de citoyenneté, mettant en rapport les droits sociaux avec la dette que l'État contracte envers des individus* ». Dans l'assurance sous voile d'ignorance, justice et solidarité se superposaient, équité et redistribution se confondaient.

Mais dès lors que la connaissance des différences et la transparence sociale s'améliorent, le principe rawlsien (les inégalités ne sont acceptables que si elles sont profitables aux plus défavorisés) semble dépassé. « *L'information est l'aliment de la différenciation* » et on retrouve l'opposition entre justice distributive (à chacun selon ses besoins) et justice commutative (à chacun selon ses moyens). « *Nous avons besoin aujourd'hui d'une approche de la justice sous le soleil de la connaissance des différences entre les hommes* » débouchant sur une évolution des conflits. De conflits de répartition fondés sur la défense des intérêts collectifs, nous sommes passés à des conflits d'interprétation du sens de la justice.

Dans ce cadre, l'État-providence doit être repensé comme un État-solidariste-providence dans lequel le sens civique doit être revivifié et où solidarité et démocratie sont étroitement liées.

B ~ La nécessité d'une approche plus politique de la solidarité et la substitution du contrat social à l'assurance

- **La gestion de la solidarité va s'orienter vers une valorisation de la citoyenneté et vers une fiscalisation de la protection sociale**. Cette fiscalisation progressive des dépenses sociales déplacerait la responsabilité de la gestion de la Sécurité sociale des partenaires sociaux aux citoyens c'est-à-dire au Parlement. Ce passage ne sera pas évident parce qu'il y aura des réactions des partenaires sociaux (les syndicats par exemple) pour préserver leurs fonctions dans la gestion de l'assurance sociale et aussi parce que la frontière entre assurance et solidarité est floue. « *Si l'assurance est plus une technique et la solidarité plus une valeur, elles ne sont nullemnent antithétiques : l'assurance est aussi un mode de production de la solidarité.* » Il faut donc rechercher un partage des responsabilités entre État et partenaires sociaux, entre solidarité et assurance.
- **Un État-providence sélectif modéré doit être mis en place tout en conservant une certaine universalité des prestations**. Face à la crise financière que traverse l'État-providence, le principe historique universaliste de la Sécurité sociale ne doit pas être totalement remis en cause mais une sélectivité raisonnable (versement de prestations sous conditions de ressources) peut être mise en place. Il ne s'agit pas de faire de la sélectivité un principe philosophique car « *cela reviendrait à réduire l'État-providence à un système d'assistance aux plus*

pauvres (version de droite de l'idéologie de la sélectivité) ou à l'inverse, à renouer avec la mythologie des riches qui peuvent tout payer (version de gauche) ». La solidarité doit être redéfinie et les prélèvements doivent être réinventés. Sur ce point, la contribution sociale généralisée (CSG mise en place en 1991) peut apparaître comme le nouveau support du financement du système de protection sociale car elle a la forme d'un impôt et s'apparente aussi à une cotisation sociale.

2. L'ÉCHEC DE L'ÉTAT-PROVIDENCE TRADITIONNEL FACE À L'EXCLUSION

A ~ L'État-passif-providence débouche sur une spirale autodestructrice de la solidarité

- **L'État-passif-providence provoque une dissociation entre l'économique et le social ; ces domaines fonctionnant dorénavant selon leur propre logique : la recherche d'efficacité d'un côté, la recherche d'indemnisation et de solidarité de l'autre**. Au lieu de s'harmoniser, l'économique et le social tendent aujourd'hui à s'opposer et à se détruire réciproquement. Le contrat social antérieur, qui était fondé sur une certaine solidarité entre salariés dans une « *économie de partage* » (M.Weitzman), s'est brisé sous la forme d'un accroissement des inégalités et d'une réduction du volume des emplois. « *L'efficacité est devenue la seule responsabilité de l'entreprise alors que l'impératif de solidarité ne relève plus que de l'État-providence.* » Se crée ainsi une distanciation croissante entre la logique d'inclusion de l'État-providence et la logique de différenciation et d'exclusion du système productif.
- **Il faut fonder l'insertion sur le droit au travail**. Le chômage de longue durée se développant, les chômeurs tendent à être assimilés à des « *invalides sociaux* ». « *La catégorie du handicap s'est ainsi progressivement déplacée du champ médical au champ social* » institutionnalisant la séparation entre l'économique et le social, « *faisant aller de pair société d'indemnisation et société d'exclusion* ». Afin de dépasser ces limites, il faut s'engager dans une nouvelle logique de l'insertion fondée sur l'idée de droit au travail et non plus sur celle de droit au revenu (logique ancienne de l'indemnisation). Déjà, les ateliers de charité (instaurés en France par Turgot en 1775, repris et supprimés sous la Révolution) et les ateliers nationaux (1848) étaient axés sur le droit au travail. L'État-providence keynésien, au XXe siècle, avait effacé cette distinction entre droit à l'assistance et prestation de travail, son épuisement nous y ramène, redonnant de l'actualité à la réflexion sur le droit au travail.

B ~ Pour un État-actif-providence recherchant un nouveau droit enrichi à l'insertion

- **L'État-actif-providence doit définir une nouvelle zone grise de l'État-providence dans laquelle les nouveaux rapports entre emploi et État-providence seront centrés sur l'insertion**. Cette zone est floue et mal délimitée, mais le RMI (revenu minimum d'insertion institué en France en 1988) et les propositions de B. Clinton de *workfare* (1993-1994) apparaissent comme des expériences s'intégrant dans ces nouveaux types de droits sociaux entre droit et contrat. « *Le RMI est un droit en ce sens qu'il est accessible à tous* [...] *et correspond à l'institutionnalisation d'une certaine dette sociale. Mais, il est aussi un contrat dans la mesure où il est en principe lié à une contrepartie :*

l'engagement personnel du bénéficiaire dans une démarche d'insertion. » Le RMI correspond donc à un nouveau type de rapport intermédiaire au droit, il est à la fois individualisé et conditionnel (droit procédural) et en cela, c'est une voie nouvelle de la mutation de l'État-providence s'articulant entre droits et obligations. Le droit à l'insertion est aussi un droit à l'utilité. « *Il considère les individus comme des citoyens actifs et pas seulement comme des assistés à secourir.* » Ce n'est pas seulement le droit à vivre mais le droit à vivre en société qui est affirmé. Le RMI apparaît comme une troisième voie car il engage de manière réciproque l'individu et la société dans un contrat d'obligations positives qu'il faut faire vivre comme des droits réels et non plus seulement comme des droits conquis.

- **L'État-providence classique a toujours procédé par des mesures globales ; le nouvel État-providence devra procéder, lui, par des méthodes différenciées dans le cadre d'un droit procédural**. Auparavant, on repérait des populations et on adaptait le système de protection sociale à ces populations. Aujourd'hui, il faut distinguer les situations particulières pour caractériser l'exclusion. « *Cela n'a aucun sens d'essayer d'appréhender les exclus comme une catégorie. Ce sont les processus d'exclusion qu'il faut prendre en compte.* » Il faut tenter de comprendre les trajectoires qui ont conduit aux situations d'exclusion car l'exclusion est « *la manifestation de la différence et non pas de l'agglomération sociale* ». En cela, le RMI, en ciblant son traitement sur les situations et les individus, a rompu avec les anciennes logiques globalisantes.

  Cette différenciation du social peut cependant entraîner un retour du contrôle social renforçant les inégalités. Pour l'éviter, il faut développer des aides différenciées dans le cadre d'un droit procédural. « *Le but est en effet de donner à chacun les moyens spécifiques d'infléchir le cours d'une vie, de surmonter une rupture, d'anticiper une panne. Le droit procédural se confond dans cette mesure avec la pratique de la justice.* » Ces différenciations croissantes sont de moins en moins bien saisies par les outils statistiques traditionnels. La redéfinition de l'État-providence devra aussi passer par un changement dans la démarche statistique sociologique (retour de l'usage de la monographie, de la biographie).

La « question sociale » était une expression employée au XIXe siècle pour étudier les déséquilibres sociaux liés à l'industrialisation. À la fin du XXe siècle se repose cette question sous des formes différentes. Ce livre est à la fois prémonitoire et obsolète. Prémonitoire, car il défend la CSG comme nouvelle forme dominante de contribution sociale, le versement de certaines allocations sous conditions de ressources, ce qui est une tendance actuelle. Obsolète, car le discours ne débouche pas suffisamment sur des mesures concrètes et précises, et car il n'avait pas prévu que les exclus pourraient se comporter comme un groupe social et se révolter (mouvement des chômeurs en fin d'année 1997 et début 1998).

FICHE 86

LA QUESTION SYNDICALE

Pierre Rosanvallon

Entre 1976 et 1987, les syndicats en France perdent plus de la moitié de leurs adhérents, et le taux de syndicalisation y est aujourd'hui le plus bas des grands pays industriels. Ce déclin syndical ne s'explique pas seulement par des motifs d'ordre conjoncturel. Dans cet ouvrage (Calmann-Lévy, 1987, 268 p.), Pierre Rosanvallon démontre que « c'est l'essence même du syndicalisme qui est actuellement mise en cause ». La forme syndicale reposait sur trois fonctions : représentation des intérêts des salariés, régulation des conflits et organisation de la solidarité. Historiquement, le syndicat s'est construit comme un « fait social total » qui cumulait ces trois fonctions. Or, chacune d'elles s'est à la fois progressivement autonomisée et fortement modifiée. La perte de légitimité des syndicats renvoie au problème des nouvelles conditions de la gestion du social dans la société française de la fin des années quatre-vingt.

1. La fonction de représentation

A ~ La crise de la représentation syndicale

- **Historiquement, le syndicalisme s'est construit comme un « *fait social total* ».** Il est à la fois l'organe d'expression des revendications de la classe ouvrière, son instrument de lutte et de conquête sociale et une contre-société. « *Être adhérent ne signifiait pas seulement cotiser à un organisation, mais entrer dans une communauté.* » L'adhérent et le militant sont alors confondus.
- **Or, le rapport des salariés à l'organisation syndicale s'est complètement modifié**. Les salariés ont une conception de plus en plus utilitariste du syndicat. Celui-ci devient un outil utilisé de manière ponctuelle. Le turn-over des adhérents, de l'ordre de 20 %, en est un signe. À l'adhérent-militant, se substitue l'adhérent-client.
- **Par ailleurs, le fait syndical est aujourd'hui relativisé et banalisé**. Il est devenu une forme parmi d'autres de la représentation des intérêts d'un groupe. Ceci renvoie à un « *pluralisme sociétal* », l'individu trouve en effet sa place dans la société de multiples manières, en dehors des relations du travail. En outre, le mouvement syndical déborde largement la sphère du travail (syndicats de locataires, d'usagers du service public...). La notion de représentation n'est plus l'apanage du syndicat, elle se diffuse considérablement en particulier dans l'univers associatif. Cette banalisation du syndicat prend également la forme du développement des syndicats autonomes et catégoriels. En ce sens, on peut dire que la crise du syndicalisme est principalement celle des organisations confédérées.

B ~ Syndicalisme de services ou syndicats sans adhérents ?

- **On pourrait penser qu'une issue à la crise du syndicalisme réside dans le syndicalisme de services.** On observe en effet que les pays dont les taux de syndicalisation demeurent élevés (Allemagne, pays scandinaves) sont ceux où il existe un syndicalisme de services. Cette constatation rejoint la thèse du « *sous-produit* » de Mancur Olson : l'acte d'adhésion n'est déclenché que s'il correspond à la fourniture d'un service. Au XIXe siècle, les premiers syndicats s'étaient construits autour de services aux adhérents : sociétés de secours mutuel, bibliothèques... Le modèle n'a pas été généralisé en France. Il semble aujourd'hui difficile de trouver une issue dans cette voie pour une raison commerciale puisque les « *produits* » proposés doivent être compétitifs et pour une raison culturelle.
- **À la limite, on pourrait imaginer un syndicat sans adhérents.** Ces derniers seraient alors confondus avec les permanents. La légitimité du syndicat serait, comme dans le cas des partis politiques, purement électorale. Mais dans ce cas se poserait le problème du financement des organisations syndicales.

2. La fonction de régulation sociale

A ~ L'institutionnalisation croissante du syndicat

- **La naissance du syndicalisme a également répondu à une contrainte de régulation sociale.** À côté de la fonction de défense des intérêts d'un groupe social et de conquête sociale, le syndicat est dès sa naissance « *perçu aussi comme un principe d'organisation d'une société d'individus, nécessaire pour la rendre plus aisément gouvernable* ». Il permet de canaliser les revendications et de résoudre pacifiquement les conflits du travail. Dans la logique de Durkheim, il constitue une institution intermédiaire entre l'État et les individus atomisés. En France, à la fin des années quatre-vingt, on compte 430 000 « *représentants sociaux* », autant que de représentants politiques. Ces élus exercent une double tâche, interne et externe à l'entreprise.
- **C'est surtout à l'extérieur de l'entreprise que leur rôle d'« *agence sociale* » s'est renforcé.** Ils participent à la gestion d'institutions économiques et sociales parapubliques : Sécurité sociale, Prud'hommes, Conseil économique et social... Bref, le syndicat devient un « *fonctionnaire du social exerçant des tâches d'intérêt général* », au grand bénéfice de l'État, « *qui limite ainsi ses engagements et assouplit les termes de son face à face avec la société* ». Cette dimension de gestion du social va probablement encore se développer. Elle dépend en effet moins de la représentativité que de la compétence technique des élus. En revanche, ces derniers doivent complètement réévaluer leur rôle à l'intérieur de l'entreprise.

B ~ La régulation interne à l'entreprise

- **Dans l'entreprise, la régulation des rapports sociaux est exercée par les délégués du personnel et les délégués au comité d'entreprise.** Ici, le syndicat doit affronter le défi du changement opéré par l'entreprise qui devient principalement un réseau d'informations. Or, « *dans une société d'information, il est indispensable qu'un pluralisme de l'expertise existe et que des informations contradictoires ou complémentaires puissent être produites par des sources indépendantes* ». Parallèlement à la direction ou à la hiérarchie, le syndicat doit alors faciliter la production et la circulation de l'information. Ainsi, « *à la figure* *de l'acteur-protecteur relativement unifiée, se substitueront les nouveaux visages de l'agence sociale (dans la régulation sociale globale), du producteur et circulateur de l'information (dans la régulation des organisations) et de l'avocat-procureur (dans la gestion des crises)* ».

3. La fonction de solidarité

A ~ La crise morale du syndicalisme

- **Enfin, l'essence du syndicalisme repose sur sa fonction de cohésion de la classe ouvrière**. Au XIXe siècle, le prolétaire désigne un homme exclu de la vie sociale, un citoyen de seconde zone. Le syndicat est alors la forme organisatrice de la culture du monde ouvrier. Il lui donne cohésion et identité à travers une conception du progrès social « *appréhendé comme un affrontement entre deux blocs* ». Cette culture de la séparation articule les éléments d'une sociologie, d'une économie et d'une morale implicites. « *La sociologie : une société coupée en deux. L'économie : un surplus virtuellement disponible pour le redistribuer. La morale : il est juste et légitime de revendiquer.* »
- **Plusieurs facteurs contribuent actuellement à épuiser cette culture sociale**. Des facteurs sociologiques d'abord : le salariat est de moins en moins un bloc homogène. Des clivages apparaissent en son sein : chômeurs/non-chômeurs, salariés exposés/salariés protégés... Ainsi, disparaît le « *tiers responsable* », le bouc émissaire. Du point de vue économique, le surplus à partager s'amoindrit depuis les années soixante-dix. Enfin, le déclin des idéologies révolutionnaires oblige à repenser le concept de justice sociale.
- **Le syndicat traverse alors une crise morale**. Sa force résidait auparavant dans l'identification de son action à l'idée de solidarité. Toute action, même localisée, avait tendance à se diffuser à l'ensemble de la population salariée (exemple de la quatrième semaine de congés payés aux usines Renault). Or, la question de la solidarité se pose aujourd'hui dans des termes nouveaux. Ainsi, au modèle de la diffusion du progrès social se substitue un modèle de la segmentation : ce que gagne un groupe de salariés l'est souvent au détriment d'un autre. Par ailleurs, le syndicat se trouve incapable de prendre en charge les situations d'exclusion les plus criantes. Enfin, la légitimité de certaines de ses revendications apparaît contestée et limitée par le « *coût de solidarité* » qu'elles risquent d'entraîner, ce que manifeste par exemple l'attitude de l'opinion publique à l'égard de certaines grèves du service public.

B ~ La nouvelle tâche d'arbitrage social

- **Le syndicat doit alors s'orienter vers une fonction d'« *arbitrage social* »**. Puisque c'est l'idée même de solidarité qui est ébranlée, il doit participer à une nouvelle définition des normes de solidarité, à la reformulation d'un « *intérêt général* » entre des revendications parfois contradictoires. Il a donc une fonction d'« *arbitrage social à l'intérieur de la population salariée* ». « *À côté de sa participation à la négociation collective (patronat/salariat), il doit être un instrument d'intra-négociation entre les salariés.* »
- **C'est un profond changement culturel que doit affronter le syndicat**. Il doit en effet passer d'une philosophie de « *l'agrégation revendicative* » à une philosophie de la « *construction démocratique* », d'une « *culture de la mobilisation à une culture de la gestion* ».

- **Cette nouvelle tâche correspond à un retour du politique, en ce sens qu'elle implique une réflexion sur la démocratie**. En effet « *penser la démocratie, c'est parler de la question de vivre ensemble, de la capacité d'accepter et de reconnaître les divisions et les différences, de la difficulté d'élucider les mécanismes par lesquels une société se donne implicitement des seuils de solidarité, se fixe silencieusement des remparts contre l'égalité qu'elle proclame* ».

La crise du syndicalisme est en définitive, selon l'auteur, celle de sa légitimité. Depuis sa naissance, le syndicalisme bénéficiait d'une légitimité sociologique, fondée sur la cohérence du groupe des salariés. Elle se trouve concurrencée par de nouvelles formes d'expression des travailleurs (groupes d'expression directe de la loi Auroux, coordinations, référendums dans l'entreprise...). Le syndicalisme, en perdant ainsi le monopole de la représentation sociale, est obligé de redéfinir sa spécificité, et de « clarifier la nature du rapport qui le rattache aux salariés ». P. Rosanvallon pense que c'est actuellement la CFDT qui a le plus avancé sur cette voie, non sans risques d'ailleurs.

FICHE 87

LOGIQUE DE L'ACTION COLLECTIVE

Mancur Olson

Un des thèmes fondamentaux de la sociologie porte sur le comportement des groupes comparativement à celui des individus qui les composent. La question est de savoir si le groupe est doté d'une volonté et d'une conscience propres, au point d'élaborer une stratégie destinée à promouvoir ses intérêts. L'économiste et sociologue Mancur Olson apporte une réponse dans son ouvrage, publié initialement aux États-Unis en 1966, qui a été traduit et publié en France en 1978, puis en 1987 (PUF, 199 p.). Après une préface de Raymond Boudon, l'ouvrage développe la théorie de la logique de l'action collective. Celle-ci affirme qu'un groupe de personnes ne mène généralement pas l'action collective nécessaire à la défense de ses intérêts.

1. La logique de l'action collective

A ~ La logique de l'action collective n'est pas réductible à la logique de l'action individuelle

- **Quelles que soient leurs natures, les groupes ou les organisations ont pour objectif commun de défendre les intérêts de leurs membres.** « *On attend des syndicats ouvriers qu'ils essaient d'obtenir des salaires plus élevés et de meilleures conditions de travail pour leurs membres ; on attend des organisations de cultivateurs qu'elles essaient d'obtenir une législation favorable à leurs membres ; on attend des cartels qu'ils essaient d'obtenir des prix plus élevés pour les sociétés participantes ; on attend d'une compagnie qu'elle serve les intérêts de ses actionnaires ; on attend enfin de l'État qu'il serve l'intérêt commun de ses citoyens.* [...] »
- **Un groupe d'individus ayant un intérêt commun et partageant un même objectif ne mène pas pour autant une action collective.** « *On tient généralement pour acquis, du moins là où des objectifs économiques sont en jeu, que des groupes d'individus ayant des intérêts communs tentent d'ordinaire de les défendre.* » Pourtant, même si les membres d'un groupe ont un objectif commun, ils n'agiront pas ensemble pour atteindre cet objectif.

  La théorie traditionnelle des groupes est de ce fait erronée. La source fondamentale de l'action collective n'est pas un penchant à former des groupes. Le groupe ne fonctionne pas non plus de façon autonome, guidé par un intérêt collectif à l'image de l'individu guidé par son intérêt particulier.
- **L'action collective n'a pas lieu car chaque membre d'un groupe, en toute rationalité, n'a pas intérêt à y participer.** Il est convaincu que le succès de l'action ne dépend pas de sa participation, parce qu'il sait qu'elle est marginale. Il comprend d'autre part, qu'en cas de succès, il bénéficiera des avantages obtenus qu'il ait été actif ou pas. Il est donc encouragé à adopter un comportement de « *cavalier seul* » ou « *passager clandestin* » (*free rider*), il ne

paie pas de « *ticket d'entrée* », il profite des résultats de la mobilisation sans aucun frais. Quel que soit le nombre des autres individus du groupe qui participent à l'action, il est plus rationnel de ne pas les suivre. En effet, à la différence de celui qui y participe, le gain éventuellement obtenu par le « *passager clandestin* » n'est jamais diminué d'un coût. Mais tous les membres d'un groupe partageant la même rationalité individuelle, aucune action n'est menée et l'intérêt commun n'est donc pas satisfait.

B ~ La difficulté d'obtenir les « *biens collectifs* » ou « *biens publics* »

- **La fonction d'un groupe ou d'une organisation est de procurer un avantage indivisible et général appelé « *bien public ou collectif* ».** « *Le bien public ou collectif* » (par exemple une réduction d'impôt) ne peut être obtenu que si l'action collective est menée avec succès. Puisqu'elle profite indistinctement à tous les membres du groupe, qu'ils aient été actifs, ou qu'ils se soient comportés comme « *passagers clandestins* », aucun membre du groupe ne se mobilise pour l'obtenir.
- **Certains « *biens publics* » sont « *exclusifs* » alors que d'autres sont « *inclusifs* ».** Un groupe qui relève de l'économie de marché est « *exclusif* ». Par exemple, une entreprise aspire à ce que le nombre des entreprises concurrentes se réduise jusqu'à ce qu'elle reste seule dans le groupe : « [...] *son idéal est un idéal de monopole* ». Dans ce cas, « *le bien public* » des entreprises est de vendre au prix le plus élevé, il est « *exclusif* » car si l'une d'entre elles vend davantage à ce prix, d'autres entreprises vendront moins.

  Dans un groupe ou dans une organisation qui ne relève pas de l'économie de marché, les aspirations de ses membres sont inverses, ils recherchent un « *bien public inclusif* » : « [...] *plus le nombre de ceux qui sont disposés à partager les coûts et les bénéfices est élevé, mieux c'est* ». Dans une certaine mesure, l'accroissement de la dimension du groupe permet de réduire les coûts moyens de chaque membre qui participe à l'action car « [...] *les coûts d'organisation par personne n'augmentent pas nécessairement avec la taille du groupe et on peut espérer des économies d'échelle dans l'organisation* ». Le « *bien public* » est « *inclusif* » car la quantité de biens collectifs obtenue est proportionnelle au nombre de membres du groupe.

2. Les facteurs permettant de rendre l'action collective possible

A ~ L'action collective est fonction de la dimension du groupe

- **Plusieurs facteurs distincts mais cumulatifs interdisent aux groupes les plus grands de se mobiliser pour servir leurs propres intérêts**. Tout d'abord, plus le groupe est grand, plus la fraction du bénéfice que reçoit chaque membre participant est réduite. De plus, le bien collectif éventuellement obtenu s'en trouve lui même amoindri. Ensuite, plus le groupe est grand, plus il est vraisemblable qu'en cas de succès, chaque membre actif gagnera moins que ce que lui coûte sa participation. Enfin, plus les membres du groupe sont nombreux, plus les coûts de l'organisation s'élèvent au point d'accroître le coût supporté par chacun.
- **Les petits groupes sont les plus efficaces**. Les membres du petit groupe sont plus facilement mobilisés car chacun recueille une part substantielle du gain total. « *Le petit groupe où un membre obtient une fraction du bénéfice total assez*

importante pour qu'il ait avantage à assumer seul le coût total plutôt que de se passer du bien, a de fortes chances d'obtenir le bien collectif. »

- **Les groupes inclusifs ne relevant pas d'une économie de marché se composent de trois catégories**. La première est celle des groupes « *privilégiés* » dans lesquels chaque membre peut avoir un intérêt tel, qu'il est prêt à en supporter la charge totale à lui seul. La deuxième est celle des grands groupes appelés groupes « *latents* » : « *rien ne pousse ces groupes importants, "latents", à agir en vue d'obtenir un bien collectif parce que, quelque utile que soit ce bien pour le groupe pris dans sa totalité, il ne représente pas pour l'individu un motif suffisant pour payer des redevances à une organisation travaillant dans l'intérêt du groupe latent, ou pour supporter sous quelque forme que ce soit une part des coûts qu'entraîne nécessairement une action collective* ». Un exemple extrême de groupe « latent » est celui des consommateurs qui sont incapables d'agir ensemble pour restreindre leurs achats afin de lutter contre l'inflation dont ils souffrent pourtant.

  Entre les deux premières catégories, la troisième catégorie est celle des groupes « *intermédiaires* ».

B ~ La coercition, les incitations sélectives ainsi que des motivations sociales peuvent encourager à agir collectivement

- **La coercition peut contraindre les membres d'un groupe à agir pour l'obtention d'un bien collectif**. Un groupe « *latent mobilisé* » est un groupe sur lequel agit la coercition. Pour profiter du bien collectif, il est obligatoire que chacun ait payé la part qui lui est assignée. Ainsi l'État, afin d'assurer son fonctionnement dans l'intérêt de tous, contraint les contribuables à verser l'impôt.

  « *Les conventions collectives, la guerre et les services publics fondamentaux ont ceci en commun que les "avantages" procurés par tous les trois reviennent à chacun dans les groupes respectifs qu'il ait ou non soutenu le syndicat, servi dans l'armée ou payé ses impôts. La contrainte intervient dans les trois cas et il ne peut en être autrement.* »

- **La fourniture parallèle de biens individuels ou d'incitations sélectives peut favoriser la mobilisation des membres d'un groupe**. Il s'agit de convaincre des individus de participer à la réalisation du bien collectif et d'en supporter la charge en leur offrant en contrepartie des biens individuels dont ils ne bénéficieraient pas sinon. Un parti politique, par exemple, peut offrir des responsabilités ou des positions électives dans la vie politique.

- **Des motivations telles que le statut social ou la pression sociale peuvent aussi être des facteurs incitatifs**. « [...] *l'individu rétif peut être mis au ban et celui qui coopère invité à entrer dans le cercle magique.* »

  Des facteurs affectifs et idéologiques, comme l'altruisme ou le patriotisme, peuvent également entrer en jeu même si ce n'est que sporadiquement.

  Le cas même d'une organisation poursuivant une action pour une cause perdue ou sans espoir, est concevable. Ce cas n'étant que marginal et isolé, il ne contredit pas la théorie de la logique de l'action collective.

3. Le syndicalisme illustre la logique de l'action collective

A ~ Les difficultés de l'action syndicale

- **Conformément à la logique de l'action collective, les taux de syndicalisation sont faibles**. Lorsque les syndicats ne fournissent que des biens collectifs qui, comme les augmentations de salaires, la réduction du temps de travail ou l'amélioration des conditions de travail, profitent à tous une fois que les revendications sont satisfaites, les salariés adhèrent difficilement ou s'engagent peu volontiers dans une action comme une grève. « *Un travailleur rationnel ne contribuera pas volontairement à un* [...] *syndicat fournissant un bien collectif puisqu'à lui seul il ne parviendra pas à accroître d'une manière perceptible le pouvoir du syndicat et puisqu'il profitera des avantages des succès remportés par le syndicat qu'il l'ait ou non appuyé.* »

- **Pourtant les travailleurs ne sont pas hostiles aux syndicats**. Bien que les taux de syndicalisation et que le niveau de participation dans les syndicats soient faibles, les salariés reconnaissent la nécessité des syndicats. Ils ne mettent pas en cause le fait que les syndicats défendent l'intérêt commun, mais leur rationalité individuelle les incite à faire « *cavalier seul* ».

B ~ Une action syndicale demeure possible

- **Les syndicats se sont plus facilement créés lorsqu'ils étaient de petite taille, ils se sont maintenus grâce à des incitations sélectives et surtout en recourant à des mesures coercitives**. Il s'agit d'offrir par exemple des assurances, des avantages sociaux, des aides à l'emploi, une protection individuelle contre les abus de l'employeur. Il a pu être proposé parfois des droits à l'ancienneté pour les salariés syndiqués qui bénéficient alors de règles d'avancement plus avantageuses.
- **La pratique du monopole d'embauche a fortifié les syndicats en rendant l'adhésion obligatoire**. « *En bref, les périodes pendant lesquelles les syndicats obtinrent de contrôler les emplois et les réservèrent aux membres des syndicats ne sont pas les périodes où les travailleurs avaient le plus de raisons de craindre le chômage.* » L'instauration de piquets de grève a pu contraindre les salariés à se mettre en grève. Certains critiquent la coercition que les syndicats exercent, alors qu'ils sont souvent eux-mêmes membres d'organisations professionnelles tout aussi contraignantes, comme l'ordre des médecins ou le barreau pour les avocats.

Cet ouvrage, qui présente de nombreuses références à des auteurs économistes ou sociologues, offre une analyse en termes de stratégie d'acteurs rationnels. Il est à noter que la lecture de la préface rédigée par Raymond Boudon fournit une explication simple, concise et pédagogique de la théorie de la logique de l'action collective développée par Mancur Olson.

Cette théorie peut apporter des éléments pertinents pour expliquer la tendance au déclin relatif de la mobilisation collective dans les sociétés industrielles actuelles. Cependant, elle comporte une limite importante en n'admettant pas l'analyse de la mobilisation collective par la construction d'identités collectives. Dans cette perspective, l'action collective s'expliquerait davantage par la cohésion culturelle d'un groupe que par ses enjeux.

FICHE 88

LE CREUSET FRANÇAIS

Gérard NOIRIEL

Cet ouvrage (Seuil, 1988, 381 p.) s'interroge sur la place et le rôle de l'immigration dans la pensée et la société contemporaines. Œuvre scientifique par sa démarche et ses conclusions, l'approche de l'auteur est aussi militante : face aux préjugés xénophobes renaissant depuis les années soixante-dix, il convient de « dire le vrai » et de permettre à la science de contribuer à éclairer les débats actuels. Les six chapitres s'articulent schématiquement en trois moments : l'invention des catégories d'étrangers et d'immigrés, leur situation objective et subjective, la question de l'intégration.

1. LES CONDITIONS D'ÉMERGENCE DES CONCEPTS D'« ÉTRANGER » ET D'« IMMIGRÉ »

A ~ L'immigration : un objet délaissé par les sciences humaines

- **Dans le domaine des sciences historiques en France, l'immigration a le statut d'un objet illégitime, à l'opposé des États-Unis**. Or, sur trois générations, « *l'impact de l'immigration est au moins aussi important en France qu'aux États-Unis* ». Sur le plan épistémologique, « *les historiens français ont intériorisé les catégories propres à la tradition positiviste des juristes français qui se réclame du contrat social et qui culmine avec la théorie de la "nation-personne"* ». Fernand Braudel n'échappe pas à la critique, victime de la « *philosophie de l'enracinement* ».
- **Les modalités de la construction nationale dans les deux pays expliquent ce constat**. En effet, en France, l'immigration de masse intervient alors que la nation « *est déjà largement constituée* ». À l'opposé, « *dans le cas américain l'immigration est un phénomène précoce et la formation de la nation un phénomène inverse* ». De surcroît, en France, le processus centralisateur et unificateur empêche les immigrants de se constituer leurs propres lieux de mémoire. Le « *modèle* » d'intégration repose ainsi sur le paradoxe de l'achèvement de la nation, fondée sur la définition d'une « *identité nationale* », alors que le pays est obligé de recourir simultanément à l'immigration massive, qui a pour effet de bouleverser la composition de sa population initiale et de rendre la définition de cette identité problématique ; de plus, cette construction repose sur une « *contradiction propre à l'idéologie et à la pratique républicaine : respecter la tradition de générosité pour l'homme, mais l'empêcher de devenir un acteur politique en dehors des règles fixées par la nation* ».
- **Les oscillations des orientations scientifiques sont liées au concept de « *nation* »**. La définition de J. Renan s'avère problématique : d'un côté, la nation est « *une âme* » transmise par les ancêtres ; de l'autre, elle est un principe spirituel, « *le désir clairement exprimé de continuer la vie commune* ». Dès lors, la réflexion intellectuelle a été « *structurée par l'opposition contrat/origine* ». Avec la crise

des années soixante-dix, « *le balancier est à nouveau aujourd'hui du côté de l'origine, de l'ethnicité, de l'histoire* ».

B ~ Le rôle de l'État : une spécificité française

- **La définition juridique de l'étranger s'impose à la fin du XIXe siècle**. La loi de 1889 est considérée comme le premier véritable Code de la nationalité. Dès lors, la frontière entre le national et l'étranger est clairement tracée : « *l'élasticité de la notion de "souveraineté nationale" permet de justifier l'exclusion des immigrés de toute forme d'expression collective* » ; les lois d'assistance sont réservées aux nationaux. Les conditions de naturalisation sont durcies et un clivage entre « *Français de souche* » et Français par acquisition s'instaure.
- **Les étrangers sont soumis à un contrôle administratif et policier accru**. De la fin du XIXe siècle à nos jours, on assiste à un processus ininterrompu de « *mise en carte* » : de la carte pour travailleurs étrangers (1893) à la carte obligatoire pour tout étranger (1917) avec photographie (1926), à la double carte (de travail et de séjour) après 1945. La « *rationalisation du travail de surveillance* » témoigne d'un nouvel état d'esprit : « *à l'a priori de la "tranquillité" a succédé celui du "suspect", du symptôme* ».

2. La situation objective et subjective des étrangers en France

A ~ Une population « déracinée »

- **Les flux d'immigration révèlent les caractères spécifiques de cette population**. On observe une constante surreprésentation du sexe masculin dans les classes d'âge les plus productives et une présence dans les secteurs d'activité « *qui sont refusés par les nationaux* ». Les vagues migratoires, liées « *aux cycles de l'activité économique du pays recruteur* », dépendent également des logiques sociales à l'œuvre dans les pays d'émigration : d'abord vécue comme temporaire pour soutenir la communauté d'origine, l'émigration devient définitive. Les soubresauts de la conjoncture politique internationale expliquent « *le flux et le reflux* » des réfugiés.
- **L'expérience de l'immigration s'accompagne de ruptures matérielles et symboliques multiples**. Confronté à l'archaïsme du logement, victime du déracinement et de la solitude, l'immigré éprouve des difficultés de communication dans une langue peu ou non maîtrisée ; sa « *gestion du stigmate* » se manifeste par une pluralité d'attitudes allant de la révolte à l'hyper-conformisme et aux multiples jeux avec les apparences.
- **Le regroupement permet d'échapper symboliquement aux conséquences de ces ruptures**, « *la recherche de "l'entre soi" étant le seul moyen de parvenir à constituer un îlot de sécurité et de relative tranquillité* ». Au sein de la communauté ainsi constituée, un ensemble de pratiques renforcent le lien entre membres : émergence d'activités assurant la survie du groupe, retour au pays pendant les congés, échanges de lettres et transfert d'épargne, pratiques culinaires du pays d'origine, permanence du contrôle communautaire, développement de la vie associative.

B ~ Crises, xénophobie et racisme

- **La xénophobie et le racisme sont un phénomène historique récurrent**. Trois périodes en attestent : les années 1880, 1930 et 1980. Or, ce sont également trois moments de stabilisation de la population étrangère, « *à l'origine d'une nouvelle visibilité dans l'entreprise, dans le quartier, à l'école, à l'hôpital...* ». La proximité sociale entre étrangers et nationaux entraîne une « *xénophobie exacerbée* ». On dénonce pêle-mêle la concurrence entre travailleurs, « *les charges que représentent les étrangers dans les budgets d'assistance* », leur propension à la délinquance. Les procédés employés visent tous « *à stigmatiser l'étranger dans son apparence, et dans tous ses faits et gestes* ».

- **Les luttes pour la reproduction des positions sociales sont un facteur explicatif essentiel**. Dans les milieux populaires, le chômage condamne à « *accepter les emplois dégradés* » autrefois abandonnés aux immigrés. Dans les « *classes moyennes* », la concurrence s'exerce entre petits commerçants et travailleurs étrangers licenciés qui « *tentent un refuge dans le petit commerce* ». Dans la classe dominante, la thématique xénophobe est utilisée « *comme élément stratégique dans des luttes purement internes* » au sein des fractions politiques ou intellectuelles (affaire Dreyfus) mais elle s'accompagne également de l'exclusion des étrangers des professions « *libérales* » (juristes et médecins) dans l'entre-deux-guerre. Aujourd'hui, la concurrence au sein du système scolaire conduit « *au processus de relégation des enfants d'immigrés dans les secteurs les plus dominés du marché du travail* ».
- **Deux autres facteurs explicatifs peuvent être avancés**. Le premier « *est lié à la difficile question des "appartenances"* » : dans les périodes d'incertitude, « *l'étranger est ressenti comme une menace pour le groupe enraciné* », incarnation des mutations à l'origine de la crise d'identité que traversent divers groupes sociaux. La deuxième explication « *tient aux conditions de "production" de la xénophobie* » : fondé sur la répétition, le discours xénophobe suscite des automatismes de pensée, relayés par la presse.

3. Intégration et assimilation

A ~ L'intégration des immigrés est un processus complexe

- **La stabilisation de la première génération d'immigrés est attestée par de multiples indicateurs**. Le désinvestissement vis-à-vis du pays d'origine se traduit par un fléchissement des transferts monétaires, par la modification de l'aménagement intérieur de l'habitat, de plus en plus conforme aux standards du pays d'accueil, par « *une reconversion des centres d'intérêt* » qui s'accompagne d'un investissement plus grand dans l'univers professionnel, par la croissance des mariages mixtes et des naturalisations.
- **Les expériences de la deuxième génération restent marquées par une tension identitaire**. Le terme de « *deuxième génération* » désigne « *le processus sociologique par lequel des individus sont soumis à des formes contradictoires de socialisation* ». Le discours familial vise à légitimer la migration et à enclencher un processus de « *réhabilitation de soi devant des enfants qui voient bien que les normes de la société d'accueil dévalorisent en permanence leur famille* ». Renforcée par l'école, la « *honte de soi* » et les mécanismes de défense qui y sont associés se fixent dans l'identité personnelle et se prolongent dans la vie adulte par la dénégation de ses origines. À l'encontre des thèses qui proclament l'émergence de revendications identitaires et/ou une résistance à l'assimilation, l'analyse historique et les rares statistiques « *prouvent en effet un recul de tous les éléments identitaires de la deuxième à la troisième génération* ».

B ~ Les apports de l'immigration à la France

- **L'immigration a joué un rôle essentiel dans l'industrialisation et la croissance française**. L'antériorité de la démocratie sur l'industrialisation, accompagnée par la permanence d'un secteur agricole important, explique les concessions des élus républicains au monde agricole (lois Méline). Dans ce cadre, le rôle de l'immigration est essentiel pour l'industrie : « *du Second Empire à nos jours, le marché du travail est alimenté régulièrement par des effectifs étrangers qu'on peut évaluer à 10 ou 15 % de la classe ouvrière* ». Cette population, orientée vers les secteurs moteurs, est appréciée pour sa flexibilité et son faible coût.
- **Les influences de l'immigration sont également observables dans d'autres domaines**. Outre son rôle dans la croissance démographique, on peut citer de nombreux cas « *d'hommes illustres* » d'origine étrangère. Ces personnalités du monde politique, scientifique, culturel ou sportif ont contribué à façonner la culture française, influençant sa langue, la religion, la politique.

C ~ La question de l'intégration est indissociable de l'histoire sociale du phénomène national

- **Pour G. Noiriel, la question de l'intégration ne se réduit pas à la question des étrangers** ; elle se pose pour l'ensemble de la population. Considérant que l'intégration n'est qu'un « *euphémisme pour désigner l'assimilation sociale* », il souligne que « *le processus assimilateur est un problème fondamental des sociétés contemporaines auquel n'échappe aucun groupe social parce que c'est un processus historique* ».
- **L'intégration est un processus social aux multiples dimensions**. Prolongeant les analyses de M. Mauss, on peut observer que la construction nationale repose sur le développement des instances d'inculcation étatiques telles que l'armée ou l'école et la centralisation de la vie sociale « *qui favorise l'uniformisation des individus* ». Si, comme le souligne Durkheim, l'intégration s'accompagne d'un processus d'abstraction (concept de nation), il faut qu'il « *existe des relais dans l'univers concret des individus* » : il s'agit donc de promouvoir de « *nouveaux groupes intermédiaires* » pour « *inventer de nouveaux types de solidarité organique* ».

Bien qu'historien, G. Noiriel puise dans les analyses sociologiques pour expliquer l'évolution du statut des immigrés et le regard porté sur cette population par les contemporains. Il milite ainsi pour une histoire sociale dont la finalité est toujours d'éclairer le présent et d'éviter de prendre pour des nouveautés ce qui n'est qu'ignorance du passé. Interdisciplinarité et engagement affleurent tout au long d'une démonstration qui permet de comprendre et de combattre les lieux communs, savants ou non.

FICHE 89

LES PASSIONS ET LES INTÉRÊTS Justifications politiques du capitalisme avant son apogée

Albert O. HIRSCHMAN

Publié initialement aux États-Unis en 1977, ce livre à été traduit de l'anglais et édité en 1980 (PUF, 135 p.). Son titre complet indique clairement l'intention de l'auteur : une interprétation de l'essor du capitalisme.

Au cours de ce livre, Albert O. Hirschman affirme que l'on reproche aujourd'hui au capitalisme ce qu'on attendait de lui à l'origine, c'est-à-dire de réprimer les passions afin de développer l'activité économique.

Après avoir présenté divers courants d'idées, l'auteur reprend les démonstrations de Montesquieu et de Sir James Steuart puis évoque la portée historique de la thèse.

1. UTILISER LES INTÉRÊTS AFIN DE REFRÉNER LES PASSIONS

A ~ L'évolution de l'idée de passion

- **Selon la doctrine élaborée dès le début de l'ère chrétienne par Saint Augustin, les trois péchés fondamentaux de l'homme proviennent de ses passions : la convoitise de l'argent et des biens, la convoitise du pouvoir et celle de la chair**. « *Mais peu à peu – dès la fin du XVIIe siècle, puis de plus en plus nettement au cours du siècle suivant – l'on assiste à une réhabilitation des passions, considérées désormais comme le sel même de la vie et comme sources d'énergie créatrice.* »

  Albert O. Hirschman analyse le phénomène par lequel des activités économiques sont devenues honorables, alors que durant des siècles elles avaient été réprouvées, parce qu'on y voyait l'incarnation de la cupidité, de l'amour du gain et de l'avarice.

- **La mutation de l'idée de passion est l'effet d'un renouveau de la théorie de l'État, destinée à améliorer l'art de gouverner**. Selon une nouvelle conception de l'État qui émerge, la passion qui anime les gouvernants est l'amour de la gloire. Il les poussent inconsciemment à satisfaire l'intérêt général. Ainsi, l'idée de passion qui avait une connotation négative, a évolué en prenant un sens positif. Cette mutation est à l'origine de l'approbation de la volonté d'enrichissement, perçue comme une passion qui stimule les activités économiques.

  « *Dès la Renaissance, on pressent ce qui au XVIIIe siècle sera devenu une ferme conviction, à savoir que pour contenir les passions destructrices de l'homme, on ne saurait plus s'en remettre aux préceptes moralisateurs des philosophes ou aux commandements de la religion.* »

B ~ Se servir des passions plutôt que les réprimer

- **La première solution pour éviter les effets dévastateurs des passions est de recourir à la contrainte et à la répression**. La tâche consistant à contenir, le cas échéant par la force, les manifestations néfastes ainsi que les dangers des passions humaines incombe à l'État.

  Cette solution répressive présente cependant des limites. « *Qu'en est-il, en effet, si le souverain ne s'acquitte pas correctement de ses devoirs du fait, par exemple, d'un excès de mansuétude ou de cruauté ou d'un quelconque autre défaut ?* »

- **La deuxième solution consiste à exploiter et cultiver les passions sous la responsabilité de l'État**. Ainsi, dans « la fable des abeilles », Mandeville s'attache à montrer que l'exercice des vices privés conduit au bien public et donc à la satisfaction de l'intérêt général. Plus tard, Adam Smith, « *pour mieux faire passer l'idée, pour la rendre plus attrayante et plus convaincante,* [il] *émoussera la pointe de l'affreux paradoxe mandevillien en remplaçant les mots "passion" et "vice" par des termes inoffensifs comme "avantage" ou "intérêt"* ».

- **La troisième solution est l'adoption du « *principe de la passion compensatrice* »**. Elle ne présente pas les inconvénients de la première solution qui escamote le problème au lieu de le résoudre, ou de la deuxième solution qui n'est pas scientifique.

  Après avoir distingué les passions constructives de celles destructrices, cette troisième solution consiste à compenser l'effet des deuxièmes par le jeu des premières.

  « *Dans ce sens, toute la doctrine du contrat social dérive de la stratégie de neutralisation.* »

  Il est possible de classer les passions selon que leurs conséquences sont heureuses ou pas : « *établir, entre les passions, des distinctions et combattre le feu par le feu – c'est-à-dire se servir d'un groupe de passions relativement inoffensives pour en contrebalancer d'autres, plus dangereuses et plus destructrices, ou encore, peut-être, pour les affaiblir et les apprivoiser les unes et les autres, à la faveur des luttes intestines* ».

C ~ Les passions domptées par l'intérêt

- **Avec le capitalisme, l'intérêt dompte les passions**. À l'opposition entre bonnes et mauvaises passions qui prévaut au XVIIe siècle, va succéder la dichotomie entre intérêts et passions au XVIIIe siècle. L'intérêt assimilé aux passions comme la cupidité ou l'avarice contrecarre et refrène des passions dévastatrices comme l'ambition, l'amour du pouvoir ou la concupiscence de la chair.

- **L'analyse présentée conduit à penser que le capitalisme s'est construit grâce à la domination des passions par les intérêts, elle se distingue de la thèse de Max Weber qui explique « *l'esprit du capitalisme* » par son analogie avec « *l'éthique protestante* »**. Pour Weber, des processus psychologiques et exogènes ont pu conduire certains groupes à se consacrer exclusivement, suivant des normes rationnelles, à l'accumulation capitaliste. « *L'éthique protestante* » peut expliquer l'esprit d'effort, de méthode et de renoncement propice à « *l'esprit du capitalisme* ». Albert O. Hirschman se démarque de l'analyse wéberienne de l'essor du capitalisme. En effet, selon lui, Weber pense que le capitalisme résulte « *d'un assaut donné de l'extérieur à un système préexistant d'idées et de rapports socio-économiques* ».

  Pour Albert O. Hirschman, le capitalisme se met en place et se développe par un long processus endogène de maîtrise et de compensation des passions par les intérêts et non par la victoire d'une idéologie contre une éthique qui fut dominante mais qui décline.

2. Les avantages d'un monde gouverné par l'intérêt

A ~ La satisfaction de l'intérêt général

- **La disparition de tout comportement passionné et destructif présente des avantages comme la « *prévisibilité* » et la « *constance* ».** Tous les comportements sont prévisibles puisque chacun adhère aux mêmes règles du jeu, en poursuivant rationnellement la satisfaction de ses propres intérêts.

  La constance provient de ce que les comportements ne sont plus lunatiques et fluctuants. « *C'est de cette manière que l'idée que le jeu des intérêts particuliers peut être profitable à l'ensemble des parties naît de la réflexion politique, bien des années avant que la science économique n'en fasse un de ses principes essentiels.* »

- **L'activité économique et notamment le commerce qui satisfont les intérêts privés concourent à l'obtention du bien public.** « *Ce trait met en lumière une autre raison pour laquelle on reconnaît alors au comportement dicté par l'intérêt et à la volonté de s'enrichir la supériorité sur le comportement passionné ordinaire : c'est que les passions sont fougueuses et dangereuses, alors que de s'occuper de ses intérêts matériels est une activité innocente et inoffensive.* »

  Dans cette perspective, le commerce s'impose comme un solide réseau de rapports interdépendants. Le développement du commerce intérieur est censé contribuer à la cohésion de la communauté nationale ; le commerce extérieur devrait faciliter le maintien de la paix. Deux nations qui négocient ensemble se rendent réciproquement dépendantes.

  L'une et l'autre nouent des relations pacifiques fondées sur la reconnaissance de leurs besoins mutuels.

B ~ L'expansion économique contribue au progrès politique

- **Montesquieu en France et Sir James Steuart en Écosse sont les principaux représentants du courant de pensée selon lequel le développement du commerce et de l'industrie constitue un solide rempart contre les passions, les vices et les faiblesses de l'homme.** « *Les passions les plus dangereuses pour la société des hommes sont celles qui agitent le cœur des puissants – ceux qui disposent des moyens de plonger des peuples entiers dans le malheur, et qui de plus sont censés tenir de leur naissance un tempérament plus fougueux que les membres des ordres inférieurs.* »

  Pour Montesquieu, l'amour du pouvoir et de la richesse est naturel et il est insatiable.

  Sir James Steuart est dans la lignée de Montesquieu. L'un comme l'autre affirment que le développement du commerce et de l'industrie mettra fin aux interventions arbitraires et autoritaires du pouvoir politique.

- **Un autre Écossais, John Millar, enrichit les analyses de Montesquieu ou de Steuart en émettant l'idée que l'existence d'un contre-pouvoir puisse être nécessaire.** Ce sont les couches moyennes qui doivent constituer un contre-pouvoir en luttant contre les éventuels abus de pouvoir grâce à l'action collective.

  « *La solution dépendrait alors de l'existence, dans le corps social, de forces capables, dans les délais les plus brefs, de se dresser contre le pouvoir et de l'obliger à rapporter les mesures incriminées ou tout au moins à les modifier.* »

C ~ Le progrès politique contribue à l'expansion économique

- **Pour les physiocrates, il ne s'agit pas de contraindre l'État mais de l'encourager à concourir à la prospérité du pays**. Les physiocrates se prononcent contre toute ingérence politique dans la vie économique.

  En d'autres termes, il s'agit pour eux de mettre en place un régime politique dans lequel les détenteurs du pouvoir sont poussés à servir, dans leur propre intérêt, le bien public.

  Les physiocrates, adeptes du « *laisser-faire* », sont convaincus de l'harmonie des intérêts.

  Selon eux, le bien public résulte de ce que chacun poursuit librement son intérêt particulier. Ils affirment à la fois la nécessité d'assurer la liberté du marché, à l'abri de toute ingérence du pouvoir, et celle de confier à l'État, la charge de faire respecter cette liberté du marché.

  C'est ce nouveau pouvoir politique qu'ils appellent le « *despotisme légal* », par opposition au « *despotisme arbitraire* ».

- **Selon le mécanisme de la « *main invisible* », Adam Smith affirme la nécessité de supprimer toute entrave à la recherche du profit pour développer l'activité économique**. Il ne préconise pas tant un État qui se bornerait à une intervention minimale, « *qu'un État dont la capacité de folie se heurterait à quelque limite infranchissable et que cela impose un certain ordre politique* ».

  Selon cette interprétation, le politique est le domaine de la « *folie des hommes* », et l'économie ne peut prospérer qu'à la condition que cette folie politique soit limitée.

  « *En soutenant que l'ambition, la soif de pouvoir et le besoin de considération peuvent être assouvis l'un comme l'autre par l'amélioration des conditions matérielles, Smith sape les fondements mêmes de l'idée d'opposer les passions les unes aux autres, ou de combattre les passions par les intérêts.* »

Albert O. Hirschman ne présente pas une théorie personnelle dans cet ouvrage. Son originalité est de montrer que la thèse selon laquelle il est souhaitable et possible de refréner les passions les plus néfastes par celles qui sont les plus constructives prend ses racines dans l'histoire de la pensée économique, philosophique ou sociologique. Hirschman offre une analyse pertinente de la construction et du développement du capitalisme. Il importe toutefois de signaler que l'auteur, se référant à la fin du livre à Alexis de Tocqueville, attire l'attention sur le fait que « dès lors que tout le monde ne participe pas à la course "innocente" à l'argent, et que certains s'en abstiennent, la majorité qui s'y consacre corps et âme laisse les coudées franches au petit nombre qui joue le grand jeu du pouvoir. Ainsi les institutions qui résultent de la substitution de l'intérêt à la passion comme moteur essentiel du commun des hommes peuvent avoir pour effet secondaire de détruire l'esprit civique et de frayer la voie à la tyrannie ».

FICHE 90

DÉFECTION ET PRISE DE PAROLE

Albert O. HIRSCHMAN

Comment comprendre le changement social ? Il semble pertinent de postuler que les acteurs disposent d'une marge d'autonomie dans leurs décisions. Cette hypothèse ne doit pas conduire à refuser toute possibilité de prédiction. Une modélisation minimum des situations de choix peut permettre une meilleure maîtrise des changements sociaux. Albert Hirschman, dans ce livre initialement publié sous le titre Face au déclin des entreprises et des institutions *(Éditions ouvrières, 1972) développe un modèle qui repose sur l'antinomie défection / prise de parole dont la fécondité pour étudier les processus de changements sociaux semble démontrée.*

1. LE MODÈLE DÉFECTION/PRISE DE PAROLE (*EXIT/VOICE*)

A ~ La problématique

- **A. Hirschman cherche à expliquer l'équilibre du système économique et social**. Il s'inscrit dans le projet des sciences sociales qui tend à « *la recherche de principes et de forces qui sont au fondement de l'ordre ou, pour employer un terme plus ambitieux et plus "scientifique", de l'équilibre du système économique, social et politique* » et dans le paradigme de l'acteur social rationnel qui compare les avantages et les coûts de ses conduites.
- **Il cherche aussi à clarifier les conditions de développement d'une économie** : « *Il importe moins, pour promouvoir* [le développement], *de trouver des combinaisons optimales de ressources et de facteurs de production donnés que de faire apparaître et de mobiliser des ressources et des capacités cachées, éparpillées ou mal utilisées* ». Face à des situations où les agents économiques n'agissent pas au mieux de leurs capacités, il existe deux grandes formes de contestation et/ou deux formes principales d'action : la « *défection* » (*exit*) et la « *prise de parole* » (*voice*).

B ~ La défection

- **La défection conduit à « *l'abandon de la relation dans laquelle on intervient en tant qu'acheteur d'une marchandise ou en tant que membre d'une organisation, que ce soit une entreprise, une famille, un parti politique ou un État* »**. Pour l'analyse économique, la défection est une des formes que prend la concurrence pour contraindre les agents à changer leurs comportements : « *Le consommateur qui, mécontent du produit d'une firme, se tourne vers le produit d'une autre utilise le marché pour défendre son bien-être et améliorer sa position ; du même coup, il déclenche les forces du marché qui peuvent amener la firme à redresser le niveau de performance qu'elle avait laissé fléchir* ». L'économie de marché favorise cette solution, moins coûteuse et plus individuelle. Elle est la stratégie privilégiée par les libéraux. La défection s'applique aussi au politique et au social. Il est possible de rompre la relation avec le pouvoir établi par le vote ou l'exil et/ou de quitter un groupe social et une organisation.

- **Une défection trop massive entraîne des effets pervers**. Une entreprise, qui connaît des difficultés temporaires, ne résistera pas à une fuite massive et rapide de ses clients. Le départ des familles plus aisées des écoles ou des quartiers « à problèmes » ne fait qu'empirer la situation. L'exil des individus qualifiés prive l'économie d'un facteur de croissance incontesté. Ces changements négatifs ont d'autant plus de chances de se réaliser que la défection est d'abord le fait des acteurs les plus vigilants, les mieux informés et les plus capables d'opérer un redressement et/ou d'indiquer des solutions. On comprend ainsi pourquoi une défection trop vive aggrave le désordre, les inégalités, sans permettre un retour à une « marche normale ». Par ailleurs, créer les possibilités de défection est une stratégie possible développée par certaines élites pour prévenir les contestations, empêcher la prise de parole, et donc résister au changement.

C ~ La prise de parole

- **La prise de parole représente « *toute tentative visant à modifier un état de fait jugé insatisfaisant, que ce soit en adressant des pétitions individuelles ou collectives à la direction en place, en faisant appel à une instance supérieure ayant barre sur la direction ou en ayant recours à divers types d'actions, notamment ceux qui ont pour but de mobiliser l'opinion publique* »**. La prise de parole, par ses caractéristiques, s'oppose à la défection : moins nette, impliquant un engagement personnel... Elle correspond aux situations où l'individu cherche à changer l'état des faits « *de l'intérieur* ». Elle est associée souvent à l'action « politique » et s'oppose ainsi aux « forces du marché ».
- **La prise de parole apparaît comme un « *résidu* » ou un complément de la défection**. Plus coûteuse, financièrement et psychologiquement, elle est aussi plus difficile à mettre en œuvre, A. Hirschman parle d' « *art* » de la prise de parole. Elle est souvent le fait d'agents qui disposent de ressources matérielles et/ou culturelles. Elle peut être pourtant la seule stratégie possible de contestation au sein de certaines organisations : famille, Église, nation... car dans certaines situations (groupes primaires ou monopoles économiques et politiques), c'est la défection qui se révèle la solution la plus coûteuse en l'absence de solution alternative immédiate. Comme la défection, au-delà d'un certain seuil de contestation, elle devient sans effet en mettant en cause les fondements mêmes de l'organisation et/ou de l'institution visées.

2. Les conditions d'application du modèle

A ~ L'alliance de la défection et de la prise de parole

- **Dans la réalité, ces stratégies ne s'opposent pas nécessairement**. La possibilité de faire défection renforce le poids de la prise de parole. Au sein des organisations et des institutions, des agents, disposant d'une certaine importance, utiliseront la menace de défection pour donner plus de force à la critique. Toutefois, les possibilités de défection affaiblissent la prise de parole. A. Hirschman analyse le cas des chemins de fer nigérians. En dépit d'une concurrence active de la part des transports routiers, l'administration des chemins de fer s'était avérée incapable, sur une longue période, de remédier aux dysfonctionnements. Ainsi, « *le fait que les usagers aient la possibilité de se procurer aisément des services équivalents à ceux que fournit l'entreprise publique, loin d'inciter celle-ci à améliorer ses performances, la prive au contraire d'un précieux moyen d'information dont les effets sont beaucoup* *mieux lorsque les clients n'ont aucun moyen de s'échapper* ». Cette proposition donne lieu à de nombreux autres exemples.

- **La loyauté ou le loyalisme (*loyalty*) est définie par les réticences ressenties à quitter une organisation ou une situation même en cas de désaccord**. Une loyauté minimum est nécessaire pour neutraliser, dans une certaine mesure, la tendance à faire défection qui caractérise les consommateurs et les membres d'une organisation les plus attachés à changer la situation. « *On peut donc dire qu'en règle générale, le loyalisme freine la défection et favorise la prise de parole.* » Il est possible de donner un fondement rationnel à ce loyalisme. Les agents peuvent prendre conscience des effets pervers liés à des stratégies de défection systématique. Cependant, la loyauté peut se transformer en apathie. On peut ne pas partir ou ne pas protester par résignation ou par passivité. Par ailleurs, le loyalisme apparaît plus constructif lorsque les organisations rivales sont proches : clubs, équipes sportives... Cette proximité fait que la défection est peu coûteuse pour les agents mais très dangereuse pour l'organisation. A. Hirschman énonce alors le paradoxe suivant : « *le loyalisme le plus fonctionnel est celui qui est le moins rationnel, celui qui se traduit par un fort attachement à l'égard d'une organisation qui ne semble guère appeler un tel sentiment dans la mesure où elle se distingue à peine d'une autre organisation voisine* ».

B ~ L'étude des freins au changement social

- **Le modèle éclaire certains obstacles au changement**. La concurrence, sous la forme de la défection peut donc avoir des conséquences paradoxales en débarrassant une organisation des membres les plus revendicatifs. A. Hirschman parle de « *monopole indolent* » : « *On voit ainsi se profiler une forme spéciale de monopole et de tyrannie qui se rencontre fréquemment, mais qui passe le plus souvent inaperçue : il s'agit d'une forme mitigée, caractérisée par l'oppression des faibles par les incapables et par l'exploitation des pauvres par les paresseux, tyrannie d'autant plus durable et paralysante qu'elle est dénuée d'ambition et que chacun a toujours la possibilité d'échapper à son emprise* ». Cette problématique peut s'appliquer à toute situation de domination d'une autre façon.
- **À l'échelle d'une société, la mobilité sociale ascendante, forme de défection, maintient le système de domination**. Les groupes dominés perdent leurs élites qui choisissent des stratégies individuelles de mobilité sociale. Cependant, l'absence de mobilité peut réduire la vigueur de la protestation.
- **La concurrence étrangère, créant des possibilités de défection pour les consommateurs, peut entraver le développement d'une économie**. L'arrivée sur le marché d'entreprises étrangères proposant des produits à un prix inférieur et/ou à une qualité supérieure peut détourner les consommateurs des produits nationaux et ainsi nuire à l'économie ; cet argument légitime, pour les économistes, la protection des industries naissantes. Cependant, le prolongement excessif de la protection réduit aussi les possibilités de changement.

C ~ La mise en œuvre du changement social

- **La prise de parole et la défection sont deux stratégies de changement qui demandent de l'énergie : le recours exclusif à l'une des deux laisse de côté un potentiel d'innovations inexploité**. Les institutions et les règles sociales doivent chercher une harmonie entre les deux formes de stratégies. La reconnaissance légale des syndicats, des associations et de certaines formes d'actions : grèves, boycott... (formes de défection) permet de prendre en compte les attentes des individus et des groupes (prise de parole) et ainsi de réduire l'absentéisme, l'abstention, le retrait (formes de défection).

- **L'État, dans une société démocratique, se trouve confronté à certains dilemmes**. A. Hirschman évoque la concurrence entre l'enseignement privé et l'enseignement public aux États-Unis. La possibilité de défection et l'ampleur des stratégies de défection dans certaines villes ont entraîné une dégradation forte de l'enseignement public. Cet exemple possède une valeur de paradigme pour les sociétés dans lesquelles les décisions sont décentralisées. Comment freiner des processus sociaux qui génèrent des maux collectifs sans entraver la liberté des individus et des familles ?

Le modèle d'A. Hirschman demeure exemplaire pour les sciences sociales par sa simplicité, mais aussi par sa complexité.

C'est en effet un modèle simple. Il met en jeu des concepts comme la défection et la prise de parole qui renvoient à des situations aisément compréhensibles. Il s'applique à de nombreuses situations et à des niveaux de généralité différents. Il est mis en œuvre comme un jeu de mécano, l'analyse peut être complexifiée de façon progressive. Il possède une fonction explicative mais aussi une fonction d'aide à la décision. Ses conclusions demeurent ouvertes : il s'agit de créer les conditions qui favorisent la négociation.

Cependant, le modèle devient assez rapidement complexe. Par exemple, une action comme une grève ne peut être assimilée à la seule défection, elle se décompose en une multitude d'actions qui se manifestent à la fois comme des défections mais aussi comme des prises de parole. Par ailleurs, A. Hirschman se trouve dans l'obligation d'ajouter des concepts comme celui de loyalisme pour rendre compte des situations analysées. Seulement, ce concept semble plus difficile à cerner ; il renvoie dans cet ouvrage à des situations opposées : passivité et retrait ou activité et mobilisation critique.

FICHE 91

LA COMMUNAUTÉ DES CITOYENS Sur l'idée moderne de nation

Dominique SCHNAPPER

Cet ouvrage (Gallimard, 1994, 228 p.) est né de la volonté de la sociologue D. Schnapper de réhabiliter la nation qui est minée par l'extension des relations économiques. Or, la nation reste, nous dit l'auteur, le seul processus capable d'intégrer des individus sur une base démocratique et égalitaire.

Le premier chapitre de ce livre est tout entier consacré à la distinction opérée par l'auteur entre ethnie, nation et État. Les principes de fonctionnement de la nation sont étudiés au cours des trois chapitres suivants. Cela amène l'auteur à rejeter l'opposition pourtant classique entre deux idées de la nation (nation-volonté contre nation-culture) dans son cinquième chapitre.

1. ETHNIE, NATION ET ÉTAT

A ~ L'ethnie est une communauté

- **L'ethnie est un groupe humain unifié par une culture et une histoire**. Les ethnies sont des groupes sociaux dont les membres ont le sentiment d'avoir la même culture et la même histoire. C'est un groupe d'appartenance. Ce terme est fréquemment utilisé par les sociologues américains qui désignent ainsi aussi bien les Noirs, les Irlando-Américains, les Italo-Américains, les Juifs que les Indiens.
- **Les ethnies ne sont pas naturelles**. Elles sont « *les produits d'une situation politique* ». Un exemple d'actualité nous est donné par la « *communauté musulmane* » de Bosnie-Herzégovine qui a été créée de toutes pièces en 1968 quand le maréchal Tito a doté des personnes partageant une même religion de droits spécifiques afin de conforter son pouvoir en divisant la population de la Yougoslavie.

B ~ La nation est une communauté de citoyens

- **La nation n'est pas seulement une unité politique**. On a souvent confondu la nation avec une unité politique dont la souveraineté est reconnue par les autres unités politiques. Dans cette optique, la France est une nation puisque son autorité à l'intérieur de son territoire est reconnue par les autres nations. Mais une telle définition méconnaît ce qui fait la spécificité de la nation moderne.
- **La nation rassemble des citoyens**. L'originalité de la nation telle que la conçoit D. Schnapper est qu'elle « *intègre les populations en une communauté de citoyens* ». En tant que citoyens, les membres de la nation renoncent à leurs spécificités et acceptent de participer au jeu démocratique sur la base de l'égalité de tous. La nation est donc une forme « *d'organisation politique liée au processus démocratique* ». Outre qu'elle favorise la vie démocratique, la nation accorde à chacun de ses membres un même statut politique. Elle « *intègre les populations en une communauté de citoyens, dont l'existence légitime l'action intérieure et extérieure de l'État* ».

- **Les ethnies ne sont donc pas des nations**. C'est une erreur que de qualifier de nation une ethnie puisqu'elle n'est pas dotée d'une organisation politique. Pas plus que la communauté de langue allemande à l'orée du XIXe siècle, les Indiens d'Amérique aujourd'hui ne forment des nations : il manquait à la première, il manque toujours aux seconds un État symbole et instrument de l'organisation politique.
- **La nation ne doit pas être confondue avec le nationalisme**. Le nationalisme est d'abord la revendication d'une ethnie à être reconnue comme une nation. Les conflits qui ont déchiré l'ex-Yougoslavie sont l'illustration de ce phénomène. C'est ensuite l'affirmation de la puissance d'une nation déjà constituée. Le nationalisme va alors de pair avec la toute-puissance de l'État qui a, au préalable, réduit la vie démocratique, c'est-à-dire la nation.

C ~ L'État est l'instrument de la nation

- **L'État est un instrument d'intégration interne**. L'État est « *l'ensemble des instruments et des moyens de contrôle et de coercition* ». Il a pour fonction « *d'intégrer les populations par la citoyenneté* ». En acceptant d'élire des représentants, les individus acceptent une règle du jeu fondée sur l'égalité des citoyens.
- **L'État est l'instrument de la puissance externe de la nation**. L'affirmation de la puissance de la nation à l'encontre des autres unités politiques concourt également à l'intégration interne. En effet, « *les guerres ravivent les sentiments qui unissent les individus à la collectivité ethnique ou nationale* ». Les deux domaines de l'intervention de l'État sont donc inséparables.

2. Les principes de fonctionnement de la nation

A ~ L'invention du politique

- **La nation est un projet politique**. L'auteur refuse catégoriquement de définir la nation à partir d'une réalité « objective » qui serait la race, la culture, la religion, etc. La conception défendue par Renan (la nation est un plébiscite de tous les jours) présente l'avantage de rompre avec cette conception objective de la nation mais néglige les conditions historiques de la constitution des nations. Définir la nation comme un « *projet politique* » permet « *de rendre compte de la tension entre le projet universaliste de la citoyenneté et la réalité concrète des particularismes nationaux* ».
- **La nation est donc le produit de l'universalisme et de l'histoire**. Il revient à la Grande-Bretagne d'avoir « *inventé la liberté et le parlementarisme* » au cours du XVIIIe siècle. Les Américains, de leur coté, ont « *inventé la démocratie* » avec l'élection de représentants politiques entre 1776 et 1787. La France, quant à elle, revendique « *l'invention de la nation* » avec l'irruption conjointe d'une citoyenneté basée sur un principe universel et du patriotisme à l'occasion de la révolution de 1789.
- **On ne peut pas séparer nationalité et citoyenneté**. La nation est une « *réalité sociale, concrètement inscrite dans le temps et l'espace* ». On ne peut donc pas séparer le principe de la citoyenneté d'avec ses conditions objectives et subjectives d'existence. C'est pourquoi les projets de citoyenneté post-nationale ou supranationale ne sont pas viables. S'il est intellectuellement possible de concevoir une citoyenneté supranationale (dans le cadre européen par exemple), elle est politiquement impossible à réaliser faute d'institutions, de culture, d'histoire et de sentiments européens.

B ~ La transcendance par la citoyenneté

- **Un citoyen est une personne qui possède des droits**. Dans les sociétés modernes, la citoyenneté est universelle : tous les individus sont dotés de droits dont ceux d'élire et d'être élus. Dans ces conditions, la démocratie est nécessairement représentative.
- **La citoyenneté permet de transcender les particularismes**. Le principe de base de la citoyenneté étant l'égalité, la citoyenneté permet de dépasser les inégalités de statut qui existent dans le domaine économique et les différences culturelles. Elle permet à tous les individus, quelles que soient leurs appartenances sociales, de s'intégrer dans la société alors que ce processus est difficile dans le domaine économique en raison des inégalités de statut.

C ~ La création de la nation

- **Les nations les plus solides ont une base ethnique**. Les nations se sont généralement formées sur un territoire reconnu comme étant celui d'une ethnie unique. Cela assure une certaine solidité à la nation. Mais il existe des exceptions : la Fédération canadienne, la Belgique, la Suisse sont des nations regroupant plusieurs ethnies.
- **Les nations les plus abouties ont fait de la laïcité un principe**. Car les sociétés modernes ne peuvent plus se chercher une origine extérieure à elle-même. Dès lors, « *c'est le politique et non plus le religieux qui assure le lien social* ». Même dans les pays ne faisant pas référence implicitement à la laïcité comme les États-Unis ou la Grande-Bretagne, la laïcité s'est imposée de fait. En Israël, par contre, les tentatives faites pour séparer la religion de l'État ont échoué.
- **La nation s'incarne dans des institutions**. Les partis politiques sont des acteurs de la démocratie. Ils « *donnent à la vie démocratique sa forme concrète, en institutionnalisant et en régulant les conflits qui opposent les groupes réels* ». L'école participe à la création du sentiment national : elle est « *l'institution de la nation par excellence* ». L'État-providence permet de réduire les inégalités de revenu, de limiter l'exclusion économique et sociale et rend possible la participation de tous à la vie politique.

3. Il n'existe qu'une seule idée de nation

A ~ La fausse opposition entre nation-contrat et nation-culture

- **L'Europe de l'Ouest et de l'Est ont des traditions historiques différentes**. À l'Ouest, l'unité politique a été réalisée bien avant le développement des nationalismes du XIXe siècle. À l'Est, au contraire, l'unité politique ne s'est faite qu'au XIXe siècle à l'image de l'Allemagne qui n'a achevé sa formation qu'après 1870. Les revendications de ce peuple à l'indépendance ont donc emprunté aux nationalismes de l'époque.
- **Elles ont développé deux idéologies différentes**. À l'Ouest et, en particulier en France du fait de la Révolution, la conception de la nation était « *politique, individualiste, rationnelle et volontariste* ». C'est la théorie de la nation-contrat développée par Renan. En Allemagne, la conception de la nation était, au contraire, « *fondée sur la communauté d'un peuple originel* ». On retrouve ici la théorie de la nation-culture.

B ~ La nation est unique mais elle est en crise

- **Il n'existe pourtant qu'une seule idée de nation**. Si l'on accepte de caractériser la nation démocratique par la volonté de transcender les particularismes sociaux par la citoyenneté, il faut accepter, avec D. Schnapper, « *qu'il n'existe pas deux idées de nation mais une seule, inégalement et différemment accomplie* ». La nation française constitue, pour l'auteur, l'exemple le plus abouti de ce qu'est une nation.
- **La nation est un projet politique en crise**. Ce projet est affaibli par la concurrence et l'hégémonie de l'économique qui propose un modèle d'individu-consommateur sans doute plus attrayant que celui de l'individu-citoyen. Il est également sapé par l'internationalisation des économies qui limite les possibilités d'action des citoyens français sur leur propre environnement économique et social. Les inégalités sociales sont donc plus affirmées et l'intégration des individus dans la société plus difficile.

L'ouvrage de Dominique Schnapper présente un double intérêt : celui de nous rappeler que la société moderne est une démocratie avant d'être une économie de marché ; celui de renouveler l'analyse française de la nation en cherchant à dépasser l'opposition entre deux conceptions : l'une objective (nation-culture) et l'autre subjective (nation-volonté). Le prix accordé par l'Assemblée nationale pour cet ouvrage est donc pleinement mérité. On pourrait pourtant regretter l'absence d'une réflexion sur la coupure qui traverse le politique (celle qui sépare gouvernants et gouvernés) et donc d'une théorie de la bureaucratie. L'Assemblée nationale ne lui en a pas tenu rigueur.

FICHE 92

DE LA DIVISION DU TRAVAIL SOCIAL
Étude sur l'organisation des sociétés supérieures
Émile DURKHEIM

Cet ouvrage paraît pour la première fois en 1893 (Alcan, 416 p.). Il s'agit de la thèse de doctorat de Durkheim, sortie après une période de préparation de près de dix ans. Réédité par les PUF en 1991, le livre est composé de trois parties respectivement intitulées « la fonction », « les causes et les conditions », et enfin « les formes anormales de la division du travail ». Son objectif est de montrer que la division du travail est au fondement de la solidarité dans les sociétés modernes. Une des préoccupations majeures de Durkheim, qui assiste aux multiples bouleversements sociaux de la fin du XIXe siècle, est de chercher à améliorer l'état social, c'est-à-dire moral. C'est donc sur la division du travail qu'il conviendra d'agir.

1. LA FONCTION DE LA DIVISION DU TRAVAIL

A ~ La problématique initiale

- « ***La question qui a été à l'origine de ce travail, c'est celle des rapports de la personnalité individuelle et de la solidarité sociale.*** *Comment se fait-il que, tout en devenant plus autonome, l'individu dépende plus étroitement de la société ? Comment peut-il être à la fois plus personnel et plus solidaire ?* » La solidarité selon Durkheim est « *tout ce qui force l'homme à compter avec autrui, à régler ses mouvements sur autre chose que les impulsions de son égoïsme* ». La question centrale est donc l'étude du processus qui permet à un ensemble d'individus de constituer une société, c'est-à-dire un tout intégré. La notion d'intégration est ici à comprendre comme étant la caractéristique d'un groupe social dans son ensemble, et non dans son sens contemporain qui porte sur la situation d'un groupe social (ou d'un individu) considéré dans sa relation avec un système plus vaste.
- **La réponse tient dans « *une transformation de la solidarité sociale, due au développement toujours plus considérable de la division du travail* ».** Dans les sociétés contemporaines où la division du travail se développe, elle est la source de la solidarité sociale. Elle a un caractère moral car les besoins d'ordre, d'harmonie, de solidarité sociale passent généralement, selon Durkheim, pour être moraux. Fidèle à sa méthode consistant à exposer les interprétations antérieures pour les réfuter, Durkheim s'oppose à la théorie économique selon laquelle l'origine du processus serait tout simplement la recherche du progrès économique. À l'opposé, pour Durkheim, le fait que la division du travail permette l'accroissement des richesses est peu de chose à côté de l'effet moral qu'elle produit. Sa véritable fonction est donc de créer entre les personnes un sentiment de solidarité, de contribuer à l'intégration générale de la société, d'être un facteur essentiel de la cohésion sociale. Pour Durkheim, la division du travail au sens des économistes n'est que l'expression d'un phénomène plus large qui caractérise une certaine structure de la société tout entière, et transcende l'aspect économique. Il en va ainsi de la division sexuelle du travail dans la famille conjugale. C'est en ce sens qu'il convient de parler de division du travail social.

L'hypothèse et les réfutations des thèses antérieures étant posées, comment rendre sociologiquement compte de sa validité ?

B ~ Un critère de validation de l'hypothèse : le droit

■ **Phénomène abstrait, non observable et non mesurable directement, la solidarité ne peut être saisie qu'indirectement par le biais du droit**. « *Puisque le droit reproduit les formes principales de la solidarité sociale, nous n'avons qu'à classer les différentes espèces de droit pour chercher ensuite quelles sont les différentes espèces de solidarité sociale qui y correspondent.* » Selon le principe sociologique qui veut qu'un fait social soit saisi de l'extérieur, il faut le repérer par les traces qu'il laisse dans les états de conscience collective. Cette dernière, définie « *comme l'ensemble des croyances et des sentiments communs à la moyenne des membres d'une société* », a des caractères propres qui en font une réalité distincte des consciences individuelles. De la typologie des règles juridiques, Durkheim tire une classification des espèces de solidarité sociale, elles-mêmes révélatrices de deux états de la conscience collective. Il conviendra ensuite de comparer ces différentes espèces de solidarité et de saisir le rapport de chacune d'entre elles avec la division du travail.

■ **Au droit répressif et restitutif correspondent respectivement des sociétés à solidarité mécanique et organique**. Dans les sociétés qualifiées de « *primitives* », la conscience commune est forte et de nombreux actes sont tenus pour crimes ; ils sont violemment sanctionnés : le droit répressif domine ; « *la similitude des consciences donne naissance à des règles juridiques qui, sous la menace de mesures répressives, imposent à tout le monde des croyances et des pratiques uniformes* ». Les individus sont semblables les uns aux autres, ils partagent les mêmes sentiments, obéissent aux mêmes croyances, aux mêmes valeurs. S'y développe la « *solidarité mécanique ou par similitudes* ».

Dans les sociétés modernes, la division du travail remplit la fonction que remplissait autrefois la conscience commune. Le droit se révèle restitutif ; il vise certes à punir, mais il a également pour objectif de remettre les choses en l'état ; il existe des règles qui permettent d'organiser la coopération entre individus (droit commercial, droit civil, droit administratif, etc.) mais leur « *violation entraîne des mesures réparatrices sans caractère expiatoire* ». La solidarité résulte de la différenciation des individus ; ils sont liés les uns aux autres parce qu'ils exercent des rôles et fonctions complémentaires à l'intérieur du système social. La solidarité sociale y est « *organique* », par analogie avec les organes de l'être vivant, tous différents mais indispensables au fonctionnement du corps.

L'évolution des sociétés vers la modernité s'accompagne d'une prépondérance progressive de la solidarité organique sur la solidarité mécanique.

Ce constat établi, il s'agit de trouver les causes qui le déterminent et ses éventuelles formes pathologiques.

2. Les causes et les dérives de la division du travail

A ~ Seuls les facteurs sociaux expliquent le développement de la division du travail

■ **L'analyse économique est réductrice**. Durkheim rappelle d'abord la théorie la plus répandue, classique en économie politique, selon laquelle l'origine de la division du travail serait tout simplement la recherche du bonheur. Puisque la division du travail favorise une plus grande efficacité dans l'art, la science et l'industrie et que l'homme a besoin de leurs produits, il semble donc qu'il doive être d'autant plus heureux qu'il en possède davantage. Cette théorie est examinée attentivement et rejetée en fin d'analyse. Les métamorphoses que provoque la division du travail coûtent beaucoup pendant très longtemps sans rien rapporter dans l'immédiat. Les générations qui les inaugurent en recueillent rarement les fruits.

- **Fidèle à ses présupposés méthodologiques, c'est dans certaines variations du milieu social que Durkheim propose d'aller chercher la cause qui explique ce progrès**. « *La division du travail varie en raison directe du volume et de la densité des sociétés, et si elle progresse d'une manière continue au cours du développement social, c'est que les sociétés deviennent régulièrement plus denses et très généralement plus volumineuses.* » Le volume de la société correspond au nombre d'habitants. Mais pour que la croissance démographique engendre la division du travail, il faut qu'elle s'accompagne d'une croissance de la densité matérielle, nombre d'individus sur une surface de territoire donnée, et d'une croissance de l'intensité des échanges entre eux (« *densité morale* »).

- **À côté de cette cause fondamentale, Durkheim examine deux facteurs secondaires**.

  En premier lieu, il y a une indétermination progressive de la conscience commune. De nombreux faits peuvent être cités à l'appui : la transcendance de l'idée de Dieu, le caractère plus rationnel du droit, de la morale, de la civilisation en général. Ces faits s'expliquent à leur tour fort aisément. Au fur et à mesure que le milieu social s'étend, la société enveloppe de moins en moins près l'individu, la conscience collective s'éloigne de plus en plus des choses concrètes, devient plus abstraite et laisse plus de place à la variabilité individuelle.

  En second lieu, il y a la diminution de l'hérédité, obstacle notoire à la division du travail. Un grand nombre d'observations permet en effet de montrer que l'hérédité ne transmet bien que les aptitudes générales et simples ; or, les activités deviennent plus complexes en devenant plus spéciales.

B ~ Les formes anormales de la division du travail

- **Si, en théorie, l'intensification de la division du travail doit augmenter la solidarité et l'interdépendance entre les membres d'une société, on constate cependant que la division du travail peut avoir des conséquences inverses**. Durkheim voit en effet dans la division du travail anomique d'une part, contrainte d'autre part, des effets négatifs.

  La division du travail anomique résulte du développement économique, plus précisément du fonctionnement du marché. Celui-ci sépare ce qui aurait dû rester lié : « *Il en résulte que chaque industrie produit pour des consommateurs qui sont dispersés sur toute la surface du pays ou même du monde entier. Le contact n'est plus suffisant* [...]. *Par suite, la production manque de frein et de règle* ». La règle du producteur n'est plus, comme autrefois, de produire en fonction de besoins repérables, mais de produire le plus possible. D'où les crises qui agitent les systèmes économiques. De même, la spécialisation dans le domaine des activités intellectuelles conduit le savant non à la solidarité mais à l'isolement. Enfin, l'antagonisme du travail et du capital en est une dernière forme. Si l'anomie se développe, c'est que les « *relations entre les organes solidaires ne sont pas en contact suffisant ou suffisamment prolongé.* »

  La division du travail contrainte est présente dès qu'il n'y a pas division spontanée des tâches. Il en va ainsi de « *la guerre des classes* » résultant « *de ce que l'individu n'est pas en harmonie avec sa fonction, parce que celle-ci lui est imposée par contrainte* ». Durkheim dénonce ainsi l'inégalité des chances d'accès à certaines fonctions, l'injuste rémunération des services rendus, l'avilissement de l'homme en raison d'un travail répétitif dépouillé de signification.

- **Durkheim propose des remèdes**, car « *nos recherches ne méritent pas une heure de peine si elles ne devaient avoir qu'un intérêt spéculatif* ». Ils consistent à renforcer les relations entre individus par la formation d'une discipline morale. Cet aspect moral, essentiel aux yeux de Durkheim, est le levier grâce auquel les pathologies de la division du travail peuvent être réduites. Il considère que le groupe professionnel, « *la corporation* », en réunissant les ouvriers et les employeurs dans un même groupe social, permettra de constituer des écoles de disciplines. Il sera en outre un intermédiaire entre l'État, « *cette monstruosité sociologique* » aux tentations despotiques, et les individus ; il constitue ainsi un rouage essentiel de la démocratie moderne selon Durkheim.

En s'interrogeant sur les formes et les fonctions de la division du travail, Durkheim aborde des problématiques qui conservent toute leur actualité. Ainsi en est-il de la relation entre l'individu et la société, des conditions et des facteurs de l'intégration, et du mode de production du consensus. Il fournit également une « leçon » de sociologie, en montrant l'intérêt de rompre avec les lieux communs, même savants, qui ne considèrent la division du travail que sous l'angle économique et qui ne fondent le lien social que sur les échanges marchands.

FICHE 93

LE SUICIDE
Étude de sociologie

Émile Durkheim

Cet ouvrage (PUF, 463 p.), publié la première fois en 1897, est structuré en trois parties. Après avoir défini son objet et sa méthode dans une courte introduction, Durkheim commence par réfuter les thèses communément admises en ce domaine (Livre I : « les facteurs extra-sociaux ») ; dans le Livre II, « causes sociales et types sociaux », il propose une typologie permettant de déterminer la nature tant des causes sociales inhérentes au suicide que de leurs relations aux comportements individuels ; enfin, il resitue le suicide dans un cadre d'analyse plus large dans le Livre III intitulé « du suicide comme phénomène social en général ». Ouvrage fondamental dans l'histoire de la sociologie, l'auteur y démontre la pertinence d'une démarche, énoncée dans les Règles de la méthode sociologique *(1895), qui explique un comportement individuel par des déterminants sociaux.*

1. La construction d'une problématique sociologique du suicide

A ~ La construction de l'objet

- **Durkheim commence par définir son objet d'étude et ses caractéristiques**. « *Le suicide est tout cas de mort qui résulte directement ou indirectement d'un acte positif* [se pendre, par exemple] *ou négatif* [comme demeurer dans une maison en feu] *accompli par la victime elle-même et qu'elle savait devoir produire ce résultat.* » Le suicide est considéré comme une « *chose* » ; l'objet d'étude n'est pas le suicide individuel, l'acte privé, mais le taux de suicide mesuré au niveau de la société globale. En effet, « *chaque société a, à chaque moment de son histoire, une aptitude définie pour le suicide. On mesure l'intensité relative de cette aptitude en prenant le rapport entre le chiffre global des morts volontaires et la population de tout âge et de tout sexe. Nous appellerons cette donnée numérique taux de la mortalité-suicide propre à la société considérée* ».
- **Durkheim expose ensuite sa méthode d'analyse, fondée sur l'étude des « *variations concomitantes* »,** c'est-à-dire des corrélations entre variables statistiques. Il s'attache d'abord à montrer qu'il est impossible de classer les types de suicide en essayant de dénombrer les différentes formes qu'il présente et que la seule méthode praticable consiste à classer les suicides par leurs causes. À partir de cette prémisse, il ne s'agit pas de se rapporter aux causes signalées par les statistiques, dont personne ne peut assurer qu'elles sont les véritables causes. La méthode efficace consiste à chercher comment le taux des suicides varie en fonction des « *divers concomitants sociaux* ». Durkheim analyse ainsi diverses variables : religieuse, familiale, politique (nations jeunes ou vieilles, crises révolutionnaires ou électorales, guerres), économique (situations de prospérité,

de dépression). À partir de l'examen ordonné et détaillé d'une masse immense de faits et de chiffres, Durkheim parvient à dégager une typologie théorique des causes du suicide.

B ~ La réfutation des théories non sociologiques du suicide

- **Durkheim présente trois facteurs explicatifs généralement invoqués pour expliquer le suicide, en prouvant leur manque de pertinence.** Dans le premier chapitre, intitulé « *les facteurs psychopathiques* », il étudie l'influence que peuvent avoir sur le suicide la folie, la monomanie, la neurasthénie et l'alcoolisme. La conclusion est nette : « *Ainsi, il n'est aucun état psychopathique qui soutienne avec le suicide une relation régulière et incontestable... Quoique la dégénérescence, sous ses différentes formes, constitue un terrain psychologique éminemment propre à l'action des causes qui peuvent déterminer l'homme à se tuer, elle n'est pas elle-même une de ces causes* ». Il réfute également les études qui fondent le suicide sur les états psychologiques normaux et qui prétendent que chaque « *race* » (notion dont Durkheim se méfie) aurait un taux de suicide propre ou que des facteurs héréditaires le déterminent. Quant aux « *facteurs cosmiques* », Durkheim note que le parallélisme parfait entre les variations mensuelles du suicide et celles de la longueur des jours n'est pas cosmique, mais sociale, puisqu'on sait que le suicide est maximum aux jours et heures où l'activité sociale est maximale.
- **La polémique contre Gabriel Tarde, auteur de *Des lois de l'imitation*, amène Durkheim à examiner plus longuement l'imitation, phénomène de psychologie individuelle.** Tarde en fait un phénomène clé de toute vie en société – le suicide doit être expliqué à partir de la prédisposition de chacun à imiter son prochain. Pour Durkheim, s'il ne fait pas de doute que l'idée du suicide puisse se communiquer sur le modèle de la contagion, cela n'implique en rien que cette « *contagiosité* » affecte le taux social de suicide au point d'avoir une signification autre que contingente. Et de fait, Durkheim réfute cette thèse par l'analyse de la répartition géographique des suicides : « *le suicide, loin de se disposer plus ou moins concentriquement autour de certains foyers à partir desquels il irait en se dégradant progressivement, se présente au contraire, par grandes masses à peu près homogènes et dépourvues de tout noyau central* ». Pour lui, l'imitation n'a pas d'effets appréciables sur le taux de suicide ; elle ne fait que renforcer l'action des autres facteurs.

  Ces réfutations amènent Durkheim à montrer que le facteur déterminant du suicide est le degré d'intégration ; sa nature et son intensité permettent de distinguer trois types de suicide.

2. Les facteurs sociaux du suicide

A ~ Suicide égoïste, altruiste et anomique

- **Un défaut d'intégration, mesuré par diverses variables, caractérise le « *suicide égoïste* ».** Ainsi, le suicide varie avec le sexe : il est plus élevé chez les hommes que chez les femmes. Une étude comparative des taux de suicide suivant les confessions religieuses dans divers pays d'Europe révèle que les protestants se tuent davantage que les catholiques car le protestantisme « *est une Église moins fortement intégrée que l'Église catholique* » ; les juifs sont ceux qui se suicident le moins. En examinant le niveau d'instruction, Durkheim conclut que « *si dans les milieux instruits le penchant du suicide est aggravé, cette aggravation est bien due* [...] *à l'affaiblissement des croyances traditionnelles et à l'état d'individualisme moral qui en résulte* ». Quant à la famille, elle « *est un* *puissant préservatif contre le suicide. Cette préservation est d'autant plus complète que la famille est plus dense* ». La société politique, à l'instar des précédentes, préserve d'autant mieux qu'elle est plus fortement constituée. Finalement, le degré d'individualisme (« *égoïsme* ») permet de trouver le dénominateur commun à ce type de suicide. Il est caractéristique des sociétés où l'individu n'est plus suffisamment soumis aux normes sociales pour ne reconnaître d'autres règles que celles fondées sur ses intérêts privés.

- **Un excès d'intégration peut conduire au « *suicide altruiste* ».** Il est caractéristique des sociétés où les valeurs collectives tiennent une place si importante, que l'individu peut être amené à étouffer en lui son instinct de conservation par pur respect des impératifs sociaux. Durkheim évoque à ce propos l'exemple de l'Inde, où la veuve accepte d'être brûlée avec le corps de son défunt mari par respect des conventions sociales. La notion d'altruisme est employée par Durkheim pour décrire cet état particulier de l'individu dont la conduite est dictée par la communauté. Si la société moderne laisse une plus grande place à l'individualisme, les formes anciennes du lien social n'ont pas complètement disparu et il existe des groupes dans lesquels cette morale primitive a encore toute son importance. Aussi, l'auteur peut-il rendre compte du fait que, à âge égal, le taux de suicide des militaires de carrière est nettement plus élevé que celui des civils.

- **L'absence de règle peut engendrer le suicide « anomique ».** Caractéristique des sociétés modernes, ce type de suicide se développe tout particulièrement durant les périodes où les perspectives d'avenir sont instables et dépend directement de la façon dont la société réglemente les individus. En effet, si la conscience collective ne joue pas un rôle modérateur pendant les périodes de bouleversement, les individus émettent nombre de désirs qui sont virtuellement autant de sources de frustration et de souffrance, du fait d'une inévitable disproportion entre l'aspiration et la réalité de la satisfaction. Ainsi, au cours du XIXe siècle, « *le progrès économique a principalement consisté à affranchir les relations industrielles de toute réglementation* ». L'État n'est plus le régulateur de la vie économique et « *le dogme du matérialisme économique* [est devenu] *la fin suprême des individus et des sociétés* ». Ce sont d'ailleurs les professions industrielles qui sont les plus touchées. Le suicide anomique peut être aussi provoqué par la « *déréglementation matrimoniale* » : le mariage règle les rapports amoureux et la diffusion du divorce devient un indicateur de l'anomie conjugale.

  Ces constats amènent Durkheim à conclure que « *les courants suicidogènes ont pour origine non l'individu, mais la collectivité* » ; il est donc un indicateur de « *l'état moral* » de la société.

B ~ Le suicide comme révélateur de « *l'état moral* » de la société

- **L'augmentation du suicide dans les sociétés modernes est pathologique.** Après une étude historique, Durkheim indique qu'il n'existe pas de société qui ne combine en son sein – selon des proportions variables – l'égoïsme, l'altruisme et une certaine forme d'anomie. Dès lors que ces courants traversent toute société, « *un taux modéré de suicides n'a rien de morbide* ». Toutefois, si l'équilibre de ces trois composantes n'est pas respecté, le taux de suicide entre invariablement dans une phase pathologique ; ainsi, « *le taux actuel chez les peuples européens est l'indice d'un état pathologique* ». C'est la déréglementation et la faiblesse de la conscience collective qui expliquent les forts taux de suicides, surtout de type égoïste et anomique. Ainsi, retrouve-t-on le thème de *De la division du travail social* selon lequel l'affaiblissement des pressions collectives permet d'expliquer l'émergence de phénomènes pathologiques.

- **Ce constat débouche sur des recommandations pratiques visant à restaurer et à favoriser la cohésion sociale**. Considérant que « *les mesures répressives ne sauraient avoir qu'une efficacité restreinte* » et que « *l'éducation ne peut réformer l'état moral de la société parce qu'elle n'en est que le reflet* », Durkheim propose « *le remède : rendre plus consistants les groupes qui encadrent l'individu. Lesquels ? Ce n'est ni la société politique qui est trop loin de l'individu, ni la société religieuse qui ne le socialise qu'en lui retirant sa liberté de penser, ni la famille qui tend à se réduire au couple conjugal* ». Dès lors, « *le groupe professionnel est le seul en état de remplir cette fonction à condition de constituer un milieu moral* ». Les corporations professionnelles lui semblent être un moyen de reconstituer un groupe d'appartenance intermédiaire « *entre l'individu et l'État* ».

Cet ouvrage constitue ainsi, à l'époque où il a été écrit, une innovation intellectuelle incontestable, tant par sa méthode que par ses conclusions. Mais les détracteurs de la sociologie durkheimienne lui ont reproché un déterminisme par lequel la société agit sur l'individu à son insu. Pourtant les corrélations établies par Durkheim conservent une étonnante actualité, même si les recherches contemporaines inspirées par sa démarche amendent certains résultats.

FICHE 94

L'ÉTHIQUE PROTESTANTE ET L'ESPRIT DU CAPITALISME

Max Weber

Ce livre se révèle comme un ouvrage fondateur pour la sociologie contemporaine. Mais, plus qu'une étude paradigmatique annonçant une conception spécifique de la sociologie, cet ouvrage de Max Weber, paru pour la première fois en 1905, constitue une réflexion sur la formation de l'homme de profession, auteur et acteur du capitalisme de profit moderne. Ce sont les protestants appartenant aux sectes puritaines, qui se multiplient à partir du XVIIe siècle, qui auraient créé un nouveau « style de vie », un nouveau « tempérament », accoucheur d'un nouvel « esprit ». Cette force de rupture bouleverse l'ordre traditionnel et participe à la naissance d'une nouvelle « civilisation » où l'économique occupe une place déterminante et où la rationalisation des pratiques sociales se renforce sans cesse.

Dans l'édition française de cet ouvrage (Plon, 1964, 340 p.), il s'agit moins de comprendre la naissance et le développement du capitalisme comme système économique et historique que de comprendre l'enchaînement des idées qui vont faire émerger cette force que représente l'« esprit du capitalisme ». La leçon de choses enseignée par M. Weber peut se résumer ainsi : « La présente étude pourrait sans doute contribuer, pour sa modeste part, à faire comprendre de quelle façon les "idées" deviennent des forces historiques efficaces ».

1. Qu'est-ce que l'esprit du capitalisme ?

A ~ La forme occidentale du capitalisme

- **M. Weber distingue capitalisme et formes du capitalisme**. Le capitalisme occidental renvoie à une forme du capitalisme dotée d'un esprit nouveau. Il s'agit d'expliquer et de comprendre comment cette forme nouvelle a pu s'imposer créant une profonde rupture avec les formes traditionnelles de l'économie et du capitalisme.

  M. Weber rejoint ici Karl Marx pour définir le capitalisme contemporain par l'émancipation des producteurs libérés de certaines contraintes économiques, politiques et culturelles. Pour rendre compte de cette rupture, le matérialisme de Marx apparaît à Weber insatisfaisant. La révolution du capitalisme moderne est d'abord une révolution culturelle et ses sources doivent être cherchées dans une révolution du système de valeurs.

- **Le capitalisme moderne crée de nouvelles valeurs et de nouveaux comportements**. Il s'impose en Europe, puis en Amérique, du XVIe siècle au XVIIIe siècle. Ce système économique diffuse de nouveaux comportements économiques, légitimés par des valeurs comme l'épargne, la discipline, la conscience professionnelle. Ils se diffusent au sein des classes moyennes. Il faut que nous fassions un effort pour comprendre la nouveauté de ce changement social majeur, nous, pour qui ces valeurs et les normes comportementales qui leur sont associées, sont devenues des routines, non interrogées. Retrouver l'enchaînement des circonstances qui ont façonné notre univers mental est une des finalités des sciences sociales.

B ~ Une révolution des représentations mentales

- **Donc, un nouvel ordre social s'impose et se diffuse en créant un système de contraintes et de « *chances* ».** Comme tout ordre, il tend à sa reproduction. Cette reproduction ne se fait jamais à l'identique. Ce qui fait sens à un moment historique donné ne le fait plus ou le fait moins à un autre moment. Il s'agit de comprendre quelles sont les forces psychologiques qui ont permis à des groupes, dans un premier temps minoritaires, de briser les liens sociaux traditionnels. M. Weber envisage l'histoire en termes, certes de continuité, mais aussi de moments de rupture. Ces moments de rupture contiennent des éléments jugés irrationnels par les individus contemporains de la rupture : « *ce qui nous intéresse ici, c'est précisément l'origine de cet élément irrationnel* ». Par exemple, si l'appât du gain se retrouve dans toutes les sociétés et à toutes les époques, le désir d'accumulation comme fin en soi se révèle propre au système capitaliste occidental. Il s'agit d'un nouvel « *esprit* » : « *Nous emploierons provisoirement le terme d'"esprit du capitalisme moderne" pour caractériser la recherche rationnelle et systématique du profit par l'exercice d'une profession* ». Cet esprit s'impose, sans le faire disparaître, au désir de richesse pour monter dans la hiérarchie sociale et/ou pour exprimer une volonté de puissance.

- **M. Weber donne un exemple de cet esprit nouveau en citant le texte de Benjamin Franklin l'*Advice to a young tradesman* écrit en 1748** : « *Souviens-toi que le temps, c'est de l'argent. Celui qui, pouvant gagner dix shillings par jour en travaillant, se promène ou reste dans sa chambre à paresser la moitié du temps, bien que ses plaisirs, que sa paresse, ne lui coûtent pas six pence, celui-là ne doit pas se borner à compter cette seule dépense. Il a dépensé en outre, jeté plutôt cinq autres shillings. Souviens-toi que le crédit c'est de l'argent. Si quelqu'un laisse son argent entre mes mains alors qu'il lui est dû, il me fait présent de l'intérêt ou encore de tout ce que je puis faire de son argent pendant ce temps... Souviens-toi que l'argent est, par nature, générateur et prolifique... Celui qui assassine une pièce de cinq shillings, détruit tout ce qu'elle aurait pu produire : des monceaux de livres sterling... Après l'assiduité au travail et la frugalité, rien ne contribue autant à la progression d'un jeune homme que la ponctualité et l'équité dans ses affaires. Il faut prendre garde que les actions les plus insignifiantes peuvent influer sur le crédit d'une personne... Celui qui perd cinq shillings, perd non seulement cette somme, mais aussi tout ce qu'il aurait pu gagner en l'utilisant dans les affaires, ce qui constituera une somme d'argent considérable, au fur et à mesure que l'homme jeune prendra de l'âge.* »

- **Il ne s'agit pas d'enseigner le « *sens des affaires* » ; il s'agit d'inculquer une nouvelle éthique, une nouvelle morale contraignante et absolue qui doit imprégner tous les moments de la vie quotidienne**. Cet « *ethos* » remet en cause le système de valeurs traditionnelles au XVIIIe siècle. Désormais, il faut vivre pour travailler et non plus travailler pour vivre : « *En effet cette idée particulière si familière pour nous aujourd'hui, mais en réalité si peu évidente que le devoir s'accomplit dans l'exercice d'un métier, d'une profession, c'est l'idée caractéristique de "l'éthique sociale" de la civilisation capitaliste, en un certain sens, elle en est "le fondement"* ». Cette idée provoque un détournement des énergies individuelles qui vont désormais s'investir dans des pratiques sociales auparavant peu valorisées. Une nouvelle vision du monde émerge qui, issue de minorités actives, gagne toutes les couches de la société.
L'esprit du capitalisme se compose donc de deux caractéristiques typiques : l'éthique du métier et l'aspect rationalisateur des conduites quotidiennes.

C ~ De nouvelles figures emblématiques

- **Une élite ouvrière va apparaître motivée par la « *conscience professionnelle* ».** Ce phénomène a pour effet non prévu, selon M. Weber, de sortir de l'impasse dans laquelle se trouvaient les entrepreneurs qui cherchaient à augmenter la production : l'augmentation des salaires risque de diminuer le travail fourni, les salariés limitant leurs besoins, et la diminution des salaires oblige les salariés de travailler plus mais au risque de compromettre la reproduction de la force de travail. Cette nouvelle motivation – la conscience professionnelle – se diffuse et imprègne les pratiques de l'ensemble des travailleurs, même si la plupart d'entre eux n'y attachent aucune signification religieuse.
- **Un autre personnage emblématique émerge : l'entrepreneur**. Pour ces nouveaux chefs d'entreprises, il ne s'agit plus d'exploiter une main-d'œuvre ignorante pour des motifs égoïstes mais de rechercher une réussite professionnelle qui profite à l'ensemble de la communauté.
- **M. Weber définit donc le capitalisme occidental par les motivations et les pratiques individuelles plutôt que par l'accumulation et la circulation de l'argent et des produits** : « *Le problème majeur de l'expansion du capitalisme moderne n'est pas celui de l'origine du capital, c'est celui du développement de l'esprit du capitalisme. Partout où il s'épanouit, partout où il est capable d'agir de lui-même, il crée son propre capital et ses réserves monétaires, ses moyens d'action mais l'inverse n'est pas vrai* ». Cependant, cet esprit ne trouve pas légitimité en lui-même, il la trouve dans une éthique plus large et plus ambitieuse : l'ascétisme protestant.

2. La congruence entre l'éthique protestante et l'esprit du capitalisme

A ~ La méthode du type idéal

- **Il s'agit de mettre en valeur la nouveauté des comportements, tant ceux des croyants membres des sectes protestantes que ceux des acteurs, entrepreneurs et ouvriers, des nouvelles entreprises capitalistes par rapport aux comportements traditionnels**. Pour ce faire, M. Weber recourt à la construction de faits typiques comme l'apparition d'entrepreneurs porteurs d'une rationalité économique nouvelle dans la branche du tissage à domicile et l'impossibilité qui en résulte pour les artisans traditionnels de maintenir leurs méthodes de production et leur statut. Il utilise aussi les statistiques disponibles, notamment celles sur les positions sociales occupées par les protestants et les catholiques dans le pays de Bade qui révèlent que les positions clés dans l'industrie et la finance sont détenues par les protestants.
- **L'objectif est de mettre en évidence les relations qui existent entre l'idéal type de l'ascétisme protestant et l'idéal type de l'esprit du capitalisme**. Le type idéal se définit par opposition au concept pur, comme celui de *l'homo-œconomicus* imaginé par les économistes néoclassiques, et au concept simple reflet et mise en forme de la réalité sociale à étudier, comme M. Weber le fait dans ses études historiques en définissant le capitalisme moderne par l'ensemble des institutions nécessaires à son bon fonctionnement. À partir de la constellation des significations ou des fins visées par la multitude des acteurs sociaux, M. Weber construit des tableaux ou modèles, supposés représenter ce qui constitue l'originalité du phénomène étudié, ici le protestantisme, et plus précisément le puritanisme, et l'esprit du capitalisme occidental.

■ **L'idéal type du « *puritanisme* », ou pour être plus précis de l'ascétisme protestant, emprunte à plusieurs modèles** : le calvinisme tel qu'il se généralise en Europe occidentale au XVIIIe siècle, le piétisme, le méthodisme et les sectes issues du mouvement baptiste. Ces communautés religieuses présentent des différences importantes entre elles, mais à partir de ces quatre « *conceptions du monde* », il reconstitue un puzzle qui permet de comprendre comment certaines interprétations du protestantisme ont pu participer de la formation de l'esprit capitaliste.

B ~ La genèse du puritanisme

■ **L'éthique du métier provient du luthéranisme (qui développe la notion de vocation appliquée à l'activité professionnelle) et du calvinisme (qui introduit le dogme de la prédestination)**. Ainsi, quand Luther proclame que chaque chrétien doit désormais suivre sa vocation, il accorde désormais une valeur morale et religieuse pleine aux professions et aux métiers. La vocation n'est plus réservée aux seuls « *virtuoses* » religieux. Donc, l'exercice d'une profession assimilé à la mise en œuvre d'une vocation religieuse permet à tous d'accéder à une vie pleine et authentique.

Mais, l'innovation fondamentale vient des croyants ordinaires, membres des sectes puritaines, qui élaborent une position complexe en détournant le dogme de la prédestination. Selon ce dogme, l'homme n'a pas la maîtrise de son salut. M. Weber soutient paradoxalement que cette absence de maîtrise incite chaque croyant à s'occuper ardemment de son salut à travers sa vie privée et sa vie professionnelle.

■ **La nouveauté radicale introduite pas la réforme protestante est la relation de face à face établie entre le fidèle et Dieu**. Cette absence de médiation conduit à un sentiment de solitude sans équivalent dans l'histoire des grandes religions. Elle est l'aboutissement d'un vaste processus historique de désenchantement du monde qui débuta avec les prophètes du judaïsme ancien. Il n'y a plus la possibilité d'être absout de ses péchés. L'homme est renvoyé à lui-même pour juger de sa conduite. Les contraintes sont plus fortes : « *La Réforme ne signifiant pas l'élimination de la domination de l'Église dans la vie de tous les jours, elle constituait plutôt la substitution d'une nouvelle domination à l'ancienne. Elle signifiait le remplacement d'une autorité extrêmement relâchée, pratiquement inexistante à l'époque, par une autre qui pénétrait tous les domaines de la vie publique ou privée, imposant une réglementation de la conduite infiniment pesante et sévère* ». Rendre compte de tous ses actes directement à Dieu était le fait des seuls moines à l'intérieur de l'Église au Moyen Âge en Occident. La Réforme fait de tout fidèle un « *moine dans le monde* ».

■ **Cette solitude intérieure est provoquée par l'angoisse de la possibilité du salut après la mort**. Pour M. Weber, cette angoisse devant la mort est la question existentielle première à laquelle doit répondre toute religion. La réponse calviniste réside dans le dogme de la prédestination : un Dieu transcendant et omniscient connaît les élus. Tout croyant est alors confronté à la question de l'élection. Trois issues psychologiques sont possibles : le fatalisme, la recherche éperdue de la jouissance, ou la quête des signes de l'élection. Les sectes protestantes cherchent à légitimer la troisième voie. Si Dieu a travaillé à créer le monde, le destin de l'homme n'est-il pas de travailler pour satisfaire au dessein de la providence divine ? Travailler atténue par ailleurs l'angoisse. Le travail finit par être interprété comme une dimension de l'obéissance à Dieu. La réussite professionnelle devient alors un signe possible de l'élection. De nouvelles pratiques sociales deviennent possibles : « *Cette combinaison de la croyance à des normes absolues avec le déterminisme le plus entier et la transcendance* *complète du divin, constituait à sa manière une création sociale »*. Cette conscience inquiète du travailleur puritain se muera, au XIXe siècle, en bonne conscience bourgeoise et, au début du XXe siècle, en affirmation arrogante du pouvoir de l'expertise professionnelle : « *Spécialistes sans vision et voluptueux sans cœur, ce néant s'imagine avoir gravi un degré de l'humanité jamais atteint jusque-là* ».

C ~ La rationalisation des pratiques

- **De nouvelles valeurs incitent certains groupes à se consacrer au travail et à l'accumulation du profit**. Ce processus de dérivation psychologique est d'abord le fait d'une élite. La diffusion de ces nouvelles pratiques et de ces nouvelles valeurs repose non seulement sur le pouvoir de démonstration mais aussi sur l'institutionnalisation de normes qui engendrent une pression sociale. Cette pression atteint son apogée au sein des sectes qui se multiplient du XVIe siècle au XVIIIe siècle. Ainsi se trouvent rendus compréhensibles les processus mentaux et sociaux qui ont conduit certains groupes à se consacrer au travail et à l'accumulation du profit : « *La répugnance au travail est le symptôme d'une absence de grâce* ».
- **La rationalisation des pratiques sociales et individuelles porte principalement sur l'usage du temps**. Gaspiller son temps est assimilé à un pêché : « *Le temps est précieux, infiniment car chaque heure perdue est soustraite au travail qui concourt à la gloire de Dieu* ». L'esprit du capitalisme acquiert peu à peu une autonomie : « *Ce que le XVIIe siècle, si vivant du point de vue religieux a surtout légué à l'époque suivante, son héritière utilitariste, ce fut précisément une bonne conscience étonnante, disons même toute pharisaïque, en ce qui concerne l'acquisition de l'argent, dans la mesure où celle-ci s'opérait par les voies légales. Un ethos spécifiquement bourgeois de la besogne avait pris naissance* ».

L'ouvrage de Weber a fait l'objet de multiples attaques.

Les critiques des historiens portent sur la concomitance des deux phénomènes – réforme protestante et développement du capitalisme moderne –, sur le rôle de l'esprit nouveau et sur l'interprétation de M. Weber de la place des sectes protestantes dans la genèse du capitalisme occidental. Ces critiques ne s'attaquent pourtant pas vraiment à la thèse même de M. Weber : le calvinisme prédisposerait à développer une éthique favorable à l'action des entrepreneurs et, plus généralement, au travail.

La relation de causalité entre le dogme de la prédestination et l'esprit du capitalisme se révèle cependant très contestable. Il paraît, en effet, singulier qu'un fidèle cherche les signes extérieurs de son élection alors que selon le dogme, elle demeure impénétrable. Essaie-t-on d'échapper aux conséquences d'un dogme en adoptant une croyance différente de celle qu'il enseigne ? De ce point de vue, la thèse de M. Weber repose sur une présupposition contradictoire. Si le croyant ordinaire agit comme M. Weber le suppose, cela signifie qu'il n'a pas compris le sens du dogme, mais s'il n'a pas compris, la vivacité de sa réaction face au « sentiment de terreur inouïe » qui doit l'envahir ne s'explique pas.

Dans un article : « Les sectes protestantes et l'esprit du capitalisme », écrit après un séjour aux États-Unis et paru en 1906 puis remanié en 1920, M. Weber, lui-même, réinterprète la relation entre l'éthique protestante et la montée du capitalisme. Son argumentation met en avant le contrôle social exercé par les sectes sur leurs membres et les fonctions sociales de sélection remplies par les sectes au sein d'une économie américaine en pleine expansion mais caractérisée par une certaine atomisation sociale. Elle fait reposer la relation entre les comportements religieux et économiques sur des processus psychiques et sociaux dont l'existence est incontestable : la recherche de la reconnaissance sociale et celle de l'intérêt. Il s'agit bien, dans ce cas, de puritains qui ont des comportements innovants. Ces innovations ont formé un système d'action cohérent entre les intérêts des acteurs et leurs valeurs qui s'est étendu en modifiant les règles du jeu sociales et économiques.

FICHE 95

LA DISTINCTION
Critique sociale du jugement

Pierre Bourdieu

Pierre Bourdieu est considéré comme un des représentants les plus éminents de la sociologie française contemporaine. Au confluent d'une triple tradition, celle de Marx, de Weber et de Durkheim, il est considéré comme le représentant d'une « école sociologique », celle du structuralisme génétique ou structuralisme critique. Cet ouvrage (Éditions de Minuit, 1979, 668 p.) se scinde en trois parties, successivement intitulées « critique sociale du jugement de goût » (chapitre 1), « l'économie des pratiques » (chapitres 2 à 4), « goûts de classe et style de vie » (chapitres 5 à 8). Les annexes sont consacrées aux aspects méthodologiques. Pierre Bourdieu y propose, comme l'indique le sous-titre de l'ouvrage, une analyse sociologique des dispositions et des jugements éthiques et esthétiques en les considérant comme l'enjeu et le produit de luttes entre groupes sociaux.

1. La construction sociale des goûts

A ~ La hiérarchie des œuvres et des pratiques culturelles

■ **Les pratiques culturelles et les jugements émis par les agents sont des produits sociaux qui s'inscrivent dans une hiérarchie allant du plus légitime au moins légitime**. La notion de culture est prise dans une double acception : au sens restreint, renvoyant aux « *œuvres culturelles* », et au sens anthropologique, désignant les manières de faire, de sentir, de penser propres à une collectivité humaine.

Dans le domaine des jugements esthétiques, le sens commun oppose le « *goût pur* » au « *goût barbare* ». Les pratiques culturelles elles-mêmes sont classées dans des hiérarchies : au théâtre classique s'oppose le théâtre de boulevard, à l'équitation ou au golf s'oppose le footing et le football, etc. Il existe des domaines culturels nobles (musique classique, peinture, sculpture, littérature, théâtre) et des pratiques moins nobles en voie de légitimation (cinéma, photo, chanson, jazz, bande dessinée...). Le champ culturel fonctionne donc comme un système de classement fondé sur une hiérarchie allant du plus légitime au moins légitime.

■ **Dès lors, apparaît une propriété essentielle de toutes les pratiques et jugements culturels : classants, ils fondent des stratégies diversifiées**. Ils sont classants car les goûts sont aussi des dégoûts : ils fonctionnent à la fois comme facteurs d'intégration, attestant l'appartenance à une classe, mais aussi comme facteur d'exclusion.

Dans la société globale ou dans les différents champs sociaux, les occasions de mettre en scène la distinction sont inépuisables : vêtement, décoration intérieure, tourisme, loisir, sport, cuisine, etc. La culture permet aux agents sociaux de mener des stratégies de distinction envers les membres des autres classes, « *les biens se convertissent en signes distinctifs.* » Ainsi, « *une classe est définie par son être-perçu autant que par son être, par sa consommation* [...] *autant que par sa position dans les rapports de production* ». Dans le champ culturel, les stratégies des agents diffèrent selon leur position : les individus aux positions dominantes opteront pour des stratégies de conservation ; en revanche, les individus en position dominée pratiqueront des stratégies de subversion en cherchant à transformer les règles de fonctionnement du champ.

- **La légitimité culturelle est renforcée par les mécanismes d'acquisition de la compétence culturelle**. Cette dernière s'acquiert principalement au sein de l'institution scolaire et de la famille. Ainsi n'est-il pas étonnant d'observer une corrélation statistique entre la compétence artistique et la possession d'un capital culturel élevé. En effet, les titres scolaires apparaissent comme des « *titres de noblesse culturelle* ». L'institution scolaire a pour effet de faire exister le capital culturel sous une forme institutionnalisée, c'est-à-dire socialement sanctionnée ; par son effet de certification, elle reproduit la hiérarchie des œuvres et des goûts légitimes.

Mais l'efficacité de la transmission culturelle assurée par l'école dépend de l'importance du capital directement hérité de la famille. En ce sens, l'école valide des acquis sociaux antérieurs. Dès lors, rendre compte de la hiérarchie des goûts implique de les mettre en relation avec la hiérarchie sociale.

B ~ La culture est une dimension de la lutte entre classes sociales : les luttes de classement

- **L'espace social, construction multidimensionnelle, oppose diverses classes et fractions de classe selon le volume et la structure de capital.** La notion de capital relève, en première analyse, de l'approche économique. L'analogie s'explique par les propriétés reconnues au capital : il s'accumule au travers d'opérations d'investissement, il se transmet par le biais de l'héritage, il permet de dégager des profits selon l'opportunité qu'a son détenteur d'opérer les placements les plus rentables dans les divers champs sociaux. Outre le capital culturel, différentes formes de capital permettent de structurer l'espace social : le capital économique, ensemble des biens économiques, constitué du revenu, du patrimoine et des biens matériels ; le capital social qui se définit essentiellement comme l'ensemble des relations sociales dont dispose un individu ou groupe et dont la détention implique un travail d'instauration et d'entretien des relations, c'est-à-dire un travail de sociabilité : invitations réciproques, loisirs en communs, etc., ; le capital symbolique qui correspond à l'ensemble des rituels (comme l'étiquette ou le protocole) liés à l'honneur et à la reconnaissance.

- **Parmi les différentes formes de capital, c'est le capital économique et le capital culturel qui fournissent les critères de différenciation les plus pertinents pour construire l'espace social des sociétés développées**. Dès lors, les agents sociaux se distribuent selon une double dimension. La première, verticale, consiste à hiérarchiser les groupes sociaux selon le volume de capital dont ils disposent. Ainsi pourra-t-on opposer les agents fortement dotés en capital tant économique que culturel (patrons, membres des professions libérales, professeurs d'université) aux agents faiblement dotés (ouvriers et salariés agricoles). La seconde opère une distinction selon la structure du capital, c'est-à-dire l'importance respective des deux espèces de capital dans le volume total de leur capital. Aussi pourra-t-on opposer les agents sociaux pour lesquels le capital économique prédomine par rapport au capital culturel (par exemple, les patrons de l'industrie et du commerce) aux agents aux propriétés opposées (professeurs).

- **L'accumulation de capital culturel devient un enjeu de lutte entre groupes, forme particulière de la lutte symbolique**. Dans nos sociétés, le capital culturel joue un rôle croissant dans le mode de reproduction sociale, notamment sous sa forme scolaire. Or, l'école contribue à reproduire et à renforcer le pouvoir symbolique des dominants. De ce point de vue, les rapports sociaux sont aussi des rapports de concurrence entre des arbitraires culturels. Comme ils portent sur le champ symbolique, P. Bourdieu propose de les appeler des luttes de classement. « *Du fait que leur appropriation suppose des dispositions et des compétences qui ne sont pas universellement distribuées* [...], *les œuvres culturelles font l'objet d'une appropriation exclusive, matérielle ou symbolique, et, fonctionnant comme capital culturel (objectivé ou incorporé), assurent un profit de distinction* [...] *et un profit de légitimité, profit par excellence, consistant dans le fait de se sentir justifié d'exister.* » Dès lors, des stratégies d'accumulation de capital culturel et de reconversion de capital économique en capital culturel s'imposent.

C ~ L'habitus de classe est au fondement des pratiques culturelles

- **L'acquisition des compétences culturelles s'opère par le biais de l'habitus, produit du milieu d'origine, et de la trajectoire individuelle et collective dans l'espace social**. L'habitus, concept central de l'analyse de Bourdieu, est un système de dispositions durables intériorisées par les individus du fait de leurs conditions objectives d'existence, et qui fonctionne comme principes (schèmes) inconscients d'action, de perception et de réflexion. Il est donc simultanément la grille de lecture à travers laquelle nous percevons et jugeons la réalité et le producteur de nos pratiques.

  Les acquisitions les plus décisives et les plus durables sont celles que nous avons subies au cours de notre socialisation primaire au sein de la famille, qui occupe une position donnée dans l'espace social. Mais l'habitus n'est pas figé ; il se restructure selon la trajectoire sociale. Ceci implique que nos pratiques et représentations ne sont ni totalement déterminées (les agents font des choix), ni totalement libres (ces choix sont orientés par l'habitus).

- **La similitude des habitus fonde différents « *styles de vie* » qui s'opposent**. « *Du fait que des conditions d'existence différentes produisent des habitus différents* [...], *les pratiques qu'engendrent les différents habitus se présentent comme des configurations systématiques de propriétés exprimant les différences objectivement inscrites dans les conditions d'existence sous la forme de systèmes d'écarts différentiels qui, perçus par des agents dotés des schèmes de perception et d'appréciation nécessaires pour en repérer, en interpréter et en évaluer les traits pertinents, fonctionnent comme des styles de vie.* »

  Un style de vie est un ensemble de goûts, de croyances et de pratiques systématiques caractéristiques d'une classe ou d'une fraction de classe donnée. Il comprend donc, à titre d'exemple, les opinions politiques, les convictions morales, les préférences esthétiques mais aussi les pratiques sexuelles, alimentaires, vestimentaires, culturelles, etc.

  L'habitus rend donc possible un ensemble de comportements et d'attitudes conformes aux inculcations. Il a donc pour conséquence que les agents se comportent de manière à ce que se perpétuent les relations objectives entre classes. Aussi n'est-il point étonnant d'observer une homologie entre la structure des classes et la structure des goûts.

2. L'HOMOLOGIE ENTRE L'ESPACE SOCIAL ET LES GOÛTS DE CLASSES

A ~ Les classes dominantes : « *le sens de la distinction* »

■ **La classe dominante cherche à maintenir sa position par une stratégie de distinction, en définissant et en imposant, pour le reste de la société, le « *bon goût* », la culture légitime**. Cette classe sait jouer de la distinction pour affirmer une identité propre et imposer à tous, en la légitimant, une certaine vision du monde social. Ses membres cumulent souvent les différents types de capitaux qui leur permettent l'appropriation de biens culturels. « *De toutes les techniques de conversion visant à former et à accumuler du capital symbolique, l'achat d'œuvres d'art, témoignage objectivé du "goût personnel", est celle qui se rapproche le plus de la forme la plus irréprochable et la plus inimitable de l'accumulation, c'est-à-dire l'incorporation des signes distinctifs et des symboles du pouvoir sous la forme de "distinction" naturelle, d'"autorité" personnelle ou de "culture"* ».

Il s'agit de faire distingué, tant par son hexis (aisance corporelle) que par son langage, le choix de l'ameublement intérieur ou des lieux de villégiature. Par ailleurs, dès qu'une pratique se diffuse, donc perd de son pouvoir distinctif, s'y substitue une autre, réservée aux membres des classes dominantes. Son rapport à la culture s'opère sur le mode de la distanciation, de l'aisance, de la lecture au second degré.

■ **Mais selon la structure du capital possédé, il est possible de distinguer deux fractions opposées de classes dominantes**. Ainsi, « *le lieu par excellence des luttes symboliques est la classe dominante elle-même : les luttes pour la définition de la culture légitime qui opposent les intellectuels et les artistes ne sont qu'un aspect des luttes incessantes dans lesquelles les différentes fractions de la classe dominante s'affrontent pour l'imposition de la définition des enjeux et des armes légitimes des luttes sociales* ».

La fraction dominante de la classe dominante se caractérise par une prédominance du capital économique. Elle se décompose elle-même en deux groupes : la bourgeoisie ancienne (patrons des grandes entreprises du commerce et de l'industrie) et la bourgeoisie nouvelle (cadres supérieurs du secteur privé). À la morale ascétique de la production et de l'accumulation, constitutive de la première, la nouvelle bourgeoisie, plus fortement dotée en capital culturel, oppose une morale hédoniste de la consommation.

La fraction dominée de la classe dominante est, quant à elle, davantage pourvue en capital culturel qu'en capital économique. Elle regroupe les ingénieurs, les professeurs, les professions intellectuelles. Dès lors s'opposent deux styles de vie : aux goûts de luxe des premiers (voyages, la possession des œuvres d'art ou des voitures de luxe) s'oppose l'aristocratisme ascétique des seconds (lectures, musique classique, théâtre).

B ~ La petite bourgeoisie : « *la bonne volonté culturelle* »

■ **Ses membres partagent un certain nombre de propriétés objectives communes, mais leur identité sociale se cristallise dans leur déférence face à la culture**. Les petits bourgeois occupent une position moyenne dans l'espace social mais font preuve d'une volonté d'ascension sociale. « *L'habitus petit bourgeois est la pente de la trajectoire sociale, individuelle et collective, devenue penchant par où cette trajectoire ascendante tend à se prolonger et à* *s'accomplir* ». La petite bourgeoisie respecte profondément l'ordre social établi et, à quelques exceptions près, se montre rigoriste en matière de morale.

Les membres de la petite bourgeoisie sont caractérisés par un habitus fondé sur la restriction par prétention, le volontarisme rigoriste liés à leur volonté d'ascension sociale. Ils témoignent d'une « *bonne volonté culturelle* » : imitation de la culture de la classe dominante, reconnaissance de la culture légitime et désir de l'acquérir. Cette classe va « *singer* » les pratiques nobles ou se livrer à des pratiques de substitution. « *La bonne volonté culturelle s'exprime entre autres choses par un choix particulièrement fréquent des témoignages les plus inconditionnels de docilité culturelle (choix d'amis "ayant de l'éducation", goût des spectacles "éducatifs" ou "instructifs"* [...]. *Le petit bourgeois est révérence envers la culture.* »

■ **Des clivages existent au sein de cette classe, amenant à en distinguer trois fractions et corrélativement trois styles de vie**. La pente de la trajectoire sociale sert à définir une première fraction de classe, la petite bourgeoisie en déclin ou petite bourgeoisie traditionnelle, composée de métiers anciens, tels ceux des artisans et commerçants, dont le nombre ne cesse de diminuer.

La petite bourgeoisie en déclin, composée des artisans et commerçants, se distingue par des préférences austères et traditionnelles où prédominent les valeurs telles que le travail, l'ordre, la rigueur, la minutie.

La petite bourgeoisie d'exécution comprend pour l'essentiel les employés, les cadres moyens des entreprises privées, les techniciens, les instituteurs. Ils occupent une position centrale au regard de la structure du capital. « *Voués à des tâches demandant avant tout de la précision, de la rigueur, du sérieux, bref, de la bonne volonté et du dévouement,* [...] *plus riches en bonne volonté culturelle qu'en capital culturel, ils portent leurs "préférences" vers des œuvres typiquement "moyennes". Cette bonne volonté culturelle pure et vide, tout entière définie par les impératifs de l'ascension, a son équivalent sur le plan de la morale :* [...] *le rigorisme ascétique des fractions en ascension qui s'associe souvent à un progressisme prudent en politique est avant tout le principe d'une discipline que l'on s'impose, à soi-même et aux siens, et qui est totalement subordonnée à l'ascension sociale.* »

La petite bourgeoisie nouvelle est constituée soit de petits bourgeois à fort capital culturel, mais manquant du capital social pour tirer pleinement parti de leur capital culturel, soit d'agents issus de la bourgeoisie, mais n'ayant pas acquis dans l'institution scolaire les titres leur permettant de se maintenir dans la classe dominante. Leur point commun est de mener un combat visant à accroître le statut symbolique des professions qu'ils exercent et à en modifier la perception par les autres agents sociaux. Ce groupe se compose des métiers artistiques, intellectuels, de conseil. Mais on y trouve également les professions de présentation et de représentation : animateurs de radio et de télévision, hôtesses, guides touristiques, attachés de presses, etc. L'âge de ses membres devient une variable pertinente : on y trouve les jeunes générations d'infirmières, de techniciens. La petite bourgeoisie ascendante développe un habitus comparable à celui de la nouvelle bourgeoisie. Il repose sur le « *devoir de plaisir* » et se traduit par une hexis corporelle fondée sur l'écoute du corps, la relaxation, une alimentation saine et équilibrée. Ses membres investissent dans les formes mineures de la production culturelle, se donnent une culture en matière de cinéma ou de jazz, s'attachent aux revues de vulgarisation scientifique ou historique. Mais ils vivent de ce fait une tension continue marquée par la crainte de « *faire vulgaire* », c'est-à-dire populaire, et la volonté de faire « *distingué* », c'est-à-dire bourgeois. Cette situation en porte-à-faux se manifeste particulièrement dans leur rapport au langage, marqué par l'hypercorrection linguistique, tendance à pourchasser chez soi et les autres toutes les formes de fautes, à « *en faire trop de peur de ne pas en faire assez* ».

C ~ Les classes populaires se caractérisent par « *le choix du nécessaire* »

- **Les classes populaires, situées à l'extrémité de l'espace social, sont condamnées au « *choix du nécessaire* »**. Leur dépossession les incline à des goûts ou à des choix refusant la gratuité des exercices esthétiques. On voit par exemple les ouvriers dire plus souvent que toutes les autres classes préférer les intérieurs « *nets et propres* », les vêtements « *simples* ». « *Les pratiques populaires ont pour principe le choix du nécessaire ("ce n'est pas pour nous"), au sens à la fois de ce qui est techniquement nécessaire, "pratique" (ou, dans un autre langage, fonctionnel),* [...] *et de ce qui est imposé par une nécessité économique et sociale condamnant les gens "simples" et "modestes" à des goûts "simples" et "modestes"* ».

  Un second trait de leur habitus concerne la valorisation de la force physique comme dimension de la virilité attestée par le choix de fortes nourritures ou l'attrait des exercices de force. Ces pratiques sont à mettre en relation avec leur situation objective de salariés qui vendent leur force de travail, mais aussi dans le refus d'être assimilés à la petite bourgeoisie d'un côté, à la féminité de l'autre. Ainsi, les prétentions en matière de culture, au sens de culture cultivée, sont perçues comme des reniements au principe de virilité.

- **Leur unité se fonde également sur l'acceptation de la domination**. « *Il serait facile d'énumérer les traits du style de vie des classes dominées qui enferment, à travers le sentiment de l'incompétence, de l'échec ou de l'indignité culturelle, une forme de reconnaissance des valeurs dominantes* ».

  Plus généralement, P. Bourdieu pose qu'il n'existe pas de culture populaire, mais simplement un ensemble de pratiques et de représentations qui ne sont que « *les fragments épars d'une culture savante plus ou moins ancienne (comme les savoirs médicaux) sélectionnés et réinterprétés selon les principes fondamentaux de l'habitus de classe et intégré dans la vision dominante du monde qu'il engendre* ». Il n'existe pas plus de contre-culture populaire, définie comme l'ensemble des valeurs et des modèles qui s'opposent à la culture officielle dominante : la légitimité culturelle des dominants n'est pas remise en cause.

Cet ouvrage de P. Bourdieu montre que la sociologie peut, contrairement à l'adage populaire qui postule que « des goûts et des couleurs on ne discute pas », trouver une logique sociale aux pratiques jugées éminemment individuelles. Il témoigne aussi de l'intérêt d'une démarche « génétique », qui s'interroge sur la production sociale des schèmes de perception et des pratiques. Mais les critiques d'une telle approche s'avèrent nombreuses et portent tant sur les concepts employés (habitus, champ, stratégies, capital) que sur les résultats, qui dénient toute autonomie culturelle aux agents sociaux et qui transforment la culture en un instrument de la lutte des classes.

FICHE 96

LA REPRODUCTION
Éléments pour une théorie du système d'enseignement

Pierre BOURDIEU, Jean-Claude PASSERON

Cet ouvrage (Éditions de Minuit, 1970, 282 p.) comporte deux parties d'importance inégale. Dans le Livre I, « fondements d'une théorie de la violence symbolique » sont exposés les principes théoriques et les hypothèses de travail ; le Livre II, « le maintien de l'ordre », apparaît comme une application de ces principes au système éducatif français. L'ouvrage, qui s'inscrit dans le cadre d'une sociologique critique d'inspiration structuraliste, eut un fort retentissement lors de sa parution et reste une référence en sociologie de l'éducation. Il se propose de dévoiler les fonctions cachées de l'école qui, loin de réduire les inégalités sociales, contribuent à les reproduire, à l'insu des agents sociaux.

1. L'ÉCOLE EST UN INSTRUMENT CACHÉ DE DOMINATION

A ~ La culture scolaire est une culture de classe

- **La culture scolaire est la culture de la classe dominante, transformée en culture légitime, objectivable et indiscutable**. En fait, elle est arbitraire et de nature sociale. Elle est le résultat d'une sélection qui définit ce qui est estimable, distingué ou, au contraire, vulgaire et commun. « *La sélection de significations qui définit objectivement la culture d'un groupe ou d'une classe comme système symbolique est arbitraire en tant que structure et les fonctions de cette culture ne peuvent être déduites d'aucun principe universel, physique, biologique ou spirituel, n'étant unies par aucune espèce de relation interne à la "nature des choses" ou à une "nature humaine"* ». La sélection des disciplines enseignées de même que le choix des contenus disciplinaires sont le produit de rapports de force entre groupes sociaux. La culture scolaire n'est donc pas une culture neutre mais une culture de classe.
- **Les critères de jugement de l'excellence scolaire par le corps enseignant sont des critères sociaux**. L'école se voit déléguer par le groupe dominant le pouvoir d'imposer des contenus conformes aux seuls intérêts de ce groupe. Les épreuves orales peuvent être considérées comme des « *épreuves de manières* », sanctionnant davantage la forme que le fond, sur la base de signes subtils de reconnaissance sociale qui transparaissent de la posture, de l'intonation, de ce que les jurys appellent « *la présence* », la finesse ou le « *bon goût* ». Les épreuves écrites comme la dissertation révèlent les mêmes dispositions dans le « *style* » employé. Dès lors, les critères d'évaluation formels sont moins importants que les normes informelles et implicites. Ce que l'on juge est moins l'excellence scolaire, que l'excellence sociale des candidats.
- **Le rapport pédagogique est un rapport de force**. En en occultant l'arbitraire et en se faisant reconnaître comme instance légitime d'imposition, le système scolaire légitime la hiérarchie des cultures. « *Toute action pédagogique est objectivement une violence symbolique en tant qu'imposition, par un pouvoir arbitraire, d'un arbitraire culturel* ». Il assure cette fonction de légitimation en

imposant aux classes dominées la reconnaissance du savoir des classes dominantes. Ainsi, « *un des effets les moins aperçus de la scolarité obligatoire consiste dans le fait qu'elle parvient à obtenir des classes dominées une reconnaissance du savoir et du savoir-faire légitime* [...] *entraînant la dévalorisation du savoir et du savoir-faire qu'elles maîtrisent effectivement* ». De surcroît, l'école se montre « *indifférente aux différences* » de public, donc d'habitus. Elle cultive le sous-entendu et l'implicite, à tel point qu'on peut parler de « *pédagogie de l'absence de pédagogie* ». On présuppose une bonne volonté culturelle, un désir de connaissances, la possession d'une « *culture libre* » comme la musique ou la littérature non enseignée explicitement en milieu scolaire.

B ~ L'idéologie du don voile les mécanismes de la reproduction

- **L'idéologie du don est conforme au sens commun**. Pour que l'école puisse assurer la reproduction sociale, elle doit se doter d'un système de représentation fondé sur la négation de cette fonction. « *L'idéologie du don* », au fondement de la création de l'école républicaine, postule que les inégalités de réussite à l'école reflète des inégalités d'aptitudes, considérées comme innées. Dès lors, elle s'accompagne de l'idéologie méritocratique qui affirme que tout individu peut accéder aux positions sociales que lui permettent ses talents, son travail, ses goûts. L'école va donc traiter comme égaux en droits et en devoirs tous les individus sous prétexte d'assurer l'égalité des chances scolaires, en niant toute différence d'origine sociale. Elle s'inscrit ainsi dans l'idéologie politique libérale qui fait de la liberté individuelle la valeur fondamentale de la société, reconnaissant à l'homme le droit à l'autonomie, à l'initiative, à l'épanouissement de ses potentialités. Cette idéologie est partagée par les membres du corps enseignant.
- **L'idéologie du don légitime les inégalités scolaires et donc sociales**. La neutralité proclamée des enseignements conduit, en réalité, à l'exclusion des classes dominées. Dans les faits, les critères de la réussite sont des critères sociaux et non scolaires. La hiérarchie scolaire est en fait une hiérarchie sociale voilée par l'idéologie du don. Avec l'idéologie du don, l'école va « *naturaliser le social* », transformant des inégalités sociales en inégalités de compétences. « *Rien n'est mieux fait que l'examen pour inspirer à tous la reconnaissance de la légitimité des verdicts scolaires et des hiérarchies sociales qu'ils légitiment, puisqu'il conduit ceux qui s'éliminent à s'assimiler à ceux qui échouent, tout en permettant à ceux qui sont élus parmi un petit nombre d'éligibles de voir dans leur élection l'attestation d'un mérite ou d'un "don" qui les aurait fait préférer en toute hypothèse à tous les autres.* »
  L'école sert d'instrument de légitimation des inégalités sociales. Loin d'être libératrice, elle est conservatrice et maintient la domination des classes populaires.

2. L'ÉCOLE EST UN INSTRUMENT CACHÉ DE REPRODUCTION SOCIALE

A ~ Les classes populaires sont soumises à une violence symbolique qui provoque leur élimination

- **Plus la distance entre la culture scolaire et la culture du milieu d'appartenance sera faible, plus la réussite dans l'institution sera élevée**. Les enfants des classes supérieures disposent d'un capital culturel hérité de leur famille. Celui-ci se compose d'un capital culturel incorporé sous forme d'outils intellectuels : grâce aux interactions dont ils bénéficient dans leur famille, les enfants des catégories aisées font preuve en moyenne d'un niveau de développement opératoire plus précoce, ainsi que d'un type de langage mieux adapté aux exigences de l'école. Par ailleurs, l'environnement de ces enfants est propice aux apprentissages (accès aux livres, œuvres d'art, voyages, médias...) et explique leur réussite scolaire. Ces acquisitions, constitutives de l'habitus, produiront leurs effets tout au long du parcours scolaire. Dès lors, il n'est point étonnant que les « *héritiers* », étudiants issus de la bourgeoisie, soient sur-représentés dans les universités par rapport aux « *boursiers* », à l'origine sociale modeste.

- **L'absence d'homologie entre la culture des catégories défavorisées et celle des catégories dominantes, due à la différence d'héritage culturel, provoque l'élimination des catégories défavorisées**. La sélection scolaire est une sélection sociale. À la différence des « *héritiers* », les élèves éloignés de l'institution scolaire ont tout à y apprendre, et doivent réaliser, pour réussir, un véritable processus de déculturation. En témoignent, parmi d'autres, les différences de langue. La langue bourgeoise communique un certain rapport au langage, une certaine tendance à l'abstraction et au formalisme, à l'intellectualisme, toutes caractéristiques qui font partie des normes linguistiques de l'école. La langue populaire se manifeste, au contraire, par une tendance à majorer le cas particulier, par une certaine tendance à la gouaillerie et la gaillardise, peu conforme à la langue scolaire. L'acquisition de la culture scolaire est une forme de violence symbolique. Tout se passe en effet comme si les membres des classes dominées devaient apprendre une langue étrangère. Cette déculturation, au sens de perte de la culture d'origine, s'impose pour garantir la survie dans l'institution. À défaut, le verdict scolaire prononcera leur exclusion.
- **Mais le système le plus puissant qui écarte les membres des classes populaires de l'institution scolaire est l'habitus**. Produit de l'intériorisation des conditions objectives, il provoque une auto-élimination des catégories défavorisées. Les individus apprennent à anticiper leur avenir conformément à leur expérience du présent, et donc à ne pas désirer ce qui, dans leur groupe social, apparaît comme éminemment peu probable. Ainsi, la conviction que l'école peut constituer un moyen de maîtriser sa trajectoire sociale sera plus répandue chez ceux qui ont une chance raisonnable d'y réussir. Les classes populaires se montrent donc moins disposées à fonder leur espoir d'ascension sur l'école et leurs enfants seront décrits comme « *moins ou peu motivés* ». Cette argumentation écarte des explications du sens commun, très répandues, faisant de l'élimination des catégories défavorisées un produit d'une inaptitude aux études ou d'un manque de ressources économiques.

B ~ La « *démocratisation* » de l'enseignement est un leurre

- **La croissance des effectifs a peu modifié les chances d'accès des différentes classes au système scolaire**. La concurrence entre les différents utilisateurs de l'institution scolaire a provoqué une translation globale de la structure des chances d'accès tout en maintenant les écarts relatifs entre les classes ; « *l'enseignement supérieur a connu un accroissement très rapide, souvent imputé à une démocratisation du recrutement, la structure de la distribution des chances scolaires selon les classes sociales s'est effectivement déplacée vers le haut, mais à peu près sans se déformer* ». Ceci n'a pu qu'engendrer un certain désenchantement des catégories populaires face à une institution scolaire incapable de garantir un emploi conforme aux attentes liées à la possession du titre. Ainsi, « *le baccalauréat* [...] *ne suffit plus à assurer automatiquement l'accession aux fonctions de cadre supérieur* ».

- **Les différences qualitatives s'avèrent encore plus discriminantes**. Aux inégalités d'accès à l'enseignement vont se substituer progressivement des inégalités de cursus à travers des filières et des options qui délimitent des parcours fortement hiérarchisés par la valeur qui leur est attribuée et par la composition sociale de leur public. « *Les étudiants originaires des classes défavorisées s'orientent plutôt vers les facultés des lettres et des sciences et les étudiants originaires des classes favorisées vers les facultés de droit et de médecine... Bref, plus on descend dans la hiérarchie sociale et plus l'accès à l'enseignement supérieur doit être payé d'une restriction des choix allant pour les catégories les plus défavorisées jusqu'à la relégation à peu près obligatoire dans les études de lettres ou de sciences.* »

Contrairement à l'affirmation que l'école est une institution neutre au service d'un savoir universel et rationnel, permettant la promotion individuelle, la sociologie bourdieusienne a montré qu'elle est à la source de la reproduction des privilèges culturels. Cette conclusion fit l'objet de vives polémiques, notamment avec R. Boudon. Elle fut aussi, après une période de « fatalisme pédagogique » dans les années soixante-dix, à l'origine d'expériences pédagogiques innovantes visant à surmonter le « handicap culturel » des catégories défavorisées.

FICHE 97

L'INÉGALITÉ DES CHANCES
La mobilité sociale dans les sociétés industrielles
Raymond BOUDON

Cet ouvrage (Armand Colin, 1973, 237 p.) se décompose en trois parties : « théorie de la mobilité et analyse des systèmes », « l'inégalité des chances devant l'enseignement » et « l'inégalité des chances sociales ». L'objet de l'ouvrage est d'étudier les relations entre le système d'enseignement et la mobilité sociale, elle-même considérée comme le résultat d'un ensemble de déterminants formant système. La démarche proposée repose d'abord sur une approche formelle fondée sur des modélisations statistiques ; ensuite, les résultats sont confrontés aux faits, à partir de travaux menés dans différents pays, dans le but d'en tester la validité. Dans le cadre de « l'individualisme méthodologique », à l'opposé des analyses de Bourdieu sur le même objet, l'auteur montre que la persistance des inégalités est le produit de l'agrégation de comportements rationnels des acteurs sociaux.

1. L'INÉGALITÉ DES CHANCES DEVANT L'ENSEIGNEMENT

A ~ L'inégalité des chances résulte des choix stratégiques effectués par les acteurs sociaux

- **Dans l'analyse de Boudon, le système d'enseignement est conçu comme une suite de points de bifurcation qui imposent des choix**. Les points de bifurcation correspondent aux limites des cycles scolaires, de la fin du cycle élémentaire à la fin des études supérieures. À chacun d'eux, les individus scolarisés et leur famille doivent faire des choix : continuer ou s'arrêter, aller dans telle direction ou dans telle autre. Le choix, fondé sur une appréciation du coût, du risque et du bénéfice liés à la poursuite de la scolarisation, varie selon les individus et les familles : chacun a un « *espace de décision* » différent. Il dépend d'une série de paramètres relatifs à la position présente des individus (avance ou retard scolaire, sexe, motivation) et de leurs parents (position dans la stratification sociale, revenus), aux coûts (en argent, en temps, en risque d'échec...) et aux bénéfices anticipés en termes de position sociale future ; ils intègrent également des variables institutionnelles (l'offre éducative).
- **La diversité d'appréciation des coûts/risques/bénéfices conduit à des stratégies différentes selon les milieux sociaux**. Ainsi, « *de part leur position, les individus ou les familles ont une estimation différente des coûts, risques et bénéfices anticipés qui s'attachent à une décision* ». Pour un fils de cadre supérieur, « *atteindre le niveau du baccalauréat est plus "utile" que pour un fils d'ouvrier* » car sans ce titre, le risque de déclin social est très élevé pour le premier, alors que pour le second, « *la promotion peut être assurée même avec un niveau d'instruction plus bas* ». Dès lors, il n'est point étonnant de trouver une proportion plus élevée d'enfants issus de milieux sociaux favorisés dans les universités. À l'opposé, pour un enfant de milieu populaire, viser un niveau de scolarisation plus élevé peut se révéler risqué, car le « *bénéfice obtenu* [...] *n'est pas compensé par l'augmentation correspondante du coût* ».

- **Une telle approche permet de réfuter les analyses concurrentes**. Après avoir présenté les théories macro et microsociologiques traditionnelles, Boudon les rejette en raison de leur caractère « *unifactoriel* », « *cherchant à ramener l'explication du phénomène à un facteur unique, qu'il s'agisse de l'héritage culturel ou de la différenciation des systèmes de valeurs selon les classes* ». Les inégalités culturelles héritées du milieu familial n'auraient guère d'effets que dans les premières étapes du cursus scolaire, lorsque l'enfant est jeune. Un tel modèle explicatif est donc une théorie microsociologique du choix scolaire, présentée comme alternative aux théories traditionnelles, sans qu'il soit nécessaire « *d'introduire, par exemple, la notion obscure et difficilement acceptable de "sous-culture de classe"* ».

B ~ Constats et prescriptions

- **La croissance des taux de scolarisation s'accélère mais les inégalités persistent**. L'étude des données sur l'évolution des systèmes d'enseignement, tant nationales qu'internationales, atteste de « *l'augmentation des taux de scolarisation dans les sociétés industrielles* », plus forte au niveau de l'enseignement supérieur qu'au niveau secondaire ; par ailleurs, les taux de survie, définis comme la proportion d'individus d'une cohorte présents aux différents niveaux d'enseignement, ont tendance à augmenter à chaque point de bifurcation. Ce phénomène s'explique tant par des variables exogènes, comme l'atténuation des inégalités économiques, que par des variables endogènes comme l'augmentation de la demande d'éducation de la part de tous les groupes sociaux. Ainsi, dans le long terme, les coûts liés à la décision de continuer les études auraient tendance à diminuer, ce qui permet d'expliquer à la fois une certaine démocratisation de l'école et l'augmentation générale de taux de scolarisation depuis les années cinquante.

  On peut donc conclure que « *l'évolution des sociétés industrielles est caractérisée par une incontestable réduction de l'inégalité des chances devant l'enseignement* », mais qui « *ne doit toutefois pas faire oublier que les inégalités restent très fortes* », notamment en ce qui concerne l'accès à l'enseignement supérieur « *où la différence entre classes sociales est beaucoup plus marquée* [...] *qu'au niveau de l'enseignement secondaire* ». Mais la tendance devrait se poursuivre et les inégalités, si l'on accepte les conclusions du modèle, décroître, mais de plus en plus lentement. Il y aurait en quelque sorte une efficacité marginale décroissante de la démocratisation.

- ***« Peut-on imaginer des mesures qui puissent combattre efficacement les effets des mécanismes analysés par le modèle ? »*** se demande l'auteur. Partant de l'équation : « *stratification + scolarisation = inégalités devant l'enseignement* », seule une action sur l'un ou l'autre des termes du premier membre est envisageable. Elle peut porter sur les conditions de la scolarisation. Il s'agit par exemple de mener des réformes visant à limiter et/ou à retarder les points de bifurcation (comme par exemple l'établissement d'un tronc commun dans l'enseignement secondaire). Mais « *la prolongation du curriculum commun engendre une différenciation sur la base des aptitudes qui neutralise dans une certaine mesure les effets escomptés* » ; d'un autre côté, la pression des familles sur l'institution scolaire pour « *exiger d'elle qu'elle s'adapte aux goûts et aptitudes de l'adolescent* [aboutit] *à renforcer la différenciation de l'environnement scolaire* » et à produire ainsi les effets inverses à ceux escomptés. Il convient donc d'agir sur la stratification. Son abolition, comme le préconisaient certaines idéologies marxistes, semblant irréaliste, « *le seul facteur capable de réduire les inégalités devant l'enseignement dans une perspective non utopique réside dans la réduction des inégalités économiques et sociales* ».

  Après avoir étudié les inégalités des chances devant l'enseignement et constater l'accroissement de la scolarisation, il convient d'en mesurer les effets sur la mobilité sociale.

2. L'INÉGALITÉ DES CHANCES SOCIALES

A ~ Un constat problématique

- **Le point de départ de la démonstration est le paradoxe d'Anderson** (1961). Cet auteur a étudié la mobilité intergénérationnelle dans plusieurs pays industrialisés. Compte tenu du contexte de scolarisation croissante, il a tenté de mesurer l'effet du niveau de diplôme sur les positions sociales respectives des pères et des fils. Contre toute attente, le niveau d'instruction paraît avoir une relation extrêmement faible avec la mobilité sociale. L'éducation serait un facteur mineur de la mobilité. R. Boudon reprend ce paradoxe en essayant d'en fournir une explication.
- **R. Boudon constate que l'évolution de la mobilité sociale entre générations se révèle faible** : « *la plupart des enquêtes montrent que la mobilité ne manifeste, sur le plan global, de tendance marquée ni à la décroissance, ni à la croissance* ». Ce constat impose une réflexion sur les déterminants de la distribution des individus dans la hiérarchie sociale. Celle-ci est « *explicable par la combinaison d'un facteur méritocratique et d'un facteur de correction, "l'hérédité sociale"* ». Le niveau scolaire « *est devenu un des mécanismes essentiels de détermination du status de destination* », tant au niveau des attentes des individus qu'au niveau des observations, où « *la corrélation entre niveau scolaire et status acquis croît dans le temps* » ; les sociétés industrielles peuvent donc être considérées comme des sociétés fondées sur une logique méritocratique.
- **Parallèlement, il existe un « *effet de dominance* »** qui mesure, à niveau de diplôme égal, les conséquences de l'origine sociale sur la position sociale. Si cet effet était important, il serait un puissant facteur de reproduction sociale. Or, selon R. Boudon, « *il apparaît que les sociétés industrielles sont assez proches d'un modèle méritocratique pur où le status social serait déterminé principalement par le niveau scolaire, l'origine sociale intervenant faiblement dans cette détermination, à niveau scolaire égal* ». Dès lors, il suffit de démontrer l'existence et les raisons de la discordance entre les structures scolaires et les structures sociales pour expliquer le paradoxe initial.

B ~ Les relations entre système d'enseignement et mobilité sociale

- **Sur le plan de la scolarisation, les décisions individuelles n'aboutissent pas nécessairement aux calculs visés par les acteurs.** Par effet de composition ou d'agrégation, c'est-à-dire par « *la juxtaposition de comportements individuels* », elles peuvent engendrer des « *effets pervers* ». En effet, « *la dimension méritocratique des sociétés industrielles entraîne que, à chaque période, chacun a intérêt à obtenir un niveau scolaire aussi élevé que possible* ». Mais les choix individuels en faveur de la prolongation de la scolarité peuvent, en se combinant, nécessiter la possession de diplômes plus élevés qu'auparavant pour obtenir des positions sociales relativement identiques. « *Ainsi, chacun a intérêt à acquérir un niveau d'instruction aussi élevé que possible, mais personne n'est assuré, ce faisant, d'en recueillir le bénéfice en termes de mobilité.* »
- **Les différences de rythmes d'évolution des chances scolaires et de la structure sociale expliquent le paradoxe d'Anderson.** En effet, la structure des chances scolaires peut fort bien montrer une tendance à l'atténuation des inégalités, tout au moins dans les sociétés industrielles, sans que, pour autant, la structure sociale (les strates socioprofessionnelles) connaisse une évolution identique : celle-ci peut, au contraire, connaître un maintien, voire une accentuation des inégalités car « *à un niveau scolaire donné est associée entre la*

période t et une période ultérieure t + k une structure des chances plus défavorable […]. *Le fait pour un individu d'obtenir un niveau scolaire supérieur à celui de son père ne peut donc lui conférer la garantie d'une mobilité ascendante et peut au contraire être fréquemment associé à une mobilité descendante* ». Et de fait, pour R. Boudon, le paradoxe d'Anderson est résolu.

En considérant l'inégalité des chances comme le résultat d'un processus d'agrégation de décisions rationnelles d'individus placés dans des contextes sociaux et scolaires différents, R. Boudon rejette tout déterminisme. De même, son explication de l'absence de lien de causalité direct entre titre et poste comme résultant d'un « effet pervers » s'avère intellectuellement stimulante. Pour autant, peut-on souscrire sans réserve à cette conception de l'acteur ?

FICHE 98

LA LOGIQUE DU SOCIAL
Introduction à l'analyse sociologique
Raymond BOUDON

Plus qu'une introduction à l'analyse sociologique, l'ouvrage de R. Boudon (Hachette, 1979, 334 p.) se présente en vérité comme un ouvrage de défense et d'illustration d'une sociologie particulière, celle qui repose sur l'individualisme méthodologique. Sa fécondité heuristique en est démontrée par la relecture et la réinterprétation de quelques œuvres de la sociologie, tant classiques que contemporaines (essentiellement nord-américaines dans ce dernier cas). Représentant majeur de ce courant d'analyse en France, R. Boudon développe ainsi les fondements théoriques, épistémologiques et méthodologiques de la sociologie, fournit le cadre de son utilisation (la diversité des systèmes d'interaction) et témoigne de sa pertinence dans l'analyse du changement social.

1. LES POSTULATS DE L'INDIVIDUALISME MÉTHODOLOGIQUE

A ~ L'objet de la sociologie

- **La définition de la sociologie proposée par R. Boudon implique une conception particulière de l'acteur social**. En effet, « *la sociologie est fondamentalement* [...] *une discipline dont la vocation latente est de retrouver des structures générales à partir de l'analyse de phénomènes singuliers* ». Dès lors, « *l'atome logique de l'analyse sociologique est donc l'acteur individuel* ». Cet acteur est agissant et ses actions sont dotées d'une finalité. Reprenant la distinction entre actions logiques et actions non logiques de V. Pareto, la sociologie a pour vocation « *d'analyser la logique des actions non logiques* ». Cette analyse s'avère complexe dans la mesure où l'acteur agit dans un monde incertain et sous les contraintes de son environnement social et institutionnel, délimitant le cadre des interactions sociales. L'*homo sociologicus* est donc placé dans des situations à structure ambiguë où « *la notion de meilleur choix est mal définie* ».
- **Une telle approche s'oppose explicitement aux autres paradigmes sociologiques**. Elle critique d'abord les conceptions « *holistes* » qui font de l'individu un simple réceptacle de normes ou de valeurs imposées de l'extérieur, « *une sorte d'automate dont le comportement serait l'effet de causes sociales* » ; de manière plus générale, elle refuse tout déterminisme qui s'incarne dans des principes explicatifs se référant à des entités abstraites telles que « *la société* », « *les classes sociales* ». Selon R. Boudon, il convient de renverser le raisonnement : la « *société* » n'est pas le déterminant de l'action individuelle, c'est au contraire la société qui est produite par l'agrégation des comportements individuels. Cette conception aboutit également au refus des théories du changement qui se fondent sur des lois générales et qui omettent la contingence des réalités sociales.

B ~ La démarche sociologique

- **Cette définition de la sociologie implique une attention particulière à l'analyse détaillée des faits**. C'est ainsi que R. Boudon souligne l'importance de la sociographie, c'est-à-dire des études descriptives, tout en mettant en garde sur les difficultés de l'explication qui « *n'est véritablement atteinte qu'à partir du moment où on est capable d'interpréter* [un] *phénomène comme le résultat d'actions effectuées par des agents situés dans un contexte institutionnel et social donné* ». La description de la logique des actions individuelles doit reposer sur un double critère : il faut que cette logique soit compréhensible et qu'elle n'aboutisse pas à des conséquences contradictoires avec les données observables. Interprétations de la logique de l'action (méthode qualitative) et données statistiques (méthode quantitative) s'avèrent donc complémentaires.
- **La scientificité de la démarche sociologique repose également sur l'utilisation fréquente de la modélisation, une forme d'analyse mathématique des faits sociaux**. En effet, « *des axiomes habillent les propositions empiriques et théoriques décrivant les comportements microsociologiques des acteurs, de manière à transformer ces propositions en un modèle, c'est-à-dire en un nouveau système de propositions permettant de déduire de façon précise le développement* [d'un] *processus* ». R. Boudon affectionne également la formalisation fondée sur des modèles issus de la théorie des jeux ; ainsi se propose-t-il de fournir une explication de la guerre de 1914 en étudiant le système d'interaction entre le cabinet anglais et le gouvernement impérial allemand avec ce cadre d'analyse.

  À partir de ces principes, il revient au sociologue de déterminer la nature des systèmes qui permettent d'analyser une situation sociale donnée. Deux types sont à distinguer.

2. Sociologie et systèmes : analyse statique

A ~ Les systèmes fonctionnels reposent sur des rôles sociaux

- **Les actions et les décisions des individus qui se trouvent dans un système fonctionnel ne peuvent avoir lieu sans échange social, ce qui impose de tenir compte des attentes des autres**. Dans le cas des systèmes fonctionnels (une bureaucratie, une institution), les acteurs sont liés entre eux par des rôles définis. De la façon dont seront conçus ces rôles s'ensuivront des interprétations très différentes du système fonctionnel. Dans une interprétation strictement fonctionnaliste, que refuse R. Boudon, les rôles sont conçus comme totalement définis par le système et comme rigoureusement imposés aux individus : il s'agit de contraintes, ne laissant aux individus qu'une autonomie réduite.
- **Pour l'individualisme méthodologique, les rôles laissent une marge de liberté aux acteurs**. Le comportement réel des acteurs n'est pas fondé sur des normes contraignantes. Celles-ci apparaissent comme des possibilités d'usages offertes aux acteurs. Les rôles ne sont pas rigoureusement définis ; les normes sont souvent contradictoires et chacun joue plusieurs rôles sociaux. « *Variance des rôles, ambivalence des normes qui "définissent" les rôles, caractère composite de certains rôles, et interférences entre rôles* » font qu'une dimension stratégique est toujours garantie à l'acteur et qu'une marge d'autonomie lui est assurée. La tâche du sociologue sera donc, non de recenser les rôles imposés, mais d'examiner comment les acteurs assument leurs rôles, arbitrent entre les « *sous-rôles* » qui leur sont proposés, et avec quelles conséquences d'ordre général.

B ~ Les systèmes d'interdépendance

- **Ces systèmes sont fondés sur des interactions sans référence à un rôle**. Les individus sont interdépendants les uns des autres (spectateurs attendant à la porte d'un cinéma, par exemple) mais chacun est placé dans une situation telle qu'il « *peut se déterminer indépendamment de toute entente avec autrui et de toute approbation de la part d'autrui, et, plus généralement sans risquer de sanction (morale ou légale) pour les effets que ses actions pourraient entraîner sur le bien-être d'autrui* ». Cette structure constitue l'objet privilégié de l'individualisme méthodologique car il s'agira d'examiner comment se composent les comportements, les attentes, les aspirations des « *agents* » (et non plus des « *acteurs* », jouant des rôles), dans le cadre de ces systèmes qui « *sont exclusivement soumis à la volonté des agents qui les composent* ».
- **L'utilisation de cette grille de lecture permet de réinterpréter de nombreux phénomènes comme le résultat d'effets émergents, c'est-à-dire « *non voulus par ces agents* »**. Boudon se propose d'expliquer ainsi la loi de la baisse tendancielle du profit de Marx, l'institutionnalisation des conflits syndicaux ou encore la fin de la violence dans les ghettos noirs aux États-Unis au milieu des années soixante. Plus spécifiquement, il dresse une typologie des effets émergents. Les « *effets de neutralisation* » correspondent aux situations où les changements individuels sont neutralisés au niveau collectif : il en va ainsi de la stabilité de la mobilité sociale en dépit de l'accroissement du niveau scolaire moyen. L' « *effet de divergence* » est illustré par le fait que le coût du statut social en termes d'investissement éducatif tend à augmenter indéfiniment. D'autres structures d'interdépendance provoquent des phénomènes de ségrégation, de frustration ou d'amplification.

3. Sociologie et changement social : la dynamique des sociétés

A ~ Les processus reproductifs

- **Chaque processus de changement peut être schématisé par trois éléments** : un élément central « *constitué par un système d'interdépendance* », un environnement incluant des catégories d'acteurs, des variables historiques, économiques, enfin, « *les produits ou les sorties ou extrants (output) du système d'interaction* ». Ces ensembles complexes peuvent être liés les uns aux autres par des liaisons de causalité plus ou moins complexes.
- **Les processus reproductifs permettent d'expliquer la résistance au changement**. Ces processus n'ont pas « *d'effets sur le système d'interaction, sur son environnement ou sur les rapports du système avec son environnement* » Le cas du « *monopole industriel* » étudié par Michel Crozier en fournit un exemple. Dans cette organisation bureaucratique, on observe des conflits entre le directeur et le contrôleur, son subordonné. Les règlements étant flous sur les rôles respectifs de chacun, ils disposent d'une marge d'interprétation. Face à cette incertitude, le directeur choisit la stratégie autoritaire et contraint le contrôleur à choisir la prudence et à se placer en position de retrait. Toute l'organisation étant fondée sur ce modèle, elle engendre un système de relation stable et répétitif.

B ~ Les processus cumulatifs

- **Ils rendent compte des phénomènes de perpétuation du changement.** Ils sont caractérisés par l'absence de modification de l'environnement, mais ils ont des effets sur le système d'interaction lui-même. À titre d'exemple, on peut reconsidérer l'analyse de la division du travail de Durkheim « *car, à un instant donné, le niveau de division du travail atteint contribue à déterminer l'augmentation de la division du travail dans la phase suivante* ».

- **Parmi ces processus, R. Boudon distingue le processus oscillatoire**, lié à un contexte d'incertitude, et qui naît lorsque les agents projettent dans l'avenir les informations présentes. Il est illustré par la succession de pénuries et de surnombres de médecins : entre le moment du choix de la formation et la fin des études, le nombre de postes se modifie.

C ~ Les processus de transformation

- **R. Boudon propose la définition suivante :** « *les processus de transformation sont caractérisés par l'existence d'effets de rétroaction des sorties du système ou des caractéristiques du système d'interaction sur l'environnement du système. Cette action sur l'environnement provoque à son tour une modification du système.* » L'origine de ce processus peut être endogène au système d'interaction.
- **Dans une première forme, les individus font un appel à l'environnement** ; ainsi, lorsqu'un groupe de grande taille a des intérêts à défendre mais que chaque individu refuse d'en supporter le coût sachant que les bénéfices seront collectifs (paradoxe d'Olson), le recours à des « *entrepreneurs* » extérieurs visant à les organiser et les défendre entraînera un changement.
- **Une seconde forme correspond aux situations dans lesquelles « *l'agression* » de l'environnement provoque en retour une intervention des agents de l'environnement** (par exemple, le blocage des loyers entraîne la dégradation des logements qui peut contraindre à un retour à une politique moins sociale). Le changement peut aussi être exogène, suite à une modification intervenue dans l'environnement.

En considérant que « la logique du social » procède de l'agrégation des comportements individuels, l'individualisme méthodologique remet l'acteur au cœur de l'analyse sociologique. Il rejette tout déterminisme et s'impose de situer toute action dans son contexte. Cette approche se révèle souvent pertinente dans l'étude de phénomènes microsociologiques. Mais en dépit de ses dénégations, la conception de l'acteur défendue par R. Boudon se révèle réductrice et les liens de parenté entre l'homo sociologicus et l'homo œconomicus semblent très étroits. Ils lui valent les critiques de paradigmes concurrents.

FICHE 99

L'ACTEUR ET LE SYSTÈME Les contraintes de l'action collective

Michel CROZIER, Ehrard FRIEDBERG

Cet ouvrage (Seuil, 1977, 504 p.) est structuré en cinq parties : « l'organisation comme problème », « l'organisation et l'environnement », « le phénomène systémique », « les problèmes de la décision », « réflexions sur le changement ». L'annexe présente la démarche de recherche. L'ouvrage apparaît comme une synthèse et un manuel théorique qui présente un paradigme sociologique : l'analyse stratégique et systémique. De l'objet initial, l'organisation, la démarche proposée se fixe pour objectif de rendre compte, dans le but de pouvoir l'accompagner ou le provoquer, du changement social au niveau global.

1. LES SPÉCIFICITÉS DE L'ORGANISATION

A ~ Une organisation se définit prioritairement comme un système d'acteurs

- **L'analyse stratégique critique les théories traditionnelles**. Ainsi, le taylorisme est rejeté en raison du postulat du « *one best way* », qui conduit à penser que pour tout problème, il y a une bonne solution, et une seule ; il suffirait alors de faire appel à l'expert qui dira ce qu'il faut faire. Par ailleurs, ce mode d'organisation est écarté en raison d'une conception trop étroite du travailleur, supposé n'être motivé que par l'intérêt économique. « *Le fonctionnement d'une organisation ne peut plus correspondre* [...] *à la vue taylorienne d'un ensemble mécanique de rouages agencés et mus par une rationalité unique* ».

  La théorie des relations humaines et celle qui s'appuie sur l'idée de besoins et de motivations sont également critiquées. D'abord parce qu'elles aboutissent à des comportements se déroulant « *dans le vide* », indépendamment du contexte ; ensuite car elles donnent une image passive de l'individu, en omettant les choix que peuvent faire les acteurs ; enfin, l'analyse stratégique se démarque des thèses qui considèrent que les occupants des postes se conforment de manière quasi naturelle aux attentes de leurs partenaires, exécutant passivement des rôles prédéfinis.

- **Une organisation est composée d'acteurs dotés de rationalités spécifiques**. L'acteur, individu ou groupe, se définit ainsi comme doté d'une liberté d'action, effectuant des choix pour atteindre des objectifs qui « *sont multiples, plus ou moins ambigus, plus ou moins explicites, plus ou moins contradictoires* ». Mais « *s'il est toujours contraint et limité, il n'est jamais directement déterminé ; même la passivité est toujours, d'une certaine manière, le résultat d'un choix* ».

  Dès lors, tout acteur, quelle que soit sa position dans l'organigramme formel de l'organisation est doté de capacités stratégiques, qui sont toujours rationnelles, mais d'une rationalité limitée et contingente. Son comportement « *a toujours deux aspects ; un aspect offensif : la saisie d'opportunités en vue d'améliorer sa situation ; et un aspect défensif : le maintien et l'élargissement de sa marge de liberté, donc de sa capacité à agir* ».

Pour comprendre la stratégie d'un acteur, il importe de prendre en compte les régularités de ses comportements. Ainsi, « *l'organisation n'est ici, en fin de compte, rien d'autre qu'un univers de conflits, et son fonctionnement le résultat des affrontements entre les rationalités contingentes, multiples et divergentes d'acteurs relativement libres, utilisant les sources de pouvoir à leur disposition* ».

B ~ Le fonctionnement interne des organisations s'explique par la dynamique des stratégies des acteurs, centrée sur le pouvoir

- **Tout individu, quelle que soit sa position dans la hiérarchie formelle de l'organisation, dispose de pouvoir**. Une telle affirmation implique une définition relationnelle du pouvoir, au sens où le pouvoir se caractérise par la capacité qu'a un individu A d'obtenir d'un individu B un comportement que ce dernier n'aurait pas eu sans l'intervention de A.

  Le pouvoir dans l'organisation ne saurait être considéré comme une propriété, un attribut des acteurs, c'est bien une relation mettant aux prises les acteurs dans l'accomplissement d'un objectif commun qui conditionne lui-même les objectifs personnels. Ainsi, « *le pouvoir est inséparablement lié à la négociation : c'est une relation d'échange, donc de négociation, dans laquelle deux personnes, au moins, sont engagées* ». Dès lors, l'organisation est fondée sur le jeu des acteurs qui visent à maintenir ou accroître leur pouvoir ; il est à la fois l'enjeu des stratégies et la finalité de l'organisation car il modifie la place respective des acteurs dans celle-ci.

- **Les sources du pouvoir sont nombreuses dans une organisation**. Le pouvoir peut, bien entendu, se fonder sur la contrainte liée aux différences de positions dans la hiérarchie formelle de l'organisation. Cependant, tout pouvoir s'appuie aussi sur la légitimité. Une telle affirmation indique que les sources de pouvoir sont diverses : la compétence, la maîtrise des relations à l'environnement, la maîtrise des communications, les connaissances des règles de fonctionnement.

  Le pouvoir n'est donc pas lié automatiquement aux ressources de contrainte que peut donner une position hiérarchique supérieure. Le pouvoir d'un individu à l'intérieur d'une organisation dépend de sa capacité de contrôler une source d'incertitude déterminante pour la bonne marche de l'organisation.

- **Le pouvoir permet de contrôler des « *zones d'incertitude* » et d'accroître la marge de liberté individuelle des acteurs**. En effet, toute organisation est soumise en permanence à des masses d'incertitudes très élevées, techniques, commerciales, humaines, financières, etc. Celui qui les maîtrise le mieux par ses compétences et son réseau de relations, qui peut donc prévoir ces incertitudes, détient la plus grande ressource de pouvoir. Ses comportements sont alors imprévisibles. Or, l'incertitude existe toujours à tous les niveaux, conférant par là même de l'autonomie aux acteurs. L'incertitude étant, par nature, mal définie, on préfère parler de « *zone d'incertitude* ». L'accent est mis sur l'imprévisibilité que chacun laisse planer sur la manière dont il remplira son rôle ; elle a pour objectif d'élargir la marge de liberté et d'arbitraire des acteurs, tout en contrôlant celle des autres.

  L'ensemble de règles formelles, ensemble qui fait système, ne définit pas les rôles de manière rigoureuse, mais représente les marges du jeu de chaque acteur et borne la liberté des différents joueurs. Le concept de jeu permet d'articuler les contraintes de l'organisation à la liberté de l'acteur.

2. Deux exemples d'applications de l'analyse stratégique permettant de comprendre les modes de fonctionnement des organisations

A ~ L'étude du « *monopole industriel* »

- **Dans cette entreprise, les rapports d'autorité entre ouvriers et chefs d'atelier sont conflictuels**. Reprenant une étude publiée dans *Le phénomène bureaucratique* (1964), portant sur le Service d'exploitation industrielle des tabacs et allumettes (SEITA), M. Crozier et son équipe partent en effet d'un constat paradoxal. Trois catégories de personnel se trouvent en présence dans les ateliers fondés sur la rationalisation et la spécialisation des tâches : les chefs d'atelier, les ouvriers de production et les ouvriers d'entretien. Les seconds, composés de femmes peu qualifiées, sont sous les ordres des premiers, qui ont un rôle de surveillance générale. Les ouvriers d'entretien, très qualifiés, sont affectés de façon fixe dans un atelier et chacun d'entre eux a la charge exclusive de trois machines de production qu'il doit régler, entretenir, et sur lesquelles il doit effectuer de petites réparations.

  La caractéristique majeure qui ressort de cette description est la séparation très nette entre ces trois catégories. Le rôle de chacune est clair, bien tranché et profondément distinct des autres, il ne porte pas aux échanges ni même à la coopération. Enfin, personne dans l'une ou l'autre catégorie ne peut espérer ni craindre d'être promu ou rétrogradé d'un rôle à l'autre. Si les « *relations entre ouvriers de production et chefs d'atelier sont faibles et peu valorisées* », celles entre « *ouvriers de production et ouvriers d'entretien, en revanche, sont marquées par un climat tendu et conflictuel* » qui, toutefois, s'exprime difficilement. Quant aux relations entre ouvriers d'entretien et chefs d'atelier, elles « *sont ouvertement hostiles et conflictuelles* ».

- **L'explication réside dans le fait que l'ensemble des rapports d'autorité est l'inverse de ce que laisserait prévoir la structure pyramidale de la hiérarchie**. Ce sont, en fait, les ouvriers d'entretien qui imposent leur loi, à la fois aux chefs et aux ouvriers de production. En y regardant de très près, on découvre que l'incertitude majeure de ces manufactures de tabac est, à l'époque et depuis longtemps, celle du fonctionnement et de l'entretien des machines qui sont vétustes. Ce sont les ouvriers d'entretien qui contrôlent la réponse à cette incertitude, et ils se servent de cette occasion pour maintenir une zone d'indépendance dans l'usine en développant des stratégies de défense efficaces contre les chefs et de domination également forte sur les ouvrières. Ces dernières réagissent en se défendant par la séduction, le canal syndical et parfois même l'alliance avec les chefs ; ceux-ci sont en fait les victimes de ce double jeu et ils ne peuvent que crier sans efficacité réelle.

B ~ L'analyse du « *cercle vicieux bureaucratique* »

- **L'étude de l'administration française permet d'expliquer l'existence d'un « *cercle vicieux bureaucratique* »**. Les auteurs considèrent quatre facteurs à l'origine d'un cercle vicieux générateur de routine.

  D'abord, la multiplication de règles impersonnelles qui caractérisent le fonctionnement formel de l'organisation. Ces règles visent certes à éliminer l'arbitraire, mais « *cette protection est aussi un isolement et sa conséquence est double ; d'une part* [l'individu] *est privé de toute initiative et soumis totalement à des règles qui lui sont imposées du dehors et d'autre part il est complètement libre de tout lien de dépendance personnelle ; il ne craint personne et se trouve presque aussi indépendant de ce point de vue que s'il n'était pas salarié* ».

La multiplication des règles entraîne, ensuite, la centralisation des décisions, qui éloigne le pouvoir des cellules d'exécution et accroît la rigidité de l'organisation : « *ceux qui décident ne connaissent pas directement les problèmes qu'ils ont à trancher ; ceux qui sont sur le terrain et connaissent ces problèmes n'ont pas les souvenirs nécessaires pour effectuer les adaptations et pour expérimenter les innovations devenues indispensables* ».

Ces deux facteurs se cumulent et aboutissent à l'isolement et au manque de communication de chaque catégorie hiérarchique, isolement qui a pour conséquence une pression très forte des pairs sur chacun des individus du groupe. Les conflits internes aux catégories sont remplacés par des conflits entre catégories, elles-mêmes caractérisées par une forte cohésion interne (un esprit de corps).

Enfin, le développement de pouvoirs parallèles résulte de l'existence de sources d'incertitudes non prévues par les règles. Les individus qui contrôlent ces sources d'incertitude détiennent un pouvoir au sein de l'organisation, d'autant plus grand que les zones d'incertitude y sont moins nombreuses. Or, paradoxalement, « *c'est dans un système d'organisation très "bureaucratique" où la hiérarchie est claire et la définition des tâches précises que les pouvoirs parallèles auront le plus d'importance* ». Dès lors, la bureaucratie apparaît comme rigide et incapable de changement.

- **La comparaison avec d'autres organisations montre qu'elles sont « *un construit culturel* »**. « *Le phénomène organisationnel apparaît en dernière analyse comme un construit politique et culturel (au sens où culturel s'oppose à naturel)* ». Dès lors, les solutions au dilemme entre poursuite d'objectifs individuels et coopération sont « *l'expression des capacités relationnelles, c'est-à-dire culturelles, des individus* ».

Ainsi, les auteurs comparent le « *modèle bureaucratique français* » à l'organisation américaine, caractérisée par l'importance des groupes informels, et à l'organisation japonaise qui révèle la forte implication et participation des salariés. Les raisons de ces différences sont à chercher dans la culture, mais celle-ci « *n'est plus ici cet univers de valeurs et de normes* [...] *qui en dernière instance guident, ordonnent les comportements observés* [...], *elle est instrument, capacité que les individus acquièrent, utilisent et transforment* [qui] *conditionne mais ne détermine jamais les stratégies individuelles et collectives* ». La culture se définit dans et par l'action au sein des organisations. Mais si la culture fournit un cadre général d'explication, la spécificité de l'organisation réside dans les stratégies des acteurs.

Les analyses développées dans le cadre des organisations ont vocation à constituer un paradigme central de la sociologie de portée générale. Le but est de passer de l'organisation au système.

3. Une grille d'analyse de la société : le phénomène systémique

A – Sur le plan statique : le système d'action concret

- **Le concept de « *système d'action concret* » permet de transposer l'analyse organisationnelle à celle de la société**. Ainsi, « *on peut raisonner à partir du concept et du modèle de jeu pour transposer la leçon de l'analyse organisa-*

tionnelle à toutes les activités humaines et à toutes les situations sociales qui ne ressortissent pas au modèle de l'organisation formelle ». Le cadre des jeux est le système d'action concret ; il est « *un ensemble humain structuré qui coordonne les actions de ses participants par des mécanismes de jeux relativement stables et qui maintient sa structure, c'est-à-dire la stabilité de ses jeux et les rapports entre ceux-ci, par des mécanismes de régulation qui constituent d'autres jeux* ». Dès lors, la société ne serait qu'un vaste espace de jeux, forme particulière d'interaction entre les acteurs. L'adjectif « *concret* » signifie que chaque situation constitue un système particulier qui ne peut être réduit à un modèle général. Ainsi, il sera possible de procéder aux analyses comparatives de sociétés différentes. Celles-ci seront appréhendées à travers les différences de systèmes organisationnels.

- **Il incarne un paradigme sociologique original**. Ces réflexions l'ordre général sur l'organisation rendent possibles un élargissement du champ de réflexion, et, dans une certaine mesure, une redéfinition de la sociologie. À partir d'une étude limitée aux dysfonctionnements bureaucratiques, la réflexion s'est élargie aux organisations dans la pluralité de leurs modèles et, par là, à l'action collective dans sa généralité. « *La démarche initialement limitée à un type d'organisation, se fait beaucoup plus ambitieuse* » en s'élargissant à une sociologie de l'action organisée.

  Ce passage de la sociologie des organisations à la sociologie de l'action collective se justifie par le fait que l'étude de l'organisation conduit à l'étude générale des systèmes d'action et donc à la question de l'action collective. Par ailleurs, le paradigme organisationnel reprend et repense dans une nouvelle problématique la question traditionnelle de la relation individu/société : par le recours aux systèmes d'action se trouve écartée l'alternative du déterminisme social et de la liberté abstraite des acteurs.

B ~ Sur le plan dynamique : le changement social

- **Le changement social est le résultat de la transformation d'un système d'action**. « *Pour qu'il y ait changement, il faut que tout un système d'action se transforme, c'est-à-dire que les hommes doivent mettre en pratique de nouveaux rapports humains, de nouvelles formes de contrôle social.* »

  Le changement suppose un apprentissage collectif, c'est-à-dire « *le processus à travers lequel un ensemble d'acteurs, partie prenante d'un système d'action, apprennent – c'est-à-dire inventent et fixent – de nouveaux modèles de jeu, avec leurs composantes affectives, cognitives et relationnelles. Ces jeux, ou si l'on veut cette nouvelle praxis sociale, expriment et induisent à la fois une nouvelle structuration du champ, ce qui signifie non seulement d'autres méthodes, mais aussi d'autres problèmes et d'autres résultats, en même temps qu'un système d'action différent se régulant autrement* ».

  Quelles que soient les formes que prennent ces changements, les auteurs les considèrent comme l'expression d'un même phénomène : « *un mouvement social est avant tout un système d'action concret. Une crise elle-même se comprend mieux quand on a réussi à délimiter les systèmes qu'elle affecte et à comprendre comment ces systèmes s'étaient jusqu'à présent régulés* ».

- **Le sociologue a pour vocation d'accompagner ou de provoquer le changement social**. Au niveau des organisations, par une étude sociologique préalable, on cerne les règles du jeu que suivent les membres du système social et de ses divers sous-systèmes. Leur connaissance permet alors de déterminer les moyens par lesquels on pourra faire évoluer l'organisation vers une meilleure utilisation de ses capacités. On peut accroitre les possibilités d'adoption de nouvelles règles et mettre au point des modèles d'apprentissage institutionnel qui soient adaptés aux caractéristiques de l'ensemble social sur lequel on intervient. L'intervention sociologique visera à transformer les hommes, à mobiliser les capacités des acteurs du système d'action en modifiant leurs relations et leurs stratégies ; parallèlement, l'action portera sur les structures.

Les auteurs formulent également des diagnostics d'ensemble sur les sociétés considérées, en mettant en évidence les blocages, les dysfonctionnements, les cercles vicieux qui freinent leur développement ou provoquent les crises, interdisent les changements ou les autorisent. À partir de cas exemplaires d'organisations bureaucratiques, c'est le système administratif français, dans son ensemble, et, par là, la société française elle-même qui peut être désignée comme « *bloquée* ». Une vraie réforme passe par une reconnaissance du caractère fondamental des relations de pouvoir dans les relations humaines et l'action sociale.

En critiquant les conceptions traditionnelles des organisations, l'analyse stratégique a remis en cause le postulat de leur rationalité. L'organigramme formel ne permet pas de rendre compte de la logique de fonctionnement quotidienne ; ce n'est qu'en réintégrant l'acteur et ses stratégies centrées sur le pouvoir que l'on est en mesure d'expliquer les fonctionnements et dysfonctionnements organisationnels. Mais une telle approche se heurte à des limites. Sur le plan microsociologique, l'analyse stratégique est concurrencée par des études centrées sur le concept de culture d'entreprise, très utilisé depuis quelques années, sans doute en raison des mutations qui affectent ce type d'organisation. Sur le plan macrosociologique, la démarche, fondée sur l'individualisme méthodologique, ne peut qu'entraîner les critiques des auteurs refusant de considérer l'individu comme un « homo strategicus ».

FICHE 100

LA VOIX ET LE REGARD

Alain Touraine

Cet ouvrage (Seuil, 1978, 307 p.) est né de la volonté de l'auteur d'étudier les nouveaux mouvements sociaux. La réflexion est à la fois théorique et pratique : la première partie est consacrée à une présentation des « orientations générales d'une sociologie de l'action » ; la seconde à celle « d'une méthode de recherche : l'intervention sociologique ».

1. La sociologie de l'action

A ~ La société est un ensemble hiérarchisé de systèmes d'actions

- **Une société n'est gouvernée ni par une logique d'ordre, ni par une logique de changement**. Touraine rejette les analyses sociologiques qui ne voient que de l'ordre dans les sociétés. C'est le cas de l'analyse fonctionnaliste qui considère la société comme un personnage guidé par des intentions et mettant des moyens au service du sens qu'il aurait choisi. C'est également le cas d'une sociologie critique pour laquelle « *tout est signe de pouvoir et instrument de sa domination* ». Il refuse pareillement les analyses qui font du changement social la logique de la société moderne. « *Une société n'est pas un système gouverné par une logique interne, que celle-ci soit de domination, de reproduction ou d'adaptation.* »
- **Une société est un ensemble de rapports sociaux**. Elle est l'ensemble des relations sociales qui opposent et unissent des acteurs sociaux. « *La société n'est rien d'autre qu'un réseau d'actions et de rapports sociaux.* » Ces relations sociales sont inégales. « *Tous les rapports sociaux sont des rapports de pouvoir.* » Les acteurs sont en lutte pour le contrôle de ce que Touraine appelle l'historicité et qu'il définit comme étant « *la capacité d'une société à produire ses modèles de fonctionnement* ». Tous les acteurs ont en commun un modèle culturel qui se concrétise par des normes dans les domaines de la connaissance, de la production et de la morale mais chacun des acteurs tente de lui donner une direction conforme à ses propres intérêts. C'est ainsi que le modèle culturel de la société industrielle, centré sur la notion de progrès, était l'enjeu d'une lutte entre la classe dirigeante pour qui le progrès ne pouvait être qu'économique et le mouvement ouvrier pour qui le progrès était avant tout social.
- **La société programmée se substitue à la société industrielle**. Nous assistons à la mise en place d'une société post-industrielle ou « *programmée* » dans laquelle la production et la diffusion massive de biens culturels occupent la place centrale qui avait été celle des biens industriels dans la société industrielle. « *Dans la société programmée la domination de classe consiste* [...] *à gérer les appareils de production et d'information.* » La gestion des biens cède la place à celle des opinions, des attitudes et des comportements. La préoccupation de la classe dirigeante n'y est plus l'administration des choses mais le gouvernement des

hommes. Dès lors, le conflit caractéristique de cette société n'est plus celui qui met face à face les ouvriers à leur patron sur le lieu de travail mais celui qui oppose un ensemble d'individus à la logique du système de production, de consommation et de communication.

B ~ Les mouvements sociaux sont des actions conflictuelles

■ **Les classes sociales sont des acteurs sociaux**. Touraine reprend à son compte la notion de « *classes sociales* » tout en lui donnant un sens très différent de celui que lui avait donné Marx. Il les définit non par l'économique mais par leurs relations qui sont à la fois des relations de pouvoir et des relations conflictuelles. Cela lui permet d'opposer la classe dirigeante à la classe populaire. « *La classe dirigeante est le groupe d'innovateurs-dominateurs qui s'identifie à cette production de la société par elle-même, à cette historicité, et, en retour l'utilise pour légitimer sa domination sur* [...] *la classe populaire* ». Cette dernière, bien que dominée, ne reste pas passive, résiste à la domination et tente de retourner l'historicité à son profit.

■ **Un mouvement social est la combinaison d'un principe d'identité, d'un principe d'opposition et d'un principe de totalité**. Les classes étant des acteurs sociaux, les « *mouvements sociaux* » sont les actions de ces classes, c'est-à-dire les conflits de classe. « *Un mouvement social est l'action collective organisée par laquelle un acteur de classe lutte pour la direction sociale de l'historicité dans un ensemble historique concret.* » Il résulte de cette définition qu'une action revendicative qui n'a pas pour finalité le « *contrôle de l'historicité* » n'est pas considérée par Touraine comme un « *mouvement social* ». Un « *mouvement social* » doit non seulement être en mesure de se définir (principe d'identité), de nommer son adversaire (principe d'opposition) mais également d'élaborer un projet compatible avec le modèle culturel de la société (principe de totalité). Une revendication sociale ne se transforme en « *mouvement social* » que lorsqu'elle réussit à réunir ces trois principes. C'est pourquoi un mouvement social vise toujours à la réalisation de valeurs culturelles en même temps qu'à la victoire sur un adversaire social. « *Un mouvement social est à la fois un conflit social et un projet culturel.* » C'est l'effort d'un acteur collectif pour s'emparer des valeurs, des orientations culturelles d'une société en s'opposant à l'action d'un adversaire auquel le lient des relations de pouvoir.

■ **Le mouvement ouvrier est sur le déclin**. Le mouvement ouvrier a été un mouvement social car il était porteur d'un projet culturel fondé sur les valeurs de la société industrielle : la lutte pour le progrès social, pour les droits et la dignité des travailleurs. Mais la décomposition de la société industrielle et de sa culture a favorisé son déclin. « *Le mouvement ouvrier n'est plus le mouvement social central.* »

■ **De nouveaux mouvements sociaux se forment**. Avec la société programmée, la domination s'étend hors des murs de l'usine et génère de nouveaux conflits : « *Dans la société programmée, elles* [les luttes] *apparaissent partout ou un appareil dirigeant* [...] *modèle les conduites sociales* ». « *Ce n'est plus la lutte du capital et du travail dans l'usine qui est essentielle mais celle des appareils et des usagers, consommateurs ou habitants, définis moins par leurs attributs spécifiques que par leur résistance à la domination de ces appareils.* » Les luttes antitechnocratiques (à l'image de la lutte antinucléaire), les luttes des femmes, celles des Occitans ou, encore, celles des étudiants préfigurent ce que pourrait être le nouveau mouvement social caractéristique de la société programmée. « *Le mouvement écologique pourrait bien être la matrice où se formeront les luttes principales qui animeront notre histoire.* » Seule l'étude de ces luttes permettrait de déterminer si elles sont porteuses des trois principes d'identité, d'opposition et de totalité retenus par Touraine pour caractériser un mouvement social. Cela suppose l'élaboration d'une nouvelle méthode d'analyse.

2. La méthode sociologique

A ~ Les objectifs de « *l'intervention sociologique* »

- **La sociologie est l'étude des conflits sociaux**. Dans la mesure où la société n'est faite que de relations sociales, le chercheur doit dépasser l'étude des phénomènes et des pensées pour se concentrer sur celle des conflits sociaux. Il lui faut interroger les acteurs de ces conflits tout en écartant les idéologies produites par les organisations qui orientent les mouvements sociaux. Touraine propose une nouvelle méthode d'analyse qui consiste en un dialogue entre un groupe de militants et un chercheur : « *la méthode imaginée associe très étroitement l'auto-analyse d'un groupe militant et l'intervention d'un sociologue conduit par ses hypothèses théoriques* ». Élaborée sur la base d'une sociologie des relations sociales, cette démarche est « *l'action d'une théorie qui est elle-même une sociologie de l'action* ».
- **L'intervention sociologique favorise l'émergence des nouveaux mouvements sociaux**. Les chercheurs ont pour objectif de déceler l'existence de mouvements sociaux dans les conflits qu'ils étudient et de favoriser leur développement. Leur *a priori* favorable leur permet d'être acceptés par un groupe de militants dont le but est de faire progresser leur activité. En cas de succès de l'analyse, celle-ci devrait permettre « *d'élever le niveau d'action historique dans une société* ».

B ~ Les modalités de « *l'intervention sociologique* »

- **Le chercheur participe à un groupe de réflexion composé de militants**. La première tâche des chercheurs est de constituer un groupe restreint de militants avec lequel ils vont travailler. Afin de limiter l'influence des idéologies en son sein, le groupe est formé de militants affiliés à des organisations diverses et d'autres extérieurs à ces structures. Pour la même raison, il est composé de militants de base et non des dirigeants qui pourraient exercer un ascendant sur les autres membres du groupe. Afin de pouvoir enrichir l'analyse et confirmer ses résultats, deux ou plusieurs groupes sont formés selon ces principes.
- **L'auto-analyse de ce groupe permet de cerner les principes d'identité et d'opposition**. Le travail avec les militants consiste d'abord à les confronter avec leurs alliés et adversaires afin de « *faire fondre les idéologies protectrices* » et de mieux cerner la réalité de l'identité des uns et des autres. « *Il faut mettre l'acteur en relation avec ses adversaires ou partenaires pour surmonter ses rationalisations.* » Les débats provoqués par ces rencontres favorisent chez les participants la prise de conscience des forces et des faiblesses de leur mouvement. Cela permet au chercheur et aux militants de vérifier si une action revendicative associe les principes d'identité et d'opposition.
- **Le chercheur s'interroge sur la présence d'un principe de totalité dans l'action étudiée**. Il reste à répondre à la question théorique centrale : « *Qu'y a-t-il de mouvement social dans cette action ?* » Cela consiste à s'interroger sur l'existence d'un principe de totalité : au-delà des dimensions économiques et politiques de ce conflit social, l'enjeu ultime est-il l'orientation culturelle de la société ? C'est la fonction du chercheur, en tant que sociologue, que de dégager

« *l'enjeu social et culturel du conflit* ». Il soumet au groupe ses hypothèses et lui communique son interprétation du mouvement. Le groupe se saisit de cette communication et poursuit son analyse.

La volonté de résister à la domination constitue le fil rouge qui nous permet de suivre l'évolution de la réflexion sociologique d'Alain Touraine.

Dans les années cinquante, il étudie le travail ouvrier et s'interroge sur la capacité du mouvement ouvrier à transformer la société.

Convaincu du déclin de la société industrielle et donc du mouvement ouvrier, il oriente sa réflexion sur l'émergence de nouveaux mouvements sociaux dès la fin des années soixante. La voix et le regard, *publié en 1978, est une interrogation sur l'existence de « mouvements sociaux » dans les conflits de l'époque et un exposé de la méthode sociologique préconisée afin de répondre à cette question. Il publie les résultats des recherches du groupe de sociologues qu'il anime dans les années qui suivent et répond par la négative. Pas plus que celle des écologistes, la lutte des femmes, des étudiants ou des Occitans ne constituent des mouvements sociaux faute de réunir les trois principes d'identité, d'opposition et de totalité à partir desquels il définit un mouvement social.*

Dès le début des années quatre-vingt, Touraine réoriente sa réflexion sur le sujet et sa liberté qui, selon lui, peuvent faire obstacle à la logique de la marchandise et du pouvoir.

Notices biographiques

Chaque notice est suivie de titres d'ouvrages représentatifs de l'œuvre de leur auteur. Les titres faisant l'objet d'une fiche de lecture sont signalés par un astérisque.

AGLIETTA Michel
Économiste français, M. Aglietta est un des représentants de l'école de la régulation.
Régulation et crises du capitalisme, 1976*
La globalisation financière : l'aventure obligée, avec A. Brender et V. Coudert, 1990*

ALBERT Michel
Économiste français, M. Albert a été commissaire général au plan et président des AGF ; il est membre du conseil de la politique monétaire de la Banque de France.
Le pari français, 1982
Capitalisme contre capitalisme, 1991*

ALLAIS Maurice
Économiste français libéral, M. Allais a reçu le prix Nobel en 1988. Il est l'un des premiers en France à utiliser les mathématiques en économie. Ses travaux portent principalement sur la monnaie, le capital et l'impôt. En rupture apparente avec sa tradition libérale, il préconise depuis peu la mise en place d'un certain protectionnisme.
Traité d'économie pure, 1943
Pour la réforme de la fiscalité, 1990*

AMIN Samir
Économiste d'origine égyptienne, S. Amin étudie les problèmes du sous-développement dans une perspective marxiste.
L'accumulation à l'échelle mondiale, 1970
L'échange inégal et la loi de la valeur, 1973*

ANDRÉ Robert
Économiste français, R. André travaille particulièrement sur la croissance de l'État.
L'État et l'économie, avec C. Delorme, 1983*

ANDREFF Wladimir
Économiste français, W. Andreff est un spécialiste de l'économie internationale et des firmes multinationales en particulier.
Profits et structures du capitalisme mondial, 1976
Les multinationales globales, 1996*

ARIÈS Philippe
Historien français, Ph. Ariès (1914-1984) est un auteur critique vis-à-vis de la modernité.
L'enfant et la vie familiale sous l'Ancien Régime, 1960*
L'homme devant la mort, 1977

ARON Raymond
Philosophe, sociologue et écrivain politique français, R. Aron (1905-1983) s'est opposé avec force aux régimes socialistes qu'il considérait comme antidémocratiques. Ses écrits sociologiques s'inspirent de la pensée de M. Weber et de celle de A. de Tocqueville.
Dix-huit leçons sur la société industrielle, 1962*
Démocratie et totalitarisme, 1965
Les étapes de la pensée sociologique, 1967

ARROW Kenneth
Économiste américain, K. Arrow a reçu le prix Nobel d'économie en 1972. Ses principales contributions portent sur la théorie des choix collectifs et sur la théorie de la croissance avec le modèle d'apprentissage par la pratique (*learning by doing*).
Choix collectifs et préférences individuelles, 1951*
The economics implications of learning by doing, 1962

BAIROCH Paul
Économiste et historien, P. Bairoch est professeur à l'Université de Genève. Il considère que la colonisation fut fortement préjudiciable aux pays du tiers monde et que, contrairement à ce que l'on croit généralement, le libre-échange n'est profitable qu'aux pays en position hégémonique.
Le tiers monde dans l'impasse, 1971*
Mythes et paradoxes de l'histoire économique, 1994*

BAUDRILLARD Jean
Sociologue français, J. Baudrillard pense que les individus échangent principalement des signes et que toutes les activités humaines sont l'occasion de cet échange.
Le système des objets, 1968
La société de consommation, 1970*

BECKER Howard S.
Sociologue américain, H. S. Becker est l'un des représentants du courant de la sociologie américaine connu sous le nom « d'école de Chicago », puis « d'interactionnisme symbolique ». Sa théorie sur la déviance est parfois qualifiée de « théorie de l'étiquetage ».
Outsiders, 1963*

BEVERIDGE William Henry
Homme politique et économiste britannique, W. H. Beveridge (1879-1963) est considéré comme le fondateur de l'État-providence. Durant la Seconde Guerre

mondiale, il est chargé par le gouvernement britannique de diriger le comité interministériel qui élaborera le fameux rapport (nommé rapport Beveridge) créant le premier système moderne d'assurance sociale. Son œuvre, d'inspiration keynésienne, a pour objectif de concilier l'économique et le social. Il est élu député en 1944.
Social insurance and allied services, 1942
Du travail pour tous dans une société libre, 1944*

BOSERUP Ester
Professeur à l'Institut du développement de Copenhague, E. Boserup est connue pour ses thèses anti-malthusiennes. Ses travaux portent principalement sur la place et le rôle des femmes dans le développement des pays du tiers monde.
Évolution agraire et pression démographique, 1965*
La femme face au développement économique, 1983

BOUDON Raymond
Sociologue français, R. Boudon est le représentant majeur, en France, du courant de « l'individualisme méthodologique » qui considère que les individus sont rationnels.
L'inégalité des chances, 1973*
La logique du social, 1983*

BOURDIEU Pierre
Sociologue français, professeur au Collège de France, P. Bourdieu est le fondateur de l'approche sociologique dénommée « structuralisme génétique » ou « structuralisme critique ».
Les héritiers, 1964
La reproduction, avec J.-C. Passeron, 1970*
La distinction, 1979*
La misère du monde, 1993

BOURGUINAT Henri
Économiste français, H. Bourguinat travaille particulièrement sur les relations entre les phénomènes réels et les phénomènes monétaires.
Inflation, dollar, eurodollar, avec F. Perroux et J. Denizet, 1971
Les vertiges de la finance internationale, 1987*

BOUVIER Jean
Historien français, J. Bouvier est un spécialiste de l'histoire des banques.
Le Crédit Lyonnais, l'histoire d'une banque, 1959
Un siècle de banque française, 1973*

BOYER Robert
Économiste français, R. Boyer est un des représentants de l'école de la régulation.
Inflation, accumulation, crises, 1983
La théorie de la régulation : une analyse critique, 1986*

BRAUDEL Fernand
Historien français, F. Braudel (1902-1985) dirige la revue des Annales à partir de 1946, devient professeur au Collège de France en 1949 et est nommé en 1956 président d'une section de l'École pratique des hautes études, qui devient sous son influence l'École des Hautes Études en Sciences Sociales. Il est élu en 1984 à l'Académie française. L'influence de Braudel est très grande car il a su dépasser la simple description historique en montrant l'importance de nombreux facteurs dans l'évolution historique.
La Méditerranée et le monde méditerranéen à l'époque de Philippe II, 1949
Civilisation matérielle, économie et capitalisme, XVI-XVIIIe siècles, 1979*
L'identité de la France, 1986*

BRENDER Anton
Économiste français, A. Brender étudie particulièrement les effets de la mondialisation.
Un choc de nations, 1988
La globalisation financière : l'aventure obligée, avec M. Aglietta et V. Coudert, 1990*
L'impératif de solidarité, 1997*

BUCHANAN James
Économiste américain néolibéral, J. Buchanan a reçu le prix Nobel d'économie en 1986. Il est, avec Gordon Tullock, le fondateur de l'école des choix publics (ou *Public choice*) qui met l'accent sur les dysfonctionnements de l'intervention publique.
The Calculus of Consent, avec G. Tullock, 1962
Les limites de la liberté, 1975*

CARRÈRE D'ENCAUSSE Hélène
Historienne française, H. Carrère d'Encausse est spécialiste des pays d'Europe de l'Est. Elle a reçu en 1987 le prix Louise Weiss pour l'ensemble de son œuvre. Elle a été élue à l'Académie française en 1990.
L'empire éclaté, 1978
Le pouvoir confisqué, 1980
La gloire des Nations, ou la fin de l'empire soviétique, 1991*

CASTEL Robert
Sociologue français, R. Castel étudie plus particulièrement les formes de l'exclusion sociale.
Les métamorphoses de la question sociale, 1995*

CHESNAIS Jean-Claude
Économiste et démographe français, J.-Cl. Chesnais est surtout connu pour son travail sur le tiers monde.
La revanche du tiers monde, 1987*

COHEN Daniel
Économiste français, D. Cohen étudie plus particulièrement les causes des inégalités.
Les infortunes de la prospérité, 1994
Richesse du monde, pauvretés des nations, 1997*

CORIAT Benjamin
Économiste français, B. Coriat est un des représentants de l'école de la régulation.
L'atelier et le chronomètre, 1979*
Penser à l'envers, 1991

CROZIER Michel
Sociologue français, M. Crozier est le chef de file de l'analyse stratégique et systémique qui s'oppose au conservatisme et au néolibéralisme. Président du Centre de sociologie des organisations, il a dirigé de nombreuses enquêtes dans différentes administrations et entreprises.
Le phénomène bureaucratique, 1965
L'acteur et le système, avec E. Friedberg, 1977*
État modeste, État moderne, 1987*

DELMAS Philippe
Économiste et mathématicien français, Ph. Delmas est magistrat à la Cour des comptes.
Le maître des horloges, 1991*

DELORME Christine
Économiste française, C. Delorme travaille particulièrement sur la croissance de l'État.
L'État et l'économie, avec R. André, 1983*

DURKHEIM Émile
Sociologue français, É. Durkheim (1858-1917) est le premier à avoir présenté la sociologie sous la forme d'une discipline distincte de la philosophie et de l'économie. Il est considéré comme le fondateur du « holisme », qui affirme que l'individu procède de la société.
De la division du travail social, 1893**Les règles de la méthode sociologique,* 1894
Le suicide, 1897**Les formes élémentaires de la vie religieuse,* 1912

FITOUSSI Jean-Paul
Économiste français, J.-P. Fitoussi s'oppose aux solutions trop libérales et aux politiques monétaristes. Il est président de l'Observatoire français de conjoncture économique (OFCE) et membre du Conseil d'analyse économique créé en 1997 dont le rôle, uniquement consultatif, est d'éclairer les décisions du Premier ministre.
Le débat interdit, 1995*
Le nouvel âge des inégalités, avec P. Rosanvallon, 1996*
Le marché contre la démocratie, 1997

FORRESTER Viviane
Romancière et essayiste française, V. Forrester est critique littéraire au *Monde* et membre du jury Fémina.
L'horreur économique, 1997*

FOUCAULD (de) Jean-Baptiste
Spécialiste français des questions sociales, J.-B. de Foucauld est un ancien commissaire au Plan.
La fin du social-colbertisme, 1988
Une société en quête de sens, avec D. Piveteau, 1995*

FOURASTIÉ Jean
Économiste français, J. Fourastié (1907-1990) rend la culture économique accessible grâce à un langage simple. Il étudie surtout les transformations économiques et sociales de la France, mettant en évidence l'évolution des trois secteurs d'activité et l'ampleur de la « révolution invisible » qui s'est produite depuis la fin de la Seconde Guerre mondiale.
Le grand espoir de XXe siècle, 1949
Les Trente Glorieuses, 1979*

FRIEDMAN Milton
Économiste américain, M. Friedman a reçu le prix Nobel d'économie en 1976. Néolibéral, il est le chef de file des monétaristes. Il s'oppose à la théorie keynésienne et considère que les interventions de l'État doivent être limitées. Il affirme que la quantité de monnaie doit suivre exactement l'évolution de la production et il est un fervent partisan du système des changes flottants.
Théorie de la consommation, 1957
Inflation et systèmes monétaires, 1969*

FRIEDMANN Georges
Sociologue français, G. Friedmann (1902-1978) est considéré comme le fondateur de la sociologie du travail en France.
Le travail en miettes, 1956*

GALBRAITH John Kenneth
Économiste américain d'origine canadienne, J. K. Galbraith a eu une carrière particulièrement riche dans l'administration et à l'université. Il sera un membre influent du parti démocrate et le principal conseiller économique du président John Kennedy. Il a contribué à la définition d'un programme nettement influencé par le keynésianisme. Il est connu pour sa critique de la théorie libérale.
L'ère de l'opulence, 1961
Le nouvel État industriel, 1968*
Voyage dans le temps économique, 1993*

GRAVIER Jean-François
Géographe français, J.-F. Gravier est un spécialiste de l'aménagement du territoire.
Paris et le désert français, 1947*
L'espace vital, 1984*

HAYEK (von) Friedrich August
Économiste autrichien, F. von Hayek (1899-1992) a reçu le prix Nobel d'économie en 1974. Fervent opposant de l'interventionnisme étatique, il condamne toutes les interventions des autorités publiques dans la vie économique. Il pense que la politique monétaire de l'État provoque une distorsion du système des prix qui crée des déséquilibres économiques et du chômage.
Prix et production, 1931
La route de la servitude, 1943*

HICKS John
Économiste britannique, J. Hicks (1904-1989) a reçu le prix Nobel d'économie en 1972. Il est surtout connu pour sa contribution fondamentale à l'analyse et l'interprétation de la théorie keynésienne sous la forme du modèle IS-LM, point de départ d'un courant dit de la synthèse néoclassique. Il a particulièrement étudié les questions monétaires.
Valeur et capital, 1939
Monnaie et marché, 1989*

HIRSCHMAN Albert O.
Économiste et sociologue américain d'origine allemande, A. O. Hirschman est un spécialiste de l'économie du développement ; il préconise un développement déséquilibré. Il étudie les comportements individuels et pense qu'ils sont souvent très éloignés de ce que la théorie traditionnelle affirme.
Stratégie du développement économique, 1958
Défection et prise de parole, 1972*
Les passions et les intérêts, 1977*

IRIBARNE (d') Philippe
Économiste français, Ph. d'Iribarne propose que l'économie s'ouvre à d'autres disciplines comme la sociologie ou l'histoire.
La Science et le Prince, 1970
Le chômage paradoxal, 1990*

JEANNENEY Jean-Marcel
Économiste français, J.-M. Jeanneney a eu une longue carrière politique puisqu'il fut trois fois ministre du général de Gaulle entre 1959 et 1968. Il propose un protectionnisme au niveau européen.
Pour un nouveau protectionnisme, 1978*

KEYNES John Maynard
Économiste britannique, J. M. Keynes (1883-1946) a profondément marqué la pensée économique. S'opposant à l'analyse microéconomique développée par les néoclassiques (qu'il nomme classiques) il a fondé la macroéconomie moderne. Il considère que le chômage peut être involontaire et que la meilleure façon d'atteindre le plein emploi est d'augmenter le niveau de la production grâce à l'intervention de l'État. Il affirme que la demande est le moteur essentiel de l'économie. Il a participé aux débats concernant la création du Système monétaire international de Bretton Woods.
Traité sur la monnaie, 1930
Théorie générale de l'emploi, de l'intérêt et de la monnaie, 1936*

KORNAI Janos
Économiste hongrois, J. Kornai est un spécialiste des économies planifiées. Ses travaux portent surtout sur la critique de la planification et sur des propositions de réformes. Il est à l'origine du concept d'économie de pénurie.
Socialisme et économie de la pénurie, 1984*
Le système socialiste, 1996

KRUGMAN Paul
Économiste américain, P. Krugman est un spécialiste de l'économie internationale. Il a contribué à la diffusion du modèle Brander-Spencer qui propose une « politique commerciale stratégique », mais il considère que le libre-échange est un optimum de second rang et est donc la solution la plus raisonnable.
Manuel d'économie internationale, avec M. Obstfeld, 1992
La mondialisation n'est pas coupable, 1997*

LABROUSSE Ernest
Historien français, E. Labrousse (1895-1988) a notamment étudié, dans une perspective marxiste, les crises de l'Ancien Régime.
Esquisse du mouvement des prix et des revenus en France au XVIIIe siècle, 1932*
La crise de l'économie française à la fin de l'Ancien Régime et au début de la révolution, 1944

LACOSTE Yves
Géographe français, Y. Lacoste est un spécialiste du tiers monde.
Géographie du sous-développement, 1965*
Unité et diversité du tiers monde, 1980

LAFAY Gérard
Économiste français, G. Lafay est un spécialiste de l'économie internationale. Il considère que, malgré la mondialisation, l'État a toujours un rôle à jouer ; il faut maîtriser le libre-échange.
Dynamique de la spécialisation internationale, 1979
L'euro contre l'Europe ?, 1997*

LE BRAS Hervé
Démographe français, H. Le Bras s'oppose aux thèses alarmistes qui mettent en avant le risque d'un vieillissement de la population.
L'invention de la France, avec E. Todd, 1981
Marianne et les lapins, 1991*

LÉVY-GARBOUA Vivien
Économiste français, V. Lévy-Garboua est un spécialiste de l'économie monétaire et financière.
La dette, le boom, la crise, avec G. Maarek, 1985*

LEWIS Arthur
Économiste britannique, Sir A. Lewis (1915-1991) est originaire de Sainte-Lucie aux Antilles ; il a reçu le prix Nobel d'économie en 1979. Il est un spécialiste du tiers monde et est souvent considéré comme le fondateur principal de la théorie du développement. Il est à l'origine des études sur le dualisme.
La théorie de la croissance économique, 1955
Tropical Development 1880-1913, 1971
L'ordre économique international, 1978*

LIPIETZ Alain
Économiste français et écologiste convaincu, A. Lipietz est un des représentants de l'école de la régulation.
L'audace ou l'enlisement, 1984
Mirages et miracles, 1986*
La société en sablier, 1996

MAAREK Gérard
Économiste français, G. Maarek est membre du Conseil d'analyse économique, créé en 1997, chargé d'examiner les questions soumises par le Premier ministre.
La dette, le boom, la crise, avec V. Lévy-Garboua, 1985*
Économie de l'enlisement, 1997

MALINVAUD Edmond
Économiste français, E. Malinvaud est Professeur au Collège de France. Ses recherches ont porté sur les analyses microéconomiques et macroéconomiques, mais sa contribution majeure à la théorie économique reste son analyse du chômage qui en fait l'un des chefs de file de la théorie du déséquilibre.
La croissance française, avec J.J. Carré et P. Dubois, 1972*
Réexamen de la théorie du chômage, 1977*

MARCHAND Olivier
Économiste français, O. Marchand est un spécialiste de l'emploi.
Le travail en France, avec Cl. Thélot, 1997*

MARSEILLE Jacques
Historien français, J. Marseille a particulièrement étudié les effets de la colonisation.
Empire colonial et capitalisme français, 1984*

MEADE James E.
Économiste anglais, J. E. Meade a reçu le prix Nobel d'économie en 1977. Spécialiste des questions internationales, il est un des créateurs du GATT en 1947. Il croit aux forces régulatrices du marché, mais il propose une intervention de l'État pour favoriser la croissance et diminuer les inégalités sociales.
La théorie de la politique économique internationale, 1951
Retour au plein emploi ?, 1995*

MEADOWS Donnella
Biophysicienne américaine, D. Meadows a dirigé l'équipe du MIT (Massachusetts Institute of Technology) concluant à la nécessité de stopper la croissance.
Halte à la croissance ?, 1970

MENDRAS Henri
Sociologue français, H. Mendras est un spécialiste des transformations sociales et particulièrement des sociétés rurales.
La fin des paysans, 1967*
Eléments de sociologie, 1975
L'Europe des européens, 1997*

MÉDA Dominique
Philosophe française, D. Méda est une spécialiste du travail.
Le travail, une valeur en voie de disparition, 1995*

MICHALET Charles-Albert
Économiste français, C.-A. Michalet est un spécialiste des questions internationales.
Le capitalisme mondial, 1976*

MINC Alain
Économiste français, A. Minc est considéré comme un libéral. Il a réalisé en 1978 avec S. Nora un rapport demandé par le Président de la République sur l'informatisation de la société.
La machine égalitaire, 1987
La France de l'an 2000, 1994
La mondialisation heureuse, 1997*

MORIN Edgar
Sociologue français, E. Morin étudie les problèmes fondamentaux des sciences de l'Homme.
La méthode, 1977
Penser l'Europe, 1987*
La complexité humaine, 1994

NOIRIEL Gérard
Historien français, G. Noiriel est un spécialiste de l'histoire sociale.
Le creuset français, 1988*

OHMAE Kenichi
Économiste japonais, K. Ohmae étudie surtout la place et la stratégie de l'entreprise dans le contexte actuel de mondialisation.
La Triade, 1985
De l'état-nation aux états-régions, 1995*

OLSON Mancur
Sociologue et économiste américain, M. Olson (1931-1998) étudia principalement l'action collective en partant de l'hypothèse que les individus sont rationnels.
Logique de l'action collective, 1966*
Grandeur et décadence des nations, 1983

PARETO Vilfredo
Économiste et sociologue libéral italien, V. Pareto (1848-1923) prend la succession de L. Walras à l'Université de Lausanne. Il est l'un des fondateurs de l'école néoclassique, à laquelle il a largement contribué, notamment par la définition des concepts d'optimum économique et d'ophémilité (ou utilité ordinale). Il a aussi bâti une théorie sociologique de la circulation des élites.
Manuel d'économie politique, 1907*
Traité de sociologie générale, 1915

PERROUX François
Économiste français (1903-1987), F. Perroux place au centre de son analyse les rapports de pouvoir et de domination. Spécialiste de l'économie du développement, il pense que l'État doit favoriser les pôles de croissance.
L'économie du XXᵉ siècle, 1961
La coexistence pacifique, 1958*
Pouvoir et économie, 1973

POLANYI Karl
Économiste et historien d'origine hongroise, K. Polanyi (1886-1964) a émigré en 1930 en Grande-Bretagne puis aux États-Unis. Son œuvre originale met en question la manière dont le marché est analysé par les économistes et les historiens.
La grande transformation, trad. fr., 1983*

RAWLS John
Philosophe américain, J. Rawls (1921) est le chef de file de l'école américaine pour la défense des droits civiques. Théoricien libéral, il est toutefois favorable à un certain interventionnisme social.
Théorie de la justice, 1971*

REICH Robert
Économiste américain, R. Reich a été Secrétaire au travail du gouvernement de B. Clinton.
L'économie mondialisée, 1993*

RIFKIN Jeremy
Essayiste américain, J. Rifkin est un spécialiste des relations entre l'économie, la technologie et la culture.
La fin du travail, 1997*

ROSANVALLON Pierre
Économiste et sociologue français, P. Rosanvallon étudie particulièrement le rôle de l'État. Il préconise des interventions de réinsertions actives et il pense que l'État ne doit plus se limiter à la seule indemnisation.
La crise de l'État-providence, 1981*
La question syndicale, 1987*
La nouvelle question sociale, 1995*
Le nouvel âge des inégalités, avec J.-P. Fitoussi, 1996*

ROSTOW Walt Whitman
Économiste et historien américain, W. W. Rostow a été conseiller des présidents Kennedy et Johnson pour les affaires de sécurité nationale.
Les étapes de la croissance - un manifeste non communiste, 1960*

SAUVY Alfred
Économiste et démographe français, A. Sauvy (1898-1991) est le fondateur de l'Institut national des études démographiques en 1945. Il est favorable à la croissance démographique et craint que le vieillissement de la population ne conduise à une réduction des progrès économiques et techniques. Économiste libéral modéré, il considère que le progrès technique est globalement créateur d'emploi, qu'il est nécessaire que l'État intervienne, mais qu'il faut laisser à l'économie de marché une grande marge de souplesse. Il a créé le terme de « tiers monde ».
Histoire économique de la France entre les deux guerres, 1965*
La Machine et le chômage, 1980*

SCHNAPPER Dominique
Sociologue française, D. Schnapper étudie particulièrement les questions de l'intégration et de la citoyenneté.
La France de l'intégration, sociologie de la nation, 1991
L'Europe des immigrés, essais sur les politiques d'immigration, 1992
La communauté des citoyens, 1994*

SCHUMPETER Joseph Aloïs
Économiste d'origine autrichienne, J. A. Schumpeter (1883-1950) est classé parmi les hétérodoxes. Il fut ministre des Finances autrichien d'un gouvernement socialiste. Très marqué par la lecture de Marx (dont il ne partageait pas les idées), il est surtout connu pour sa contribution à l'analyse de l'évolution du capitalisme. Il s'exila aux États-Unis à la suite de la montée du nazisme.
Théorie de l'évolution économique, 1912*
Les cycles des affaires, 1939
Capitalisme, socialisme et démocratie, 1942*

SIMON Herbert Alexander
Économiste américain, H. A. Simon a reçu le prix Nobel d'économie en 1978. Ses recherches portent surtout sur l'organisation des entreprises et sur le comportement des agents économiques. Selon lui, les agents économiques ont une « rationalité limitée ».
Les organisations, avec J. G. March, 1958*

THÉLOT Claude
Économiste et sociologue, C. Thélot est un spécialiste de l'emploi et de la mobilité sociale.
Tel père, tel fils ? 1982*
Le travail en France, avec O. Marchand, 1997*

TODD Emmanuel
Historien et démographe français, E. Todd dirige le service de documentation de l'Institut national d'études démographiques (INED).
L'invention de la France, avec Hervé Le Bras, 1981
La nouvelle France, 1988*

TOURAINE Alain
Sociologue français, A. Touraine est un spécialiste des mouvements sociaux.
Pour la sociologie, 1974
La voix et le regard, 1978*
Le retour de l'acteur, 1984

TRIFFIN Robert
Économiste d'origine belge, naturalisé américain, R. Triffin (1911-1993) est un spécialiste des questions monétaires et partisan des États-Unis d'Europe.
L'or et la crise du dollar, 1962*
Le système monétaire international, 1969

WEBER Max
Sociologue allemand, M. Weber (1864-1920) est considéré comme l'un des fondateurs de la sociologie contemporaine. Il considère que l'action sociale est l'objet central de la sociologie ; il utilise une méthode originale recourant à la notion d'idéal-type. Ses travaux ont notamment porté sur la rationalisation des sociétés occidentales et sur les religions.
L'Éthique protestante et l'esprit du capitalisme, 1905*
Économie et société, 1922

Table alphabétique des ouvrages

A

C

D

E

F

G

H

I

L

M

N

O

P

Q

R

S

T

V

Table alphabétique des auteurs

A

B

C

D

F

G

H

I

J

K

L

M

N

Index

Les numéros indiqués renvoient aux fiches

Références en livre de poche

Les ouvrages qui, parmi les 100, sont disponibles en livre de poche, sont présentés ici par ordre alphabétique.

Capitalisme contre capitalisme, M. Albert .... Seuil, coll. Points, 1998
Capitalisme mondial (le), C.-A. Michalet .... PUF, coll. Quadrige, 1998
Choix collectifs et préférences individuelles, K. Arrow .... Diderot Multimédia, coll. Pergame, 1998
Creuset français (le), G. Noiriel .... Seuil, coll. Points Histoire, 1992
Division du travail social (de la), É. Durkheim .... PUF, coll. Quadrige, 1994
Empire colonial et capitalisme français, J. Marseille .... Seuil, coll. Points Histoire, 1989
Enfant et la vie familiale sous l'Ancien Régime (l'), Ph. Aries .... Seuil, coll. Points Histoire, 1975
État modeste, État moderne, M. Crozier .... Seuil, coll. Points essais, 1991
Éthique protestante et l'esprit du capitalisme (l'), M. Weber .... Pocket, coll. Agora, 1998
Europe des européens (l'), H. Mendras .... Gallimard, coll. Folio Actuel, 1997
Fin des paysans (la), H. Mendras .... Actes sud, coll. Babel, 1992
Fin du travail (la), J. Rifkin .... La Découverte, coll. poche, 1997
Géographie du sous-développement, Y. Lacoste .... PUF, coll. Quadrige, 1989
Gloire des nations (la), H. Carrere d'Encausse .... Le Livre de poche, 1992
Inégalité des chances (l'), R. Boudon .... Hachette littératures, coll. Pluriel, 1985
Inflation et systèmes monétaires, M. Friedman .... Pocket, coll. Agora, 1985
Logique du social (la), R. Boudon .... Hachette littératures, coll. Pluriel, 1983
Maître des horloges (le), Ph. Delmas .... Seuil, coll. Points, 1992
Marianne et les lapins, H. Le Bras .... Hachette littératures, coll. Pluriel, 1993
Mondialisation heureuse (la), A. Minc .... Pocket, 1998
Multinationales globales (les), W. Andreff .... La Découverte, coll. Repères, 1996
Nouvel État industriel (le), J. K. Galbraith .... Gallimard, coll. Tel, 1989
Nouvelle France (la), E. Todd .... Seuil, coll. Points politiques, 1990
Nouvelle question sociale (la), P. Rosanvallon .... Seuil, coll. Points, 1998
Passions et les intérêts (les), A. Hirschman .... PUF, coll. Quadrige, 1997
Penser l'Europe, E. Morin .... Gallimard, coll. Folio Actuel, 1990
Question syndicale (la), P. Rosanvallon .... Hachette littératures, coll. Pluriel, 1998
Régulation et crises du capitalisme, M. Aglietta .... Odile Jacob, coll. Opus, 1997
Retour au plein emploi?, J. Meade .... Économica, coll. Économie-poche, 1996
Route de la servitude (la), F. Hayek .... PUF, coll. Quadrige, 1993
Société de consommation (la), J. Baudrillard .... Gallimard, coll. Folio Essais 1996
Suicide (le), É. Durkheim .... PUF, coll. Quadrige, 1991
Théorie de la justice, J. Rawls .... Seuil, coll. Points, 1997
Théorie générale de l'emploi, de l'intérêt et de la monnaie, J. M. Keynes .... Payot, coll. Petite bibliothèque, 1982
Tiers monde dans l'impasse (le), P. Bairoch .... Gallimard, coll. Folio Actuel, 1992
Travail, une valeur en voie de disparition (le), D. Méda .... Flammarion, coll. Champs, 1998
Trente Glorieuses (les), J. Fourastié .... Hachette littératures, coll. Pluriel, 1998
Voix et le regard (la), A. Touraine .... Le Livre de poche, 1993

Achevé d'imprimer : JOUVE Paris
N° 283363B. - Dépôt légal : Juillet 2000